曹禺综合研究资料

曹禺研究资料长编

刘川鄂 汪亚琴 编

长江出版社
CHANGJIANG PRESS
上海科学技术文献出版社
Shanghai Scientific and Technological Literature Press

图书在版编目(CIP)数据

曹禺综合研究资料 / 刘川鄂，汪亚琴编.
—武汉：长江出版社，2021.2
(曹禺研究资料长编)
ISBN 978-7-5492-7562-5

Ⅰ.①曹… Ⅱ.①刘… ②汪… Ⅲ.①曹禺(1910-1996)－人物研究 Ⅳ.①K825.6

中国版本图书馆 CIP 数据核字(2021)第 032488 号

项目统筹：张　树
责任编辑：邱　萍
封面设计：汪　雪　彭　微

曹禺综合研究资料
刘川鄂 汪亚琴 编
出版发行：上海科学技术文献出版社
地　　址：上海市长乐路 746 号 200040
出版发行：长江出版社
地　　址：武汉市解放大道 1863 号 430010
经　　销：各地新华书店
印　　刷：武汉市金港彩印有限公司
规　　格：787mm×1092mm　1/16
印　　张：29.75
字　　数：655 千字
版　　次：2021 年 2 月第 1 版　2021 年 3 月第 1 次印刷
书　　号：ISBN　978-7-5492-7562-5
定　　价：180.00 元

编委会

丛书总序

史料与现实的关系

以刘川鄂为带头人的湖北大学中国现当代文学学科不仅注重作家作品、文学社团、文学现象和文学思潮的研究，同时也把大量的精力投入到中国现当代文学历史资料的发掘和整理中，从对湖北作家的相关史料发掘整理和研究出发，逐渐拓展到对文学史上重要作家作品的史料整理和研究。显然，这样的学科发展战略目标，是循序渐进、良性循环的学术策略。正是在这样的学术背景下，由刘川鄂、刘继林两位教授担任主编，湖北大学中国现当代文学学科团队精心编选的《曹禺研究资料长编》（共十一卷），旨在将业已僵化的著名大作家研究导向一种新的研究范式之中，让围绕曹禺的学术研究重新焕发出活气来。

一切学术研究的基础首先就是史料的梳理，离开了史料的依托，研究就如悬在空中的楼阁，看许多现实问题也就囿于平面化。正如编选者在其中的《曹禺综合研究资料》卷“导言”所言：“研究文学史上名有定论的作家本来就有一定难度，加上随着时间的推移，史料和研究视角越来越难发掘，未来的曹禺研究工作会越来越难超出前人的成果，越来越难找出有新意有理据的命题。”显而易见，史料的重新发掘和编选，直指的是学术研究的拓展。编选者在研究资料的选取上，充分注意到一些重要的历史节点。比如将 1949 年作为研究资料编选的历史切分点，并不完全是由于学科的界限，我以为更是一种对学术态度的历史检验，其中的奥妙就在于作为当时的剧评家和研究者采取的是什么样的学术价值观——是凭着自己的学术良知和艺术审美对作家作品进行判断，还是跟着时代的潮流风向标走，这才是艺术评论生与死的考验。

曹禺是中国现当代文学史上的一个具有特别意义的作家，属于那种“井喷”以后就戛然而止的剧作家。“曹禺现象”恰恰是中国现当代作家在文学史变迁中最具代表性的范例，他才是与我们文学思潮史上最贴切，也是最契合文学史解剖的研究对象。如果我们意识不到这样一个“曹禺现象”在文学史上的独特意义，即便是再多的文学史资料的呈现，在许多研究者的视野中，恐怕也是一个盲点。所以，我们只有重新解读曹禺作品，重新梳理各个不同时代的曹禺研究资料，或许才能真正获取解剖“曹禺现象”的密码。只有回到历史的原点和原典之中，站在一个新的历史制高点上，我们才能看清曹禺作品的思想内容和艺术内涵，才能廓清许许多多迷失在历史河流中的“飞鱼”和“蜉蝣”行状。

毋庸置疑，自《雷雨》开始的曹禺戏剧创作，是中国戏剧史上历经八十七年的奇迹，也是中国现当代文学史上“最雷雨”的戏剧发生的时段，它见证的是中国文学在启蒙主义进入一个复杂的现代语境窗口时的深刻内涵，同时也是中国戏剧文学在艺术方法和艺术技巧上借鉴西方戏剧第一次“吃螃蟹”的历程。如何看待这一现象，应该是值得研究者注意的问题。

之所以说《雷雨》在启蒙主义的窗口上，强化了对封建的专制主义的批判，用“最雷雨”的批判现实主义方法抨击了家长制戕害人性的本质，是因为尽管窗外雷电交加，但是，那个“铁屋子”里仍然在演绎着一幕幕人间的悲剧，也只有悲剧才最能引起人们心灵的震撼。从某种意义上来说，它引起的不仅仅是亚里士多德古典悲剧的“同情和怜悯”，从悲剧的本质意义上来说，“最雷雨的”《雷雨》才是见证历史的活剧。这样一出活剧贯穿于中国文学的过去、现在和未来，这才是《雷雨》的意义所在。因此，也只有翻开这八十七年对《雷雨》以及曹禺几个代表作的批评研究、传播接受的历史，我们方才可以看出这套丛书的重大意义所在。

之所以说《雷雨》是中国戏剧汲取西方戏剧艺术方法与技巧精华的真正开端，为中国戏剧走向现代奠定了坚实的基础，并在一定程度上影响了整个文学领域对外开放的格局，让人们知晓中国文学正因为有了世界文学艺术方法和技巧的参照，才成为独特的艺术，只有“拿来”，方才可以攻玉，才能走向新生；亦只有熟悉了自《雷雨》开始的两种艺术观的争论，在史料的长廊中寻觅到艺术的真谛，我们的文学艺术才能得到长足的发展。

我充分理解湖北大学文学院编辑这套研究资料的良苦用心，囿于曹禺研究的停滞不前、文学史研究的基本定型，没有史料的重现，就不足以唤醒人们的价值理念，就不能触发研究者的研究冲动，也就不能让这个领域的研究走向深入。编选者认为四十余年来“海内外、多视角全面推进”的曹禺研究格局成就很大，似乎过于乐观了一点。尽管涌现出的著述颇丰，但多为重复叠加的著述，难免捉襟见肘，鲜有能够警醒世人、真正拓展研究深度和广度的扛鼎之作。而这套即将面世的丛书，将极大催生新见解、新角度的曹禺研究著述的问世。在某种程度上，它应该是曹禺研究的“助产士”。

道路是曲折的，也是十分艰难的，今后也许会更加艰难，但是我们仍然要前行，谁让你是一个只能尊重历史的研究者呢？！

中国现代文学研究会会长
南京大学文学院教授　　丁　帆

2020年10月1日草于南大和园

目录

导言：说不尽的曹禺研究 …… 刘川鄂 汪亚琴 1

一、新中国成立前曹禺综论

曹禺的三部曲及其演出 …… 司徒珂 16
论曹禺 …… 白雪 19
谈曹禺的戏剧 …… 竺磊 23
曹禺作品研究 …… 洗群 29
论曹禺剧中的人物 …… 郑学稼 40
《曹禺戏剧集》论
——从《曹禺戏剧集》看曹禺的思想 …… 桂多生 42
曹禺论 …… 萧赛 47
剧作家：曹禺 …… 鲁思 66
曹禺论 …… 项粹安 76
曹禺的道路 …… 吕荧 79
曹禺论 …… 杨晦 107
曹禺论 …… 鲍霭如 132
曹禺简论
——中国现代戏剧作家论之一 …… 唐绍华 140
关于曹禺的戏剧 …… 善秉仁 142

二、新中国成立后曹禺综论

漫话曹禺的剧作 …… 朱青 147

曹禺剧作人物札记 …………………………………… 沈明德 151

《曹禺论》自序 ………………………………………… 刘绍铭 163

曹禺戏剧语言艺术的成就 ……………………………… 钱谷融 166

论曹禺的思想发展和创作道路 ………………………… 杨兆振 192

曹禺剧本写作和发表时间考辨 ………………………… 王兴平 205

曹禺剧作与五四文学传统 ……………………………… 刘家鸣 215

原始崇拜与曹禺的戏剧创作 …………………………… 董炳月 223

曹禺在中国和世界悲剧史上的地位 …………………… 胡润森 239

“不可相信的参差”

——接受视野中的曹禺剧作 ………………………… 邹　红 246

曹禺早期戏剧创作的潜宗教结构 ……………………… 高浦棠 259

曹禺研究有无审美疲劳

——兼论“说不尽的曹禺” ………………………… 曹树钧 271

曹禺写不出“第六部名剧”原因再探 ………………… 王卫平 281

三、文学史中的曹禺

《中国新文学史稿》选辑 ……………………………… 王　瑶 290

《中国现代文学史略》选辑 …………………………… 丁　易 295

《中国新文学史初稿》选辑 …………………………… 刘绶松 299

《中国新文学史》(中卷)选辑 ……………………… 司马长风 305

《中国现代文学史》(二)选辑 ……………………… 唐　弢 主编 309

《剑桥中华民国史》(第2卷)选辑 …………… (美)费正清 主编 316

《20世纪中国文学史》(上)选辑 ………………… 黄修己 主编 319

《中国现代文学三十年》(修订本)选辑 ……… 钱理群 温儒敏 吴福辉 326

《中国现代小说史》选辑 ……………………………… 夏志清 333

《二十世纪中国文学史》选辑 ……………………… (德)顾　彬 334

四、回忆录

戏剧家曹禺访问记 …………………………………… 萨　宴 341

随笔:我对于曹禺印象 …………………………………… 张仲淑 344
曹禺印象记
（本刊驻沪撰述石挥君特约稿原题《曹禺在古城》）………… 英　梧 346
中国话剧坛的星座
——曹禺 ………………………………………………………… 金　川 353
曹禺的中学时代 ……………………………………………… 杨　璧 355
未付邮
——致曹禺书 …………………………………………………… 成　己 359
忆曹禺 …………………………………………………………… 郭　朋 361
访曹禺及其他 …………………………………… 王　筠 辑录 364
曹禺印象记 ……………………………………………………… 李　蕤 366
记曹禺 …………………………………………………………… 赵景深 367
曹禺二三事 ……………………………………………………… 李　苓 370
曹　禺
——中国第一流的剧作家 ……………………………………… 蒋　敦 372
由美归国的曹禺先生 …………………………………………… 蠡　芳 374
曹禺的家世 ……………………………………………………… 陈　寿 377
出世丧母的曹禺 ………………………………………………… 万戒甫 380
记曹禺 …………………………………………………………… 彭行才 381
与曹禺先生一席谈 ……………………………………………… 黄钟龄 383
曹禺这个人 ……………………………………………………… 海　公 385
剧人风貌:曹禺 …………………………………………………… 之　言 387
曹禺创作生活片断 ……………………………………………… 颜振奋 389
掌握自己的命运
——与曹禺病榻谈心 …………………………………………… 吴祖光 395
灵魂的石头 ……………………………………………………… 万　方 398
怀念爸爸曹禺 ………………………………………… 万　黛　万　昭 411
大师的勉励 ……………………………………………………… 朱栋霖 418
怀念曹禺先生 …………………………………………………… 田本相 422

六十年的情谊 …………………………………………………… 张瑞芳 428

怀念曹禺 …………………………………………………………… 巴　金 432

为戏而生的曹禺 ………………………………………………… 李玉茹 435

万家之宝

——追忆曹禺 ……………………………………………………… 李欧梵 437

再访郑秀 ……………………………………………… 田本相　郑　秀 440

怀念曹禺大师 …………………………………………………… 王　显 446

悔

——爸爸曹禺被烧毁的百余封信 ……………………… 万　黛　万　昭 450

致曹禺 ……………………………………………………………… 黄永玉 456

曹禺与烽火中的国立剧专 ………………………………… 杨秀玲　齐　悦 460

后　记 ……………………………………………………………………… 465

导言:说不尽的曹禺研究

刘川鄂　汪亚琴

20 世纪三四十年代,曹禺的《雷雨》《日出》《原野》《北京人》等剧发表后,立即在中国文坛引起极大反响,可是曹禺此后的创作并不顺利,逐步陷入"难产"困境,这就是中国现当代文学史上著名的"曹禺现象"。戏剧不似小说、诗歌,是面向大众的艺术,戏剧家要同时面对专业剧评家和业余观众,针对诸多的接受群体,戏剧的宣传教化功用更突出。戏剧家在获得鲜花掌声的同时,也比小说家和诗人承受更多质疑与猜忌,承担更多责任与风险。这是处于抗战、新中国成立初等特殊时期,戏剧名家曹禺不得不考虑和解决的问题。曹禺创作生涯的诸多复杂性,也为曹禺研究创造了旺盛生命力,"说不尽的曹禺"成就了"说不尽的曹禺研究"。

一、新中国成立前(1949 年以前):褒贬兼有、毁誉不一

这一阶段研究者对曹禺的综合评价是盛誉之下有质疑,定评之下有争议。最具代表性的要数 40 年代吕荧所著《曹禺的道路》和杨晦的《曹禺论》。其实在 30 年代末,就有综合研究文章问世,此时正是曹禺整个创作生涯的起始期,研究者综论着实为冒险之举,但几部高质量戏剧的集中问世,让研究者们跃跃欲试。如 1937 年司徒珂的《曹禺的三部曲及其演出》、1939 年白雪的《论曹禺》等,是目前所见较早的曹禺综合研究文章。

曹禺戏剧"取胜的武器"在戏剧技巧,也是曹禺综合研究必不可少的一环。新中国成立前的对曹禺戏剧技巧的研究主要集中在人物处理、情节安排、结构、语言等方面,褒贬兼有,毁誉参半。大多数文章都综合论述,类似郑学稼《论曹禺剧中的人物》的文章较少。如 1943 年鲁思发表的《剧作家:曹禺》,立足生活背景分析曹禺的戏剧,概括了曹禺剧作的八个优点和四个缺点,是吕荧和杨晦大作问世前对曹禺作品得与失总结最全面、论述最精到的一篇文章。郑学稼文则较严苛地批判了曹禺剧作的人物塑造,指出曹禺犯了当时文艺界对人物描写缺乏多样性的通病,"对于人物的描画是只有简单的与类似的轮廓,而且成功的少而失败的多"。[①] 竺磊的《论曹禺的戏剧》就"巧合"问题与白雪观点不同,竺磊用"无巧不成书"的观点支持曹禺剧作的"巧合"处置,但也批评了《雷雨》的序幕和尾声有画蛇添足之感,认为《日出》第三幕的保留与否还需探讨。萧赛于 1943 年出版的《曹禺论》,是国内首部综合研究曹禺戏剧的专著。全书共分六章,涉及对曹禺戏剧思想、技巧借鉴、人物、

① 郑学稼:《论曹禺剧中的人物》,《中央周刊》(重庆)1942 年 1 月 29 日第 4 卷第 25 期。

语言、结构等诸多方面的论述。单看章名，这本薄著算得上较全面的曹禺综合研究，但每章具体内容不尽如人意，引用太多，以致作者疏忽了个人观点的展示，提出的问题也没有清晰的逻辑解答。

即使曹禺的戏剧才能在当时被一致认可，但大家对这位享誉剧坛、文坛的戏剧家是极不客气的，对曹禺戏剧的质疑与批判一点也不比赞誉少，曹禺的戏剧思想争议最多。司徒珂文对《雷雨》到底是社会问题剧还是家庭伦理剧作过一番论析，认为不能把一部社会问题剧简单理解为家庭伦理剧，否则就是对作者创作初衷的辱没和对“剧运”的摧残。白雪文从反面论证曹禺剧作在现实批判性上的不足，认为曹禺的戏剧就是为创造“偶偶然”牺牲现实性的典型。司徒珂、白雪的批评观，与竺磊《论曹禺的戏剧》一文主张类似：“文学是代表时代的。再说，今日国内戏剧运动的发展，实在可以说是几十年来所未有。一个剧作家，受了时代转变和他所从事的艺术的本身的发展的影响，在思想和技术方面，多少要有些改变。”①

杨晦是“文学代表时代”观点的极端支持者，他在《曹禺论》中严厉批判了曹禺对现实社会视而不见的创作态度，认为这“实在，真正是一种艺术家的病态，要不得！”②即使《蜕变》的艺术价值不高，也是曹禺极有意义的一次转变，并对他刚迈出一步即退回到《北京人》和《家》的创作道路表示惋惜。他不止一次在文中谈到剧作家关注现实社会的重要性。如果吕荧对曹禺摆脱虚妄、拥抱真实的要求还立足于文本与艺术的分析上，那么杨晦文中的文学性，已完全让位于时代需要与政治化批判。他认为曹禺戏剧缺陷有三：“独锁空房，作困兽之斗”的创作态度；“崇洋媚外”，一味学习西方戏剧技巧；曹禺是“艺术家的思想”不是“思想家的思想”。杨晦认为思想的路子走错了必然影响作品的艺术价值，如《日出》的不可知力量、《原野》的神秘象征色彩、《北京人》的“想象的荒唐”，都是曹禺对社会问题把握不牢靠损害艺术成就的铁证。

对杨晦所谓的不可知力量、神秘象征、想象的荒唐，有些研究者称之为“虚无主义”和“宿命论”倾向。1942年桂多生在《〈曹禺戏剧集〉论：从〈曹禺戏剧集〉看曹禺的思想》中就指出曹禺剧作因存在“虚无主义”倾向，以致对光明面的表现越来越虚无，如《雷雨》中的光明还有一个形象，《日出》中变成一个概念或幻想，《北京人》只剩下一个象征。1945年唐绍华在《曹禺简论》里批判“万先生难道只注视到那少数的名士酒徒与怨女旷男，而为什么不正视一眼正在为自由正义独立和平而战斗着的现代人呢？”曹禺“熟悉黑暗的一切，但未能正视更伟大光明的一面”。③ 他认为《北京人》若是早二十年出现会和《娜拉》一样不朽，但时代不同了。

同样，1944年吕荧在《抗战文艺》上发表的《曹禺的道路》也批判了这种思想，不过吕荧称之为“观念化”。他梳理了曹禺戏剧的发展轨迹，认为“观念化”思想贯串其中，如《雷雨》

① 竺磊：《论曹禺的戏剧》，《燕京文学》1940年12月20日第1卷第3期。

② 杨晦：《曹禺论》，《青年文艺》1944年11月第1卷第4期。

③ 唐绍华：《曹禺简论》，《联合画报》1945年12月16日第157、158期合刊“电影与戏剧”栏刊。

中不出场的"雷雨"与无法命名的观念化"主宰"。可见,吕荧所提出的"观念化"与上文说的"虚无主义"是一个问题。他认为"紧张"是曹禺剧作的特色,但曹禺"一面会真实不歪曲,一面又叫观众感到愉快"的二重重心写作态度,削弱了戏剧坚实的收获。吕荧强调"真正的剧,伟大的剧,同时也是诗"。[①] 曹禺剧作没有描绘出现实生命的内涵,以致他的戏剧只停留在现象的技巧的层面,没有向现实美学层面深迈一步。但吕荧也肯定了曹禺戏剧的成就,还敏锐察觉到《雷雨》到《家》的创作转变。剧中充盈的中国气息以及风俗画的绘写,被他视为最宝贵的收获。《曹禺的道路》洋洋洒洒三万余言,斐然文采,分析精准,是新中国成立前最富才气的曹禺论。

曹禺创作爆发期也是中国社会最不稳定的时期,剧运与国运难以撇清关系。《雷雨》问世时,中国已处于水深火热的境地,1937 年《原野》发表不久,"七七事变"爆发,中国进入全面抗战。在这样的创作背景下,批评家必然会追问曹禺及其剧作"是艺术的还是主义的",对曹禺戏剧创作的要求也更功利。应和时代需求的批评家,会被功利性的批评视野遮蔽双眼,以半睁着的眼观复杂的剧,就本能地挑出自带前提限制的"主义"那部分,而忽略了潜意识里不愿关注的艺术特质。"三部曲"所受争议即可为证,这些争议也为曹禺后期创作留下不可磨灭的阴影。1940 年曹禺突转戏剧风格创作的《蜕变》,证明阴影已渗入曹禺创作机体,成为无法消去的内核。

相对于综论文章,新中国成立前文学史的曹禺研究相对滞后。"五四"至新中国成立前的新文学处于上升期,局面尚不稳定,难有定论。新中国成立前的文学史书写大多厚古薄今,笔墨大都花在古代文学部分,写现代稍显笔力不逮,尤其缺少新文学史专著。"早期的新文学史研究,大致上类似胡适的《五十年来中国之文学》,多是中国古代文学史、近代文学史著作的一条尾巴,可称之为'附骥式'的"[②]。新文学史撰写滞后,新文学中的戏剧更不被关注。

另外社会不稳定以致戏剧排练和演出也难上加难,戏剧只能成为有闲阶级的消遣文学。当时戏剧演出不像现在可视频保存或录音,待演出后反复观看推敲。戏剧批评者有时只能纸上谈剧,难以兼得剧本和演出观感,演出成果保存的难度也使戏剧批评困难重重。正如洪深所说:"严格地讲起来,批评一个剧本,应当根据台上的表演,不应当根据纸上的文字;因为一个剧本必须在舞台上实现之后,才能算是完整的艺术作品的。但是,不幸得很,舞台上的成绩,是没有法子保留的。"[③]戏剧面临的重重困境决定了初登剧坛的曹禺更难进入文学史视野。

1934 年,曹禺处女作《雷雨》发表后,也有几本文学史出版,如陆敏车《最新中国文学流变史》(1937.2),杨荫深《中国文学史大纲》(1938.6),苏雪林《中国文学史略》(1938),郭箴一《中国小说史》(1939.5),朱维之《中国文艺思潮史略》(1939.6),李何林《近二十年中国文

① 吕荧:《曹禺的道路》(上),《抗战文艺》1944 年第 3—4 期。
② 黄修己:《中国新文学史编纂史》(第二版),北京大学出版社 2007 年版,第 7 页。
③ 洪深:《中国新文学大系　第 9 集　戏剧集导言》,上海文艺出版社 1935 年版,第 52—53 页。

艺思潮论》(1938.9)等。只可惜,曹禺在30年代的文坛上还只是个新人,文学史的戏剧研究焦点主要在洪深、田汉、陈大悲、宋春舫等早期戏剧家、文明新戏与戏剧团体上。而且这一时期的新文学史又以文学运动史居多,较关注革命文学运动、论争和相应的作家。当时曹禺一心扑在戏剧创作和教学上,很少参与文学运动,脚跟未稳,未及发掘,以至文学史对曹禺及其戏剧着墨极少。

30年代曹禺虽然没有进入文学史,不代表他的文学史地位没人肯定,苏雪林在1937年发表的《现代中国戏剧概观》一文中写道:

> 二十三年曹禺——万家宝——在《文学季刊》第三期上发表四幕剧《雷雨》,立刻轰动了整个艺坛,连田汉、洪深作品对之都显得黯然无色,别说其他作家了。两年之后,他又在《文(季)月刊》创刊号和七八九月号发表四幕剧《日出》,成功更在《雷雨》之上。这个作家写剧的天才功力均卓绝一时,前途希望是极其远大的。①

曹禺真正进入文学史,始于40年代。1943年李一鸣的《中国新文学史讲话》写道:“曹禺是万家宝的笔名,他以《雷雨》一剧震惊文坛,一跃而居剧作者的首席。”②李著还把戏剧分为“文艺剧”和“通俗剧”两派,曹禺与田汉、洪深、郭沫若等人被归为文艺剧派,李一鸣认为文艺剧在风格上较通俗剧高,通俗剧演出效果更好。之后宋云彬在《中国文学史简编》中将曹禺与郭沫若、郁达夫等早已蜚声文坛的著名作家并举:

> “五四”以来二十多年中间,有不少成功的作品,如表现“五四”时代反旧礼教的解放精神的《女神》(郭沫若作)、《沉沦》(郁达夫作)等等……暴露旧家庭的专制和黑暗的《家》(巴金作)、《雷雨》(曹禺作)等等,不胜枚举。③

虽然在40年代上半期,曹禺之名已见于文学史专著,但曹禺的身影只是一闪而过,其人其作的具体情况提及不多,所占篇幅也很少,只有1944年田禽所著戏剧专门史《中国戏剧运动》花了较多笔墨介绍。1947年蓝海所著《中国抗战文艺史》对《蜕变》的情节和主题也作了详细解说,将曹禺的创作手法归入“现实主义浪漫主义”行列。蓝海并未追寻前人定论,对曹禺的剧作提出质疑,认为《蜕变》脱离了现实生活,提出“取材现实但脱离现实创造人物的剧作不能称为现实主义剧作”④的主张。

新中国成立前的曹禺综合研究大多是一种印象式批评,注重研究者的感性体悟,随心随性表达。即使曹禺的戏剧成为不可忽视不可否认的经典,赞誉之声与批判之言依然此起彼伏,甚至唱衰派有压倒唱盛派之势。特别是沉浸于特殊时代背景下的研究者,在个人情感的过度支配下,对曹禺戏剧的某些批评显得有失公允。

---

① 苏雪林:《现代中国戏剧概观》,《青年界》,1937年3月第11卷第3期。
② 李一鸣:《中国新文学史讲话》,世界书局1943年版,第146—147页。
③ 宋云彬:《中国文学史简编》,香港文化供应社1945年版,第136页。
④ 蓝海:《中国抗战文艺史》,现代出版社1947年版,第127页。

二、新中国成立后到新时期：综论文章停滞、文学史研究定型

中华人民共和国成立初期，曹禺忙于参加各类会议和文学活动，怀着满腔热情学习新的文艺理论、方针、路线，迫切融入新生活，新旧急速碰撞、融合以致“消化不良”，他对前期的戏剧作品产生了质疑甚至全盘否定。这三十年，曹禺陷入创作低谷，除了修改《雷雨》《日出》《北京人》，他只创作了《明朗的天》和《胆剑篇》。曹禺研究也大多围绕这两部新作进行，综论文章较少。

1959 年朱青在《漫话曹禺的剧作》中以作品简介的方式，串联了曹禺自《雷雨》到《明朗的天》的创作历程。这篇文章具有强烈的意识形态色彩，将曹禺新中国成立前的剧作简单定性为“充满爱国主义与人道主义精神”①的剧作，只片面关注曹禺作品的思想层面，没有进入戏剧技巧层面的分析。1963 年沈明德的《曹禺剧作人物札记》立足戏剧本身，分析曹禺表现主要、次要、不出场人物的艺术才能，认为“一个拙劣的剧作，往往只有一个廉价的‘剧情’，而曹禺的戏剧却具备着一种能使观众永不厌烦的因素。那就是人”②，这得力于生活经验和美学趣味的有效发挥，所以曹禺戏剧兼具美学价值与认识意义。

这一时期的曹禺综合研究文章虽少，但新中国成立后曹禺在中国现当代文学史特别是在戏剧史上的地位得以确立，文学史基本都设置专章讨论曹禺及其剧作。“鲁郭茅巴老曹”的排位证明曹禺成为文学史研究绕不过的经典作家，正如刘绍铭所说：“研究中国近代文学史的，不提话剧则已，一提话剧，曹禺不但占一席位，而且占极其重要的一席位。”③而且，50 年代在新教学大纲的影响下，出现了一次撰史热，弥补了综论文章的匮乏。

1951 年 9 月王瑶出版《中国新文学史稿》上册，立足于《雷雨》《日出》《原野》的创作技巧，肯定了这三部剧的艺术价值和曹禺的卓越才能，也批评了《雷雨》“现象单纯化”、《日出》“鞭挞暴露力量不够狠”、《原野》过多神秘象征色彩等问题。从 1951 年 9 月《中国新文学史稿》上册问世到 1953 年 8 月下册出版，其间新闻出版总署和《文艺报》曾组织叶圣陶、吴组缃等专家座谈“史稿”（上册），与会者批评了王瑶史稿存在的资产阶级思想、缺乏阶级立场、政治性不强等问题。这场标签式批评之后，中国新文学史写作进入到政治化的成长期，在曹禺戏剧的前后评价上就有体现。《史稿》上册还能坚持从文学本体角度评价曹禺剧作，但下册就已经向政治功利写作深迈了一步。在“抗战与进步”一节中，王瑶分析了戏剧《蜕变》《北京人》《家》的得与失，结论是“无论一个作品的艺术性怎样高，如果它的内容不能很真实地反映在社会现实的话，是无法震撼人心的”。④ 功利性需要挤兑了对曹禺剧作艺术性的关注。

1955 年丁易所著《中国现代文学史略》，把曹禺划入“进步作家”行列。《史略》立足“思

① 朱青：《漫话曹禺的剧作》，《文学书籍评论丛刊》，人民文学出版社 1959 年第 5 期。
② 沈明德：《曹禺剧作人物札记》，《合肥师院学报》1963 年第 2 期。
③ 刘绍铭：《〈曹禺论〉自序》，香港文艺书屋 1970 年版，第 6 页。
④ 王瑶：《中国新文学史稿》（下册），新文艺出版社 1953 年版，第 158 页。

想论”，认为曹禺戏剧中那些“渺茫不可知的神秘”“无踪无影的未出场人物”“模糊笼统的光明出路”，属于“资产阶级唯心论”“宿命论”“虚无主义”等思想范畴，严肃批评了曹禺戏剧的世界观与创作方法。虽然减少了“艺术论”的篇幅，但也肯定了曹禺出色的人物塑造功底和熟练技巧。1956 年刘绶松的《中国新文学史初稿》上下卷出版，与王瑶、丁易的评价视角类似，认为曹禺剧作在同时代剧作家中鲜有匹敌。“但是由于作者这时还缺少一种观察和分析社会生活的有力的思想武器，他还不能够正确地理解这个正处在大变革期间的暴风雨的时代，因此，就不可避免地要给他的作品带来一些重大的缺点；而如何克服这些缺点，却是作者的圆熟的艺术技巧所无能为力的。”①

随着上述几本新文学史专著的出现，新中国的文学史撰写已成规模、初显体例，对曹禺的评价也基本定型。在 50 年代中后期，各大学中文系组织编写“中国现代文学史”。这次集体撰史热，基本没有超出上述几本文学史的书写范式。如 1959 年复旦大学中文系编著的《中国现代文学史》(第 1 册)，将曹禺定性为“一位杰出的现实主义剧作家”②。山东师范学院中文系编写的《中国现代文学史》(第 2 册)，将曹禺定义为“‘五四’以来最有成就的剧作家之一”③，认为《雷雨》是现实主义剧作，《明朗的天》是社会主义现实主义剧作。

“文革”爆发后，曹禺被定性为“反动作家”，1968 年《文艺革命》第 5 期发出曹禺批判专号，集结《打倒反动作家曹禺》等八篇文章，逐一细数曹禺戏剧《雷雨》《日出》《蜕变》《明朗的天》《胆剑篇》中存在的反动本质，将这几本戏剧定性为大毒草。随着曹禺及其作品被打倒，曹禺综合研究成为无根之木，难以开展，进入荒漠化时期。

这一时期，大陆的综合研究凋敝，港台却开始活跃。刘绍铭于 1970 年在香港出版的专著《曹禺论》，从比较文学角度分析《雷雨》等剧所受西方文学的影响。但刘绍铭认为曹禺的这种借鉴是失败的，“曹禺的问题，不在‘偷了大师们的金线’，而是未能好好的利用这些‘金线’”，“林先生(林以亮)认为，我不应在曹禺的身上花这么大的功夫，因为他的作品浅薄得不能入流派”，④这种批评无疑“极不客气”。1980 年，刘绍铭在《明报月刊》上发表《君自故乡来——曹禺会见记》一文，对《曹禺论》的说法作了修正：“我首先向曹禺招供，如果我今天重写《曹禺论》，我对他剧作的评价，会高许多。”⑤但是他依然保留曹禺剧作除《北京人》外基本没有特别的“Vision(视野)”的观点。1972 年胡耀恒在纽约的 Twayne 出版社出版 *Ts'ao Yu* 一书，1974 年他截取书中的“结论”一章名为《论曹禺的戏剧》在台湾的《中外文学》上发表。此文虽有较明显的反共倾向，对曹禺的戏剧成就大体上是肯定的。

1976 年，香港司马长风著《中国新文学史》对曹禺及其戏剧有非常精彩的论述，他不仅

① 刘绶松：《中国新文学史初稿》(下卷)，作家出版社 1957 年版，第 171 页。

② 复旦大学中文系现代文学组学生集体编著：《中国现代文学史》(第 1 册)，上海文艺出版社 1959 年版，第 438 页。

③ 山东师范学院中文系：《中国现代文学史》(第 2 册)，吉林人民出版社 1960 年版，第 77 页。

④ 刘绍铭：《曹禺论》，香港文艺书屋 1970 年版，第 5 页。

⑤ 刘绍铭：《君自故乡来——曹禺会见记》，《明报月刊》(香港)1980 年 6 月第 174 期。

对曹禺及其戏剧地位定位精准，还对曹禺在文学史上的遭遇发表了非常犀利的个人见解，认为曹禺的创作力求满足“观众、当道者、左派势力”三方的需求，以致“有些反共的评论家直斥他奉中央指示而写作”，左派评论斥责他抱着“悲天悯人的心境”，“玩弄小资产阶级的人道主义”。[①] 司马长风此论并非全然否定曹禺的戏剧成就，依然给予《雷雨》“迄今仍无后来者”的高度评价。

三、新时期至今（1978年以后）：海内外、多视角全面推进

“文革”结束后，文艺创作与评论全面复苏，曹禺综合研究工作也随之开展。曹禺在中国戏剧界乃至文坛的地位已成定论，创作成果、戏剧风格基本定型，研究者也较容易从全局出发对曹禺及其戏剧进行综合评论。这一阶段的曹禺综合研究立足史料，海内外、多视角全面推进，进入百花齐放时期。

新中国成立前的曹禺综合研究较松散，大多随性发挥，未成体系。相比此前的感性批评，新时期之后的综合研究，善于提炼一个研究视角，立足于文本细读和理论支撑，循序渐进展开批评，走向更加专业细致的研究路径。“语言艺术论”的代表作如钱谷融的《曹禺戏剧语言艺术的成就》；“人物论”代表作如孙庆升的《曹禺剧作的人物配置初探》；“地位论”的代表作如胡润森的《曹禺在中国和世界悲剧史上的地位》。这些文章只专注研究一个问题，逻辑严密，兼具针对性和研究深度。

新中国成立前就引起批评家热议的曹禺剧作“思想论”，也是这一阶段的热点，但探讨思路更开阔新颖。《论曹禺的思想发展和创作道路》（杨兆振）、《曹禺剧作与五四文学传统》（刘家鸣）、《原始崇拜与曹禺的戏剧创作》（董炳月）、《曹禺早期戏剧创作的潜宗教结构》（高浦棠）等文，分别从曹禺戏剧的民主主义思想、与“五四”文学传统的思想渊源、“原始崇拜”情结、宗教理念等角度分析曹禺戏剧的思想问题。此外宋剑华对曹禺戏剧与宗教关系的探讨，刘家思对曹禺戏剧讽刺艺术的研究，李扬对曹禺戏剧现代性因素的发掘，以及邹红、王俊虎、胡叔和等人的曹禺系列研究文章，都较有代表性。

曹禺的创作道路并非一帆风顺，一路坎坎坷坷，多次创作计划流产，以致曹禺成为文坛有名的“难产”作家，所以探讨曹禺“难产”原因是新时期后综合研究的一大热点。巴金惋惜于曹禺“手上的笔越来越重”，吴祖光劈头盖脸地批评曹禺“太听话了”，二人都认为曹禺把时间都花在写“表态文章”上，行政性的事务消磨了他太多精力，浪费了太多时光。相反早期那些经典“是从他心底深处流淌出来的，那里面有他的爱，有他的恨，有他的眼泪，有他的灵魂的呼号。他为自己的真实感情奋斗”。[②] 黄永玉认为那座“现实极了的高山”不再葱绿，海洋萎缩成了小溪，激情隽语消失了，更以“心在树上，你摘就是”的诚恳，劝慰曹

① 司马长风：《中国新文学史》（中卷），昭明出版社有限公司1976年版，第297—298页。
② 巴金：《怀念曹禺》，《人民日报》1998年5月15日。

禺多一点"草莽精神"[①],要他"把沉睡赶走"。张瑞芳认为解放以后的曹禺一直处于矛盾的心境:既想积极参与到新中国的建设中去,又因过多的社会工作耽误了创作而痛苦。两个矛盾无法平衡,导致解放后的几部戏没有达到原来几部戏的高度。

诸多语重心长的肺腑之言直穿心底,曹禺又怎能无动于衷?万方在《灵魂的石头》里,比较完整地还原了曹禺生前写不出作品时的痛苦挣扎,他不止一次在女儿面前表现"难产"的焦虑。他不停地抱怨着自己空空洞洞一无所有的脑子,不止一次反问着自己"什么时候再出来那个劲儿",他不愿靠年轻时写的一点儿东西维持精神上的生活,可惜"心事并不颓唐,还想有所作为,只是年老体衰,何日大去是不可测的"。万方认为曹禺后期之所以创作乏力,与他自身的情感和思想有所关联:

> 我了解我爸爸,他不是一个斗士,也不是思想家,恰恰相反,他是一个很容易怀疑自己否定自己的人。……当美好的东西被彻底打碎,所有的路都被堵死,而他觉得自己没有任何的力量,绝望和恐惧就把他压垮。[②]

出生在旧中国的文人,"从来无缘体味'为艺术而艺术'的闲情逸致,这才是他们的情结"。曹禺多次被推上风口浪尖,他成了"惊弓之鸟",变得谨慎小心,他为旧事所禁锢。田本相也看到了曹禺放不开的枷锁,"总觉得他有着某种摆脱不掉的'余悸'"。[③] 王卫平的《曹禺写不出"第六部名剧"原因再探》一文对这一问题分析得较透彻。他认为"曹禺现象"的内核不是"才思枯竭",而是生活、题材、体验、储备的枯竭,即有才华却写不出作品。"曹禺现象"一方面是由特定时代政治文化的强力介入、极"左"思潮的严重干扰等外部环境造成,另一方面也是性格、人格等内部原因造成的,表现为在历次政治运动中,曹禺都"怕、胆小、听话",以致笔墨畏缩。

无论是批评家从专业角度的分析,还是亲友在点滴生活中的体察,都说明曹禺创作乏力是时代与个人性格合力造成的,有其内在复杂性。这种复杂性意味着并非脱离时代束缚曹禺就能重新焕发生机,时代造成的阴影已成为性格塑造的一部分。

1981 年,新时期第一部曹禺综论专著田本相的《曹禺剧作论》问世之后,曹禺综合研究专著相继出版,这是新时期以来重要的进展之一。这些专著或分论每部作品再综论,或立足某一视角、理论综合贯串,大多能兼顾作家与作品之间的内在互动关系:既重视曹禺创作背景等外部因素,也不忽略生活经验等内部因素对曹禺创作的影响;既能在前人对经典剧作的大量研究成果基础上发掘出新的研究视角,又能关注前期遭受冷遇的"非经典"剧作。研究方法不一,论述全面,解读细致。较有代表性的如 80 年代辛宪锡的《曹禺的戏剧艺术》、朱栋霖的《论曹禺的戏剧创作》、潘克明的《曹禺研究五十年》、吴家珍的《曹禺戏剧语言艺术》,90 年代马俊山的《曹禺:历史的突进与回旋》、曹树钧的《走向世界的曹禺》,新

---

① 黄永玉:《致曹禺》,《黄永玉全集》(文学编·杂集),湖南美术出版社 2013 年版,第 322—330 页。

② 万方:《灵魂的石头》,《收获》1997 年第 3 期。

③ 田本相:《怀念曹禺先生》,李玉茹、钱亦蕉编《倾听雷雨:曹禺纪念集》,上海文艺出版社 2000 年版,第 180 页。

世纪以后刘家思的《曹禺戏剧的剧场性研究》、邹红的《曹禺剧作散论》、张耀杰的《曹禺:戏里戏外》。

新时期之后,曹禺综合研究的另一个收获是史料研究的推进。如王兴平的《曹禺剧本写作和发表时间考辨》、孙庆升的《解放前曹禺研究述评》、马俊山的《1934—1985 曹禺前期剧作研究述评》、刘勇李春雨的《曹禺研究述评》等文章。这些文章在综述史料的基础上,总结曹禺研究的阶段性特征,为下一阶段的曹禺研究开掘新的增长点。

此外,关于曹禺的史料专著,从传记、年谱、回忆录、访谈录到研究资料,一应俱全,基本形成完整的史料体系,为曹禺及其剧作研究开拓了研究视野。传记类如田本相的《曹禺传》、胡叔和的《曹禺评传》;回忆访谈类如梁秉坤的《在曹禺身边》,田本相、刘一军合著的《曹禺访谈录》,万方的《我和我的父亲曹禺》,年谱类的如曹树钧的《曹禺晚年年谱》,田本相、阿鹰合著的《曹禺年谱长编》,研究资料类如四川大学中文系所编的《曹禺专集》,王兴平编的《曹禺研究专集》,田本相、胡叔和合编的《曹禺研究资料》,田本相、刘家鸣合编的《中外学者论曹禺》,田本相、邹红合编的《海外学者论曹禺》。其他史料类资料,还有田本相、黄爱华合著的《简明曹禺词典》,以及各类纪念文集。曹禺综论专著加史料的发掘,使曹禺研究成为一个成果丰硕、范围广阔、视角全面、体系完备、影响深远的专门研究领域。

1966 年"文化大革命"爆发,文学史研究进入停滞期,直到 1978 年之后,才再次复苏。1979 年唐弢主编的《中国现代文学史》第二卷专节论述曹禺及其剧作,"唐弢本"将曹禺归为民主主义作家,认为曹禺戏剧"从艺术上弥补了左翼戏剧创作的不足"。① "唐弢本"比"文革"前几本文学史的分析更全面深刻,除了关注曹禺戏剧的人物、情节、创作方法,还注意到了曹禺剧作风格形成的外部因素。但与新中国成立初期的几本文学史观有相似之处,"唐弢本""主义"主导"艺术"的倾向明显,直指曹禺对"新生活"不熟悉、理解不够等思想局限导致作品现实性薄弱等问题。黄修己著 1984 年版的《中国现代文学简史》也肯定了曹禺内外兼收的戏剧创作方法,认为他最大的贡献是广泛吸收西方戏剧的优点,在为我所用的基础上,最大限度地表现中国的民族生活,使外来形式在中国扎根,以此证明中国也有自己成熟的话剧。

1987 年钱理群等人合著的《中国现代文学三十年》(简称《三十年》)出版,《三十年》的曹禺研究最大的特色是立足戏剧的审美特质,对曹禺戏剧形成了比较完整的文学史观。无论是在曹禺戏剧特色还是贡献上,《三十年》都给出了明确精准的价值判断,没有一丝模棱两可、左右逢源的痕迹。1998 年《三十年》修订本出版,曹禺戏剧部分几乎全部推倒重写。1987 年版着力于曹禺的戏剧特色和成就,"修订本"则力图呈现曹禺戏剧风格的转变。"修订本"将曹禺由《雷雨》到《家》的创作称为"大融合"的戏剧境界,其实"修订本"采取的也是一种"大融合"的研究:并不孤立地谈每一部戏剧,着重探索曹禺从一部戏过渡到另一部戏的内在机制,环环相扣,互为照应。这样的研究视角,能更清晰地把握曹禺戏剧艺术

① 唐弢:《中国现代文学史》(二),人民文学出版社 1979 年版,第 193 页。

的发展脉络和戏剧风格转变的缘由因果。

新时期很多文学史都修订重版过，“曹禺”部分改写现象较普遍。如王瑶的《中国新文学史稿》在1982年进行修订重版，删除了50年代《史稿》对曹禺的苛刻评论。黄修己主编1998年版的《20世纪中国文学史》，在2004年修订版中删除了一些带主观情绪或批判性的语句，如“创作该剧时，曹禺与后来成为他第二任夫人的邓译生恋爱，他把对方的性格气质融汇到愫方的形象中了”，“曹禺的理想是一厢情愿的。‘北京猿人’模特儿的形象设计，破坏了全剧朴素的现实主义风格”。[①]

新时期后，海外的曹禺综合研究也在文学史中同步推进。1979年美国汉学家夏志清的《中国现代小说史》中译本问世，《小说史》肯定了曹禺在戏剧发展上的头功，也指出曹禺为社会潮流所左右等问题。“他的剧本一直未能以成熟和朴实的笔法表现生活，这暴露了他的粗俗。曹禺一本正经地引用命运、遗传律、弱肉强食的自然现象和阶级斗争以增强他剧本的戏剧效果，但是这种拼凑只表示他自己缺乏一种个人的悲剧视景而已。”[②]1992年美国学者费正清主编的《剑桥中华民国史》认为曹禺是中国现代首屈一指的剧作家，并非有意使自己的作品成为宣传工具的狭隘的政治性作家。虽然他对西方戏剧技巧的模仿痕迹明显，但戏剧内容是中国的，这种创造性的运用是曹禺受欢迎的原因。德国汉学家顾彬在《20世纪中国文学史》中也肯定了曹禺剧作在国际上的影响，以“在艺术上超越了时代”的评价盛赞《雷雨》。

四、曹禺综合研究的整体特征与反思

1. 曹禺综合研究的整体特征

纵览近80年的曹禺综合研究，除了“褒贬兼有、毁誉参半”“阶级压倒艺术”“海内外、多视角全面推进”三个阶段性特征外，曹禺综合研究还显示出整体性的特质：第一，研究者们一致肯定曹禺在中国文学史尤其是戏剧史上的地位；第二，综合研究中对单个作品的评价以及海内外评价存在较大反差。笔者总结各阶段与部分戏剧的评价用语制表如下：

表1　对曹禺及其戏剧的综合评价

时间	作者	出处	评价
1937	苏雪林	《中国现代戏剧概观》	这个作家写剧的天才功力均卓绝一时，前途希望是极其远大的
1937	司徒珂	《曹禺的三部曲及其演出》	万先生更不只擅长演戏，及导演，而且他是近年来中国剧作界唯一功勋者

① 黄修己：《20世纪中国文学史》(上)，中山大学出版社1998年版，第415—416页。

② 夏志清：《中国现代小说史》，复旦大学出版社2005年版，第222页。

续表

时间	作者	出处	评价
1940	竺磊	《谈曹禺的戏剧》	手法和音响的利用，曹禺更是非常巧妙，至少可以说是国内剧作家中最好的
1943	李一鸣	《中国新文学史讲话》	他以《雷雨》一剧震惊文坛，一跃而居剧作者的首席
1943	萧赛	《曹禺论》	在中国近代戏剧史上，曹禺是不可磨灭的一个作家
1943	鲁思	《剧作家：曹禺》	在中国的剧作家群中，曹禺是最优秀的一个
1944	吕荧	《曹禺的道路》	作者以他的卓越的力与笔，体会人事与人情，绘写人物与人生，已经超出在一般成就之上了
1944	杨晦	《曹禺论》	曹禺先生是中国近年来戏剧界中最值得注意的一位作家
1951	王瑶	《中国新文学史稿》	他的创作才能是卓越的，而且因了他的创作的出现，也鼓励了和提高了一般剧作的艺术水平，贡献是很大的
1956	丁易	《中国现代文学史略》	作为一个批判的现实主义剧作家，作者在中国现代文学史上，终不失为最优秀的一个
1956	刘绶松	《中国新文学史初稿》	曹禺的剧本在艺术上的确是达到了很高的成就的，在结构的完整和对话的紧凑上，在同时代作家的作品中，我们还很少找得出同样的例子
1976	司马长风	《中国新文学史》(中卷)	奠定在戏剧创作的首席地位，更到今天，仍无人能够超过
1979	唐弢主编	《中国现代文学史》(二)	曹禺的作品的出现，标志了“五四”以来话剧创作上的新成就
1984	黄修己	《中国现代文学简史》	这两部(《雷雨》《日出》)四幕话剧的出现，是中国话剧艺术成熟的标志
1992	费正清主编	《剑桥中华民国史》(第 2 卷)	他是中国现代的两位不仅把戏剧看作文学而且也看作表演的剧作家中的一位
1998	黄修己主编	《20 世纪中国文学史》(上)	标志着中国开始有了与近代西方第一流的写实悲剧相媲美的作品；奠定了他作为 30 年代中国最著名的悲剧作家的地位
1998	钱理群等	《中国现代文学三十年》(修订本)	使中国现代话剧剧场艺术得以确立，并在中国的观众中扎根，中国的现代话剧由此走向成熟
2005	夏志清	《中国现代小说史》	这种成绩，差不多是曹禺一个人的功劳。 曹禺的成就，比其他同期的剧作家高出许多
2008	顾彬	《二十世纪中国文学史》	尽管如此，只有一位剧作家获得国际影响，在艺术上超越了时代：曹禺

表 2　　对《日出》《原野》《北京人》的逐一评价

剧名	时间	作者	出处	评价
日出	1937	司徒珂	《曹禺的三部曲及其演出》	《日出》在这三部曲中，意义是最伟大的一部
	1939	白　雪	《论曹禺》	比较起《雷雨》来，我觉得是进了一步
	1941	冼　群	《曹禺作品研究》	无论哪一方面，《日出》都较之《雷雨》进步
	1951	王　瑶	《中国新文学史稿》	可以说是他剧作中最好的一部
	1956	刘绶松	《中国新文学史初稿》	它较之《雷雨》有了更多的艺术感染的力量
原野	1940	竺　磊	《谈曹禺的戏剧》	若以我个人的眼光来排列这三部戏，我的顺序是：《原野》第一，《雷雨》第二，《日出》第三
	1941	冼　群	《曹禺作品研究》	我认为这个剧本无论是在题材的处理上，在主题底正确性、积极性上，都较之《雷雨》和《日出》进步
	1944	杨　晦	《曹禺论》	《原野》，是曹禺最失败的一部作品
	1944	鲍霱如	《曹禺论》	再看"三部曲"的最后一部，也可以说是最丰厚的一部——《原野》
	1955	丁　易	《中国现代文学史略》	在作者剧作中，不能不说是失败的一部了
	1956	刘绶松	《中国新文学史初稿》	它在作者的许多剧作中，应当是失败的一个
	1984	黄修己	《中国现代文学简史》	《原野》无疑是曹禺的一部重要作品，但不能说是成功的作品
北京人	1979	唐　弢主　编	《中国现代文学史》(二)	这个剧本在社会意义上虽然逊于《日出》，但仍是一部优秀的作品
	1980	刘绍铭	《君自故乡来——曹禺会见记》	除了《北京人》外，《雷雨》《日出》《原野》三剧的观点，都是随波逐流的。一九四九年后的作品，如《明朗的天》和《胆剑篇》，那就更不用说了
	1992	费正清主　编	《剑桥中华民国史》(第 2 卷)	《北京人》可以说是他的艺术上最好的作品
	2005	夏志清	《中国现代小说史》	这仍是他所写过的最好的剧本

从表 1 可知，尽管研究者们挑剔着这样那样的毛病，但对曹禺戏剧的成就和贡献是肯定的，对曹禺在戏剧史乃至文学史上的地位是认可的。具体到每一部戏剧，研究者们见解不一。综合表 2 来看，大陆研究者评价较高的戏剧是《日出》，评价较低的是《原野》，海外研究者评价较高的是《北京人》。在三四十年代抗战和五六十年代新中国成立初期的时代背景下，曹禺研究大多重"主义"，轻"艺术"标准，以至表现光明面的《日出》获得了极高的评价，充满"虚无主义"倾向的《原野》却遭到严苛的抨击。大陆对《原野》的评论也不是一边倒，还是存在较大反差。相比司徒珂等人对《原野》的批判立场，冼群、鲍霱如、竺磊等人比较偏爱《原野》，《原野》评价的两极化现象，是批评标准决定的。同样，海外研究者在不

同的语境下能抛开所谓“时代”与“阶级”的外在影响，从戏剧的审美艺术出发，给予《北京人》极高的评价。说明曹禺戏剧在“主义”和“艺术”批判标准支配下，分别呈现出全然不同的评价结果。

2. 曹禺综合研究的整体反思

综合研究自30年代至今，批评文章都各具特色，特别是新中国成立前的几篇文章个性突出。如冼群的文章问题明确，逻辑清晰；鲁思总结精准，论述全面；吕荧以诗化语言行文，主线贯穿，分论有序，逻辑思路清晰；杨晦立足“主义压倒艺术”的批评观，否定性批判贯穿全文。这些批评文章能较全面地综论曹禺作品，在保障文章形散神不散的前提下，突出个性。研究视角结合社会背景、文化语境等创作环境，涉及语言、情节、结构等戏剧技巧，研究方法囊括对比法、细读法、归纳法、印象式批评，研究学科横跨心理学、宗教学、语言学等领域。但近八十年的曹禺综合研究虽取得诸多成果，但也有很多不足和需要反思的地方，如综合研究的“不综合”现象。

首先表现为就一部作品谈一部作品的分别论述多，总结归纳的概括性评论较少。大多数文学史都遵循以“时代”“文体”“作家作品”三位一体的书写范式，以时间为经、作品为纬，织成作家创作网，分作品论述多，综合论述少。大部分文学史孤立论述曹禺每部作品，没有综合纵览曹禺戏剧创作轨迹，以致对曹禺戏剧特色的总结、归纳不精准、不精炼、不全面，对曹禺戏剧创作风格的转变难以形成全局式概观。好在这一缺陷在新世纪得到改善。21世纪以来的综论文章呈流行趋势集中爆发，实现了真正意义上的“综合”研究。这类文章通过提炼出曹禺所有作品中的某一共同特质，围绕统一的线索进行综合论述，是曹禺综合研究在研究方法上的一大突破。

“不综合”除了体现在“分论”式研究方法上，还体现在研究范围上。即对曹禺“经典”作品着墨多，“非经典”作品着墨少；综合研究《雷雨》等早期作品的成果较多，《王昭君》等后期作品成果较少。综合的范围仅限于《雷雨》《日出》《原野》《北京人》《家》等戏剧，《蜕变》《艳阳天》《明朗的天》《胆剑篇》《王昭君》等作品则被极大忽视，导致曹禺综合研究实质意义上的“不综合”。对曹禺每部作品的研究“贫富差距”过大，也会“一叶障目”，难以凭孤立研究见真实全貌。

另外，曹禺综合研究也存在固化倾向。《中国现代文学三十年》（修订本）在“曹禺剧作的命运”一节中有这样一段论述：

> 曹禺既是拥有最多读者、导演、演员与观众的现代剧作家，又是最不被理解的现代剧作家；人们空前热情地读着、演着、欣赏着、赞叹着他的戏剧，又肆无忌惮地肢解着、曲解着、误解着他的戏剧……在某种意义上，曹禺这位天才的剧作家正是被落后于他的时代所“骂杀”与“捧杀”的。这是中国现代文学史（戏剧史）上最为沉重、也最发人深省的一页。①

这段对曹禺戏剧命运的评价，也是“修订本”最“发人深省的一页”。“修订本”谈到的

① 钱理群、吴福辉、温儒敏：《中国现代文学三十年》（修订本），北京大学出版社1998年版，第325页。

这一问题，可视为邹红总结的固化模式：即认为曹禺的戏剧以社会问题为题材内容，以现实主义为创作方法，以揭示历史发展的必然规律为创作目的，而且相应地，剧本（演出）所产生的效果应该是认知性的、鼓动性的。① 研究者们对曹禺戏剧的题材、创作方法、创作目的、演出效果的认识都表现得单一且固化，以《雷雨》为例：内容上，将《雷雨》视为“社会问题剧”；技巧上，删去《雷雨》的序幕和尾声，剧场效果上，因不合理的删除，曹禺原本所期待的“水似的悲哀”的离场效果变为“对社会现实的批判”。

这种固化模式在文学史的曹禺研究中也有所体现。其实，中国现当代文学史的发展在每个历史阶段，都表现出了不同的特征：20 世纪五六十年代以革命、阶级定调，80 年代以启蒙为纲的“写作热”，90 年代立足审美的“重写热”，新世纪进入多元化时期。但这场审美与意识形态此起彼伏的较量过程，在曹禺研究上体现得并不明显，这是一条波澜不惊、近乎笔直的发展线。曹禺“进步作家”“民主主义作家”的地位，一定程度上限制了文学史的研究视野，研究者们无法跳出意识形态的束缚。钱理群等人合著的《中国现代文学三十年》力图突破意识形态视野，走以艺术为本的路子，这种努力在曹禺的文学史研究上显得孤立无援。

结　语

从新中国成立前到新世纪，从素未谋面之人到远近亲疏之友，从大陆到海外，对曹禺的综合研究在时间和空间跨度上都颇具规模，形成了较完整的研究体系。其中，最值得称道的是研究者们并未顾忌曹禺的文学史地位，大都敢于直言，立足于批判式的研究视野，没有因曹禺之名一味吹捧曹禺戏剧，不仅致力于建构一个戏剧史上的神话人物，还同时解构了这个神话人物。

对曹禺研究诸多问题的探讨，从侧面印证着中国从“五四”以来争论不休的命题：艺术还是主义，审美还是启蒙。因为戏剧的特殊性和曹禺的特殊地位，这一命题在曹禺及其戏剧上体现得格外突出。或许正因为研究者相对严苛的批评观，曾经遭遇诸多质疑与声讨、想多面讨巧终致多面不讨好的曹禺，逐渐在大环境压力下，远离了初期的审美诉求。好在研究者们依然不约而同肯定他在中国戏剧史上的卓越贡献。

研究文学史上名有定论的作家本来就有一定难度，加上随着时间的推移，史料和研究视角越来越难发掘，未来的曹禺研究工作会越来越难超出前人的成果，越来越难找出有新意有理据的命题。但正如曹树钧先生所说，研究难度并不代表无可研究，审美难度不代表审美疲劳。正基于此，在曹禺诞辰近 110 年之际，对前人研究作集中梳理，也算为后人研究作一“批评之批评”的积累。

---

① 邹红：《“不可相信的参差”——接受视野中的曹禺剧作》，《首都师范大学学报（社会科学版）》1999 年第 6 期。

一、新中国成立前曹禺综论

曹禺的三部曲及其演出

司徒珂

在十几年前万家宝（曹禺）先生的声名已经驰骋于华北剧坛上了，那时他领导北国唯一话剧团“南开剧团”演出了许多的名剧，社会上对于他的导演技巧，无不称赞。万先生不只擅长导演，笔者在二十五年秋曾亲睹他主演的《财狂》，便知道他是演导俱精的天才，无怪一般评剧家说中国只有两个成功的演员“南袁（牧之）北万（家宝）”。

万先生更不只擅长演戏及导演，而且他是近年来中国剧作界唯一功勋者，他的三部曲《雷雨》《日出》《原野》问世以后，使剧本饥荒的剧坛，获得珍贵的粮食。由于剧本本身的成功及演出者的努力，使社会借此三部曲而对话剧萌生良好的印象，对于这伟大的功绩，我们从事剧运者应抱十二分敬意而感激。

这三部曲都已在全国各地公演了（只《原野》尚未在北国演出），但剧本的伟大含意，往往被一般演出者和观众所曲解，甚至辱没了作者的原意，这的确是一件极值得重视的事。笔者愿在这里将所见到关于剧本及演出方面数点，与诸话剧同志作一商榷，希望今后演出者领略个中深意，而能表演生动；另一方面更希望一般观众对原剧作一番认识，不致曲解事实，不过笔者所见亦甚浮浅，尚希读者诸君有所指教。

《雷雨》是曹禺步进文坛的第一声响雷，正如剧本的名字一样，它是中国戏剧界久旱后的一场雷雨。《雷雨》的成功，一方面是技巧上的成熟，一方面是意义的深远。一般人都以为《雷雨》是一部“家庭伦理剧”，所表现的是“报应循环”的故事，再进一步说这是一幕大家庭的丑剧。我们认为这些说法都有商榷余地。

固然《雷雨》的故事是以周朴园的家庭作中心，仿佛所表现的是他们一家的丑事，而且在报应循环因果关系下进展着剧情。凡是这样看法的人，他们只看到舞台上表现的故事，没有去深思剧本的深刻含意。

一般富人的家庭中常常要演出“婚变”的故事，这不是受“欧风”的影响，更非像一般人所说的“人心不古”。婚变的发生是由于婚姻制度的不良和社会伦理观念的丧失，愈是富人的家庭，由于他们金钱的作孽，愈容易形成不合理的婚姻。按周朴园一家来说，周朴园因为“另有新欢”而把侍萍遗弃，但他又不能给他第二个夫人蘩漪精神上的满足，当然这时年轻的主妇要把她的感情寄托在另一个人的身上，如果她没受过教育也许有更卑鄙的事件发生，我们当认为她钟情于大少爷——萍，是必然的结果了。在大、二少爷来说呢，他们日常所接触的多是矫揉造作傲慢豪华的贵小姐，对于天真朴素温柔体贴的四凤当然要有好感的，这种三角恋爱该说是社会制度不良而造出的结果，而不应当斥为“乱伦”的勾当。

我们如去追寻此剧的深意，应注意到三十年前的故事，周朴园遗弃了侍萍那才是一个重大的伦理问题，如说《雷雨》是一部伦理剧的话，伦理应指周朴园遗弃侍萍的不道德，往往一般人把这一点给忽略了。

因为鲁大海代表工人向周朴园交涉，有人认为曹禺是同情劳动阶级者，其实艺术的价值本在表现真美善的理想，鲁大海是坦白的热诚的，比起奸猾老狯的周朴园当然他是应享受社会的同情的，鲁大海可以说是作者借他来向黑暗社会作一个痛击，演出者和观众对这个角色都应特别注意一下。

一般的演出往往忽略了以上的几点，把一个社会问题剧当做家庭伦理剧，于对于往事的叙述和剧中的许多伏笔如四凤的起誓、鲁妈的入周宅、周朴园的忆往事都是剧中极精采的地方，都不注意，却只注重鲁贵的滑稽表演、四凤与萍的恋爱，这未免是轻本重末。尤其对于鲁大海一角一般人认为他不过是一个粗鲁正直的硬性小生而已，其实不然，因为剧作者的许多心语都借他来发挥，扮演此角色的演员要特别注意到这一点，如何表现他的坦白、热诚、勇敢、正大光明的性格，在自然中能激动观众的同情与钦佩，这出剧的成功便可以得到了一半。如果饰侍萍和朴园的两演员，能把三十年前的故事很清晰生动的介绍给观众，那么这样的演出才能达到全体的成功。

《日出》在这三部曲中，意义是最伟大的一部。曹禺先生把资本主义及封建势力支配下的都市社会的丑恶完全揭穿。在《日出》中活动的人物什九是在污浊中鬼混而没有灵魂的人，他们永过着黑夜一般的生活。“太阳出来了，黑暗留在后面，但是太阳不是他们的，他们要睡了。”在他们的生活中，充满了侥幸心、欺骗、陷害、压榨、剥削、逢迎、出卖灵魂，种种的罪恶，这也正是近二十几年来中国都市病狂的表现吧！

作者是痛咀着这黑暗势力的，但他并不像一般剧作者一样把一个可诅咒的人物，用一个实体角色表现出来，他却用一种隐暗的方法，使这主要的角色，也可以说是社会黑暗的势力——金八——并不出场，在舞台上活动的却是受着金八支配愚弄的人物。而且他利用一个交际花陈白露的新生活作中心，把其他人物借着他们和陈白露的联系而介绍出来，如有人认为《日出》是表演一个交际花堕落而自杀的故事，或认为是男女两主角——陈白露和方达生——的恋爱故事，那都是曲解了剧情。

在演出时极容易感觉到的困难，就是容易被人误会这是在扮演淫秽的把戏！尤其是第三幕是全剧中最生动的一部分，那里有被牺牲者破嗓的哭嚎，更有作者同情的眼泪。但是观众却不去注意这些，如果观众程度浅薄的话，他们会把《日出》当做一部嫖娼介绍戏，甚至由于他们受了封建思想的熏染，竟丧失了同情心、怜恤心，而认为这是很平凡而且好玩的把戏。如果演出者得到这样的印象，那么整个的演出是毫无价值可言了。他们不只辱没了作者的伟大意念，而且对于剧运无疑是作着摧残的工作。

前年的春天，笔者在天津就看到某剧团这样荒谬的演出，所以才有如上的感想，同时更希望今后剧坛不致有类似的情形发生。

没有了解、没有同情的演出，便是最失败的演出。

《原野》是曹禺先生突变作风的第一个尝试,《雷雨》是以家庭为中心,《日出》是以社会为中心,而《原野》则是扩张到“原野”去了。这剧所表现的是复仇的故事,从第一个主要角色的名字也不难看出作者的心意,“仇虎”就暗示着“仇”意。仇虎和他父亲被他干爹陷害,他姘靠了他干兄弟的媳妇——金子,他想报杀身的私仇,他干妈为了杀他而误杀了自己的孩子(这里不见得是循环报应),仇虎又杀了他的干兄弟,最后在官警的枪弹下拉着他的情妇逃入了原野的森林。在他临被逼而自杀的当儿,他嘱咐金子说:“叫你肚子里的儿子,替他爸爸报仇。”这整个剧中充满“仇”的气味,也许是作者在向这黑暗社会诅咒吧,也许他认为世间的“仇”是不能解了的吧。那么人类的屠杀的悲剧也就繁衍无穷了。

仿佛这剧本的含意就只这样单纯,作者特别注意到的是技巧上的问题。《原野》的技巧较前两部有极显著的进步,角色个性的奇特、对白的锋利、情节的变幻,尤其是利用天然的景物作背景,使话剧由舞台而迁移到广大的“原野”中去,这种大胆的尝试更值得钦佩。

据在南国演剧的朋友来信说,南国的话剧已从舞台而搬入民间了,他们说过去在京津的话剧演出该算是最旧的形态呢。现在的演剧演员和观众已经打成一体了。

《原野》最主要的是灯光和布景两个问题,剧场最好是利用“原野”(如定县话剧演出的形式)。听说北京剧社已经排演这个剧本,希望他们能用最大的精力和最新的姿态,把曹禺先生的第三部成功作品介绍给我们。

原载《读书青年》1937 年第 2 卷第 11 期

论曹禺

白　雪

上　篇

将现实性被他给掩住了

曹禺先生之不姓曹，就如同笔者之不姓白是一样的。我们今天之所谓论曹禺，是论他的几部名剧，并不是论他的本身，所以是男是女、姓何姓曹、性情如何、相貌怎样，都没有探讨的必要。

曹禺的作品是三部，第一部《雷雨》，二部《日出》，三部《原野》。《原野》在文丛上面只登了两幕，没有登完，所以舞台上的演出也没有实现。未窥全豹，这实在是一件遗憾的事情。

在根本谈不到话剧的中国，突然的有了两部作品发现，便会受到大众的拥护，这是必然的事情。《雷雨》和《日出》的作者曹禺先生，着手写这两部大创作，也就是时代的机会所造成。在文章上来着眼，我们不能不承认是一篇有声有色的散文，如果以戏剧的眼光来看，使我们不能不有所批评。不过，我的批评是为了戏剧运动本身。写批评，并不是对作者个人，而是对于当前的戏剧来作一个探讨与研究，这是应当先向作者来道歉的，尤其是希望爱好话剧的同志有所共鉴。曾记得某年元旦日，某大报的文艺版对于《日出》，曾经有过一个集体批评，就是因为《雷雨》，引起了一般人的注意和兴奋；我自从看了这个集体的批评才去拜读原本，后来又看见在舞台上的演出，才知道一个剧本的好坏与受人欢迎与否，与舞台上完全是两个问题，其中的分别，就是看作者对于社会上的认识正确与否罢了。

作者写周朴园与侍萍。朴园既与侍萍由爱而结合，就应该进一步收为妾；侍萍既为朴园生子，更应该容纳为正式的妾的地位了。朴园与另一个贵族女子结婚，与妾的地位并不发生冲突，而朴园竟忍心于雪夜逐出侍萍，留下儿子，当然对于侍萍是无爱可言的，只是玩弄女性与摧残女性而已。作者对于这种人当然是激愤的，对于他的良心上当然有一种深刻的针砭，这是对的；然而周朴园却三十多年保存着房子的形态，并且将儿子唤作萍来纪念他的母亲。像这种矛盾的人，在中国社会里恐怕打着灯笼也不容易找出来一个，而作者的思想却会写出这样一个有良心有道德的伪君子，能不算是一件奇事？这不过是一个理想的人物罢了。

我知道作者的技巧与思想，专门注意到结构上去，和小说的写法一样；他要使情节怎样的复杂，穿插又怎样的动人，于是将现实性被他给掩饰住了。像异父同母的兄妹在不明真相中爱上了，前妻的儿子和后母发生肉体关系，从每天的社会中便能看到许多类如此等事实的新闻，这是有钱人的罪恶，并不是什么稀奇的事，它的罪恶也就是脱去宗法社会而造成的。朴园以五十多岁的人而有一个二十岁的少妻，无疑的是形成一方面的苦闷，作者所写的罪恶，不加于朴园而加于萍儿，不能使青年如何打破这种难关向上，这实在是失算。

编者紧要声明：本文作者白雪先生，非北京剧社之白雪先生，唯恐读者误会，特此紧要声明。

中篇

要知道故事的戏剧性越浓厚，离事实相去就更远了

作者所谓剧中人的错误，完全是属于社会制度的缺欠，如果按照宗法礼教的本身来讲固然是对的，然而对于像朴园这种缺乏宗法礼教观念的人，是应该给予一个重大的打击。但是不然，作者所给予朴园的责罚只是苦闷，对于有为的青年而是让他死，在明显上并没有指示给他们一个途径。在正当道理上讲，同等年龄不是应当结合吗？萍儿与四凤的结合，因为没有明了他们的身世，这当然不能算是罪恶；反过来说，朴园与蘩漪的结婚，在婚姻本身上的年龄，很明显的是一件罪恶了。我们在客观的批评上，当然不能拥护萍儿的母子通奸，不过这个罪恶在他们身上是自然现象造成的，况且蘩漪之所谓母亲，不过在名誉上的地位而已，我们的论点应该向不同年龄结婚的本身，给他一个严格的惩罚。

周萍与四凤由兄妹而结婚而有三个月的身孕，是自然现象在暗中主持的，可是他们对于事实上的发展，并不负道德上的责任的。如果认为他们的结合错误，是应该给他们指示出一个新的而且光明的途径，使他们离开好了，但是作者所给他们的结果只是一个死字，这未免过于严苛了，并且一条未出世的小国民也被联带的死去，这种惩罚施之于犯罪者与无辜者之间，实在太欠公允了。

在宗法礼教社会之下，便不许它有这样事情发现，如果是以时代来作立场，那么一切都有纠正的必要。像情节上偶然的地方过于多了，一个小说的结构尚恐其偶然的地方太多，更何况是一部代表时代的话剧了。其中像周萍和后母发生了恋爱这是一个偶然，但他又和妹妹四凤相爱，又是一个偶然；一个有了儿子的母亲在无意中被单独的逐出去了，而无意中却又嫁给前夫的听差做妻子，本是一个偶然，而自己女儿又到她前夫家里做婢女，且与少爷哥哥发生性的关系，这再加上一个偶然；同时她又回到前夫家里探视女儿，却再来一个偶偶然。偶然本是社会上应有的事，而偶偶然却似乎很难找得到，就是偶然发生了偶偶然的事，而双料的偶偶然会在一起发生，这岂不是太奇怪了么？戏剧是要把握住现实的，如果说这是根据理想，预言将来，那么真到了将来，说不定这些事又会平淡得毫不出奇。总而言之，时代的话剧不是中国古代所谓的传奇，“传奇”是不奇不传，越奇越传，然而

我们真读了传奇的话，我认为传奇虽奇，尚不如《雷雨》之奇得要命了，要知道故事的戏剧性越浓厚，离事实相去就更远了。

至于剧情方面的矛盾，像鲁大海求见经理的困难，如同墙高几百尺、插翅难飞的样子，可见门禁之严；但是晚间鲁贵挨进大门，鲁大海带凶器走进上房，萍儿和四凤往来的随便，并不见一个仆人的拦阻，这虽然是小的动作，但是我认为是应该特别注意的。

下　篇

总而言之，我们的结论是作者对于写反角，是胜过于写正角的

我们再谈到《日出》，《日出》这个剧本写的是大都会，比较起《雷雨》来，我觉得是进了一步。摆在我们面前的，像上海的五花八门的描写，是非常现实的，剧中人如旅馆小姐陈白露、三等妓院的老妓女翠喜、有钱的孀妇顾八奶奶、银行经理潘月亭、留学生张乔治、银行秘书李石清、银行小书记黄省三、旅馆茶房王福升、地痞黑三、顾八奶奶的面首胡四、小顺子、小东西等，无一不是大都会的支柱。大都会像大楼似的，支撑大楼的几条柱子是不可少的，而作者所描写的这几个人就恰是最好的支柱。作者看到那时候社会机构的腐烂，人类的贪婪、残酷、虚伪、忌恨、不公，于是才写出这本剧来。这剧是对着借投机和剥削而寄生在社会间一个严厉的攻击，然而作者受到茶花女的影响的确不小，不过作者把重心迁移了一下。

如果按照文学方面来讲，作者勉强可以算是成功的；如果按照剧本的结构和情节来说，里面确有可商讨的地方。要知道话剧的每一幕都应该与全剧有连贯性的，倘或发生了独立性，就要使全剧失色了。《日出》的全剧就是缺乏统一性。以第三幕来说，本身上可以说是描写极美妙的写实，但是这一幕仅像小说里面一个穿插，一个插曲，如果将它删掉了，于全剧并没有什么影响，这就是说“第三幕本身”是具有独立存在性的。

沈从文说：“在人物性格行动上，也有可斟酌的地方。”这话一些也不假，像小东西被人在三等下处里嫌是小雏儿不上盘，却反被金八垂青，这不能算是小毛病，而写金八并不像个小流氓，有许多地方却像大流氓的行为了。

还有陈白露的描写，在这书中当然是一个顶红的人儿了，乔治也曾说过：“是这儿顶红顶红的人儿，最为我所崇拜的。”当然崇拜陈白露的又不止是乔治一个人了。据她自己说，她和乔治认识“纯是因为他口袋里有几个钱”，那么大都会的女人，像白露这样的女人，既不是在金钱上讲贞洁的，她用钱也当然不能专门依靠潘经理的。然而她最后向乔治借三千块钱，乔治不肯，而陈白露也绝不能因为潘经理塌台，便找不出其他借钱的路子，竟然因为这一点情形自杀，未免有些来得突兀了。所以陈白露之自杀，好像是作者故意的让她走上这一条路上去，这一点似乎太不写实了。

至于写金八不到陈白露的房子里来，却去结识了一个小东西，以金八的资财，大都会的女人不是还多着么？为什么单挑了一个三等妓院的养女，虽然三等妓院客人都嫌她太

小，金八却不顾一切跟她睡在一起，固然是特意写出他的残忍、丑恶，但是在上海确实找不出这样事实来。

再说到布局，作者的确疏忽了戏剧的连索性，如果我们将第一幕的后部和第三幕全部删去，不但没有损失剧情，我认为布局更比较紧凑了。总而言之，我们的结论是作者对于写反角，是胜过于写正角的，话说回来，在戏剧贫乏的现代，能有这两部作品出来，就是很不容易的一件事。最后我希望爱好话剧的同志们，应该努起力来奋斗、拥护。

原载《立言画刊》1939 年第 41 期

谈曹禺的戏剧

竺　磊

也许有人以为在一个作家刚刚开始写作的时候，来综括地讨论他的作品，即使不是一件危险的事，也是一件不太合适的事。这种说法当然很有道理，不过对于今日的曹禺，则未必完全如此。因为我以为今日的时代，已与“七七”以前不同了；而文学是代表时代的。再说，今日国内戏剧运动的发展，实在可以说是几十年来所未有。一个剧作家，受了时代转变和他所从事的艺术的本身的发展的影响，在思想和技术方面，多少要有些改变。

很不幸，我们到现在还没有机会看到曹禺的近作《北京人》，不能知道他的写作新方向是什么。可是同时也算是幸运，因为我们可以趁此机会把他以前的作品检讨一下。《正在想》一戏，虽然是在最近出版的，可是我不把他放在本文的讨论范围内。我的理由是：第一，这是作者的第一篇短戏；第二，是根据别人作品改编的。

现在我们先把曹禺的前三篇作品，《雷雨》《日出》《原野》，分开讨论一下，然后再综合起来看看他的思想、技术和其他的发展过程。

《雷雨》

有人说曹禺的前三部作品，还都没有脱离模仿时期。关于这点，作者自己已经有过很清楚的自白。他说：“我是我自己——一个渺小的自己：我不能窥探这些大师们的艰深，犹如黑夜的甲虫想象不来白昼的明朗。在过去的十几年，固然也读过几本戏，演过几次戏，但尽管我用了力量来思索，我追忆不出哪一点是在故意模拟谁。”话虽是这样说，可是接着他自己也得承认：“也许在所谓‘潜意识’的下层，我自己欺骗了自己：我是一个忘恩的仆隶，一缕一缕地抽取了主人家的金线，织好了自己丑陋的衣服，而否认这些褪了色（因为到了我的手里）的金线也还是主人家的。”[1]其实呢，批评他的人也未免太无聊。即使《雷雨》有的地方像易卜生的《鬼》，可是绝不是《鬼》。这并不是因为曹禺在里面加了点东西，或是把它改头换面了，而是主旨的截然不同。《鬼》所要表现的，只是“父亲的罪孽在儿子身上又重现”，而《雷雨》呢，却是写一个很复杂的问题。《鬼》只是父亲在做孽，而《雷雨》则没有任何人在做什么，只是如作者自己所说的，都在受着“自己——情感的或者理解的——的捉弄，一种不可知的力量的——机遇的或者环境的——捉弄”。[2]

① 《雷雨》，页一。
② 同上。

所以我们批评《雷雨》(其实不但是《雷雨》,批评什么都是一样),不能说因为它的情节的某一部分跟某人的作品相像,便一概抹杀了它的价值。而一篇文学作品的价值,最重要的不是情节如何,而是表现方法如何:是不是够真切,够合理,够有力。

在表现方法来看,《雷雨》可以说是较中国以前的剧作都进步多了。在《雷雨》里面,我们找不出太不合剧中脚色身分的对话和完全无用的地方。作者把每个人物都赋予了恰如其分的生命,所以我们看不出有牵强的地方。整个的剧情一直很自然的向前发展,决没有太突然的事件发生。

可是,也有人批评说:《雷雨》里面的大事太多了,或者就是说太凑巧,而把它弄成了一出传奇剧。其实,这种看法虽有相当道理,但是对于一篇中国戏多少有些不合。因为在现在的中国,戏剧的发展还是在过渡时期,剧作者同观众还都脱不了中国旧剧的影响。一出戏,只要是“悲”的,虽然也许不合于欧美的悲剧的格式,其所造成的悲剧结果则无太大的差别。中国有一句成语说:“无巧不成书。”于此可见一般中国人对于故事的看法。再进一步,描写简单的事件固然可以,描写很“复杂”、很“凑巧”的事件也并非不成。也许有的人在看过或读过这出戏后,便说:“太离奇了,这不像是真事!”可是假若要他说出哪些地方不合理来,他却说不出!

剧前的序幕和剧后的尾声,作者以为有相当的功用。其实在我看来,不但是画蛇添足,并且对全剧也只是有损无益。我们即使需要所谓“欣赏的距离”,但这剧的序幕和尾声不能有如此的效用。加上去,反倒觉着有些渺茫。再说,只就鲁大海一个人物而论,这一头一尾实在把他弄得很窘。假若作者不把这事情推到十年前,别人倒不会有话说;加上了这十年的时间,人们反而要问:“鲁大海到底哪里去了?”

《日出》

在剧的前面(这是按文学丛刊的《日出》单行本说的),作者引了几段话。第一段是:

> “天之道其犹张弓与!高者抑之,下者举之;有余者损之,不足者补之。天之道损有余而补不足;人之道则不然,损不足以奉有余。”
>
> ——老子《道德经》七十七章
>
> 最末一段是:
>
> “我又看见了一片新天新地,因为先前的天地已经过去了!”
>
> ——《启示录》第二十一章

这两段话代表了全剧的主旨。前者是指《日出》之前(恕我这样杜撰地说),后者是暗示着《日出》之后。

可是我们看完这剧后,终觉得“日”还是没有“出”来。这里,便产生了这个悲剧。——虽说是天道如何,人道如何;而究其实则天道仍旧是天道,而人道也永远是人道。可是因了人们看出来人道的劣点,便企望着天道的来临。悲剧的作者便把这种冲突的现象写了出来。

所以《日出》,并不是像一般人所想的,是攻击社会的弱点,因为曹禺决不会如此作。

《日出》，和《雷雨》一样，只是很客观地写实，而决不是想替人类的社会想出多好的解决办法。这就是为什么作者把光明和希望放在幕后，而最终还让观众们带着悲伤的心情走出戏院，或者是使读者愤愤地搁下书本。

这种复杂的关系，可以从剧情里很明显地看出来。还是那句话，所以如此是谁也怪不得。如果我们真的要怪，只能怪天，或是照基督教的说法——上帝了。陈白露的堕落，是极端不得已的事。她并不想堕落，可是因为环境的逼迫、人性的诱惑，她就像是一只大海中的小板船，在时代的波涛中沉了下去。潘经理的失败，小书记的惨状，都不是单解决了某一件事，便能解决了的。所以我们看这戏时，不能说谁错了，因为根本不是任何某一个人的错。金八呢，好像是在操纵着这些傀儡，其实若仔细想来，也未尽然。假若我们的作者把他搬到台上来，也不过是另一个潘经理而已。他在这出戏里，好像是胜利者，可是在整个的人生里，也只是被捉弄者之一。谁知道他不也会像潘经理一样失败？或是换过来说：谁知道潘经理没有像金八那样胜利过呢？

还有，剧中每个人都有一点普遍性，便是自私。我们不必一一列举。最明显的例子是第四幕里的张乔治。在陈白露无路可走向他借钱时，他便以极幽默极滑头的手段回绝了她：

> 乔：得了，这我绝对不相信的。露露会要这么几个钱用，No，No，I can never believe it！这是我绝对不相信的。你这是故意跟我开玩笑了。（大笑）你真会开玩笑，露露会跟我借钱，而且跟我借这么一点点的钱。啊，小露露，你真聪明，真会说笑话，世界上没有再像你这么聪明的人。好了，再见了。（拿起帽子）
>
> 露：好，再见。（微笑）你倒是非常聪明的。（日出，页三二四。）

是的，陈白露很聪明，张乔治也很聪明。不但他俩，哪个人不聪明？世界上哪有傻子？也许有人说方达生很傻，其实他才不呢！不过是处在《日出》这样一个社会里，显着不合适。他一直希望陈白露会跟他走，可是在最后：

> 达：（敲门）你听！你听！（狂喜地）太阳就在外面，太阳就在他们身上。你跟我来我们要一齐做点事，跟金八拼一拼，我们还可以——（觉得里面不肯理他）竹均，你为什么不理我？（低低敲着门。）你为什么不说话？你——（他回转身，叹一口气）你太聪明，你不肯做我这样的傻事。（陡然振作起来。）好了我只好先走了，竹均，我们再见。（日出，页三三一。）

记着，他并不知道陈白露已经自杀。所以那一“转身，叹一口气”和那“徒然”地“振作”，证明了他已经了解了他自己，了解了一切，于是便“迎着阳光由中门昂着走出去”。

《日出》的第三幕，是好些人辩论的焦点。曹禺自己曾发表过文章，为他那可宝贵的第三幕辩护。若按作者所费的心血来说，固然它是很可宝贵的，不应该“刳腹剖心地”给随便删去。但是我以为一个作家不能过分的爱惜他的作品中的某一部分，因为所费的心血很多，便一定要把它插进去。我这并不是说第三幕一定要删去，而是怀疑它是否需要修改。

我自己有一个感觉，便是第三幕所表现的，差不多全是天津的下等社会区中的事。尤其是里面的许多土语，如“格色”“大仁果”等，和对人称呼用“爷”的字样。这对于整个这出戏，多少有点不调协，不知别人以为然否？

《原野》

若以悲剧成分而论，《原野》要算是这三出戏里最“悲”的一出了。固然在《雷雨》和《日出》里，也有好些人死的死，亡的亡，破产的破产，发疯的发疯。可是我所着重的，不是人的死亡，而是作者的描写的方法，或是说所用的力量。在《原野》里，作者紧紧地握住人性，而对之尽力发挥，使观众，或是读者不能松一口气地追随着故事的发展，眼睁睁地看着剧中人一个个地死去，而只好摇首长叹！

我总相信世界上永远都有悲剧。《原野》便是这句话的一个极好的证明。因为有人说：中国现在的社会，所以不能为从前那样的融泄，是因为人心不古。换句话说，就是说因为现代的中国，正在两种文化的过渡时期，而由于这两种迥然不同的文化所发生的冲突，便演出了多少悲剧。家庭方面，旧的道德观念与新的理想相冲突，所以才生出所谓“大家庭”的问题。社会方面，新的物质文明诱惑着多少人走向沦落。这种说法当然很对，不过即便没有这种文化的冲突，也照样会有好多不快意的事情发生。《原野》便是其例。

《原野》所表现的，是一个典型的、完全没有受过西洋文化的影响的中国社会，可是这里面也照样有冲突。这是为什么呢？最好的解释恐怕还是曹禺在《雷雨》的序里所说的：“……我觉得宇宙里并没有一个智慧的上帝做主宰。”而这个世界呢，“确是太残忍的了”。①

《原野》，正如这名字所示，是充分的表现出来人类的“原始的野性”。心理学家解释人类的一切行为完全出于性的驱使。《原野》里的一切人物便是这样。焦大星热爱着花氏，所以不肯对她下毒手，而想忍尽委屈，只要能够和她在一起就成；焦氏因为她那个妖冶的媳妇夺去了她儿子对她的爱，所以想尽方法来除掉她；花氏因为爱的方面不能满足，不能独占大星的爱，便一心要和仇虎走；而仇虎的爱演变成了恨（这是因为他的环境使然），蓄意要报仇！

在这爱与爱的斗争下，大悲剧发生了，结果是“玉石俱焚，两败俱伤”。人也许会说这些人都不聪明，可是真正聪明的人又有几个？现时世界的纷乱，还不是跟这个一样吗？

方才我说曹禺在《原野》里所用的力量最大，所得到的也最多。这在第二幕里可以看出。例如仇虎把黑子给挪到屋里去，而使瞎老婆子在不知中亲手打死了他；焦氏命令大星打花氏，可是大星始终打不下手去等场，都可以证明作者的笔力。而第四幕的几景，更足使人惊心动魄，在最后，仇虎的尸身倒下，跟着幕落观众一定会喘出一口憋了半天的气，说声：“好厉害！”

思想和技术——结尾

曹禺在这三部戏里所表现的思想，几乎可以说是完全一致的。可是从这一致中，我们

① 《雷雨》，页XIV。

还可以寻出他的思想的发展过程来。

在《雷雨》里，他写出上帝（假若有这么一位上帝的话）的残酷，指示出人类不能拯救他们自己。在《日出》里，他写出社会的残酷，指示出在某种社会环境中，只有听其自然（这也许是不自觉的）的任其捉弄。到了《原野》，作者更进一步提出人类自己的残酷来。结果是：造成所有的悲剧的，还是人类自己。

一个最明显的例子，便是：

（一）在《雷雨》里：

老仆：（安慰地）老太太，您别发呆！这不成，您得哭，您得好好的哭一场。

鲁：（无神地）我哭不出来。

老仆：这是天意，没有法子。——可是您自己得哭。

（《雷雨》页三二〇。）

（二）在《日出》里：

李：（爆发）你不要说了！你不要再说下去了！（沉痛地）你难道看不出我心里整天难过？你看不出我自己总觉得我是个穷汉子吗？我恨，我恨我自己为什么没有一个好父亲，生来就有钱，叫我少低头，少受气吗？我不比他们坏，这帮东西，你是知道的，并不比我好，没有脑筋，没有胆量，没有一点心肝，他们跟我不同的地方是他们生来有钱，有地位，我生来没钱没地位就是了。我告诉你，这个社会没有公理，没有平等。什么道德，服务，那是他们骗人。你按步就班地干，做到老也是穷死。只有大胆地破釜沉舟跟他们拼，还许有翻身那一天！

（《日出》页一四七。）

（三）在《原野》里：

仇：（举着拳头，压下声音）偷偷地你就死了。（激昂起来）可我怎么能叫你死，叫你这么自在地死了。我告诉你，阎王，我回来了，我又回来了，阎王！杀了我们，你们就得偿命；伤了我们，我们一定还手。挖了我的眼睛，我也挖你的。你打瘸了我的腿，害苦了我们这一大堆人，你想，你在这儿挖个洞偷偷死了，哼，你想我们会让你在棺材里安得了身！哦，阎王，你想得太便宜了。

（《原野》页二四—二五。）

这三段话，表示作者对人生的三种不同看法。这三种看法，一步比一步深刻。什么事只说是天意，固然不对；若全归咎于社会制度，也不是办法。最健全的方法，还是仔细地审查审查自己。曹禺已经作到了这一点。至于如何办法呢，将来也许有法解决，也是根本就有如此；那就没人敢说一定了。

至于技术方面，我以为曹禺并不是很一致地进步。若以我个人的眼光来排列这三部戏，我的顺序是：《原野》第一，《雷雨》第二，《日出》第三。越往后的比前面的好，当然是很自然的。至于把《日出》列在第三，我的理由是：在写《日出》时，作者过分地想把太多的材料拉在一起，结果是不调协。

有人批评说曹禺的剧本都太长。即如《雷雨》的第一幕中“鲁贵”和“四凤”的对话，大有删减的必要。也有人说剧中重复的地方太多，是冗长的主要原因。关于这些，我不愿说什么，只想给一个“如是我观”的解释。

在开头时，我说过现代的中国戏剧，是处在一个过渡的时期中。在许多地方，还不能完全脱开了旧东西的影响，所以不能完全做到非常精练的地步。其实，也许是因为习于四五个钟头的看戏时间的缘故，我们并不觉得它们太长。同时长而不觉松懈，更是难能可贵。

手法和音响的利用，曹禺更是非常巧妙，至少可以说是国内剧作家中最好的。这我不必一一举出，想必看过或读过他的戏的人，都能够体会到的吧！在最后，我们希望他能更努力。以今日整个的戏剧运动来看，我们相信这不是奢望。

原载《燕京文学》1940年12月20日第1卷第3期

曹禺作品研究

洗　群

最近，工作不像过去那么烦乱，心情也似乎比较安定，每天可以抽出点时间静静地读书了。我把曹禺先生底几部作品，很仔细地重读了几遍，自己觉得对于这一位我向素敬爱的作家和他底作品有了进一步的、新的了解。虽然所谓进一步的、新的了解是不是真切的、正确的，我并不敢断言，但仍想把读后一点零碎的意见和感想写出来，希望能供研究曹禺先生的朋友们些微的参考

一、《雷雨》

《雷雨》是一个非常动人的剧本。特别是对于那些与大家庭多少有点渊源的读者；除了性格特殊倔强的以外，读《雷雨》恐怕很少不被感动得流泪的。

有人以为，这正是《雷雨》底优点——它真实地反映出了读者们曾经亲身经历过的或者亲眼看见过的大家庭生活；它暴露了大家庭底丑恶；它代替读者们宣泄了隐伏在心底多少年无法说出的痛苦的感情。

又有人以为，这正是《雷雨》底缺点——作者并没有“暴露什么罪恶”的企图，只是故意拿些“家庭底”“伦理底”悲欢离合的故事，来迎合落后的中国观众底低级趣味，廉价地赚取观众们底泪水。

对于上边两种说法，我大体上是同意前者的。我想从“曹禺为什么写《雷雨》?”这一问题开始，逐步地说出我对于《雷雨》这剧本的意见。

(A)曹禺为什么写《雷雨》?

《雷雨》写的是一个大家庭底故事，而且也是一个悲欢离合的故事；在《雷雨》里，我们看得出作者是在过份地玩弄技巧，过份地迁就观众；这些，都是真的。可是，我们因此就说《雷雨》底作者曹禺只是为了“迎合落后的中国观众底低级趣味”而写《雷雨》，这未免太过份地冤屈他了。这说法，不仅是轻视作者，简直就是侮辱作者。我是绝不同意这一说法的；因为无论从《雷雨》本身来看，从作者自己底解释（《雷雨》底序）来看，从他后几部作品来看，或者从他底创作态度以及他底私生活来看，曹禺绝不是一个没有头脑，没有思想，一味迎合观众的作家。相反地，曹禺确实是一个向上的，热情的，有正义感的青年人；虽然他底思想，他底作品，一直到今天还仍然有着不少的缺点。

然则，曹禺是不是为了“暴露大家庭底罪恶”而写《雷雨》的呢？我认为也不是的，至少

不是意识地为了"暴露大家庭底罪恶"而写的。关于这一点，作者自己解释得顶清楚——"……但是奇怪，现在回忆起三年前提笔的光景，我以为不应该用欺骗来炫耀自己底见地，我并没有显明地意识着我要匡正、讽刺或攻击什么。……"(《雷雨》底序——P4)从这几句简短的自白里，我们不仅可以看出作者底诚实、坦白，也可以证明作者并不是意识地为了要暴露大家庭底罪恶而写《雷雨》的。

说老实话，作者不但不是意识地要暴露什么，对于"大家庭为什么会发生这些罪恶"这一点，也没有完整深切的理解，他只对于那些现象感到惊异而已。这正如一个小孩子亲眼看到他底父亲殴打他底母亲一样，他只是觉得这件事不平常，可是却不懂得父亲为什么要做这不平常的事。

曹禺是一个出自大家庭的作家。虽然他自己不见得一定有《雷雨》中底那许多经历，可是他至少是常常"耳闻目见"那些大家庭底种种不合理的、丑恶的、可怕的现象；对于一个新一代的，接受了新的学校和社会教育的青年人，那些现象自然会使他感到惊异。

曹禺为什么写《雷雨》？我以为，第一，因为《雷雨》底故事是在他底生活环境里最贴近他的，而且是最令他感到惊异的。

其次，正因为曹禺自己是生活在——至少是生活过——大家庭中的作家，正因为他看到了那些他自己底生活环境里底令他感到惊异的现象，因此，对于那些——和他生活在同一环境里的人物底不幸的遭遇，他本能的发生了一种亲切的同情与怜悯。这同情与怜悯正是他写《雷雨》底最根本的动机。

(B)《雷雨》究竟暴露了大家庭底罪恶没有？

前边说过，曹禺写《雷雨》并不是意识地为了要暴露大家庭底罪恶。现在，我们进一步看，《雷雨》究竟暴露了大家庭底罪恶没有？

这问题，只要看过《雷雨》的人，一定都能答复的——暴露了。

是的，《雷雨》是暴露了大家庭底罪恶的。虽然作者开始并不是为了要"暴露"而写作，可是因为作者是一个向上的、热情的、有正义感的，受过新的学校和社会教育的作家，对于那些不合理的现象，至少在情感上他会感到厌恶、憎恨、愤懑。由于这些"情感的"反抗情绪底支使，他不自觉地(也就是非意识地)把那些不合理的现象忠实地反映到自己底作品里去了。所以，动机虽然不是为了"暴露"，结果却——"隐隐仿佛有一种情感的汹涌的流来推动我，我在发泄着被抑压的愤懑，毁谤中国的家庭和社会。"(《雷雨》底序——P4)

这情形与巴尔扎克有些相近，巴尔扎克本身是个保皇党，他是属于贵族阶级底作家，可是它底作品却深刻地暴露了他所属阶级的丑恶、腐烂、卑劣与无耻。

(C)《雷雨》为什么那样动人？

问题现在应该进展到这里了——《雷雨》为什么那样动人？我以为：

第一，因为它真实——作者自己是来自那阶层底作家，那样的生活，是他最熟悉的。因为是他最熟悉的，所以写来也就最真实。例如前边曾经提到过的巴尔扎克，正因为他是来自贵族阶级的作家，他对于他那阶级底生活以及一切不合理的现象较之非贵族阶级底作家熟悉、了解得更深切，所以反映在他底作品里，也较之别的作家更深刻、更真实。

第二，反映得真实不真实，不是无条件的。这是由作者对于现实的态度来决定的。大家庭底种种不合理的现象，曹禺虽然最熟悉，可是假使他对于那些不合理的现象不感到厌恨、愤懑，或者明知道不合理而故意歪曲它、掩饰它，那么反映在作品上不也就不真实了吗？所以真实不真实，主要地要由作者对于现实的态度来决定。前边我说过：曹禺是一个向上的，热情的，有正义感的作家，他不仅看到了那些不合理的现象，而且还厌恶、憎恨那些不合理的现象；正因为他对于那些现象有着厌恶、憎恨、愤懑的反抗情绪，所以他丝毫不隐讳地把那些丑恶的现象反映了出来；因此，这反映出来的才让你感到真实；因为真实，所以才特别动人。

第三，内容底真实与否，固然由作者对于现实的态度决定，但是还有一件事不能忽略的，那就是作者底写作技术。

《雷雨》出世以前的许多中国作家写的剧本，多半都是小说似的——叙述多于动作。既没有完整丰富的故事，也没有严谨活泼的结构，人物更是非常单调、抽象、不生动、不凸出的。比方像田汉、熊佛西（这是过去的两位多产剧作家）底剧作，根本就谈不上形象化，只是几个穿了不同服装的人在“说”着作者心里想说的话，“说”着作者心里底感情。这样的剧本想真正地感动读者（或者观众），当然是不可能的。

《雷雨》是突破了这可怜的水准的作品。它不仅有完整丰富的故事，严谨活泼的结构，特别是有了非常生动、凸出、真实的人物。这是应该归功于作者写作技术的熟练。传达一个真实的内容，是需要依赖作者底熟练的写作技术——技巧是表达内容的手段。

第四，我记得 lessing① 曾经说过这样的话：“戏剧的动作在英国观众和批评家的眼前不够多的，好奇心的启发也少。而我们德国人，并不希望许多动作，只希望很多的性格描写；动作会叫我们疲乏。我们希望由一个简单的结构中，找出人物的性格来。”他这段话的意思是说明，海洋区域的观众爱看故事复杂的戏，大陆区域的观众爱看着重性格描写的戏。对于这段话，我们当然不能机械地去接受它，因为专门拿地区的不同来解释观众的爱好，是不正确的；比方我们中国，虽然也和德国一样是大陆区域底国家，可是中国底观众却恰好与德国底观众相反——爱看故事复杂情节曲折的戏。我以为观众底爱好，不是由“大陆”或者“海洋”决定的，是由他们底生活环境决定的。中国是一个半殖民地的国家，不仅农村仍停滞在封建社会里，就是都市，也还存在着很深的封建残余势力。因此，整个的时代虽然前进了，可是中国大部分人民底思想、兴趣、习性、爱好、审美观念、道德标准——还某种程度地被封建意识强固地支配着。中国观众之特别喜爱《雷雨》，特别容易受它感动，并不是因为中国是属于“大陆”或者“海洋”区域的国家，而是因为《雷雨》底伦理的、大家庭的悲欢离合的故事，是他们最熟悉的，最感到亲切的，是最贴近他们底生活、他们底感情的。或者更具体地说：《雷雨》底生活，是他们曾经或正在着过的生活；《雷雨》底人物，是他们过去或现在的亲戚、朋友、家属，甚至于就是他们自己。

---

① 莱辛：Gotthold Ephraim Lessing(1729—1981)，德国剧作家——编者注。

(D)《雷雨》究竟是一部什么样的作品?

这是最后的,也是最重要的一个问题,这问题是包括了曹禺底世界观和创作方法两部分的。

(1)《雷雨》是不是一部现实主义的作品? 不是的。它是一部带着自然主义(或客观主义)的倾向的作品。我们可以由下面的三方面看出来——

(一)《雷雨》虽然暴露了大家庭底罪恶,可是它所暴露的只是一些大家庭底罪恶底景象,没有说明这些"罪恶"为什么会产生的,如何产生的(造成那些罪恶的社会的、阶层的原因),它只是反映了现实底表皮,没有反映出"现实之本质的内容来"。有人以为《雷雨》幕后底雷和雨是象征的"悲剧的制造者",这种说法是非常没有根据的;说雷和雨是象征的"大家庭将要崩溃",或者象征的"环境的黑暗、恐怖"还勉强可以说得过去,用它来象征一种制度,那是"欺人自欺"的谎话,因为无论如何我们找不出一丝丝它是象征制度的证据来。究竟谁应该负这悲剧造成的责任呢? 作者没有告诉我们。

真正现实主义的作品,是应该透过表面的现象显示出造成那事件的社会的、阶层的原因来的。《雷雨》没有做到这一点,所以我们说它不是现实主义的作品,只是自然主义(或客观主义)的作品。

(二)真正现实主义的作品,不仅要表现现实,说明现实,还应该"有着关于生活现象的判决的意义"。这意思是说,真正现实主义的作品,不是"纯客观"地反映现实,而是通过了作者底世界观批判地反映现实的。根据这一点,我们来研究《雷雨》。

《雷雨》所表现的大家庭底悲剧,是不是通过了作者底世界观批判地反映出来的? 当然不能说绝对不是——因为所谓绝对的客观地反映这是不可能的;可是《雷雨》底作者也不是意识地站在进步的阶层立场正确地、具体地批判他所表现的现实的。从他底作品里意味到的,只是作者底原始的,"个人底",纯感情的对于他所表现的现实的一点点微弱的,抽象的反抗情绪而已。

没有对于作品所表现的现实的具体的、正确的批判的作品,虽然是写实主义(客观的写实主义)的作品,却不能算是真正现实主义的作品。所以我们说《雷雨》是自然主义(客观的写实主义)的作品。

(三)高尔基说过:"我们不但必需知道两个现实——过去与现在,……我们还必需知道第三个现实——将来的现实。……我们必需把这第三个现实包括在我们的活动之内,我们必需呈现它。没有它我们就不会了解什么是社会主义的现实主义的方法。"这——高尔基所说的第三个现实,是不是呈现在《雷雨》里了? 可惜得很,《雷雨》仍旧没有做到。《雷雨》不但没有显示出那悲剧底社会的、阶层的意义,也没有显示出那悲剧底发展的倾向来。所以我们说它是自然主义的作品。

(2)很多人都认为,《雷雨》是一部"命运悲剧"——这说法是较之前者更严重的。

这说法究竟对不对,我以为还是需要从剧本本身去看:

曹禺是把《雷雨》底故事当做悲剧来处理的,这一点,我想谁都不会否认。他既然把那事件当做悲剧来处理，那末它就有指出造成那悲剧的“责任者”的义务。因为任何事件的发生，必定会有它发生的原因（社会的）以及造成这事件的“责任者”（社会或个人）；这与法律既然承认某一事件是“犯罪行为”，它就一定会找得出犯罪的原因和“犯罪者”来，是同一道理的。曹禺是不是指出了造成那悲剧的“责任者”？没有。他既没有把责任放在社会肩上，也没有把责任放在任何剧中人肩上（他对于每一剧中人都寄付了同情的）。他只告诉了我们这样一段悲剧故事，它没有指出为什么会造成这样的悲剧，也没有指出谁（社会或个人）应该负造成这悲剧的责任。相反地，他只在剧中给了我们一个很强烈的暗示，那就是——操纵这一群可怜的生物的，是一位不可知的宇宙底主宰。社会是不可知的吗？不是的。人是不可知的吗？也不是的。那末，曹禺暗示给我们的那不可知的主宰是什么呢？我想即使曹禺自己不承认那是“命运”，读者（或观众们）也会想到那是“命运”——最不可知的宇宙底主宰。

翻开《雷雨》底序文来看——“……在这斗争背后或有一个主宰来使用它的管辖。这主宰，希伯来的先知们赞它为‘上帝’，希腊的戏剧家们称它为‘命运’，近代的人抛弃这些迷离恍惚的观念，直截了当地叫它为‘自然的法则’。而我始终不能给他以适当的命名，也没有能力来形容它的真实相。因为它太大，太复杂。……”（序——P5）从曹禺底这一段自白里，我们可以看出，他一方面既不便承认那主宰是“上帝”或“命运”，一方面又不愿意承认那主宰是“自然的法则”，所以弄得自己“始终不能给他以适当的命名”。

其实，曹禺心目中底宇宙底主宰，不过是“新上帝”或者“新命运”，不然他为什么要把宇宙当成“一口残酷的井”（序——P7）而认为人们“落在里面，怎样呼号也难逃脱这黑暗的坑”（序——P7）呢？除了“上帝”或“命运”，此外还有什么是人力绝难抗拒的？

为了充分地证明人们说《雷雨》是一部“命运悲剧”的正确性，我想再引几段作者底自白。

> “我不能断定《雷雨》的推动是由于神鬼，起于命运或源于那种显明的力量。情感上《雷雨》所象征的对我是一种神秘的吸引，一种抓牢我心灵的魔。《雷雨》所显示的，并不是因果，并不是报应，而是我觉得的天地间的‘残忍’（这种自然的‘冷酷’四凤与周冲的遭际最足以代表的死亡，自己并无过咎）。”——（序——P5）
>
> “……而上帝偏偏罚她们枯干地生长在砂上。”——（序——P10）
>
> “……只好问她的运命，为什么她会落在周朴园这样的家庭中。”——（序——P11）

够了，仅这短短的三段已经够证明作者把造成那悲剧的责任全盘推卸到“不可知的宇宙底主宰——命运”肩上去了。《雷雨》不是“命运悲剧”是什么？

最后，我还想解释一下，作者为什么会把《雷雨》写成“命运悲剧”的。我以为——

第一，由于作者对于现实的不理解——他不理解规定人底意识、人底生活的是社会；因此，由“不可知”而把客观现实当成了宿命的东西，把主宰现实的，认做是“命运”。

第二，由于他受了希腊悲剧底影响，希腊悲剧底特点，《雷雨》都具备了：（一）希腊悲剧是“命运悲剧”，剧中人全受一种不可知的“命运”操纵，“命运”不仅不可知也不可抗拒，凡

抗拒“命运”的一定得不着好结果(所谓抗拒“命运”就是不安于现实)。《雷雨》中底蘩漪是一个最明显的例子。此外,周萍、周冲、四凤……都是属于不安现实的人。所以他们的结果都是死亡。(二)希腊悲剧底主要人物,多半不是正常的性格,悲剧就是由于这些不正常的性格造成的(这些性格是没有社会基础的)。《雷雨》中底蘩漪、朴园、周萍,恰属于这一类。(三)希腊悲剧底故事多半是“巧合的”,因为巧合才能说明这是由“命运”所支配。《雷雨》也是一个巧合的故事——为什么四凤恰好也到了周家做丫头?为什么大海正好也到了周家矿上做工头?为什么鲁侍萍刚好嫁给一个在周家当了多年家人的鲁贵?为什么周萍恰好与四凤恋爱,而且还有了孕?为什么三十年后这帮冤家又都到周家来聚了头?这不是“巧合”是什么?这不是由于“命运”的作弄是什么?(四)希腊悲剧中常常是亲属通奸,因为这才最容易解释是“命运”的支使。《雷雨》中底蘩漪与周萍,周萍与四凤不是亲属通奸吗?(五)希腊悲剧是不主张剧情与观众太接近的。剧情与观众有若干距离的间隔,使观众看后不觉得是切身的刺激,这是最理想的作品。《雷雨》之用序幕尾声,故戏的人回推远三十年,也就是为了希望使“看意把故事家,带着一种哀静的心情”,“荡漾在他们的心里应该是水似的悲哀,流不尽的;而不是惶惑的、恐怖的,……像钳子似的夹住人的灵,喘不过气来”,“把一件错综复杂的罪恶推到时间上非常辽远的处所”。……

《雷雨》太像希腊悲剧了。虽然我明知道作者不是故意地模仿,可是至少是受了它的影响。正因为写作者受了希腊悲剧极深的影响,所以有意无意的把《雷雨》写成了“命运悲剧”。

二、《日出》

有人认为《日出》不及《雷雨》,理由大概是——《日出》没有故事,《日出》没有《雷雨》感动人,《日出》的主题不明显。……这些理由我并不完全反对,然而,我却不赞同《日出》不及《雷雨》这批评。

我认为,拿《雷雨》和《日出》比较,无论哪一方面,《日出》都较之《雷雨》进步,第一,在题材的择取上跨入了新阶段——《雷雨》所反映的是封建的大家庭底生活,站在反封建的观点上,这样的题材,自然是未可厚非的。不过,我所谓的择取题材的进步,不是说剧作家不应该从大家庭底生活中去择定题材,更不是说以这样的题材写戏就是不进步,我底意思是——就曹禺个人来说,他底眼光由家庭放大到社会,由关心自己身边的生活扩展到关心自己生活圈外的许多人底生活,正如抗战前某剧团公演《日出》的广告中所说:“从《雷雨》到《日出》是曹禺先生由家庭跨入社会的新阶段。”

我相当同意这句话。我认为,从注意少数人到注意大多数人,从关心家庭到关心社会,从描写家庭悲剧到描写社会悲剧,曹禺是跨入了一个新阶段,这确是曹禺先生有了可喜的进步。

第二,在认识上跨入了新阶段。对于《日出》这悲剧的造成,曹禺已经不推之于命运,而确定其为由于不合理的制度造成。

在《雷雨》中,曹禺把责任推之于命运,而命运又是非人力所能抗拒的;因此,曹禺虽然同情剧中每一人物,然而除了同情之外,他不能表示出任何积极的意见,他是那么绝望地在呻吟着，他是那么绝望地向命运之神轻微地表示了抗议。但是在《日出》中，曹禺已经发现了造成悲剧的是社会制度；社会制度是可以反抗的，可以改革的，推翻的。曹禺有了这样的新发现，因此，他再不像在《雷雨》中那样悲观、绝望了；他积极地宣布那些恶人以及那吃人的制度底罪状；他意识地（注意：《雷雨》不是意识地）暴露出那些造成和支持吃人的制度的恶人底欺骗、奸诈、残酷、阴险、剥削……的丑恶面目。

在《雷雨》中，由于曹禺在感情上对于那不可抗拒的命运有着某种程度的反抗，因此，虽然明知不可抗拒，却情感地幻想了一个似乎是代表反抗的鲁大海。鲁大海是曹禺在绝望中的一点幻想的光明，曹禺借这个人物来"聊以自慰"，然而在《日出》中，曹禺却发现了代表光明、代表反抗的力量——满脸是汗的那群家伙。虽然曹禺和那群家伙还有着不短的距离，虽然他还只看到了一群模糊的影子；然而，他已经从心底同情他们、爱恋他们、信任他们了。

第三，在"爱"与"憎"上跨入了新阶段。在《雷雨》中，曹禺对于每一剧中人都寄与了极深切的同情。这些人物，是他底亲戚、朋友，或者亲人，至少是生活在他生活圈内，与他有着某种本质上的关联的人。

但是在《日出》中，曹禺把他底同情、关切、爱恋，从蘩漪、周冲……等人底身上，扩展到翠喜、小东西和那一群流着汗的家伙们身上了。翠喜、小东西和那一群流着汗的家伙们在演着什么样的悲剧？不是吃饱了饭以后的"爱情悲剧"，而是人底最基本、最重要的"生存悲剧"。不能获得理想的爱情，固然值得同情、关切；然而，这较之不能获得"人底生活"究竟要"次要"些的。

"爱"的对面是"憎"。在《雷雨》中，曹禺虽然也有"憎恨"的感情，但是没有发现"憎恨"的具体的对象；在《日出》中，他已经发现了这种现象，那就是——"金八"，以及本质上与"金八"有着血统关系的，如：潘月亭、李石清、张乔治、胡四、黑三……诸人。

这种爱"过着非人生活"的人和憎"造成和支持吃人制度"的人的情感，在《日出》中起着极强烈、极明显的作用；而较之《雷雨》更重要、更具体、更正确的教育意义，也就是从这里产生的。

第四，在技术上跨入了新阶段——《雷雨》太"像戏了"，它是那么纤细，小巧；从头至尾都看得出作者在故意地卖弄技巧，过份地堆砌雕琢。作者自己也说过："写完《雷雨》，渐渐生出一种对于《雷雨》的厌倦。我很讨厌它的结构，我觉出有些'太像戏'了。技巧上，我用的过份。仿佛我只顾贪婪地使用着那简陋的'招数'，不想胃里有点装不下……"（《日出》跋——P14）

由于作者自己对于《雷雨》也有了"要作呕"的感觉，所以当他写《日出》时，他"决心舍弃了《雷雨》中所用的结构"，他不愿意再卖弄复杂曲折、情致绵绵的故事，不再摆设感情的八卦阵，而用雄劲的笔触简单而又有力地写出现实底血淋淋的真貌。

当然，《日出》中仍然遗留有若干部分的玩弄技巧的瘢痕的，但它已经较之《雷雨》朴实得多了。

《日出》虽然是较之《雷雨》进步的作品，然而，它却还不是曹禺的登峰造极的作品。它

还有着不少的缺点，特别是在作者对于现实的认识上。

首先，曹禺在《日出》中只消极地暴露了那“损不足以奉有余”的社会的现象，只暴露了那“吃人的制度”的黑暗、不合理；没有具体地指出或暗示这制度、这社会的必将崩溃。换句话说，我们在《日出》中，只看出了大鱼吃小鱼，小鱼吞虾子的诸种不合理的、黑暗的现象，只看出了“金八”的残酷、阴险、欺诈、剥削，以及“金八”底种种可怕的胜利——如：潘月亭、小东西，以至于陈白露底悲惨结局，但作者却不曾明确指出这种发展的前途。高尔基说过：“……我觉得透过人杀人的事实，你不仅必须看到指挥杀人的手，还必须看到指挥这手的人在他的迫切的末日审判之前的致命的恐怖。”《日出》没有做到这一点，这不能不算是一个缺点。

其次，《日出》中窗外打桩的工人，是被作者象征着光明的。对于这“象征”，我认为是有问题的：

作者并没有把这群工人暗示成为一股反抗的力量，而且作者根本没有暗示这群工人正在反抗或即将反抗。我们知道，仅仅是一群在辛劳地做着工的工人，还不够象征反抗与光明，更何况这群打桩工人目前正在为了潘经理底大丰大楼打桩！

所以，拿他们底严肃的工作来和窗内底荒淫与无耻作一个对比，是可以的；拿他们底流着汗为了资本家们勤劳的工作，而又过着非人的生活，来增强这社会、这制度——“金八”底不合理、黑暗，是可以的。拿他们来象征或者代表一个反抗的力量，必胜的力量，是太勉强了的。作者底序文的最后一段——“我又看见了一片新天新地，因为先前的天地已经过去了！”(启示录第二十一章)。《日出》中的新天地是什么？是替潘经理盖大丰大楼吗？

再次，曹禺对于《日出》底人物，仍旧和对于《雷雨》底人物一样，普遍地寄予了同情的。关于这一点，我不想详细地讨论，因为李蕤先生曾经指出过，他说：“过分的护短，即便是鞭打，无意中也是重起轻落。纵他们逃入无罪中去。”从曹禺之对于潘月亭、李石清等人，就可以证明李蕤先生底话是完全对的。

我认为：从《雷雨》到《日出》，曹禺在认识上虽然有了显明地进步，虽然他已经发现了造成罪恶的是制度，是社会，不是命运；然而，对于那制度，社会的形成、真象，以及今后的必然地趋向，他并没有真正具体地了解。掉转一面说，他对于“光明”，也并没有真正具体地了解。因此，他虽然憎恶那吃人的、黑暗的、不合理的制度，以及造成和支持那制度的人，而他所做到的，只不过是憎恶而已，暴露而已，并不能指出它底未来、现在以及将来的究竟。他虽然追求、渴慕、信仰“光明”，他虽然同情、关切、爱恋、信任着那群流着汗的家伙，而他所能做到的，也不过只是非常“理想”地、“概念”地追求、爱慕、同情而已，并不能具体地指出那力量的究竟，以及它底必然的胜利的前途。

所以，我以为，拿周冲和方达生来比拟曹禺最恰当——写《雷雨》时的曹禺正像《雷雨》中的周冲，本质是纯良的，有一付好心肠，有一脑子好的幻想，而对于现实完全是“不可知”的，当他发现了不同于他底幻想的现实时，他悲愤、感伤，以至于幻灭；他只能绝望地叫出他心里的痛苦，他不知道反抗，甚至于想不到这是应该反抗、可以反抗的。

写《日出》时的曹禺，已经不是周冲，而是方达生了——“怀着一肚子的不合时宜，整日里思索斟酌，长吁短叹，末尾听见大众严肃的工作声音，忽然欢呼起来……”的一位“满心向善，空抱着一腔同情和理想”的“好心人”。他虽然发现了黑暗的造成是人为的制度，他虽然感到了黑暗已终将被某种力量打倒、代替；但是，他底生活，他底行动，他底思想，与那“某种力量”之间，却有着不短的距离。

吉尔波丁有一段批判多斯·帕索士底《第四十二平行线》的意见，用在批判《日出》上，我认为是十分恰当的——

> “他底现实主义——在那表现着现实主义的创作之侧面上——还不能说是社会主义的现实主义，但那已经是反资本主义的革命的现实主义了。……帕索士底现实主义对于资本主义的世界还不能说出完全的真实。他还不能表示征服资本主义的力量。但他描写出资本主义之真实的主要部分。他暴露了资本主义之骇人的非人间性，倾注着真的憎恶。……”

就借用这位先觉底名言吧，我已经用不着再解释什么了。

三、《原野》

分析《原野》，不像分析《雷雨》和《日出》那么容易，因为它所表现的，所要阐明的是一个非常抽象而又复杂的概念。

《原野》这个剧本，折开来可以分成三个部分——一个是封建的农村社会底家庭悲剧，一个是仇虎复仇的故事，一个是仇虎复仇后的变态心理的描写。这三个部分是被结合在一个总的观念之下的。

为了分析方便，我们分开来讨论这三个部分；

(A)土豪焦阎王家里底悲剧是剧中底一个重要部分

这悲剧是怎么造成的？第一，由于焦大妈与金子底不可能调和的性格造成的——焦大妈顽固狠毒自私，金子热情好胜强悍；一个要将儿子完全置于自己底控制之下，一个要求丈夫完全驯服在自己怀里；各人都想完全占有，各自都走向极端。偏巧焦大星又是那么一个懦弱忠厚的“窝囊废”，在老婆面前驯得像一匹小猫，爱她而又怕她；在母亲面前就变成一只猫爪下的小耗子，胆怯怯地眼望着如花似玉的老婆不敢接近。焦大星底性格是促使这个悲剧爆发的因素之一，正因为他两边都爱又两边都怕，使得婆媳二人底仇恨越结越深，越来越表面化；母亲恨儿子不争气，越是恨儿子，也就越是想置媳妇于死地；媳妇也恨丈夫不争气，越是恨丈夫，也就越发坚决地反抗婆婆。这悲剧就是由于这三个性格底矛盾、冲突造成的，其中最主要的当然是焦大妈与金子底各走极端的性格。第二，是由于封建的社会制度与反抗它的新生的力量底不可能调和的斗争造成的——焦家这个家庭，是一个典型的土豪(地主)底家庭，作者是拿它来象征着，或者说代表着封建的农村社会的。这家庭底主人——死去了的土豪焦阎王，象征着封建的社会制度，活着的焦大妈(阎王底老婆)代表着支撑和执行这制度统治者。而热情年青强悍的金子却代表着这统治势力之下的不甘屈服的新生的反抗力量；由于统治者积极地，更重地压抑和摧残，使得她——这反抗力量，不断地，加速地发展，增强。这两种本质上不可能调和的力量底搏斗，产生了这必然得产生的悲剧。（这一原因，是悲剧造成的最主要的原因，也是最基本的原因。）

这悲剧大体上是与奥斯特洛夫斯基（Ostrovsky）底《大雷雨》相像的——故事大体相像，剧中婆婆与丈夫底性格大体相像。它们之间底不同处，就在奥斯特洛夫斯基只暴露了那制度底黑暗、不合理，只采取了消极地贬责态度，而曹禺则除了暴露之外，还表示了积极地反抗，暗示了一个新生的反抗力量的成长，以及它底可能胜利的前途。这基本的不相同处，可以从卡邱林娜和金子底不同的性格和不同的结局上看出来：卡邱林娜（《大雷雨》中底媳妇）是一个软弱的女人，是一个弱者，她不敢反抗传统的旧道德，她不敢反抗婆婆，她消极地退让躲避，结果逼得自己不能不走上自杀的末路——用自杀来了结自己；金子是一个强悍的家伙，她不惧怕，她不屈服，她有胆量，有勇气，她不顾一切地反抗统治者底压迫，追求新的环境，新的生活，她终于冲出了黑暗的罗网。从这一点上来比较，曹禺底《原野》是较之奥斯特洛夫斯基底《大雷雨》进步的，而且也较他自己底《雷雨》和《日出》进步。

(B)仇虎底复仇的故事，是构成这个剧本底三个重要部分中的最主要的一个部分

仇虎这个人物，是一个具有伟大性格和最美丽灵魂的人物。他是这个剧本底灵魂；曹禺在这个剧本里所要阐明的一个主要的观念，是寄托在他身上，是借他来表现，来阐明的。所以，研究复仇的故事，主要地应该研究——曹禺通过仇虎这个人物，以及他底行动所阐明的是个什么观念？

我认为他所要阐明的是：人是具有复仇的本能的，所受的压抑和摧残越利害，他与对方的仇恨越深，复仇的意念也就越坚；假使对方将他逼迫得走入绝境，那么除非根本要了他底性命，不然只要给他争取到喘息一下的机会，他会不顾一切地，不择手段地，像挣断了锁链的野兽般地死咬住对方底要害，一直到对方完全毁灭了，自己埋藏在心中的仇恨完全发泄出来了才肯罢休。这种近似疯狂的，野兽般的举动，是纯受原始的情感所支配的，是残留在人体内的一种最原始的蛮性。

曹禺底这一观念，我们可以从仇虎这人物底全部行动里体会出。焦阎王这土豪对于仇虎的压迫残害是到了极顶的——活埋了他底父亲，抢走他家底田地，将他底未婚妻强占为自己底儿媳，将他的妹妹强卖到外县流落为娼，仇虎自己被他诬告入狱，打瘸了一条腿，在狱里活活受了十年罪。由于这十年来的血海深仇，使得仇虎“什么心都死了”，他失去了理性，忘掉了什么叫做友情，占有他底心的只是一个“恨”字，这两代的冤仇——埋藏在心底十年的仇恨之火支使着他不顾一切地逃出监狱，一经赶回自己底家乡去寻他底仇人。回到家乡以后，他打听得仇人已经死了，这不幸的消息，不但没有减轻他复仇的意念，反而更激怒了他，挑动了遗留在他身上的原始的蛮性，他像疯狂的野兽一样地闯进他仇人底家里，他为了要复仇，一进焦家门就叫阎王（仇人）底媳妇在阎王底老脸上打了一巴掌；接着他亲手宰了他底朋友——阎王底儿子；他借焦大妈底手打死了焦家底最后的一条命根，他毁了仇人底家，绝了仇人底后，他残酷地留下一个孤老婆子。当他复了仇，泄了恨以后，他心中底仇恨的火才熄灭了。仇虎底勇气是怎么来的？仇虎底最残忍的举动是什么东西驱使他干的？是原始的蛮性，是人底复仇的本能，而最根本的还是由于十年的血海般深的两代的冤仇——焦阎王底极度的压迫和摧残。

(C)仇虎复仇后的变态心理的描写，是构成这个剧本底三个部分之中的一个部分

在这一部分中曹禺所要表现阐明的有两方面：一方面是表现仇虎底性格虽然强悍，然而本质却是纯良的；所以当他报了仇以后，他又恢复了常人底理性和感情，他被他自己前一刹那的疯狂的原始的残忍的举动刺激得进入另一个半疯狂的变态状态中，他一方面觉得自己底行动是合理的，同时又感到有些后悔——特别是那无辜的小生命小黑子和他的青梅竹马的忠厚友人焦大星底死，使他后悔自己底举动过分。由于心中交织着这样的矛盾使得他在心理上产生出许多幻想来。这一部分的描写从表面上看(很多人这么看)似乎是多余的，然而实际上它是对于仇虎这人物的必不可少的补充，它是阐明前边那一观念的必不可少的补充，他是使得观众爱恋和同情仇虎这人物的主要因素之一。没有这补充，仇虎就变成了一匹真正的野兽，他就不会是一个可爱的，具有美丽的灵魂的人。

另一方面，曹禺在这一部分里，借仇虎底死还阐明另一个观念——对于统治者和他所支撑的制度，不是用个人的报仇的方式可以获得彻底的胜利的。有组织地、有计划地以集体的力量来跟统治者和他所支撑的制度战斗。才可能得到彻底的胜利。仇虎之所以得到一个悲剧的结局，正因为他事前忽略了这一点；直到他临死，他才呼喊出——“……告诉他们现在仇虎不相信天，不相信地，就相信弟兄们，要一块儿跟他们拼，准能活，一个人拼就会死。……”(见原剧——P325)。可惜他觉悟得晚一点，这美丽的强悍的灵魂，虽然挣断了枷锁，却牺牲了自己底生命。

我对于《原野》底理解，大体如上述。我认为这个剧本无论是在题材的处理上，在主题底正确性、积极性上，都较之《雷雨》和《日出》进步；曹禺正面地表示出积极地反抗态度，正确地暗示出革命力量底可能胜利的前途，深刻地暴露出旧社会之黑暗与罪恶，而且明显地指出它底无可避免的必然崩溃的命运的剧本，《原野》是第一部。

在技巧上，《原野》也超过了《雷雨》和《日出》的。《原野》不像《雷雨》那么繁琐纤巧，不像《日出》那么庞杂纷乱，它比《雷雨》和《日出》朴实、简练、深厚、有力。

还有特别值得提出的是——《原野》中底几个人物的塑造的深刻完整凸出，和人物心理描写的细腻深刻准确，以及全剧氛围创制的成功；这几个优点，是《雷雨》和《日出》所没有的。

原载《文化杂志》1941 年第 1 卷第 1—2 期

论曹禺剧中的人物

郑学稼

一个作家的生活,常不能离开现实;同时,也只有接近现实的作家,容易产生受读者爱护的作品。可以说,具有这个条件的作家,一定是成名的作家。

成名作家,常在他的作品中,显示现实的若干人物,这些人物,在戏剧中,或在小说中,为着是有骨肉的人们的化身,不仅取得观众的同情与眼泪,而且成为反映现实的暗示。的确,把错杂的、多方面的人生,用典型人物表现之于小说或戏剧中,本就是文学家天才的泄露。

为着这一原因,我们可由作家作品的人物中,观测作家自己怎样理解同时代人们的生活。有的时候,我们看到:作家所憎恶的某种人物,故意地给他和她在观众中,造成若干的憎恶印象;作家所喜爱的某种人物,特地给他和她在观众中,留下深刻的记忆。怎样地对观众取得这收获,或且用成功的结局,或且用失败的结局,那都没有关系的。

在成名作家的诸作品中所泄示的人物,是否多样性——譬如巴尔扎克,他的《人间喜剧》中的人物,不管是现实的(如《尤增尼·格兰台》,如《堂妹彼得》)或历史的(如《加特林·美地西》)都使他的读者感觉,他是擅于多样性人物的描写——和他的艺术天才有关。无需说,一个作家的伟大性,不仅用成名的作品去测量,还用多样性的成功人物的描画去估量。因为,只在作品中能够泄示多样性人物的作家,方反映他对于生活或历史知识的丰富,方显现他对于那些生活或历史史实的理解。

从近十余年来我国文艺界的现状,用上述观点去观察,是非常使人失望的。我们很难在一个成名作家的作品中遇到多样性的人物。譬如鲁迅,只能写卑劣愚蠢的"阿Q",没落的"孔乙己";譬如茅盾,只能写摩登小姐的个性。我们既未曾读过似《水浒》似《红楼梦》那样的作品,更未曾遇见有那样作品中之多样性的人物。

至于在戏剧中有了地位的曹禺先生呢?现在以笔者所见三种剧本——《雷雨》《日出》和《北京人》为论述的对象。

首先,给笔者以一个注意的,是曹禺先生喜欢用悲剧做他的写作对象。三个剧本,映现三种悲剧的人物,第一个是,为着发现他自己和有血统关系的妹妹发生关系的周萍,用手枪自杀;第二个是被债主所迫,不得不服安眠药自杀的红舞女陈白露;第三个是殉旧世家的衰败与经不起妻的压迫而用鸦片自杀的曾文清。虽然自杀的方式与造成自杀的条件不一样,但剧情的结束总不是喜剧。借由这三种剧本,已足暗示人们:曹禺先生喜欢着悲剧角色。但他有一缺点，就是由于他的这一喜欢，忘却“自杀”不是容易的事。也许他有这种感觉，所以，有的用手枪，有的用安眠药，有的用鸦片，但曾文清的自杀，并不和剧中所说明的性格相一致。

其次，对于女性的描写，他在三剧本中，给我们以若干人物。那里有以女佣与小主人发生关系，因而投水，而嫁给穷人的鲁侍萍；有充当使女而与小主人恋爱的鲁四凤；有甘受丈夫欺凌的曾文彩，有与文彩稍别的李太太，这似乎是一个时代的女性。那里有由交际花而舞女的陈白露；有和前妻子通奸的周蘩漪，这似乎又是一个时代的女性。介于上述两时代之中，有有钱的孀妇追逐自由恋爱生活——但她的对象是戏子——的顾八奶奶，有抛脱旧家庭链锁而出走的曾瑞贞，和不得不出走的愫方。在这一批女性中，曹禺先生成功的人物，依笔者看来，是鲁侍萍、鲁四凤、陈白露和上面未曾说到的曾思懿。像思懿这样的女性，和曹禺先生三种剧本的时代无关系地存在着。的确，无论新旧，是否受过教育，我都曾见过她。也许人们会说，还有袁园。她似乎还不算做已入社会的人物，她只是一个天真的少女。

在男性人物中，我们见到会忏悔的周朴园，这是老时追悔少年放荡生活的人物；有目击家庭没落的曾皓。这是两个时代的家长。次一代呢？我们见到与后母通奸又与使女恋爱的周萍，过着“懒”的生活庸弱无能的曾文清，这是两个时代的大少爷。至于周冲和曾霆，那只算是形式不同而内容则一的天真童子。这些人物的描写都不能有一个典型的成功。

但在《日出》中，我们却又见到十分悲惨的小有产者，如李石清和黄省三。这一典型，虽然作者未曾用力去描写，但由于环境的贴切，却可以给人们以若干的印象。

我们有趣的说述的，是曹禺先生的又一种人物，那就是在《日出》中的张乔治，和《北京人》中的江泰，这两种人，是两个时代的留学生，又是对于社会成为装饰品的人物。为什么“留学生”在曹禺先生的主观中都是这么一种人呢？应他自己去解释。

在三种剧本中，对于所谓“光明人物”，几乎又是类似的。《雷雨》是鲁大海，他不知所终；《日出》是方达生，他下落不明；《北京人》是北京人，他只是一个暗影。除了鲁大海之外，方达生是糊涂的半自觉的，北京人是半神怪的。

说到神秘似的《北京人》，笔者又有一感觉。在曹禺先生的作品中，都有一种强烈的暗示：《雷雨》的雷雨，《日出》的太阳、金八、黑三；《北京人》的北京人。但在这三者中，雷雨使观众紧张，金八黑三使人惊骇，只有北京人使人发生滑稽的情绪。也可以如此说，雷雨是需要的，金八黑三是不可缺的，而北京人却是损害全剧生气的东西！

从上面简单的论述，我们可以说：在曹禺先生的剧本中，对于人物的描画是只有简单的与类似的轮廓，而且成功的少而失败的多。为什么中国文学家有这一共同现象呢？希望在另一篇论文中探讨他。

原载《中央周刊》(重庆)1942 年 1 月 29 日第 4 卷第 25 期

《曹禺戏剧集》论

——从《曹禺戏剧集》看曹禺的思想

桂多生

我参加过《雷雨》的演出，经历过“雷雨的风波”（事见三十年十二月一日学生之友三卷六期）；两番三遍地谛听过《原野》的故事（引以为恨事的，我到现在为止，始终没有看到剧本），我更一字一句地仔细圈点过《日出》《蜕变》和《北京人》。我说得这样啰嗦，并非想跟曹禺攀亲戚，讲交情，也不敢说因为如此，我便够得上替《曹禺戏剧集》作剧评。在这里，我只是说明我与《曹禺戏剧集》的因缘，表示我对它是怎样的爱好。（这自然又得感谢我的几位朋友的鼓励。因为我久已失掉读新文学作品的兴趣。）

既然对它如此爱好，因之凡是批评它的言论与意见，也都乐于细心地听取；就个人浅闻所及，也往往偏多高论；但这些高论，不是失之皮相，便是失之偏见，当代大家如茅盾胡风也都不免。茅盾在评《北京人》一文里，提出了几点，胡风几乎都给予了答复。虽非直接答复，在意义上却可用以答复。胡风算是较深刻的了，但他却站在自己的立场，要求作者（指曹禺）也站在他的立场，这都是不应该的（理由详后）。最使我满意的，倒是友秋的评《蜕变》（见香港大公报三十年一月廿六日文艺综合版），他站在客观的立场，分析剧本的性质，体念作者的用心，指出思想的缺点，但他却止于此。不以其深刻与周密为可喜，即这种态度也是可佩的。不过，无论茅盾胡风之所以非，或者友秋之所以是，他们都似乎对曹禺的思想根本，尚缺乏肯定的认识（或然的认识，在茅盾和胡风，似乎是有的，不过不明显也未曾肯定）。因之，个人感觉到此种需要，便也决心为它（《曹禺戏剧集》）做一种彻底探究的尝试，以导出曹禺思想根本的庐山真面，并进而追求它的体系，是否与某种思想相合，而且“圆融与一贯”（Coherence and Consistency）。但在自己从事探究的尝试以前，更庆幸得到了一个有力的“启示”和几处有效的“暗示”，使此种探究工作的进行，省却许多不必要的思考与麻烦，很便利的提出了假设，很痛快的得到了实证。

一个启示，是孟宪承先生的哲学概论笔记，他在“哲学与文艺”项下，有着这样的两条：

1.文艺的创作，凭着作者的“创造的思维”（creative imagination）与哲学的出于“反省的思维”（reflective thinking）不同。

2.可是从来伟大的诗人，没有不像安诺德（Mathew Arnold）所说，是“凝视人生的全体的”（to see life steadily and to see it whole），由于近代生活与文化的剧烈的变动，近代作者、特别成了人生的批评者。易卜生（Ibsen，1828—1906）的“问题剧”，戈戈尔①（Gogol，

① 现译为果戈里——编者注。

1809—1852)、屠格涅夫(Turgenev,1818—1883)、陀斯朵益夫斯基(Dostoevski,1821—1881)等的写实小说,已改变了世界文艺的精神和面貌。至如萧伯纳(Bernard shaw)、高尔斯华绥(Golsworthy)或托尔斯泰(Tolstoi)、高尔基(Gorki)的业绩,所贻给人们的是十分严肃的说教者似的雄辩,或竟是睿智的预言者似的呼声了。

现代作家,没有一个没有自己对于宇宙和人生的确信!

我想,如果曹禺不失为一个"现代作家",那他便应该也是一个思想家,有着对于人生和宇宙的确信。果然不久,便给我发现了好几处暗示:

第一,是曹禺自己也认为有深意的《日出》前面的八段引文,和后面的长"跋"。不过,引文的"暗示",只不过还是一种"启示",因为它只是老子和耶稣对于人生的凝视,并非曹禺的凝视,所以此处不再征引,暗示还是曹禺在自己的"跋"中。从跋文里,它告诉我们曹禺是真的凝视过人生的全体的!

> "我羡慕那些有一双透明的慧眼的人,静静地沉思体会这包罗万象的人生,参悟出来个中的道理。……"(《日出》跋一页)
>
> "于是我读老子,读佛,读圣经……我流着眼泪,赞美着这些伟大的孤独的心灵,他们怀着悲哀,驮负着人间的酸辛,为这些不肖的子孙开辟大路。"(《日出》跋四页)
>
> "我总是……妇人般地爱恋着热望着人们……有时我也想,为哪一个呢?是哪一群人叫我这样呢?这些失眠的深夜,困兽似的在一间笼子大的屋子里,踱过来拖过去,睁着一双布满了红丝的眼睛,绝望的愣着神,看着低压在头上黑的屋顶,窗外昏黑的天空,四周漆黑的世界,一切都似乎埋进了坟墓,没有一丝动静……"(《日出》跋三页)
>
> "我偶有所得,就狂喜一阵,以为已经搜寻出一条大道……"(《日出》跋二页)

但是,虽然曹禺先生已经"凝视过人生",而在凝视之后,他对于人生的确信,又该是怎样的呢?立刻,我又寻到了第二处暗示:

> "朱孟实先生……提出了一个剧作者对于人生世相应该持的态度的问题。他说,写戏有两种态度,一个剧作者究竟'应该很冷静,很酷毒地把人生世相本来面目揭开给人看呢?还是送一点'打鼓骂曹'式的义气在人生世相中,显出一点报应昭彰的道理来……呢?"他给我指了一条自新之路,他要我以后采取第一种态度……不过……写戏的人是否要一点 *Poetic justice* 来一些善恶报应的玩意;还是(如自然主义的小说家们那样)叫许多恶人吃到脑满肠肥,白头到老,令许多好心人流浪一生,转于沟壑呢?还是都凭机遇,有的恶人就被责罚,有的就泰然逃过,幸福一辈子呢?"(《日出》跋二六页)
>
> "最后,我愿意把这个戏献给我的朋友巴金、靳以、孝曾。"(《日出》跋三一页)
>
> "我喜欢曹禺的作品,我也多少了解他的为人、他的生活态度和创作态度,我相信我来做这工作(作者案:指编《曹禺剧作集》)还不会糟蹋作者的心血,歪曲作者的本意的。"(《蜕变》巴金后记)

从第一段，至少知道作者不是“自然主义者”；从后二段，知道曹禺至少与巴金有关，或者他俩的思想，竟是相同，否则，即使他们是朋友，也必定有距离；即使巴金了解曹禺的生活态度与创作态度，也必定不会那样大胆而肯定的说“不会糟蹋作者的心血，歪曲作者的本意”的！于是，我进一步假定！

“曹禺对于人生宇宙的确信，应该便是和巴金一样，都是那虚无主义者的虚无主义的看法吧？”

因为，巴金（据说是“巴”枯宁的头，克鲁泡特“金”的尾所合成）是虚无主义者，我们是早晓得了的！

可是“假设”虽提出，须要加以证实，于是便开始探究的尝试：

第一，很明显的，曹禺和巴金一样，他们都以“大家庭”作写作的对象，大家庭当然便是封建社会的产物。（《雷雨》虽写大家庭，却写的是资产阶级的大家庭，即已是从封建社会到资本主义社会的“过渡社会”的产物；《北京人》所写，那才是纯粹的封建家庭。）不过，曹禺更拓张他写作的领域，更开垦到资本主义社会，凡资本主义社会的产物，如资本家、地主、贪官、污吏、流氓、地痞、土匪、娼妓等人类的渣滓（腐烂的阶层），和工人、农民及英勇作战的将士等痛苦的人群（但是拥有光明和生机的阶层），也都纳来他的笔下，作他描绘的对象，前者如《雷雨》《北京人》，后者如《日出》《原野》和《蜕变》。这缘故，因为虚无主义者（实则不止虚无主义者如此，即别的什么主义者也莫不如此）在建立其自己的理想社会（无政府社会）以前，他们要把现存的文物制度和思想，都予以改造或推翻，所以他们便尽量地暴露这“损不足以奉有余”的不平等社会的弱点和黑暗；而封建社会与代之而兴的资本主义社会，其都是不平等，那也是很显然的。这里引几段曹禺自己的话：

> “我还年青，不尽的令人发指的回忆围攻着我，我想不出一条智慧的路，愿意得万分周全。冲到我的口上，是我在书房里摇头晃脑啃通本书经的时代，最使一个小孩子魄动心惊的一句切齿的誓言：‘时日曷丧，予及汝偕亡！’（见商书汤誓……）”（《日出》跋五页）
>
> “目前的社会，固然是黑暗，人心却未必今不若古……症结还归在整个制度的窳败……”（《日出》跋附注（一）三一页）
>
> “难道这世界必须这样维持下去么？……是不是这局面应该改造或根本推翻呢？”（同上三二页）

第二，在大家庭里，他们特别着重在“浪漫的恋爱”，即罗马中世纪的“行吟诗人”（Minnesingers）式和中国旧小说中“相思病”式的偷偷摸摸、不自由、不合理的恋爱。因为，在婚姻进化史上，只有在大家庭成立的社会阶段里，才有此种现象，在原始社会和未来的虚无社会，都是不会看到的（这在资本主义社会里，便已少见，自是男女已渐趋平等之故）。此地，有一点须要附论：曹禺在《北京人》里，似乎说北京人时代的人，不但没有此种“浪漫的恋爱”，并且能够“要恨就恨，要爱就爱”；如果，这里的北京人时代，是指“原始时代”，那么，曹禺所说的是后半便错了，因为，从婚姻进化史上看来，原始人根本就无所谓恨和爱。不过，曹禺所谓“北京人时代”，当然要指“将来的”北京人时代，所以他所描写的北京人，是一个很好的修理机器的工匠;然则在"未来的"北京人时代里,也许可以"要爱就爱,要恨就恨",那就不错了!

可是,他们描写资本主义社会的真相,他们不肯广大地表演有产阶级和无产阶级的具体的正面冲突与斗争,他们只侧面的偶尔的加以提及;而他们所着重的,只是一方面的荒淫,一方面的痛苦,以互相对比、互相影射为能事已完。这便是虚无主义者的本色,也就是它与社会主义者不同的地方。这点,应该答复了胡风在评《北京人》一文里提出的意见,也就是曹禺自己在《日出》的跋文的附注里所说:他不明白荒煤所提出的"现象"与"现实",这"现实"究竟怎样讲的缘故。实在,荒煤所谓"现实",应该便指"正面的描写",这当然是曹禺所不了解的(即便他并非不了解,他也是不肯正面写的)。同时,再由上面所引朱孟实先生提出的剧作者的两种态度来看,朱先生虽然忠告他采取第一种态度,而曹禺却还是"执拗地"不肯"肯定的接受",表示他还是甘于走第二条路,他对于"是非之心"和"获得观众的同情","岂止是个引诱?简直是迫切的需要"!但与其说要"获得观众",无宁说是"根本要避重就轻"(即不正面的而侧面的写)!在《日出》中,这种手法使用得很明显,曹禺自己就说:

> "我常纳闷,何以我每次写戏,总把主要的人物漏掉?……在《日出》……我曾经故意叫金八不露面……他代表一种可怕的黑暗势力;但把那些劳作的人们,那拥有光明和生机的,也硬闭在背后,当做陪衬。"(《日出》跋十一页)

既然"故意"或"硬"要,却何必更"纳闷"呢?他又说:

> "我以为这个戏应该再写四幕,或者整个推,一切重新积极地写过……却停下想……斟酌再三,我只能采一个下策,我硬将我们的主角,推在背后……(下面即叙述这对那些'应有光明的人们'——工人们,如何在第二幕第四幕安排)……天!这是多么一个'无可奈何'的收场啊!"(《日出》跋十二页)

压根儿就用不着"积极地"重新再写或加四幕,当然,对此"下策",也无须"徒唤奈何"!因为,正要这样,也好才是这样,才十足地表现虚无主义者的本色,不然,叫 FQ 过满的人,更从何处觉它呢?FQ 即"愚力商数"之意。

第三,他们虽在"破坏"中,却要下一粒"建设"的种子;在"绝望"里,也要寻一丝"希望"的可爱,或更进一步,指示出"新生"的前途。因之,《日出》《蜕变》,便都在此种要求下产生出来,而《北京人》所指示的,尤更为明显而有力(以北京人为象征)。但是,曹禺所给予我们的希望,却是什么呢?《雷雨》固未尝暗示出希望,希望要到《日出》,才让我们看到,而这希望呢?曹禺自己说得好:"我求的是一点希望,一线光明……""我暗示出一个伟大的未来,但也只是暗示着。"(《日出》跋六页)

为什么"只是暗示着"?这就颇费思索,也值得思索了!后来《蜕变》出世,大家以为"希望"这才兑了现,它指出了一条具体的前途!可是,友秋先生的考查,如果不误,则这种"兑现的希望",仍只是一种脱出现实的"幻想"!他说:

"(一)梁监督员这新人物的产生,没有足够的条件;(二)马主任仍能在后方,并且是重庆,干投机生意,则政治改革,也就并非实在的一回事;(三)广大农村没有觉醒,则改革根据薄弱。从这三点的概括，我觉得曹先生的《蜕变》，便脱出现实性……这脱去了现实的理想，只是幻想。他末后给与读者或观众以‘大都克复’的兴奋。也仅只止于兴奋而已！”

所以，一直到《北京人》，尽管其指示得更明显而有力，但也还是一个“建筑在废墟上的梦境”！如果，我们更证以茅盾所指出此种“希望”之变质，上面的说法，便益发可信了。茅盾说：

《雷雨》和《日出》，也写到（如在《雷雨》）或暗示（如在《日出》）了光明的前进的一面。这黑暗中的光明，在《雷雨》中还是一个形象，但在《日出》中，却只剩了个概念或幻想，现在在《北京人》中，这是一个象征了……（见戏剧春秋二卷一期）

其所云虽与吾人所说略有出入，而其指出说此“希望”之空虚性，则是一样的！正惟如此，我们便可问：

（1）为什么既是求希望与光明，而又暗示出一个伟大的未来；偏又像“欲出还羞”的姑娘，“只是暗示着”？

（2）为什么既指出一条具体的前途，却又要脱出了现实，变成幻想，不能兑现？

（3）为什么不借重一个圣人，指引人类，走向别的现实的世界，却要借重一个“北京人”，领导人们，走入空虚的梦境？

假使能寻得这几个问题的答案，那岂不便可证明曹禺的根本思想是哪种思想？我们前面提过，虚无主义者，在现存的文物制度和思想没改良或推翻，即对于不平等社会的黑暗没彻底和完全的暴露以至于改进，他们的理想社会是不会也不能建立的；《日出》的“只是暗示着”，应该便是他们的破坏工作尚在开始，只能给人们以“一点希望，一线光明”的引诱就够了吧！至于《蜕变》的“不肯兑现”，假使“兑现”，那一个政治修明的社会，当然比一个腐败的社会好；但是即有好的政治，也哪里便合理想，而且也哪里可能？（依友秋先生所考察，《蜕变》就是暗示一个不可能改良的“政治”）总不若“无政府”之为愈（此段是替曹禺设想，请勿误会），那么，故意使之“成为幻想，不能兑现”，也就并非无因；而“操心刻苦”了！最后一问，更易回答，因为，假使除了“虚无主义者”（曹禺自云又非自然主义者），还有谁更要“将人类引到像原始时代的平等社会去呢？”（自然，其所谓平等社会，当指未来的虚无社会，这在前面已说过了！）（未完）

原载《学与思》1942 年 11 月 28 日创刊号

曹禺论

萧 赛

第一章 我之写《曹禺论》

在中国近代戏剧史上，曹禺是不可磨灭的一个作家，他有着优异的天才，他人又那么年青，他的作品更拥有那么多的读众和观众，许多城市连年重演着他的剧本，市面上流行着的再版，到二十余版之多，许多演剧艺术家皆以演出他的剧本为光荣，因为他满足读众和观众的灵魂，使演剧艺术者各自得到创作的愉快。近代中国诸戏剧家中，所写的剧本能渡重洋，译为数种语文，出现在别国舞台上的，开先例者惟曹禺一人而已。民国二十五年，由名演员凤子他们在日本东京演出《雷雨》《日出》，深得当时戏剧界有权威的秋田雨雀和影山三郎等力誉。直到现在，曹禺早已是西欧和东方戏剧文化界所留意的人物，他的《日出》，得了大公报文艺奖金，《北京人》得了三〇年度全国艺术奖金。当他的近作《北京人》问世，李长之在《论曹禺及其新作北京人》里云："他像写过《穷人》之后的朵斯退益夫斯基[①]（二十四岁）那样青年一样，不能不让我们说，这将是中国近代文学史上煊赫的烽火之一员。他是绝对有优异的天才的！"（见三十一年大公报战线）。

这些都是曹禺华丽光荣的外衫，但配穿这华丽光荣外衫的，还是他本人的作品兹记：

雷雨（四幕悲剧）——一九三六（民二五）年一月初版
日出（四幕剧）——一九三六（民二五）年十一月初版
原野（三幕剧）——一九三七（民二六）年八月初版
正在想（独幕剧）——一九四〇（民二九）年十月初版
蜕变（四幕剧）——一九四一（民三〇）年十二月初版
北京人（三幕剧）——一九四一（民三〇）年十一月初版
家（四幕剧）——一九四二（民三一）年十二月初版（补录）

此外他同宋之的合作的《黑字二十八》，同张彭春改译莫利哀的《悭吝人》为《财狂》（他自己还主演着这两个戏），今冬他在陪都又改译拔拉希[②]的《莫扎德》为《安魂曲》（还是他自己主演），但这些均非曹禺的独创，故在《论曹禺》时，只用较少的篇幅提到。所遗憾者是山河阻隔，未能拜读他的近作《家》（改编巴金小说）对《家》。在后面我只能作一种预测。

① 现译为陀思妥耶夫斯基——编者注。
② 匈牙利作家，现译为巴拉兹——编者注。

我们总希望作家用自己的文章来解释自己的作品，如郭沫若之《我怎样写棠棣之花》《我怎样写屈原》，如老舍之《老牛破车》，如包哥廷之《我怎样写带枪的人》，歌德与高尔基也是顶爱解说自己作品的人，但行文谨严如曹禺者，任凭人们怎样希望读他自己的解说，到末了，他所说的仍旧很少。他让我们看到《雷雨》的《序》，和《日出》的《跋》，由于他的隐诲和自谦，因此使我们只能“稍微”看到他创作时候心灵的跳动。此外，他决不会批判自己，他说：“我不知道怎样来表白我自己，我素来有些忧郁而暗涩，纵然在人前我有时也显露着欢娱，在孤独时却如许多精神总不甘凝固的人，自己不断地来苦恼着自己，这些年我不晓得‘宁静’是什么，我不明了我自己，我没有希腊所宝贵的智慧——‘自知’。除了心里永感着乱云似的匆促、切迫，我从不能在我的生活里找出个头绪，所以当着要我来解释自己的作品，我反而是茫然的。”（见《雷雨》序）他又说：“我是一个不能冷静的人，谈自己的作品恐怕也不会例外。我爱雷雨如欢喜在溶冰后的春天，看一个活泼的孩子在日光下的跳跃，或如粼粼的野塘边偶然听得一声青蛙那样的欣悦。我会喊出这些小生命是交付我有多少灵感，给与我若何的兴奋。我不会如心理学者立在一旁，静观些小儿的举止，也不能如实验室的生物学家，运用理智的力来支解分析青蛙的生命，这些是应该交与批评《雷雨》的人们，他们知道怎样解剖验析：哪样契合了戏剧原则，哪样就是背谬的。”（见前）是的，萧伯纳他们是喜欢讲演的，访问奥尼尔却是一件顶困难的事，那么静观小儿和支解青蛙是属于别人的事了。曹禺还说：“但我为人向来暗涩，又不大会议论，而最奇怪的，这块‘自由土’又仿佛是不准人有舌头的，于是即便见到这本戏种种弱点、幼稚，我只好闭口无言。”（见《日出》跋）这又是曹禺沉默无言的另一原因。我是曹禺的一个忠实读者，我还有敢说的勇气，我并不想用赞颂来讨好曹禺，也不想使曹禺闻声折服，我只想收集以前诸大批评家的立论，再加上我自己的见解。我是从观众席里来鼓红我的掌心，或者从观众席里站起来申述我的疑问，以完成介绍我们新世纪中叶的东方剧坛天才——曹禺，使以往对曹禺陌生的青年人不再陌生，使有志趣于戏剧文学的人知道关于曹禺的创造。

当初《日出》问世，曹禺得到朱孟实、茅盾、叶绍钧、沈从文、李广田等大笔杆子的评文，那时候他说：“一个作者自然喜欢别人称赞他的文章，可是他也并不一定就害怕人家责难他的作品。事实上最使一个作者（尤其是一个青年的作者）痛心的还是他自己的文章投在水里，任它浮游四海，没有人来理睬，这事实最伤害一个作者的自尊心。侥幸遇见一位好心的编辑，怕冷淡一个青年作者的热诚，请许多前辈出来说话，让《日出》也沾一点阳光。”（见前）可是自《雷雨》以至《北京人》，所收到的评文在中国比任何一个剧作家多，在充分的阳光里曹禺成长到现在，七年前，曹禺说：“我知道每篇文章几乎同样地燃烧着一付体贴的心肠，字里行间我觉出他们拿笔的时候是怎样担心一个字下重了，一句话说狠了，会刺痛一个年青人的情感，又怕过分纵容，会忽略应给作者的指示。这是一座同情和公正搭成的桥梁，作者不由得伸出一双手，接收通过来的教导。”如今过了七年，现在我想即便一个字下重了，一句话说狠了，也不能怎么样刺痛曹禺的情感。因为曹禺的作品已经接近炉火纯青，即使过分纵容，锦上添花，曹禺也不会因此就骄纵起来，因为一个名有定论的作家，他自己所磨炼的只是在更成功的创作路线上，怎么样去多加上一次锤炼。那我现在只拿自己的规矩和认定的公正来写《曹禺论》，行文就更为方便一些。

第二章　曹禺作品的“中心思想”

新世纪文学思潮，要求“主题”(Theme)的时代，凡一个作品，我们先要看它的“中心思想”。Waxine Ducamp说：“形式是美的，不错！在根底里有思想的时候！没有脑髓的美的脸是什么呀？”罗素的回答是：“没有脑髓的美的脸，是什么呢？是木偶，是泥像，而不是艺术。在艺术的领域里，没有脑髓的美的脸，是不存在的，没有思想内容的作品，不是艺术。”(见《文艺漫笔》)既然作品要求主题，而中心思想的构成，是由于作者当时的社会环境、家庭状况，以及自己的生性，感染而成。

曹禺是在中国封建社会没落里长成的，旧的世家向灭亡的路上走，新的社会还没有建筑起来。我们很想讨论到曹禺的世家，想把他的两三只零星的故事集合拢来，都没办法，他跟英国的剧作家平内罗(Sir A.W. Pinero)一样：“关于传记，是有些麻烦的，因为我从不会自寻烦恼将我自己早期生活底要点供给任何作者。”(见寄批评家C.Hamiton)，我们只知道曹禺的，是他的母亲一定很慈祥，并且是很富于神之观念的妇人。曹禺很恋念他母亲，当他写《日出》时，他说：“我曾经摔碎了许多可纪念的东西，内中有我心爱的马瓷观音，是我在两岁时母亲给我买来的护神和玩物。”(见《日出》跋)据北京城里的一些父老们说：“家宝(万家宝为曹禺本名)是个私生子。”我们知道假如真有其事，这对曹禺却是一个光荣，以《茶花女》著名世界的小仲马不也是大仲马的私生子吗？以私生子坏的境遇很容易鼓励一个伟大的人成功。这是事实，从此，我们更可推想曹禺的母亲是很慧美的，他父亲不无相当的游冶(以后便成伤怀的老人)，可惜我们不能够证实的知道《雷雨》里的周朴园和鲁侍萍有没有曹禺一双父母的影子呢？除此而外，我们知道的并不多，但我们可以知道曹禺在家中便接触了周家大公馆(雷雨)和曾家大公馆(北京人)，出社会便认识了金八、黑三、潘月庭、李石清、黄省三、陈白露、顾八奶奶、翠喜和小东西之流没阳光的人，在中国抗战里，他看见了“蜕变”和“未蜕变”的人，所谓戏剧艺术界，他指出了有老窝瓜、小甜瓜、小秃子、老盖儿、哈哈笑等等派别名公。

于是曹禺忠实地反映出他的时代，写出他的剧本，而他自己的生性呢，是有着忧郁和暗涩，永远的情感和永远的不宁静，丰富的创作欲和超异的敏感，还有的是最大的憎和最大的爱。让我来申述以下，忧郁和暗涩造成了《雷雨》和《北京人》的气氛，我知道他创作《雷雨》的地方，巴金说：“在北平三座门大街十四号南屋里那间蓝纸糊的阴暗小屋里。”(见《蜕变》后记)创作《北京人》的地方，在江安那个小而黑的“回忆”房中，他写出世家的没落，为封建孽余唱出了最后动人的挽歌，为周朴园和曾皓的子孙们敲鸣了送殡的丧钟，没有永远的幽深感悟，不会有“最雷雨的”周蘩漪(《雷雨》人物)和最令人遥念的愫方(《北京人》人物)和富于伟大母爱的丁大夫(《蜕变》人物)等永远幽深的人型。而这些人型的造成均由于永远的不宁静和丰富的创作欲，我们这位“精神总不甘于凝固的”曹禺，他是具有超异的敏感，他用精明的观念洞视了人物的灵魂。他的眼睛，留意到没落世家的一针一线，哪怕是春三月纸糊的金鱼，也成了《北京人》里大少爷曾文清的工艺；他的耳朵，搜集成了剧作

中的“叫卖声”——上帝子孙们的音乐。他那最大的憎恨和最大的爱隐伏在他每一个作品中，众中最显著者便是强烈的组织成《原野》。所以李长之说：“作者（指曹禺）对人生所观察之细，其所获印象之深，运用国语之熟，剖析心灵之锐，又复有理想，有热情（像袁教授是一个人类学者，不曾笑话我们人类弱点一样），兼之巧于构想，富于诗意。”（见《论曹禺及其新作北京人》）而我们知道，曹禺由于个性的天才，加上他的好学不倦，我们从他的作品，看出感染过他的大师群中，已有易卜生、攸里辟特斯①、拉辛、柴霍甫②、奥尼尔等。他还挨过许多煎熬的夜晚，读老子，读佛，读圣经，老舍在《如何接受文学遗产》一文里，也说：“假如五四新文艺运动者，而都是完全不晓得西洋文艺的人，这二十年来就绝对不会有一篇东西比得上徐志摩、茅盾、曹禺等的作品的。”可见曹禺的成功不单是凭借天才，而他是从“实学”至有今日，因此，完成了他丰富的“戏剧技巧”，构成了他的作品之“中心思想”。

茅盾说：“《雷雨》是打算表现出资产阶级家庭中的以及事业上的矛盾，《日出》是打算描写金融资本家的投机性及其不可避免的失败，那么《原野》是由都市到农村，作者所要表现的，似乎是一群同命运的人儿为什么要那样仇杀……《蜕变》是取了抗战现实的题材……可是《北京人》，作者又回到了从前一贯的作风，这原是可喜的，《雷雨》和《日出》的重心，都在暴露那些荒淫、贪婪，然而命定没落的一群的生活，同时，和这对照的，也写到‘雷雨’或暗示如在‘日出’了光明的前进的一面，这黑暗中的光明，在《雷雨》中还是一个形象，但在《日出》中却只剩了个概念和理想，现在《北京人》中这是一个象征了。”（见《读〈北京人〉》）这把曹禺的作品已用雏形的估价，而涉及其“中心思想”，我们读《雷雨》，假如肯玩味到它的“序幕”和“尾声”，周家的公馆改作教堂附设的医院，从这层罪恶时间的隔纱，我们看到楼上疯了的周蘩漪，她大笑，她把玻璃窗子打破，可惜从破窗上也永远没有“阳光”进来。我们又看到楼下疯了的鲁侍萍，她哭，她呆望着窗外的归来之子，可惜她儿子大海飘零在外生死不明。朴园是老迈了，留他在人世上向主忏悔，重负着生之哀愁。鲁贵这贪婪无聊的小人，他的一生自是轻飘飘的就混了过去，周冲和四凤触电死了，周萍的末路也只有自杀而后已。曹禺说：“在《雷雨》里宇宙正像一口残酷的井，落在里面，怎样呼号也难逃脱这黑暗的坑。”（见《雷雨》序）（所以蘩漪并没有负担着妇女的婚姻问题，而只是落在残酷井中不能逃脱的一个女人，她的大胆、勇敢和反抗精神，终归无用，有了广大的口味，总能爱蘩漪——这种灵魂灼热的女人！那么孙次舟在《从雷雨说起》一文里的主张是不对的，爱蘩漪，同情残酷井中不幸的生命，并不是要你去仿效，反之，悲剧是给人们以警惕。）在反封建和反世家的《雷雨》里，我们没有看见晴天，没有看见《日出》。那么在《日出》里我们应该看见“日出”了，看见曙光了？可惜在这“损不足以奉有余”的社会中，谁都以为久经风尘对反抗气馁的陈白露是个可怜的女人，成天被洋鬼子医学生以及经理秘书所包围，但是在十八层地狱之下尚有地狱，谁又会可怜可怜小东西？那些嫖小东西的人则为地痞面首，可怜还有比小东西更不如的翠喜，这“人老珠黄不值钱”的下等娼妇。李石清不如潘经

① 现译为欧里庇得斯（Euripides）——编者注。

② 现译为契诃夫——编者注。

理，偏偏黄省三更还不如李石清，而这群没有阳光人的高上还有金八，可陈白露说："金八多得很，大的，小的，不大不小的，在这个地方有时像臭虫一样，到处都有。"(《日出》第四幕)这群人暴露了他们自己的邪僻之心，不合理的事，不义，邪恶，贪婪，恶毒，满心的嫉妒，凶杀，竞争，诡诈，毒狠……新约说："行这样事的人，是当死的。"(曹禺引《罗马书》第二章)因此陈白露临死的时候说："太阳升起来了，黑暗留在后面。但是太阳不是我们的，我们要睡了。"(《日出》第四幕)这群"白吃饭的人"，"分党不合的弟兄"，他们没有看见新天新地，但他们先前的天地，已经过去了！"想"同金八拼一拼的方达生，也不是理想人物，曹禺对他是一个讽刺，如西万提斯(Cervants)之于唐吉柯德(Don Quixote)。所以曹禺说："我描摹的只是日出以前的事情。"(《日出》跋)除了听见砸夯的人们远远地唱"日出东来满天(地)大红！"之外，我们也没有看见他"中心思想"的曙光出现。这时候我们得谈到俄罗斯八十年代的一位剧作家——安东·柴霍甫(Anton Chekhov)。从他的主要作品中，如《樱桃园》(The Cherry Orchid)、《海鸥》(The Sea Gull)、《万尼亚舅父》(Uncle Vanya)、《三姊妹》(The Third Sisters)，忧郁深沉的安东·柴霍甫在当时灰色的国度里，他为没落的地主们送葬。曹禺说："我记起几年前着了迷，沉醉于柴霍甫深邃艰深的艺术里，一颗沉重的心怎样为他的戏感动着。读毕了三姊妹，我合上眼，眼前展开那一幅秋天的忧郁，玛夏(Masha)、哀琳娜(Irina)、阿尔加(Oigu)那三个有大眼睛的姐妹悲哀的倚在一起，眼里浮起滋润的忧愁，静静的听着窗外远远奏着欢乐的进行曲，那充满了欢欣的生命的愉快的军乐，渐远渐微，也消失在空虚里，静默中，仿佛年长的姐姐阿尔加喃喃地低述她们生活的抑郁，希望的渺茫，徒然的工作，徒然地生存着，我的眼渐为浮起的泪水模糊起来成了一片，再也抬不起头来。"(见《日出》跋)由此，可知柴霍甫怎样感动了曹禺，而柴霍甫的作品主题，充满了的只是叹息，柴霍甫能有的希望，也只是盼望着三百年后的人。他想他的子孙们一定比他当时过活得美满，而他只是负了那一个时代文化的桥梁，种下了千百年的果树，但本人并没有吃果子的福气。处曹禺写《雷雨》《日出》的当时，就是现在，也还是"新旧交替期"，《日出》里所能透出的希望，也只是窗户外的砸夯人之歌而已。直至曹禺创作《北京人》，剧中健壮粗野富于原始的北京人，便成为国内批评家的斥责。文弓认为北京人是"高悬的明镜"(见《评〈北京人〉里的北京人》)文里还说："北京人这面高悬的明镜并不光亮，它没有给该没落该毁灭的一个有力的衬托，也未给有希望的有出路的一个有力的保证，它没有照出由毁灭到新生的必然之路。"茅盾之《读北京人》也觉得北京人是个"怪人"，并且认为研究北京人的教授父女是一对"奇迹"，一只"哑谜"，也不同情这种"象征"。胡风也觉得这种"新的生活很飘忽杳茫"，是"多余人"中的"托梦的人"。只李长之说："对于这种理想，我们本无可非议，而且只有赞扬。在举世执着于现实之中，难得有一种理想的憧憬，而在一般的社会太文明以致减弱了腐化人们的神经之余，更难得提倡一些原始的力量！可是，既是理想，我们就要求其完全。可惜剧中的'北京人'那么健壮，却仍不免作一种类似镖客的行径，他把许多要棺材帐的工人打得东倒西歪(页一四九)，这种威风有什么可取，我们要原始的力量，但不要暴力；我们要原始的力量，却不要奴才的力量。"(见《论曹禺及其新作〈北京人〉》)我想从《雷雨》到《日出》到《北京人》从完全绝望的宇宙之井，听到了砸夯人之歌，现在又看到了敢死敢生的北京人，北京人同曾家大公馆里的小耗子和小小耗子对比，难道说这不是对该没落该毁灭的一个强有力的衬托吗？愫方同瑞贞跟着北京人走出快没落快毁灭的门槛，难道说要她们当着护做女□□□[①]有力的保证吗？胡风说愫方不死，不自杀，是《北京人》艺术构成上严重的裂痕，最初我看《北京人》时，我也以为像那样寄人篱下零丁孤苦的愫方，是应该活不了多久，她会自杀吗？但是慢慢的，我才知道，给曾皓捶腿，给思懿端药，而寄情于文清的愫方，是早被生活鞭打，已经万分疲倦，生死对她并没有什么严重的区分。何况她总是最能读“海内存知己，天涯若比邻”的人，人生的艰辛并不是甚么严重的裂痕，送婴儿衣裤的殷勤也只是遗爱文清之子女而已，因为在曾家大公馆，他比较是懂得诗情画意的。同时北京人也不是“怪人”，也不必把这个机器工匠代表什么劳动的大众，因为他只是一个“人”，一个被袁教授请来当北京人（周口店的古骨）研究的“人”。教授女儿对曾皓所解释的：“曾老伯您不要闹糊涂了。这是假扮的请来给我们研究队画的。他原来是我们队里一个顶好的机器工匠，因为他的体格头骨有点像顶早的北京人——”（《北京人》第一四一页）所觉怪者倒是“太不北京人”（我的杜撰）的曾皓，所谓北京人是：“这是人类的祖先，这也是人类的希望，那时候的人要爱就爱，要恨就恨，要哭就哭，要喊就喊，不怕死，也不怕生。他们整年尽着自己的性情，自由地活着，没有礼数来拘束，没有文明来捆绑，没有虚伪，没有欺诈，没有阴险，没有陷害，没有矛盾，也没有苦恼；吃生肉，喝鲜血，太阳晒着，风吹着，雨淋着，没有现在这么多人吃人的文明，而他们是非常快活的！”（《北京人》第一六六页）这只是把周口店所发现的古北京人作一解释，而愫方瑞贞之走，教授并不是把她们带出曾家大公馆去吃生肉、喝鲜血，都披着毛茸茸的兽皮，回到森林里去学人猿，而瑞贞说：“可去的地方多得很。”（《北京人》第二八七页）临走之时，瑞贞也约愫方是在“车站上见”，假如说一定要问出她们的下落，便是“光亮的明镜”“有力的衬托”“有力的保证”“不飘忽的杳茫”“不托梦”，那此种问题便是小弟弟妹妹们的打破砂锅问到底。娜拉走出“傀儡家庭”（A Dolls House）可作的事情就多着了，何必还要给娜拉介绍职业呢？假如曹禺是一个医生，那他已经开了药单给愫方和瑞贞了，至于吃法，那是她们自己的事，他把自由给人，大可不必再为自由列条举例。此种主题讨论，无怪乎刘念渠在《它接近了我们的理想》一文里，说那是些“皮相见解”，同文的批判：“《北京人》即成了一曲旧社会的挽歌，他写出了没落的人们的悲哀；同时，《北京人》又是一篇新时代的赞颂，他写出了光明的人们的成长。”北京人绝不类似镖客的行径，也不是暴力或奴才的力量，刘念渠同文中说：“一边是小耗子，一边是一拳头可以打死一百人的老虎。”做一对比——黑暗同光明，因此也无所谓在“理想的图画上滴上一点灰水”，所堪赞扬的倒是李长之所谓举世执着于现实之中，难得诗人的憧憬！

在鸡蛋里别挑骨头，从柴霍甫的剧作里不要希冀出现日俄大战，但在曹禺的《蜕变》中，这是曹禺从“抗战的大变动中，我们眼见多少动摇份子，腐朽人物，日渐走向没落的阶段，我们更欢喜地望出新的力量，新的生命已由艰苦的斗争里酝酿着，育化着，欣欣然发出

① 本书中凡虚缺号“□”处皆由于原文无法辨认——编者注。

来美丽的嫩芽。”(见《关于蜕变二字》)我们却可亲眼看见梁公仰的为国勤劳改革了以前医院的腐朽,有了他,没有办法的事也有了办法!丁大夫——伤兵的母亲,她衰颜斑白饱经忧患,用她伟大的慈祥创造出“中国,中国,你是应该强的!”我们所希望于抗战的,有了梁公仰、丁大夫这类的柱石,曹禺答复我们,中国是有办法的,由《蜕变》保证了最后的胜利!演员江村的诗里,讴歌梁公仰是理智的化身,丁大夫是爱的化身,诚如其言。曹禺对《蜕变》说:“戏的关键还在我们民族抗战中一种‘蜕’旧‘变’新的气象,这题目就是本戏的主题。”(见剧)

《原野》,透着乡土的芬芳,由于热烈的爱和热烈的恨,焦阎王抢了仇虎的地,害了仇虎的家,烧了仇虎的房子,诬告仇虎是土匪;叫人打瘸了仇虎的腿,使仇虎在狱里整整熬了八年,还把仇虎的未过门的媳妇儿金子霸为自己儿子焦大星的妻,这是焦阎王在生之时对仇虎的地、家、房子、金子有了热烈的爱,由于热烈的爱产生了热烈的恨,才诬告仇虎,打瘸了仇虎,牢囚了仇虎八年,达到了自己原始的霸占欲。可是这热烈的恨在仇虎的身上下了种,生了根,仇虎回来了,开了花,还结了仇恨的果子,他杀死焦阎王的儿子大星,夺回来他的金子。焦大妈(阎王的妻)她没有眼睛来看这些热烈的爱和恨了,但她只想用热烈的爱来结识仇虎,连媳妇儿金子都想给了他(也是不得不给)。想保留焦家的后代根——她爱的大星和小黑子,可是焦大妈热烈的爱却敌不住仇虎热烈的恨,结果是仇虎杀了大星,焦大妈把热烈的爱换不来焦家的后代,因此也就变成了热烈的恨,她满心以为一铁杖结果了仇虎,殊不知打死的却是焦家的骨血小黑子,因此她热烈的恨就变得更热烈,一度狠命的盯住仇虎,仇虎便死在黑林里。而金子一直是热烈的恨着焦家,爱着仇家,她同焦大妈是势不两立的婆媳,她不屑做焦大星的妻,因为焦大星既不能杀死仇虎,又不能放手妻子,金子嫌她,而焦大星和小黑子是注定了仇恨在他父子两人的身上开花,小黑子的牺牲比焦大星尤为可怜,因为这条小生命在仇恨或感情的祭坛前,他是什么也不懂,他是无罪的。所以刘念渠在《它接近了我们的理想》一文里说:“显然的,他表现了热烈的爱与强烈的恨,他要人们分辨爱与憎,他要人们强烈的去爱,(不是狭义的性爱!)和强烈的去憎!(我以为,这里伏下了《北京人》写作的一点动机。)”是的,一个伟大的作品之产生,均由于作者有“热烈的爱”和“热烈的恨”。

《正在想》,曹禺自注,说是由 Niggli 的 *The Red Velvet Goat* 的大意重写的,马家班同附近的棚子,有类中国的近代戏剧艺术的旁门左道,并非夸张,我们几可以把《正在想》看成中国民初戏剧史上一幅谑画,这谑画讽刺的对象据说是对着民初,但目前确也大有人在。戏剧艺术工作者是由主编主导主演的老窝瓜马天才,配编配导配演的小甜瓜悲秋女士,再加上三星班的马家少老板小秃子马一飞,和拉人的老盖儿,唱西洋景的哈哈笑,而观众便是小红领弟之流,还有李保长一家人(李保长是戏剧的演出者),李老太太、五姑奶奶、三丫头、四和尚,此外乡下人、醉汉、丁老师,人数太少,便凑以同行朋友,穿西服的歌舞瘦人,鼓洋鼓的胖子,数来宝,掼交的力士,卖膏药的,说大鼓的……这些马家班以前的艺术家也跟他们一样,瞧拉人的老盖儿唱得好:“看喽看啦!大变活人真正巧,非洲变来个女多姣。老窝瓜加唱相思调,小秃子翻跟斗还带吊毛!看喽看啦!小甜长得真正好,月里嫦娥不差分毫，甜瓜对你笑一笑，叫你三天三夜睡不着。”(《正在想》第二四至二五页)假若有人邀他们去，就得“保管来回路费，店钱，车钱，饭钱，茶钱点心钱，包银……”小甜瓜便是官场活动人，要不整天死泡在李保长家，那一家三口就得绝食断火。可是把戏玩老了，玩厌了，没人看，马家班才赶时新，各改各名，窝瓜甜瓜秃子遂成马天才悲秋女士马一飞，天才请测字先生代写名作，大公演《改良平贵回窑》拉洋片的哈哈笑就作他们的提词。可怜全剧结果被丁老师骂为下流，邀人的从门缝里看了一半，就走了，还骂他们傻，弄得悲秋女士也骂起马天才来了：“老不死的鼻烟壶，乌龟孙，我早就知道你一辈子没有出息，我问你，你还有好的没有?”天才只好说：“我，我，我正在想。”(《正在想》第八一页)结果《正在想》的天才气死了。曹禺的讽刺作品尚不多见，虽然他写《原野》里的白傻子，《蜕变》中的古板之梁公祥，以引人的叹息，但能够如此笑破人肚皮的 Fare，则只有《正在想》。

不能以《维特之烦恼》来衡量作《浮士德》之歌德，恰如不能以《北京人》衡量以后的曹禺是同样，我们虔诚的盼望他作品的“中心思想”，随着时代的进步，以现在的百尺竿头再进百尺!

第三章　曹禺同别的名剧作家

曹禺说：“我很钦佩，有许多人肯费了时间和精力，使用了说不尽的语言来替我的剧本下注脚；在国内这些次公演之后更时常地有人论断我是易卜生的信徒，或者臆测剧中某些部分是承袭了 Euripides 的 *Hippolytus* 或 Racine 的 *Phèdre* 灵感。”(见《雷雨》序)他继续说他不敢承认，自谦为“犹如黑夜的甲虫想象不来白昼的明朗”。其实他是深知前代大师们的艰深，他并不曾偷了主人的金线织成自己的衣服，曹禺的成功如上述所谓由事实得来，他接受世界的文学遗产颇多，因此他在不自觉中受了他们很大的影响，一个好的结果，正如莎士比亚常重述他人的故事，而成功不世的名品，曹禺也明白：“其实偷人家一点故事，几段穿插，并不寒碜。同一件传述，经过古今多少大手笔的揉搓塑抹，演为种种诗歌、戏剧、小说、传奇也很有些显著的先例。”(见前)这并不是一件耻辱的事情。

那么，假如拿曹禺的《雷雨》，跟易卜生的《群鬼》(*Ghosts*)相比，那阿尔文总带和下女菊娜造的罪孽便如周朴园之与侍萍，酒鬼安司强和他的野种女儿瑞琴便如鲁贵和四凤，而瑞琴比四凤勇敢，她的感情不那么脆弱，她的出身和远走又酷似鲁大海，而易卜生在斯堪丁纳维亚讨论着家庭的罪恶，如胡适所谓：“一是自私自利；二是倚赖性，奴隶性；三是假道德，装腔作势；四是怯懦没有胆子。”(易卜生主义)在曹禺则暴露着旧中国，为没落的世家不留余情的唱着挽歌，不单是《雷雨》，《北京人》更是。

法兰西路易十四皇朝，产生三大剧作家葛乃依、莫利哀、拉辛(Racine)，正如雅典皮尔克斯朝底“希腊黄金时代”之产生三大剧作家埃斯苦罗斯、沙福克里斯，攸里辟得斯[①](Euripides)。攸里辟得斯是最“现代”的，他是开“写实主义”的第一人，拉辛的作品，即使意义平常，但其表现的熟练，却极能抓住观众，一如攸里辟得斯，那么读过 *Hippolytus* 和

① 现译为埃斯库罗斯、索福克勒斯、欧里庇得斯——编者注。

Phèdre 的人，说此二者的灵感又复部分的重现在曹禺的身上，这倒是未可厚非的事。

我们深知曹禺很厌倦《雷雨》，写成以后，觉得"太像戏"了，故所以他复沉醉在柴霍甫深邃艰深的艺术里，他学习柴霍甫的那么平易和那么感人深深，他知道在柴氏伟大的作品里，没有一点张牙舞爪的穿插，走进走出的，是活人，有灵魂的人，而不惊心动魄，其感人之深，却能抓牢了他的灵魂，他并且昏迷在那悲哀的氛围里。从《日出》跋，我们看到曹禺研究柴霍甫的读书笔记，后来，他焚了那些不曾发表的"张牙舞爪"的文稿，直到《北京人》，我们知道曹禺在岁月的蹉磨里，他是完成了深邃艰深的最高创造。《北京人》里没有英雄美人，没有手枪或噱头，事情逼急了，人会逼走，哑巴也会逼得开腔。在《北京人》里的北京人，引申为一个谚语，并非巧遇，袁圆说，他是个哑巴，也只是说北京人不是善逞舌辩的思懿，逼急了也会开腔的（胡风所深知有话说不出的苦衷，《论曹禺的北京人》）。《北京人》中，有的是活人，有灵魂的人，感人深深的人，并且全剧始终存留着如柴霍甫在八十年代里悲哀的氛围，所以有人说北京人深得于樱桃园，柴霍甫之写那个女地主安德列夫娜一家人的没落！却颇有此感染。我觉得用此种悲哀的氛围为东方古中国的没落送葬是最适合的，我们遂会为他的挽歌而流泪，当然眼睛里也会流出欢喜的时候的热泪，那便是为了新的时代之长成，有如柴霍甫相信以后的日子会有光明，透出了前面不远的曙光！

不单是日出的"拉帐子"，是美国奥尼尔的技巧，《原野》第三幕仇虎的逃亡恰似林中的"琼斯皇帝"（洪深改作为《赵阎王》），赵阎王逃亡在深林里，他遇见了王狗子、黑物多个、前清官吏、衙役多人、老者、妇人、洋奴、土匪、老李和小马和营长的魂，用八处不同的深林，或路的尽头，或微月古木，或乌云大树，或小岗，或峰岚，或树深处……同那些鬼缠了一夜，后来死了。而《原野》中的仇虎逃亡在深林里，便遇见了各种幻相，持伞提红灯笼的人、焦大妈和小黑子的幽灵、洪老、大汉甲乙丙、仇荣（仇虎的亡父）、仇姑娘（仇虎的亡妹）、焦阎王、抬土囚犯火车头、老窝瓜、麻子爷、小寡妇、赛张飞、野驴、抬水囚犯、狱警、牛头马面、判官、青面小鬼、阎罗（地狱王）……在一幕四景里，黑林子的叉路口、洼地、水塘边、小破庙旁，同那些鬼也闹了一夜，后来死了。奥尼尔是一个反抗剧律的天才，他出于培克教授之门，而胜于培克，这是一个顶新的技巧，被曹禺运用在《原野》里。

荃麟把《北京人》与高尔基的《布雷曹夫》作一比较，顶有趣的，这两篇对旧社会死亡的挽歌，对新社会生长的颂歌，巧比在一起，曾皓同叶戈尔，思懿同安森尼亚，江泰同兹文左夫，愫方同舒拉，瑞贞同哥拉菲拉，但我们要知道在俄国的土地上出现了革命人物耶考夫，在中国的土地上出现的便是北京人，因此关于主题的进步与否，当不可同日而语。

有人还拿曹雪芹的大观园来作比较，说曾思懿像王熙凤，陈奶妈像刘姥姥，这也只是人物局部偶近而已，并不是《北京人》的精髓，而《北京人》却是千真万确的出自曹禺。

自然，曹禺不单是研究过几个作家，还有别的，不过最明显者，曾经感染过他底，却有这几位大师，证实了他的成功是由实学，哪怕是一抹一点或一勾，皆属曹禺无上的光荣。

第四章　曹禺是"文学家"兼"剧场诗人"

上述曹禺观察人生之细，获印象之深，运用国语之熟，析心灵之锐，有理想，有热情，巧于构思，富于诗意。我们再拿他的作品作一证明，从举例中使读曹禺者可得更详细之探讨。

曹禺的剧本对于人物上场，动以千百字为介绍，与其说是给演员以便利，宁莫说是富于小说的趣味，富于“造型艺术”，给读众以视觉想象的美。其视察人生之细，获印象之深，在用戏剧艺术表现的时候，分析人物心灵之锐，直如果戈理人之于“死魂灵”(Dead Soul)，所以艺术家能成为“灵魂的技师”者，即在乎此。他所描写的主抗角色(Protagonist)总共八十五人之多，即周朴园、周蘩漪、周萍、周冲、鲁贵、鲁侍萍、鲁大海、鲁四凤(以上《雷雨》)，陈白露、方达生、张乔治、王福升、潘月亭、顾八奶奶、李石清、李太太、黄省三、黑三、胡四、小东西、翠喜、小顺子(以上《日出》)，仇虎、白傻子、焦大星、焦花氏、焦母、常五(以上《原野》)，老窝瓜、小甜瓜、小秃子、老盖儿、哈哈笑、小红、领弟、李保长、李老太太、五姑奶奶、三丫头、四和尚、丁老师(以上《正在想》)，秦仲宣、伪组织、马登科、况西堂、况太太、孔秋萍、孔太太、谢宗奋、龚静仪、陈秉忠、范兴奎、韩妈、田奶妈、河南伤兵、丁大夫、丁昌、胡医官、陆葳、夏霁如、梁公仰、小伤兵、徐护士。温宗书、光行健、朱强林、梁公祥、李铁川、郝占奎、李有才、张营副(以上《蜕变》)，曾皓、曾文清、曾思懿、曾文彩、江泰、曾霆、曾瑞贞、愫方、袁任敢、袁圆、北京人、陈奶妈、张顺、小柱儿(以上《北京人》)。(《家》的主抗角色尚不在此数——补注。)他们各不相同，各负着一个艰苦的灵魂，有血有肉，慢说以千百字描写一个人物，就是一个人物的名字，都不是轻易得来，如黄省三——即吾日三省吾身；为人谋而不忠乎？与朋友交，而不信乎？传不习乎？但得穷疯结果，作者给黄省三一个讽刺。比如在中国叫张乔治，在外国叫乔治张，其旨趣自然不用说了。文彩文清，思懿瑞贞，真乃像敬德公的子孙，窝瓜甜瓜之流，巧付天才悲秋，妙谑横生，有不易一字之妙。同时我们还该知道作者得人不易，翠喜是从挨了真黑三的一拳头，“最雷雨”的蘩漪是从“最雷雨处”(我的杜撰)得来，那么我们以曾文清为例，请观《北京人》之八四页、八五页、八六页、八七页，一直到八八页，他把曾文清的面貌、服色、性情、嗜好、出身、历史、前后的荣衰……介绍了一个通遍，其观察人生之细，获印象之深，析心灵之锐，于此可见。

运用国语之熟，这更是曹禺在剧场里成功的优点，他生长在北平这是不用说，他不单是顶好的剧作家，有顶深的文学修养，而且他还是顶好的演员，表现在他剧作里的国语，自然是圆熟、地道、流畅。比如：“我跟你说，我娶你妈，我还抱老大的委屈呢，你看我这么个机灵人，这周家上上下下几十口子，哪一个不说我鲁贵呱呱叫，来这里不到两个月，我的女儿就在这公馆找上事。就说你哥哥，没有我，能在周家的矿上当工头么？叫你妈说，她成吗——这样你哥哥同你妈还是一个劲儿地不赞成我。这次回家，你妈还是那副寡妇脸子，我就当你哥哥的面上不认她，说不定就离了她，别看她替我养个女儿，好带来你这个倒霉蛋的哥哥。”(《雷雨》第一幕鲁贵台词)比如：“你这孩子也‘格涩’(与人不同意)，放着生意不做，一天就懂得哭。娘儿们不擦个粉，不抹个胭脂，你——你想，你怎样挂得上客？”(《日出》第三幕小顺子台词)比如“好儿子！可是虎子，(着重地)我从前待你总算好。(焦大妈)我也没有说您现在待我坏。(仇虎)”(《原野》第二幕)，比如：“唉，你瞧你这点儿眼光吧！现在年头改良，地皮儿薄，人家唱话剧的当了势，我们这变戏法的名字早不吃香啦。”(《正在想》老窝瓜台词)比如：“送礼的人说什么不肯拿回去。(范兴奎)叫他等着好了。”(马登科）(《蜕变》第二幕)比如："哼，谁认得这一群玻璃球，嘎杂子？我来的时候老太爷还在当少爷呢，(一比)大爷才那么点大，那时候——"(《北京人》第一幕陈奶妈台词)由上例可知其圆熟、地道、流畅。当我们常常发现曹禺剧本在字的旁边有所谓一点"."，那便是重读的地方，还有特别注上读以阴平阳平之处，于轻重间阴阳平都如此下细的曹禺，所以他的作品谨严，毫不浮光掠影，粗制滥造。

关于有理想，有热情，前面已经举例得够多了。理想则指时人的憧憬，指示给同时代的人们以前面的曙光不是 Sir Thomas More 的 Utopia(乌托邦)，而是 Plato 的 The Republic(理想国)。至于热情，则比比皆是，以《北京人》愫方来略谈，这位寄人篱下孤苦零丁的姨侄小姐，她是有热情而不敢现露的人，要爱不敢爱，要恨不敢恨，但是她懂得爱，懂得恨，她便只好爱人及物，爱文清的字画、雀鸟、子女，甚至文清的悍妇，这种如火的热情，真令人怆怀不已，我也将涕泪沉吟"海内存知己！天涯若比邻！"(《北京人》卷前曹禺引王勃之诗)。

富于诗意的地方很多，我们随便提到《北京人》里的那只"小孤独"吧，袁圆说："小柱儿说他奶奶给你一对顶好的鸽子。"文清指："在那里。"袁圆问："咦，怎么就剩下一个啦？"文清说："那个在半路上飞了。"袁圆问："这个有名字不？"文清说："有。""叫什么？""它，它叫(看愫方一眼)它叫'孤独'。"(《北京人》第一〇四至一〇五页)后来文清流落在外，撑不起腰，没志没气地又跑回来了，文清问："这只鸽子在家里。"愫方说："嗯，因为它已经不会飞了！""我——""不，不——"文清哀泣着，愫方又劝他："不，不这样，为什么要哭呢？"文清哭了："我为什么回来呀！我为什么回来呀！明明晓得绝不该回来的，我为什么又回来呀！"愫方说："飞不动，就回来吧！"(《北京人》第八二三至八二四页)这简直是一幅比兴的诗篇呀！从"小孤独"，令人回忆起柴霍甫那只《海鸥》(The Seagull)，和易卜生那只《野鸭》(The Wild Duck)，此地没有国家剧场，否则应该续曹禺的"小孤独"于天鹅绒的幕上。

所谓巧于构思，我将引申李长之此语，为戏剧技巧而讨论之，"诗人"不一定就是"剧场诗人"(The Poet in Theatre)，故福楼拜之《圣安东之诱惑》，哈代之《统治者》，始终难见诸于舞台，只能成为书斋读物。若要施诸舞台，则须具有舞台上的效果，最好的剧本当然是经得起读又经得起演，曹禺在《日出》跋里特别明了此种问题，他的作品既可读，复可演，自然他理解过了许多悲剧和喜剧的原则，他仔细以至于兼顾到某时代的某种观众，如嚣俄①之注意十九世纪的法国人民，我举一些顶精彩的地方：《雷雨》里周萍打了大海，大海的妈侍萍(也是周萍的妈)，她想哭叫出他："你是萍——(又不敢说，于是就转口)凭——什么打我的儿子？"(第一七六页)《日出》中组织成第三幕的淫窟，那感人的气氛，《原野》里第二幕焦大妈想结好于仇虎，他们从心的深处所吐出针锋相对的故事，《正在想》的马家班所唱的戏，令人笑得出眼泪的改良《平贵回窑》，《蜕变》中梁公仰梁公祥两兄弟的配置，丁大夫在末幕中同那些伤兵们谈话，《北京人》里曾皓训诫子孙时，陈奶妈跑进来，想说话，但立刻闭住了口，弄得满屋子的气氛更沉重。我想，如果读众和观众肯仔细去看，实不难发现更多的优秀地方以及适合舞台的效果。再者曹禺剧作中场外的号声，组织成一片有韵致的音

① "嚣俄"是民国早期对雨果(Hugo)的译法，其发音来自粤语——编者注。

乐，几声鸽铃，破晓的号声，算命的瞎子回去了，在《北京人》里引人去遥念遐思；一阵子淫笑，跟卖贱价的饽饽，跟卖唱的和数来宝的，构成了《日出》的淫窟之罪恶，给人以地狱之感。

因此他不单是“文学家”，而且还是“剧场诗人”。

第五章　尾声

他与宋之的合作的《黑字二十八》，属于一个抗战初的戏，没有更多的讨论，《财狂》乃法国莫利哀的原著，《安魂曲》出自匈牙利的拔拉西。我想，改译《财狂》，是为了介绍法国名作和当时的演出，而《安魂曲》却有更多的含义，俊英介绍《天才的悲剧》(载新华副刊)编者前引所谓：“这个剧本告诉了我们一个在不合理的社会制度中，天才的艺术家如何受虐待迫害的动人的故事，权势威凌着他，要他做奴才，有钱的商人诱逼着他，从他的身上榨出心血，万人从他得到幸福，但他们不知道怎样能给他幸福。”我相信曹禺是被奥地利夭亡的大音乐家莫扎特所感动，而为他演出《招魂曲》。此地《论曹禺》时不便更多的涉及其他作家，故略，《家》我没读过，但我们知道以巴金成功的小说加上曹禺的戏剧天才，只要不是噱头，则不难成为珠联璧合的！我们还深深惋惜——曹禺之历史剧《三人行》的材料手册，毁于“鼠祟”！无怪乎《北京人》不骂猪骂狗，却大骂了一顿大耗子小耗子小小耗子。最近预告的《李白与杜甫》，尚未出版，留作一九四三年去讨论。

文末，我说，晚安！曹禺。

三一年十一月十四日于都门陋巷

第六章　尾声后的尾声——读《家》

当我正遗憾着山河阻隔，未能读曹禺的近作《家》，所以我后面的预测为——以巴金成功的小说加上曹禺的戏剧天才，只要不是噱头，则不难成为珠联璧合的！

可喜在此文付印的前一日，幸从市坊间购此新书，遂作竟夜之读，至鸡叫天明，读完三百九十六夜的《家》，遂补为这“尾声后的尾声”，以完整《曹禺论》，止于曹禺一九四二年以前的创作。

——萧赛前记——

假如说郭沫若是顶适合写《屈原》的作者，那么改编巴金的《家》成为舞台剧的人，最好是曹禺(虽然上海方面吴天改编的《家》我拜读过，桂林方面杜宣改编的《家》我没机会看到，另作后论)。因为在同命运同方向努力下的两个作家——巴金和曹禺，在以前的日子里，彼此曾用血和泪的宝剑面对着旧世家封建的魔王。在今天的文化史上，巴金同曹禺均为诛魔降怪的功臣，前者以四川旧家做背景，唱出挽歌和颂歌的代表作——为《家》，后者用古北京的世宦做讽刺对象，唱出挽歌和颂歌的代表作——为《北京人》，他们两人的声音都非常之嘹亮，所以《家》和《北京人》都震惊了全中国。虽然所用的文体各有不同，一个是小说，一个是戏剧，虽然区域各分天南地北，但他们的主题和努力的方向则是一样，这由于他们的敌人相同，而且是同命运之下所产生的中国孩子，故曹禺最适合去改编巴金的《家》。

一篇小说散读于千家万户，可以“萧条异代感过客”，但一篇戏剧上演，却同时能集千万观众于一堂，效果自然比小说为大，力量自然比小说为强，因“近代文艺潮流向综合(Syanthesis)的路上走，这源流基于时空间艺术的各部门感到自身的贫乏，不丰满，表现力不够”。(见拙作《谈问题剧本》，载中央副刊第九三一号。)所以近代以名小说改编为戏剧，这是自然的倾向，去年见诸于重庆舞台的《陌上秋》，便是陈白尘改编艾芜的小说《秋收》而成，人称小说与戏剧的握手。现在巴金的小说与曹禺的戏剧作了这一次“亲切”的握手，给中国戏剧史上增加不少的光辉，读后，我方知这并不是噱头，而是珠联璧合。

关于巴金的《家》的主题。以前国内诸大批评家均有定论，是人们所熟悉的，此地从略，我们并不希望一篇由小说改编成的戏剧，它的主题超胜于原来的小说，而我们所希望的，却是它的主题恰是原来小说所要说的、所要表达的，那么这一来改编小说的戏剧难道就没有它自己的创造吗？不，反之却具有独特的创造，那便是它怎么会把一篇小说搬上了舞台，把一篇念的东西变成几幕看的和听的。这须有优良的戏剧技巧，而又不失原作的精神，否则假如没有独特的创造，我便付诸改译《财狂》改译《安魂曲》同日而语，不另外立章讨论了，而曹禺的《家》所表现的主题，恰和巴金的小说一样。主题借题材而产生，题材的完成是由于人物和人物所创作的故事，由人物与故事表现出主题，巴金的《家》的主题和题材，是统一的，这不成疑问，经曹禺改编后的人物与故事，跟巴金小说中的人物故事非常吻合。这次“亲切”的握手，是曹禺不负巴金，不负读者和观众，使我们敬佩！虽然还有些小地方尚留候我们讨论。

剪裁一部长篇小说，拿到剧场里，用三五个钟头把这部长篇小说演完，的确是使剧作家棘手的事情，所以对小说原作不但需要详读，而且体味人物须跟小说作家所描写的一样，重要的不在于人物的外型，而在有血有肉的人物的内心，他们心灵的活动，发乎于外的言语，用不着剧作家去别出心裁，不允许杜撰，而一切皆由小说作家所昭示，本身应该做的只是把“小说的”用巧妙的方法改编成“剧作的”，便完成了优秀的改编。巴金的《家》全书共分三十九章。在曹禺即剪裁为四幕，中含八场，用五处暗转(第二幕第一景，一九二页一处，同景，二〇七页一处。第二幕第二景，二三二页一处。第三幕第二景，三四六页一处。第四幕，三八三页一处。)隔成许多的相距的时间，在改编小说为戏剧时特别需要这种相距，经曹禺的技术精巧，把地域无限制的小说，改为四个不同的地方，而发生的故事需要包括全部小说。巴金的《家》，全文二十四五万字，叙述了不少的高家事，曹禺便选出高家的几件大事表现在戏剧里，作为分幕。他利用了人们所熟悉的人生仪节、红白喜事，第一幕两景用觉新的“洞房”，后一景中尚用人们乐闻的“闹房”“听房”等型，第三幕第二景用高老太爷的“孝堂”，他还在第四幕用瑞珏的“产房”，第二幕的构成也由高家的两件大事——鸣凤之死和全城兵变。在曹禺精巧的剪裁之下，还尽量保存巴金小说的故事，不能当场上演的，便由人物的口中述出，诸如觉慧他们办报纸，瑞珏出外看觉慧他们演剧，克定在外面租小公馆嫖“礼拜一”(女人的浑名儿)等事，倘若改编小说像依照原有的居民重建房子，那最初的剪裁工作便像完成了房子的骨架，曹禺为《家》所修建的房子骨架，是健全的，成功的，完成了戏剧的创造，将来用这骨架修建出的房子，一定最适合原有的居民去住。

跟剪裁同等重要的便是那群居民的面孔和他们的内心，即剧中的登场人物。假设我是一个雕塑家，我情愿为庙里不同面貌和姿势的五百阿罗汉造像，我却不愿雕塑出同模同样的两尊大佛。但是由小说的人物改为戏剧的人物，所贵乎者，就是在造出两尊同模样的大佛，不希望是各各相异的阿罗汉，比如说曹禺所写的鸣凤，是"大房的婢女，年约十四五，绰约多姿，一脸娟秀的灵气，天生爱好，没有一丝粗笨的丫头相，传说她的家世清白，祖上都是读过书的，后来不知如何才流落到仆役这一群里。她有一对美丽的大眼睛，当她与人说话，或望着什么的时候，总显得那样聪慧而诚实。面色白净异常，只是嘴角微微有一点向下弯，无论是笑或不笑的时候，都隐隐地潜藏着一丝别人□容易看得出的苦相，本性十分深厚，到了高家，更学得一种奴婢们必有的恭顺沉默，但无意中，当她用不着再拘束自己的时候，就依然露出来少女的天真可喜的地方，那样纯挚，使人对她不得存一点狎昵的念头，所以和她同地位的仆役们并不喜欢她。她穿一件小紫花布薄棉袄，浅蓝夹裤，新花布鞋，黑软的头发梳成两根小辫，扎着红头绳儿，声音清亮，也很甜，只是偶尔有点气短。"（二九页）这全是由巴金的小说得来："婢女鸣凤，是一个十六岁的少女，脑后垂着一根发辫，一件蓝布棉袄裹着她底玲珑的身子。瓜子似的脸庞也还圆润，当她带笑说话的时候，面颊上便现了两个酒窝。她闪动着两只明亮的眼睛天真地看他们，并没有一点畏缩或羞涩的样子。"（见小说第七页）传说她的家世清白，祖上都是读过书的，这得自小说里夫人小姐的口中，说出鸣凤的历史。她的嘴角向下弯，潜藏着一丝苦相，这是剧本对演员化装的指示，而源于鸣凤在高家大公馆十余年来所遭受的苦辛，至于她在不拘束时的天真可喜和纯挚无狎，这些是曹禺自读巴金的小说，觉慧与鸣凤相见的数段，服饰色彩是依舞台的整个协和而定，所谓偶尔有点气短，是指以后殉情投湖，拿鸣凤为例，可知曹禺改编之深度。对其余的人物，琴和梅，高家上一辈三弟兄和下一辈六昆仲，最高至老太爷陈姨太，最低至仆人袁成、苏福等，冯乐山和钱太太也是其中造型艺术很好的人物，一切莫不本自小说。在戏的全剧里，琴和梅所站的上下场较少，琴有七场戏，梅只有两场戏，琴在第一幕里出现两次（第一景五三页）介绍她本人和她来参加觉新的婚礼，第二次（第二景八五页）为觉新给梅送信。在第二幕里出现三次，第一次（第一景一六五页）表示她在黑暗的路上比淑贞胆大，奋斗的精神比淑贞勇敢，第二次（第二景二三八页）在幕末她才出场，示全城兵变，她在高家。第三次（第三景二四八页）她负责为介绍梅孀居的事。在第三幕她出现一次（第一景二九三页）时觉民出走，第四幕她出现一次（第二景三九三页）她来为瑞珏送终，及叙述她与觉民以后的幸福。按说她比梅所站的上下场要多许多，梅只站了两场，第二幕（第二景二三八页）也是在幕末，梅才初次登场，她是穿着素衣瘦削的女孩，只迷惘哀痛地望着屋内这一对少年夫妻——觉新和瑞珏，瑞珏上前亲热地招呼她，这女孩凄恻地微笑，琴来，幕旋闭，示全城兵变，梅来高家。在同幕（第三景二八二页）里梅方重现，叙述梅来高家已十余日，兵变平定，又得同母氏钱太太还乡，离别遇觉新，相对黯然，她还劝觉新，少喝酒，珍重身体，多想想瑞珏和海儿，莫想念她，她还乡以后"没有什么事情，夜晚睡不着呢，躺着等天亮，天亮起来了，就坐着等天黑"。（二五五页）后来她见了瑞珏，瑞珏因为最爱她丈夫，所以最爱梅，只要她丈夫好，梅好，她说她情愿"把海儿交，交给梅！"但是梅只要了海儿的照片去，因为海儿活像他父亲觉新，不久梅便走了，安排在她以后的路只是"除死方休"。曹禺体味的梅，虽在戏里很少的抹上了几笔，便令人深深的难忘，好像一个名画家，在隐沉的纸上抹入一笔淡淡的乌云，看这幅丹青便比欣赏三星拱照的卦图惹人留念得多，梅比琴虽然出场的时间短少，但梅比琴剪裁得更为成功，琴除了在第二幕第一景和最末中表现了自己一点胆大勇敢和以后的幸福之外，其余的出场，不是为觉新送信，便是为介绍孀居的梅，不是为觉民出走，便是在红白喜事中凑个热闹。所以我觉得曹禺对梅的创造较琴为高，更为深刻，但也许这是为了梅比琴的命运凄惨、不幸，所以更容易使人同情一些。我们看“克”字辈的三弟兄，克明对上敬，对下严，对他爹，对冯乐山老伯，惟恭惟谨，对觉新，告诫以“家训”，可以说是个统派的保皇党。他承自先祖，他盼望觉新以后就承继他，可克安克定就做不来假善人，当不来伪君子，一个嫖翠玉，一个嫖“礼拜一”，事情弄完了，把爹气死，望着分了家，好还外债，曹禺创造这三个人物均很得体。再看“觉”字辈的六昆仲——新、民、慧、英、群、世，觉新同他妻瑞珏，曹禺解释他俩人的时间较多，第一幕整个是为他两人结婚写的，第二幕的二三两景，也是从他们的洞房去看全城兵变，第四幕临盆死别也多是为他俩人而写，故我们最熟悉这两个人物，从瑞珏在新婚之夜以后，她热烈的爱她丈夫，她体贴觉新，送绿豆汤，端冰糖莲子，她懂得爱，她爱她丈夫所爱的梅花，她读她丈夫所爱读的书，她为觉新下抚海儿，上侍翁姑，她把私下的积蓄乐于给弟弟们拿去办报纸，在兵变临难的时候，她长伴着觉新预言着老来衰颜时的儿孙绕膝。但是这个不幸的生命，像杜鹃一样的女人，呕唱尽心血，逼病于产后，这是由陈姨太出的主意，堂上有未葬之灵，房中无临盆之媳，怕犯了死人，死人要在阴间流血，所以产妇得出城，得离三道桥，遂把瑞珏活生生的逼死在城外，由曹禺的安排，唤起了我们很深的同情，他不但不负我们所期望的瑞珏，而且不负巴金。从觉新身上我们看到满腹的“作揖哲学”和“不抵抗主义”，从觉慧身上我们看到跟他大哥完全相反的“反抗精神”和“永远的大胆”。因为这两个人各走极端，遂影响到曹禺所写的觉民，这一个“较弱的中间色”，他跟琴，不免都有些同样的失败，英、群、世——这三个小孩，英显然的很调皮，闹他嫂嫂的房，他会接唱“胸前生对大奶奶！”他还会带起他两个弟弟，趴到嫂嫂的床底下去听牛郎织女打喳喳，他又会嘲讽淑贞“家”字怎样写。两个弟弟——觉群与觉世，都很有趣，跟着觉英往床底下趴，听牛郎织女打喳喳，老五觉群把鞋弄掉了，全得他新嫂嫂爱他，给他穿，老六年纪更小，在床底下听睡着了，也全得他新嫂嫂爱他，抱他起来，从这几个小弟弟，一方面固然显得他们调皮，一方面又写出瑞珏的可爱。曹禺用很少的几笔剪出陈姨太，其尖刁可恶，便突出纸面，她巴结老太爷，请神化香灰给老太爷医病，就把老太爷医死，她逼着瑞珏临产时出城过桥，免犯血光，就逼死了瑞珏。无疑的，台上的陈姨太曾使台下人咒骂，得到成功，再看曹禺写老太爷也用很少的几笔，但是除了老太爷曾奉承冯乐山几句，曾家教克定一顿，寿终正寝在水云乡而外，在全剧里只是平平的过去。王氏沈氏，瓜子脸同小胖子，配置适当，周氏体态庄严，写淑贞胆子小和向好心切，也很可人。鸣凤和婉儿，前者崇拜于诗情，遂投湖而死，落得个干净，后者潜伏于命运，就被冯老头子的淫威所揉碎，也是一死，婉儿佩服鸣凤聪明，死得对，假如鸣凤不死，到了冯家，便会在那个照着油灯、阴风惨惨的佛堂旁边睡，白天陪老太太念经，下午研墨收拾屋子，晚上又陪老太太吃素念经，夜晚还得给冯老头子泄欲，拖不上一季，人也就同样的会拖死。婉儿同鸣凤便是顶好的“对比”，假如以“对比的美”来论曹禺的《家》，则觉新和觉慧、克安和克定、王氏和沈氏、琴和梅、钱太太和冯乐山等等相对成趣。再看那些仆人如黄妈、刘四姐、袁成、苏福、老更夫、张二，也各人有各人的性格。黄妈富于仁慈；刘四姐，这陪房的喜娘富于风情；袁成、苏福，高家的诚仆，顶顺服的奴才。老更夫令人回味最长，他敲着更锣，请“各位老爷太太，少爷小姐们睡吧，不早了”。（二〇七页）鸣凤跳湖，他不拉她，他曾骂：“小娼妇！公馆的丫头没有好的，打扮得像妖精！还要跳湖，跳神，跳鬼！”（同前）这种人物，颇似嚣俄剧中提灯引路的夜行人。《家》里的张二，钱家的“老太爷佃户”，一年到头都是懒声懒气的，这人也颇具个性，曹禺对这些轻小的人物，有如高尔斯华绥的谨严，虽然是剧里一个立庭的法院院警，一个街头的无名氏，都赋予他们一个适当的灵魂，永远不迷糊潦草。再看冯乐山和钱太太，也是曹禺剪裁得最好的人物，冯乐山——高老太爷的朋友，这位善人，伪君子，擅长色情文学，他评高老太爷的诗，都是“公诗如美色，未嫁已倾城”。（六六页）他之专收女弟子也为的是那个，他还自谦是“老树婆娑，生意尽矣。”（六九页）他会题水云乡的楹联“翁之乐者山林也！客亦知乎水月乎？”他会讲佛的“慈悲”，孟子的“不忍”，他会说：“可使无食肉，不可使居无竹。”（七〇页）但他曾害死喜儿婉儿，逼死鸣凤，他专会给高家的“觉”字辈开红庚喜帖，误人子女，曹禺对他剪裁得很好。再有钱太太——周氏的堂姐，梅的妈，也是一个妙人，她对自己女儿红颜薄命颇抱达观，她很知道“梅儿命苦，命真苦啊！跟着我这个妈，没过过一天的痛快日子，一生只有一件事对得起她，我把我的棺材让给她睡了”。（三六四页）她人又很大量，她真爱瑞珏，认她做干女儿，同时她人还痛快，有名的嘴，素不饶人，她瞧不起冯乐山，她在高家，知道冯乐山来过，她骂：“那个老混帐！干干净净的屋子，不提这种人！”（七二页）在城外草屋中，她知道冯乐山写祭文祭婉儿，她又骂：“他那祭文还不是狗屁！从前我用过一个丫头，也叫他写过一篇祭文，这个苦命的丫头也是他弄去——嗐，不提他、不提他，干干净净的房子不提他。”（三六七页）钱太太还替瑞珏报复陈姨太，因为她恨陈姨太逼着瑞珏要过三道桥，离城十里路，钱太太问她只过了两道半，（有半道塌桥）离城不到六里，事到临头，讽刺陈姨太，问她行不行？后来简直不给她面子，就一顿臭骂，问她：“你这一辈子当姨太太，你下一辈子当姨太太不？”（三八一页）关于这一个痛快的人物，曹禺对她也剪裁得很好。所以根据小说改编为戏剧，我们首先看他的剪裁，同样重要的，便是看他体味原作人物的深度，然后可作一定评。

倘若把《家》里的舞台人物，同曹禺以往所创造的几个“主抗角色”来作一个有趣的比较，则高老太爷不及曾皓，曾皓不单是自私自利，而且他还有伤逝的情怀，此种伤逝的情怀周朴园也有，因此显得高老太爷的单纯。觉新与曾文清相比，乍看，则似乎文清的悲哀较觉新尤多，因为觉新有瑞珏，而文清有的是悍妇，殊不知一分深情添一分悲哀，瑞珏虽好，惜不永年。故觉新的悲哀实较文清更重，文清能一死了之，觉新则无此种宁静的幸福。设若《北京人》的光明在北京人身上，《家》的光明在觉慧觉民他们弟兄身上，则《家》的主题更为明显，不会引起更多的论争吧。我总觉得瑞珏和梅的身上老透着一股愫方的幽香，而鸣凤身上不无四凤的影子，因此我们知道，一个剧作家要改编小说为舞台演出物，常见同自己作风相近的小说，比较容易成功得多，是故曹禺不选茅盾的《子夜》，鲁迅的《阿Q正传》，而选巴金的《家》，这已无容我重作更多的解释，而我们只有说：“曹禺是改编巴金的《家》最好的人。”至于吴天的改编本，我有一个简单的比譬，假如说巴金的《家》是一幅有名的摄影

（在艺术上有价值的），则曹禺的《家》，便是根据这名照而临摹的工笔画，而吴天的《家》，则只是一幅大写人物，若似，若不似，若为原神，若为独创，保留其意境而已，玩味此语，可以减去举例，因此文为专“论曹禺”，不多涉及吴天。至于杜宣的改编本，惜未读，不能立论。

有了适合的房子骨架，住了适合的居民，发展了原有小说的故事。人物中也有被剪去的，如周剑云（偷偷地爱过琴的男人），许倩如（强似男孩的女孩），这因为在《家》的戏剧里，“不重要和不需要”，所以便被剪去，故事中也有被剪去的，如姊妹们常集宴花园猜令赌酒，鸣凤死后，觉慧做的那场恶梦，兵去之时连排长的太太玉临高家大公馆，瑞珏产死觉新进不了门，隔在门外等等，这也是因为在《家》的戏剧里，“不重要和不需要”，所以也被剪去。在《家》的落幕时，用觉新、觉民、琴、淑贞去送瑞珏的终，而不把觉新关在门外，因富于小说性的，不定富于戏剧性，为了上演，故删去。这也是在不伤大体的原则之下，稍有出入，以增强舞台上的效果，一个戏剧□化的结尾。从精巧的剪裁和体味人物之深，忠实原著故事之勤，达到了表现《家》中光明的主题，同巴金一样的提出对“家”的反抗，高老太爷告诫了承继长子的克明，克明便以此告诫正成完婚的长孙觉新，不单是新郎，连新妇也告诫在内，克明说：“明轩哪！（觉新字明轩）你是长房长孙，以后你小的弟妹们要拿你做榜样。而且你的父亲在病，日后这样大的‘家’庭，固然要你这个做长孙的来操持，现在的责任又何尝不该由你来担负呢？现在爷爷既然是退休养老，以后家里可以说有出无进，弟弟妹妹们都还年幼，你应该入则孝，出则悌，上可以侍奉父母祖宗，下可以抚爱弟妹诸幼，你的责任可以说是无穷无尽的！所以从今天起，你就是大人了，并且你以后要对新娘子也如此的告诫，教导。宁可失之于严，不可失之于宽。一个长房媳妇最难做。公婆弟妹，里里外外，口舌是非，在在都需要当心，在在都需要克己。而这种以夫君而又兼父师的教导责任，也是由该你负的。我们‘家’凡事都有根据，都合乎古法，我们做人处世——所以明轩，你的责任是大的，你的希望也是无穷的。做得好，齐‘家’治国平天下，做得不好，默默无闻，老死转乎沟壑，为万人羞，千夫耻，也有可能！所以结婚聚亲，尤其是在我们这样的‘大世家’里是一件应该非常戒慎、非常恐惧的事，你要战战兢兢，如临深渊，如履薄冰，不可有一丝懈怠，忘却自己做长房孙的责任哪！”（见四〇页、四一页、四二页、四三页，前后经四五处中断打岔的戏剧化，一路滔滔严肃，以为“家训”。）觉慧劝他大哥觉新反抗，说“天地间没有太晚的事，一个人要大胆，大胆，永远的大胆”。无奈“作揖哲学”和“不抵抗主义”把觉新断送了，他是高家“觉”字辈最早捆赴刑场牺牲的第一人，他的牺牲却警醒了他以下的弟妹们，而他自克明相传的“家训”，在以后，却是毫不生效。自觉新结了婚，冯乐山又要在水云乡楼上开第二张红庚喜帖，断送老二觉民，觉慧跑去质问他大哥觉新，他决不许二哥觉民也学觉新的“不了了之”、他的“不妥协主义”和“反抗精神”，问得他大哥无言答对，只有乞求他同情似的，说：“觉慧，你知道当时我也是为着这个‘家庭’。”（二九〇页）结果，觉慧设法使他二哥出走，给旧世家一个有力的答复，不像觉新对旧世家的答复是用眼泪。后来，觉慧当远离高家之时，也给他大哥觉新留条上说：“大哥，我走了，生活是要自己征服的。你应该乐观。你必须做一个顶天立地的汉子。任何事情都没有太晚的时候，你要大胆，大胆，大胆哪！”（三九四页）觉新的弟妹们是向着光明的路上走了，他自己却投入黑暗，他不但是害了自己，还害了梅和瑞珏，梅为他抑郁而死，瑞珏为他、为他们“家”效忠而死。然而他见了害他的冯乐山，还得作揖打拱，口称冯太老伯，换了觉慧就不然，觉慧敢当着面骂冯乐山是假善人伪君子，冯乐山拿他也没有办法，觉慧后来对他大哥说：“我的敌人不是一个冯乐山，而是冯乐山所代表的制度。他伪善，他怕人说他伪善；他诬陷了我，他得了意。可是，我绝不会让冯乐山跟冯乐山类似的这一群东西终生得意的。”（三七一页）从永远大胆的觉慧，以及觉民跟琴，我们看到了光明，光明的主题，从瑞珏，从梅，从鸣凤，我们则深深的惋惜她们生不逢辰，牺牲于不幸！所以巴金说：“我写梅，我写瑞珏，我写鸣凤，我心里就充满着同情和悲愤……我代那许多做了不必要牺牲的女人叫出了一声冤枉！”（见小说十版改订本代序）前一代的人，已经登了祭坛的，没法接触光明，所以我们对克明、克安、克定、王氏、沈氏、陈姨太等，投掷的同情较少，而对瑞珏、梅、鸣凤，她们是有法接触光明而没有接触到，不幸落入“旧世家”的深渊，所以我们充满了同情和悲愤，《家》和《北京人》同样的为旧社会敲亮丧钟，为新社会唱出颂歌，“家”是什么呢？觉英问觉慧，觉慧说：“‘家’是宝盖下面罩着一群猪！！”（三二六页）这便是在《家》的戏剧里所要表现的光明主题，为曹禺接受了巴金的小说所昭示。

此外，我们尚读到剪裁后他所用的几件顶好的戏剧技巧，比如洞房之夜，新郎与新妇一个因为忧愁，一个因为羞涩，都不能交谈，于是曹禺借重三个小孩子，一个个从床底下爬出来，巧妙地运用着听房的恶作剧，新嫂嫂怜他们，替鞋子掉了的，重穿上，把睡着了的，抱出来，借这个机会，新郎暂时忘记了忧愁，新娘暂时忘记了羞涩，他们彼此交谈起来。还用简洁的方法介绍出许多人物上场，家中最好者，尤其要数来高家躲难的梅，她一语不发参加到第一幕第二景最末的十几秒钟里，然而梅却给了人很强烈的印象。诸如此类，不胜枚举，但因为改编小说的原故，把地域减缩得很短，许多故事都得在一个地方去当着观众发生，因此少数人上场就不免有些生强，比如在第二幕第二景里，鸣凤死后，描写觉慧的抑郁，正逢地点是他大哥和大嫂的屋子，这故事将利用此地发生，而人物上场又不能无原无故，于是就只好用了淑贞拉觉慧的手，打开右面侧门的一半，探出身来，回头说：“三哥，我们从大哥屋里穿过去吧？”（二五〇页）这种方法，令人不无生强之感！

当谈到诗情丰富的曹禺，在《原野》里我们看见仇虎给金子带花，在《北京人》里我们看见那只“小孤独”，在《家》里，我们不单是看见梅花和杜鹃。那位爱梅花的觉新，也有着感情上的苦闷，所谓怜花及人——而《家》里诸多不幸的灵魂，如杜鹃的女人，瑞珏在新婚之夜便听见湖上的杜鹃，临死时又听见那个佃户的斜眼孙子学着杜鹃的叫，一声声凄婉而痛彻地鸣唱着，鸣凤也被觉慧教来懂得杜鹃了，她说：“您不是说有一种鸟一唱就唱一夜晚，唱得血都呕出来了么？”（一九八页）鸣凤也会读诗，她读“今夕是何年”却不读“我欲乘风归去，又恐琼楼玉宇，高处不胜寒。”假若读了，那老更夫的后话便更有趣：“好，好，湖里有莲花，湖里的水凉快，去吧，去吧。”（二〇六页）因为鸣凤能懂诗，能懂杜鹃，所以她才对觉慧说：“这脸只有小时候母亲亲过，现在你挨过，再有就是太阳晒过，月亮照过，风吹过了。”（一九九页）同时鸣凤跟梅老早就透着夭亡的芬芳，人们想想，哪里有那么年轻的女孩，便深知佛云的生死，梅还说：“佛说最痛苦的地狱冤魂是没有喊叫的。”（二五八页）梅捣碎自己的心而死去，她最像呕血的杜鹃。其他地方，曹禺剧里诗情丰富的对话很多，比如在新婚之夜：

瑞珏：这是什么叫？

觉新：杜鹃，这外面是一片湖。

瑞珏：一片湖？今年杜鹃叫得这样早。

觉新：嗯，湖边上有梅花。

瑞珏：好多的梅花啊，像一大片雪。

觉新：嗯，你，你喜欢梅花么？

瑞珏：我喜欢。

匈牙利莫尔纳（Ferenc Molnár）之《天上人间》（据李嘉译，意译为《老粗》），有过同样的丰富诗情，当李里奥（Liliem）与裘丽（Julie）说爱的时候：

李里奥：这儿有很多的金槐花树呀！

裘丽：我也闻到了——这金槐花香——

李里奥：白色的金槐花！

裘丽：风吹了它们下来。

因为曹禺的诗情太丰富了，所以就发生了一个问题，虽然他把《家》里的觉新和瑞珏写成两位“即席吟诗人”（Improvisator）在洞房花烛夜产生了许多行“即兴的诗篇”（Improvisation）俩人对吟起来分写新郎新娘的心情，其中应有不少的佳句，无奈全剧均以“写实主义”的方法表现“家”，突然使局部进到“诗剧”的发展，便显得颇不调协，我们赞美他诗意的对话，我们却不赞美错乱的表现方法，这不能和曾文清之诵“东风恶，欢情薄……”一体而论，因为文清是在实生活里念陆放翁的词，而觉新与瑞珏成了“即席吟的诗人”。这对他们的实生活成了一个很大的冲突。

还应该遗憾的，是巴金的《家》处处透露着乡土文学的芬芳，巴金是取自南方四川的一个世族人家，小说中的人物、服饰，均存乡土风韵，尤其是特殊的地方语言。我们从巴金小说上，看到许多那些地方语言所下的注脚，如“放花儿”即花炮，“私房话”即体己话，“端工”就是巫师，“月房”就是产妇底卧房等，而曹禺的改编，便把南方四川的世族改成了北京城的世族了，曹禺的《家》仍旧富于北方的味儿，高家大公馆有如曾家大公馆，考其原因，最大的还是语言问题，因为我们的舞台需要着流利的国话，这首先便构成不可避免的缺憾，虽然忠实于乡土问题，是一件有关于外衫的讨论，但令人亦不无缺憾之感。

文末，我摘 Aristotle 之 *Poetics* 的第十七章为结：

“惟真激动者能咆哮！惟真怒者能忿！”

三二年一月十日于都门陋巷

原载燕风文丛第二种，1943 年 2 月初版

剧作家：曹禺

鲁　思

政治、经济、法律、哲学、电影、戏剧、文学与报学等等，对我都有种“不解之缘”。它们紧抓着我，使我无法有所偏爱；然而也正因此，我不自觉的步了马浪荡走过的路，并且还踏了他的覆辙，所谓“十弃行”也。

这是一定的吧，涉猎于学问的方面愈多，结果愈易一无所得，因为不能深入地专对某一方面加以特别的精究之故。“写作”更不待说，始终没有好好的写过一篇像样的东西。近几月来发表在本刊与《大众》上的，都是我在中国艺术学院的讲堂上临时胡诌的口讲稿，事后匆匆追记出来，送交杂志发表，并非不懂得“藏拙”而真愿意“献丑”于读者之前，说实话，为了生活，想骗几个钱而已。

《剧作家：曹禺》也是中艺学院戏剧系编导科的“现代中国剧作家研究”一课里的临时胡诌的口讲稿是不待的。为了穷忙，讲前没有多余的时间来准备，现在追记的时候，同样为了穷忙，也没有多加深思的余裕的。粗制滥造，现蒸热卖，自己肚中十分明白“这算什么东西”！

必须附带地声明的，这篇“算什么东西”的东西——《剧作家：曹禺》，里头所讲的并非全是自己的“创见”，有许多是别人早已说过的了。那么，为什么不一一的注明呢？原因，绝不是想“掠人之美”，而仅为了在课堂上讲解时的方便起见。我的口才已经坏到不能再坏的境地了，若再噜噜苏苏的引谁的文，登载何处，以及发表的年月日之类，“中艺”的同学们怕会头痛得裂开来了吧。于是我决定“少作些孽”，还是直捷了当的，自己认为“可采之说”的就干脆地引了来，省些闲文。其次，那便为了执笔时实在抽不出空闲去查原书。

上面是不能不说的“闲话”，现在且“言归正传”吧。

×　　　　×　　　　×

曹禺，原名“万家之宝”的万家宝。

他底“曹禺”这一笔名，据说，从“万”字变化而来的。可不，“万”字上下分拆开来，不就成了“艸”和“禺”吗？他将前半个“艸”字头添改几笔为“曹”，再把那后半个“禺”字全封不动地保留了下来。于是，万家宝摇“头”（姓也）一变而为曹禺了。

在中国的剧作家群中，曹禺是最优秀的一个，也是最年轻的一个，他今年还只三十四五岁吧。他的个儿瘦小得很，然而眼睛却生得鸽蛋一般的异样地大，这跟他整个的面部轮廓，以及耳鼻和口等的大小比例，显然是失却调和而非常不相称的；难怪有人要这么打趣他说：“要不是曹禺戴有一副六角形的深度眼镜的话，那人们可真会错认他是一只猫头鹰呢!”

对于穿着,曹禺是素不考究的。不管春夏秋冬总是一袭灰色的法兰绒上装,和一条藏青色的染有油渍的裤子,并且式样很旧,那裤脚管高离他的皮鞋至少有二寸多光景。这决不是像某些人故意装出所谓“艺术家”的那种酸溜溜的怪模样,实在他的境况也不怎样好的。

头发又如乱草般的蓬,很少瞧见他稍少修饰,或涂过一回油膏的,除掉他刚从理发所里出来的刹那间。满布着微髭的嘴角边,则永远衔着一根被唾沫濡湿着的烟卷。

据他的一位学生告诉我,说:曹禺是很情感的,当他看到了不平的事,常会偷偷地流泪。至于他的私生活可说严肃而又严肃的,同时,他对一切都不肯马虎苟且的,这,我们从他的创作态度上也可看出来的。

可不是吗?他写三部曲的第二出《日出》时,为着第三幕这短短的三十五页戏,他竟在严冬的三九天的一个深更半夜里,独自冒着刺骨的寒风,跑到那满目荒凉的贫民区,去等候着事先约好的两个嗜吸毒品的乞丐,想请他们教他唱那“紧板打,慢板量,眼前来的美人堂。美人堂前一付对,能人提笔写得详,上写白天推杯来换盏,天天晚上换新郎。……”的数来宝。可是,他们因为曹禺应许的赏钱过多了,反而猜疑他是个侦缉员,不敢来践约了。于是,曹禺瑟缩地踱到一种北方叫“鸡毛店”的下等客栈里去找寻他们,结果,又被一个有八九分酒意的罪犯模样的“落魄英雄”误会了,他竟不问情由的便向曹禺动起手来。据曹禺的自述,那一次他险些儿瞎了一只眼。可是,曹禺并不就此罢休。他因为得了个教训,明白钻进这种地方,必须有人引路,于是,他便托人介绍,自己改头换面地再跑到“土药店”和黑三一类人物去讲交情,这才遂了他的初愿。——此种不屈不挠的精神,当然也是曹禺取得成功的可贵的条件之一。

话说曹禺原是天津南开的学生,后来转入清华毕业的。诗人闻一多和戏剧家张彭春,就是他当时最敬佩的两位师长。此外如余上沅,也是他比较接近的教授之一。

曹禺的爱好戏剧,是远在他中学时代就开始的。那时,学校的游艺会上,总有他的份;他专演女的角色,像中学时代的袁牧之一样,易卜生底《傀儡的家庭》中之娜拉,当时就是他所扮演的。

后来,进了南开,他才改演男角,曾饰洪深有名的农村三部曲之一的《五奎桥》里的老头儿——乡绅一角;成绩,听说十分好的。(说来也巧,袁牧之在复旦剧社亦曾客串过这一角色,导演是朱端钧,洪深最得意的高足。)

这是据他的同学说的,曹禺在大学时代,尤其是转入清华以后,只要一有空闲,他便躲进图书馆里,埋头翻阅戏剧方面的书。那时,他还不敢从事创作,故,除与张彭春合译高尔斯华绥的《争强》和易卜生的《国民公敌》两剧外,他自己仅只当作习作的改编过拉比虚的《迷眼的沙子》(即前上海剧艺社演出的《镀金》)与奥尼尔的《早点前》等等。

念完了清华的学程,他曾一度去参加官费留美生的考试,但不幸地落了选。记不得谁如此代抱不平地说:“曹禺虽说没机会出洋,但比那些镀金过的洋状元们也许更多一些成就呢。”这话是很首肯的。

总之，曹禺，我们这位万家宝的曹禺，他不仅是个名剧作者，并且还是一位好演员、好导演。“多才多艺”，他可以受之无愧的。

至于他的戏剧作品，一句话说：“技巧的卓越，是他取得胜利的最强的武器！”

真的，曹禺底所有的戏剧作品，不仅可供书斋里个人阅的所谓“读剧”(Closet-drama)，同时还是剧场里最优秀的表演的戏。这些戏，都在一些细心地造出来的循序渐进的情景(Situation)里，叙述出了一段可惊而可泣的故事。抄句哈密尔登(C. Hamilton)的话说：“并且还能在几小时的表演间，使演者传达出一个非常真实的印象来哩。”

一般的说，他底作品的优点是：

一、主题单纯，而且明朗。

二、多动作，并能善用戏剧上的“斗争”或“冲突”这一法则。

三、台词漂亮，简洁流利，而富诗意，且更锐利。同时，台词的“性格化”，也是他成功的条件之一，每个人的话都能显示自己的性格与身份的。

四、剧中充满着人间性或说人情味，这正是曹禺的戏剧令人爱看的最大的魔力处。

五、每一部戏或多或少地都带有一种浓馥的情调，并能显示着地方色彩。(例如《原野》里的阎王鬼怪那段词儿正是北方民间最流行的，此外像《北京人》中“硬面饽饽”的唤卖声)。

六、用角经济，并且他有一种能力来把戏剧中所配置着的人物，个个给他卷入斗争中去，站在某一方面来表现他自己。同时曹禺对于自己的人物都很熟悉之故，因此格外地显得生动和真实了。此外，他对人物的描写，更有一种巧妙的手法，他能赋予每一个人物以各自不同的独特容貌。

七、从《雷雨》而《日出》到《原野》以及《北京人》与《蜕变》，作者在戏剧中所要表达的思想，每一出戏都是一样，全从事件的发展中使它自然地流露和衍演出来，绝对不带丝毫的主观的说教色彩，这也就是曹禺的现实主义的成功处。

八、结构上的巧妙。举《雷雨》来说吧：“他想写一个丫头(四凤)的触电而死，却先写花园里花架上的电线失修。可是他怕露出破绽，又能故意再努力写仆人屋外的大水。这样布起疑阵来，使得看戏的人猜不准，究竟这丫头的结局是触电而死，还是落水淹死。结果，落水不曾有照应，触电却有了下文。要让凡手来写，大水一节是不会添上的。”(赵景深语)

缺点当然也有，兹举其大者列于后：

A. 偶然性的连用。例如《雷雨》里的周萍和后母(蘩漪)姘上是一个偶然，但他又和妹子(四凤)爱上是再来一个偶然。一个有儿子的母亲(侍萍)被逐了却在无意中做了前夫听差(鲁贵)的妻子，也是一个偶然；而她生的女儿又在她前夫的家里做婢女和少爷(也是哥哥)热恋上了，更是偶然的了。——故事的偶然性越多，离事实成正比例的也越远了。

B. 宿命论与虚无主义的倾向。《雷雨》是最严重，《原野》和《北京人》中，同样也多少地存在着。依我个人的观察说，前者(宿命论)大约是他受了古希腊的悲剧的影响，后者(虚无主义)则系受了我国道家老子的哲学思想的影响；当然最主要的还是决定于作者那种不健全的世界观——他对社会的基本态度与“观察法”的。

C. 也正由于作者的世界观的不正确，所以他对现代的物质文明之憎恨，不是批判的，而是整个否定的。他在《日出》中既压根儿的否定了都市文明，而在《北京人》里又无批判的赞美起“原始的”生活来。虽说作者并不是全没有理性上的了解，但不幸的是，作者理性上的现代精神和他情感上的原始精神是矛盾而不一致的。同时，他对现代生活始终是一个客人，一个观光者，故他越“看”（表面的看）得多，也越加重了他原始的愤懑和同情，似乎是越加证明了现代的物质都市文明无一是处之感觉。

D.“写《雷雨》的时候，”作者曹禺在序文里说，“我没有想到我的戏会有人排演；所以为着读者的方便，我用了很多的篇幅释述每个人物的性格。”此后，他的每一个戏，都走着这条习惯的旧路，不仅“用了很多的篇幅”来“释述每个人物的性格”，同时，还花了更多的笔墨，像在小说中所使用那种详细的描写，来作舞台指示。而这些关于环境（舞台装置）主人公的外观及其动作、姿态、表情等的描写，固然对于读者是一种方便，它有绝大的形象化的力量，但是对于演出的人，特别是导演与演员，却成了个桎梏。所以在脚本的写法(Dramaturgie)上讲，像曹禺现在这样的处理，反而是要不得的；他应该留出此种“描写”，让导演他的戏剧或演他的戏剧的人们自己去加一番考究，然后把它“戏剧地”立体化起来。

关于这——戏剧的处理方法在本质上是与小说有所不同这点，也许有人提出异议，会说：“导演或演曹禺的戏剧的人，尽可不必遵守原作者的指示，不就得了？”但是不幸得很，记不得谁曾如此驳复过的，他说：“这些零零碎碎的指示，全都有机地与整个戏的发展关联起来，导演要跳出它的圈子简直是不可能的了。除非是把那整个的指示完全推翻，保留着它的境界，另寻表现的出路，但这又不是一定都可能的。”接着，他进一步的说：“戏剧艺术的创作态度，是鼓舞各部门的创作意志。在现在，正当解脱导演专制的错误之时，再在导演头上加一重命令，其余的舞台艺术家的创作自由，恐怕更要剥夺得干干净净了。”最后，他对作者曹禺“要求解放”；这当然不是过分的事，在我们看来。

此外，还有一点，就是作者在每一出戏里，都喜卖弄一两个意义双关的单字。例如：《雷雨》里的“闹鬼”，《日出》中的“小东西”，《原野》里的“虎子”，《北京人》中的“耗子”，以及《蜕变》里的“屁”，这，我很难说它是“好”或是“坏”的。在《雷雨》中，鲁贵和四凤父女俩的一段谈“鬼”的话，尤其是鲁贵说的：“就是他，他同他的后娘就在那屋子里闹鬼呢。”我感到讽刺得既锐利而又风趣的。同样，《北京人》里，第二幕中，曾霆和袁圆讲“耗子”的一段话：

曾霆：哦，耗子啊！你这么怕，我们家里多的是！

袁圆：啊，我想起来了，你呀，就是这么一个小耗子……你想，那个小耗子，再下小耗子，那个小小耗子有多小啊！

以及，第三幕第二景里的：

曾皓：刚才，那屋里是什么？

文彩：耗子，闹耗子。

等等，都是双关得极其隽趣的妙语！

可是，在《原野》中，“虎子”或“老虎”的提了又提，我个人就感到烦厌。其实从演出上讲，这在观众早已见着本人（仇虎）的时候也不会再产生什么效果来的。还有，那焦母嘴里的“猛虎临门，家有凶神”这种预言式的话，更是要不得的了。

×　　　　×　　　　×

现在，我们把曹禺的三部曲逐一地来研究一下。

那三部曲是：《雷雨》《日出》和《原野》。——其他如《蜕变》《北京人》《陌上秋》与《大地回春》[①]等，我还没有拜读过。当然无从谈的，这里只得略了。

×　　　　×　　　　×

顺次，先谈《雷雨》。

《雷雨》，是个"运命悲剧"。

戏剧家欧阳予倩说："运命悲剧差不多有一定的模子：开场的时候，大约场面必然凄惨阴郁。剧中主人翁所住的地方，光线多半黯淡，天上更酝酿着狂风暴雨。而剧情呢，必定又是血族通奸，剧中的男女不知不觉的犯了乱伦的罪，结局，忽然来了一个想不到会来的人，把事情说个明白，于是全家归于破灭。"

照欧阳所说的定型看来，曹禺的《雷雨》是亦步亦趋的都在做效着。请瞧：第一幕一开场就是热天开着窗户，大家闹闷；又说暴风雨就要起来了，同时，还讲家里阴森森常出鬼。此外，周萍的姘上后母（蘩漪），是血族通奸；而大少爷（也即周萍）和婢女（四凤），他们是同母异父的兄妹关系，但也竟爱上了，不知不觉的都犯了乱伦的罪。第二幕，忽然来了一个万万想不到会来的人——鲁妈（侍萍）。第四幕，蒙在鼓里的周萍和四凤正想出走的刹那间，想不到又跑来了鲁妈，于是"如此这般"，周萍和四凤明白了他们自己是同母兄妹，同时，全剧的人也都晓得了一切经过，结果，全趋破灭。——试问：这一切不都是运命悲剧的形式吗？

还有，在第二幕，当周朴园发现了鲁妈是他的妻子，他问："谁指使你来的？"鲁妈答道："命！不公平的命指使我来的。"以及第四幕中，鲁妈发现了她自己的女儿的情人，就是她以前养的儿子，她便叫着说："我的儿女都是好孩子，心地干净的，他们不知道自己做的是什么。天哪，如果要罚，也罚在我一个人身上罢！"这都是运命悲剧的写法。并且，在运命悲剧里面用许多夸张的辞句，也是常见的惯例。

不过，话又说回来了，《雷雨》真的比起典型的运命悲剧来，性质到底又有些不同的。因为《雷雨》的作者尽管以"运命悲剧"的形势来写，然而他对剧中人，究竟还都赋予了富于血肉的性格。可是，因为故事的进行，并不是由于剧中人底性格的冲突而推移才发展之故，所以依旧不能像易卜生的"娜拉"那样说是"性格悲剧"。

总之，《雷雨》是出运命悲剧，但它比诸魏勒（Werner）底《二月廿四》那种百分之百的运命悲剧来，无论如何是胜过多多的。

可不是吗？不管在形式技巧上或是主题内容上，《雷雨》都是优秀的作品，它具有着深刻的反封建反金圆主义的意义。

在《雷雨》里头，最成功的一面是人物。曹禺自己曾说："在《雷雨》里的八个人物，较觉真切的是周蘩漪；对于蘩漪我仿佛是个很熟的朋友。"其实岂只蘩漪一人，其他如朴园、鲁

① 勘误：《大地回春》与《陌上秋》系陈白尘的戏剧——编者注。

贵、四凤、周萍等，作者对于他们，也都非常熟悉的。他用一种悲悯的心情来写自己的人物之争执，他同情于他们的不幸遭遇，他觉得这个世界太“冷酷”，也太“残忍”。

谁都不能否认：“此种对人物的悲悯的感情，是极可能化成对于周围世界的按捺不住的愤懑，而这愤懑却又正是对于人类一切苦难的根源进行斗争的发条。”一个有理智的人总无法坚牢地永远深信，苦难的制造者是神秘的命运，而且在这宇宙间一切斗争的背后，还有一个主宰者的上帝的。所以，本来“没有明显地意识着要匡正，讽刺或攻击些什么”的曹禺，写到末了，“隐隐仿佛有一种情感的汹涌的流来推动”他，使他不得不“发泄着被抑压的愤懑”，而“毁谤着中国的家庭和社会”了。

过去，有位先生极端的否定了《雷雨》，他说：“曹禺是站在拥护并支持这个旧社会的立场上来写《雷雨》的，他希望青年人都死光了，好留给老年人来撑持这个世界。”

这是武断，也是故意的抹煞了事实！

读过《雷雨》的剧本的，或看过《雷雨》的演出的人，谁都同意这话的吧：“曹禺对于大家庭的罪恶和危机，不仅看到了的，并且他对家庭中的封建势力还提出了抗议”。虽说这一抗议是消极的，也是个不可讳言的事实。

至于要作品中的年轻人个个不死而能起来反抗，那当然是最好没有的事。但先决的条件：第一，应看他们有没有这种力量；第二，这些人物是怎样的性格；第三，“环绕着他们，使他们行动”的又是怎样的一种环境。——否则，作品里的人物，即使起来反抗了，那“反抗”也是极廉价的！

所以，我说《雷雨》里最成功的一面是人物。作者写人物是那么的谨慎和忠实，他不愿把他们所负不起的过失随便加上而贬谪他们，同时，他一分也没有将他们所不能有的力量轻易地付与他们。作者明白：“反封建的大旗”决不是他们的手所能举起来的。

当然，盲目把宇宙看作“一口残酷的井，落在里面怎样呼号也难逃脱这黑暗的坑”，那他所犯的错误也是不轻的。对这，我很同意周扬的话：“曹禺在对现实的反抗中，似乎还看不清实践的出口，所以他的现实主义便在这儿停了步，没有再贯彻下去了。然而，也正由于这个现实主义的不彻底，他那宿命论的倾向，无法击碎也就势所必然的了。所以如果说反封建制度是这剧本的主题，那末宿命论便成为它的副主题(Sub-text)了，故对一般观众的原和运命意识有些血缘的朴素的头脑会发生极有害的影响，这大大地降低了《雷雨》这个剧本的思想之意义。”(大意)

此外，我们必须指出，全人物中，鲁大海这一人物是不真实的，大约限于作者的生活经验，他对于这一方面的人物还很隔阂之故。六七年前，我记不起在什么刊物上，曾见有一位先生指过这样的意见，他说：“第一，曹禺应该把大海写成不单在名义上，而且在性格甚至血统上也都是矿上的工人代表；第二，大海和矿主周朴园的矛盾，亦应当放在社会的生产关系上去发展，而绝不该像作者现在所写的那样，把所有的兴味全集中在于奇妙的亲子这层上头。换句话说，大海与朴园的矛盾，理应是两种社会势力的相搏，而不是血统上的纠缠。”

真的，假如作者能够如此写了，即把大家庭的崩溃在社会生产关系的背景下展开，将这两种矛盾交集在家庭里是家长而在矿上又是矿主的周朴园一个人的身上，那么，他对自己的危机之预感，就会来得更加明朗、强烈，同时《雷雨》这一悲剧的社会性质，势必也将更加深刻了吧。如此，作者是决不会再像现在这样把观众引入神秘的运命里去，而正完全相反，一定会向他们展示出一个对封建的旧势力的必然崩溃之历史的远景。

最后，附带一提《雷雨》里的几个小疵：

（一）第一幕的结局，稍欠有力。

（二）全剧太长，演出时容易使观众疲劳的吧。

（三）第二幕中，周蘩漪已经开了窗（页一二八），接着鲁妈上场却说："咦，奇怪，为什么窗户还关上呢?"（页一三六）而后来写蘩漪又去开窗（页一四八）。这里遗漏了关窗的交代。

（四）在第一幕里面，大海以工人代表的资格来求见朴园时，作者把周府写得墙高数仞，简直使大海有"不得其门而入"之感。可是到了第四幕呢，却又将周府描得"墙穿壁洞"着了。在一个雷雨的深夜，鲁贵、大海、鲁妈和四凤都可轻易地进来，甚至直入大厅。这也是个疏忽之处。

维诺格拉多夫曾说："主题（Theme 或 Them）这一概念，有着较表面的及较深刻的内面的意义；通常，我们说到作品的主题时，马上想到这一作品中所描写着的某种生活现象的范围。"

的确是个事实，譬如我们要谈曹禺底三部曲的第二个作品时，一提到《日出》，我们便自然而然地马上会想到这一作品，是以大都会为背景，而描写着"损不足以奉有余"这个金圆主义的社会形态——人剥削人的制度的。

无疑，这是较表面的意义。所以，《日出》这作品的主题，在较深刻的意义，该说：它是描写"一个腐烂的阶层之崩溃；他们将沉沉地'睡'下去，随着黑夜的消逝，这是不可避免的事"。（曹禺：《日出》自跋）但是，"黑夜"之后，必然"日出"，太阳将温暖地普照着一群新的人们！

"日出"，所以题名《日出》，含义，亦即在此。

作者在《跋》里又说："《日出》写成了，然而太阳并没有能够露出全面。我描写的只是'日出'以前的事情；有了阳光的人们始终藏在背景后，没有明显地走到面前。"这话，确有"自知之明"。

可是，某些人竟抹煞了事实偏这么挖苦他道："《雷雨》并无雷雨，《日出》等于日入。"

这是不公平的！无论如何，曹禺在《日出》里，确曾"写出了希望，一种令人兴奋的希望了"。同时，他还"暗示出了一个伟大的未来"；虽然仅是一个暗示，也是事实。

如果说在《雷雨》里头，曹禺对于现实是抱着宿命论的观点的，那他写到《日出》时，已经能对客观的社会有了进一步的认识了。上面曾经提及过的，他认识了"损不足以奉有余"的社会形态——人剥削人的制度。他更开始意识到"旧的社会没落"以后，新的社会必然会生出来。

所以，从《雷雨》到《日出》，作者底创作的视线，已经打家庭伸展到了社会，并且他还企图把这个"损不足以奉有余"的脓疮社会，真实地描绘在他的画布上；在这点上说，《日出》

无论是在作者的企图上，或在题材的范围上，都是一个进步，较诸《雷雨》。

但，这是必然的：从“现实的认识”到“艺术的表现”，这中间需要一个过程的。

一个作者，他的视野扩大了，认识发展了，而新的困难却也跟着来了。就是：“对于他所刚接近的、新认识的现实，他还要获得把它组织成高度的艺术形式之充分能力。”我们对作品进行评价时，绝对不该像机械唯物论者那样，单只分析作者的企图，而是还该看那企图是怎样地被实现着的。——即：是否艺术形象地反映或表现现实？——假如和作者的企图相比，《日出》的成功，毫无异议，是还不能令我们十分满意的。

固然，作者在《雷雨》中所表现的对于人物描写的独特手法，在《日出》里还保持着。并且，这儿的人物是更多样而还复杂的，每个人物都有他们各自不同的独特的容貌。但是，这里的人物都很散乱，散乱得像一盘沙子。作者底企图是很明白的，他以陈白露为线索，想将一些围绕着她的，以及可能附着在她的身边的人们，牵引在一块儿。但这企图，分明也没有被实现。主要的原因是，作者没有把戏中所配置的全部人物，个个吸引住并卷进到斗争里去，再让一根主题的线把他们紧紧地联系起来，使与剧中所发生并展开的某一主要事件产生密切关系，而能站在斗争中去表现他们自己。

故，《日出》里的人物，都是七零八落，各自营着各自的生活。大约也是起应说的：“作者的兴味如果不单止是‘一两段情节或几个人物’，而打算着描写某一整个的社会形态的话，那他的此种企图不能不说并没有很好地完成。——他关于这个社会形态，始终没有给予一幅统一的图画，而仅绘成了一些鲜明的斑点而已。”

一句话说，《日出》，作者曹禺只是收集了些材料，虽然也予以整理了，并剪接了，但很明白的，还没有能够把它们综合、构成一个有机的整体。无疑，像现在这样只“用片段的方法，多少人生的零碎来阐明一个观念”（作者《跋》语）决不是“艺术的大道”。

又，曹禺在《跋》中自述：“我每次写戏总把主要的人物漏掉。《雷雨》里原有第九个角色，而且是最重要的我没有写进去，那就是称为雷雨的一名好汉。在《日出》，也是一个最重要的角色我反而将他疏忽了，他原是《日出》惟一的生机，然而我不得已地故意把他漏了网。——我不能使那象征着光明的人们出来，是事实上的不可能。但我又曾经故意叫金八不露面，令他无影无踪，却时时操纵场面上的人物，他代表一种可怕的黑暗势力。”

从这儿，我们知道：历史舞台上相互矛盾而对立着的新旧两种势力，在《日出》中，虽然都没登场，但作者分明是早已经看到了的。

这两个历史舞台上的要角之所以要被隐到幕后去，作者的那种不得已的苦衷我们是应该予以原谅的。可是，对于他们，作者的理解和表现的能力又怎么样呢？我们根据下面三点看来，曹禺对于他们的理解力和表现力，似乎还没到使人相信的程度：第一，金八留在我们脑海里的，只是一个淡淡的影子，我们看不出他的作为操纵市场的“金融巨头”特色；同时，他又好像不是一个真正的人，只是纯抽象的一种符号，不得已而用来代替“象征黑暗势力”的。第二，这社会上，相互矛盾的新旧两种势力，在作者的笔下，他们彼此间变得简直完全没有关系的。还有，那些“硬闭在幕后”的劳作的人们，也和幕前那旅馆中人毫无关系可言，他们真的只“当作陪衬”，甚至一个背景了。第三，作者站在金八之外来否定着金八，也是个不轻的误解。世界上有一种荷花——好像是张庚君说的——是产生于污泥中的。只有污泥才能产生那美丽的荷花，然而也只有荷花才能洗涤人们对于污泥的嫌恶。因为荷花最熟悉污泥中间哪一部分是构成它的美丽的成分，而哪一部分才是真正的丑恶的渣滓。同样，在金八底恶魔主义的势力之下，并不是单纯地憎恨和嫌恶，或是冤魂似的原始的叫唤便可推去暗夜，捧出日轮的；只有那真正生长于恶魔底馋吻下，深深了解它的，才能在它的尸体上站立起来。蝴蝶不是因了对于毛虫的抛弃才变得美丽，而正由于毛虫的蜕变，才有了这羽衣的小生物啊。

也是根据这个理由说的，《日出》的结束，是个廉价的乐观，一般所谓的"光明的尾巴"而已。

关于《日出》，严格说句：作者对这"损不足以奉有余"的社会，仅仅说出了部分的真理，他向黑暗势力也只叫出了"你们的末日快到了"。而对于些象征光明的人们的希望，也是一种漠然的希望。同时，作者所赋与他们的，也还只是种"原始的"力量，我们的中国历史上看过不少，单单信赖它，也决不会战胜金八的。

总之，作者还说有充分地理解并把握住"历史的发展法则"，所以在《日出》里，只说出了一个"预言"，丝毫不曾触及"蝴蝶从毛虫蜕变出来的过程"。

× × ×

从《雷雨》而《日出》到《原野》，这三部曲的末一部，很明白的表示着作者从家庭走到社会，现在又由都市跑到原野来了。

在创作之法上讲，那从"现实的认识"到"艺术的表现"这个创作实际过程，本来并非一条平坦的直路，而是羊肠般的径途，必须曲线进行的。同时，更因作者底感情上的那种"原始精神"的作祟，他的从都市而到原野来，并非难解而偶然的事。

作者的一贯的优点——技巧的卓越，这儿依旧保持着。人物底性格的明朗，以及对话的性格化；最成功的，那么是全人物的被卷进了剧中的斗争中去，让他们各自站在一面来表现自己，并且伴同剧情一起，一点一点的紧密地联系着而向前推移，而开展，经高潮(Climax)一直到它的 Ending。如第一幕的开场时，先叫仇虎做了许多"拾石头向野塘掷去""举起身旁一块大石在铁镣上用力擂击""两只粗大的手掌死命乱绞想挣断足踝上的桎梏"以及"惊愕地谛听羊群咩咩的哀鸣"等的动作，然后整个转过身来，而令观众发生"一种奇异的感"，并且"惊怪造物者怎么会制出这样一个丑陋的人形"，对他留下一个深刻的印象在脑膜上。接着白傻子"漆叉卡叉"地上场，仇虎抓住他，于是从他们两人的对话中，把剧前的一些条件捧出。再由金子和焦大星一段对话，将婆媳间的矛盾用两个人(焦大妈与金子自己)都掉在河里的假说来表示这个斗争的尖锐，同时，把焦母(即焦大妈)的处境也客观地显露出来。后来焦母登场，斗争随着更变得实际了。底下大星去，仇虎上，同金子叙旧情，便将以后的一切都由此铺排定了。中间，仇虎在金子房里，常五来敲门，金子开了，他进来后去假装念经；常五走后不久，焦母回来时，仇虎正想大模大样地走近她，金子忽然做出抱着孩子的样子，一面唱着催眠歌，一面恳求望着仇虎求他快进右门；以及后来仇虎拒捕时，以常五作质，要大家放一条活路说数数，数到十，如仍不理就开枪打死常五……等等，都是非常“戏剧性”而又增强效果的 Dramatic Situation（戏剧境遇）。

作者曾说：“写完《雷雨》，渐渐生出一种对于《雷雨》的厌倦。我很讨厌它的结构，我觉得有些‘太像戏’了。技巧上，我用得过份。”然而不幸的，《原野》却正走了《雷雨》的路——“太像戏”了，病源还不是因了“技巧上用得太过份”？

除了“爱好技巧”以外曹禺还有一个癖好，就是喜欢模做前人的成功之作。《雷雨》有人说他剧中的某些部份是“承袭了欧里匹德斯[①]（Euripides）底 *Hippolytus* 和那森[②]（Racine）底《飞德》（*Phèdre*）的灵感”；而《原野》呢，很明显的同奥尼尔（Euegne O'Neill）底《琼斯皇》（*The Emperor Jones*）非常相像，同样是写“一个同自然奋斗的人怎样还是被一座原始的森林——命运的化身——给拿住了”。

也同样的，曹禺底《原野》和奥尼尔的《琼斯皇》，它们的背后都藏有一个最重要然而不出场的人物——神秘的命运。不过这一点在《琼斯皇》如果是成功了，那么在《原野》却是失败的。理由，以前南卓君说得很充分而正确，他说：“那位琼斯皇的出身是个黑人、苦力，在他的意识里，深深的埋藏着原始的迷信，当他以前犯那些罪恶的时候，心的深处其实是恐惧的、苦痛的，后来受了特别的激动，又走进恐怖的神秘气息很重的森林，这些潜伏的东西是会在半梦的状态中出现，使得他迷路。可是《原野》里的仇虎是完成了他十年的宿愿，理应觉到非常轻松，他似乎没有像琼斯皇一样迷路等死的必要。我们比黑人要老的多大，也比较的缺乏幻想。何况还有一个明眼的伴侣——金子，金子应该认得路；因为小庙在这里，是屋前的地方，而且她可以问仇虎从前做下的标志都是些什么，她可以趁着月光，代他寻找。”

此外，仇虎谋害大星一场，则脱胎自莎士比亚（Shakespeare）底《马克拜提》[③]（Macbeth）里的马克拜提夫妇暗杀苏格兰国王邓肯（Duncan）的一场戏。第一，马克拜提的手洗不干净，而仇虎的手也洗不干净；第二，马克拜提后来表示懊悔，希望死者复活，而仇虎也表示后悔，同样愿意大星复活。不过，这一点也在《马克拜提》里是讲得通的，而在《原野》中是说不过去的。因为“马克拜提所杀的是他们的恩主——自己的国王，而仇虎所杀的却是害了他全家的焦阎王的儿子——虽然这是他无辜的盟弟——但在一个中国农民的意识中，此种惩罚是完全合法的。”

总看起来，在《原野》中所见到“思想”是不大清晰，而且还有点纷乱。“原因是作者从技巧出发”，南卓君说得好：“模仿的作品太多，外来的成分占了上风，所以影响到思想表现的不一致。”

三十二年五月一日作

原载《小说月报（上海 1940）》1943 年第 33、34 期

① 现译为欧里庇得斯——编者注。

② 现译为拉辛——编者注。

③ 现译为《麦克白》——编者注。

曹禺论

项粹安

自从万家宝先生以曹禺的笔名发表了他的创作《雷雨》以后，接着出版了《日出》《原野》《北京人》《蜕变》各剧，同时把巴金的《家》也改编搬上了舞台。由于他的作品内容的充实，描写的细腻，布局的紧凑和故事的动人，所以在中国的文学界中，引起了热烈的讨论和好批评。更由于作者用浓厚的情感和对现实的明澄透视，来交织成这些故事，所以每当他的各剧上演时，都能博得社会上的人们的赞赏。现在就把个人对万先生的认识拉杂的写一点在下面，来就教于万先生和社会远达之士。

首先我觉得万先生的笔名曹禺就可以充分说出他对他所处的时代和社会的看法，“曹禺”就是“遭遇”。生不逢时，处在这样一个时代中，处处是黑暗和罪恶，处处是荒淫与无耻，所以他要凭他那敏锐的感觉和热烈的情感，一字一泪的把它们揭露出来。可是我们是人类，我们要救自己，所以在另一方面作者也强而有力的在他的作品中流露出来他那爱人类和救人类的赤诚，我总觉得“爱”和“恨”是并行不悖的，从万先生的作品中就可以看得出来。

作者在他的几部创作中，所表达出来爱人类的情感是一种忧郁的而暗涩的情绪，这种情绪并不是可以用任何一种学理能够解释的，而只是人类生而有之的一种本性，或者说是宗教与哲学混合体。这好像道家“芸芸众生，浮沉入海，终莫非生老病死之苦□的”□。作者在他的著作中，都没有完全憎恨的人，因为他觉得世上众生都是蝇营狗苟，跳不出冥冥的圈子。所以在他的著作中都有两种情绪并行不悖，那就是憎恨他们的情绪愈高，怜悯他们的心思也愈切，究竟这些人是玩弄人，或者是被人玩弄，都还是值得我们考虑的问题。社会的环境固然是很黑暗，可是在这社会中的人的人性却未必已完全丧失。所以《雷雨》中的周朴园始终觉得他自己过去是太荒唐、太危险，现在到了老年，不再想着任何变动和风波发生，他对人生已经感到厌倦而极想休息，甚且想到自己的死，这难道不是表现良善的花已在罪恶的心田中开放了吗?

其他像在《日出》中的奸鬼李石清也曾落泪，甚至□□爱自己的儿子。潘月亭曾说出“他要逼死我”，忽对李惨笑“你大概可以满足了吧”。又说:“我难道会有这一天吗?”这是泪还是哀号呢? 我们应当感觉得出。《原野》中的焦大妈，自己知道他们家中以往的罪过，虽然不能预测，同时也不想有什么意外发生，可是也已意识到自己并不能避免这种将来不可□的报应，而冥感到金子必定是日后悲剧的引线，所以她恨金子而更怕金子，这种心境实在是和周朴园的极相似。又如在《北京人》里面，除了思懿以外，似乎并没有坏人，可是纵使连她我们都觉得是一种环境中的俘虏，同时我还觉得她是一个疯狂的精神病者，她体会□□别人□□的□□，特别是江泰，所以终日战战兢兢，不知所以。

所以在万先生的著作中，好像并没有完全丧失人性的人，他对反角的处置是高高举起，而轻轻的打下，真是"菩萨"的心肠。可是无论怎样，他是对现世界不满的，他憎恨眼前一片昏黑，他在精神上好像觉得自己是一个孤独者。他所写的是所有的冥顽不灵的叫作"人"的动物，可是他却是怀着悲哀，驮负这人间的艰辛，为这些不肖的子孙开辟大路。就是万先生对人类爱的一种表现，他为人类的愚蠢和糜烂而悲哀，在他的著作中，就利用这种哀感来连贯各个人物。

《雷雨》中支配全剧的中心思想是"命运"，这样"命运"就是古代希腊悲剧的骨干，人类只能在这个命运之神的巨掌中挣扎，可是终逃不出他的罗网。周萍、周冲、四凤都是极无辜的牺牲者，而且是被"命运"所玩弄，就是像蘩漪那样强硬性格的人，也逃不出这可怕的樊笼。这种冥冥的力量是任何人所不能抵抗的，如果你在生活，那你就必须做它的俘虏。《雷雨》所以能使人感到紧张就是因为全剧都是充满了这种可怕和令人难以捉摸的"命运"的力量。

《日出》所以造成悲剧，是完全由于社会方面的原因和经济的因素。翠喜的悲鸣，小东西的惨死，潘月亭的塌台，陈白露的自杀，黄省三的全家服毒而自己变成神经错乱；李石清的小儿无辜送命，已被人骂为三等货的坏蛋；这些都是作者在描述人类的爱和恨的矛盾心境，黄省三说："……我要活，我求你们叫我活着，可是你们偏不要我活着；……我要死，我求你们叫我死，可是你们偏不要我死，潘经理，我们都是人，人不能这样待人呀"，这是社会的写实……方达生说："金八，金八，怎么到处都是金八呢。"这是经济的□□，不过这些人因某一种关系而偶然的聚在一起，可是刹那间却又像浮萍样的轻轻不知不觉的又散开了，这种悲哀，实在是渺茫□□。

《原野》中支配全剧发展的主干是人类的仇恨和恐惧的表现，在《雷雨》中，万先生常常提到"雷雨性"，那么《原野》中仇虎、焦大妈、金子都是有"雷雨性"的人物，他们彼此间的关系不是恨就是爱，这种爱恨是万先生所提倡的原始的爱和恨，而没有丝毫的修饰雕琢。同时在第三幕中仇虎和金子在树林所见到的一切幻形，也都是这种原始性的恨在仇虎意识中的影现，所以仇虎的情绪几乎完全为恨所操纵。至于焦大妈是因为经历许多较大事件而感到自爱的迫切需要，这个爱的希望就是用焦大星和小黑子的情感来烘托出来。至于金子所憧憬的黄金铺地的新天地，我们可以说是她对人类的爱所产生的一种希冀。

至于《北京人》，那也是作者痛恨封建制度下的家庭而指出它的不可避免的毁灭，同时又在毁灭中间指出一条新的道路，让一些具有活力、有生气的人们从废墟中走出来。作者搬出一个四十五万年前的北京人来和现在人类作比较，从袁任敢口中知道那时候的人"要爱就爱，要恨就恨，要哭就哭，要喊就喊，不怕死，也不怕生；他们整年尽着自己的性子，自由地活着；没有礼教来拘束，没有文明来捆绑，没有虚伪，没有欺诈，没有阴险，没有陷害，没有矛盾，也没有苦恼………没有现在这么多人吃人的文明………"又从江泰口中说出现在的人“……成天就知道叹气，做梦，忍耐，苦恼，懒惰，懒得动也不动，爱不敢爱，恨不敢恨，哭不敢哭，喊不敢喊，这不是堕落，人类的堕落……”一边是“一拳能打死一百人的大老虎”，一边是“胆小懦弱的小耗子”，这些都是说明作者同情原始性的爱恨的情感的流露。

作者希望的寄托是《雷雨》中的“雷雨性”。《日出》中幕后打夯的“工人”，“《原野》中的森林外吹口哨的人和《北京人》中的北京人，而决不是《雷雨》中周冲所憧憬风□□的景地；《日出》中方达生所追求的光明；《原野》中金子所希望黄金铺地的地方和《北京人》中的瑞贞及和愫方所想去所在，作者所希望的是人类的原始性和那些朴实性的遗留，他想从现人类中抽出人类原始的人性，这种人性，作者想把它表现在将来人类的身上，这种意念和信仰实在是渺茫的梦想，而和佛教中的“慈悲”、基督教中的“爱”的观念吻合。《雷雨》《日出》和《原野》是横断面的思想而纵断面的叙述，但《北京人》却是纵断面的思想而横断面的叙述。

我觉得曹禺先生是中国最有灵感的作者，很纯朴坦诚的来表现着人类原始本性的典型；敢爱敢恨。对现世极表不满，而对将来却有极大希望，恨之愈深，爱之愈切，在作者著作中的布局和对话，都极残忍，而使读者往往有经不住这样打击的感觉。可是我觉得在人心已死的现在中国社会里，除此以外，似乎是没有其他更有力的更有效的方法来挽救这行将崩溃的社会道德了。

末了，我希望曹禺先生能再接再厉的为这些“北京人”的不肖子孙们指出一条自新的康庄大道来！

原载《天祥年刊》1944 年第 2 期

曹禺的道路

吕　荧

上

一、思路的轨迹
二、社会的悲剧与喜剧
三、结构・人物・场面・动作・语言
四、剧与诗

一

剧作家曹禺，以《雷雨》开始，展开他的道路。作者以卓越的精思、才力、技巧，在舞台上展开声色灿烂的悲喜剧，受到了广大观众的欢迎。

我们热爱这样一个非常才能的作家。我们热望他的非常的成就和光辉。可是，我们惋惜的是，在这样一个卓越的作者里，我们虽然看到不少戏剧技巧与舞台艺术的精进，却还没有看到浮雕的典型的形象，典型的世界，伟大的思想境地，不朽的生命的梦和诗。在作者优美的文笔中开放的花，闪耀着的光彩，富丽，绚烂，却近乎金属性的镀制品，仿佛人工的涂彩晦暗了自然的生命的真纯。

还有，当然，也应该有，他的现实的根源。在这里，我们希望能作一个艺术根源上探讨的尝试。

这探讨必得先从思想的领域开始。

到现在为止，曹禺一共写了六个大剧：《雷雨》《日出》《原野》《北京人》《蜕变》《家》。这六个剧画出作者创作道路行程的投影、曲折和方向。

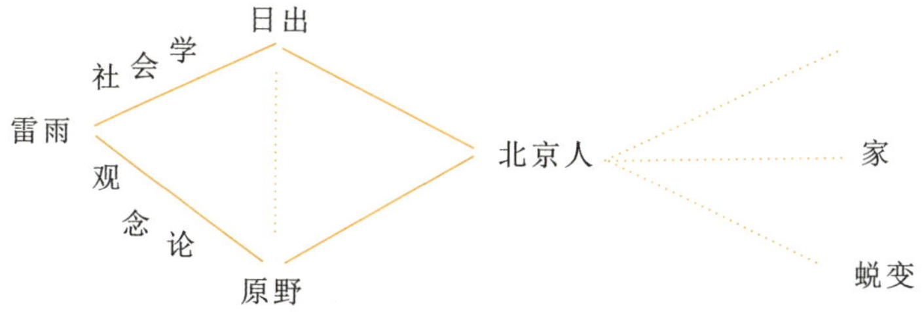

在这六个剧里，只在《雷雨》书前，作者题道："四幕悲剧"，其他的一律都题为"剧"。在保持严格的戏剧观念的作者，"悲剧"的含义与"戏剧"显然不同。《雷雨》的主题可见得并不是一个寻常的主题。

《雷雨》是一个嫡系亲族乱伦相爱的故事：同母亲的兄妹恋爱，继母和她的继子恋爱；而一个母亲又在自己的儿女身上看到自己的命运，结果是一家人的死亡与疯狂。这是人生中千百年难得遇到一次的悲剧。

作者为什么选择这样一个十分偶然而且离奇的故事来写他的“悲剧”？

在《序》里，曹禺自己写道：

“……累次有人问我《雷雨》是怎么写的，或者《雷雨》是为什么写的，这一类的问题。老实说，关于第一个，连我自己也莫名其妙；第二个呢，有些人已经替我下了注释，这些注释有的我可以追认——譬如‘暴露大家庭的罪恶’——但是很奇怪，现在回忆起三年前提笔的光景，我以为我不应该用欺骗来炫耀自己的见地，我并没有显明地意识着我是要匡正，讽刺或攻击些什么。也许写到末了，隐隐仿佛有一种情感的汹涌的流来推动我，我在发泄着被抑压的愤懑，毁谤着中国的家庭和社会。然而在起首，我初次有了《雷雨》一个模糊的影象的时候，逗起我的兴趣的，只是一两段情节，几个人物，一种复杂而又原始的情绪。”

在这里，作者自己申明了：批评家后来替作者下的“注释”——譬如“暴露大家庭的罪恶”——作者只可以追认，那并不是他的本意。那末，作者意图显示的是什么呢？

这还要是看作者自己的陈述：

“《雷雨》对我是个诱惑。与《雷雨》俱来的情绪蕴成我对宇宙间许多神秘的事物一种不可言喻的憧憬。《雷雨》可以说是我的‘蛮性的遗留’，我如原始的祖先们对那些不可理解的现象睁大了惊奇的眼。我不能断定《雷雨》的推动是由于神鬼，起于命运或源于哪种显明的力量。情感上《雷雨》所象征的对我是一种神秘的吸引，一种抓牢我心灵的魔。《雷雨》所显示的，并不是因果，并不是报应，而是我所觉得的天地间的‘残忍’（这种自然的‘冷酷’，四凤与周冲的遭际最足以代表，他们的死亡，自己并无过咎）。如若读者肯细心体会这番心意，这篇戏虽然有时为几段较紧张的场面或一个性格吸引了注意，但连绵不断地若有若无地闪示这一点隐秘——这种种宇宙里斗争的‘残忍’和‘冷酷’。在这斗争的背后或有一个主宰来使用它的管辖。这主宰，希伯来的先知们赞它为‘上帝’，希腊的戏剧家们称它为‘命运’，近代的人撇弃了这些迷离恍惚的观念，直截了当地叫它为‘自然的法则’。而我始终不能给它以适当的命名，也没有能力来形容它的真实相。因为它太大，太复杂。我的情感强要我表现的，只是对宇宙这一方面的憧憬。

写《雷雨》是一种情感的迫切的需要。我念起人类是怎样可怜的动物，带着踌躇满志的心情，仿佛是自己来主宰自己的运命，而时常不是自己来主宰着。受着自己——情感的或者理解的——捉弄；一种不可知的力量的——机遇的，或者环境的——捉弄；生活在狭的笼里而洋洋地骄傲着，以为是徜徉在自由的天地里，称为万物之灵的人物不是做着最愚蠢的事么？我用一种悲悯的心情来写剧中人物的争执。我诚恳地祈望着看戏的人们也以一种悲悯的眼来俯视这群地上的人们。……我是个贫穷的主人，但我请了看戏的宾客升到上帝的座来怜悯地俯视着这堆在下面蠕动的生物。他们怎样盲目地争执着，泥鳅似的在情感的火坑里打着昏迷的滚，用尽心力来拯救自己，而不知千万个的深渊在眼前张着巨大的口。他们正如一匹跌在泽沼里的羸马，愈挣扎，愈深沉地陷落在死亡的泥沼里。……在《雷雨》里，宇宙正像一口残酷的井，落在里面，怎样呼号也难逃脱这黑暗的坑。自一面看，《雷雨》是一种情感的憧憬，一种无名的恐惧的表征。这种憧憬的吸引恰如童稚时谛听脸上划着经历的皱纹的父老们，在森森的夜半，津津地述说坟头鬼火、野庙僵尸的故事。皮肤起了恐惧的寒栗，墙角似乎晃着摇摇的鬼影。然而奇怪，这'怕'本身就是个诱惑。我挪近身躯，咽着兴味的口沫，心惧怕地忐忑着，却一把提着那干枯的手，央求：'再来一个！再来一个？'……"

在这一意义上产生出来的《雷雨》，悲剧，十分显明的，在题旨上，它是以神秘化了的命运为"悲"的本质的希腊悲剧的概念，与亚里斯多德的"悲剧要使人怜悯和恐惧"的学理，二者相成的产物。

一个被侮辱与被损害的妈妈（鲁妈），她"造的孽"（二三五页），犯下来的罪，她自己身受还不算，又由她的无辜的女儿用死来担代，天地间还有什么比这个"冷酷"的呢？不顾苦痛的生命的挣扎，尽管有的"悔改了'以往的罪恶'，想由一个新的灵感洗涤自己"（周萍）；或者有的仍然"踏着艰难的老道，想重拾起一堆破碎的梦而救生自己"（蘩漪）；却一律都在死亡的手里被窒息死去。就是两个一无过咎的初生的生命，一个纯真的女儿（四凤），一个纯善的少年（周冲），也不能逃去死的遭际；天地间还有什么比这更"残忍"的呢？而这个"残忍"与"冷酷"的故事，显示着宇宙"主宰"的真实相的一面，力量，魔。这一主宰是《雷雨》的主题。

四凤为什么和周萍相遇而且相爱？为什么有一颗"强悍的心"的蘩漪会爱"一棵弱不禁风的草"的周萍？为什么鲁妈（侍萍）偏偏又在三十年后走进周朴园的家，眼看自己的儿女重复自己的命运的路？为什么四凤向她妈妈立了"天上的雷劈了我"的誓，终于她就死在电火的灼击里？为什么这一切发生得如此之"巧"？为什么这幕悲剧的演员们，竟没有一个是稍弱点的角色？而这幕悲剧的演出，竟没有遇到一丝的差池、牵碍？为什么一切是如此不可避免的决定地发生了？

鲁妈才到周家，她忽然看到三十年前她的家具和照片，她明白了这是谁的家，这时在她的哭诉里，作者暗示了这一切的回答："哦，天哪，我是死了的人！这是真的么？这张相片？这些家具？怎么会？——哦，天底下地方大得很，怎么？熬过这几十年偏偏又把我这可怜的孩子，放回到他——他的家里？哦，好不公平的天哪。"（一四〇页）

后来，鲁妈和周朴园见了面，他终于认出了她是侍萍，这时作者又在他们的对话里，点出整个悲剧的主题：

朴：你——侍萍？

鲁：朴园，你找侍萍么？侍萍在这儿。

朴：（忽然严厉地）你来干什么？

鲁：不是我要来的。

朴：谁指使你来的？

鲁：（悲愤）命！不公平的命指使我来的。

朴：（冷冷地）三十年的工夫你还是找到这儿来了。

鲁：（愤怨）我没有找你，我没有找你，我以为你早死了。我今天没想到到这儿来，这是天要我在这儿又碰见你。

…………

朴：我看过去的事不必再提起来吧。

鲁：我要提，我要提，我闷了三十年了！你结了婚，就搬了家，我以为这一辈子也见不着你了；谁知道我自己的孩子偏偏命定要跑到周家来，又做我从前在你们家里做过的事。

朴：怪不得四凤这样像你。

鲁：我伺候你，我的孩子再伺候你生的少爷们。这是我的报应，我的报应。

当鲁妈知道了四凤和周萍的关系，她又一再重复着"命"和"天"：

鲁：（扶起四凤）你为什么早不告诉我？

四：（低头）我疼您，妈，我怕，我怕不愿意有一点叫您不喜欢我，看不起我，我不敢告诉你。

鲁：（沉痛地）这还是你的妈太糊涂了，我早该想到的。（酸苦地）然而天，这谁又料得到，天底下会有这种事，偏偏又叫我的孩子们遇着呢？哦，你们妈的命太苦，我们的命也太苦了。

当鲁妈看见周萍在四凤屋里的时候，她暗哑地喊出了一声"天！"在悲剧的结尾，四凤已经说出来她有了孕，蘩漪叫来了周朴园，于是父亲叫周萍去拜认他的生母，这时候，结果四凤的生命里，也是一个字——"天"：

朴：跪下，萍儿！不要以为自己是在做梦，这是你的生母。

四：（昏乱地）妈，这不会是真的。

鲁：（不语，抽咽）

萍：（怪笑，向朴）父亲！（怪笑，向鲁妈）母亲？（看四凤，指她）你——

四：（与萍互视怪笑，忽然忍不住）呵，天！（由中门跑下，萍扑在沙发上，……）

…………

（远处听见四凤的惨叫声……）

自然，曹禺的"主宰"比鲁妈四凤口中的"命"和"天"要复杂得多。这"主宰"，在作者的意识根底上，它是希伯来先知们的"上帝"，希腊悲剧家们的"命运"，和近代的人所叫的"自然的法则"，结合起来的一个二元的"观念"。作者当然不信上帝，在《雷雨·序》里写得很明白："周冲……的死亡和周朴园的健在都使我觉得宇宙里并没有一个智慧的上帝做主宰。而周冲来去这样匆匆，这么一个可爱的生命偏偏简短而痛楚地消逝，令我们情感要呼出：这确是太残忍了。"然而，作者却相信这种"残忍"自有一个"主宰"。这"主宰"在悲剧

《雷雨》里是真正的主人翁。

在《雷雨》里，周朴园的严厉专横，鲁贵的卑鄙，周冲和四凤的天真，周萍和蘩漪的苦痛的葛藤，鲁妈凄惨的身世，每个人物的性格，每桩人事和人情，都是十分细密十分真实地绘写了的。这显示着在生活中的作者，怀有深切的社会经历与观感，由这样的经历与观感产生的，是作者的“性情中郁热的氛围”，是周朴园的家庭，是蘩漪的遭际，是鲁大海的出现，这映照着作者的“主宰”中“自然法则”的“观念”。但是在《雷雨》里，主题是观念的“主宰”的力与魔，不是现实社会的生与相，观念的命运的一元更强于社会学的“自然法则”的一元。以他贯连一切极为真实的人物与人情的，是一个极不真实的故事。在这一意义上，周萍和四凤的爱是最典型的，这是“悲剧”的症结，也写出了主宰的力与魔的具形。蘩漪怎样会爱周萍？作者回答道：“这只好问她的运命，为什么她会落在周朴园这样的家庭中。”一个“有火热的热情，一颗强悍的心，她敢冲破一切的桎梏，做一次困兽的斗”的女子，爱上“一棵弱不禁风的草”，一个有了儿子的母亲爱上她的儿子的哥哥，又和同母的兄妹的恋爱纠结在一处；在这里，这个“命运”，决不仅仅意指着“自然的法则”，显示主宰的“残忍”的意义要更强于所谓“暴露大家庭罪恶”（何况这个家庭根本不“大”）的意义。

所以，《雷雨》与其说是一个社会中人的悲剧，不如说是一个自然中人的悲剧。人的故事只是这篇悲剧的形体，宇宙的主宰才是这幕悲剧的灵魂。

但是这个二元的“主宰”，它比神秘的“命运”，比实证的“自然的法则”（这宇宙性的“自然”，是被还原了的人的世界，人的社会），都“太大，太复杂”，作者“始终不能给它以适当的命名，也没有能力来形容它的真实相”。在作者，这是一种（不可理解的）“宇宙隐秘的理解”。而在读者，则仍是一个“迷离恍惚的观念”。

由于人物的真实，由于观念的虚渺，悲剧《雷雨》不是作为神秘剧，而是作为社会剧被欢迎了。

《雷雨》不是真正的社会剧，不过它是作者向现实踏出的最初的一步，它的成功确定了作者努力的方向；这是一条伏线，引出了以绘写社会为主题的《日出》。

在《日出》书前，曹禺引用老子《道德经》和《圣经新约》，点出一幕社会悲剧的主题和内容：

“天之道其犹张弓与？高者抑之，下者举之；有余者损之，不足者补之。天之道损有余而补不足，人之道则不然，损不足以奉有余。”

——老子《道德经》七十七章

“上帝就任凭他们存邪僻之心，行那些不合理的事。装满了各样不义、邪恶、贪婪、恶毒。满心是嫉妒、凶杀、争竞、诡诈、毒恨。……行这样事的人是当死的。然而他们不但自己去行，还喜欢别人去行。”

——《新约·罗马书》第二章

作者也和老子同样，认为《日出》中的“人之道”是和“天之道”相对立的，因为在作者意识根底上也存在着一个冥冥中的“天”。在《跋》里，曹禺写道：

“我常纳闷何以我每次写戏总把主要的人物漏掉。《雷雨》里原有第九个角色，而且是最重要的，我没有写进去，那就是称为“雷雨”的一名好汉。他几乎总是在场，他手下操纵其余八个傀儡。……同时，在《日出》，也是一个最重要的角色，我反而将他疏忽了，他原是《日出》唯一的生机，然而这却怪我，我不得已地故意把他漏了网。……”

《雷雨》不出场的角色是雷雨，这时在《日出》中就是太阳。虽然它不像《雷雨》，是悲剧的主题，它是《日出》的生机，“天之道”的象征。可是，它也一如雷雨，是二元的观念的产物。不过在《日出》里，社会学的一元远强于观念论的一元，它不但显出了全身，隐没了观念的命运，甚至还以它的存在否定了它。这确立了《日出》的进步的社会学的基地。

《原野》，也是由这样的思想引领而出的一幕悲剧。和《雷雨》中的爱与死一样，在《原野》里，复仇与死只是剧的形态，而命运的否定、人与命运的抗争是它的主题。

仇虎就是与命运抗争的人。一开幕，他戴着脚镣出现了，可是他是从急行的火车上跃下来的。在结尾，逃奔了一夜之后，无巧不巧的，他又碰到了那铁镣，他不肯戴这个东西，他情愿死，他用匕首向心口一扎，死前，“（他忽然把铁镣举到眼前，狞笑，而快意地——）哼！（一转身，用力把铁镣掷到远远铁轨上，镗啷一声）”然后他的尸身方才倒下。人，用牺牲，战胜了命运。他没有戴那铁镣。

但是这个人是多么的软弱！在命运束缚之下，他没有别的路可走，只有一条死路！他走这条路根本是不必要的。仇虎本是一个农民，被人诬陷做土匪下狱，这时不过是一个逃犯，可是侦缉队和官兵竟出动大队人马，彻夜的在林中搜捕他，像办一个江洋大盗一样。顶奇怪的，仇虎一碰到铁镣之后，便不走了，就说：“这帮狗东西，四面围上来了。”又对金子说：“不用走，前面也是卡子！你刚才没听见四面都放枪？”但是他却又叫金子逃走，金子既然能逃得出去，他自己又为什么不走？

仇虎为什么不能走一条出路？他和金子在黑树林中一起又一起的见鬼，这不仅不合乎事实，也不合乎学理。他是本地人，金子也是，他不认识路，金子应该认识，否则，他不能放走常五。第一景林内叉路口的“磨坊的废墟”，第二景林内洼地附近电线柱子，第三景林内水塘，第四景林内小破庙，在本地人，在在都是认路的最好的标记，至少总可以辨明方位，决不会像入了非洲森林似的乱奔乱窜。并且，仇虎心里当前的大事，应该是如何逃出追兵的手，走出林子。在他，这不是惊惧“夜半的森野”的时候，因为他并不是“原始的猿人”，加之他素来胆壮意豪，手里又有枪。并且，这也不是他追悔的时候，因为杀孩子的不是他，是焦氏去杀他的时候误伤了的，这正是焦氏应得的报应，在报“仇门两代冤仇”上说，也不为过，何至于使他陷入神经失常的状态？即使如作者所布置的：“仇虎由树丛中走出。惊惧、悔恨与原始的恐怖交替袭击他的心，在这一刹那间几乎使他整个变了性格，幻觉更敏锐起来，他仿佛成了个石人……”；后来，又因为迷路而焦急，又被电线的呜呜声、鼓声、啄木鸟声，“辽远的凄厉的呼声”慑住了，“如被催眠”，于是看见了幻象的人形和鬼。但是，在仇虎放了枪之后，这种催眠状态就该惊醒了，不会因此而入迷愈深，幻象甚至又幻化起来，如中疯狂一般。

仇虎虽然“暴声”地说了：“金子，你求什么？你求什么？天，天，天，什么天？没有，没有，没有！我恨这个天，我恨这个天。你别求他，叫你别求他！”（三〇三页）他却终于没有能够走出森林，没有能够逃开铁镣，仇虎终于非死不可，必须以死才能战胜命运。这在下意识中，作者仍是肯定命运的存在，以及它的力量，魔。在剧中，焦氏说她梦见焦阎王“穿一件白孝衣，从上到下，满身都是血，他看见小黑子，一句话也不说，抱起来就不放手，眼泪不住地往下流。刚一叫他，忽然他变了个老虎，仿佛见了仇人似的就把小黑子叼走了。”小黑子见了仇虎进门，就“恐怕哭起来”；焦大星觉得“孩子的睡相怎么这样——怕人——仿佛死了似的。”觉得孩子哭他的丧，又对仇虎说：“我心里难过发冷，仿佛是死就在我头上似的。”焦氏对仇虎说，真见他身旁站着有两三个屈死鬼，黑腾腾：“你满脸都是杀气。哦，我看见，黑腾腾，好黑的天。呵，我看见你的头滚下去，鲜血从脖颈里喷出来。”金子三次看见焦阎王的相片活了，阎王的眼动起来了。焦氏用铁杖打死小黑子的时候，仇虎和花氏同时喊出了：“呵，天！”——这，在在都是命运的神秘的力与魔的重描；虽然或许，铁镣的命运象征着一个社会性的命运。

在《原野》里，作者勇敢地叛逆了命运，但是仍然没有脱离观念的思维的领域；在这领域中，作者对社会学的未来世界的理解，只能是纯观念的形态，原始的憧憬，——天之道的再现。

《原野》里反抗命运的人——仇虎，不是作为一个农民（社会的人）描写出来的，而是作为一个原野的人（观念的人）描写出来的。一开幕，仇虎出场的时候，展开的就是一片意象的世界：

> 秋天的傍晚。
>
> 大地是沉郁的，生命藏在里面。泥土散着香，禾根在土里暗暗滋长，巨树在黄昏里伸出乱发似的枝桠，秋蝉在上面有声无力地振动着翅翼。巨树有庞大的躯干，爬满年老而龟裂的木纹。矗立在莽莽苍苍的原野中，它象征着严肃、险恶、反抗与幽郁，仿佛是那被禁梏的普饶密休士①，羁绊在石岩上。……
>
> 在天上，怪相的黑云密匝匝遮满了天，化成各色狰狞可怖的形状，层层低压着地面。远处天际外逐渐裂成一张血湖似的破口，张着嘴，泼出幽暗赭红，像噩梦，在乱峰怪石的黑云堆点染成万千诡异艳怪的色彩。
>
> …………
>
> 仇虎一手叉腰，背倚巨树望着无际的颜色，喘着气……”

而仇虎，这个令人惊怪的奇特“丑陋的人形”，“眼里闪出凶狠、狡恶、机诈与嫉恨，是个刚从地狱里逃出来的人”，在进了森林的时候，就以纯观念的形象现出身来。在那神秘的，充塞“原始的残酷”“原始的生命”，蟠踞着“生命的恐怖，原始人想象的荒唐”的森林里，白杨仿佛是环立着的白衣的幽灵，枝枝披拂的路像一个巨兽张开血腥的口，“满天响起白杨树叶的杀声，林里黑影到处闪动着……”在这个诡异如幽灵所居的境界，花氏是“一只受伤的花豹”（二四八页），迷了路的仇虎“如同一个恐怖的困兽”，甚至成了一个原始的人，“仇

① 现译为“普罗米修斯”——编者注。

虎到了林中，忽然显得异常调和，衣服在背面有个裂口，露出黑色的肌肉。长袖撕成散条，破布束着受伤的腕，粗大的臂膊如同两条铁的柱，魁伟的背微微地伛偻，后脑勺突成直角像个猿人，由后面望他，仿佛风卷过来一根乌烟旋成的柱。回转身，才看见他的大眼睛里藏蓄着警惕和惊惧。时而，恐怖抓牢他的心灵，他忽而也如他的祖先——那原始的猿人，对着夜半的森野震颤着，他的神色显出了极端的不安。希望，追忆，恐怖，愤恨连续不断地袭击他的想象，使他的幻觉突然异乎常态地活动起来。在黑的原野里，我们寻不出一丝的'丑'；反之，逐渐发现他是美的，值得人的高贵的同情的。他代表着一种被重重压迫的真人，在林中重演他所遭受的不公。"这样一个失去了现实的社会，甚至也失去了历史的历程的原始的人，于是"惊惧，悔恨，与原始的恐怖交替袭击他的心，"于是被鼓声震住了，于是看见了幻象的人，鬼，阎王……并且发生了一个农民的意识和心理中不可能发生的幻觉：阎王不公，乃至于阎王小鬼都变成自己的仇人（焦阎王）。

这些原始的森林，森林的鼓声，神秘的迷路，恐惧，变幻的人与鬼的幻象，体现观念的形象，本身就是一串观念的形象，不但是这，甚至于那沉郁的原野，那阴沉逼人的焦阎王的家，正中左窗上悬着"穿着连长的武装，浓眉，凶恶的眼，鹰钩鼻，整齐的髭须，仿佛和善地微笑着，而满脸杀气"的"焦阎王半身像"，黑香案上"供着狰狞可怖，三首六臂金眼的菩萨"，都近似观念世界的氛围；在这氛围中的人物：仇虎粗野，花氏强悍，焦氏狠毒，白傻子痴呆，焦大星忠厚，他们的性格如此绝对的单纯，单纯得近乎原始，全失去了社会的阶层的特性与本质。

《原野》是一个纯观念的剧。这是一个虚构，一个浪漫的想象。而且它不得不这样，因为它的主题，它所体现、所企图否定的对象本身，就是一个观念。

经过《原野》，作者由命运的观念的否定进而作原始的憧憬。当他赋予这憧憬以新的内容，并且作为社会学的憧憬而加以肯定的时候，于是产生了题名《北京人》的悲剧。

在《北京人》里，在没落的封建家庭和"在棺木里打滚的人们"中出现的北京人，"约莫七尺多高，熊腰虎背……两眼炯炯发光，嵌在深陷的眼眶内，塌鼻子，大嘴，下巴伸出去有如人猿……"这样一个超出人类演化和遗传之外，"体格头骨"仍然一如五十万年前的人类的始祖，而且性格也和原始人一般的粗野，"说打人就打人"，这样一个"猩猩似的野东西"，这是一个观念的象征，这是《日出》中的太阳，在《北京人》中走出了幕来。

这象征"人类日后无穷的希望都似在这个人身内藏蓄着"的人，并不仅是一个观念的形象，还是一个社会学的形象。仇虎的形象具有原始的力和野，但是这力量反而引他向死。北京人也"整个是力量，野得可怕的力量"，这力量就引出了生。瑞贞要出走，大门锁了，正为这个焦急，这时：

北京人：（徐徐举起拳头，出人意外，一字一字，粗重而有力地）我——们——打——开！

瑞：（吃一惊）你，你——

北京人：（坦挚可亲地笑着）跟——我——来！（立即举步向前走）

瑞：（大喜）愫姨！愫姨！（忽又转身对"北京人"，亲切地）你在前面走，我们跟着来！

北京人：（点首）

在这时候，哑巴的北京人忽然发言了，并且，他“像一个伟大的巨灵，引导似的由通大客厅门走出”。在他后面“跟着来”的“我们”，是前进的瑞贞们，憧憬未来的“明日的北京人”。

在这里，作者所向往的已经不单是原始人的野性，力，而且是养成原始的纯真的生活形态，借“研究人类的学者”袁任敢的“沉重的声音”，作者说道：

这是人类的祖先，这也是人类的希望。那时候的人要爱就爱，要恨就恨，要哭就哭，要喊就喊，不怕死，也不怕生。他们整年尽着自己的性情，自由地活着，没有礼教来拘束，没有文明来捆绑，没有虚伪，没有欺诈，没有阴险，没有陷害，没有矛盾，也没有苦恼；吃生肉，喝鲜血，太阳晒着，风吹着，雨淋着，没有现在这么多人吃人的文明，而他们是非常快活的！

因为感于现实社会中人性的卑劣进而向往原始人的近乎无知的纯真，因为否定产生卑劣的人性现实社会进而否定人类社会发展的行程与成果，这样的观念的内涵，不是社会学的见地批判的向往，而是无条件的原始的憧憬，这憧憬虽然寄在前进的瑞贞们——“明日的北京人”——身上，具有社会学的命意，然而是纯观念的，它是好的，然而是不真实的。

不过在作者，虽然这样，却在这中间肯定了新人的群体。《北京人》是作者向现实踏入较深的一步，向理想迈进较远的一步，向诗追求更大胆的一步。这是一个转化点，留有旧的痕迹，也现出有新的方向。

二

一个曾经在“光怪陆离的社会里流荡着”，看见过“多少梦魇一般的可怖的人事”的作者，“不甘于模棱地活下去”。苦闷而又激动，“如痴如醉地陷在煎灼的火坑里”；他对人们的爱恋和热望，“所得的是无尽的残酷的失望”，而“一件一件不公平的血腥的事实”，刺刀似的刺了他的心，逼成作者按捺不下的愤怒。在失眠的夜间，他“睁着一双布满了红丝的眼睛绝望地楞着神，看着低压在头上面的屋顶，窗外昏黑的天空，四周漆黑的世界……”他如旧约里那热情的耶利米所呼号的一样，“我观看地，地是空虚混沌，我观看天，天也无光”。作者“感觉到大地震来临前那种‘烦躁不安’，眼看着要地崩山惊……在这样的心情下，‘已经听见角声和打仗的喊声’”。于是作者“要写一点东西，宣泄这一腔愤懑，要喊‘你们的末日到了！’对这帮荒淫无耻，丢弃了太阳的人们。”（《日出·跋》）

于是作者写了《日出》，第一个社会的悲剧。

在这个剧里，在感情的火焰中燃烧着的作者，以跳跃的心，奔流着愤懑和痛苦的血，以颤栗的手，意图一刀剖开“损不足以奉有余”的社会。但是，正如一切从思维领域走进生活的矿山的作家，纯情感的理知引领着作者引伸老子的思想，将“天之道”和“人之道”对立起来，将“损不足以奉有余”的社会作为情感性的对象，“天之道”的对立者来把握。不管冥冥中是不是有一种所谓的“天之道”存在着，不管现实中的“人之道”，由社会发展而来的产物，何尝不是现阶段的“天之道”？不管冥冥中的“天之道”仅仅只是一种空想，一种观念，它要在将来，由人的手实现时，方才能够存在，这“天之道”，又何尝不正是社会的“人之道”？不管这一切，作者的社会烛照着情感性思维的火光，抽象了，实际上是被还了原。作者所把握的主题于是从社会的命题为自然的命题，降好一个观念——罪恶的人生。

所以在《日出》里，作者以陈白露们一群“鬼”的生活世界为中心，而不是银行家潘月亭的世界；作者绘写了小东西、翠喜、黄省三的遭际，潘月亭、李石清的处境，却省略了“损不足以奉有余的社会”中两个真正的主角——金八和“太阳就在他们身上”的人们。《日出》的心脏是“损不足以奉有余的社会里最黑暗的一个角落”，不是最本质的角落。《日出》里的人物只是一群“盘踞在地面上的魑魅魍魉”和他们的牺牲者，不是典型的剥削关系的代表人。于是悲剧演出的人物与地域，从整个的社会缩到社会的一角，从全面的阶层世界缩到腐烂的阶层的一隅。人物的性格和生活，被罪恶与黑暗的一面掩蔽，削弱了常态的典型的社会的一面，而这一面正存着最本质的罪恶与黑暗。并且，不但过鬼的生活的陈白露一再意识地重复“太阳不是我们的”，就是一个从外面走来的方达生，与陈白露的生活世界毫无一点联系，也硬生生地随王福升意识地说着：“对了，太阳不是我们的。”（九七页）银行家潘月亭作为一个倾倒陈白露的色情人物出现了，金融家金八，“时时操纵场面上的人物，代表一种可怕的黑暗势力”，社会悲剧的根源的代表者，仅仅只是小东西口中的“黑胖子”，一个流氓的首领；而那些“太阳就在他们身上”，“拥有光明和生机的人们，则隐在幕后，抑郁暗塞地哼着”，“如一群含着愤怒的冤魂”。

就这样，《日出》社会画幅里的人物和世界虽然真实，然而单纯。单纯原为艺术完成的典范。但是这单纯不是社会的，是思维的。这单纯以片面代全体，不是全体综合的具现。画幅中有人物，有形象，生动而逼真，但是不是典型；有人物生活的世界，但是是一个氛围，不是实体。

这样纯情感造成的思维的单纯，在《日出》之后的《北京人》里，在显示着作者深入生活的理知的诗里，也存在着痕迹。《北京人》的题旨实际上仍然含有天人之道对立的观念，《日出》中天之道的太阳是在幕后，在《北京人》中则走出幕来。《日出》中的人之道是一个黑暗罪恶的世界，在《北京人》中是一个腐朽没落的家庭。这家庭，由于它是作为天之道的象征——北京人，纯真、勇敢、刚强、质朴的原始人——的对立者，于是它以一群腐败、懦怯、阴险、自私的人们具现出了它的形象；因而失去了它在现实中复合的社会关系与斗争的诸形象，于是这个家庭以及这个家庭中的人物都陷入了单纯的孤立。

这里的单纯与孤立，它的意义决不在于结构的表象，它有更深的内容。

虽然，作者没有告诉我们《北京人》一剧发生的时间，不过就瑞贞去的方向和道路看来，显然是在抗战之前不久。可是，当我们将《北京人》和《家》并列起来的时候，我们不禁惊异的是：抗战之前的《北京人》中的家，竟仿佛是北伐之前的《家》的续篇。《北京人》中的思懿宛然是一个泼辣的凤姐，愫方正是黛玉进入中年的写照。但是，从北伐之前到抗战之前，这些年来中国的社会和家，在质上起了多么巨大的变化，岂止是形态上由兴盛到衰落而已？从《红楼梦》的时代到我们的时代，这期间的人物的社会心理与形态，岂能依然是故有的风貌，时代的风雨没有留下一丝的痕迹？曾家是一个大家，但是，“那样一个大家庭和整个封建势力并没有彼此纽结的血缘关系，只是关起大门来开演一个悲剧，而对于暴发户的资本主义，并没有在生活的社会交涉里面表现出它底抵抗或迎合，只是单纯地负了一笔债和讨债底威逼，而且这也不过仅仅尽了促成这个悲剧上的一点观念上的作用。至于当时应有的民族斗争和社会斗争的政治浪潮，在这里没有起一点影响，而新的人生理想，新底力量的存在，也仅仅只在人物底对话里面说明式地暗示几句而已”（胡风:《论曹禺底北京人》）。正是在这里，在人物的生活世界与性格的内涵里，存在着单纯和孤立的本质。

而且，不单没落的旧世界的人物如此，就连新世界的人物也是一样。那个“猩猩似的野东西”北京人，“一个修理卡车的工人”，他本身就是一个象征。那个北京人的研究者，“学者”袁任敢，他的样子也“活像一个修理汽车的工人”，也和北京人有相同的“陷塌的狮子鼻”，他单独住在曾家，没有家庭和社会生活，孤立地生活在世界上。他的女儿袁圆，十六岁了，没有受过学校教育，也没有经过社会习俗的熏陶，她说哭就哭说笑就笑，“活脱脱像一个莫名其妙的娃娃”，在家里，有时“持弓挟矢，光腿赤脚，半裸着上身，披起原来铺在地上的虎皮”，“叫嚣奔腾，一如最可怕的野兽”，纯然是一个原始的北京人；而小柱儿，“刚从林中跃出来的小鹿”，憨厚的农人之子，也由她打扮成功一个小北京人。这，在作者，在在都喻有深意；可是这深意却未能使人物深刻、具象，反而在人物身上投下了单纯的阴影。

当写《北京人》的时候，作者已经扩深了他的社会学的内涵，这也扩深了他剧作中的题旨。北京人中的家虽然孤立，它自身却是一个有机的世界。作者憧憬的光明面与现实的光明面不同体，却同方位，所以契合了社会学的真实。而且，进一步，在主题上，由这个没落的封建的片断的家，引出了全面的“家”的画幅。

在全面画幅的“家”里，也同样，虽然展开了戏剧主题的社会的阔度，作者却是持着情感思维的刀，走近现实的身畔施行解剖的，同时也用这把刀解剖了现实中生活的人。

这是一个典型的封建社会中的“家”，祖孙三代，五房子孙，有老太爷，老爷，少爷，老姨太太，太太，少奶奶，丫头……结集在一个家里，但是在这个“家”里只有自身的内部的人物活动，看不到外界的社会力量的冲击，只看到争取婚姻自由的家庭革命，看不到“家”所生根的社会基础，以及它在现实浪涛中怎样不得不趋向崩溃的因素和情势；看到“家”的形体，看不到“家”的社会的生命的趋向。

巴金的《家》是一个真实的故事，可是是一曲浪漫的歌；曹禺以这个歌为底样，构成了他的画幅。所以《家》不是史画，只是“一阙旧社会的挽歌，一只新社会的序曲”（民国三十一年十二月三十一日大公报广告）。

正如表现《日出》中损不足以奉有余的社会一样，作者没有社会学地把握“家”的最本质的体象，通过它来具现封建社会，却扩大了“家”的最触目的一面，以片面代替了全貌。于是作者重重地描写了冯乐山、克明、克安、克定，因“伪善，丑恶，卑鄙，自私和顽固”（五十一页）的代表，构成《家》的社会画幅；舍弃了《家》的生活真实的面貌，单以腐败和丑恶的彩色，点染了家中的人物。

于是在《家》里，冯乐山看新房的时候，作者让他当众“目光逼人”地赏识了鸣凤；克定和克安闹房的时候,"对新人几乎不知羞耻地胡调起来"。虽然,作者借此描写了冯乐山伪善的道德面孔之下的狰狞,克安、克定"平日用种种虚文浮饰所掩饰的丑恶",但是尊长的伪喜和尊严,正如其他的"种种虚文浮饰"一样,在封建的"家"中,不仅是生活的形式,而且也是生活内容的一部;这样过分夸张的外形的刻画,在某种程度上,反破坏了家的礼教的氛围和本质的面目。同样,觉新和钱梅芬婚姻的不成功,在巴金的小说里是由于钱太太闹意气而拒婚,曹禺则归罪在冯乐山身上。本来站在觉新和梅芬之间的是两个家长,是整个的封建社会,现在却还成了一个个人。鸣凤的遣嫁,在作者的剧中,也不是由于高老太爷的意志,而是冯乐山的要求,于是将封建社会中奴役女性的本质的一面,简化成伪善者冯乐山个人的罪恶。而冯乐山,整个封建势力的代表者,在《家》里,一如《日出》里的金八,被过分夸张地丑恶化了,甚至于神秘地非人化了;他杀了鸣凤、婉儿,"而且杀了梅表姐的也是他"(二九九页觉慧语),"四下里都是他的影子","他不是人"(三〇二页婉儿语)。于是他成了一个恶魔,一个观念的象征的影子。顽固的代表克明,只是一个迂君子,卑鄙的代表克定,只是一个下流痞,从他的口里说出首饰"拿去抵押做了生意",失尽了北伐前封建大家子弟的气派,倒仿佛是抗战期中新型的投机商人。至于年轻的一代,在家里是个叛徒同时也是被压迫的晚辈的觉慧,则成了一个英雄,"见着长辈们也无所顾忌",说着领导者的语言:"四妹,你走过那段黑路就好啦","你要学习自己走黑路"。但是北伐之前的觉慧,哪能这样的在家里大显威风,而他自身,封建社会里出来的第一代逆子,竟这样的坚强、确信,没有一点矛盾、软弱、彷徨?鸣凤,《家》的牺牲者中的一人,被写成一个懂词乃至于懂佛的女子,于是她自杀的意识根源,不在愚昧的传统的封建意识,而在她出世的虚玄的哲学思想,无形中冲淡了封建势力的罪恶的素质,轻描了它的狰狞。

这样的《家》,在本质上,只是一个意识的集体:家中的人是"宝盖下面一群猪",和不愿做猪的人,而《家》则是主观"宝盖下面一群猪"的住所,污恶的渊薮,不是客观上几千年来人所居住的家,人类社会生活的一个形态。这个《家》,是意识的形象,不是社会的形象。

"封建势力"以及"封建家庭"作为一个名词,固然是抽象的,然而作为一个人类社会的存在,它是一个有血有肉的历史的生命,这是现实的存在,生活中的东西,不是观念中的事物。曝露"家"的丑恶与腐败,作者原求扩深社会的形象,但是,所猛烈暴露的只是丑恶,而单单的丑恶并不能成为生活,于是反而狭仄了家的社会本质。在生活整体的全貌的丑恶中生活着的人,也不是绝对单纯的:如某人伪善,某人顽固,某人卑鄙,某人自私,实际上常常是复合的,可能一个人既伪善,又顽固,或者又卑鄙,又自私;更可能同时还很和善。意匠化了的观念的代表者是单纯的,因而距离生活是遥远的。

这样感情意识性的单纯,在悲剧里,或在否定性的剧里,它不过浮泛了性格与世界;在喜剧里,或在肯定性的剧里,它就戏画了人物和生活。

作者没有写过喜剧,只有一个短剧《正在想》是类乎喜剧的作品。在《正在想》里,作者写出了什么呢?作者将一个穷愁潦倒的人家,写成一个欢天喜地的世界,剧里的人物,都傻得有趣,呆得热闹,戏画成了一群制造笑料的木偶。

正以相同的方法,作者写了肯定性的剧本《蜕变》。

《蜕变》的主题是“我们民族在抗战中一种‘蜕’旧‘变’新的气象”(《后记》),但是这蜕变不是历史社会的行程,而是“生物界里一种新陈代谢的现象”。社会的生命在这里还原成了自然的生命,人,一定社会中的人的变,成了生物界中昆虫的脱壳。扮演这样昆虫脱壳现象的人物,在《蜕变》里分做两种,一种是代表“被淘汰的腐烂阶层日暮途穷的哀鸣”的旧,一种是代表“我们民族战士在各方面奋斗的艰苦”的新;人的阶层,它的腐败与清新,在这里依着“人性”划分开了,失去了社会学的基地和关联。于是《蜕变》中的人物和世界凌空孤立,超越现实社会机构之外,由从天而降的梁监理员以绝对的权力压倒腐朽的“阶层”,没有遇到历史社会行程中一丝的碰击、摩擦、阻逆、搏斗,丁大夫们一帆风顺地成贤成圣,演出了一幕“蜕旧变新”的喜戏。

情感意识地植立了主题的作者,也情感意识地决定了他的人物。在《蜕变》里,无论是新或者旧的扮演者,正如作者其他作品中的人物,都是绝对单纯的形象。丁大夫是新人之中的模范,理想的百分之百的英雄,然而在性格上、行为上,都没有一丝弱点。她的心无时无刻不在为祖国受难的伤兵们身上,当敌机临空炸弹爆发之中,她仍然为他们开刀;在急救站上“开了一夜的刀”,一晚上没有睡觉,一回到医院就“又到病房看病去了”(一五六页),前线急救站上有“两个”重伤兵,她立刻连夜坐汽车跑去救治,不顾自己的身体,不顾明天的工作,不顾在长期抗战中她的责任,不顾她的体力是否能够支持这样无间息的劳顿;她的热心无穷,她的力量也无穷。她爱她的儿子,她想念他,不忍亲手给他施手术,这都是母性辉煌的一面,是弱点,然而正是她的强点。梁监理员则不仅是英雄,而且成了神人,他做出了事实上所不可能的“奇迹”。事前没有准备担架,没有分配人员,也没有找好“坚固的民房”。紧急警报都发出了,无论坚固的或不坚固的民房,大概都锁上大门了,他却能在“两分钟以内”,搬走了几百个伤兵。一夜的工夫,凭他的介绍函件,就弄来了蚊帐,弄来了金鸡纳霜,似乎黎县做好了若干顶的蚊帐在等着,济南府的金鸡纳霜,不用款项就可以“交货”的;而在他的督励之下,前方正在进行大反攻,战事紧急的时候,司令部竟能将二十部卡车出借?其他的新人,个个都是英雄,他们只有公的生活,没有私的生活,甚至只要一看他们的名字,就可以想象到他们的性格:谢宗奋——奋勇,陈秉忠——忠诚,温宗书——书生气,光行健——健干,超出在他们之上的,是公众景仰的栋梁——梁公仰。在旧人之中,秦仲宣是他们的首领,后来做了汉奸,狡伪私情的马登科次之,后来只做了奸商,卑猥的孔秋萍又次之,成了没落份子,老夫子况西堂又次之,勉强做一个混日子的书记。这些理论图式化了,等级整然的角色,有强,有弱,有半强半弱……合在一起扮演了《蜕变》。这《蜕变》,只是一幕观念的粉墨画的喜剧。

喜剧,这是作家的真实的试金石。以虚伪代替真实的,以粉饰代替传真的,立刻就分明出来。在抗战中,像丁大夫这样的英雄,诚然不是没有的,但是她是可能的英雄,却未必是成功的英雄,更未必就是如此绝对的英雄。就是变相的巡按大人或者某某大人的梁监理员,也是一样。而在作者,梁监理员不单是一个人,实际上象征着权力的化身。梁监理员和这些英雄们的“小团体”(二二五页),与整个的政治社会生活隔离地生活着,自成一个新的世界。这个新的世界,它的动力不是全民的抗战,而是一个以个人为中心的机构。第三幕里，徐护士对夏霁如说到丁大夫：“她一天到晚这么忙，我们为什么还给她做错了事，叫这个老太太心里头不舒坦呢？”丁大夫又对陆葳说到梁监理员：“好好地干，我的孩子。我们不能叫这个苦干的老头儿有一点失望的。”作者又描写梁监理员的勤务兵朱强林道：“在他的眼里，梁是一个最和善可亲的老人，他死心塌地为他做事。”这样的“个人中心”的世界，与作者天人之道的对立论，超社会阶层的人心说，是遥遥相应的。这固然可见作者思想敦厚和善之处，但是一走进现实世界里，在高空中翱翔着的哲学，立刻便堕入中庸的泥潭中了。

这个“蜕旧变新”的故事，从“严冬的季节”展开，到四月的春季结束，充分地表现出作者对于这个过程寄予的希望。看出中国在蜕变中，自然可见作者的锐眼，但是脱离了社会的基地，腾空地观看着，于是失去了质，只看到形。

从《日出》到《家》，无论悲剧与喜剧，在题旨上，都反映着作者理知的阴影，以及他在创作方法上所遭遇的最严重的问题。

三

在《日出》的《跋》里，作者对于他的戏剧写作有过自白：

> 诗人的诗，一时不得人的了解，可以藏诸名山，俟诸来世，过了几十年或者几百年，说不定掘发出来，逐渐得着大家的崇拜。一个弄戏的人，无论是演员，导演，或者写戏的，便欲立即获有观众，并且是普通的观众，只有他们才是“剧场的生命”。……写戏的人最感觉苦闷而又最容易逗起兴味的就是一个戏由写作到演出的各种各样的限制，而最可怕的限制便是普通观众的趣味。怎样一面会真实不歪曲，一面又能叫观众感到愉快，愿意下次再来买票看戏，常是使一个从事于戏剧的人最头痛的问题。孟实先生仿佛提到“获得观众的同情对于一个写戏的人是个很大的引诱”。……其实，岂止是个引诱，简直是迫切的需要。莎剧里有时更加进些无关宏旨的小丑的打诨，莫里哀戏中也有时塞入毫无关系的趣剧，这些大师为着得到普通观众的欢心，不惜曲意逢迎。……

在这一意义上曹禺构成了他的场面，也在这一意义上曹禺获得了成功。

以观众为对象的作者，把握着剧的真正的性质，以人物的活动造成情势，依情势推展剧情，借紧密的穿插，生动的对话，展开剧的场面；在场面中作者使冲突逐步发展，自然而然地更高，更高，观众感情的热度也随之更高，更高，当高到顶点的时候，终而至于最后的爆发，以无比的力量打击在人的心上。

紧张——这是曹禺剧作的特色。

但是，单调的紧张就会失去了紧张，直线的升高也正如平铺的开展。曹禺的紧张包含着情感因素的丰富的变化，具有剧的力学，在紧张的构成中，作者在每一个场面里都使冲突形成回旋和激荡，间或爆发小的火花，扩大观众心中感情的容量，用惊，用惧，用哀，用喜，构成感情因素的交综错合，扩深人心的深度，于是最后的爆发和整个的冲突得到了最强的热和光，使人流下眼泪，怀着沉重的心。

曹禺的第一部作品《雷雨》，它的场面的构成就是纯“雷雨”的。

第一幕，这是一个郁热的夏天，暗嚣遮满天空，酝酿着一场风暴。由鲁贵和四凤的对话，引出整个周家乱伦恋爱的葛藤，由蘩漪和周萍的对话，引出侍萍的故事，这是一声声的远雷。第二幕，起了风，鲁妈(侍萍)到了周朴园的家里，而且她和他见面认了出来，乌云四布，发出第一个雷声。第三幕，故事移到了鲁贵的家，周萍、蘩漪都到了这里，这时满天电光闪烁，乌云浓黑如墨，雷声隐隐，暴雨随时可以降落。第四幕，故事又移到周朴园的家，在第三幕的隆隆的闷雷与闪电中，冲突发展到了顶点，于是如火山一般的爆发了霹雳——雷雨。

当鲁妈才到周家，还没有和周朴园见面的时候，她忽然发现这个屋子里的家具，都是她从前的旧物，爱的记忆和生的苦痛交袭着她：

鲁：(回想)凤儿，这房子我像在哪儿见过似的。

四：(笑)真的？您大概是想我想的梦里到过这儿。

鲁：对了！梦似的。——奇怪，这地方怪得很，这地方忽然叫我想起了许多许多事情。(低下头坐下)

四：(慌)妈，您怎么脸上发白？你别是受了暑，我给您拿一杯冰水吧？

鲁：不，不是，你别去，——我怕得很，这屋子有鬼怪！

四：妈，您怎么啦？

鲁：不，我怕得很，忽然我把三十年前的事情一件一件地都想起来了，已经忘了许多年的人又在我心里转。四凤，你摸摸我的手。

四：(摸鲁妈的手)冰凉，妈，您可别吓坏我。我胆子小，妈，妈，——这屋子从前可闹过鬼的！

鲁：孩子，你别怕，妈不怎么样。不过，四凤，我好像我的魂来过这儿似的。

四：妈，您别瞎说啦，您怎么来过？他们二十年前才搬到这儿北方来，那时候，您不是在南方么？

鲁：不，不，我来过。这些家具，我想不起来——我在哪儿见过。

四：妈，您的眼不要直瞪瞪地望着，我怕。

鲁：别怕，孩子，别怕，孩子。(声音愈低，她用力地想，她整个的人，缩，缩到记忆的最下层深处)

四：妈！您看那个柜干什么？那就是从前死了的第一个太太的东西。

鲁：(突然低声颤颤地向四凤)凤儿，你去看，你去看，那只柜子靠右第三个抽屉里，有没有一只小孩穿的绣花虎头鞋。

四：妈，您怎么啦？不要这样疑神疑鬼的。

鲁：凤儿，你去，你去看一看。我心里有点怯，我有点走不动，你去！

在这样有点残忍的逼人心灵的笔下，在这样惨痛的感情的回旋里，谁的心能不紧张起来，屏着气，大张着眼睛，看着四凤走到柜子前面去开抽屉？这是在震耳的雷声前迸发出来的目耀的电光的烧灼。同样，在悲剧的霹雳降临之前，在第三幕末尾，一个苦命的妈妈

在暴风雨中抢天扑地的悲呼："哦，我的孩子，我的孩子，外面的河涨了水，我的孩子。你千万别糊涂！四凤！"谁的心不为这个妈妈苦痛？谁能遏住他的同情的泪水？

在《原野》里，焦大星遇着仇虎，和他叙旧，一心把仇虎当做老友，推心置腹地告诉他："你吃了官司，我爸爸只让我看了你两次，再找你，你就解走了。上十年找不着你。今天见了你，你还是我的熟识哥儿们。可是虎子，许你待你老弟好，就不许你老弟也有点心么，虎子，这是我的一件丢——丢人的事，我不愿意别人替我了（"了"作"了结"解），不过我找着他，万一对付不了他，我不成了，虎子，我死后你得替我……"而仇虎正怀着报仇的心，预备和他血刃相见。这是一个回旋，使人往事件和情感的深渊中走进，下沉……后来大星拿刀杀金子，恶狠狠地举匕首刺她，金子用手挡去，划破了手背，流出血，金子围绕方桌躲避。大星追赶，把她逼到墙角，抓住了金子，举起匕首向下，金子闭下了眼等死。这是一个激荡，引人向上，向上，升到悬崖的峰巅，只要向下一落，立刻全都完了；但是作者轻轻的一笔："你别走"，一手就拉到了平地。

这激荡，这回旋，是非常的成功。

《日出》里面，陈白露救了小东西赶走黑三之后，忽然瞥见地上的日影，她对潘月亭叫道："喂！你看，你看！太阳，太阳，——太阳都出来了。"她跑到窗前，对着日光，窗外隐隐有吱吱的雀噪声，她满心欢悦，手舞足蹈地嚷着。"你看，满天的云彩，满天的亮——喂，你听，麻雀！春天来了。哦！我喜欢太阳，我喜欢春天，我喜欢年青，我喜欢我自己。哦，我喜欢！"在《家》里，觉新和瑞珏在新房中自白的低诉。这都是剧的优美的高点。

而人，在这样回旋激荡的高点中生活着的人，在作者矫健的笔下，也各各获得了一定的身份和形象。人的活动是构成场面的因子，可是场面同时也活生了人，这是和小说不同的剧的人物描写。作者的人物都有和形象分离不开的场面（行动）：《雷雨》里周朴园逼蘩漪吃药；《原野》里金子硬要焦大星说淹死他的妈；《北京人》里曾思懿当文清的面还信给愫方，这都一笔就画出了人物性格凸出的一面。就是剧中次要的人物，也都经过苦心的布置：《日出》里，张乔治哈哈一笑拒绝了陈白露借钱，写出这个"最优秀的产品"的真面目，在《家》里，克安闹房的时候，起初只是附和克定，叫着"好，好""对，对，对"举动中存着分寸，后来渐渐地情不自禁，才由矜持而放手参加调笑，在行动和心理的发展过程中，克安现出了他的身份：堕落，但是比克定持重。《北京人》里，借孩子的玩耍，将农夫的儿子小柱儿扮成北京人，作者写出了思想的憧憬，没有落下一点痕迹。……

这一切杰出的描写与成功，原该完成怎样光辉的艺术生命。可是，由于"一面会真实不歪曲，一面又叫观众感到愉快"的二重重心的写作态度，作者没有能够得到坚实的收获。

由于"获得观众的同情"的引诱与"普通观众的趣味"的限制，更由于主题中人物和社会的单纯性，在场面中，感情高点的构成和社会典型的体现没有统一，这一切成功所体现出来的世界，常常是剧，是剧中人，而不是生活和人的典型。回旋与激荡所获得的感情的高点和场面的高点，不是社会的高点和典型的高点，剧的优美的高点也不是人的真实的高点。

《雷雨》里的一切雷电只是为了画出一幅命运的悲剧。在《原野》里，为了要结成复仇的悲剧的葛藤，凶残的焦阎王和狠毒的焦氏的儿子焦大星，他不得不如此的忠厚、老实，不但不像是在这样的父母手下长大的孩子，甚至也不像在这个家庭环境中生活的人。他不得不什么都不知道，不知道从前金子许过仇虎的亲事，也不知道他父亲陷害仇家的故事，他和他所生活的社会没有一点联系，他甚至于能允许金子和仇虎的关系继续存在，情愿戴绿帽子，只是要她“别走”。为了要结成命运的死的葛藤，作者让焦氏亲自下手去杀仇虎，结果杀死了她的孙子。可是，当焦氏进房去杀仇虎之前，她不在房外先谛听一下动静，她不怕仇虎醒着？她听不出小儿的鼻息和仇虎的不同？事实上，侦缉队随后就来，她何需进去杀他？她眼睛看不见，她的铁杖也不过“通条似的”（一一三页），并不够粗，如果一击不中要害，岂不反而坏了大事？加之她已经年老了，再狠再毒，杀人也不是件易事，她何必定要亲手去杀他？

观念，趣味，与真实的不相统一，在结构的重心和剧的结尾上，明显地留下了塑造的刀痕。

《原野》里，仇虎的见鬼，迷路，乃至于死，都失去了真。在《日出》里，陈白露的死，也没有得到真切的情势。逼死陈白露的债，时间不过一星期，数目只在两千元上下（福升语）。可是，我们觉得，以潘月亭的局面，以他对陈白露的迷恋，白露总不至于买点东西就非欠债不可，即令她欠了债，这些商人又真的会得那么齐，不到一个星期就一起跑来逼债了。两千元（或二千五百元）在白露，也并不是毫无办法的。单就福升念给她听的第一批帐单来看，金店就占六百五十四块四，绸缎公司占三百五十五块五毛；她历年的衣服手饰合起来，总凑得足这个数目，这笔债实在逼不死她。——但是在剧里，风尘生活中的白露被作者写成一个诗人，她骄傲，她倔强，她厌倦了生活，她说：“我是卖给这个地方的。”她不走，她只有死。然而，她不是爱生活么？不是“喜欢年青，喜欢我自已”么？她不是看清了人生，也看清了社会，她难道还看不清金钱是什么？她这么年青，这么美，为了这点债，她又不是第一次欠债，她就去死？如果说，白露是充满了矛盾，看透了人生，厌倦了生活，她才死的。这样，她就又是一个哲学家了。这种哲学家，在失去了爱之后，就该“睡”了。她没有睡，她活着，留恋着昏热的风尘生活，甚至于都不想“走”，可见得是一个凡俗的人，不是一个超社会的诗人。所以白露的死，剧的气氛迷漫着人生的悲画。同样，《北京人》里哑巴的北京人开口说话，这也是剧。事实上，袁家动身的时候，曾家自然要下锁开门的；而且思懿说过“叫他们小夫妻俩给袁家送行”（三二二页陈奶奶语），何用北京人举起拳头说，“我——们——打——开！”

这样的痕迹，也留在对话的描写上面。和人物行动相结合着的对话，从生活中提取出来，纯正的口语，给与人物以生命的语言，原是剧作家曹禺的才能又一面光辉。但是，为了维持场面上情绪步踏的紧张的旋律，在剧里，对话不得不滔滔地，如流水一般，在事和人的上面流过；这样的对话，生动，有声有色，波涛在激荡回旋中显出灵巧，浪花冲击四射，也显出力。可是，湍急的水流没有深的蕴藏，也不是广大的海。不是从灵魂的深处流出来的，也流不进灵魂的海中。那样的水流，在广阔的河床上，静，可是远。

这样的对话里，正如在场面里，“普通观众的趣味”是一个有力的因素。有时候，当作者向这边稍稍侧重的时候，立刻就显出了趣味与真实不相统一的形态。《原野》里，常五在外面叫门，金子和仇虎在屋里调情，常五等急了，问她“在干什么啦”，她“（还抱着仇虎，闭着眼，慢慢推开他。蓦地回头向中门，放开嗓音，一句一句地，也长悠悠地）别忙噢！常五伯，我在念经呢……”，这样的动作伴着这样的对话，仿佛一个故作的颤音，出现在乐章中间。在《家》里，觉新和瑞珏正作自白的低诉的时候，觉英从床下钻出来，问谁叫他到床下躲着的，他狡猾地回答道：“陈姨太！她说在床下面听得见天上的牛郎织女打喳喳。”这个音调，也现出得突兀，破裂了先前婉静的诗章。《日出》《原野》里一部分对话，过分的流利、圆滑，有的地方乃至于近乎油滑，影响了形象的坚实。

然而，作者始终以惊人的笔力，控制着这种油滑边际上的插话。常常他一手就将它提升到严肃的边际。在《原野》里，白傻子和焦氏对话，焦氏说金子是老虎，会吃人的：

白：老虎？（不信地）嗯！我看过她！

焦：你看过老虎，你还来干什么？

白：（鼻涕又流下来，舌尖不觉翻上去舐）那——那我来看看，她会吃我不？（又抹一下鼻涕）

焦：（可怜地）唉，狗蛋，你日后也要个老虎来吃你么？

白：（老实地）老……虎要都是这样，我看还……还是老虎好。

焦：（酸辛地）傻子，别娶好看的媳妇。“好看的媳妇败了家，娶了个美人丢了妈。”

白：不……不要紧，我妈早死了。

焦：（看着白，叹一口长气）嗯，孩子们大了，都这样，心就变了。

白：嗯？

焦：（低声喃喃，辛痛地）忘记妈。什么辛苦都不记得了。（低头）

这样的对话本是近乎流俗的东西，而且傻子也傻不了，显出过分的屈从。但是，作者只用一句话一结，立刻就赋与了完全不同的内容。同样，在《家》里，接着觉英的话之后，觉新微叹着说：“天上的牛郎织女是见不着面的！”这样能放能收的手法，是作者的成功，也是作者的大胆。

不过艺术，在本质上，不是大胆。这正仿佛一个作曲家，为了迎合听众，故在乐谱中制造奇音，然后再设法调整它在旋律中的和谐。有时，以作者的才力，当然，是美满自然的；可是有时，就不免露出破绽。在普通观众低级边际的哄笑声中试炼诗的韧度，这实在是不必要争取的成功，同时也是不必要的冒险。当然，我们并不反对语言的粗俗，因为真正的粗俗是生活中的东西，是真实；但是流俗不是粗俗，流俗是文字上的粗俗的变形。

以这样的情绪、人物、对话构成的场面，具有剧的最大的素质。它以紧张和生动攫住了人，置身在场面的回旋激荡中的观众，常常无暇作理智的分辨和思考，就相信了剧中的一切。

《原野》序幕里，跳下火车，脚上戴着铁镣的仇虎，一出场就向白傻子逞凶，可是事先他并不知道这个人痴呆。假如白傻子是另一个人，惊逃走了，叫了人来，仇虎不是自己找了麻烦，误了复仇大事？如果说，仇虎不怕，他有枪，才从狱卒手中脱网的逃犯，哪里来的手枪？作者告诉我们，仇虎是一个农民，原先家里有田地，仇虎自己也说他是个“好百姓，苦汉子”（二八三页），可是，八年监狱一坐，怎么就成了一个“眼里闪着凶狠，狡恶，机诈与嫉恨”的人，说话举动神情，无一不像一个地痞，不像一个“弟兄”；由于仇和恨，农民的仇虎就失去了社会阶层的根性？做了八年苦工，反而养成了他一身的本领，戴着脚镣从急驶的火车上跳下来（四十八页），一点没有受伤；甚至于侦缉队上都知道“人少办不了他”（二二七页）？也养成了他挥金如土的性格，将金戒子“扔在塘里”？这颗嵌宝石的金戒子，又是哪里来的？

在《原野》里，从最初的序幕到最后的一幕，都布满了裂痕。但是，即使这样，《原野》仍以一个动人的故事出现在观众的前面。尤其是《雷雨》，那样一个千古难逢的故事，作者不仅使观众相信了它，而且还感动了他们。在这里，在曹禺的全部剧作里，存在着一种非常的构造情势的才能，这情势产生的场面，将故事与主题，人物与故事，溶成一个不可分的整体，紧凑逼人，让人喘不过口气来思想。故事纵使不是真实的，然而情势是真切的。所以《日出》在表现“损不足以奉有余的社会”以及这一社会中典型人物上，是失败了；但是它却令人难忘地展开了一群鬼的图画和金钱逼人的世界，在这一意义上，《日出》是一个控诉，它得到了成功。

不过，这样的成功，是剧，不是诗。

《原野》是作者的诗，然而我们看到，那只是一个“剧”。在《日出》里，作者“用多少人生的零碎来阐明一个观念”，“人之道损不足以奉有余”，并且以这个观念作为结构的联系和结构的统一。于是，陈白露的生活世界（包括顾八奶奶、胡四等），潘月亭的生活世界（包括金八、李石清等），小东西的生活世界（包括翠喜，黄省三等），方达生的生活世界（算是劳作的人们的同行者结合在一起了）；但是，他们的“萍水相逢”的关系是多么偶然、生硬，没有一点决定性的社会因素。为了通过个人维持这个联系，不得不以陈白露的生活世界作为结构的中心，潘月亭则是一个桥梁，连着金八的世界，方达生则是另一个桥梁，连着小东西、翠喜、黄省三的世界，也隐连着“拥有光明和生机”的人们。因此，作为悲剧的桥梁的潘月亭和方达生，都不得不削弱常态的典型的社会的一面，迁就题旨中的观念的一面。银行家潘月亭不得不作为一个色情的人物出现，他被白露如一个孩子似的玩弄着；虽然他是精明干练的，扣工资，押房产，买公债，却又不得不如此的软弱无能，事前得不到一丝消息，被金八如一个孩子似的玩弄了。作者心目中的吉诃德方达生，他飘然地走了进来，没有“吉诃德”的光明处勇敢处软弱处，也没有碰到“吉诃德”的打击，他反而像是《日出》里的希望和生机。站在这个结构中心的陈白露，中国的畸形的茶花女，她只得到社会画幅结构上的意义。她的死，小东西的死，黄省三的疯，潘月亭的破产，结合在一处，应该凝现出一个金钱社会狰狞的面目。但是作者曲宥她的纯洁的“心”，将白露和她的生活世界本质的因素——金钱的有机的复合关系，只用一句话交代过去：“钱，钱，钱，为什么你老这样子来逼我。”（二七一页）作者不肯让她死得太惨，死得太脏，却死于一笔不一定就逼死她的债。这笔债，乃至于白露的死，在观念的海里漂淡了社会的彩色。

这样的人物，是演员，是“剧”中的人物。

在剧里，表现这样人物的特征的手法，是铺张。在《原野》序幕的布景中：

“开幕时，仇虎一手叉腰，背倚巨树望着天际的颜色，喘着气，一哼也不哼。……他扔下石块，嘘出一口气，把宽大无比的皮带紧了紧，一只脚在那满沾污泥的黑腿上擦弄，脚踝上的铁镣恫吓地响起来。他陡然又记起脚上的累赘。举起身旁一块大石在铁镣上用力擂击。巨石的重量不断地落在手上，捣了腿骨，血殷殷的，他蹙着黑眉，牙根咬紧，一次一次捶击，喘着，低低地咒着。前额上渗出汗珠，流血的手擦过去。他狂喊一声，把巨石掷进塘里，喉咙哽噎像塞住铅块，失望的黑脸仰朝天，两只粗大的手掌死命乱绞，想挣断足踝上的桎梏。”

这里面形容的字汇。如“宽大无比”“满沾污泥”“恫吓地”“擂击”“巨石”“捣”“喘着”“渗出”“狂喊”“失望”……都唯恐下得不重、不够、不惊人，剧的颜色不深。这形态在结构上也存在着。《原野》第二幕结尾，仇虎杀了大星，屋外枪声四起，这时常五跌撞进来；在如此紧张的场面中，让农民的仇虎表演西洋拳术中的招数，获得了剧的回旋；但是，乡下的金子有那么大的胆子，敢在官兵包围中间，随着仇虎走出去，没有一点疑虑、迟疑、惊恐？在《日出》里，陈白露自杀之前，她拿起镜子自己照着，流下眼泪，“哀伤地”说出：“这——么——年——青，这——么——美，这——么”，于是吞下了安眠药片。在《北京人》里，愫方出走之前，和文清曾皓都晤别似的见了面。这都是够“剧”的，但是就人物的性格看，在这样的情形下，骄傲的白露应该活下去，情感的愫方则应该留下来。

这铺张，片面的扩大和膨胀，剧和真实不相统一的一个形态，是认识的产物。这不止于是手法，甚至于也是方法的一面。在《家》里，作者以爱的葛藤为中心，同时又扩大家的丑恶与腐败，这二者的生活体象和人物杂糅在一起，彼此间没有在一个冲突中心中得到统一的有机的联系，于是紊乱了步伐，许多高的回旋互相干涉，乃至于消灭。例如就爱的葛藤说，闹新房的铺张只是一个膨胀了的支节；就《家》的绘写看，梅和琴的出场是不必要的，在剧里（这和在小说里大不相同）觉民只是一个闲人，他和琴的爱情全部省略了，作者只有借他们的一起出场表示他们的关系，实际上还不如将婚姻自主的抗争集中在觉慧身上。第四幕，当觉民的婚姻得了胜利，家的中心首脑高老太爷倒下之后，《家》的故事已经告终了，这时又铺出一幕瑞珏的死，虽然有觉慧的出走作陪衬，但是这在故事本身只是主题的观念的说明。

由此，在主观的二重重心认识的局限下，把握了剧的真正的素质的作者，正在获得成功的方面，遇到了限制，束缚了他的才能。

四

真正的剧，伟大的剧，同时也是诗。

在剧里，场面构成的完美，人物的生动，对话的逼真，如果不能绘出现实生命的内涵，不能体现典型的形象，即使主题中包含着社会学的命题，而且提出了作者的控诉，这控诉只是现象的、技巧上的，不是现实的、美学上的。

现象的、技巧上的控诉，可以使人在剧场中流泪、鼓掌；现实的、美学上的控诉则有超出这以上的意义，可以千百年地生活在人类灵魂的深处，使人类思想崇高，使作家伟大。

莎士比亚在这一意义上，他也是一个诗人，一个真正的诗人。

莎士比亚不是以剧，而是以诗，才能超越他的同时代的另一个天才蒋生[①]（Ben Johnson 1572—1637）。观念论的理性主义，布尔乔亚的局限性，狭窄了蒋生的目光，也束缚了他的思想的厚度、宽度、深度。蒋生以卓越的智力和严格的技巧构成的完美，只获得了作品的优秀，却不是伟大。

莎士比亚的诗，是真实的诗。几乎在他笔下的每一个人物背后都浮现出社会的巨影。相应着他的思想范畴的广阔，他的诗的领域也无限宽广，他的诗的生命如浩瀚的大海，无涯，汹涌冲击着，说着永恒的语言。

明锐的剧作家曹禺，他是意识着这个的。在作品里，作者除了展示喧闹的场景而外，总竭力布置“另外一个天地”，这常常是“一个梦境”，仿佛《家》里高府办喜事时的梅园，在幕后展现一片幽香的境界。

从《雷雨》以来，作者都在剧作里寻求着诗。

《雷雨》的故事就是一个诗的尝试。《日出》里陈白露的死，《家》里瑞珏的死，全有诗的气氛。《雷雨》的序幕和尾声，《日出》里工人的夯歌，都是构成诗的氛围的明显的痕迹。在《原野》里，作者社会学地处理希腊诗剧中诗的因素，绘写了思想的憧憬，这憧憬，这诗，又在《北京人》中显出身来。

但是，戏剧的诗也正如真正哲学的诗，它必需真实，无比的真实。它容许想象，但是不能造作和虚拟。

对于真实的诗，观念的思维是一个致命的伤害，《雷雨》的故事是一个说明的例子。

首先，它失去了真。

在《原野》里，作者告诉我们仇虎是一个农民。可是在作者的笔下，却成了一个江湖好汉之类的人物。跳火车，手枪，金戒子，弟兄们的接应，侦缉队悬赏围捕，这都是说明。当仇虎扔金戒子下水的时候，他对金子说道：“我知道你不稀罕这个，你是个规矩人。好，去吧！（一下扔在塘里）”后来，当他杀了焦大星之后，金子：“（喘不出气，指着他的手）哦，你的手，你的手。”仇虎“（举起一双颤抖的手，悔恨地）我的手，我的手。我杀过人，多少人我杀过，可是这一双手头一次是这么发抖。……”农民的仇虎，过了八年监狱生活，他在什么地方“杀过人”，而且杀过“多少人”？——明显的，为了象征命运，于是作者给农民的仇虎加上一副铁镣。为了写仇虎在林中原始的美，于是决定了他在人间容貌的丑恶，为了写原始性的力，于是粗野的仇虎，失去了一切农民的根性，成了一个匪徒。

在这种诗的人物的假象上，唯心的人性论有时也投下它的暗影。情感意识地将天人之道对立的作者，在作品里，将人物性格也分成天人两种，并且对立起来。一种是人物的

① 现译为本·琼森——编者注。

社会的性格，另一种是超社会超阶层今古不变的“人心”。在《日出·跋》里，作者自己写道：“《日出》里这些坏蛋，我深深地憎恶他们，却又不自主地怜悯他们的那许多聪明。（如李石清、潘月亭之类）。奇怪的是这两种情绪并行不悖，憎恨的情绪愈高，怜悯他们的心也愈重，究竟他们是玩弄人，还是为人所玩弄呢，写起来，无意中便流露出这种偏袒的态度。目前的社会固然黑暗，人心却未必今不若古，堕落到若何田地，症结还归在整个社会制度的窳败，想到这一点，不知不觉又为他们做一些曲宥，轻轻地描淡了他们的责咎。”于是被曲宥了的人物就以失了色的形象出现了：应该心手俱狠的潘月亭只是一个软弱无能的人物。风尘生活中的陈白露，生活上没有一丝堕落的痕迹，说着聪明而又深刻的社会哲学，曾经嫁过一个前进的诗人，又有一个前进的朋友在她的身伴；完全是一个浪漫的女诗人的风貌。作者所讽刺的吉诃德方达生，没有应有的软弱，却是陈白露与太阳之间的桥梁。

同样，《北京人》里的愫方，她是一个婉顺哀静、舍己爱人、典型的封建社会中柔弱的女性，在几千年社会制度封建道德的压迫之下成形的灵魂，她竟能看了一两本书，就同意瑞贞带着她深爱的文清的孙子出走，甚至于勇敢地当面诀别她亲爱的姨父和文清，抛弃了家，走到茫茫的人海中去。还有曾霆，当听到他母亲说要生的时候他所发生的情感，他的回答“唉，生吧！”以及他“突然由通大客厅的门跑下”的举动；全不是十七岁的孙少爷，昭明文选的学生，《西厢》《红楼梦》的读者所能了解所能想到的。这都是作者对于良善的人心的悲悯与宽容，给了他们自觉的新路。

此外，在剧里，趣味的倾向也同样的影响着人物。为了引起普通观众的趣味，于是许多变形的丑角出现在舞台之上。《日出》里，令人作呕的顾八奶奶，满口洋文的张乔治，流气十足的胡四，油腔滑调的福升，都是这一类人物。《原野》里的白傻子，对仇虎说人家叫他傻王八蛋，有时叫他狗蛋，问仇虎“这两个名字哪一个好？”后来焦氏问他：“狗蛋，你滚到哪儿去了？”他就回答：“我——我没有滚到哪儿去。”后来又向金子说鼻涕的滋味。这纯粹是一个文明戏里的小丑，可是他是《原野》中一个真正的唯一的农民。——而《日出》，由于两个真正的主角没有出场，由于站在结构中心的是陈白露，社会画幅上的多余的人，银行家和吉诃德只是两个桥梁，小东西自始至终如一个木偶，翠喜不过露一露面。白露又如一个女诗人，在她四周又陪衬着许多丑角。所以，这个社会的悲剧，被许多人看成白露个人的悲剧和一群小“鬼”的喜剧。在《原野》里，农民的仇虎，他在森林里看见幻象的鬼，又看见阎王判官牛头马面，终于全都变成焦阎王，和他意识中怀想的完全背逆，这在实际上，是屈从旧趣味和新观念，二者混合成的一幕戏剧。在这幕剧里，仇虎也正如白傻子一样，只是一个小丑。

作者认为“莎剧里有时更加进些无关宏旨的小丑的打诨，莫里哀剧中也有时塞入毫无关系的趣剧，这些大师为着得到普通观众的欢心，不惜曲意逢迎”。但是，莫里哀写的是喜剧，不能与一般的剧作并论。至于莎士比亚剧中的小丑，他们本身就是社会阶层中的一种人民。在莎剧里，常常扮演丑角的并不是他们，反而是国王与贵族本身。丑角以真正的“人”的形象出现，与王公们并立在舞台之上。

在《哈姆莱特》里，扮演丑角的是御前大臣普娄尼阿斯和他的女儿，甚至装疯的哈姆莱特。在《暴风雨》里，扮演丑角的是王公大臣，是萨伯斯金、安东尼欧、冈察娄，而不是奴才加立般、小丑特林古娄、醉管家司台芳诺。奴才小丑醉管家们的谈话和思想，比王公们坦白、刚直、大胆，不像廷臣们那么卑微；在剧里，奴才加立般欢唱着"自由"的歌；并且借着他们，莎士比亚描写了王位的来历——得位之前先得起血腥的念头，谋杀。

在莎士比亚的剧里，小丑的打诨决不是曲意的逢迎。这打诨随着人物的身份各各不同。哈姆莱特的疯话中没有一丝浮浅的笑剧的成份，普娄尼阿斯的对话则隐存着奸诈与卑微。借哈姆莱特的口，莎士比亚说出丑角的意义："演丑角的人除了脚本规定的以外不要多说；因为他们有的只顾自寻开心，引得一大部分愚蠢的观众发笑，而那时候剧中正有些必须严重考虑的问题；这是顶讨厌的事，表示出这丑角顶可怜的愚妄。"（第二幕）所以"丑角要使那些顶容易发笑的人笑"（第二幕），不是使那些存心花钱寻找笑料的人笑，使愚蠢的观众笑。

在曹禺的剧里，变形的丑角的出现还有另外一个因素：这是作者自己的强烈的激情。

作者写《雷雨》，"与原始或者野蛮的情绪俱来的还有其他的方面，那便是性情中郁热的氛围"。写《日出》，也是由于"这些年在光怪陆离的社会里流荡着，看见多少梦魇一般的可怖的人事"。这些印象化成多少严重的问题，灼热作者的情绪，使作者"如痴如醉地陷在煎灼的火坑里"，由于"情绪的激动，终久按捺不住了"，于是怀着一腔愤怒，还是把它写出来。这样，作者以压抑不住自己的夸张的讽刺的文笔，写了肥胖蠢俗而故作天真，"笑，笑，以至于笑得令人想哭，想呕吐，想去自杀"的顾八奶奶，写了"最优秀的产品"满口洋文的张乔治，等等。

我们同情作者的情感，我们也了解这种人物的面目，但是，在情感的造因下成形的人物和世界，常常不是真实的本体，常常是片面的表象，有时甚至于只是假象。因为情感不是认识，并且也不能够代替认识。

创作的路，只有真知。在这条路上，才能获得典型，完成诗。

真知属于社会学的范畴，不是情感意识的范畴。

真知的作家，他能在黑暗的世界里，以智慧的眼，透过现实的心，迷濛的雾，看到遥远的人类的黎明。这黎明是具象的社会，不是抽象的性或是力。力或性的憧憬，在近代智识份子的作品中是常常出现的。这是一种思想上的安慰或寄托一种苦闷的解答。然而，力或是性本身是空洞的，虚幻的，只有社会才是真实的具体的存在；并且在根本上，任何形态的力或是性，都是由社会产生，生根在社会中的。所以现代伟大的作家都向着卡尔理论的方向走去。

力或是性的憧憬者，尽管向往的是平常人所不能理想的事物，然而这思想活动的圆周，没有超出智识分子的观念范畴之外。当一切的原始都为人类的手所开化，人类的历史向着未来展开的时候，憧憬原始的力或是性，这与赞颂向往机械的力的作家们，同属于一个思想的形态。

这样的思想阻碍了作家的真知和全知，他无力深入事物的根，只能从他的观念出发观看。必然的，他所见的社会和人物是片面的，往往只是假象的侧影，不是真身全貌；他所见的世界和历史也将如此，结果只有沉入个人的内心世界中去找道路。这是现实主义者与非现实主义者分路的地方。

观念——尤其是中庸的玄学的观念，不能代替认识，不能认识世界也不能绘写世界。

诗由真实而来，失去了真的，也失去了诗。

莎士比亚在《仲夏夜之梦》，在《暴风雨》中，使自然甚至精灵人化，这与在《原野》中使自然和人原始化，在《北京人》中使社会和人原始化，这是两个明显的不同的方向。一个是伟大的古典主义者的路，一个是现代欧美作家的路。

就意境说，《原野》远比《雷雨》诗化，但是《原野》的诗只是一个观念，因此，失去了真的也失去了诗。《北京人》中的憧憬，虽然与现实的行程有社会学的暗合，但是仍然不是诗。

情感意识的社会观不仅狭小了作者的视野，片面化了人物和世界，甚至还意识化了人物和世界。《蜕变》里的人物是定了型的，在《家》里也是一样：年老的一辈伪善、顽固、卑鄙、自私，年青的一辈则有的软弱、妥协（觉新），有的缓进、稳健（觉民），有的激进、勇敢（觉慧）。每一个人代表着一个观念，实际上则仅是一个观念，因为生命中没有比这更多更复合的血肉。时时，人物甚至意识着自己在剧中的性格和身份，有的由他们自己的嘴里说出来，有的则借别人的话来点破。《日出》里，像陈白露、福升都说“太阳不是我们的”，像方达生指出陈白露的性质和心境：“聪明，倔强，心里痛苦，嘴头上硬，眼神儿软，恐慌，犹疑，不满……闷死自己”（六三页）。《北京人》里，一再的说明耗子，耗子。奇形怪状的北京人在曾家突然出现时，“曾家的人——除了瑞贞——都有些惊吓。”（一四〇页）第一眼看到那样一个人，谁都会惊吓的，为什么瑞贞就不？这是因为在作者的观念上，她是北京人的同路人，所以不应该惊吓。在《家》里，鸣凤也自己说道：“我不会走错路的，我总是一个人走黑路的。”作者不通过生命形象体现真实，而直接的作观念的明示，于是为观念画出了形象。更时时，在作者的剧里，出现了超社会学的人物，例如《雷雨》里疯狂的蘩漪，竟能当着自己的儿子直白和他哥哥的关系，还有《原野》里强悍的金子，这都是性心理学上的形象；《蜕变》里超人的丁大夫是生物学上的形象，《日出》里厌世的白露，《原野》里森林中的仇虎，都是心理学上的形象；然而这些人物，因为社会形象的晦暗，都成了单纯的生命。

人物片面化，人物意识化，加以与天人对立论相联系的绝对的人心论，这一切，阻碍着典型人物的创造。当作者又屈从普通观众的趣味，在场面中感情高点的构成重于典型的体现的时候，人物就不得不流为假象，甚至于变形。人物都求射出极强的戏剧的光，不是极真的社会的光。所以看了作者的剧，常有这个人“太”怎么样了的感觉。创造典型的艺术是压缩，在作者则是扩张。不凝现人物，而是以片面作诗的夸张，代替全面。在作者，不是现实转化为诗，而是现实诗一般地转化为现象、为象征。

这在作者在生活历程中以深切的爱憎感知过的人物身上，在真切的封建世界的形象身上，还看不清晰，但是在作者所生疏的人物身上，就明晰地显现出来。例如《日出》里的金八，《家》里的冯乐山，几乎只是两幅画。《雷雨》里的鲁大海，《原野》里的仇虎，一个之不像工人，正如另一个之不像农民，鲁大海换个地位，就是《家》中的觉慧！仇虎加以诗的扩大，就是《北京人》中的北京人。而粗暴的原始力的充沛，则是这四个人共同的特色，也是这四个英雄所体现的共同的观念。

由于情感意识的理知的局限，由于场面的构成剧重于诗，这迫使作者在许多地方，不得不侧重着技巧。这技巧常常是因袭来的。《雷雨》和《原野》的题旨，爱与死，复仇与死，都是希腊悲剧中体现命运的冲突中心。《雷雨》的序幕和尾声，作者在《序》里说明"仿佛有希腊悲剧 Chorus 一部分的功能"，也是现代英美电影中常常采用的回忆的写法。《原野》里的仇虎，进了森林，成了奥尼尔的琼斯皇；《北京人》受有两园——大观园和樱桃园的影响，《正在想》作者说明是根据 Niggli 的 *The Red Velvet Goat*，而《日出》的故事实际上由小仲马的《茶花女》演化而来。在风尘生活中生活在生的疲倦里，又在青春的奢华娇美中死去的白露，正是小仲马的茶花女玛格丽特。玛格丽特，同白露一样，在堕落生涯中仍然保存着纯洁的心，但是她的生活习惯不允许她改变生活，她觉得只有长夜放荡的昏热的生活才能支持她的生命。有一个老伯爵替她挡还债务，有一个年轻的 N 伯爵崇拜似的爱她，她嫌他愚蠢，不假给一点颜色，后来不得已时又被迫求助于他。这时又有一个青年真挚地爱她，她也爱，他们想在一起过真正的生活。后来又回到黑暗的火坑里，在这里埋葬了如花的生命……甚至于《茶花女》里的人物，在《日出》里都找得到他们的对应者：普于当斯——顾八奶奶，加斯东——胡四，N 伯爵——张乔治，老伯爵——潘月亭，亚芒——方达生。《日出》第一幕，白露拒绝方达生的规劝，这场面就是亚芒第一次和玛格丽特会面的写影。玛格丽特的语法、神情、意态，完全一如白露。亚芒不忍玛格丽特在放浪酗酒与长夜失眠中生活，说："你这种高兴太使我难过了。"她就回答："那么，我发愁好了。"也在这时候，她告诉亚芒，他养不活她。又说："我们懂得这种爱情是怎么一回事。"白露也向方达生说过类似的话。顶相像的：玛格丽特有本书《曼农·勒斯戈》，白露也有一本书《日出》，都是她们的爱情的纪念品。

当然，一个如花的生命，这么年青，这么美，就悲惨地离开了人生，这死，是真正的人生的悲剧。但是，玛格丽特是个什么人，小仲马还她一个什么灵魂。曹禺则粉饰了他的茶花女，提高她的身份，教她说着哲学和诗的语言。《日出》的社会画幅扩张开了，但是在渲染的画笔之下，失去了人物的深刻和生活的坚实。这里存在着曹禺剧作的特点，也存在着他和真实的诗作者的差异。《日出》末尾："砸夯的工人们高亢而洪壮地合唱着《轴歌》，'日出东来……'，沉重的石硪一下一下落在土里，那声音传到观众的耳里是一个大生命浩浩荡荡地向前推，向前进，洋洋溢溢地充塞了宇宙。""屋内渐渐暗淡，窗外更光明起来。"这在实际上，正如作者自己所描写的，仿佛柴霍甫的《三姊妹》里，"那三个有大眼睛的姐妹悲哀地倚在一起，眼里浮着润湿的忧愁，静静地听着窗外远奏着欢乐的进行曲，那充满了欢欣的生命的愉快的军乐渐远渐微……"但是，在柴霍甫，这军乐声在三姊妹对生活的抑郁、希望的渺茫、徒然的生存悲哀、忧愁着的静默中，奏出了真实的情感和生命；而在《日出》，"如一群含着愤怒的冤魂，抑郁暗塞地哼着，充满了警戒和恐吓”的歌声，突出在人的世界里面，不相调和，只写出作者观念的象征。

严格地整体地分析起来，作者剧作中的人物和世界，常常是学识和智力结合成形的产物，成功于技巧多，成功于真实少。尤其封建家庭以外的人物如此。而观念的思维，社会学的憧憬，诗的气氛，观众的趣味，在在都影响着创作，也都是剧作构成的因素。由于出发点的分歧，所以作者的笔，不得不浪费了许多在渲染上，在枝节上，将刻绘典型人物与社会的笔，将写大生命的笔用来写小动作，表现观念与憧憬，寻求诗与趣味。

于是，以优秀的技巧，以卓越的才能，在作者的剧里，人物辉煌着丰富的戏剧性，却缺乏生活的深入性。整个的剧，是以鲜丽的彩色交织烘托糅合而成的，天青色的底子上，有鲜红的线条，鹅黄的纹路，宝蓝色的花，银白色的彩，咖啡色的图案……完成了复杂，而不是单纯。

完成的剧，也就是诗，是单纯的。

渲染的浮华与夸张的声音都不是诗。在诗里，情节的复杂变幻并不是主题内容的丰富，声音不是光彩，真正的生命是真实，由于真实才能完成复杂的单纯。在剧里，这是莎士比亚的路。

在《哈姆莱特》里，莎士比亚发表了他的戏剧论。借哈姆莱特的口，他写道：“自古至今，演戏的目的不过是好像把一面镜子举起来映照人性；使得美德显示她的本相，丑态现出她的原形，时代的形形色色一齐呈现在我们眼前。若形容得过火，或是描摹得不足，虽然，可以令门外汉发笑，却要使明眼人为之唏嘘了。”（第三幕）虽然这是对演员说的，说的是动作对于语言，然而在语言对于真实的作者。又何尝不是有同样的意义？哈姆莱特又赞美这样的一出“不能使一般大众满意”的戏剧道：“……这戏的文字不带香料而意味自浓，词句间也没有令作者犯矫饰的地方；认为这是纯正的写法，平稳而甜蜜，比起外表妖艳的作风要美得多了……”（第二幕）又借普娄尼阿斯的口说道：“简练是智慧的灵魂，繁冗便成了骈枝外饰，所以我要力求简约。”

从人物、语言到风格，莎士比亚都保持着这一作风。这是走向诗和艺术的完成的大路。在这条路上，不仅需要创造的才力，而且需要认识的巨眼。

在《日出》的《跋》里，曹禺以为“《日出》这种悲剧的原因如若能由一个剧作者找出来，说出究竟，那未免视一个写剧的人的本领太高了”。可是这正是一个伟大的剧作者必需具有的本领。因为真正的生活画决不是风俗画或风景画所能代替的，现实不是现象，典型不是人性（莎士比亚所说的“人性”是具体的）。从现实出发体现社会与人物，不是从意识出发图解社会与人物，在创作上，一个是化学的过程，一个是物理的过程。

作家是整个的生命，观念的理知也会影响创作的方法，这两者是一致的。所以从现象看，《日出》里潘月亭的破产，黄省三的疯，小东西的死，陈白露的“睡”，“这是一个腐烂的阶层的崩溃”（《日出·跋》），可是从现实看，则是一个腐烂阶层的分化与增长；从现象看，《蜕变》写出了蜕旧和变新，从现实看，蜕变只是变形，不是变质，蝉脱了壳之后仍然是蝉，金八之类的臭虫又何尝不在蜕变；而且脱了壳之后的臭虫，愈老愈大愈毒，吸起人血来也愈多。从意识的“天之道”看，《日出》里应该有太阳，《北京人》里应该有北京人；从现实的“人之道”看，《日出》和《北京人》里的光明的代表者应该是叛逆的英雄，不应该是象征的太阳和北京人。

只有求得真知全知，然后才能求得真实，求得诗。观念只能引导非凡的才能走中庸的路，和虚伪的题材厮混：这是可惜，而又可痛的。

这一切，在明锐的剧作家曹禺，是全都深思过的。一直，从《雷雨》到《家》，作者都在前进中。《雷雨》到《原野》，这一个期间的作者，仿佛一个充溢着夏之郁热的诗人，是浪漫的，是热情的；奔流怒放，止不住同情的泪，藏不住愤懑的恨；与其说理智控制了情感，不如说是一种思维的反射节制住了情感。《北京人》之后的作者，渐渐如一个怀有秋之肃静的画家，是写实的，是冷静的。场面，人物，对话，各方面都加强了理智的控制。江泰的出现，显示了作者在涵养和修养上，在体现真实上的进展；顾八奶奶、张乔治都是作者主观情感上的丑角，而这是一个真实的丑角。小柱儿和白傻子比较，不唯有更真的形象，也有更深的内容。在《家》里，作者正面地写出了两个《日出》里没有出场的人物——冯乐山和觉慧，虽然是意象化了，却显示着向社会深度和阔度的迈进。从《雷雨》到《原野》，主题几乎只是冲突的解决，全剧都用来解决冲突，没有扩深、酝酿，只是爆发。《北京人》《蜕变》和《家》，主题得到了开展性，伸展了冲突，又解决它。在结构上，从《北京人》起，修正了残酷的死的悲剧的倾向，只是必需死的人物，方才让他以死作结局。从《雷雨》到《原野》，因为竭力构成死的结穴，许多人物都死得不自然，因而影响剧情的真实，甚至令人感到在动作对话场面的构成上，作者是长的，可是短于通过行为具现典型的性格和生活、创作主题、人物和故事。从《北京人》起，作者开始绘写生的悲剧和生的喜剧。

一贯的，从《雷雨》到《家》，作者运用欧美现代戏剧的技术，音乐、光、色彩，甚至于心理学、精神学、医学，这样坚实的作风鼓励了增进了一般剧作的水准，同时贡献了真实的成就。《雷雨》和《原野》，将象征的力写成诗，写成故事。在《原野》里，将丑与美作相对的描写，这都是具有美学意义的尝试，只是观念论地处理了它们。在《雷雨》里，作者以周冲来调和人物性格的明暗；在《原野》的第三幕，《蜕变》的第三幕，都用一幕多场的写法，一个构成神秘变幻的氛围，一个构成紧张生活的画面；《日出》以后的剧，人物名字中时时隐喻着人物的性格；可见作者匠心的细微之处。而将欧美的戏剧技巧溶进中国的生活，这尤其是作者擅长的一面，根据 Niggli 的 *The Red Velvet Goat* 写出的《正在想》，除了精神氛围而外，人物，语言，行动，无一不是中国的。在曹禺全部剧作中充溢着的中国气息，以及风俗画的绘写，这是最可宝贵的收获之一。

作者在《雷雨》中的热情，《日出》《北京人》中的憧憬，都显示着思想开阔健壮的方向。在《日出》的跋里，作者自叙他讨厌《雷雨》的结构，觉得“太像剧”了，技巧上的“招数”用得过分，向往着柴霍甫的深邃艰深的艺术，显示着作者对诗的本质的理解。屈从观众的逢迎渐渐地在变形变质，不用说，作者显然知道所谓的“普通观众”是些什么人。

现在，作者以他的卓越的力与笔，体会人事与人情，绘写人物与人生，已经超出在一般成就之上了。在作者的前进的路上，情感意识的天人对立的社会学的统一，深入人与现实的核心，不止于外形，压缩地具现出来的，浮雕的典型，纪念碑的诗篇，都是在望的成果。《雷雨》的成功，是由于在真实的生活观感中孕育、绘写出来的人物，不是虚幻的观念。当《雷雨》的艺术，不用于表现神秘的观念，用于绘写真实的人间的时候，《北京人》就辉煌着光辉。

剧和诗、艺术，在这个国土里，任何人都可以像阿波罗(Apollo)一样，乘着黄金的车子，在光荣的路上驶向艺术的殿堂(Pantheon)，这黄金的车子上就是——现实。

我们相信作者的路仍在前进。这意思不在于说，作者距离艺术的殿堂远近如何，而在于说，作者的路，将有更为远阔的前途。

一九四三年七月

原载《抗战文艺》1944 年 9 月—12 月第 9 卷第 3—6 期(连载)

曹禺论

杨　晦

曹禺先生是中国近年来戏剧界中最值得注意的一位作家。他近十年,自《雷雨》《日出》,到最近的《家》,已经出版了六部长剧,另外还有一部独幕剧集,大概还没有印出。这是很可观的一种成绩。我们对于这样一位忠于艺术、也有了极大贡献的作家,自然要感到无限的尊敬。然而,也正因为这是一位难得的中国作家,有许多地方不能不令人感到一种惋惜,这一方面是社会环境的影响,一方面也由于他对生活和对艺术的思想与态度,造成了他个人的限制。所以,我觉得,对于曹禺先生的剧作,作一次善意的诚恳批评,未尝不是一件有意义的工作。

一

我的书桌上,现在放了六册厚厚的曹禺戏剧集,除去一些独幕剧外,大概曹禺已经出版的作品都在这里了。

他的著作年代,大概,最早的《雷雨》,当在民国二十二三年的时候。据巴金先生在《蜕变》的《后记》里说的,二十九年十二月的六年前,应该是民国二十三年,他就在"翻读《雷雨》原稿"了,虽然二十四年十二月,《雷雨》才出版。那么,断定曹禺写作《雷雨》,在二十二三年,当不至于差得太远。

接着,二十五年出版了《日出》,二十六年出版了《原野》,而写作的年代,以曹禺跟他的出版者巴金关系的密切,似当时印刷条件的方便,断定《日出》大概是二十三四年,《原野》是二十四五年,也不会有太大的出入。

这三部剧本的发展,是有着一贯的线索的,由一个镀金的绅商家庭的悲剧——《雷雨》,扩展到在一种黑暗的恶势力支配下的社会悲剧——《日出》,再一转而到中国古老的农村里,农民的悲剧——《原野》。就是人物的发展,也很显明。由《雷雨》里周蘩漪的另一方面,写出了《日出》的陈白露,由周蘩漪的某一点扩大为《原野》的金子;《雷雨》的周冲,跟《日出》里方达生的关系,是很容易看得出来的,就是方达生到宝和下处寻访小东西下落的情形,也颇似周冲到四凤家里探访的一场。周萍跟焦大星,鲁大海跟仇虎,都是一种发展。

这一种发展是非常有意义的。这可以看出曹禺的艺术态度,有多么忠实,他要在他的艺术里,正如在《日出》的《跋》里所说的那样,把临在头上的问题,"立刻搜索出一个答案"。从这种发展上,我们可以显然地看得出他"在这光怪陆离的社会里流荡着",曾"看见多少

梦魇一般可怖的人事，这些印象他至死也不会忘却”的情形。这多少严重的问题，“催促他，折磨他，使他得不到片刻的宁贴”，于是，一部一部地写出他的《雷雨》《日出》和《原野》，一个问题一个问题地由家庭到社会，由都市到农村，展开他的视野，搜索他的答案，也得到了他的解答。

然而，也正由这种发展，看出我们的作者曹禺先生，虽然在那么一方焦虑，一方深思地搜索他的答案，而且，虽然为了《日出》的第三幕，他“遭受了多少折磨，伤害，以至于侮辱”；虽然他在“严寒的三九天，半夜里，在那一片荒凉的贫民区，候着两个嗜吸毒品的龌龊乞丐，来教我唱数来宝”；虽然他那么“忍着刺骨的寒冷，瑟缩地踯躅到一种‘鸡毛店’的地方找他们”；虽然他曾经“托人介绍，自己改换头面跑到‘土药店’和黑三一类的人物‘讲交情’”。这样，自然他也写出了《日出》第三幕那样真正富于独创性的场面；却显然地还是锁在一间屋子里，苦闷的挣扎，而“在一间笼子大的屋子里”，虽然“困兽似的”，“踱过来，拖过去”，当然也突不破“四周漆黑的世界”。老实讲，这既然不是最正确的创作态度，也更不是最正确的生活态度。

自然，曹禺先生也在思想方面，找他的出路，寻他问题的解答，或者说是听取世界的救的福音。“于是他读老子，读佛，读圣经，他读多少那被认为洪水猛兽的书籍。”这在他《日出》的前面题词里，所引的一则老子《道德经》，七则《新旧约圣经》，可以证明这一点；至于其他所谓“被认为洪水猛兽的书籍”，不知是些什么籍，不过，在《日出》里很显明的“劳工神圣”的观念，以及《原野》里仇虎所说的“告诉他们现在仇虎不相信天，不相信地，就相信弟兄们一块跟他们拼，准得活，一个人拼就会死。……有一天我们的子孙会起来的”的一段话，也不难窥见，这大概是那一类的书籍。这显然不是最进步最正确解决社会问题，指正生活道路的社会科学书籍，而是掺夹着幻想及热情，憧憬着一种光明世界的那些著作，才能跟老子《道德经》、《佛经》《圣经》的思想，并行不悖。

由《雷雨》那样充满神秘命运观念的家庭悲剧，这中间自然含有大部分社会问题的，一进而为《日出》那样在黑暗势力铁掌下的社会悲剧，为《原野》那样农民向土豪地主复仇的悲剧，本来是一个极大的进步。可惜的是，在《日出》里已经向社会问题方面发展去的道路，却走进《原野》的黑林子里迷失了方向，由社会问题转为心理问题、良心问题及道德问题等的精神枷锁。这不难明白，到了《原野》的出版后，曹禺的《戏剧集》要告暂时的停顿。这是一个“叉路口”，他不是从这个“黑林子”里突出去，就是一时要陷在里边。

这三部剧，《雷雨》《日出》和《原野》的写作年代，是占满了“九一八”“一·二八”，及“塘沽协定”以后，到“七七”事变前的整个时间的。然而，这中间闻不到一点战争的血腥，看不到一点国家民族的危机，以及整个民族的耻辱。仿佛这个国家民族生死存亡的问题，并没有临在作者的头上，而作者也没有要搜索出一个答案的一般。我认为，这当然是不会的；假使要那样去说，未免对作者是一种故意地曲解，故意要抬出一顶大帽子来压在他的头上了。然而，为什么会在他的作品里，找不到一点国难的痕迹呢？不客气地说，这是在一位艺术家自以为最高明的地方，实在，真正是一种艺术家的病态，要不得！这是当时在北平那个濒于死亡的文化故都里，在少数有高级艺术修养的圈子内，有着支配力的观念与态度，并不能由曹禺个人来负责任。他们仿佛是说：不管天下怎样大乱，或者说得再谦虚一点，不管眼前的社会成为什么样的状态，一个艺术家应该想的，表现的是永久的问题：这样的作家才算是伟大，这样产生出来的作品才能不朽。我不敢说，曹禺一定因为受这种思想支配，在他的作品里，才看不见当时血腥与屈辱的现实反映；然而，这却是可能的。这从他的创作态度与艺术思想上，就可以找到明证，留待下文再谈吧。我却敢保证，像这样严重的问题，决不会不临到他的头上，以致他不想搜索出一个答案来。四年后出版的《蜕变》，就是一个例证了。

《原野》的出版，是二十六年八月，“七七”事变已经爆发了。这以后，随着生活的变动，曹禺对于艺术的态度，不能例外地，也有了极大的转变。这在曹禺的那种创作态度，他的写作生活，难免要陷在一时的停顿状态里。他已经不能不从他那“一间笼子似的屋子”里走出来，走到大后方的小城里去。也许这个小城，对于他，是跟那“笼子大的屋子”差不多的一种世界；然而，这时候，他的窗外已经不是“昏黑的天空”，虽然也“缠缠绵绵落着令人厌惫的连阴雨，一连多少天不放晴”；而且，终于出来满天的太阳了；他的四周已经不是漆黑的世界，他“已经欢喜地望出新的力量”，他随着抗战初期的高潮，充满了光明的希望，不再悲观。跟《原野》，隔了四年的长时间，出版了他的《蜕变》。这中间的停顿，作者生活的不安定是个原因，而作者创作态度的转变，也应该是个原因的，我认为。以《蜕变》来说，曹禺已经由他的“黑林子”里走了出来，到了光明的世界了，不管这个光明是一时的，还是表面的，这究竟是一条大路，一条走得通的路，会通到真正光明的境界去。《蜕变》的成就，就艺术价值说，并不高，然而，作为作者态度转变后的第一部作品，却是非常之有意义的。极不足怪，却极可惜的，曹禺在这条路上，只迈了这一步，马上又退转去，回到了他的老路，写出了《北京人》，接着是《家》！

写到这里，不免要插进一段近似考据的文章，虽然稍嫌琐屑，事实上，却颇当必要。这就是《北京人》的写作时期问题。曹禺《戏剧集》的出版次序，第四部是《北京人》，第五部是《蜕变》。而出版的时期，同在民国三十年，不过《北京人》是十一月，《蜕变》是十二月了吧。然而，据巴金给《蜕变》写的后记，在他写后记的二十九年十二月，《蜕变》已经有了油印稿本不算，而且“剧中人物和故事已经成了各处知识分子谈话的资料了”。但是，《北京人》却还没有写出。巴金说：“《雷雨》是这样地感动过我，《日出》和《原野》也是。”又说：“六年来作者的确走了不少的路程。这四幕剧本就是四方纪程碑。”这自然没有把《北京人》计算在内了。根据这篇后记，尽可以断定《北京人》的写作，当在《蜕变》以后的民国三十年内。

在写过《蜕变》以后，又转回来写《北京人》，本来有点可怪，为什么我要说极不足怪呢？这是因为曹禺一向的创作态度使然，也是他的生活态度必然要产生的结果。本来，由《雷雨》出发，到《北京人》，是曹禺创作的正常发展道路，《日出》是走向另一条大路的突出。然而，到了《原野》已经沿着纵线走了往回转的道路，这中间插入《蜕变》，好像又向《日出》的方向迈了一步，却因为终于看不见真正的阳光，于是又回到了《雷雨》的旧路，自然，并不那样完全地回到《雷雨》的旧出发点，没有充满《雷雨》里的那种“雷雨”，神秘运命的思想，却变成事实的无可奈何，人性的不可救药的悲剧了。拿曾思懿跟周蘩漪一比，不难看出这是一种性格的发展，昔日的周蘩漪，正可以成为今日的曾思懿。曾文清之于周萍，也似乎有一种血缘关系的一样。只是《雷雨》里的鲁大海失了踪，另外出现了作为象征的"北京人"而已。

在《蜕变》以后，回头来写《北京人》，这真正是一件可以惋惜的事情！这不但在作者有悲剧的意味，同时也是我们时代的不幸。这一方面是作者在《蜕变》方面的艺术失败，另一方面也证明，在我们大后方的所谓"蜕变"，只是一种表面的现象，并非真实如此，是雨中的虹，并不是阳光的真正出现。

由曹禺这十年来的艺术发展，反过来看我们这十年来的社会变动：由曹禺写作的道路，来看我们社会变动的方向，是深为使人感到一种黯然的，这中间又岂止一种惋惜而已！

二

曹禺先生的艺术水准是相当高的，而且，可以说，他就有意要跟近代欧美资本主义社会的作家相抗衡。然而，这却并不是一种真正的成绩；这不但不能说是中国艺术界的光荣，对于曹禺个人也埋伏下一种祸根，始终在他的艺术发展上作祟。姑且无论他的这种努力，有些勉强，就是很自然地达到了这种程度，也是我们社会里的一种变态的现象，一种畸形的发展。而且，这终于是没有前途的，除非中国就始终不走上真正独立解放的道路，这正跟"协和大楼"高耸在北平东城一样，一般都称为，这是东亚第一，设备最完善的医院，治好的病人也自然不少，然而，那不是我们社会发展的成果，好像天外飞来的一种奇迹，在我们这落后的社会里炫耀人的眼睛。在沦陷后，跟那自夸为东亚第一的上海虬江码头，东亚第一的南京制片厂等一样为敌人所利用，就不用说了；你想，中国任什么都落后，只是一个医院、一个码头、一个制片厂那么突出，那能表示中国的进步吗？

说起来，是可耻的。在当时，中国越是走上快由半殖民地沦为真正殖民地的道路，在一些有高度知识水准的学者当中，越发达一种变态心理。作学术研究，不肯低下头来看看中国学术界的贫乏状态，却要在那里跟外国学者比美，有一篇学术论著刊载在外国杂志上，就可以荣耀一世似的。中国学者的学术论文，一般地是用外国文写作，跟外国的学术机关或是团体交换，这就是成绩！办学校要赶上外国的著名大学，这自然只是一种梦想，结果，并不是成绩有外国著名大学那么好，而是处处变成外国的，学生读外国书，说外国话不算，并且开外国玩笑。至于先生，都有明明是参考的中文译本，却藏在抽屉里，故意改几个不常见的译音，表示他是直接从外国书得来的文类的现象。这并不可笑，实在可悲！当时北平的大学里，有一二知名的名教授，发过作官要作外交官的名论；也有一二知名的名教授，只有他真正是外国人的时候，他的学识才算有意义的。这种现象，无以名之，姑且称之为没落的个人主义吧。

曹禺是由"南开"到"清华"出身的。"南开中学"，我们都知道，在北方话剧的运动里，是开路的先锋，比陈大悲那个角色，在北平作话剧运动要早得多，自然，初期是属于文明新剧的一类，像《新村正》等，曾流行一时，影响很大。"南开"是每年在开纪念会时，一定要演一次新剧，这不但哄动天津，也给许多学校以很大的激动。然而，老实讲，"南开中学"可以说是最似青年会式的学校了，在当时。

至于“清华”呢，那名重一时的“清华大学”，毫无攻击的意思，也毫无偏见地讲，那是正像“协和医院”在北平城内辉耀一样，在“清华园”形成了另一个世界，在中国人看来，那真是所谓“别有天地非人间”。“清华”的外文系主任，他的剧本就是用英文写的，他比一个在中国住久了的外国人，还更是外国气派。对于中国社会，他的关系之浅可想而知。

一个中国学者，要跟外国学者站在一个水平线上，这当然不是坏事。然而，抽象地要站在外国人一起，忘记了自己的社会、自己的社会现状，这是于社会，转而于自己都有害处的，虽然并不能说完全没有好处。特别是关于文艺方面的事。

这自然不限于“清华”：当时北平各大学的外文系，所有的文艺理论，都采自欧美的资本主义国家，笼统地崇拜那些所谓伟大的批评家，并不管那些批评家的理论根据是什么。对于伟大的作家的作品，更是笼统地崇拜，不管他们的立场相反对，也不管他们的内容相抵触，都是一视同仁地来爱好。这在别的学术部门似乎很少有，而在文艺范围里却是最平常的现象。在文艺批评理论里，就是以十九世纪的现实主义为基础的，也往往要取来一点古希腊的“运命”，调和一些文艺复兴时代的“性格”，加上一点十九世纪初期的浪漫热情，再渗入一些十九世纪末、二十世纪初的神秘象征，这然后才算够味。你以为现实主义的艺术好吗？他却以为必须要带点象征主义的神秘，才够深度。你在写些现实的社会问题吗？他却以为一定要在这里边透露出古希腊的运命问题，才不浅薄。这明明是不合理的，在文艺批评里，反以“高明”的姿态出现，而且到处得到“高明”的评价。这在当时的北平，就最流行。曹禺就在这种空气里培养成他的艺术、他的艺术思想。因此，造成了他的高度艺术水准，也造成了他艺术上的一些缺陷，假使他不能自觉地认识到这一点，是无可补救的缺陷。

有人批评曹禺，说他的意识不正确，思想有问题，这未尝不对，不过，在曹禺听来，一定颇为不平，也许还会起很大的反感。这是因为什么呢？我认为，也是由他对艺术的见解所致。他是认为艺术就是艺术，与思想不相干，或者就不算不相干；而作者的思想也不至于妨碍他的艺术创造。这自然说的是社会思想。他在《雷雨》的序里说：

> 我初次有了《雷雨》一个模糊的影象的时候，逗起我的兴趣的，只是一两段情节，几个人物，一种复杂而又原始的情绪。

这里边并没有什么思想的问题存在。

曹禺没有思想吗？绝对不是的。从来就没一个没有思想的艺术家。不过，在曹禺的所谓思想，是艺术家的思想，并不是思想家的思想。有人一定觉得奇怪，以为我在玩弄名词。思想就是思想，有什么艺术家的与思想家的分别呢？然而，在许多从事艺术的，他们心目中却有这样的区别。他们认为思想家的思想，反倒有坏影响加在艺术家的身上：这种分析的思想，是能冲散创作的气氛，减低写作的热情的。那么，什么是艺术家的思想呢？他们说，那就是智慧。就像曹禺在《日出》的《跋》里所说的，他那样苦苦熬煎，想寻求的也只是“一条智慧的路”而已。所以，你要是提出什么思想，什么意识的问题去批评，甚至攻击曹禺的时候，他一定认为是“文不对题”。他会说，外国的哪个大作家，思想能无问题呢？

托尔斯泰的思想，不是最成问题的吗？然而，并不妨碍他成为第一流的伟大作家。就是萧伯纳、易卜生的思想，也不见得不生问题的吧！这话你能说不对吗？但是实际又并不对。关于托尔斯泰的思想问题，我们不必在这里谈及。不过，谁说他的思想，没有妨害到他的艺术上呢？我相信，要不是思想有问题，他的《战争与和平》的最后一部就不会写得那么蹩脚，这又岂止"白圭之玷"而已。要不是思想有问题，他的《黑暗的势力》的结局，会更真实、更自然得多的吧？思想问题，要直接影响到作者对于社会的认识和了解的，这自然也就直接影响到他的作品上来。再来看看易卜生和萧伯纳。易卜生就因为思想有问题，他的《群鬼》才有那样严重的错误。他的医学知识不足，据医学研究，并没有那样遗传的一种脑腐病，所以，他把《群鬼》写成那样歪曲的一种局面，说是儿子受了爸爸的遗传，虽然母亲从小就把她的儿子送到巴黎去，不让他受一点他的爸爸的荒唐影响。结果，爸爸死去多年以后，儿子回到家里，却作出了他爸爸生前作过的那种荒唐举动：去爱恋而且在食堂里吻抱家里的女仆，这个女仆正是他爸爸的私生女儿。最后，病大发，悲惨地死去了！易卜生认为这都是脑腐病遗传的结果。实际上，恐怕反是因为当母亲的，硬把一个儿子送到巴黎，在那里学习美术，一群美术家生活荒唐的结果，不能归之于遗传。就是萧伯纳那部当时最为哄动的《人与超人》也正受了思想有问题的累不浅。

这自然是附带谈谈，并非正文。现在我们还是回到曹禺的思想问题上来看看他的社会见解和艺术见解究竟怎么样吧。

三

我们要就曹禺的戏剧来研究一下，看看他的思想问题，是不是影响到他的艺术了呢？就是说，他对社会的认识与了解，是不是影响到他的作品内容，而且，他的对于艺术的见解，是不是也影响了他的作品的艺术了呢？

我的回答都是肯定的。

我们先谈几个枝节的问题。

先不说内容，但就曹禺《戏剧集》的外观来谈谈吧。你看到这样厚厚六册的戏剧，自然要对于这位作家起一种敬意，感到这位作家对于艺术可谓忠实努力的，同时也觉得他对于中国戏剧界的贡献实在非常之大。可惜，现在战时，印刷如能精美一些，当更能唤起人的爱慕：谁不爱书，又谁不爱好的作品呢？再翻开一看，每部都在三百五十多页到四百来页之间，是那么整整齐齐的。然而，仔细一想，再把自己看过上演的经验联系在一起，就觉得每部都有点过长之嫌。我在内地看过上演的，有《原野》，有《日出》，有《北京人》。布景比较简单的，像《北京人》，因为三幕都是一处地方，也要四五小时之久，《原野》和《日出》都演到五六小时以上，而《原野》还是把第三幕给删掉了三场！这除去完全无所事事的人以外，对于任何职业，看起来都是一种损害，而且在戏院坐得那样久，也未免时间太不经济，精神过于疲劳。写剧本不受上演时间限制的，从来就没有。为什么希腊悲剧长短都差不多，伊利莎白时代的戏剧也都差不多长短呢？这都是上演时间限制的结果。中国社会是一种病态的，有许多人的生活实在太游手好闲了，特别在大都市里，因为工商业的畸形发展，造成了一些整天无所事事的人，至于太太小姐、公子少爷之类，更特别多。一坐到戏园里，起码六七小时，不厌；反正，坐在家里也是打牌，扯淡，在戏园里，同样可以吃瓜子，谈闲话，所以，对于戏码要求多以外，还要求脚本要长；不但要长，而且要求接连不断。这样的观众，对于现代那种精彩而又经济的独幕戏，当然不会领略，就是只演两三小时就完的长剧，也似乎有点不大过瘾。反倒对于曹禺的这种一演五六小时不完的戏剧，感到满足。曹禺的戏剧，在大都市里特别受欢迎的，这也是原因之一。然而，我却认为，这也是曹禺戏剧的缺点之一。

这种拖长，不但内容有许多琐碎，或近于重复的地方，有碍艺术的效果，有些不必要的场面，反倒破坏了剧情发展的不算，实际也有些地方，近于勉强凑成。而且，一个作家苦心经营的作品，到上演的时候，要交给导演去随便给删节，也未免伤心。《日出》的第三幕，在上海初一演出就被删掉的事实，是谁都知道的。而《原野》的第三幕，也被删掉第二、三、四景的时候居多。至于《雷雨》的序幕与尾声，更简直是一种累赘，我认为。

曹禺先生，为什么一定要写得那么长呢？虽然他在《雷雨》的序里，预期给我们，要叫《雷雨》“经过一次合宜的删改”；却只见他的剧本越写越长。这都是为什么呢？我认为，恐怕这也是要跟欧美作家比赛的一点证明：争长短。也许有人以为我是跟曹禺开玩笑，特意对他挖苦。其实不然。许多作家都有这种近于孩子气的心理的：要跟外国某作家比年龄，比创作册数，比篇幅长短。这并不可嘲笑，而是一种很有趣的心情。自然，这是不必要的一种缺点，并非长处。

由长短问题，我们再来谈谈时间和地点问题吧。

我们翻看曹禺的六部长剧，除去《北京人》外，其他都没有注出一定的地点。自然，从剧情里，我们可以看出《雷雨》是发生在天津的事情。《日出》也是天津，尤其是第三幕的地方色彩特别浓厚，虽然陈白露及其周围的人物更像在上海那样水里的游鱼，而所谓金八的也在上海那种地方才更能发挥出他的支配的一切势力。《原野》就无法确定。照剧情说，应该是河北省沿铁道线的乡下，也许就在天津附近。不过，这样一个上不着村下不着店的地方，给读者的印象，好像王三姐所住的寒窑，不像是焦阎王那种强横霸道的土豪小军阀的住宅。《家》，自然应该是成都的。最成问题的是《蜕变》，第一幕、第二幕的后方某小城，据所描写的背景来看，有点像是四川的外县，然而，按剧中的情节，又像在安徽、江西一带，因为有伤兵是“从宣城前线退下来的”；又像是在山东，因为谈到梁专员“查维县（这当然不一定就是维县）的时候怎样”，发警报的时候又说，“说有五架日本飞机过了黄县。”第三幕，前线的后方，某县城中，这显然是在山东。“我们军队要在端阳节左右攻下黄县。”梁专员派谢宗奋“赶到济南府去办金鸡纳霜”。然而，战事情况，又并不像是在山东。第四幕的后方某大城，当然是重庆了，然而，丁昌伤得那样重，不知是怎么能从山西战场回到这么远的后方来。

从《原野》和《蜕变》两部剧来看，我们觉得曹禺对于地点问题，似乎另有一种见解。《原野》的地方性有点模糊，《蜕变》就有点凌乱。我想，他的意思，恐怕是认为：剧情是剧情，地方是地方；剧情发生的地方，只是一种假定，并没有必然的关系，假定发生在什么地方都可以。这是一种错误的见解，虽然有这种见解的并非曹禺一个人，对于创作的地方性持这种态度的，也并不是自他开始。我们当然不必过分地强调地方的因素，但是，剧情的发展，却难脱地方的限制，特别像中国的各地方，社会的发展是这样的不平衡，换个地方，好像到了另外一个世界一样。不用说《原野》那样的故事，不是在任何地方都会发生的；就是发生了，演变以及结局都会不同。至于《蜕变》的情节，这是大家都知道的，在抗战初期的所谓“蜕变”，因为地方不同，形成极端不同的发展。一个医院，决不能抽象地，在任何地方都一样地“蜕变”。显然地，这个医院的“蜕变”，梁公仰专员是直接地推动着，丁大夫是中心力量。但是，丁大夫并不是任何医院都会有的大夫，而梁公仰也不能用他一个人的力量去考察并改组一切的医院。就是这一点，都要受到地点的限制。而且，舞台固然不免有象征的性质，却也越能合于具体的现实，越生效力。中国旧日就有“诌书理戏”那样的话的。虽然是在舞台上，也不能随便就把一个受重伤的游击队长，从山西送到重庆来医治。至于前线情形的发展变化，更没有一次是抽象地，不受地方条件的限制。这似乎不必详加论列；然而有些反倒是艺术修养水准高的，另外有一套理论在那里支配他们的见解，一定不以我的话为然。辗转相承，这对于文艺的本身是一种损害，同时也有很不良的影响，对于学习文艺的青年朋友。

连带地，对于时间的问题，曹禺似乎比对于地点，更为不加注意。因此，我们对于他的戏剧情节发生的时间，都有些模糊，不十分容易确定，而且发现有些显然矛盾的地方。他的六部剧本，只有《家》，注明时间是在“北伐以前”，《蜕变》按幕注明年月，其他的四部，都很难确定情节发生的年代。我们只能大致推定，《雷雨》是“五四”后，北伐前，约略同于《家》的年代，所谓十年后的序幕与尾声，我们也就姑且认为是曹禺写作的民国二十二三年前后。不过像他在剧里所写的那种家庭生活情况，似乎比这个年代还要早几年，而矿工罢工的情形，在历史上，也似乎跟周朴园的那种家庭情况，不属于同一时期。《日出》的情节，倒正是“一二八”以后的情形，但是，就在方达生这样人物的身上，都找不到一点点当时国难的影子，也未免太失之于抽象化了。《北京人》应该是北伐后，“九一八”以前的事情。至于《原野》，简直就无法确定情节的年代。我以为，其他的剧本，曹禺的心目中，大概都有一个假定的地点与年代，惟独对于《原野》，恐怕不但是地点不确定，而年代也难免有点模糊的吧。

一个作品的产生，以及小说戏剧情节发生的年代，是比地点更须要有确定性的。中国自“五四”到现在，这短短的二十五年当中，社会上起的变动太大了，而且，在这些变动中间，是每次变动都各有不同。同一样的事情，发生在北伐前和在北伐后，已经要情形不同。假使我们要真正了解一件事情的意义，非跟这件事情发生的年代联系起来，是不容易把握的。自然，这同时，也有地点的问题存在。就以恋爱故事来讲，你看看，在“五四”以后的几年，不用说跟现在来比，就是比起北伐时代，该有怎样的不同吧。每一件事情，都要从它发生年代的社会情形上，来确定它的发展路径。自然有人要说：“无论时代怎样地不同，人总是人，人性是不会变的，在什么年代还离得开所谓悲欢离合、喜怒哀乐的吗？什么年代不同样地有爱有憎、有生有死？”对于一个心里着上了这样迷的人，是像平常所说的“秀才遇见兵”，有理也讲不通。虽然道理很显然，却没有方法叫他明白，更没法叫他从此就恍然大悟，豁然贯通。他不知道，人虽然总都是人，而所以为人的内容是每个时代各有不同：封建社会里的人跟资本主义社会的不同，资本主义社会的跟社会主义社会的又不同。就是中国平常最爱称道的“不薄今人爱古人”那句话，无论说的多么圆转，多么含蓄，却一见就可以知道：今人与古人，虽然还同样都是人，而所谓“今人”的跟所谓“古人”的已经是大有不同了。更显然地，工人与农人不同；工农又与绅商不同。不用说，贫人与富人不同的话，就是同一个人，今天很穷，明天富了以后，不是马上就有不同了吗？工农的喜怒哀乐，跟绅商的喜怒哀乐不同，受国难穷的悲欢离合，难道会有些许相同于发国难财的悲欢离合的吗？一个时代的爱憎跟另一个时代的爱憎就各有不同的内容与结果。

话似乎说得太远了，其实不然。我的目的并不是要枝枝节节地挑剔曹禺先生的毛病，实在是想借此校正一下，一直到现在还有人信奉的错误观念罢了。而且，就以曹禺艺术态度的谨严，却因为时间观念的不明确，也连带地造成了他写剧技术的缺陷。

以《北京人》来作例证吧。

年代我们不必去管了，《北京人》的第一、第二幕都是中秋节那天发生的事情。因为这一天是中秋节，曾家才请他们的房客，袁任敢父女来吃饭，同来的还有代表“北京人”的巨人，一个修理卡车的机器匠；因为是中秋节，陈奶妈才带她的孙儿小柱来拜节；因为是中秋节，许多债主才来讨债，这位“北京人”才有机会挺身而出，拳打脚踢地把讨债的给打跑。这些事情发生在中秋节很合情理，并不勉强。但是，却一定要久困家中的大少爷曾文清在这一天，北京人惯常爱说的“大过节的”这一天出去谋事，仿佛这一天没有走成是一桩罪过似的，却有点勉强。为什么一定要在过节这一天出门呢？中秋节在旧习惯是个团圆的日子，中秋节的赏月，在北平也是一件盛事，在外面的人，往往都要赶回来，像曾家那样的家庭却偏偏择定这样一个日子，叫大少爷出门，而且又是虚无缥缈地只是出去谋事，并无日期的限制，未免不合情理吧？就是把江泰放在派出所里住一夜，恐怕也是为的要他第二天早上才出台的关系。其实，他临出去的时候，他的太太曾文彩，是交给他三十元钱的，虽然他已经醉醺醺了，似乎不必再在洋货铺子里偷一瓶白兰地酒，因为，那时候在北平，普通的白兰地不过二三元钱一瓶而已。

另外，像《原野》的第三幕，仇虎陷在黑林子里，为种种幻象所缠，却那样整整齐齐地每景要经过一小时，也勉强得很。不过是，为的由半夜度到早上，要遣去这几小时的时间了吧。而且，一般的情形，在秋天，早上四点半钟以后，是已经鸡叫天亮了的，已经不该叫仇虎的幻象再继续地把他给缠下去了。不必列举六点钟以后。

为什么会这样的呢？恐怕也是曹禺对于时间的观念造成的吧？

这实在够琐碎的了，但是，我却还有更琐碎的问题，在这里要提出来。

我们翻看曹禺剧本的人物表，发现一个很有趣，也很值得注意的问题。

我们先从《雷雨》看起。周朴园姓周，是当然的，可是他的太太也姓周，周蘩漪。鲁贵姓鲁，他的太太也姓鲁，是鲁侍萍。

《原野》的人物表里，花金子是焦花氏。

《蜕变》里，丁昌的母亲，是丁大夫。

《北京人》里最显著了。曾文清的妻子是曾思懿，曾霆的妻子是曾瑞贞。倒是江泰的妻子还是曾文彩，不作江文彩。

这似乎是无关重要的小问题的，然而，却实际关系很重要。我觉得，这是曹禺先生不自觉流露出他的不能突破的封建意识。我当然知道，在中国的社会里，残存着许多的封建习惯，女人在夫家，没有地位，不容她把自己的姓拿出来，冠在她的名字上面。然而，一个剧作者的人物列表，是不必把一个女子的姓给取消，取用她夫家的姓的吧。何况在作者写作这些剧本的时代，比较进步一点的家庭，作妻子的，把自己的姓冠在自己的名上，已经是很通行的习惯。至于像丁大夫那样一位受过高等教育而又有自由职业的女子，当然不会再把她夫家的姓冠在她的大名之上的。一般的情形，夫妇同业医，在招牌上各列自己的姓名，也是最为平常的现象。或者丁大夫的儿子就随他的母亲姓丁，他的父亲并不姓丁，这样的事也是有的；不过，按曹禺习惯说，我们却不免要断为丁昌的父亲姓丁了。

四

一个作家，最可怕的是不自觉地在受某种观念、某种传统的支配，而又不自觉地表现在他的作品里边。

这也是艺术家认为最高的境界的，就是说，他的创作，是在一种忘我或者无我的状态下进行的，灵感来了，正像扶乩的人一样，自己意识并不明了地写出了他的诗句——谶语。关于这类的故事，在文艺史里很多。我不愿意说这是诗人在说谎，在夸大其词地自欺欺人。我愿意承认，这种创作的灵感发作，或者按照精神分析家的说法，是下意识地活跃。不过虽然承认这中间往往会有意外的成绩表现出来，也正容易使一个文艺作家往往坠入传统的泥淖，或是不自觉地走入迷宫。

到这里，我自然地要谈到《雷雨》的序幕与尾声了。

曹禺先生是那么看重他的这个序幕与尾声的，他希望“有一位了解的导演精巧地搬到舞台上”。他自己说明他的用意：

> “……是想送看戏的人们回家，带着一种哀静的心情。低着头，沉思地，念着这些在情热，在梦想，在计算里煎熬着的人们。荡漾在他们的心里应该是水似的悲哀，流不尽的；而不是惶惑的，恐怖的，回念着《雷雨》像一场噩梦，死亡，惨痛如一只钳子似的夹住人的心灵，喘不出一点气来。”

我没有看过《雷雨》的上演，不敢盲断这个序幕与尾声，是不是真能发挥这样的作用，造成他“所谓的‘欣赏的距离’”，发生像“希腊悲剧 Chorus 一部分的功能”。但是，就剧本来读，我觉得，实在是个累赘，等于画蛇时所添上的足一样。而且，我读了以后，却使我带着一种悲哀的心情，放下了这部剧本，“低着头，沉思地，念着”中国半殖民地的命运！在这样一个留过学、镀了金的官商家庭里，爆发过一阵“雷雨”之后，却只有死的死（四凤，周萍和周冲），逃的逃（鲁大海），疯的疯（周蘩漪），傻的傻（鲁侍萍）。而当时爆发“雷雨”的家宅，却只有卖给外国传教士在中国所建立的教堂，作附设医院，而且要合唱颂主歌来慰死者于地下，慰生者于疯傻状态中，岂不悲哉！而我们的作者却正想用这样的颂主歌，来造成“欣赏的距离”，来发挥“希腊悲剧歌舞队”部分的功能，能不使人心里像“水似的悲哀，流不尽的”吗？

照我的假定，《雷雨》故事的发生是在民国十一二年前后。这时候，虽然一方面，因为欧战的影响与刺激，民族工业正在抬头，然而也只限于面粉纱厂之类的轻工业；另一方面，因为军阀的割据局面，助长了封建残余势力的活跃。许多煤铁之类的采炼，承袭所谓“官督商办”的传统，多把持在封建官僚，或所谓官僚资本家的手里，使采矿冶炼的事业，多陷于停顿状态，或在官肥矿瘦的亏本状态下拖延着。特别是在北方，北洋军阀以及封建余孽的大本营，这种情形最为显著。甚至于到北伐后，这个旧葫芦还在依样地画着，不过越画越更不像原样而已。我想，周朴园，就他所经营的煤矿说，至多不过是这样的一个官僚资本家罢了，就算不是官督商办煤矿里的官。我们要对所谓官督商办加以解释呢，所谓“官”的，自然是一种封建势力，不过却往往到外国镀过金的；而所谓“商”呢，却多半是洋商，或准洋商的买办之流，于是成为典型的半封建半殖民地的事业！

我们转过来看看周朴园，不正是一个典型的封建人物，所谓官商的吗？他的家庭不也正是一个跟他一样镀上金的封建家庭吗？无论是周蘩漪，是周萍，或是周冲，并且余势波及到四凤身上，都是在这样的封建家庭里所演的悲剧。这正是一个血淋淋现实问题。虽然社会上，曾经掀起过“五四”运动那样大的波澜，在周朴园的封建势力下，只造成了一个，朦胧地追慕着（并没有追求的）一种模糊的理想生活，模糊地爱慕着，机会上在他家里有个四凤，就模糊地爱起四凤来的周冲，这是“五四”以后，北伐以前并不算不普通的现象，在当时写的恋爱故事的作品里，就可以看得出来。另外也产生了一个鲁大海——他的要求是强的，力量也是有的，然而，还没有组织，没有正确领导，只是凭着爱憎行事。他爱他的妹妹四凤，希望他的妹妹不要忘记她自己的出身，跟他走同样的道路。然而，他的妹妹却在官僚资本家的环境里中了毒，她做了她的大少爷周萍的爱人，还希望做大少奶奶，她爱慕的是住洋房，坐汽车，穿丝袜，涂口红。这当然使鲁大海非常地痛苦，他痛恨那压迫他们、榨死他们，并且诱惑坏了他的妹妹的周朴园那一家，无论大小，不分好坏，就是有好心肠、出于善意的周冲，也逃不掉他的仇恨！然而这又中什么用呢？他们的矿工罢工，他被他同来要求条件的代表所出卖，并且被矿上开除了。他的妹妹也跟他分了手，要参加到他的仇人的队伍里去，过腐化的生活！他当时可以去拉人力车的，然而，他的工人的前途，他的工人运动的前途，没有了展开的希望。没有组织，没有正确领导的工人运动，一时也只能有这样的下场吧！而周冲呢，那样朦胧的理想，那样模糊的爱情，随便地一阵风就可以给他吹散，更无论这样大的“雷雨”了；然而，他的死亡，他的追随四凤而死，却是作者的过分强调的，我认为，他不该那样热烈地死的，假使他就那样地自然发展下去，正是方达生一流的人物。

至于这个悲剧的主角周蘩漪和周萍，才是这个封建家庭的真正牺牲品。他们都想突破这个封建的窝巢，却都找不到门在哪里，连窗子都摸不到，只是在里边东撞西撞，拿爱情当作指路的明灯，实际上却只是飞蛾所投的一堆火罢了。他们的遭遇是不但悲而且惨的！

这都是多么现实的现实问题！我们的作者，却一定要写成希腊悲剧样的认为是人类无可逃避的“运命”，拿性爱和血缘的纠缠，来作悲剧的结子，大可不必。

周蘩漪为什么会有那么“尖锐”、那么强烈呢？难道说，在那样封建的家庭里边，“监狱似的周公馆，陪着一位阎王十八年了”，还没有被摧残的生命衰萎，会有那样强烈的力量，像饿鹰似的捉住周萍不放吗？要知道，这种封建家庭也带着半殖民地性的，“监狱似的周公馆”，却是改良的文明监狱；而那个被周蘩漪给叫作阎王的周朴园，却只是一个阎王的身份，阎王的地位，摆出阎王的架子与威风来，并不能行使真正阎王的权势。在一副阎王的面孔下面，要讲他的旧礼教，也有一颗不能完全泯灭的心。他不能忘情于为他作了牺牲的侍萍——一个昔日四凤身份的人物，不但她为他所生的儿子，名字叫作萍，在纪念他的母亲，这个周萍时时在刺激他的良心，唤起他的旧情，他甚至连侍萍当日顶喜欢的家具以及爱在夏天关上窗户的习惯，都保存着。他对于蘩漪，只是一种隔膜，有时候表现得近于冷淡，这中间一方面使蘩漪感觉到寂寞空虚，一方面却也任她的热烈的情感，不曾满足的强烈要求自生自灭，不曾有意地摧残过。而且，因为他的事业心重，不常在家，又为礼教的空架子架住了，反倒使蘩漪的热情，在闹鬼的烟幕下，在周萍身上，得到不正常地、变态地发泄的机会。这并不是什么不可知的力量在支配，也不是什么不可逃的运命在主宰，这是人类很正常的要求，却被逼得作不正常的表现。这不是人类的可怜处、弱处，实在是人类的可贵处、强处，因为既然是一个人，谁不要求、谁不应该要求真正爱、真正地活着呢？可惜地，是她的这种爱，既违反了社会的伦常道德传统，也违反了自然的生理常态，社会上不容许她的爱情正常地存在，“自然”也无法使她的这种爱正常地发展。周萍是迟早会厌弃她的，他的生活一向前进展，她就会成为他的累赘、妨害，而她对于他所能产生的爱的吸引，也会一天一天减淡以至于无。周萍的转而爱四凤，与其说是伦常道德的力量驱使他转一个方向，另找一条出路，倒不如说是对于蘩漪的厌弃，而四凤更富于青春的诱惑力，比较正确一些。所以，蘩漪的悲剧，在她的限制内，是无可逃避的，这都是铁一般的事实给她筑成了冷森森的一座坟墓，等着把她埋葬了而后已。她的捉住周萍不放，那是她生命的最后挣扎，正如一个人临要淹死的时候，就是对于救他的人也一样捉住不放，以至于同归于尽的情形相似。没有四凤跟周萍的血缘关系——异父同母的兄妹，周萍也难逃出这种事实与感情的纠缠的，除非采取社会上的伪善态度，也许可以把这个局面，敷衍过一个时期，听候自然的裁判吧。

就《雷雨》的序看，就曹禺对于《雷雨》的序幕与尾声那么坚持，不肯割爱看，都可以证明，像他认为“《雷雨》是一种感情的憧憬”一样，希腊悲剧才真正是他的“憧憬”。所以，那样眼睁睁的现实问题，他却一定要强调“雷雨”，强调不可知的力量，强调不可逃的运命；明明是易卜生《群鬼》一类的题材，却一定要掺杂上古希腊悲剧里的那种血缘纠缠，而且一定要加上一个序幕和一个尾声，要发生希腊悲剧里歌舞队的效用。其实，歌舞队在希腊悲剧里，正是悲剧发展的不成熟现象，并非艺术的最高成就。自然，在《群鬼》里，因为当时科学的机械论，生物学上的遗传学说，近似定运的悲观主义了，使易卜生受了时代的限制，造成了他的艺术上的缺陷，非现实的写法。我们从这里，更可以证明曹禺的社会思想，限制了他对社会现实的认识与了解，使他歪曲了事实的真相；因为他的艺术思想，使他在艺术上的努力，取了不进步的方向，要由二十世纪的中国，回到纪元前的古希腊去。他迷恋悲剧，他妄想造成“一种哀静的心情”，“欣赏的距离”，要观众在心里荡漾一种“水似的悲哀，流不尽的”，这是他的写作目的。然而，我们所要求的，正跟曹禺的“用意”相反。我们不要“一种哀静的心情”，不要什么“欣赏的距离”。我们所要求的，是对于现实的认识与了解，是要作者指示给我们这个悲剧的问题在哪里，这个悲剧在我们现实生活里的意义和影响，并且希望得到作者的指示：我们要怎样才能解决这个悲剧的问题。我们要求的，是在心里得到了一种认识，增加了一份解决现实问题的力量：我们要由了解而进为一种行动。我们决不能容许在心里荡漾一种水似的，流不尽的悲哀，因为我们走出剧场以后，到明天，各有各的事情要做，各有各的社会实践，我们不能那么理想地浸在一种流不尽的悲哀里去。所以，在我们看，这个十年后的序幕与尾声，是一种累赘，是一种蛇足。而且，我们在感情上，在理智上，在事实上，都不愿意欣赏那种充满殖民地气氛的礼拜堂，那种颂主歌；都不相信在一个家庭的“雷雨”爆发以后，会只剩下一个疯、一个傻的两个老太婆住在医院里，领受姑奶奶的招呼；都不容许只留下一个官僚资本家的周朴园，在这种充满殖民地气氛的医院里进出。至于那两个小孩，来作这种凄凉的点缀，更是目不忍睹的了！

五

继《雷雨》之后，曹禺写出了《日出》，这是一个极大的进步。他已经由一个官僚资本家的家庭悲剧，进而来写大都市里的社会悲剧了，这当然只是半封建半殖民地的社会；已经由“《雷雨》中渺茫不可知的神秘”，来写“一种可怕的黑暗势力”——金八，虽然作者也认金八为“无影无踪，却时时在操纵场面上的人物”；已经由“一种感情的憧憬”，来求现实问题的解决。《日出》，在曹禺的剧作中，是最富于现实性，最接近真实的一部。他在这里，已经突破了他的艺术思想的局限性，可惜，他对问题的解决，乞灵于《老子》《佛经》《圣经》以及那些“被认为洪水猛兽的书籍”，不向社会本身去求更深一层，更进一步的认识与了解，不求助于最进步的科学著作，以致于他的思想停滞在“五四”时代“劳工神圣”的观念上。拿为大丰银行盖大楼、替潘月亭作骗人幌子的砸夯工人代表着光明，不免陷于幻想的幼稚病，实在比方达生的思想见解进步不了多少，也具体不了多少。

然而，这中间，究竟是接触到了社会的现实。

我们当然都记得，在《日出》写出和演出的期间，是正当世界的经济危机之后，全世界都闹着经济恐慌的时代。日本帝国主义也就正在这个时候加紧了对中国的掠夺与侵占，于是有“九一八”事变，有山海关的炮轰，有塘沽协定的缔结。这时候，中国自然也陷于经济恐慌的状态，特别是沿海的大都市，像上海、天津等处，商业萧条，工厂停工，银行倒闭，地产跌落，到处是恐慌失业，于是都想投机侥幸，大做公债。于是也就有人专门操纵公债市场，买空卖空。潘月亭就是在这样的形势下，希图拿投机来转移他所经营的大丰银行的危机。结果，在金八的操纵下，遭了惨败，这中间，连带地使许多人落到悲惨的下场。过寄生生活的陈白露，于久经风尘之余，在经济恐慌下，又失掉凭依与接济，吃了安眠药自杀了。一个大丰银行的小职员，黄省三，被裁员失业，活不让他活下去，死也不准他死。小东西，这个作陈白露陪衬的可怜人物，陈白露在这种状况下，连自己都没法生存，无力自拔，当然救不了她，终于落到悲惨自杀的结局。至于那些被践踏的翠喜一流的人物，那些都市的泡沫或是渣滓的，像顾八奶奶，胡四，张乔治，也都难逃这种恐慌的碾压。只有黑三之流，作金八爪牙，助恶逞凶的恶棍，和拾点残余、揩点油水的福升之辈，在这种状况下，会活得仿佛很得意的吧。方达生，在这个环境里，是个闯入者，是自告奋勇，到这里来，要把陈白露给救出去的人物，简直是周冲的后身，对一切都是梦一般朦胧模糊，既然不认识社会是怎么一回事，也不了解自己能干些什么。至于那些在金八的黑暗势力下颠来倒去，浮起沉下的人物，在他看来，就跟走马灯差不多，他当然不明白他们是在做些什么了。这中间，最惨的是黄省三，惨得可怕；最有意义的是李石清，这个小市民的公务员，在这样惊涛骇浪的社会海里，他居然那么大胆，那么勇敢地，哪怕自己只是虾米、小鱼的身份与力量，他也要带着血迹挣扎、奋斗，他要爬上高处，他要复仇，他要吐气。他虽然又倒下来了，究竟曾经爬了上去，或者说是抢了上去更为恰当一些，是亦悲亦壮的。在这部剧里，不但有那么富于独创性的第三幕，写出那些在铁蹄践踏下，带伤流血的悲惨景象，而且也正面接触到了社会的黑暗面。假使曹禺能循着这个路线发展下去，同时也展开他的生活，从他的书斋，走到社会里面去，我相信，他的前途，是不可限量的。可惜，他刚迈进一步，马上又退转回来，他刚展开了他的写作范围，马上又收缩起来；他刚突破了他的艺术思想的局限，马上又重新筑起了一道艺术的围墙。

自然，在《日出》里，也已经在暗中暗示出他的路途，无法再扩大展开出去。因为对社会认识的不能彻底，自然限制了他的艺术的真实性。所谓金八的黑暗势力，虽然比“雷雨”的象征，现实多了，依然是模糊的，近于不可知的力量，实际上，牵着这些人物的线，操纵这些人物运命的，并不是那样笼统的所谓黑暗势力，而是许多具体的社会问题。在当时，明明是资本主义世界的经济危机，日本帝国主义的加紧侵略，中国的国难，内战、土劣横行、农村破产、都市衰落等等现实问题，造成了许多人的悲运。一个金八的黑暗势力，不太空洞、太抽象了吗？何况就是金八自己也在受着现实的支配与操纵呢？所以，金八的暗中支配与操纵，反而减低了《日出》的真实性。其实，在《日出》里，尽可以不必这样强调金八，仿佛是运命之网似的，他到处都在张着。

曹禺说，他“写《日出》，不能使那象征着光明的人们出来”，这种苦心我们是了解的，而且非常之同情。然而，就以砸夯的工人作为光明的代表，也未免近于笼统。这种见解，未免是“方达生式”的了。这恐怕也是一种憧憬的吧。在当时，我们“那帮高唱着夯歌的人们”，是遭遇着跟黄省三等差不多同样悲惨的运命。他们也失业，也挨饿受冻，他们也是求生不得，欲死不能的，再加上他们还要被出卖，受诬陷，而现在《日出》里高唱夯歌的这些人，同时还被潘月亭捉作人骗人的工具，你想，这该有多么惨！工人是有他们光明前途的，然而，他们的现状是更为凄惨，只有他们在血肉模糊地杀出一条血路以后，才有他们的光明可说。所以说，工人的光明，只能由工人运动得来，并非在那里苦苦地工作，被人榨取他们的血汗，就算是光明。为什么曹禺在写出鲁大海那样的工人以后，反倒对于工人运动的意义更为模糊起来了呢？你看他在《日出》前面，出自《圣经》的这几句引文——

> “……我们在你们中间未尝不按规矩而行，未尝白吃人的饭。倒是辛苦劳碌，昼夜作工。……我们在你们那里的时候，曾吩咐你们说，若有人不肯工作，就不可吃饭。”

不难了解他的思想线路。他的这种思想，使他在工人运动的意义已经十分明显的时期，使他在写过鲁大海那样的人物以后，却不能更进一步去了解，于是，弄得《日出》里的光明也黯淡起来。思想的影响艺术成就，不是显而易见的吗？

其余，有些枝节问题，也是在艺术上可以考虑的地方。

陈白露是这个悲剧的主角，是不成问题的。然而，这个人物却有点理想化了，所以，她的自杀，并不十分自然。这影响到，对于这部悲剧意义的把握。看到她的死，反倒把她的悲剧生涯的感动性减低了。再确实一点来说，陈白露虽然久经风尘，早感到幻灭，然而，她的自杀，恰在那个时候——是债务逼得紧，潘月亭已经破产，无力代她还债，张乔治又露出真面目来，不肯借钱给她的时候。她已经经过多次的挣扎，明知道到明天还是没有办法，没有办法还债、没有办法生活。在没有办法还债，没有办法生活的状况下，她的自尊心自然无法保持，就是在茶役福升的面前都难得维持她的尊严了，这自然是她所最难堪的，所以，她的自杀，应该是生活无路的结果。然而，作者把她的性格给理想化了的缘故，使观众觉得，像这样一个人物，仅因为没有钱用而自杀，不大相称。在那个欧化市侩的张乔治对她半真半假地嘲笑说：“露露要跟我借钱？跟张乔治借钱？……露露会要这么几个钱用，这我是绝对不相信的。你这是故意跟我开玩笑了。……”这时候，谁能不对这个坏蛋张乔治十二分地痛恨呢？然而，同时也真会觉得，像陈白露那样一个人，怎么“跟张乔治借钱”呢？

关于小东西自杀的问题，因为作者已经有修正的稿子附在后面，这里可以不再谈。

至于黄省三的屡次出场，是李石清的一个对照，也仿佛是陈白露那一圈腐化生活的一种警告，当然有它的意义。不过，过于凄惨可怕的事情，在舞台上，往往会造成滑稽可笑的结果；而且，在这个角色身上，总使人有些什么地方不大自然的感觉，或者也许是一种不满意吧。

然而，无论如何，《日出》在曹禺的剧本里，总是一种突出，是一种值得赞美的成绩。可惜，他不能百尺竿头更进一步，却一下，坠入《原野》的迷离境界。

六

《原野》，是曹禺最失败的一部作品，可以说。

曹禺的戏剧写作史，是一种不幸的纪录，不但是他个人的不幸，我认为，也有中国社会发展的悲剧，反映在这里边。

由《雷雨》的神秘象征的氛围里，已经摆脱出来，写出《日出》那样现实的社会剧了，却马上转回神秘象征的旧路。《原野》实在比《雷雨》更富于神秘象征的色彩，《雷雨》里，实际是现实的问题比神秘象征的“雷雨”更占支配的地位；而《原野》里，却把那样现实的问题，农民复仇的故事，写得那么玄秘，那么抽象，那么鬼气森森，那么远离现实，那么缺乏人间味。这简直是一种奇怪现象，粗一看，似乎不大可解。仿佛一个有所迷恋的人，过重一点地说，或者就像曾文清那样，虽然曾经下过极大极大的决心，费了极大的挣扎，算是从他旧日的迷恋里，冲出来了，正像伊尔文在他的《见闻杂记》里所说的，不管他走出了多远的路途，却始终都像有一根线牵着似的，终于还是把他牵回家里去；一回来后，或者觉得他旧日所迷恋的东西，是更可迷恋的吧，所以，比他离开的以前，更加迷恋起来。这可以证明，一个不能在现实生活里实践的人，精神的枷锁，是多么重的负担，多么难以挣脱的呀。

在曹禺自己，也许跟我的这个意见相反，以为这正是他自由《日出》的更进一步。在他的《日出》里，他不是不得已地“硬将我们的主角推在背后”了吗？在《原野》里，为补救这个缺陷，他把主角摆在台上，叫仇虎这个农民来对土豪地主复仇。这或者就是他的象征着光明的人物吧？假使他就这样正面地写下去，假使他能对我们的农村社会，我们的农民革命运动有更深切的认识与了解，那么，他会写成一部有意义有价值的戏剧，或者一部悲剧的。然而，他却为他的思想所限制，他迷恋于神秘象征的艺术表现法，于是把一个现实的问题，给神秘象征化了，他不从现实去了解社会问题，却从现在的社会问题里，得出神秘象征的了解。他把这个复仇的故事，放在他认为充满神秘的“原野”里边。于是，这“原野”就和《雷雨》里的雷雨，《日出》里的金八一样，成为主要的支配的角色，而仇虎的那么现实的复仇问题，放在这样神秘的“原野”里，也就充满了神秘的色彩，反倒跟现实离开，像是雾里看花一样地迷迷离离、模模糊糊起来。这也许就是曹禺所认为的艺术的最高境界吧，实际这是他艺术的最大失败！

一个艺术家，迷恋于一种不正确的艺术思想，或者是不自觉地为一种不正确的艺术思想所潜移默化，使他的思想、他对于社会问题的认识和了解，都受了戕害，被歪曲了，这是一种真正的不幸，可以说。

我们看看，曹禺为的要把这样的一个现实的问题，给神秘象征化，使他对于这个现实问题的认识与了解，该有多么不够，该有多大的曲解，该有怎样地陷于思想错误吧。

我们先来研究一下剧中的主角仇虎。

仇虎是个农民，小地主的儿子，他的父亲仇荣，被一个只是作个连长、在乡间却横行霸道的焦阎王，串通土匪头的洪老，绑架去，并且撕了票，这样，仇家的土地就被焦阎王——一个土豪所霸占过去。仇虎的妹妹只有十五岁，也被焦阎王给卖到娼寮去作娼妓，惨死在里边。仇虎被诬为土匪，送在监狱里，整整在里边熬了八年，他的腿已被打瘸。他的下了定的媳妇花金子，也被焦阎王给他的儿子焦大星夺过去作了续弦的妻子。

在这部剧的一开始，仇虎在监狱里熬了八年以后，自己逃了出来，坐火车，在焦阎王那所“孤独的老屋”附近，从火车上跳了下来。他当然是回来报仇了。然而，这时候，焦阎王已经在两年前死去了。

仇虎不但从放羊的白傻子嘴里知道了焦阎王的死和花金子的嫁，也用白傻子从焦家借来的斧头，把他脚上的铁镣敲掉，扔在野塘的水边上。

故事就这样开始了。然而，就在这个短短的开端，已经充满了不合理的、矛盾的地方。

戴有脚镣，从监狱里逃出来，已经是件稀罕事；再戴着脚镣，坐火车，一个逃犯，还能不被捉回去，实在是件怪事；而又能戴着脚镣，从火车上，在不停的时候，跳下来，连伤都不受，这简直是个奇迹了。为什么曹禺会这样地安排他的故事呢？这完全为他的艺术思想所误，为的要用焦家的斧头敲掉焦家给仇虎戴上的脚镣，所以，就不惜歪曲事实，在他的意思一定以为这是否合乎事实都没有关系，只要他有艺术的必要，就可以随便处理或是改变事实的吧。

而且，仇虎到底是怎样一个人，我们不能明确的把握。他的言论举动，好似江洋大盗，简直是窦尔墩一流的人物。我们细一考察，作者却有心要把他给写成一位久受折磨，虽然瘸了腿，却已经锻炼成钢铁一般的英雄。无论谁，不能不疑心，他见到花金子时，怀里从哪里来的钻石戒子，随便他就扔到塘里去，而且，"怀里还有的是？"他是"在监狱里整整熬了八年"的，在出场的时候，他还戴着脚镣，在他最后叫花金子去找的"那帮朋友"，是从哪里来的呢？是在监狱的时候，他参加了什么组织吗？然而，在他的报仇举动里，却只是一种素朴的报仇举动而已，并没有一点政治的意义。虽然他最后对金子也发了那套似是而非的议论——

"……告诉他们现在仇虎不相信天，不相信地，就相信弟兄们要一块儿跟他们拼，准得活，一个人拼就会死。叫他们别怕势力，别怕难，告诉他们，我们现在要拼的出去，有一天，我们的子孙会起来的。"

这里所说的弟兄，又应该是怎样的一种人物呢？恐怕这也只是作者的想象，模糊的向往罢了，跟仇虎所说的"金子铺的地"的地方差不多。

这还不算。随着剧情的开展下去，也就充满了矛盾的情节。主要的，是这样活鲜鲜的一个复仇问题，作者却有意地给歪曲到良心的问题上去，好像我们在读托尔斯泰的《黑暗的势力》或是托斯朵耶夫斯基①的《罪与罚》一样了。

仇虎的报仇，是天公地道的举动，这中间没有一点可成问题的地方。虽然焦阎王死了，他的妻子焦大妈还活着，他的儿子焦大星不正是报仇的对象吗？就是他的孙子，小黑子，也并不能算是怎么冤枉的，你看，仇虎家里所遇的害，不是要惨得多的吗？我们的作者却给造出了一种纠缠的结子，良心问题。这个良心问题怎么生出来的呢？因为焦大星是无罪的，小黑子更为无辜。何况焦大星又是仇虎从小的"拜把"弟兄；要娶金子给焦大星作媳妇的，也是焦阎王的主意；金子的从前曾许嫁给仇虎，焦大星并不知情。那么，仇虎为什么要杀死焦大星呢？更不该有意地叫焦大妈亲手打死小黑子了。于是，不但像《黑暗的势力》里的农民弥奇泰，《罪与罚》里的大学生拉斯可里泥可夫那样造成了精神的恐怖，简直就像希腊悲剧里的奥莱斯提斯那样，被复仇女神追逐得发狂一般了。这虽然好似神秘，实在是一种歪曲；作者虽然极力在制造恐怖的气氛，却处处显得非常之勉强。

你想，一个在那样冷酷的现实里，锻炼出来的仇虎，下那么大的决心，特来报仇的，却对一个焦阎王的相片，悬在墙上，都会感到一种恐怖与威胁，最后，甚至于掏出手枪来对付

① 现译为陀思妥耶夫斯基——编者注。

一张照片，连放四枪，这近情理吗？假使仇虎就这样窝囊，没有胆量，那还成个仇虎，能来这样报仇吗？就是金子，那样具有泼辣性的一个女子，也不应该在焦阎王的相片前，这样地示弱。这是作者的有意歪曲事实，来助成他的良心纠缠。

仇虎的杀死焦大星，最多只能使他感到一种怜悯，这并不是仇虎的罪恶，而至于造成的了心愿，焦大星是无罪的，在杀害仇虎的父亲和妹妹的事件里，就是诬陷仇虎自然也不干他的事。然而，为的替他开脱，说他连花金子曾经许嫁仇虎的事实都不知道，那就近于掩饰，而且，他不是在承受他父亲遗产的吗？这里边，不是就有从仇虎家里霸占过来的土地吗？他父亲的罪恶，不能就说对他完全无关。难道说，仇虎的妹妹对于焦阎王的谋产还有什么妨害吗？为什么害人的就可以连女儿儿子都一个不放过去，在复仇的时候，偏要有许多的原谅和顾忌呢？至于小黑子，虽然是仇虎有意叫他作他的替死鬼；然而，焦大妈那个瞎老婆子要打死别人的儿子时，却打死了她自己的孙子，不是最公道的吗？这要仇虎负的什么责任，起的什么良心问题？而且，一个瞎老婆子，像个巫婆或是妖婆一样，抱着个死孩子，叫着魂，一个傻子打着红灯笼，再加上那个贩卖人口的骗子“老神仙”擂着鼓，就能像复仇女神那样，追逐着这个应该是铁汉铮铮的仇虎，叫他陷入黑林子里，一个后半夜找不到通火车站的去路，等到第二天的天亮，又跑到他出场时那个“原野”铁道旁，就在他敲掉脚镣的原地方，他扔在水塘边的那个铁镣，又赫然出现在他的眼前吗？这在作者的意思好像是说，仇虎能用焦家的斧头敲掉他身上的脚镣，却没法挣脱他精神上的枷锁，这就是历史的传统负担。于是像梦魇一样地经过一番苦苦地挣扎，终于又去到他身体上的枷锁前面，摆在他眼前的路只有两条：一个是死，一个是再戴上他的脚镣！

这是多么不明了我们农民生活的实际情况，不明了我们农民革命的意义呀！表面上看，我们农民的精神负担，是相当重的，精神的枷锁是相当地难得挣脱的；然而，实际上，只有身体的枷锁才真正成为我们农民的重负。只有附着在身体枷锁上的精神枷锁，才在我们农民的生活里成为问题，有了力量；不然，也就只是“精神的”而已，没有一点实际的意义。农民复仇的故事，是很多的，特别是借着一种变乱，物质的压力对他们不发挥作用的时候。北伐以后，我们的农民革命已有用血写成的记录，足资印证，再就现在敌后农民的抗敌战争来说，更是非常地显明。像仇虎那样一个硬汉，一定要他像一个小市民的知识分子那样，扛着精神枷锁，来闹那一套良心道德问题，这实在只是作者自己的精神枷锁难以摆脱，歪曲了事实罢了！你看，在黑林子的幻象里，狱卒只是“似乎在喊：‘滚过来，仇虎！’虎子就一旁颤抖，低头，”连声“我去！我去！我去！”起来，好像《日出》里的小东西见到黑三的情景一样了，这还成什么仇虎！

而且，实在说，仇虎是曹禺创作的失败产物，他只是抽象地写出这样一个人，并不能具体地叫他成为一个有血有肉的人物。仇虎这样的人，在我们中国的农民里，不大容易找得到，所以演起来，很难得生动活现，却往往要公式化。我就看过一次演出。那位扮演仇虎的，是从西安来的，以演仇虎出名。他就把仇虎脸谱化了，好像旧戏里的花脸，说话都有一定的腔调。这固然不能由作者来负责，不过，这个人物的太抽象化，却是不可掩的事实。

至于“原野”“老树”“黑林子”等等的象征，实在减低了戏剧的作用，而且令人感到作者的思想实在太不够了解这个血淋淋的现实问题了。所以，他想用来作为光明人物的仇虎，却演成了这样黑暗的悲剧！虽然他最后叫出："……我们现在要拼得出去，有一天我们的子孙会起来的。"然而，像他这样，连天公地道的报仇举动，都那样纠缠不清，被一个瞎老婆子给困在黑林子里，怎么会"拼得出去"呢！

曹禺先生把铁路的意义看得那么重要，以为铁路是这"莽莽苍苍的原野"的一条出路，一种希望；而仇虎带着金子也只有跑到火车站才能得救，他们陷在黑林子里的唯一希望，就是赶到火车站，这也是很有问题的。中国，在东北的铁道最多，然而，这正是东北沦陷的一个重要因素。印度的铁路就比中国长得多，然而，印度的命运不是比中国的更惨吗？这跟工人不能笼统地代表光明一样，铁路更不能笼统地象征出路。——这条路也可以通向死亡去的。

在舞台上放枪，把场面搅乱，这是对于剧情发展的一种障碍，姑且不论。不过，像第三幕的第一、二、三、四的四景，连续地表演幻象，这不但在中国的舞台上，不容易演出，就是欧美的舞台，也只是流行病。一般地，在十九世纪末，二十世纪初，随着象征主义戏剧的流行，流行过一时，并不是艺术的最高境界。萧伯纳的《人与超人》，那种写法，他是别有苦衷的，可以不管，然而，不足以为训，却是可以断言。《原野》的这几景，虽然作者借此把过去的情节交代清楚，这是表现的技术之一；然而，为的要使观众也沉浸到这种幻境里来，拿幻象当真情实境来欣赏，作者不得不煞费苦心地使现实的境界神秘起来。于是"森林黑幽幽""……罩住森林里原始的残酷""森林是神秘的……""森林充蓄原始的生命……""这里盘踞着生命的恐怖，原始人想象的荒唐；于是森林里到处蹲伏着恐惧，无数的矮而胖的灌木似乎在草里伺藏着，多少无头的战鬼，风来时，滚来滚去，如一堆一堆黑团团的肉球。"……舞台上无法表现出这种森林的神秘不用说了，而作者的这种想象，实在是够荒唐的，当得起"原始人想象的荒唐"的酷评。用这样荒唐的想象，来处理这种农民复仇的现实题材，那得不歪曲事实呢？难怪作者叫那么硬朗的仇虎，陷到这个想象的"黑林子"的荒唐里边！这几景的遭遇，自然也够残酷的，当然并不一定是"原始的残酷"，往往演出的时候，被导演给删掉！

七

《蜕变》在曹禺的作品里，又是一种转变，是比《日出》更彻底的转变。在《蜕变》里，他运用的，完全是写实的手法，没有一点神秘象征的成分掺杂在里边。处理的是现实的题材，用的是写实的写法，这在曹禺，的确是一种进步，真实的进步。虽然他还没有把握到真实，只是随着当时抗战初期的乐观空气，接触了表面上足以使人乐观的现象而已。这虽然只是一种浅薄的乐观主义，在曹禺的艺术发展上，实在是平坦的一条大道，这前面没有"神秘"，没有"想象的荒唐"，是一步一步更走近真实的道路。我想，曹禺在写《蜕变》的时候，虽然正处国难期中，正过流转迁徙的生活，一定满心里都是快乐，满眼都是光明的。在他的《蜕变》里，他以为真正找到了光明的人物。太阳出来了，红彤彤地，高悬在天空。梁公仰专员、丁大夫、丁昌、李铁川营长，以至于伤兵，都是光明的人物，何况，再有许多在战争中，“忍痛脱掉那一层腐旧的躯壳，新的愉快的生命”呢？

然而，曾几何时，就已经形势全非了呢！这就证明，当时所谓“蜕变”，只是一时的、表面的现象，并非真正地“蜕变”了。一般的政治情形，我们在这里不去谈它，只是就《蜕变》里所写的，我们约略地研究一下，看看这里的《蜕变》，是怎样的一种“蜕变”吧。

曹禺认为《雷雨》里，最重要的角色，是“称为雷雨的一名好汉”；《日出》里最重要的角色，是外面砸夯的工人，还有一个“无影无踪，却时时操纵场面上人物”的金八；《原野》里，他虽然没有说出来，恐怕这“莽莽苍苍的原野”，也是一个最主要的角色。而在《蜕变》里，那“无影无踪，时时操纵场面上人物”的角色，当然应该是抗战的“战争”了。这样说，那促进新陈代谢，造成“蜕变”作用的，自然是“战争”的力量。所以，曹禺说：

> 在抗战的大变动中，我们眼见多少动摇分子，腐朽人物，日渐走向没落的阶段。我们更欢喜地望出新的力量，新的生命已由坚苦的斗争里酝酿着，育化着，欣欣然发出来美丽的嫩芽。
>
> ——《蜕变》的附录

不错，在战争初期，是因为战争曾经照出一种光明的希望，“动摇分子，腐朽人物”似乎是“走向没落”的样子，然而，这只是一时的敛迹，并不曾真正地“没落”，不久之后，反倒以另外一种新的姿态出现，在那里尽量地摧残“新的生命”，所“欣欣然发展出来的嫩芽”了！这是什么原因呢？我们在这里也不去谈它吧。要知道，我们的社会是在“蜕变”中的，然而，是曲线的，是要经一个长期间的艰苦斗争才能真正从我们的社会里，真正淘汰掉那“腐烂的阶层”。决不是凭着一个梁公仰、一个丁大夫就能完成这种伟大的任务。何况，这样的专员，只不过是有干事的热诚，也有干事的能力的新官吏而已。他须要有贤明的主管上司，对他信任，付他职权，他才能有所作为；不然，他就束手无策。一定要每一个医院或者其他每一个部门，每个机关，都有这样一个专员，在那里负着全责，这是不可能的事。就是有这样的可能，真正成绩，恐怕也是有限得很。至于丁大夫，只是想负责任，肯负责任，也能负责任的技术人员罢了。政治进步，她可以发挥她的技术才能；环境恶劣，她也就会退回她技术的壳里去。假使当时不是那位梁专员从天而降似的来作了救星，恐怕她终于不免要回到上海去办医院的吧！只是她儿子丁昌给她的鼓励，唤起她对抗战胜利的信心，那是不够的。她自己，可以说是，并没有一点政治的头脑。你看，她在第四幕里，那么紧急的当时，她还以一个作医生的资格，去跟马登科以及所谓“伪组织”那种人耐心地打交道，并且好心地要帮他们想办法。这决不是我们“在抗战的大变动中”，经过艰苦奋斗而生长出来的新生命，我们为抗战贡献出一切来的战士，所应该有的态度；只是一个基督徒的医生，所有的那种精神罢了。只是一个丁昌，倒算是新生命发生出来的一个嫩芽的，然而这个芽，也实在嫩得很，据《蜕变》里所写的，他不过是有好心肠，对抗战有信心的一个孩子，决禁不住恶势力的摧残。所以，我们在《蜕变》里所见到的，不过是一时的光明现象，并不是真正“蜕变”出来的新生，在这些人物的身上，也接触不到真正新的生命与力量。假使当时真正有过这样的一个医院，就是经过改组后，也不过是买丁大夫名医的招牌，显得光明，实际上，医院的内容，很难得就像作者所写的那样光明的；何况不久之后，所谓梁专员的也许作了别的什么官，也就平平常常地坐办公室，吃平价米去了；而这个名重一时的医院呢，就不说得那么挖苦，说是从前的秦院长又从上海回来，再作起这个医院的院长，而像他那样的院长，不是俯拾即是的吗？而丁大夫呢，恐怕只有开起私人的医院来，或者是，因为已经出名，会到美国“讲学”去了吧？她的儿子丁昌，就算没有被摧毁死吧，恐怕只好到梁专员的机关里，做个下级公务员，看在他妈妈的面上，也许不至于被裁员失业的吧！如此而已！

这就是曹禺所写的《蜕变》。

我们不难想象，曹禺在写《蜕变》时的满怀热望，恐怕过去任何一部作品的写作，他都没有这样始终怀着一种愉快心情的吧？假使我们的社会，在抗战期间，真能像这么地“蜕变”下去，不使曹禺感到失望的话，我相信，他的写作生活，是可以成为另一种情形，他的写作态度，当能沿着“蜕变”的路线一直发展下去，不至于像事实经过的这样，正预备提鞭打马，驰赴前途，却因为一看情势不对，立时就掉转马头，慢慢地踱回家里去！他这时的心情，有怎样沉甸甸的，可想而知了！

于是唱出他悲哀的旧调，《北京人》来。

八

《北京人》，是曹禺先生，于失望之余，悲哀心情的表现，也是中国社会发展的不幸写照。虽然“在抗战的大变动中”，中国社会大部分并没有走上正常的“蜕变”道路，只是掀起了一阵的风波，并且搅起了久沉河底的泥沙，使我们的艺术家，在现状下，失去了追求光明的勇敢，从此又不在现社会里去寻求光明的人物，把他的憧憬，他的希望，都寄托在人类的祖先，几十万年前的“北京人”身上。这能说不是可悲的吗？他的心情，也可以说他的怀恋，都回中国旧的封建社会、封建道德与封建情感上去，好像凭吊往古一般，极其低徊婉转之至。

我上边说过，曹禺先生好像有所向往，他所向往的是由礼拜堂的颂主歌声，造成的那种哀静的心情；实在有所迷恋，由《北京人》我们可以知道，他迷恋的是我们旧日封建社会的道德与情感，像愫方所代表的那样。他不知道，我们现在要想造成那种哀静的心情，只有中国沦为殖民地，大家又都安于那样的殖民地生活，只是其中少数的所谓高等华人，能得到那种哀静，少数艺术至上主义的艺术家，关起门来，创作他们不朽的著作，他们的生活不与现实接触，他们的心情要跟永恒通消息，才能够造出叫人用一种哀静心情来欣赏的那种艺术。这决不是我的过甚其词，然而，在这里，关于这方面的话，自然也不能谈得过多。所以，他会不自觉地写出《雷雨》的那样序幕与尾声。他知道中国的旧封建社会，非崩溃不可，但是他却爱恋那种势必随着封建社会死灭的道德与感情，他低徊婉转地不忍割舍，好像对于行将没落的夕阳一样。在《北京人》里他唱出了他的挽歌，是又酸静，又悲哀的呀！然而，他却无法挽回封建社会崩溃的末运，他更无法留住那行将死灭的道德与情感，跟“无计与春住”，是同样无可奈何的事情。我们谈《樱桃园》的时候，也有这样的感觉。但是《樱桃园》的重音落在商人洛拔黑的身上，就是《樱桃园》的新主人；而《北京人》呢，重音是在愫方的身上，那代表封建道德与情感的旧式小姐。这样，我们的曹禺先生给我们创造出一个旧时代的优美典型，同时，也使我们在《北京人》里感到了一些矛盾，弄得情节的发展，不能不有些牵强，减低了这本剧应该发生的效果与影响。

我们不妨展开一下我们的讨论，看看这个见解是否有当吧。

在《北京人》里，我们因为同情愫方，或者说是爱慕愫方，而又哀怜愫方。我们爱慕她的性情态度，我们也哀怜她的不幸的身世，于是，我们自然要讨厌大少奶奶曾思懿的。我们觉得她泼辣、嫉妒、无所忌惮，仿佛她就是一切恶德的象征一样。然而，我们只要稍一思索，就会觉得这种批评，未免感情用事，是由爱憎出发，并非受理智指导的公平见解。你想，一个作太太的，怎能对于她丈夫的别有所恋，淡然无感于中呢？她对他，就当时的情形讲，自然是没有所谓爱情的存在，然而，在从前，也未必没有感情的。夫妇间，一般地，在结婚以后，儿子都已经娶了媳妇，经过这许多年，现实生活的折磨与摆布，就是多么热烈地爱情结合，也难免不把精神与心情都消耗在柴米油盐、生儿育女的上面，只要彼此都能保持住性情的平和，能有一点温情，已经不是容易的事情。像曾文清那种遗少型的人物，在生活上是无能的，在事实面前是劣败的，而又一天一切不管，只知道写字画画，写的恐怕也只是不成家数的字，画的也只是一些莫名其妙的花草翎毛之类，不成名堂，无补实用，再染上嗜好，吸食鸦片，这当然不是刚强要好，处处要占上风，而她的丈夫又处处不能给她撑腰的曾思懿所能忍受的。何况又有一个愫方的问题？愫方对于思懿，是一种刺激。愫方是客，她虽然辛辛苦苦地招呼文清，侍候她的姨丈曾皓，她究竟是“不当家，不知柴米贵”的闲人，她不受事实的摆布，她有闲情逸致跟曾文清谈诗论文，取得文清的爱慕，相形之下，也显得思懿的粗俗，虽然要用她的粗俗来维持这一家的门面，张罗上上下下、大大小小的事情。她能不对愫方反感，甚至于厌恶吗？这反倒是人情之常了。

而且，我认为，思懿，只是周蘩漪的后身。昔日的周蘩漪，在事实的泥泞里滚转的结果，就会成为今日的曾思懿的。她们的性格，根本上，是相通的，一脉相承。因此，我们可以想象，在初结婚的时候，这个现在人人咒恨的大少奶奶，恐怕会是全家赞美的对象吧。她跟文清的感情，虽然是旧式结婚，也一定会有周蘩漪那样的“魅惑性”，使文清为之颠倒。

这还不算。就是曾思懿跟她的公公曾皓的斗争，也是她占在合理的方面，然而，她却因此遭到全家的憎恨，这显然是作者因为对于封建道德的依恋，不自觉地流露出他对于这个反封建道德的媳妇曾思懿，有了感情上的偏憎的缘故。自然，她跟愫方的对立，早在观众的心里种下了恶感。

曾家是个衰败的家庭，却不能不维持一种旧家庭的局面；只剩下一所家宅，已经抵押给隔壁开纱厂的杜家，然而，家里却经常住着姑老爷和姑奶奶，曾文彩的丈夫江泰，一个失业的没落人物，老留学生；一个姨表小姐，愫方，算是她的姨丈曾皓的拐杖。对于愫方的态度，已经使人对曾思懿厌恨，不用再说了。就是江泰，那位潦倒落魄、住在丈人家吃闲饭，却成天打老婆、闹酒的姑老爷，在曾思懿表示一种对他的厌恶，对他有点搁受不得，这岂不是最为常情的常情吗？然而，作者似乎也在给观众一种对思懿起反感的印象。至于那位曾老太爷，因为是老太爷了，要吃补药，要喝人参汤，可以延年益寿，一个当儿媳妇的，似乎无话可说，也不应该有话说的。为了预备身后的事情，在十五年前就准备下一口棺材是可以的；为了“睡的”舒服一点，按他自己的意思说，漆上一百多道油漆，也没有什么要不得。然而，他却宁肯交房子，让一家老小没有住处，死不肯舍他的棺材，一个老年人，会自私到这种程度，实在到了自私的极致，无以复加了。作者却把这笔帐算到大少奶奶曾思懿身上，认为她不能体谅老人家的苦心，全家人都责备她在逼迫老太爹，使观众也觉得这个女人真要不得。这实在太不公平，太不合理了。

再看吧：曾老太爷，因为一时气急，昏厥过去了，而且喉咙里的痰涌了上来。这种急症，送医院是最正当不过的措置，而且，也正因为送到医院去，曾老太爷才被救活过来；然而，因为曾皓的不愿意进医院，愫方随着他的姨丈反对送医院，于是思懿的坚决主张送医院，也构成了她的罪状。而作者在这里也有意地要加重思懿的罪恶，作了矛盾的描写：先因为大家的犹豫，思懿说：“救人要紧，快抬！”后又因为曾皓手扳门框，不肯离开他的家宅，作者有意构成思懿罪状地叫她强自掰开他的手，并且对曾文清说：“房子要紧，你愿意人死在家里？”其实，在北平，像曾家那样的旧家庭，曾老太爷死在医院后，照样要抬回家里发丧的。思懿那样精干的妇女，不会不知道。与其这样说，倒是她对曾老太爷的急病，不受感情的激动，能冷静地，或者说是冷酷地采取紧急的必要措置，比较合理一些的吧？

因此，我们知道曹禺，在《北京人》里，虽然在写旧家庭的崩溃，因为他的重音放在旧社会的道德与感情上面，所以，他的感情对于旧的道德与感情有所偏爱，同时，对于那被认为旧社会叛逆的曾思懿，也就有了偏憎，这样，不但对于旧社会崩溃过程的认识自然不够，并且有些曲解。就作者的见解，曾家的崩溃，罪魁恶首，就是这个破坏了旧家道德、旧式感情，不孝公公、不顺丈夫，对于儿子媳妇不慈、对于姑奶奶姑老爷不敬，并且对于能以讨得她公公的欢喜，博得她丈夫爱慕的愫方，不相容的曾思懿，家庭的叛逆给造成的。助长曾思懿的罪恶，帮着她催使这个旧家庭破产的，是隔壁开纱厂的暴发户杜家——这又是曹禺一个不出台却在支配舞台上人物的最重要的角色了，这当然不是光明的象征，也不是金八那类黑暗的势力，却是曹禺所认识的旧社会瓦解的推动力的。仿佛文清的出走与自杀，瑞贞与愫方的离家南下，都是思懿给逼出来的，这样，就连瑞贞出走的真正意义都有些模糊起来。

新兴的暴发户，是可以使抱残守缺的旧家庭崩溃的，然而，却不能笼统地就强调这种作用，这是不了解社会发展法则的缘故，因为作者随时强调这个杜家要抬棺材的事，使观众颇可以造成一种错误的观感：假使杜家不这样逼得紧，曾家可能不会这样闹得天翻地覆的吗？这又模糊了这个旧家庭崩溃的所以然。

因此，使人对于新社会的产生，也不容易真正了解，真正把握它的意义。瑞贞的出走，当然有她的政治意义，表现得虽然不够清楚，也还吐露出一点消息来，不过，她在《北京人》里，是那样地不被人注意，不关重要，连李石清、黄省三在《日出》里的地位，也都没有，最显出她这个人物的重要的，只有在她对愫方的关系，她拉着愫方，脱离开这个正在崩溃的家庭，走上一条新生的道路。然而，愫方只是出走是不够的，她必须有了转变，她的出走才有意义。假使她不能把那已经糟蹋了她半生的封建道德与感情，像蝉的脱去旧壳一样，重新来作人，来生活，来认识社会，来了解人我的关系，那她就是走到哪里，也不过换换地方而已，依然是要作旧社会的俘虏，要作旧道德与感情的牺牲品的呀！然而，在《北京人》，一直到她的出走，我们只看见了她最后下的决心，并没有看出她思想行为的"转变"。

到这里，我们不能不谈到曹禺对于社会认识与了解的问题上来。

我所读《北京人》，特别看出曹禺的艺术修养之高，也特别看出他对于社会问题的不能把握，这又怎么损坏了他的艺术成就！

在《北京人》里，我认为，只是一个旧家庭的崩溃过程，在这种崩溃里，同时也"酝酿着，育化着"新生命的嫩芽。这只要写出这个家庭内部的矛盾，写出一个新兴暴发户的高利贷在这个封建的旧家怎样发挥摧毁的作用，同时再写出中国社会在当时是在怎样的变革着，这种革命运动在怎样影响这个家庭里不甘随同死灭的青年，不就尽毁了吗？这不正是一个"蜕变"的吗？我们的作者却偏偏要抬出人类的祖宗，反转过来，当作他的理想，作为"人类的希望"！于是，在一个极有现实意义的剧本里，横插进一个个性并不显明的人类学者袁任敢，硬抬出一个修理卡车的机器匠来，作为"北京人"的活模型，于是发出了一些非人类学的议论，造出了一些勉强而不合理的情节，破坏了戏剧的效力，破坏了艺术的价值与完整，这能不令人惋惜吗？

现在，对于原始社会的研究，当然不能算是怎样详确，然而，对于人类最初的生活状态，已经有了大致的轮廓，就是关于"北京人"的生活，也已经大致考见了一斑。"这是人类的祖先"，是不成问题的，然而，却决不是"人类的希望"。在"北京人"那样几十万年前的辽远时代，人类是连"爱"和"恨"都不会懂的，因为所谓爱和恨都是社会进步以后的产物；在当时的"哭"与"喊"，也不全跟我们现在哭与喊的意义相同。在动物里，牛和羊都是有眼泪的，然而，我们不能认为那是跟我们现在人们哭的眼泪相同的吧？而且，自有人类，就没有过像曹禺所说的那种"自由"。在旷野里，都"儿啼急掩口，惧为虎狼闻"的，在原始时代里，人能不怕野兽的吗？不用说，在人类原始，就不能像曹禺所说的那样生活，那时候自然没有现在的所谓礼教来拘束，没有现在的所谓文明来捆绑了，然而，却绝对不能没有斗争：他们要跟野兽斗争，跟自然斗争，跟不在一起生活的人们斗争，也就不能没有痛苦，不能像曹禺所想象的那么快乐了。就算真有那样一个自由快乐的时代，那也绝对不是"人类的希望"；就是诗人的憧憬，在二十世纪的今天，也不应该倒退几十万年以前去安放"人类的希望"呀！

而且，在曹禺的意思，不但"北京人"是"人类的希望"，就是这个做"北京人"活模型的巨人，都是我们现在人们的救星：正走崩溃路途的旧家庭，由他，可以帮着拳打脚踢地给打跑讨债的债主；就是我们要从旧家庭里脱离开的，在大门被锁上，找不到钥匙的时候，他可以用拳头给你打开；而且他一直是个哑巴，不开口的，到最后却"一字一字""粗重有力地"说："我们打开！"这简直是奇迹了，在一个迷信的人，也许认为是我们的祖先"北京人"，在显灵，来救我们的吧！这在作者虽然有象征他的意义，却不能不算是"想象的荒唐"。他的意思也许是说：等到我们的机器工匠能讲出话来的时候，我们就会得救了的。假使这是真的，是比《日出》里，笼统地对于工人的赞颂，还要令人有隔靴搔痒之感觉吧。

在《日出》的《跋》里，曹禺说：

写《雷雨》,我不能如旧戏剧用一个一手执铁钉,一手举着巨锤,青面红发的雷公,象征《雷雨》中渺茫不可知的神秘,那是技巧上的不允许。

这是对的。然而,把一个机器工匠,给化装成一个"猩猩似的野东西",作为"北京人"的活模型,摆在舞台上,这是"技巧上的允许"吗?

关于《家》,因为是改编的剧本,在这里不谈了吧。

× × × × ×

曹禺的剧本,在中国的舞台上,一直就走着旺运,虽然也遭过禁演,受过攻击。《雷雨》和《日出》,战前,在上海的演出,就哄动一时。《原野》出版后,恰值中国的抗敌战争爆发,颇为消沉了一些时候;然而,等到《蜕变》和《北京人》在舞台上出现后,就连《原野》都在各地受到了极大的欢迎。于是,曹禺在中国舞台上成为一种支配的力量,占了一种优胜的地位。

然而,曹禺的剧作,是不是真合中国现社会的要求呢?我可以武断地说,并不然。曹禺的剧本,在中国的盛演一时,实在是一种不幸的现象。就中国社会的发展说,《原野》出版后,大家为什么会对之冷淡了呢?这并不限于抗战爆发的影响,实在是当时的社会已经不需要这类的剧本了的缘故。假使中国社会,一直像战争初期那样,连曹禺都写出他的《蜕变》了,假使中国社会真正地"蜕变"起来,就连曹禺的《蜕变》都不会到现在还受欢迎。我上边说过,曹禺的剧本是以欧美资本主义社会的舞台为标准,他的目的是在追踪欧美的剧作家的。我们现在真正需要的,是适合人民大众要求的剧本,是要使他们感到亲切,受到影响,而且要随处都能上演。曹禺的剧本,内容的问题,已经讲得不少,不再重复,但就上演条件说,是最适于战前上海的舞台的。在现在,只有在重庆、昆明等后方的大都市才能勉强演出,不至于被作者认为是在对他开玩笑的吧。然而,在大后方,甚至于一个小小的山城内,最常演出的也还是曹禺的作品。这,我认为,是一种反常的现象,是一些生活没有出路的知识分子以及小市民等的病态心理的表现。他们现在所过的是一种国难时期的艰苦生活,却不能忘情于旧日都市生活的繁华梦,聊以麻醉一下而已。没有详确的统计材料,我不敢断定,在曹禺的作品里,恐怕以《蜕变》的演出,为次数较少的吧?这岂不是一种可哀的事实吗?

然而,这种现象是不会长久的。我们虽然还要忍耐过一个艰难时期,却决不会就这样长期的停滞下去。

我跟曹禺先生并没有一面之缘,然而,我对于他,与其说是对于一位作家的尊敬,倒不如说是像对于一位朋友那样寄着诚恳的希望,所以也就对他表示无限的惋惜。在中国这种现状下,产生一位作家是多么艰难呀!要一位作家能得正常地发展下去,更是一件十分艰难的事情。曹禺就这样跟中国社会发展的反常、不幸相始终吗?大路,就在眼前的!我以十二分地诚意,希望曹禺不要以为我有意在挑剔他的毛病,那就好了。

九月二十五日,深夜完稿

原载《青年文艺》1944 年 11 月第 1 卷第 4 期

曹禺论

鲍霱如

对于一个作家企图做一点评论，往往劳而无功。作家所有的就是作品，作品把作家的一切都赤裸而经久地呈现在看官眼前，让人剔剥，咀嚼，品赏，发掘，不像其他的事物首尾难兼，有经眼即逝、事过境迁之弊，可以模糊混过。

论曹禺，又比论其他作家来得更困难。他是剧作家，不但有作品流传，更有无数的看官从舞台上欣赏他的戏剧。更有一点和一般剧作家不同的地方，他最享盛名的三部曲《雷雨》《日出》《原野》，都已先后摄成影片，广大的电影观众为这位文坛熠熠彗星的光芒耀眩也对他狂爱起来了。因此，曹禺的看官以身份而论，上自达官贵人，下至贩夫走卒，以程度来说，有饱学之士，有文盲之徒，可说普遍到各阶层。为了这个缘故，在十目所视，十手所指之下，益发难以措辞了，盖必须从已为大众所熟悉的曹先生作品中说出一点意思还为看官们所爱听也。如还要说《雷雨》，这个剧本，八九年前在北平文学季刊第三期上发表的时候，就轰动一时，万人争论，并且像恒星的光芒，长耀至今，今天还要对文论说些什么，就有恐怕难跳出老生常谈的旧轨之虑。

不过，写一篇文章来致细讨论曹禺的作品，的确是一件胜业，即使论得不好，也还是一件胜业。因为它已经历了一个相当长久的时期，接续不断地在直接的，或间接的，理论的或实际的影响着戏剧界，电影界，文坛的广大的看官，换句话说，它已震撼了整个的中国社会。对于这样重要的一位人物，应该致细地加以讨论，能说到几分真处，也就不白化了。

看到现在上海的剧院林立，观众云涌，一二个好剧本上演，风魔万人，持久不衰，甚至因看戏而以演员为崇拜偶像，捧成明星，且不管这种现象是否有害于剧运，从这里可以证明一个事实，就是舞台剧确实是已接近社会大众而为他们所爱好了。这是说的上海情形，在其他的地方，从几个大都市以至冷落的乡村，都有着演员们留下的笑颜、忧郁、愤怒，那些朴素的土包子从一批一批这些奇异的过客们的足迹上，漾起了复杂的情感，像海潮一样的向他们推动、撞激。使那些古老的风习、呆滞的生活起着变化。所以舞台剧不但非常盛行，而且已为大众社会生活的一环了。面对着这种现象，不由得想起了曹禺的第一个作品《雷雨》对于舞台剧发轫的关系。

我们记得，在《雷雨》公演之前，中国新的戏剧所开拓的土地是十分的狭小，所谓舞台剧，它的舞台大都就是学校的大礼堂，它的观众只限于极少数的智识份子。因此，舞台剧的活动当然也无从扩大。无论在演出的次数和成绩上，以及剧本的产量上，收获都十分可怜。但是，为了观众少，演剧要赔本，演出的机会也较少了。既然演出的机会少，从事戏剧工作的人有减无增，而剧本的需要就不多，好剧本也不易产生，演剧技术也不易进步。于是观众对于新的戏剧更其畏缩不前。在这一串因果的关系之下，舞台剧这枝小草，未经盛夏，就像秋天的木叶，日见萎败了。在上海，就没有一个经常有戏公演的戏剧团体，资格较老的戏剧协会每一次演出的间隔期，一次比一次间隔得更久。但是，这样的情形像世间一切事物一样，并不永久不变。《雷雨》就是中国新的戏剧的一阵雷雨，冲洗掉舞台剧灰暗的色彩。自从经中国旅行剧团和复旦大学学生组织的一个剧团演出以后，舞台剧的地位起了激烈的变化。

社会群众对于舞台剧的观念因此几乎完全改变过来了。

市民们在《雷雨》里发现了新的天地，知道这种新的戏剧也值得一看的。

《雷雨》每一次公演总是轰动一时，它的看客并不仅仅限于极少数的智识份子，而且把小市民、家庭妇女和其他阶层的观众从文明戏场中吸引过来。

《雷雨》吸引了广大的观众。《雷雨》并且使其他的剧本也获得了市民的注意和爱好。

中国新的戏剧运动在《雷雨》之后风起云涌了。

但是，《雷雨》中关键所在的乱伦故事，对于市民们讲起来，在中国也时常可以碰到，已不是一件新鲜的事情，黄色新闻纸上时常有类似的记载。对于智识份子讲起来，在希腊悲剧，中国说部里早已有过，大家以前也未曾认为奇异，现在当然不会忽然对它疯狂起来。所以曹禺的《雷雨》，它将凭借了哪一点去抓住广大群众的心，使他们得到欣赏新的戏剧的能力呢？这可以说，是“技术的”！

曹禺把这三个乱伦的孩子同在一个大雷雨晚上处以死的极刑，这种使人惊心动魄的技巧，就拓展了新的戏剧，使社会观众对于话剧的态度改变了。

在第二个剧本《日出》里，第三幕小东西当场在台上自杀，一个尸体悬挂在观众前那么久，一支阴惨的烛光，一只拖鞋悄然的跌落，这不只是悲惨，而且是恐怖。这是作者技巧上所表现出来的刺激的手法，要求着观众强烈的同情和愤怒。在三部曲的最后一部《原野》里黑树林中的精灵红灯笼，阴沉沉的歌儿，这些事物在剧本中已没有真实的观念，然而在我们的社会中却仍是很实在、很有意义的，这是从技巧上对于这些陷在煎灼的火坑里的人物的最大同情心的流露了。

曹禺这种技巧上的企图，竟然得着观众的广大的共鸣，因此拓展了新剧的势力，这是不是一种巧合？还是曹禺个人的幸运？

我们且一听作者的自白。

“这些年我不晓得‘宁静’是什么，我不明了我自己，我没有希腊人所宝贵的智慧——‘自知’。除了心里永感着乱云似的匆促，切迫，我从不能在我的生活里找出个头绪。”时代的雷雨冲去了作者的宁静，抛给他的只是乱云似的匆促，切迫，作者不得不“我如原始的祖先们对那些不可理解的现象睁大了惊奇的眼”。这种原始的情绪，渗和了作者“我性情中郁热的氛围”，不用说，作者深感着雷雨的气压的闷损，承认着“夏天是个烦躁多事的季节，苦热会逼走人的理智”。但是作者是不甘于做一个懦弱、凝固的人，为了永生，冲出这个苦热而烦躁多事的季节，只有“在夏天，炎热高高升起，天空郁结成一块烧红了的铁，人们会时常不由己地，更归回原始的野蛮的路，流着血，不是恨便是爱，不是爱便是恨；一切都走向极端，要如电如雷地轰轰地烧一场，中间不容易有一条折衷的路”。作者激动的情感忍耐不下去了，迫着要“发泄着被抑压的愤懑”，于是《雷雨》这杰出的作品就如在汹涌的激流中升起的一轮旭日，照临着中国的家庭和社会，而发出灿烂而刺目的光辉！

曹禺的作品，虽不是个描绘着整个中国社会的大画幅，但是，在他的彩笔之下所完成的篇幅原和现实的社会生活溶和在一起的。

所以，曹禺用技术上的表现方法来掀起了剧坛的壮阔波澜，拓展了新剧的势力，一方面正有其社会根源的。技术这问题时常是不能独立的，必需和内容相提并论，方能得其实在，我们要确切的多知道一些曹禺究竟走着怎样一条路，那末，必须钻入曹禺的作品中去。

先看最为人熟悉的三部曲：

看题目是很令人兴奋的，先是振撼宇宙的《雷雨》；雷雨以后，黑夜过去了，于是满含希望的《日出》；太阳出来之后，当然令人想象到霞光万道的景象，在这瑞气下，有了广大的《原野》。这原野，人们当然会这样期望的，是供人奋斗，供人创造一个美丽的新世界的所在。

《雷雨》无疑是中国现代文学中所最缺乏的佳构。我们很能看出作者曾在这剧本上用了极大的苦心，他以紧凑严格的时间，以极雄辩而俏皮的对话，以离奇惨酷的命运，曲折动人的情节，企图制成一个十分朴素而又充满了罗曼情绪的悲剧。不错，我们几乎可以完全承认，作者是成功了的。在分幕上，时间上，不容观众舒服的透一口气；对话是始终吸引着观众的注意的；那冷酷的命运使观众无时不在恐怖和忧虑之中；全剧的情节到最后一幕大小两个顶点上，无疑会引起观众激越的情感的。

这样一个佳构，轰动了整个的中国剧坛，它所包有的内容是什么呢？

《雷雨》的故事人人知道，不必在此再做拙劣的叙述，从《雷雨》中我们只须提出可代表的几点来蠡测它的蕴义。

看完这个戏以后，最初一个自然发生的问题是：造成这个悲剧的是什么？立刻，我们会自己回答出来：命运！然而这命运是怎样形成的呢？古希腊人对于“命运”从来不回答的，他们深信命运之所以造成只是因为命运注定是如此的。但是作为一个现代人的我们要找出事件的因果来，不管在这因果中含有多大的偶然的成份。使《雷雨》中的主要人物陷入绝望的命运是怎样造成的呢？第二幕鲁侍萍说：“……你为了要赶娶那位有钱有门第的小姐，你们逼着我冒着大雪出去，要我离开周家的门。”这就是说造成这个悲剧里面一切不幸的是起因于一种门阀观念的阶级自私心，这种自私虽则引起了私有财产制度社会中的许多不幸，而实际还是由于私有财产制度本身所造成的。因为在同幕中周朴园表示他并非不爱侍萍而且也忏悔了，他说：“……你不要以为我的心是死了，你以为一个人做了亏心的事，就会忘了么？你看这些家具都是你从前顶喜欢的东西，多少年我总是留着，为着纪念你。”还有：“……一切都照着你是正式嫁过周家的人看，……”作者勇敢而有着卓识的谤毁中国的家庭和社会的封建的罪恶，痛诋着阶级制度。

然而，等到我们注意到作者对命运究竟作何见解的时候，前面所推论的又似乎不真了。在第四幕中一个不重要的老仆口中说出："这是天意，没有法子。——可是您自己得哭。""这是天意，没有法子！"是真的没有法子吗？鲁侍萍明明已经在没有法子中选择了最好的法子，她说："……他们是我的干净的孩子，他们应当好好地活着，享着福。……他们年青，他们自己并没有成心做了什么错。……今天晚上是我让他们一块走，这罪过我知道，可是罪过我现在替他们犯了；所以，天哪，所有的罪孽都是我一个人惹的，我的儿女都是好孩子，心地干净，那么天真，有了什么，也就让我一个人担待吧。"还有："你们一块走吧。"还有："你们这次走，最好越走越远，不要回头。今天离开，你们无论生死，永远也不许见我。"鲁侍萍是对的，因为虽则乱伦，但他们还总是干净的孩子；而即使犯了乱伦的罪过，那是从罪恶中生出来的罪恶，不是这些年青的孩子本身造成的过失，然而，这是天意，他们并不能清白的一同远走高飞，去过年青这一代的幸福的日子；作者要他们在污浊中看见自己，要他们感到绝望，要他们在这个命运悲剧中得着最后的刑罚而自杀。他们很可以在这一瞬间一同走掉，就轻轻地避掉阶级自私所遗给他们的命运，但是作者却不肯让他们随便的避去。假使他们走了，避开了命运的巨掌，一方面固然有损全剧的悲剧性，而另一方面也就不能说明命运之可怕，命运之顽固，以及命运之不可逃避。全剧现在以命运注定的灭亡终，我们所看见的便尽是命运的势力了。那曾经为作者的卓识所表明过的形成命运的原因反进属于不重要的地位。

上面的推论若然用作者的话来说明，那末，可以看得更清楚一点。序中说：

"雷雨所显示的，并不是因果，并不是报应，而是我所觉得的天地间的'残忍'……这种种宇宙里斗争的'残忍'和'冷酷'。在这斗争的背后或有一个主宰来使用它的管辖。这主宰，希伯来的先知们赞它为'上帝'，希腊的戏剧家们称它为'命运'，近代的人撇弃了这些迷离恍惚的观念，直截了当地叫它为'自然的法则'。而我始终不能给他以适当的命名，也没有能力来形容它的真实相。只是对宇宙这一方面的憧憬。"所以作者像"原始的祖先们对那些不可理解的现象睁大了惊奇的眼"，从这双显着惊奇的眼中看出"人类是怎样可怜的动物"。"带着踌躇满志的心情，仿佛是自己来主宰自己的运命，而时常不是自己来主宰着。受着自己——情感的或者理解的——的捉弄，一种不可知的力量的——机遇的，或者环境的——捉弄；生活在狭的笼里而洋洋地骄傲着，以为是徜徉在自由的天地间，称为万物之灵的人物不是做着最愚蠢的事么?"因此"我用一种悲悯的心情来写剧中人物的争执"。并且也以一种悲悯的眼来俯视这群地上的人们，"他们怎样盲目地争执着，泥鳅似的在情感的火坑里打着昏迷的滚，用尽心力来拯救自己，而不知千万仞的深渊在眼前张着巨大的口，他们正如一匹跌在泽沼里的羸马，愈挣扎，愈深沉地陷落在死亡的泥坑里。"但是，作者知道夏天里也有春梦，不过这些好梦还必须落在悲哀的火坑里，说："理想如一串一串的肥皂泡荡漾在他的眼前，一根现实的铁针便轻轻地逐个点破，理想破灭时，生命也自然化成空影"。整个《雷雨》的含义，作者都把它说明白了。作者说的命运，不是一般愚民愚妇所认定的命运，万事归之于天，个人不负责任的。也不是一种外界的无定势力，而是个人人性的一种不可免的结果，并且是生命中一种不能避免的条件。

这样，让我们仔细地来想一想吧，想到其余任何在私有财产制度社会中的不幸。这些不幸，假使都像《雷雨》中的不幸一样，应该都是不可避免，而是人所必须忍受的了。这是我们所不能同意的，假使我们同意了，那末我们必须承认一切私有财产制度社会中的不幸都是命运所注定的，都是人们所必须忍受的痛苦，并且还是不可挽回或避免的；那我们全都会陷入绝望的，然而作者却说："宇宙是如一口井，落在里面，怎样呼号也难逃脱这黑暗的坑。"

我们承认《雷雨》是一个非常优美的艺术结晶，我们不难看出作者是咬紧牙根地忍受着社会所加给他的痛苦，这个优美的艺术结晶就从一个痛苦的胎中孕育成熟的。但是他所看到的是太大，太复杂，因此"没有能力形容它的真相"，也没有抓住它的要害仔细地瞧个清楚。却可惋惜的给作者的原始的情感搅得迷茫了。这在鲁大海这个人物上非常显著的表现出来。

鲁大海在《雷雨》中是值得注意的人物，他同蘩漪、周朴园、周冲同样地不仅仅为作者处理了几个成功的性格，而且是创造了几种类型，成为新剧坛最可宝贵的收获。我们在鲁大海身上看出作者是热烈地拥抱着现实的。周朴园和鲁侍萍间的矛盾是现实的，有社会根据的。这种矛盾发展了三十年就成了周朴园和鲁大海之间的矛盾。前者的矛盾是封建社会中门阀观念的产物，后者是资本主义社会中劳资关系的特点。这两种矛盾是同一件东西，仅因为历史阶段的不同而在形态上有了差异，更因为历史的发展而增强它冲突的深度。社会制度决定了人和人之间的关系；周朴园和鲁大海虽然是父子，但各站在一个不同的社会立场上，并且冲突起来，作者这样叙写现实的最基本的矛盾，他的锐敏的感觉，引导着作者走上完成现实主义的广大的道路。但是在另一方面，作者似乎要我们把一切社会矛盾都看做不自觉下命运播弄成的不幸？戏的末了，鲁大海在一切都大白了之后还什么都不知道的在"外面"打了一阵架跑了；但是，看了《雷雨》中命运的冷酷之后，我们不敢想出命运将怎样播弄出走了的鲁大海。

最后，我们要看那天大雷雨中死了的三个人以后的事了。我们先听见巴哈的大弥撒风琴曲，后来才看见两个女人是疯了，周朴园似乎变了天主教的信徒，这幢凶宅一变而为天主教附设的医院。在这浓厚的罗马天主教庄严肃穆的氛围之中，这三个人是在忏悔吗？他们三个做错了事，因此命运罚他们把子女死灭干净。在"尾声"中老翁是绝望了的，但，只要有信仰，绝望是不通的，最后有一个尼姑庄严的拿起一本圣经来读。

从十九世纪下半期以来，人们对基督教的信仰动摇了，我们看见无数大作家在向着"异端"走着，其中有一部分在"异端"的雾里彷徨，有一部分则找到了一个新的信仰。相信命运是一种"异端"，然而这一种"异端"是不向新的信仰前进的；当这种"异端"使人更其迷乱的时候，人便要重又回到基督教去，《雷雨》并且是在回向罗马天主教去了。罗马天主教在基督教中是比其他各派更庄谐、更铺张的，它会把一出悲剧打扮得更美一点，然而，用彩色玻璃砌出来的美是和现代人的生活离得太辽远了。在现实中，谁能真正的回到十九世纪以前去呢？

但是，上面所指示的几处在《雷雨》中还没有达到完美的地方，是不足以减少这崇高的劳作的价值的，就从此开始，我们清清楚楚地知道曹禺将和一切世界的伟大的艺术家一样，他的胸腔里鼓满着时代的矛盾。这在他的第二个剧作《日出》里表现得更为显著。

《日出》在题材上，在写法上，在人物上，都比这三部曲中另外二部更接近现实主义的道路。它刻骨的讽刺着这“损不足以奉有余”的都市社会，表白了作者对于这个社会现象的不平，对它改革的热烈期望。

日出像一轮火球，熬痛着逼视这火球的看官的心，照亮了他们的朦胧的双眼，而向都市社会伸出猛烈的火舌。然而，在这融融的火球中还留着许多烧不旺的黑块，以致这些火光中的烟雾使看官的眼睛迷茫、惑然。

作者曾经把他的苦衷告诉过我们，《跋》文中说：“因为一些有夜猫子眼睛的怪物无昼无夜，眈眈地守在一旁。”他没有法子不把《日出》的真正主人翁放到幕后去，这一点完全是为了年代的限制，我们不仅仅是同情，而且还和作者同样地表示痛惜。

在《日出》里，我们看见了许多鬼，乔治、福升、潘月亭、顾八奶奶、李石清、黑三、胡四在各幕中跳出跳进，他们的生活虽则无聊到极点，无意义到极点，但反映了这个“损不足以奉有余”社会的腐烂的一部分，却是很有力的。并且从这些鬼的身上指示出他们不过是金八的魔爪下的小鸡。金八当然并不是一个真正的人，只是现实社会上一种顽强势力的象征，它把黑暗的密网罩住了整个社会，而企图使历史的车轮深陷于金八所造成的污泥里不能向前推进。

当然，历史的巨轮是无法阻止的，为了否定金八和金八这一派势力，我们必须照着历史的道路而向他们勇毅地斗争。《日出》的作者“怀着一腔愤懑”，抑制不住地举起他的投枪，认清着历史指示的标的向他的敌人——《日出》中的黑暗势力冲刺过去了。

上面说过《日出》这融融的火球中还留着许多烧不旺的黑块，这些黑块就是作者在这个著名的剧本里还没有达到艺术完整的地方。因为作者想得很多，而表现得太少了。

陈白露、方达生两个人，在无论哪一方面说来，都不是属于上述的胡四、顾八这一流人的团体中的。陈白露虽然她要人舒服地养活她，她要舒服，她出门要坐汽车，应酬要穿些好衣服，要玩，要跳舞，然而她是曾经在一片可怜的残霜之前，竟能复活了美丽的童心。在第四幕中，她分明这样对方达生说：“可是——（空虚的望着前面）上哪儿去呢？我告诉过你，我是卖给这个地方的。”这表示她讨厌这地方；反过来说，便是不愿意留在这地方，愿意离开这地方。我们还可以把白露概念化一下，她是一个知道一切，有智识，而又有正义心的女人，简单一句话，她还有人心。她很可以跟着方达生远走高飞，再回头做一个竹�；然而作者却使她仅只为了要享受而留在那个地方，以致为了几笔奢侈品的账债自杀。在这个“损不足以奉有余”的社会里，为了生活而卖淫是常情，也是这个社会中受损的女人所迫不得已而走的道路；但是为了享乐而卖淫，却不是必然。我们从美国化的社会学者的统计报告中曾看见过卖淫妇中有百分之若干是为了享乐而操此贱业的记述，然而在现实社会中这是例外。因此，这种情形也不足以解释和反映这“损不足以奉有余”社会制度的黑暗的。陈白露终于被债逼死，作者是否已肯定像陈白露那样的女人已经没有希望看见日出，更不必也不能为“日出”而出一番力呢？像陈白露样的女人（男人也一样）在现在这“损不足以奉有余"的社会里真不知有多少，要说他们个个都一定不会去迎接将出的太阳，这是多么可惜！假使说他们一定都要在日出之前赶灭这又多么可痛！至于方达生，曹禺把他表现做一个不合时宜的书呆子。临到末了方达生说："我们要做一点事，要同金八拼一拼！"曹禺还是在讽刺他！讽刺是应该有一个限度的，超过了一定的限度之后，往往会使人绝望。对方达生的讽刺已近于使人绝望的程度了。作者既不让方达生像陈白露那样爽爽快快的死掉；他要去和金八拼命了，偏又注定他必归失败，那末教他去干什么好呢？

应该指出的，曹禺并不是没有理性上的了解，他在剧本前面所引用的许多圣哲的语言，连贯地读下去，那珍贵的现代精神，我们不能不感动，在跋文里更坦白地指出方达生将是"和那帮唱着劳歌的人们联系在一起"。但在剧本却并没有这样做！就是作者所认为日光下的人们，小工们，也仍是一种淡而远的存在。

在《日出》这剧本里，虽然有着这些黑影投在那耀目的光辉上，然而这总是一抹轻烟而已，作者的努力于向现代生活的核心钻进去，对于他写《日出》第三幕的精神，将永远是中国新文学上崇高的模范！在人物的形象的创造，正如张庚先生所说的："对于白露，对于方达生，对于福升，他不仅仅处理了一个成功的性格，而且是发掘了三种类型，像鲁迅的阿Q和果戈理的乞乞可夫一样。"站在这些基石上的曹禺，已是不可摇撼地成为中国新文学的旗帜。

现在，再看"三部曲"的最后一部，也可以说是最丰厚的一部——《原野》。

《雷雨》告诉我们阶级社会的罪恶和人类生活中命运的残酷，而全剧的重心偏落在后面一点上。《日出》更其简单，全剧四幕全在刻划这"损不足以奉有余"的荒诞无道的社会，并指出这社会中的人必与之同归灭亡。而《原野》却复杂了，正如这剧本里的人物一样的眩人耳目，作者的用意似乎也有千头万绪。

复仇者仇虎的仇人并不是大星，而是剥削的制度和支持着这制度的一群人。仇虎并没有找到仇人而错杀了大星，但是，因为错杀了人而自己也不免一死，其中必然的因果在哪里呢？再想，仇虎进了黑树林就迷惑了，变做哈姆雷特般的心理变态的人物，而终于奔趋死亡，那末，这使他迷惑的黑树林象征着什么呢？当然，作者把整个一幕全分给了这可怕的黑树林，这黑树林显然不是无意义的。假使所有的被损害者都会被这黑树林迷塞心窍因而心理失掉常态，这使我们想起来是何等可怕的事情！

那黑树林也许象征着黑暗统治着的世界。在第四景中阎罗殿的幻景似乎这样说。然而，这黑暗的世界应该使被辱害的人警觉清醒，为什么使仇虎糊涂，使他昏迷得自向死路走去呢？

花金子，她似乎是仇虎的希望。仇虎还要她前进，去和他的许多弟兄们会合，还要她生出孩子来，把仇恨种下去。"黄金铺的地方只有她一个人配去了"。仇虎自杀后，金子终于走了。我们虽然知道金子向一个什么地方去，但是却不知道她是象征着什么。

这些问题都是很难于思解的，只有在仇虎在快完的时候向金子说："他们都是我的好兄弟，干哪行的都有，告诉他们，我仇虎不孱头，告诉他们，我仇……仇虎走到头，没说过一句求人可怜的话。告诉他们，现在仇虎不相信天，不相信地，就相信兄弟们要一块儿跟他们拼，准能活，一个人拼就会死，叫他们别怕势力，别怕难，告诉他们，我们现在要拼得出去，有一天我们的子孙会起来的。”这一段话才把这个剧本的主题说明了大半。倘使我们从仇虎想到方达生，再想到鲁大海，从花金子想到陈白露，再想到周蘩漪。那末，《原野》使我们的生活境界阔大明朗得多了。

《原野》的题材是现实的，故事是罗曼的，结构是紧密的，并且还有超舞台剧的心理描写，光怪陆离的人物，动人心魄的氛围，利落的对话和动作。在一个剧本的制作上说来，实在已是达到登峰造极的地步，应得不可绝口的赞美。尤其值得赞叹的仍是作者在技术上的表现方法的成功。

把曹禺的三部曲联系地读下去，我们深感到作者的思想是一个剧本，甚至比一个剧本更其深邃。在《日出》的第三幕中，那翠喜、小顺子以及那并不出场的瘤子的创造，又显出了作者同情的扩大，使我们由此而看出罪恶的根源。但是在《原野》的黑树林中，当仇虎的灵魂在森林里受着恐惧的威胁，他的生命深处洒不尽那祖宗遗传下来的血液，最后，他整个的这古老民族的灵魂赤裸裸地在冬冬的鼓声里披露出来，所以黑树林的风景，已和全部剧情的线索和逻辑都抛开了，就成为一种诗意的象征。仇虎从此不是代表他自己，而是他的古老的民族的象征了。

从《雷雨》到《日出》，作者非常勤勉地把现实的尖锐的矛盾概括到他的艺术劳作里去，在《原野》里显然地他更进了一步发掘着我们传统的精神，赤裸了那隐蔽在现实深处的灵魂，而构成了一种民族的出色的形式。作者这样向多方面的创造的新形式和不断发展新的表现方法，不单是完成着整个伟大时代的不朽反映，而且作者把自己和群像的精神、风习密接起来。无疑地曹禺就是在这一基础上建立他的形式，同时，也把曹禺这两个字和他的劳绩非常荣耀的进入了历史的道路！

原载《万象》1944 年第 3 卷第 8 期

曹禺简论

——中国现代戏剧作家论之一

唐绍华

万家宝（曹禺）先生所发表的剧本并不多，但每本都曾轰动过一时。万先生的成名之作是《雷雨》，在以前与张彭春教授合译过一个多幕剧《争强》，独幕剧《正在想》，亦完成于《雷雨》之前，却并未引起人们的重视。《雷雨》发表于北平《文学季刊》后，再经中国旅行剧团在南京隆重献演，立刻震动了当时的剧坛。《雷雨》的情节曲折奇异，人物个性描写生动，对白亦明朗秀丽，主旨在攻击封建势力，故极合当时一般小市民读者及观众的口味，所以才能轰动起来。各地剧团，尤其是各大学剧团均纷纷采用公演，曹禺的大名便也光耀的照在剧团上了。可是《雷雨》剧本的本身，论编剧艺术是有相当的成功，但其意识则颇有问题。描写后母与长子的私通，亲兄妹之苟合等等均甚不适合中国之伦理道德，所以在轰动一时之后，便自然的被人们所遗忘了，正和遗忘了过去的封建时代一样。他的第二本力作是《日出》，以上海型都市黑暗面为背景的，作者的原意或在揭发并攻击当日上海罪恶的一面，同时同情在资本家剥削下讨饭吃的弱者。编剧的技巧是成功的，不过因为第三幕所插的妓院情节，一般人都认为与全剧情节无多关系，所以很多剧团在上演时都自动删除不演，据说这曾引起作者的不满。笔者则认为《日出》比《雷雨》更有社会意义，但最后的结尾和暗示却很勉强。一群工人在日光下的歌声能够代表一群新兴生命的成长吗？金八大权始终在握，陈白露之死又可暗示些什么呢？所以有人说：如果《日出》不拖一条“光明的尾巴”也许还要成功些。

曹禺的第三部作品是《原野》，后来有演出者改为了所谓《森林恩仇记》，内容偏重于人性的描写，刻划的很为深刻，但写得太阴森了一点，所以便被一般人所淡视了。抗战当中，创作了《蜕变》《北京人》和改编巴金的《家》，《家》是他人的原著，暂不讨论。现在特别要向读者介绍的便是《蜕变》和《北京人》。笔者首先说明，我爱好《蜕变》比《北京人》多，因为后者的缺点多，再以时代意识而论，前者也比较有意义些。

《蜕变》内容是假借了一座伤兵医院象征着整个社会，描写其中主持人物的腐败恶化，以致影响到全面事业的进展。但它不仅是完全暴露黑暗面，同时以一位梁专员代表政府的“法制精神”，以伟大的气魄与决心，终于将这病院（社会）的积弊纠正，扫除了数百年遗存下来的官场恶习，制造出了新的行政效率与积极办事的良好风气。在我们痛感行政效率低微及官场习气腐败的今日，《蜕变》的内容，实在是切合时代的需要，它给予时代的影响，实在不失为一帖苦口良药，同时使我对于将来，怀着无穷的希望。这个剧本也是曹禺对于抗建宣传有关的唯一的作品，所以很被人们重视。它曾在陪都三度公演，内容也曾经原作者三度修改，终于得到了中央图书杂志审查委员会的奖金。

《北京人》却是以一大家庭象征着社会而加以暴露的剧本，但笔者所钦佩的是剧中表现人物的艺术手法，而不同意的是万先生企图建立的剧中的主题。它的艺术手法比较以前诸作似乎更有进步，对话是那么美好，人物个性深刻生动，因此立刻也便吸引住了广大的读者与观众。不过他以原始“北京人”的野生的活力，来对比现代人的颓废没落，却大有研究的必要。他以大家庭来象征社会，代表老一辈的绅士，却是一种只有固执思想爱好寿材的怪物。中年人也有两类典型来代表，一类是风雅颓废的名士，一类是幻想浮夸的酒徒。女性的典型也以两类来代表，一个像林黛玉，一个像王熙凤。这一群毫无生气幽灵似的人物，自然是剧作者所憎恶的，因之，他拉出了那位原始野生的“北京人”来站在这群幽灵的面前。假借了“北京人”的口，而赞美原始时代生活的纯洁与坦白，要爱就爱，要恨就恨，生得痛快，死也痛快。所以剧作者便大声疾呼，要新生的一代跟着这原始“北京人”走。剧作者的这种暗示是什么呢？这群幽灵似的人物固然应该受自然的淘汰，但跟随“北京人”回到原始的社会去，是一条正确光明的出路吗？这剧本给予我们是消极的一串黑影，他写出老一辈人物尚未死亡的时节，新生的一代却已不知所终了。而万先生实在忽视了今日的时代意义。如果《北京人》剧本早在二十年代前发表，将会与易卜生《娜拉》同样的不朽，但现在却不同了，万先生笔下所抨击的对象早已幻灭——被自然所淘汰了，即或偶然存在着，也并不能在今日社会中占据如此的地位。万先生难道只注视到那少数的名士酒徒与怨女旷男，而为什么不正视一眼正在为自由正义独立和平而战斗着的现代人呢？这些英勇时代战士的路难道不比“北京人”的路更宽阔光明吗？所以笔者对于这个剧本的主题是不能同意的。但从艺术的立场而论，这实在也是一本不可多得的优良创作。

笔者对于万先生特别敬爱，所以对于他的著作也特别不愿放松。万先生的成就已经很大，但更希望他能够更进一步成为足以代表中国而跨进世界文坛的作家。有人说他很受了易卜生的影响，但笔者却以为他和帝俄时代的果戈里很相似。他有高明的艺术化为辛辣的讽刺，像一把解剖的刀，是对准旧社会下手的，他善于暴露与抨击。他熟习黑暗的一切，但却未能正视更伟大的光明一面。所以他的《雷雨》《日出》《原野》《北京人》均以暴露抨击黑暗面成功，即《蜕变》描写也是以揭发黑暗面而较为精彩。但笔者相信，如果万先生能多多正视光明的一面，站在积极领导时代前进的立场去写作，就凭他的艺术手腕，一定可以获得更大的成就的。

原载《联合画报》1945年12月16日第157、158期合刊“电影与戏剧”栏刊

关于曹禺的戏剧

善秉仁

小　传

曹禺是万家宝的笔名，湖北潜江人，生于一九〇五①年。他对于戏剧的初步尝试是在民国十五年至十九年间，先从翻译外国名剧入手，相当成功。民国二十三年毕业于清华大学，同年出版了他的第一部剧作《雷雨》②，一鸣惊人，在剧坛上立刻放射了光芒。

民国二十五年，第二部剧作《日出》出版，次年《原野》也相继问世。抗战期间，作者在内地努力编剧工作，出品有《北京人》《蜕变》《正在想》等剧本，名噪一时。

胜利后，作者应美国国务院特请，赴美讲学一年。现在作者留居上海，从事电影编剧。

作品的评价

据作者自己说，他的作品有一种普遍的缺憾，这个缺憾，就是缺少一个中心人物……或更好说是戏剧里的主角根本就不能和观众见面，他情愿躲在幕后，来支配其他的角色，以完成整个剧情的表现。

作者对于希腊悲剧有过相当的研究，很受了这些古代剧本的影响，把剧情的结束委之于命运。我们可以大胆的说一句：中国悲剧所以能有长足的发展，所以能吸引广大的观众，主要的原因就是得力于命运主义，因为中国人一般是把悲苦的遭遇委诸于命运的。这命运就是曹禺悲剧里边的主角，无形中支配着各个演员的动作。

希腊悲剧的本质，正如法国大戏剧家 Racine 等所表演的手法，是要在观众的心田里，制造恐怖和慈悲的情绪。曹禺的戏剧也仿效了这种作风，特别是在最初出版的三部剧本里，充分达成了恐怖的任务，尤其是第一部出版的《雷雨》，比《日出》要成功得多。

《雷雨》的主角周蘩漪是个畸形的女性，她爱上了丈夫和女仆所生的儿子，这个儿子却爱着周家的一个使女，也就是他同母所生的姊妹。蘩漪忌妒得发狂了，想尽办法攫取这儿子的爱情，竟至不惜把这两家混在一起的不名誉的事情宣布出来，结果惨剧连续的发生，在极端恐怖之下她失掉了理智。

关于剧情的详细节目，这里不必介绍，我们所要说的是作者以为这畸形的女人，是在

① 勘误：曹禺生于1910年——编者注。

② 勘误：《雷雨》1936年于文化生活出版社出版——编者注。

盲目被命运支配着。

《日出》的主角是一个不规矩的少妇，被几个妇人包围着，她拒绝了所有向她求婚的人，只让命运支配着她的一切。她原是结过婚的，后来被丈夫遗弃了，于是她放任起来，再不信任正常生活的幸福，把她的积蓄分给从前的朋友，而她自己却要到声色金钱里去找快乐。然而不久，痛苦就打击到她头上，她的情人原都是小民的剥削者，这时已付偿不了她的欠债……结果，还是被命运所支配，用自杀了结了这一生……在日出的时候，一个新的生命会叫她享到幸福。

《北京人》一剧，在揭发中国旧传统的失败，而代次这一人的新思潮。

《原野》是一部复仇和爱情的剧本，作者用尖刻的线条，过分的描绘着这恐怖的两种情绪，毫未顾及观众情绪反映的后果。剧中人有一位忌妒阴狠的母亲，一个泼辣的儿媳时常想念着旧日的朋友，她的丈夫相当柔弱，而那旧日的朋友是一个忌妒很深无恶不作的流氓。这几个人就是舞台上出现的角色，幕后支配着他们的命运，却把他们送上了杀人和罪恶的途径。

《家》还是巴金的那一部小说，被作者改编成剧本，无须我们再作介绍。

《蜕变》是在抗战期间写成的，在我们所看过的爱国剧中，该是最好的一部作品，内容描写一座医院被人充作了生利的工具，经丁博士和梁专员的努力，把院务再度整顿起来。这两个人的卓越品行，对于战后的中国领袖人物，按理是该发生影响的。

《正在想》一剧没有多大价值，作者在这里并没有作过太大的努力，因之它也没给作者增加什么荣耀。

曹禺剧作技术方面的疵病

我们绝对承认曹禺的戏剧是现代中国一般编剧者所不可比拟的，他确有编剧的天才；由他的作品的内容在价值和对广大观众的吸引力来看，我们可以保证他的戏剧还要流传到很久的时间。由艺术方面说，作者贡献给观众眼前的，确称得起是杰作，尤其是他善于描写中国现代社会的实况，这也是我们以为值得注意的一点。我们以为作者的最成功，就在他能窥探现代青年对现实社会的内心情绪，无论是家庭生活方面、婚姻方面，以及社交方面，都由这一点来入手。虽然他的戏剧常把命运作后盾，但是他吸引观众的能力，却在叫一般青年在那些剧中，找到个人内心思想情绪的忠实反映；故此他的戏剧特别为一般青年所熟悉，竟能百读不厌。笔者本人也时常作过曹禺的观众之一，当时使我们受感动大的，与其说是剧情的本身，无宁说是那些青年男女热情拥护的表现。一般的说，曹禺的观众以青年男女占绝对大多数，为表现他们的会心，常要报之以热烈的掌声，而掌声起处，正是作者描写社会创伤和社会改造家慷慨斗争的时候。

这不能说不是作者把握观众情绪的天才。然而，假如我们把他的作品作一番深刻的研究，我们就要发现他的戏剧无论是在技术方面和心理方面，都有相当的毛病。

比如《雷雨》，作者网罗的范围太大，使得那些人物的相遇颇不自然，尤其是最后一幕的大团聚，竟有些不合逻辑。这一部剧本的疵病在材料太多，满够三部剧本的应用，材料既嫌太多，所以许多遥远的复杂的生活细节都被作者摆上舞台，这不但会引起观众的疲倦，甚至使观众有消化不了之感。

《日出》一剧也犯着同样的毛病，不过比较的好，所认为可惜的是结构欠完整，末尾的结论不太合理。此外，全剧的结构缺乏连接性，好像是一张张单独的画片，添添减减，都无害于戏剧的本身。

《原野》比《雷雨》更要失之太凶惨，太尖刻，那位母亲的漫骂和仇虎的忌妒与复仇的行为，都描写得太凶蛮了。

《北京人》一剧，不管他解决问题的方式如何，我们不能不承认那是一部结构很好的剧本。

《家》这个剧本，作者忠实的编制了巴金的著作，描写那几个青年的冲突也有些太凶，而觉新犹豫未决的性格始终没有决定的表现，只留给观众去猜想。

《蜕变》确是一部好剧本，表演起来比前几部要缓和得多，但是第一幕冗长又乏味，甚至把观众共赴国难的勇气也会给降低了！

最后一剧《正在想》，我们不客气的说，等于作者在技术上的整个的失败！

曹禺剧作的道德价值如何

前面道过，这位作家的最大成功，就在他能启发观众的恐怖和慈悲的情绪（虽然慈悲的成份比较少）。倒是一位有识见而关心精神价值的观客——却能从他的戏剧里，发生对青年观众的慈悲心，那些观众都年幼得很，对于作者又那么的倾服，然而作者并没有给他们健全的滋养，却把他们的精神食粮里，加上了一剂强有力的毒药！

在解决人生的重大问题，一般的见解本已不大健全，作者更搀杂一些很有害的原素在里边。比如《雷雨》一剧，是个家庭社会的严重问题，作者并没有给观众一个合理的解决，仅是用生动的笔调，尽情的描写了凶险丑恶的生活，舞台上的人物都在罪恶里面打转，没有一个人有着正常的生活，而每一个人的结局，又都自杀杀人等凶恶作了结。

《日出》是在描写资本家和流氓一类人的毁灭，除了死亡一途之外，作者也没有找到合理的解决。有几个场面，特别在嫖妓的一幕，以及金八爷的一切行为的表演，除了达成道德的堕落外，绝不会有好的效果。作者对于描写堕落的生活颇感兴趣，似乎作者对于这些已经视以为常，只可惜那些纯洁无罪的青年，拖着景仰的心情来观剧，所得到的却是这样的教训。一位有识见的观客在看了这些剧情之后，除了感觉呕人以外，只有慨叹作者就这样的断送了青年的纯洁，连那小东西的遭际也不会得到理想的结论，不过是给那些为逃避痛苦而自杀的人，制造虚伪的理由。

《原野》是恨恶、复仇，以及疯狂之爱的描写，作者是否将以这些情绪的伸张来复兴祖国的社会道德呢？

还是《蜕变》的确是好，编剧的目的是要谋中国的复兴，作者在剧情里，除了揭示一些破坏国家的人物之外，的确也表演了几个足资模范的典型。

除《蜕变》一剧之外，前面的三种戏剧，凡是承认道德价值的人，有志为未来中国训练良好青年的地方，绝对不该上演，因为三剧的人物，都是在罪恶、恨恶与复仇里讨生活，并且形容得特别生动。

作者在《北京人》一剧里另换了一种笔调，与前者大不相同。也采取了一个现代青年所最爱的口号作题材，那就是“打倒旧传统”；这一部剧作虽然技术上相当成功，但是作的解决方式和天主教的方式完全不同，甚至有人以为那几近共产的宣传。总之，关于曹禺的戏剧，除《蜕变》之外，我们以为绝对不该表演在青年面前。教育家和家长们，尤其该禁止子女去看这样的戏剧。甚至一切受过高深教育的人士，也不会从他的戏剧里得什么好处，原因是各剧所贡献的结论，与解决现际问题的方式背道而驰，而他所描写的罪恶的生活过分的逼真，为任何人都有减低道德修养的危险！

编者按：曹禺先生最近已由沪抵港，继续从事电影编剧云。

原载香港《时代学生》1949 年 2 月 15 日第 1 卷第 2 期

二、新中国成立后曹禺综论

漫话曹禺的剧作

朱　青

曹禺是我国“五四”以来最优秀的剧作家之一。他的戏剧作品不仅为我国人民深深喜爱，在国外也受到热烈的欢迎。

《雷雨》的创作显露了曹禺非凡的才能。《雷雨》于1934年在《文学季刊》第三期上发表时，作者刻划人物之深刻，语言与结构技巧的娴熟，就引起了文艺界热烈的反应。

《雷雨》刻画人物极其深刻。作者以极大的同情塑造了蘩漪这个不幸的妇女形象，愤慨地描写了侍萍为富家公子占有与遗弃的辛酸经历，揭露了以周朴园为代表的封建性的中国资产阶级的冷酷与伪善。通过剧中离奇的遇合，作者谴责了不合理的社会和不合理的家庭。

1934年，曹禺开始酝酿写《日出》，后来发表在1936年的《文学月刊》上。《日出》无情地揭露了旧社会大都市中黑暗糜烂的一面，作者用“损不足以奉有余”以表达他对资产阶级社会的愤懑。作者充满激情地向人们控诉这个社会的种种罪恶，控诉它的不公和不义，作者揭露了人与人之间那种金钱关系。作者怀着强烈的同情叙述了小人物的悲惨遭遇……这些都显示了作者高度的人道主义精神。作者痛恨这些剥削者与这个剥削人的社会，甚至对它发出切齿的诅咒：“时日皆丧，予及汝偕亡！”

贯串在《日出》中作者这种人道主义的激情是感人的，作者在人物刻划上也保持着如《雷雨》一样的长处。作者这时的写作态度已大不同于《雷雨》创作时期，而以尽情倾吐那些使他苦恼的重大的社会问题为快事了。“果若读完了《日出》，有人肯愤然地疑问一下：为什么有许多人要过这种‘鬼’似的生活呢？难道这世界必须这样维持下去么？什么原因造成这种不够的禽兽世界？是不是这局面应该改造或者根本推翻呢？如果真地有人肯这样问两次，那已经是超过了一个作者的奢望了。”

基于同样的人道主义精神，曹禺在这段时期还写作了《原野》，恶霸地主怎样掠夺农民的土地、迫害农民，通过仇虎的遭遇有动人的描写。剧本原是可以深刻展开一幅农村阶级斗争的图画的，但在仇虎向焦阎王的儿子复仇的问题上，作者却只留恋于仇虎的心理纠葛的描写，混淆了正义与不义的界限。当然，作者也觉察到个人复仇不是解决农民与地主矛盾的方法，但什么是真正的出路呢？作者在当时，并没有给人们以正确的解答。

曹禺开始创作生活的这几年，正是国难深重、民族生存危急的关头。很大部分的进步作家都投身于国防文学的运动中，当时确是需要急切地在文学上反映民族解放斗争，为此，曹禺是受过某些舆论的非难的。作为一个中国人，一个爱国主义的中国作家，他对当时民族斗争的态度是鲜明的。也要求在作品中有反映反帝的题材。

1939年，重庆戏剧界为了纪念第一届“戏剧节”，曾举行盛大的演出，演出剧目为《黑字二十八》(又名《全民总动员》)，编著者是曹禺和宋之的。曹禺还亲自参加演出。剧目的主题是配合当时政治任务号召全民总动员来参加抗战工作。这个剧本充满了民族情感，歌颂了爱国志士，鞭笞了民族败类，也讽喻了某些“以抗战做幌子的无耻之徒”。可能是由于时间匆促，剧本情节尚有人为的痕迹，而人物刻划的也嫌不够深刻。但作者的政治态度是鲜明的。

曹禺在抗战期中的第一个作品是《蜕变》。《蜕变》揭露了在抗战中国统区的一些动摇份子和腐朽人物，作者对他们怀着深深的厌恶和鄙夷的感情。剧本也流露出作者对我们民族在抗战中“蜕”旧“变”新的殷切的盼望。剧本所揭露的那些腐朽现象在当时是典型的，那种对于抗战的乐观心理也是可贵的。但作者过于乐观了，或说过于天真了，由于国民党当时是打着抗战的招牌的，作者怀着一种轻信的感情塑造了梁公仰这位正面人物，而梁公仰这样的人物出现在《蜕变》所描写的那个环境中却是不真实的。虽然如此，《蜕变》在抗战期间还是起着积极作用的，只是那种轻信的心情未能帮助人民认识国民党的反动本质。剧本的这些不足之处，当时重庆《新华日报》是有过评论的。

解放后，曹禺曾有意修改《蜕变》。他对《文艺报》记者谈话中曾提到梁公仰的原型是一位共产党员，他想恢复这个人物原来的身份，并把剧本写成梁公仰只是暂时改变了剧中那座医院的局面，当他一离开，那个医院又恢复了以往的各种丑恶。而“蜕变”两字，则仅用来表示丁大夫这个知识份子在接触梁公仰后心灵中的变化。

就在写作《蜕变》的这一年，曹禺还写过一个独幕剧《正在想》，描写一个变滑稽戏法的老班主，由于生意清淡，想迎合时尚，改演话剧，因此闹出许多笑话。这是一出闹剧，戏结束后老班主老窝瓜改演话剧失败，他的老婆举棍追问他，“你不是说你一脑袋都装的是戏吗?”老窝瓜其实已无办法，却勉强幽默回答:“我……我……我正在想!”写这出小戏时，曹禺有将近五年不曾写作了，他很想改变自己与现实的关系，可能《正在想》所反映的正是作者此时自嘲的心境吧。

曹禺在1941年写作了《北京人》，1942年根据巴金同名小说改编了《家》。

《北京人》描写了没落、垂死的封建阶级的崩溃。《北京人》无论在思想上或艺术上都是曹禺剧作的高峰。曹禺揭露了封建大家庭内部的种种倾轧，封建阶级老一辈的顽固、自私，封建子弟的孱弱无能，他们之中也终于有人认清了这个没落的阶级没有前途而坚决出走了。特别值得注意的是作者把封建阶级透视的那么深刻，他描写了这个阶级必然崩溃的命运，然而丝毫不带惋惜之情，作者曾表示，《北京人》不是悲剧，应当是喜剧。作者用笑声葬送了这个没落的、注定要灭亡的阶级。这种感情极其类似契诃夫在《樱桃园》中对贵族阶级所持的态度。契诃夫也是强调《樱桃园》是一出喜剧的。

《北京人》中的人物刻划也是杰出的，那个可笑又可悲的曾文清，那个有着爱的才能的愫方，他们的联系与分离蕴藏着丰富的生活哲理。

曹禺对于起而代替封建势力的新兴资产阶级的刻划也是深刻的，虽然杜家并没有出场。作者对资产阶级是批判的。如果谈到《北京人》有什么不足，那就是作者虽然向往光明、自由，但他们仍然不能清楚地把捉它们，无怪人们曾经担心，愫方出走以后怎么办？

曹禺改编《家》，保留了巴金原著中最动人的情节，通过觉新与觉慧的婚姻爱情上的不幸遭遇，揭露了封建大家庭的罪恶。这个改编是创造性的，是改编小说为剧本一个很好的典范。作者充分运用戏剧形式处理了小说中描写的事件，既保持了小说的根本精神，又是完整的戏剧。在小说中简略的几笔，在剧本中化成了丰富的戏剧场面，例如觉新的新婚之夜，那独白的运用也是独具一格的。有时小说中繁复的描写，剧中只用一二戏剧行动就揭露了人物或事件的本质，如对冯乐山的刻划。剧本《家》的主题与《北京人》的主题是有所呼应的。

1946年《文艺复兴》杂志上连续发表了反映民族钢铁工业状况的多幕剧《桥》，从发表的两幕（共三场）来看，作者以深深痛恶的心情描写了官僚资本对于民族工业的掠夺，也悲哀地感到正直的民族工业家是没有出路的。作者以强烈的讽刺笔法描写了出场的官僚资本家和他的随从们。1946年2月曹禺与老舍被邀赴美讲学，这个剧本没有完成。但在当时的政治情势下，完成这个剧本也是有困难的。

曹禺从美国回来以后，只写作了一个电影剧本《艳阳天》，通过一个正直的律师的遭遇，反映了抗战胜利后国统区人民的痛苦生活，汉奸们又成了国民党的权贵，他们无理地欺压着善良的人们。在这个剧本中作者表现出对艳阳天的渴念，可是他又太乐观了，剧中阴律师在现实生活中恐怕是不容易打倒那位当过汉奸的大富商的。

解放前曹禺的剧作是充满爱国主义与人道主义精神的，《雷雨》《日出》《北京人》，便是他最有代表性的作品。1954年，曹禺在参加协和医院思想改造运动后，写出了《明朗的天》。这是曹禺创作生活中一个极其重要的开端，因为在这个剧本中显示出作者力求站在工人阶级的立场，用工人阶级的观点来评价所要描写的对象，这种刻苦掌握马克思主义以指导创作的自觉，使《明朗的天》根本有别于曹禺过去一系列的作品。这是社会主义现实主义的新创作。

《明朗的天》里出现了工人阶级、共产党员的形象。作者流露出对工人阶级的无限热爱和对共产党员的无限崇敬，作者尽情地歌唱着新英雄人物高尚的品质。这是在以往的作品中所没有的。

《明朗的天》描写了中国的旧知识分子如何从美帝国主义文化侵略的枷锁中挣脱出来，如何开始觉醒，和自己的人民站在一起，成为一个真正爱国的、富有革命人道主义的科学工作者。这个主题有着深刻的政治意义，它帮助人民认清帝国主义文化侵略的实质，帮助人民进行和资产阶级思想的斗争。

曹禺在《明朗的天》中所表现的对人民政权、人民英雄与人民的热爱，不是敌对人物的爱国主义与人道主义，而是无产阶级的新爱国主义与革命的人道主义。

近年来，曹禺同志因身体不好没有进行写作，但他一直注意观察、体验着现实生活的发展，一度他准备写一个有关工商业社会主义改造的剧本，也还有一些其他的写作计划。我们相信，曹禺同志是一定会写出更好的新作品的。

原载《文学书籍评论丛刊》，人民文学出版社 1959 年第 5 期

曹禺剧作人物札记

沈明德

“描写行动的人们”

亚里斯多德

情节发展的紧张曲折，引人入胜，这一切对于一个优秀的剧作家来说是极端必要的，这一切能抓住观众的注意力，使他们怀着迫不及待的心情等候着剧情的进一步发展，从而实现剧作家预想的教育效果。然而，剧作家曹禺的才华不止于此。即使在开幕以前，观众已经清楚地了解了剧情，也并不会因此而影响他观剧的浓厚兴趣。“一个剧作家如果有东西可讲，他是不怕摊牌的。”①他的戏剧甚至是观众在看了第二、第三乃至于更多遍之后，仍然保持着一种新鲜的魅力。一个拙劣的剧作，往往只有一个廉价的“剧情”，而曹禺的戏剧却具备着一种能使观众永不厌烦的因素。那就是人，活生生的人，丰富多彩、复杂深刻的人，交溶着现实生活、剧作家的激情、哲理和美学理想的人。人才使戏剧具备了真实的力量，人——艺术的主要对象。

剧作家可以假借一个不是自己亲身经历过的情节，这并不算作抄袭，甚至如莎士比亚这样的“巨人”也并不忌讳假借情节。果戈里曾经要求普希金供给他情节，这并没有妨碍他成为一个伟大的剧作家，《钦差大臣》正是这样的产物。但是，人物却必须是剧作家在现实生活中打过交道、耳闻目睹的产物，必须是剧作家对现实生活的感受，观察、分析、提炼的结晶。为了《日出》第三幕的写作，曹禺忍受着艰难的磨折，深入到贫民区娼窟中去观察各种人物。他说：“为着这短短的三十五页戏，我幸运地看到许多奇形怪状的人物，他们有的投我以惊异的眼色，有的报我以嘲笑，有的就率性辱骂我，把我推出门去。……”②这样，观众才看到了第三幕，这残忍而真实的第三幕。

情节——按高尔基的说法——乃是“各种不同的性格、典型的成长和构成的历史”。③因此从情节发展的合理性看，剧作家首先应当把握的是人物。别林斯基说得好：“人是戏剧中的主角，因此在戏剧中不是事件支配人，而是人支配事件……”当然，剧作家往往在有了一个情节或情节的雏形的时候才意识到艺术创造活动的开始。但这并不意味着情节先于人物。我们应注意的问题是：为什么仅仅是这一个情节而不是别一个情节激起了剧作家的创作冲动呢？回答是，剧作家常常将自己对于现实生活中人物的感受、观察、分析的

① A.托尔斯泰《我的编剧经验》，《电影艺术译丛》1956年1月号。

② 曹禺：《日出——跋》。

③ 高尔基：《与青年作家的谈话》。

结果贮藏在下意识的底层。当他碰到或找到了一个适当的情节的时候，意识的大门突然被打开，人物有了活动的场所，他们从下意识的底层走进到剧作家的意识中来了。（当然，人物活动的结果，也会变动、增删初遇的情节。）甚至在改编巴金的长篇小说《家》的时候，曹禺也依靠着自己的生活经验及对于人物的真知灼见。可以看到，剧本《家》中的某些人物甚至比原作更为鲜明深隽，这是曹禺生活感受的升华。当然，没有小说《家》也不会有剧本《家》。

人物是剧作成败的决定因素。现在就让我们先进入曹禺剧作人物所构成的一条长长的画廊的一端吧！就在这一端，已能使我们联想到一些艺术的真髓，对一些艺术问题可有更清楚的理解。

× × × ×

主要人物应该有丰富的典型性。典型性格在典型环境中形成。典型环境又是由人物与人物的特定关系构成的。周围的非主要人物如果缺乏色彩，主要人物也将苍白无力。曹禺从不放松对次要人物的刻划。红花也得绿叶扶，但必须是新鲜碧绿的叶。

剧作家的艺术力量甚至表现在对于不出场人物的创造上面。突出的例子就是《日出》中的金八。金八在《日出》中具有双重的意义，他不仅是半封建半殖民地社会中黑暗势力的象征，就如陈白露所说的那样，“……金八多得很，大的、小的、不大不小的，在这个地方就像臭虫一样，到处都是”。同时，金八也是一个比较具体的显示了性格多方面的人物。曹禺在戏剧结构、人物的具体关系中，多方面地刻划了金八的性格。在对潘月亭的经济打击上，观众看到了金八如何凭借着实力，施展着资本主义式的大鱼吃小鱼的手段，以填塞他贪婪的巨壑。在黑三这群流氓身上，我们看到了金八性格的延伸；黑三肆无忌惮的活动，让我们看到的是金八作为半封建社会封建把头的权势。从福升规劝白露少管闲事的话语里，更证实了金八在地面上广泛的政治联系。而从他对小东西的蹂躏上，我们也分明看到金八私生活的荒淫无度与残酷野蛮。由于人物之间的关系是具体的，在情节的发展中金八又是一个具体的动力，因此他虽然自始至终没有出场，然而他的性格的真髓似乎仍旧能够给予观众以“内心视觉”上的具体性和完整性。这正是虚中见实的艺术手法的成功例证。金八“无影无踪”，“时时操纵场面上的人物”，这种“操纵”决不是如某些人所认为的那样，是凭借着一种抽象的不可捉摸的“力”，而是凭借着具体的有利于他的经济实力和广泛的社会联系。这正是剧中所表现出来的——我们且不理会剧作家本人是否明确地意识到。如果剧作家对于某种类型的人物确实是熟悉的，有相当理解的，那末这人物即使不出场，也会从剧作家的笔端流出来，通过具体的人与人之间的关系，返照出较为真实的性格来，表现一定社会的本质。透过金八这一人物，半封建半殖民地的社会面貌、卅年代初中国经济生活动荡不安的状况至少反映出了一斑。有些批评家认为，创造不出场而在幕后支配和操纵场面的金八，反而减低了《日出》的真实性，我很难同意这种看法。

当然，在曹禺的剧作中，不出场的人物也有不成功的例证。这恰恰从反面证明了人物必须是剧作家所熟悉、所理解的。譬如《日出》中不出场的打夯工人。剧作家朦胧地感到了他们的重要性，有意识地要强调他们，利用他们来衬托这一群黑暗世界人类渣滓的末路。可惜剧作家对于他们太不熟悉了，自然谈不上深刻的理解。因此，只能作为剧情的外加物存在着，不能如金八那样成为结构的有机组成部分，和其他人物构成具体的关系，作为情节发展的具体的契机。性格自然得不到具体的刻划。虚中乏实，只能在幕后作为一种抽象的生命力的象征，体现着剧作家朦胧的憧憬。恕我妄测一番，这些打夯工人如果一定要搬到幕前来，也得不到最真实的描写，甚至存在着被歪曲的可能性。《雷雨》中的工人形象鲁大海的不成功，就是旁证。《北京人》中的“北京猿人”这一不出场的人物，更是一个能够说明问题的例证。“北京猿人”不是剧作家对现实生活中人物长期体验观察研究的结果，是剧作家对于原始生活的一种向往，是剧作家世界观中某些脱离了现实规律的主观意愿及幻想的模写。“北京猿人”不能参加到剧情的发展中来，不能与其他人物发生具体的社会关系，也就没有性格的具体描写可言。如此，在人物与人物的具体关系中，不出场的人物可显示出真实的性格，其前提是对于这一类型的人物，剧作家熟悉与否，理解与否。

× × × ×

我甚至这样去想：要确定一个剧作家是否具有卓越的艺术才华（我所说的才华不是脱离了思想、生活和艺术实践的神降之力），往往可以先去看看他笔下的次要人物，鲜明与否，充实与否……高尔基说过：“蜜蜂从所有花朵上各采一点点，但却是采取那最必要的一点点。”在创造戏剧中次要的人物上，剧作家尤其需要用那艺术的慧眼凝视变幻多端的人生，在瞬息万化的运动中，抓住、选取并突出对于人物来说是最主要的那“一点点”。可以《日出》为例。

《日出》的特点是人物众多，但却多而不泛，几乎个个鲜明。剧作家创造了顾八奶奶、胡四、张乔治、福升……这一群喜剧式的人物，他们代表着都市生活的渣滓，阳光照不到的角落里的魑魅魍魉。对于他们剧作家采取了喜剧式的夸张手法，抓住要点迅速显露。同时这些人物所贯串起来的喜剧因素，又和陈白露、翠喜、小东西、黄省三等所构成的悲剧因素交织一起，互相映衬，从而加深了这些人物的思想深度，更没有陷入闹剧的窠臼中去。我们着重来看看顾八奶奶这个人物。

对于顾八奶奶，剧作家有力地把握并且鲜明地突出了特殊的社会地位以及畸形的都市生活镂刻在她性格上的深深的痕迹。一个富有的寡妇，优裕而无所事事的生活，必然使她精神生活空虚无聊，于是，自然而然地会产生出一种畸形的精神上和肉体上的欲求。在那压制住了人性健康发展的生活环境里，这种妇女通常会发展成为两种类型。一种类型，由于竭力要求摆脱生活中的空虚无聊，找到所谓精神上的寄托，便企图在这苍白的生活中填装进一些所谓“崇高的信仰”，外加上一些看来是“有意义”的事情。她们今天会突然热心于慈善事业的经营，明天又会突然狂热地虔敬和信仰某种宗教。她们常常会流淌一些为“善”所动的眼泪。但你千万别天真地相信，她们真地同情穷人的疾苦，真地笃信宗教教义的博爱平等！眼泪只不过是滋润她们枯涩的灵魂的润滑剂罢了；流泪是一种有趣的嗜好！你看，为了慈善事业的举办和教堂建筑的捐助，她们会去放高利贷呢！另一种类型，则因为优裕而无所事事的生活是缺乏真正的热情的，在她们心中会产生一种“饱暖思淫”的欲念，她们会疯狂地追求所谓“爱情”，实际上只是寻找精神和感官上的刺激罢了。钱又使她们能够买到这种刺激，于是在她们的脑子里会产生一种畸形可笑的“恋爱观”，顾八奶奶大致上属于后一种类型。

剧作家以喜剧式的夸张手法勾勒了顾八奶奶的具体特点。她的年龄已经达到不适于浪漫风情的阶段，半老却又并非徐娘。为了掩盖这一点，在她的语言和行动中就出现了一种过分夸大的天真。既然她已经丧尽了对于那些花花男人的吸引力，那末她对于陈白露这样年轻貌美的女郎，自然尤其羡慕。于是，在她的行动中就出现了对于陈白露的夸张的模仿，堪称东施效颦。我们来听听顾八奶奶是怎样称赞陈白露的："白露，我真佩服你，我真不知道怎样夸你好。你真是个杰作！又香艳、又美丽、又浪漫、又肉感。……我说你是中国顶有希望的女人。"值得注意的，顾八奶奶的语言也是模仿的，不谐和，粗俗，并掺杂着黄色文明的艳词，富有一种诙谐的讽刺色彩。在顾八奶奶的脑子里，风流的女人都和"才子佳人"戏中的小姐一样，娇小玲珑，弱不禁风，多愁善感……而她的贵体偏偏"健壮得象条小牛"，于是，她不得不装着忧郁多病，时时吃，时时提醒人们别忘了她是个"有病的人"。这种装模作样的病痛恰恰是一种精神麻醉的享受，这种享受当然使她更加"健壮"。顾八奶奶就是这样，成天兴高采烈地撒谎，愉快地制造忧郁和苦痛，夸大地歌颂爱情的"伟大"，享受般地诅咒男人的负情。归根结蒂这种生活是金钱在支持着的。因此她的爱情就如她自己所说的："我告诉你，爱情是你甘心情愿地拿出来叫他花，他怎样胡花你也不必心痛——那就是爱情！——爱情！"她的性格就是在这样的生活环境中形成了。

剧作家正是这样善于抓住人物的要点，加以喜剧式的突出，给你留下深刻的印象，而又使你悟得人物所体现的社会内容。虽然是次要人物，鲜明的个性和社会生活的内容也交溶无间。此外，张乔治、胡四、福升等也惟妙惟肖，表现出剧作家善于抓住由于生活和地位不同所造成的人物性格间的些微差别，把这些差别通过喜剧手段加深扩大，使人物性格在短短的瞬间明晰地显现。

× × × ×

精雕细镂地从多方面去刻划主要人物，层层深入地展开主要人物的内心世界，以创造丰满的典型人物，也是曹禺之所长。

别林斯基说："在典型里，是两个极端——普通和特殊——的有机的融合的成功。"正是要求典型在反映生活中一般意义的同时，最大限度地突出具体的感性素质的完整性。任何一个部门的艺术家都会有这样的体会，愈是具有独特个性的，就愈是典型的。观众需要看到舞台上出现的人物具有丰富的独特的个性。然而，独特性决不是共性或一般性的附加物，决不是同种规格的商品贴上了不同图案的商标的结果。个性应该揭示不同的独特的生活环境所给予人物性格的丰富、复杂、直接或曲折的影响；在这种影响之下，形成了人物不同的性格特征。剧作家熟悉这些特征在各种条件下的具体表现。我们来看看《雷雨》中的蘩漪。

这个人物的个性可以说是尤其独特的，甚至独特到仿佛不近情理的程度。人们为她的特异惊讶，而无法立刻就充分理解她。你说不清这个女性到底是可爱还是可怜。你同情她，却又觉得或许不该寄予同情……总之，她会引起你一阵困惑。然而她的独特的个性吸引着你，使你必然为之深深思索。之后，你理解了。她的独特正在于不能用简单的同情或不同情的态度来对待。同情和批评、敬爱和厌恶是那样复杂地纠缠在一起。《雷雨——序》提到一位朋友在信中告诉剧作家，说自己迷上了蘩漪，认为她的可爱不在她的可爱之处，而恰恰在她的"不可爱"处。此见甚中吾意！然而，可作一补充：她的"不可爱"处，也恰恰在她的“可爱”之处。

这岂不太特别了吗？是的！然而，这正是剧作家才华之所在。他善于揭示独特的生活环境在人物性格上镂刻的特异的痕印，深刻地表现环境和人物性格中各种因素之间繁复的因果关系。任何独特的复杂的性格只要是和环境相应的，虽然不能简单归类，却是可以通过具体分析，获得理解的。我们以为并不是任何“独特”都是值得称道的，某些剧作家笔下的“独特”甚至必须加以反对，如果那“独特”是出于凭空的想象或形式主义的夸张。

曹禺认为蘩漪的个性的特点是“极端”和“矛盾”。她孤高自赏，然而对于周萍的乞求又是那样卑下；她阴鸷有力，但又偏偏把爱寄托在十分懦弱的周萍身上；她阻止周冲对于四凤的爱，却也痛恨周冲轻易地放弃四凤……总之，在她的性格上可以看到一连串的矛盾和极端。曹禺称她为最“雷雨”的性格。这矛盾和极端的性格所以吸引人们又经得起人们细细咀嚼，就在于她的独特个性是她独特的生活环境的产物，从中可以透视一定社会给人物形成的生活环境，这是有社会意义的。十八年的“禁闭”的生活的重压可以窒息一个女性的生机和对于生活的欲望……周萍的出现却又唤起了她的生命，点燃了她的感情的火焰，周萍是从她生活中升起的唯一的一颗“救星”。这样一个在孤独中挣扎的女性就可能用一切手段——几乎是悖乎常理的手段，去维持她和周萍的关系。一个落在深水中的人，看见了一根哪怕是不经力的枯藤，也会不顾一切地去抓住它。在这不顾一切的挣扎的过程中正显示了她的矛盾极端的个性，显然，这是环境使然。在她行动的各个方面都显示了这种独特性。为了得到应有的爱情，她固然毫不犹豫地背弃了作为人妻的“操守”，并且也抛却作为人母的“天职”，虽然她是爱周冲的，但在必要的时候她也利用周冲来挽回自己和周萍的关系。她高傲，却低声下气地乞求周萍的“爱”的“施舍”；一旦哀求无效的时候——周萍自私地企图摆脱蘩漪的时候，她的哀求便转入另一极端——报复。热烈的爱转化为残酷的恨，她要鼓起响雷，打起闪电，作一次困兽之斗。她宁愿在这最后的搏斗中毁灭。在矛盾与极端中完成了她“雷雨”式的个性。譬如，我们可以看看第四幕中的一场。当周萍和蘩漪之间的关系已显然到了无可挽回的地步时，她的极端焦躁不安的情绪忽然非常独特地转化为另一种情绪——极端的宁静。蘩漪下意识地说了一句话：“奇怪，心静得很！”这又是一个矛盾的极端，但也是符合人物的内心逻辑的，可以找到环境变化的根据。在这之前，蘩漪所以表现得焦躁不安，是因为条件还允许她挣扎在绝望的边缘，固执地希望着。她的心中还在斗争、探索、追求、盘算，妄图在绝路面前开辟出一条生路来。现在，希望既已绝无，毁灭性的困兽之斗就成为了最后的决定。这时候的心情，就如静待冲锋命令的战场，死一般的寂静，听得见的只是兵士抑制着的呼吸声；又如乌云密布，大雨将注而未注时无声的大地，人不走，鸟不飞，只有草木微微的摇动。

曹禺正是在这“矛盾”和“极端”中把握了蘩漪独特心理的合理性，以及性格特征的统一性。这统一的基础就是蘩漪的特殊的生活环境。作为一个女性，她应该获得爱，但周朴园为她筑起了“禁区”，这决定了她不顾一切的反抗；蘩漪毕竟是一个和群众距离很远很远的资产阶级女性，这又决定了她的反抗不能不呈现出歪曲的状态，有时又显然采用一种与我们格格不入的损人利己的手段。作为一个受到周朴园压抑和周萍的遗弃的女性，作为一个追求合理爱情的女性，是值得我们同情的；作为一个顽强地追求个人幸福以至于不惜任何手段的女性，我们又必须给予批判的。作为一个敢于蔑视周朴园的道德观念而对周萍施加报复的女性，我们觉得可爱，作为一个只有“我”的女性，我们也感到厌恶。“可爱”之处在“不可爱”处，“不可爱”处在“可爱”之处。同情与批评，敬爱与厌恶，对于她的矛盾极端的独特个性我们采取了这样具体的态度。当然，考虑到当时具体的环境，同情应多于批评，爱应多于厌。总之，独特的个性是具体的人和周围环境相交流的产物，曹禺把握了典型创造的三昧。离开环境，无法理解蘩漪。

× × × ×

剧作家必须将独特的性格特征加深扩大，使之得到鲜明突出的表现。然而，这并不意味着作家有权利将某些性格特征孤立地加以夸张，而忽视人物性格多面的复杂性和联系性，我们有时看到某些批评家在确定一个形象的特征时说：某某人物形象是乐观的，或是粗暴的、自大的、吝啬的……，诸如此类。如果某些人物形象仅仅是一种抽象概念的表现，也许并不是值得赞扬的现象。诚然，舞台条件的限制，需要更加迅速和集中地显示出人物的主要的性格特征。但是，剧作家仍然没有权利将人物性格简单化、概念化，只有活生生的完整的人物性格，才能满足观众的美感享受，达到艺术教育的目的；只有深刻地多方面地表现人物性格，才能提高观众对于现实的认识能力。马克思、恩格斯所强调的“莎士比亚化”，正指的是人物性格需要多方面的具体描写。曹禺即使在创造所谓反面人物的时候，也决不讳避人物心理多方面的矛盾，以及各种因素之间微妙的因果关系，而力求层层深入地逐渐显露人物的内心世界。周朴园是一个很好的例子。

《雷雨》中的周朴园的性格可指为专横独断的象征。这不能说完全不正确，不能说没有事实根据，也不能说这个总结不是来自对人物的直接分析。然而这样的评论对于观众不会有多大的帮助，因为还停留在人物性格的表面或者只观察到一个片面。

周朴园这一封建式的资产阶级家庭的家长，确实是专横的，独断的。他惯于将自己的每一句话看作是不可违拗的命令，他固执地要求一切人在他峻厉的尊严面前忍顺应从。他敏锐地以别人对自己的畏惧来估量自己威严的地位。我们看到他怎样粗暴地逼迫蘩漪顺从自己的意志，我们也看到他如何命令周冲维持对自己的礼貌，以及在鲁大海面前那付董事长的架子。他要求蘩漪在儿子面前作一个“榜样”，而这所谓“榜样”就是如何一心一意地屈从他的意志。剧作家对于周朴园专横独断的描写可谓淋漓尽致，颇有不能再加一点的程度。然而，剧作家的艺术才华并不止于此，他必须透过一切现象所张起的帷幕，亲探到其中的底蕴。他不仅表现人物做什么，怎么做，还需深入一步表现为什么做。杜勃罗留波夫说：“在说明性格的时候，重要的东西与其说是外部的表现，还不如说是人物想做某件事情的动机。”① 人物形象不仅表现剧作家认识生活的结果，还需表现剧作家认识生活的过程。这样的人物形象，能激起观众的美感，也丰富了观众的理智。

周朴园的专横与独断是怎样形成的呢？当然，这与他所处的高高在上的社会地位直接关联。然而，这样的说明仍不全面。在戏剧中还是让我们透过人物的行动去寻找答案吧！

① 转引自《论电影剧本中的人物》一书 118 页。

周朴园对周萍说的一句话可以启发我们，可以作为寻求答案的出发点。他说："我老了，我愿意家里平平安安的……"这正说明他感到这个家是并不"平安"的。在这方面他似乎是最敏感的。一个人越是企图把自己放在众人之上，使众人屈于自己之下，就越是把自己隔离于人群之外。在矿上，周朴园是一个压迫工人的董事长，在家里，他又是一个左右一切的家长。从他的社会地位看，他必须竭力地维持这样的现状。但是，既然这样多的人成为了他的压迫对象，那末他就决不可能从所有这些人那里吸取力量，来控制现状。孤独感便是他无法避免的灾难。高尔基说："阶级的标志不是黑痣，而是一种极为内在的，属于神经的大脑的东西。"这样，任何违拗他意志的现象，都使他感到必须加强对周围人们的压力，以维持他控制局面的现状。然而同时，这种种违拗他意志的现象，也会对他形成一种压力，在他的灵魂深处会出现一种极度然而也是微妙的恐惧状态。他本能地从鲁大海的义正辞严的抗议中，蘩漪不顺从己意的固执中，周冲的大胆的幻想中感到了压力。人们稍有不如己意的行为，都会使他惊悸，他孤独地感觉着周围的秩序不是他所希望的那样巩固。周朴园一生的事业是建立在欺诈、伪善和残酷的迫害上……对于自己事业的信心难免是虚弱的。一种临深渊、履薄冰的恐惧不断袭击着他的心灵。在那专横的性格的那一面，常常就是心灵的弱。为了摆脱这种孤独的恐惧状态，顽固地迫使周围人们的生活按照他的意志行进，只有更加专横，更加独断了。过分的专横独断恰恰是他的虚弱无力的状态的返照，决不是强而有力的表现。专横独断与孤独软弱，固然矛盾，却又是互为因果的。剧作家很出色地表现了他的专横独断的另一面。把客厅布置成"侍萍时代"一样，难道是良心发现悔过自新的表现？非也！当侍萍再度出现，他并无赎罪的表现，就是明证。可见，这只不过是一个孤独人的宿命的恐惧罢了！（当然，也衬托着他的伪善）。我们看第四幕开首的一个宁静的场面中，他的虚弱恐惧得到了赤裸裸的表现。雷雨之夜，他回想着一天所发生的事情——鲁大海的闯入，蘩漪的反抗，周冲的大胆的思想表现，尤其是卅年前的侍萍的忽然来临，使他的心理上引起了无以摆脱的空虚与慌乱。这里有几句平淡然而潜台词丰富的对白：

周朴园：今天早上没有一个客来？

仆人：是，老爷。外面下着很大的雨，有家的都在家里呆着。

周朴园：（呵欠……）家里的人也①还在醒着。

家里人当然并没有都睡着，他所以只感到自己是醒着的，那是因为没有一个人能够和他交流思想——只有他一个人在忍受着孤独虚弱的磨折，默默地咀嚼着恐怖的不祥之兆。在以上平常的近乎自言自语的对话中，我们听到了一种衰弱的音调：周朴园孤独的心灵怎样在空虚中挣扎着。显然，周朴园的专横独断与此密切相关，这是绝望的专横，无力的独断，是面临没落的人的精神状态。如果剧作家那时已具有明确的阶级点，这两方面的因果关系会表现得更其鲜明。

剧作家写出了具有多方面性格特征的周朴园，他不是某种性质概念的化身。现实生

① 应为"只有我一个人"——编者注。

活的面貌，在他的性格中得到了曲折而复杂的反映，具有相当的美学价值和认识意义。

× × × ×

任何时候，人物的创造都取决于剧作家本身特殊的生活经验和一定的美学观点。人物创造得成功与否，必然以剧作家的生活经验的深广度与美学观点的完美程度为转移的。这条规律毫无例外地表现在剧作家将巴金的长篇小说《家》改编为同名剧本的时候。从巴金的《家》到曹禺的《家》是一段基于一定生活经验和美学观点的创造过程，在这过程中同样显示了曹禺塑造人物的艺术才能。

在人物创造上，两种《家》不是没有差别的。造成差别的原因固然错综，仍可大致归纳为两方面的因素：

第一，由于小说和戏剧在艺术形式上的不同，很自然地造成了差别。主要的不同，按别林斯基的看法，戏剧中的人物性格决不停留于他们自身之内，而是不断地显露出来，在实际的利害关系中披露出人物的内在的精神的本质①。这样，曹禺必须利用自己的生活经验，充分熟悉小说中的人物，以便创造比较集中的具体环境，使人物完全行动起来。应该指出，这一原因，只是改变了人物性格的表现方式，而并不影响人物的性格的特征。更重要的是第二个原因。由于艺术家接受生活的角度不同、深度不同，思想状况和美学观点的差异，必然会造成人物性格特征上的区别（至少是程度上的）。

当然，这两个因素的作用在剧本中是统一的，交错的。

巴金所注重的是一个大家庭的历史。他说："我要写这种家庭怎样必然地走上崩溃底道路，逼近它自己亲手掘成的墓穴。我写包含在那里面的倾轧、斗争和悲剧。我要写一些可爱的青年的生命怎样在那里面受苦、挣扎而终于不免灭亡。我最后还要写一个叛徒，一个幼稚而大胆的叛徒。我要把希望寄托在他底身上，要他给我们带进一点新鲜的空气，在那旧家庭里面我们是闷得透不过气来了。"②应该说曹禺在一定程度上也完成了巴金所提出的任务。但是长篇小说的内容既然不可能为剧本的篇幅所容纳，曹禺就在剧本中突出了他感受最深也最迫切要表现的方面，这就是关于对封建婚姻的反抗。这样，"大胆的叛徒"——觉慧在剧本中退居副次的线索，而觉新、瑞珏、梅芬三个人物的关系就构成了剧本的主要线索③；再加上对于人物不同程度的体察与美学趣味的差别，造成了两种《家》在某些人物性格特征上的差异。

在这里尤其引起我们重视的是两个妇女形象——瑞珏和梅芬。在她们身上，剧作家接受了巴金所赋予她们的性格给以深化，并溶入自己独到的理解，弥补了巴金在创造这两个形象时的某些不足。这是再创造的硕果。

梅芬在剧本中主要只有两个场面。在她未出场之前，我们已经从其他人物的言语和态度中了解了她的悲剧命运和性格的某些特征。她很早就和觉新相爱，由于屈从于长辈

① 转引自韦列霍娃《论戏剧的语言》，《剧本》1956 年 11 月号。

② 巴金：《〈家〉十版代序——给我底一个表哥》。

③ 《曹禺同志漫谈〈家〉的改编》，《剧本》1956 年 12 月号。

的意志，她没有能够和觉新结合。觉新被迫娶了瑞珏，梅芬受逼嫁给了别人。嫁过去一年丈夫就病死了。她又回到了娘家，和一个任性的丝毫不能了解她的母亲生活在一起。长年在寂寞与凄凉中度过。“夜晚睡不着呢，躺着等天亮；天亮起来了，就坐着等天黑。”她用眼泪和回忆来打发这没有希望的岁月。这样，就使她那原来有病的身躯更加虚弱了，原来文静的性格变得古怪孤僻。因此也为一般亲戚所更不喜爱。为了躲避战乱，梅芬又来到觉新家里，于是剧本中就出现了两个表现梅芬的场面。在这两个场面中，通过人物的行动，剧作家主要挖掘了人物内心世界的美好，从而更强烈地控诉了封建婚姻对于这美好心灵的迫害，使人物的艺术魅力表现得更其深隽。

梅芬和觉新、梅芬和瑞珏的两个场面集中在觉新的卧室一处（小说则可能分散在较多的地方）。从表现形式看，小说在描写这一人物的痛苦的时候，有过于外露的不足，缺乏一种抑制，譬如说过多地直接描写了梅芬怎样在觉新、瑞珏面前叹气、诉苦和流泪，相对减弱了对人物内心世界的更深入的展开。剧本却让梅芬在场面上给观众一种痛定思痛的感受，表现了过长时期的痛苦、绝望的磨折之后的沉抑和郁闷。她给予观众更加沉重的内心压抑，在观众的脑子里产生了一种更深切的关心和同情。《雷雨——序》中有一段很精彩的艺术见解：“不要叫自己叹起气来成风车，哭起来如倒海，要知道过度的悲痛的刺激会使观众的神经痛苦疲倦，再缺乏气力来怜悯……”梅芬说过一句值得注意的话：“佛说最痛苦的地狱的冤魂是没有喊叫的。”对照曹禺其他剧本的情况，可以看到他确实在追求一种深隽的艺术格调。不强调感官刺激，而重在发动观众探索生活内容的积极性。

然而，曹禺对于梅芬这一人物的再创造不仅是使人物性格更加深隽，更重要的是剧作家着意地刻划了这一人物在经过了从残酷的生活的磨折、打击之后，仍旧完满地保持着对爱情的无限忠诚以及对于人们的善良的同情，从而加深了这一人物的悲剧的意义。正象鲁迅所说：“悲剧将人生的有价值的东西毁灭给人看……。”①

在和觉新谈话的一场戏中，觉新是那样的软弱，他流着眼泪诉说了一些无济于事的苦衷，最后还急切地要求和梅芬保持通信关系，这实在不过是延续多余的烦恼罢了，并不能减轻双方的痛苦，开辟出一条生路来。而更值得人们去同情的梅芬却竭力隐藏起痛苦和眼泪，抑制住爱的激情，理智地去安慰和鼓励觉新：

梅小姐：不要再喝酒吧，你想着表嫂，她真是个可爱的妻啊！

觉　新：唉，我知道她好。

梅小姐：那你就不要顾虑太多了，（沉静地）我会过得很好的。

只有当觉新下去之后，梅芬的感情的激流才终于冲破了用理智筑起来的堤防，忽然一阵刺心之痛，使她忍不住伏在桌上哀泣了（这就是所谓“抑制过后的更加奔放”）。与此相比，在小说中，作家没有使梅芬对觉新的爱得到如此完美、深沉和内在的表现；爱情没有充分发挥提升梅芬品质的作用，而真正的爱情是能够使人变得完美的。因此相对来说，封建婚姻制度给这个女性的命运所带来的深刻的悲剧性，小说不及剧本鲜明和充分——尽管

① 《再论雷峰塔的倒掉》，《鲁迅全集》1卷297页。

没有这小说就没有这剧本。

在和瑞珏坦诚相见的一场戏中，梅芬的悲剧性格显示了更强烈的魅力。而在小说中的这一场面，梅芬的苦痛表现得仍旧比较直线。马卡连科①说过："如果你感觉自己是不幸的，你首先道德上的指责就是不要使任何人知道这件事。"(重点本文笔者所加)。在戏剧《家》的这一场面中，梅芬隐藏起自己的悲痛，竭力设法消除由于自己的存在而给觉新夫妇关系中罩上的阴影。她抑住自己的辛酸来打消瑞珏的一个天真而善良的念头(瑞珏要求梅芬留下，自己离开觉新)。同时，她也高尚地把自己对于觉新的爱完全寄托在瑞珏身上，她毅然拒绝觉新希望保持通信的要求。

梅小姐：(诚挚地)大表嫂，你什么都对我说吧，我告诉你，我这次来了，看见了你们，我真替他高兴哪。

瑞　珏：真的？

梅小姐：我现在知道了有一个人在他身旁——

瑞　珏：(真挚地)我老觉得我配，配不上他呢。

梅小姐：(微笑着)我倒觉得他有点配不上你呢。(又转为忧愁地)不过，他身体不大好，他——

这一场戏中，剧作家设计了几个意味深长的细节。梅芬和瑞珏同看海儿(觉新之子)的照片，以及觉新和梅芬在童年时的照片，通过两张照片间接地含蓄深入地表现了梅芬的悲剧心理。我们读读这几句隽永的对话：

梅小姐：(欣悦)都象，都象(暗指海儿象觉新)有了这么一个孩子才真快活呢！

瑞　珏：(忽然为梅芬感到一种悲戚)是啊，有了孩子就不寂寞多了。

梅小姐：(垂首无语)

瑞　珏：(拉起梅芬的手)梅表妹，(天真地)有时我真想把海儿送给你呢。

梅小姐：(黯然)不，不，我有了一张相片就成了。

多么善良，多么深痛。这比一切叹息和眼泪都更有力地激起观众的亲切的共鸣！在这场戏中剧作家不仅揭示了封建婚姻制度如何粗暴地蹂躏了梅芬对爱情的合理愿望，使她陷入绝望痛苦的深渊，而且强调了梅芬这样一个具有深厚的善良的崇高品质的女性怎样痛苦地意识到自己无可避免地处在干扰别人幸福的爱情生活的地位上，从而更加沉重地鞭笞了封建婚姻的残酷性、野蛮性。梅芬崇高的道德感情更加深化了她的命运的悲剧性。这一人物在剧本中，以她思想、艺术上之完美，使人久久难以忘怀。

对于瑞珏这一人物形象，剧作家进行了更加大胆的再创造。为了更完美地表现瑞珏，作家甚至创造了小说《家》所没有的几个场面。人物更有一番新的面貌。

关于觉新和瑞珏的洞房花烛夜，以及他们俩如何接近起来，小说只用了十几行交代了一下。而在剧本中却被发展为充满了抒情性与戏剧性的一个完整的场面(第一幕第二

① 现译为马卡连柯(1888—1939)，苏联作家——编者注。

场）。在月光如水、杜鹃鸣啭所烘托出来的诗般的境界中，剧作家刻划了瑞珏——这优美卓越的女性形象。一个十七岁的天真未泯的少女，被玩偶似的安置在新房里，和一个不知是美、是丑、是浅薄、是温厚的男子共度第一个夜晚，在她的心中纷乱地汇涌着恐惧、希望、悲哀、喜悦、惊慌……而日后的生活是苦、是甜、是快乐、是辛酸，还是心中的一个没有开宝的赌注。在这场戏中可以仅仅表现这些有趣的因素，然而这样一来人物性格就会过于一般而缺乏深意了。剧作家着重表现瑞珏如何以她女性特有的敏感，来确定觉新是怎样的一个人，思索着能否把整个命运托付给他。小说与戏剧同样表现了瑞珏的性格的善良温柔和忍耐，博得读者的喜爱。然而戏剧更着重地表现了这种善良、温柔和忍耐并不是封建礼数熏染的结果，而是对于真正的爱情的一种贡献，它冲出了礼教的范围。戏剧强调，瑞珏对觉新的接近，对觉新的体贴和无微不至的精神上的安慰，并不仅仅出于婚嫁前母亲的"教诲"——作为一个妻子的"责任"，而是出于对觉新的真正的爱情。从一段诗句独白中可以透视：

瑞珏：……

妈要女儿爱，顺从
吃苦，受难
永远为着他。
我知道，我也肯
可我也要看
值得不值得！
……
女儿能甘心，
只要他真，真是好！

显然，不同于她母亲的"嫁鸡随鸡，嫁狗随狗"的封建思想了。所以当她发现觉新是个"有性情"的人的时候，她就勇敢地摆脱了少女的羞怯，主动去接近觉新了。在第二幕第二景中，剧作家更深入地表现了瑞珏对于真正爱情的追求。由于战乱，一家人都到花园的水阁里去了，只留下觉新和瑞珏同守空屋。在这不同于寻常的宁静中，他们在心理上暂时摆脱了大家庭加在他们身上的沉重的压抑，他们喜悦地感到这世界上仿佛只有"你同我"。他们第一次忘了这残酷的现实，而让身心浸沉在爱情的幻梦之中。但是强迫婚姻就如一棵丑陋的毒草种在了他们的爱情的田地上，他们相爱，但毕竟是曾经被强迫而生活在一起的。这多么不相称啊！为了强烈地追求完美的爱情，瑞珏幻想着要拔除这毒草：

瑞珏：（忽然满心期望，叹了一声）明轩，我们为什么不象二弟跟琴妹似的再——重新认识，恋，恋爱一次呢？……我都不要，我还，还是要挑选你啊！

对于封建婚姻多么强烈地厌恶！剧本不是把瑞珏单纯表现为一个旧式的善良的女性，并不单面地刻划她性格中的善良、温柔和忍耐，而突出地显示她的天真热情以及对于完美爱情的强烈的憧憬和追求。剧作家创造性地表现，瑞珏如何在心理上冲破、越过封建

强迫婚姻的藩篱，追求真正的爱情。但这爱情偏纠缠着觉新和梅芬痛苦的关系以及梅芬的郁死。这就造成了瑞珏深刻的悲剧心理，对觉新的爱越是真挚、深厚，这心理的悲剧性也就显示得越加强烈。观众看到，封建制度如何野蛮地从精神上摧残着瑞珏，这种摧残的严重远远超过了对肉体的摧残。曹禺塑造了又一个完美的悲剧形象。从小说到剧本，是改编，更是创造。在人物的塑造上，我们看到了剧作家本身的生活经验和美学趣味，怎样在发挥着作用。

×　　　　×　　　　×　　　　×

在曹禺戏剧人物长长的画廊上，我们暂时就巡礼这一端吧。若再向前走去，我确信会有更多的启发和联想。

1963 年 4 月 3 日修改完毕

原载《合肥师院学报》1963 年第 2 期

《曹禺论》自序

刘绍铭

曹禺的《雷雨》，发表于一九三四年。由于他善于运用英国 Scribe 为首的"情节剧"(Well made play)公式，加上内容所宣传的正是当年闹得正热的易卜生思想，所以每逢各地上演，盛况空前。而由田汉及欧阳予倩等人极力介绍鼓吹与惨淡经营的剧运，亦因《雷雨》一剧卖座奇佳，奠定了话剧的商业基础。在受欢迎的程度来讲，话剧当然不及拥有大多数中产阶级的京剧和各种地方戏，但是作为宣传西方生活思想的媒介来说，话剧在五四时代之能深入民间，之能获广大学生及知识分子的支持，则非京剧所能比拟。

剧运既因《雷雨》而成功，搞话剧的人——包括老板、演员、导演与同情剧运的批评家——对曹禺之才华与贡献，当然感恩戴德。且《雷雨》一剧，无论就题材或舞台技术来说，确给了过观众耳目一新的感觉。盖曹禺出身清华外文系，西洋文学名著，涉猎自广，就拿《雷雨》来说，主题即渊源于希腊悲剧 Hippolytus，技巧师承于易卜生的《鬼》。此中底细，对研究西洋文学的人来说，当然不难看出。但三四十年代的观众，除了少部分学养有素的剧评人外，对此剧的来龙去脉弄不清楚。以为曹禺所用的各种吸引观众注意力的玄虚手法，乃其石破天惊之创。于是你称我颂，使一个初出茅庐的万家宝，给"成功冲昏了头脑"，危危然有一派宗师之概。

但话得分开来说。一个作家之成就高低，我们不能以他所用的题材新旧来衡量。换句话说，《雷雨》之失败，并非由于题材和技巧是拾人"牙慧"得来，而是曹禺对这种"牙慧"，未能善加运用而已。因世界上之大作家，其作品之能驰誉世界，并非因他的作品创造了我们前所未见的人物，或道出我们闻所未闻的事。他们伟大之处，是时时刻刻对我们自以为是、或自以为认识已深的情境和人物了解的"挑战"。换句话说，西方的文坛巨人如马罗(Christopher Marlowe)、莎士比亚、赖辛(Racine)、歌德，甚至杜思托也夫斯基①等人，都拾过人的"牙慧"——他们要不是借用流传已广的神话就是重编一个旧的故事(或历史故事)。但分别最大的地方就是他们每每能以自己的天才，在这旧瓶上注入新酒。

现在举些较出名的例子。马罗与歌德写的浮士德出售灵魂与魔鬼的故事，并非他们自创，而是民间传诵已广的神话。但马罗以这故事为骨干，写出 The TragicHistory of Dr. Faust，成为最能反映英国文艺复兴时期精神的代表作：冒险好奇的精神，追求权力财富的欲望，和对中世纪教会给人类能力与活动范围狭义的解释，表示出无可奈何的抗议。

① 现译为陀思妥耶夫斯基——编者注。

但故事一落到歌德手上，却成德国文艺浪漫主义的代表作。要对这两个浮士德诗剧作一介绍，实非本文范围所能及。然而，如果要用三言两语把马罗的浮士德与歌德的浮士德的异同处交代一下，那么，可以这么说：前者的“出卖灵魂”所追寻的是刺激（sensation），后者所求的是经验（experience）。

法国新古典主义戏剧大师赖辛最享盛名之作 *Phèdre*，剧情所根据的，无非是 Euripides 在 *Hippolytus* 所用的“后母勾引少主”不遂的神话。然此二剧最大不同的地方是：Euripides 把这个“精神乱伦”的惨剧，归咎到上天两个争风吃醋的女神去。因此，我们每读这出希腊戏剧时，感情上总隔了一重，觉得这些傀儡虽然可怜，但罪不在他们，而是捉弄他们二人命运的女神。

到了赖辛手上，这个神话变了质。虽然，为了保存这个原来故事的骨干，赖辛不得不将这段“孽缘”的起因推卸到女神相争这一段过节上，然处理手法，与前人大相径庭。在 Euripides 剧中，王子 Hippolytus，崇武尚实，不近女色。是一个不折不扣的武松型的女人恨者（misogynist）。赖辛写此剧时，觉得他这种性格，不太近情理，故将他人性化，使他暗恋其俘虏 Aricia 公主。

赖辛在处理这故事时的另一新措施是转移重点：将“两神相争”这一纷端尽量少提。如此一来，*Phèdre* 马上变了人的故事，而非神的故事。皇后 Phèdre 那段挚恋，缘出于自己无可控制的激情（Passion），因此应视为人类弱点，与神无尤。（赖辛的功力，全放在描写皇后的心理状态上，此点可由他用 Phèdre 作剧名看出。）

比较文学所涉及的范围繁多，但追寻一部作品的来龙去脉，是其领域之一。我上面所举的两个简短例子，主要目的无非是希望在短短的几百字间介绍一下探探来龙去脉的途径而已。除了研究《故事新编》式的神话演变外，研究比较文学的人，有时可以从研究“同类人物”的时代演变着手。我上面所举的杜思托也夫斯基，他的《白痴》（*The Idiot*），就是例子中的荦荦大者。杜氏在写《白痴》前，曾写此书的主角 Prince Mushkin 造型大感烦恼。盖他写本书的野心，是要创造一个道德上完整无缺的人。但他深知世途多诈，求一“道德完整无缺”的人，谈何容易？在他看来，在小说中创造这类人物仍能取于人的，只有两类人物：一是上天下凡以赎众生的人物——如耶稣基督，一是自成道德境界，在思想上有“假作真时真亦假”能力的人物——如唐吉诃德。杜氏著名的痴人 Prince Mushkin 就糅合了这两种品质而成。

但这本小说的价值，不因作者“模仿”圣经与“唐吉诃德”而贬值。这一点，曹禺没有认识到。盖《雷雨》出版后，他因其故事源流曾为当时某些批评家指出而不安，乃扭扭捏捏的在序言中写下如此解释：

> 我很钦佩，有许多人肯费了时间和精力，使用了说不尽的语言来替我的剧本下注脚。在国内这次公演之后更时常地有人论我是易卜生的信徒，或者臆测剧中某些部分是承袭了 Euripides 的 *Hippolytus* 或 Racine 的 *Phèdre* 的灵感。认真讲，这多少对我是个惊讶。我是自己，一个渺小的自己：我不能窥探这些大师们的艰深，犹如黑夜的甲虫想象不来白昼的明朗。在过去的十几年，固然也读过

几本戏，演过几次戏，但尽管我用了力量来思索，我追忆不出哪一点是在故意模拟谁。也许在所谓“潜意识”的下层，我自己欺骗了自己：我是一个忘恩的仆隶，一缕一缕地抽出主人家的金线，织好了自己丑陋的衣服，而否认这些褪了色（因为到了我的手里）的金线也还是主人家的。

曹禺的问题，不在“偷了大师们的金线”，而是未能好好的利用这些“金线”。其实，中国自新文学运动以还，中国的小说家、诗人或剧作家，不管是能读外文也好，不能读外文也好，总多多少少因翻译关系受了些外来文学的影响。但在作品上表现外来文学影响最特出的，想首推曹禺。这就是我去研究他的理由。

笔者的《雷雨》与《日出》的英文原文在美国发表后，曾就正于林以亮先生。林先生认为，我不应在曹禺的身上花这么大的功夫，因为他的作品浅薄得不能入流派。

我同意林先生对曹禺的批评。但我不认为把功夫花在他身上是浪费。不错，曹禺浅薄，但在中国剧作家中，他是最受读者和观众欢迎的剧作家。而且，研究中国近代文学史的，不提话剧则已，一提话剧，曹禺不但占一席位，而且占极其重要的一席位（与他齐名的田汉和洪深，现在重读远较曹禺“浅薄”）。就因为曹禺在话剧史中有如此重要的历史地位，因为他的作品拥有如此多的读者，因为他的戏路曾被后期学写戏剧的青年模仿过，因为他的作品华而无实但却往往被对文学批评毫无修养的人瞎捧一番——我才立意研究曹禺，以正视听。

原载《曹禺论》，香港文艺书屋 1970 年 5 月版第 1—6 页

曹禺戏剧语言艺术的成就

钱谷融

我每次读曹禺同志的剧本，总有一种既亲切而又新鲜的感觉，他那色彩明丽而又精炼生动的语言，常常很巧妙地把我带进一个艺术的世界，给予我无限的喜悦。

我常常想：在人类所有的创造物中，语言恐怕要算是最神奇的一种了。它捉不住，摸不着，什么也不是，然而却能幻化为一切。正象俄罗斯民族的一句谚语所说，语言“不是蜜，却可以粘住一切东西”。特别是到了语言艺术家的手里，语言的作用，更是奇妙到不可思议。它简直可以被用来建造起整个的世界来，而且可以建造得比我们的现实世界更加光怪陆离，更加惊心动魄。在《我怎样学习写作》中，高尔基说，当他第一次读到福洛培尔①的《素朴的心》②时，完全被这本小说所惊愕住了。他当时很不容易了解：为什么这些朴素的而且是他所听惯了的话，被一位作家放到一个厨娘的“毫无趣味”的小说里面去，就会这样地激动了他的心？他以为“这里面一定隐藏着一种玄秘的魔术”，于是他就“好多次机械地、并且象野蛮人一样地把书页放在太阳光里面照着看一看，想从字里行间找到这个魔术的谜。”③类似的惊奇感，我们每一个人恐怕也都程度不同地经验过，当我读着曹禺同志的作品时，就不能不为他的语言的魔力所魅惑住。

然而，语言尽管可以有这样大的魔力，要能充分驾驭它，得心应手地运用它，却实在不是件容易的事。我们就常常苦于找不到恰当的语句来表达我们的思想感情。不但我们是如此，就是一些语言艺术家也常常为此而苦恼。有一位诗人就曾发出过这样的悲叹：“在世界上没有一种痛苦是比语言的痛苦更强烈的了。”④狄德罗也抱怨着：“没有语言的帮助，你几乎什么都记不住，而要准确地表达出我们感觉到的东西，语言几乎永远不够使。”⑤我国唐代诗人刘禹锡也慨叹着：“常恨言语浅，不如人意深。”在古今中外的许多大作家的创作经验谈中，诸如此类的说法，多到举不胜举。正因为语言是这样的难于驾驭，杰出的语言艺术家才格外值得我们崇敬。

在语言艺术的各个门类里，各自存在着特殊的语言结构法则；为了追求语言的完美，诗人、小说家、剧作家，都各有他们具体的困难需要克服。但一般说来，剧作家面前的困难

① 现译为福楼拜——编者注。

② 有李健吾译文，名《一颗简单的心》，见《福楼拜短篇小说集》，商务印书馆出版。

③ 《我怎样学习写作》，第 44 页，三联书店版。

④ 见同上书第 54 页。

⑤ 见《论画断想》，《光明日报》1962 年 8 月 4 日。

似乎要更多一些。这是因为:“剧本要求每个剧中人物用自己的语言和行动来表现自己的特征,而不用作者提示。”就是说,“剧中人物之被创造出来,仅仅是依靠他们的台词,即纯粹的口语,而不是叙述的语言。”所以高尔基明白地指出:“剧本(悲剧和喜剧)是最难运用的一种文学形式。”①这从下面这个简单的事实里也可以得到证明:在任何一个民族里,优秀的剧作家总要比优秀的诗人、优秀的小说家来得少些,②而一些兼具诗人或小说家身份的剧作家,则也往往是先成为诗人或小说家,而后才成为剧作家的。

剧本是为演出、为被搬上舞台而写,它要求把已经发生过的事,当作正在发生的事,通过演员——也就是剧中人——的活动,具体地在舞台上,在观众的眼面前展现出来。剧中人既是各种各样的,他们的语言就也应该是各种各样的。剧作家应该根据剧中人的性别、年龄的不同,出身、教养的不同,以及他们具体的生活经历、思想性格的不同,而赋予他们的语言以各种不同的特色。决不能让各种不同的人都刻板地说着同一种干巴巴的毫无个性色彩的语言。同时,这些人既然凑到一块来了,就不能各说各的话,象井水不犯河水地互不干扰;他们不是为了和平共处,而是为了斗争才由剧作者把他们召集拢来的。那就应该让他们发生冲突——性格的冲突,让他们进行搏斗——意志的搏斗(这种性格与意志的冲突与搏斗,必须而且也必然要表现为社会的、阶级的冲突与搏斗)。在他们的对话中,应该或者直接而明显地、或者间接而隐秘地体现出这种冲突、搏斗的情况,应该充满着动作性。也只有当剧中人的对话中是充满着冲突和搏斗,充满着动作性的时候,才能够吸引住观众的兴趣和注意,观众才肯在剧场中坐上二三个钟点而不想中途退出。再有,观众坐在剧场中看戏,不同于在自己家里看小说。小说有几行一时看不懂,可以重新看过;遇到不认识的字眼,不熟悉的名词术语,还可以向工具书请教。在剧场里就没有这样的自由,一句台词一经说出以后,就再也追不回来;而且前一句刚了,后一句接着就到,既不能要求演员重说一遍,也不容你有从容思索的余闲。因此在台词中,就切忌出现抽象的议论、冗长的语句和冷僻的字眼,它应该干净利落,决不能拖泥带水。总括起来说,剧本中的语言必须是既富有个性色彩,而又充满着动作性,能把冲突一步步地推向前进的;而且还需要力求精炼生动,使演员容易说,观众容易懂。

当然,在小说中也有对话,而且我们对小说中的对话也同样要求它们既能表现人物的个性,又能推动事件的发展。至于精炼生动,那更是文学语言的一般要求,不但对话需要如此,就是叙述的语言,也应该是如此的。然而,在小说中,作者主要是通过自己的叙述和描绘来刻划人物、反映现实的,对话只居于次要的、从属的地位,离开了作者的叙述和描绘,人物的对话便会失去它的生动丰富的内容,我们便不容易察觉包含在对话中的人物的隐秘的动机。剧本却除了极少量的舞台指示以外,全部是由人物的对话组成的,一切都必须通过人物的对话表现出来,作者没有插嘴的余地。所以,一个小说家而不善于写对话,

① 以上引号中均高尔基语,见《文学论文选》第243、244页。

② 总起来看,总是如此。如果单就某一时期来说,那就有可能有例外,如公元前五世纪的希腊,情形就相反。

他仍旧有可能成为一个好的小说家；如果一个从事于剧本创作的人而只能写出一些拙劣的对话，那就什么都完了，他根本不能成为一个剧作家。

剧作家如果不是写诗剧，他当然可以不受诗的格律的束缚。但他的台词却仍必须具有诗意，——一种真正的、内在的诗意，而不是虚假的、表面的诗意。这种诗意是由于最集中地展现了生活中的矛盾冲突，最深刻地揭示了处在斗争中的人们的意志、情绪和愿望而来的，决不是仅仅依靠一些华丽的词藻，铿锵的音调所能达到的。它需要一种真正的诗的才能。正是在这样的意义上，别林斯基才把戏剧类的诗称为“最高一类的诗”，称为“艺术的冠冕”①的。所以，一个真正的剧作家，他应该同时也是一个真正的诗人；而一个不是诗人的剧作家，正如约翰·霍华德·劳逊所说，就只能算是半个剧作家。②

总之，在戏剧作品中，对语言的要求特别严，剧作家所面临的困难也特别多，不能战胜这些困难，满足这些要求，剧作家是难望有所成就的。

真正的才能是任何限制都束缚不住，任何困难也阻遏不了的。在真正的才能面前，一切限制、困难，都成了促使它进一步成长发展的有利因素，都只是为它提供了充分展示自己身手的大好机会。戏剧的苛刻的限制，戏剧的特殊的困难，对于曹禺来说，就是如此。在他的创作过程中，曹禺不但巧妙地战胜了这些限制，顽强地克服了这些困难，他并且使它们反过来成了他自己的驯服的工具，从而加强了他的作品的艺术效果。我们上面所说的对于戏剧语言的要求，在曹禺的作品中，全都很好地实现了，全都得到了满足。他所写下的台词，都是既有鲜明的动作性，又有浓厚的抒情性，而且是充分个性化了的；同时又还十分的精炼含蓄，意蕴深厚，充满诗的意味。真正做到了戏剧的因素与诗的因素的统一，使他的剧作得以跻身于最上乘的戏剧文学之列。

下面，我们试来具体地看一看曹禺的戏剧语言艺术的成就和特色。

一

戏剧的才能的一个最最基本的特征，就在于善于发现现实生活中的戏剧性，善于把生活现象戏剧化。体现在语言上，就是要使对话具有动作性——要从对话中来表现矛盾冲突，推动事件发展，同时揭示出人物的性格。曹禺的戏剧语言的一个最最突出的优点，就在于对话的鲜明的动作性。他所写下的对话，总能够紧紧地抓住我们的注意力，使我们的心脏伴随着剧情发展的节奏而一起跳动。因为他的对话，都是人物与事件、性格与冲突的统一，都是既能表现人物的性格，又能推动事件的发展，而且是通过人物性格的冲突来推动事件的发展，在事件的发展中来揭示人物的性格的。读着曹禺的剧本，我们的心头，总离不开紧张与激动，总很难有平静的时候。原因就在于他的对话，都是从行动着的人物的嘴里说出来的，都是贯串着强烈的动作性的。这些人物之所以说出这些话来，都是基于行动的需要，斗争的需要。他们是为了应付他们所面临的迫切的情势——或者为了进攻，或

① 见《别林斯基论文学》第168页。

② 见《戏剧与电影的剧作理论与技巧》第373页。

者为了防御，才说出这些话来的。所以在这些对话中，就充分反映出了这些人物在他们所面临的矛盾冲突中进行斗争的紧张情况，就富有吸引人们的注意、扣动人们的心弦的魅力。

例如，《北京人》中，曾家一家子为愫方的婚事而向愫方"征询意见"的那一场，每一个人的说话就都鲜明地反映着他们各自在当前的斗争中所处的地位，揭示着他们各自的意向、各自的内心活动，同时相互之间又构成了尖锐的冲突。

愫方是曾老太爷曾皓的姨侄女，父母早已亡故，一直寄居在姨父家里，成了风烛残年的姨父的不可缺少的拐杖。姨父到东到西，都要靠她扶持；饮食起居，都要靠她照料。她已有三十来岁了，还没有出嫁。由于她和表兄曾文清之间存在着对诗文的共同爱好，以及他们精神上的互相爱慕互相怜惜，自然就很遭表嫂思懿的嫉恨。现在就由思懿和曾家姑老爷江泰（他倒真是为愫方的终身着想的）提议，要把她说给曾家的房客、人类学者袁仁敢为妻。那天是八月节，一家人都聚集在曾家的小客厅里，刚给曾老太爷拜过节，就由大奶奶思懿提出了这个问题：

思：（提出正事）媳妇听说袁先生不几天就要走了，不知道愫妹妹的婚事爹觉得——

皓：（摇头，轻蔑地）这个人，我看——

江泰早猜中曾皓的心思，异常不满地由鼻孔"哼"了一声。

皓：（回头望江泰一眼，气愤地立刻对那正要走开的愫方）好，愫方，你先别走。趁你在这儿，我们大家谈谈。

愫：我要给姨父煎药去。

江：（善意地嘲讽）咳，我的愫小姐，这药您还没有煎够？（迭连快说）坐下，坐下，坐下，坐下。

愫方又勉强坐下。

皓：愫方，你觉得怎么样？

愫方低头不语。

这四个人才一张口，他们各自的心理、神态，就都清晰地呈现出来了。思懿是单刀直入，提出愫方的婚事问题来请老太爷作主。她似乎只是把这问题客观地提了出来，自己并没有表示意见。然而，她有意当着众人的面，并且当愫方本人也在场的时候提出这个问题来，就是要使曾皓不便拒绝。曾皓为了好让愫方永远侍候他，自然不愿愫方出嫁，所以思懿的话还没有说完，他就连忙摇头，表示这个对象不合适。他还没有来得及说出他认为不合适的理由，却就招来了深知他的用心的江泰的嗤笑之声。私心重的人往往是特别敏感的，他不禁又羞又恼，为了表明他并不是不愿让愫方出嫁，就气愤地喊住了愫方，要她当着大家一起谈谈这个问题。"好，愫方，你先别走。趁你在这儿，我们大家谈谈。"这话虽是对愫方说的，却是说给江泰听的。愫方一听到要谈自己的婚事，自然很不好意思，就急着要走开了。当曾皓叫住她时，她只得推说要去煎药。江泰却非要她留下不可。"咳，我的愫小姐，这药您还没有煎够？"言外之意是：您难道就准备一辈子替人家这样煎药煎下去吗？这对

愫方当然是种语重心长的善意的嘲讽，然而对曾皓却不能不又是当心的一拳。就这样，每一个人都只说了这么一两句话，然而这一两句话听来却是这么充实、有味，因为这里面包含着说话者的紧张的内心活动过程，比起某些剧本中的脱离性格、脱离冲突的长篇大论来，不知要有力多少倍。

接下去的对话，就更加精采了：

> 皓：愫，你自己觉得怎么样？不要想到我，你应该替你自己想，我这个当姨父的，恐怕也照拂不了你几天了，不过照我看，袁先生这个人哪——
>
> 思：（连忙）是呀，愫妹妹，你要多想想，不要屡次辜负姨父的好意。以后真是耽误了自己——
>
> 皓：（也抢着说）思懿，你让她自己想想。这是她一辈子的事情，答应不答应都在她自己，（假笑）我们最好只做个参谋。愫方，你自己说，你以为如何？

曾皓先问愫方“你觉得怎么样？”愫方低头不语。这时又问：“你自己觉得怎么样？”他很清楚愫方的为人，即使她心上真是愿意，也不会当众表示出来的。他希望愫方开出口来，他便可以乘机堵住江泰乃至思懿的嘴。下面的：“不要想到我，你应该替你自己想，我这个当姨父的，恐怕也照拂不了你几天了……”表面上都是为愫方着想，仿佛他是一片至诚，简直到了无私、忘我的地步似的。其实，他的真正的意思是要从另外一面去看的。他说“不要想到我”实际上是在提醒愫方：你应当想到我。“我这个当姨父的，恐怕也照拂不了你几天了”其实是说：“我已经活不了几天了，不需要你再照顾我多少日子了，你何必这样急于丢下我去呢！”而且他知道愫方平日最少自私自利之心，总是替人家想的时候多，替自己想的时候少，她甚至有些羞于替自己着想。所以他的“不要想到我，你应该替你自己想”的话，到了愫方的耳朵里，就能起相反的效果。假如愫方真有一点为自己打算的心思，听了他这话，也会被打消掉的，也会使她产生“我应该替姨父想想，不能只替自己想”这样的想法的。曾皓这样说了还不算，他还要明白的向愫方表示：至于他自己，乃是不赞成这头亲事的，因为他觉得袁先生这个人……

思懿却竭力的想促成这件事，以便去掉愫方这眼中钉。她生怕曾皓对袁仁敢的意见会影响愫方的决定，特别是怕曾皓不赞成的话明白说出来以后，就很难转圜。所以连忙打断了曾皓下面的话，却接着他上面的话说下去，要愫方不要辜负姨父的好意，以致耽误了自己。她这番话，譬如治水，对曾皓采的是鲧的办法——堵，对愫方采的是禹的办法——导。她明明知道曾皓是一片私心而假作好意，她就顺水推舟地装做真以为曾皓是好意，使他以后不便说出与此相抵触的话来。至于对愫方，那她这句话真是含意丰富，很够愫方去仔细寻味的。“你要多想想，不要屡次辜负姨父的好意。以后真是耽误了自己——”意思是：你不要再错过这一次的机会了，不要为了别人（姨父、文清）而耽误了自己，以后（譬如说，姨父死后）追悔就来不及了。愫方对于下面这一点应该是清楚的：姨父一死，她的这位表嫂是决容不了她的。所以，思懿这句听来是一片好心，而且说得也非常婉转的话，其实里面不但有劝导，还包含着威胁，是很够愫方消受的。曾皓当然听得出思懿这句话的意向及其分量，唯恐愫方为她的话所动，所以也连忙打断思懿的话头，说是应该让愫方自己想想，答应不答应都在她自己，我们(他和思懿)顶多只能做个参谋。他也怕思懿明白说出劝愫方答应的话来以后，自己再要阻拦就不大方便了。这时却惹恼了旁边的莽姑爷江泰：

江：(忍不住)这有什么问题？袁先生并不是个可怕的怪物！他是研究人类学的学者，第一人好，第二有学问，第三有进款，这，这是自然——

皓：(带着那种"稍安毋躁"的神色)不，不，你让她自己考虑。(转对愫方，焦急地)愫方，你要知道，我就有你这么一个姨侄女，我一直把你当我的亲女儿一样看，不肯嫁的女儿，我不是也一样养么？——

江泰说话可不象思懿那样的转弯抹角，隐约其词，他是直来直往，心里怎么想，嘴上就怎么说。一个思懿，已经够曾皓麻烦的了，半路上又杀出了这个程咬金，就不免更使他着慌了。所以，表面上他虽仍力持镇定，说是让愫方自己考虑，但他的声音听起来却近于是在向愫方哀求了。"我就有你这么一个姨侄女，我一直把你当我的亲女儿一样看"言外之意是：你能忍心撇下我这个乏人扶持的老姨父去嫁人吗？而"不肯嫁的女儿，我不也一样养么？"则是在暗示愫方，你何不表示你不肯嫁呀！

可是心狠嘴尖的思懿却真是一位移柱换弦的能手，紧接着曾皓这句话，她就：

思：(抢说)就是啊，我的愫妹妹，嫁不了的女儿也不是——

曾皓嘴里的"不肯嫁的女儿"，到了她嘴里就成了"嫁不了的女儿"了。只消轻轻这么一拨，她就弹出了完全不同的音调。当时愫方听了，真不知何以为情！直到此刻在旁未发一语的文清，听了思懿这样阴毒的话，实在忍不下去了，只好拔起脚就向书斋走去。可是我们这位大奶奶，也不能容忍文清这种公然叛逆的举动，于是"斜视着文清"，一迭连声地说："咦，走什么？走什么？"当曾皓问她，"文清怎么？"时，她就：

思：(冷笑)大概他也是想给爹煎药呢！(回头像对愫方又万分亲热地)愫妹妹，你放心，大家提这件事也是为你着想。你就在曾家住一辈子谁也不能说半句闲话。(阴毒地)嫁不出去的女儿不也是一样得养么？何况愫妹妹你父母不在，家里原底就没有一个亲人——

"大概他也是想给爹煎药呢！"这是种讥带双敲、一石两鸟的说法。意思是"文清害的是跟愫方同样的病"。这分明是暗讽愫方：你说什么要为姨父煎药，要侍候姨父，谁不知道你其实不过是因为恋着文清，所以硬赖在曾家罢了。转过来，她嘴上又万分亲热地喊着"愫妹妹"，可是话里却极端狠毒地讥刺她嫁不出去，讥刺她只有一辈子赖在曾家。这种口蜜腹剑、笑里藏刀的本领，简直可与《红楼梦》中的王熙凤相比美。

试看这一场戏写的完全是家人间的谈叙，而所谈的又是婚嫁的喜事，可是这里面却是危机四伏，紧张万分。而通过这一个短短的场面，诸如曾皓的自私，思懿的狠毒，愫方的忠厚软弱，江泰的心直口快，以及曾皓与思懿之间的勾心斗角，文清与愫方之间的同病相怜，无不跃然纸上，历历如在目前。作者运用语言的能力，实在不能不令人叹服。特别值得称道的是，这些语言尽管是那么的意味深长，既含蓄而又锋利，既委婉而又尖刻，然而，它们却仿佛都是由人物脱口而出地说出来的，一点看不出作者的斧凿痕迹。而作者之所以能做到这一点，就是由于他深刻理解人物所处的实际情势，能够紧紧扣住人物所面临的矛盾冲突的缘故。

又如，在《日出》中的潘月亭和李石清之间的几次对话中，我们就仿佛听到了他们的唇枪舌剑的叮当之声，那种针锋相对、睚眦必报的情况，真是紧张到了极点。

李石清原来是大丰银行的一个小职员，靠着他的狡黠和逢迎的本领，被提升为该行经理潘月亭的秘书。接着又因为偷看到了潘月亭的机密文件，知道了银行的房地产已全部抵押出去了的秘密，他就以此为要挟，取得了银行襄理的位置。对于这，潘月亭自然是非常恼火的，但由于利害关系，只得暂时隐忍下来了。李石清做了襄理以后，尽心竭力地、连儿子害了重病都不顾地替潘月亭奔走买公债，打听消息。当他打听到了公债的行市真要大涨特涨，眼看着他们所买下的公债，可以有三十万元的赚头时，他兴冲冲地跑来找潘月亭，预备把这个好消息告诉他。潘月亭其实早已知道这个消息，并且正以为自己的脚跟已经站稳，已在盘算着如何对李石清进行报复了。于是在这两个人之间，就发生了如下的对话：

> 潘月亭：请坐吧。有什么事么？
>
> 李石清：（坐下，很得意地）自然有。
>
> 潘月亭：你说是什么？
>
> 李石清：月亭—（仿佛不大顺口）经理知道了市面上怎么回事么？
>
> 潘月亭：（故意地）不大清楚，你说说看。
>
> 李石清：（低声秘语）我这是从一个极秘密的地方打听出来的。现在您可以放心，我们这一次的公债算买对了，金八这次真是向里收，谣言说他故意造空气，好向外甩，完全是神经过敏，假的。这一次我们算拿准了，我刚才一算，我们现在一共是四百五十万，这一“倒腾”说不定有三十万的赚头。
>
> 潘月亭：（唯唯否否地）是……是……是。（但是没有等李石清说完，忽然插嘴）哦，我听福升说你太太——
>
> 李石清：（不屑于听这些琐碎的事）那我知道，我知道。——我跟你说，我们说不定有三十万的赚头。这还是说行市就照这样涨。要是一两天这个看涨的消息越看越真，空户们再忍痛补进，跟着一抢，凑个热闹，我跟你说，不出十天，再多赚个十万二十万，随随便便地就是一说。
>
> 潘月亭：是的，是的，是你的太太催你回去么？
>
> 李石清：不要管她，先不管她。我提议，月亭，这次行里这点公债现在我们是绝对不卖了。我告诉你，这个行市还要大涨特涨，不会涨到这一点就完事。并且（非常兴奋地）我现在劝你，月亭，我们最好明天看情形再补进，明天的行市还可以买，还是吃不了亏。

李石清这时真有点得意忘形，开口“月亭”，闭口“我们”，他以为自己做了襄理，就已经和潘月亭处在平等地位，和潘月亭真是如潘月亭所说的“一个船上的人”了。他并且已经想好了一整套整顿银行的计划，在他的脑海里正浮现出一片光辉灿烂的前景。然而潘月亭的态度却正和他成了一个尖锐的对照。他是那么的兴冲冲，潘月亭却是这样的懒洋洋；他象是怀中藏着一块价值连城的宝玉正预备要奉献给潘月亭，潘月亭却对那块宝玉连看都不想看一眼。这实在不能不使李石清感到杀风景，感到扫兴了。而潘月亭的目的，却正是要杀李石清的风景，扫李石清的兴致，让李石清的头脑能够冷静下来，以便更好地来尝味他将要发出的一击，更清醒地感受到这一击所给予他的痛楚。所以他一再用李石清的孩子病了、太太催他回去的消息来打断李石清的叙述。等李石清的兴致在一瓢瓢冷水的浇泼下渐渐冷却时，潘月亭就亮出了他的用语言所铸炼成的利剑，直向李石清的心头刺去。

当李石清还在兴高采烈地劝潘月亭继续买进，并且建议要整顿一下行里的信用时，想不到潘月亭却又是：

石清！你还是先回家看看吧，你知道你的儿子病得很重吗？

这一下，李石清不能不开始觉察出空气有点不对，不能不逐渐冷静下来了。于是：

李石清：你何必老提这个？

潘月亭：我看你太高兴了。

李石清：不错，这次事我帮您做得相当漂亮。我的确高兴！

潘月亭：（冷冷一笑）对不起，我忘了你这两天做了襄理了。

李石清：经理，您这句话是什么意思？

潘月亭：（不答理他）李襄理，现在我手里这点公债是一笔钱了？

李石清：自然。

潘月亭：这一点赚头已经足够还金八的款子了吧。

李石清：我计算着还有富余。

潘月亭：好极了。有这点富余再加我潘四这点活动劲儿，你想我还怕不怕人跟我捣乱？

李石清：我不大明白经理的话。

潘月亭：也许有人说不定要宣传我银行的准备金不够——

李石清：哦？

潘月亭：或者说我把银行房产都抵押出去。

李石清：（谄笑）经理，何必提这个？这不——

潘月亭：我不愿意提。不过说不定有人偏要提。

李石清：经理，这话说得太远了。

潘月亭：（冷冷地看着他）就在前六七天，李襄理，你还跟我当面说过。

李石清：经理，您这是何苦呢？圣人说过：“小不忍则乱大谋。”一个做大事的人多忍似乎总比不忍强。

潘月亭：（棱他一眼）我想我这两天很忍了一阵。不过，我要跟你说一句实在话：我很讨厌一个自作聪明的人在我的面前多插嘴，我也不大愿意叫旁人看我好欺负，以为我甘心叫人要挟。最可恶是行里的同人背后骂我是个老胡涂，瞎了眼，叫一个不学无术的三等货来做我的襄理。

李石清平生最怕被人瞧不起，最爱装腔作势，而现在潘月亭却口口声声说他是个“自作聪明的人”，是个“不学无术的三等货”，这些话就象在毒药里浸过的匕首一样，直捣李石清的心窝，使李石清痛彻骨髓。然而潘月亭却还不肯就此罢休。在继续狠狠的挖苦了李石清几句以后，他忽然又：

潘月亭：你的少爷病得快要死了，李太太催你快回家。

李石清：（怒目向潘月亭）我就要回去。

潘月亭：那好极了。你的汽车在门口等着你。（刻薄地）坐汽车回家是很快的，回家之后，你无妨在家里多多练习自己的聪明，你这样精明强干的人不会没有事的。有机会你还可以常常开开人家的抽屉，譬如说看看人家的房产是不是已经抵押出去了，调查调查人家的存款究竟有多少。……不过我可以顺便声明一下，省得你替我再多操心，我那抽屉里的文件现在都存在保险库去了。

李石清：（目瞪口呆）嗯。

潘月亭：（由身上取出一个封套）李先生，这是你的薪水清单。我跟你算一算。襄理的薪水一月一共是二百七十五元。你做了三天，会计告诉我你已经预支了二百五十元，不过我想我们还是客气点好，我支给你一个月的全薪。现在剩下的二十五块钱，请你收下，不过你今天坐的汽车帐，行里是不能再替你付的。

李石清：可是，潘经理——（忽然他不再多说了，狠狠地盯了潘月亭一眼，伸出手）好，你拿来吧。（接下钱）

潘月亭：（点起雪茄）好，我先走了，你以后没事可以常到这儿来玩玩，以后你爱称呼我什么就称呼我什么，你叫我月亭也可以称兄道弟，跟我“你呀我呀”地说话也可以；现在我们是平等了！再见。

你看，潘月亭连一两声称呼上的事也不肯轻易放过，真可说是睚眦之怨必报的了。

这两个人的对话，我一抄抄了这么多，实在是因为它太精采了，舍不得割爱；同时，也由于作者是写得这样的严密紧凑，叫我简直无法删节。不说别的，就单说他们各自对对方所用的称呼吧，李石清是一会儿“月亭”，一会儿“经理”；一会儿称“你”，一会儿称“您”。潘月亭则是从“石清”到“李襄理”，再到“李先生”，不但更改不得，甚至不能互相挪移。什么时候说什么话，什么情形下用什么口吻，对方怎么来我怎么去，都不是由作者随便乱凑，而是根据人物当时所处的实际情势，从他们相互斗争的需要中作出来的。他们所说的话，都有明显的目的、意向，都是从他们的内心发出，而又必然要引起对方的一系列的反应来的。这就是充满着动作性的语言。曹禺剧作中的对话，差不多都是这样的富于动作性的。他的剧本之所以能那样的吸引人，而且经得起推敲、咀嚼，首先就是因为他的台词有着鲜明的动作性的缘故。

我们上面说："戏剧的才能的一个最最基本的特征，就在于善于发现现实生活中的戏剧性、善于把生活现象戏剧化。体现在语言上，就是要使对话具有动作性。"既然说是最最基本的特征，那就意味着，这种才能应该是所有能够被称为戏剧家的人，都多少具备的；否则就还不足以显示出一般的戏剧家与杰出的戏剧家之间的区别来，尤其不能显示出这一位戏剧家与其他的戏剧家之间的区别来。那末，一般的戏剧家与杰出的戏剧家之间的差别，究竟在哪里呢？是不是可以这样说：杰出的戏剧家不但要善于把生活现象戏剧化，善于写出富有动作性的台词，而且要进一步能够使他的台词充满诗的意味，能够把他的作品提高到诗的境界。（这只是就作品的艺术质量方面说的，我们衡量一个作家的才能的高下，首先，当然还是要依据他的作品的思想质量。象"杰出的戏剧家"这样的称号，不消说，我们是只能给予那些与人民群众有深刻的联系，能体现人民群众的愿望和理想的戏剧家的。）这样的戏剧家，古往今来，为数就不能说是很多了。而在这为数不多的剧作家的行列里，我以为曹禺应该是可以占一席之地的。曹禺的剧作，数量虽不多，却都有很高的思想艺术水平。他在解放前的几个剧作，不但狠狠地鞭挞了封建地主、官僚买办、流氓地痞的罪恶，宣告了他们的末日就要到来；而且现实主义地揭示了资产阶级、小资产阶级民主思想的空洞无力，不合时宜；并热切地表现出一种朦胧的社会主义理想。（顺便说说，我觉得国内评论界对曹禺解放前的剧作的思想意义，颇有为一些表面现象所惑而估计不足的地方；这不但对于《雷雨》《北京人》为然，就是对于《日出》这样的作品，同样也可以这么说。）解放后的剧作，则更是有意识地为无产阶级的政治服务，响彻着嘹亮的社会主义、共产主义的呼声的。尤其难得的是，他的剧作都洋溢着浓厚的诗意，都象诗篇一样的完整和谐。他的台词的动作性，也不同于那些仅仅依附于事件的进展上的表面的动作性，而是建立在性格与冲突的统一的基础上、有深刻的内在依据的。（我们上面举的例子就充分证明了这一点。）这就使他与一般的剧作家区别开来而与杰出的剧作家比肩而立了。

在过去的杰出的剧作家之中，最最吸引我、最最惹我喜爱的有两个人，一个是莎士比亚，另一个则是契诃夫。虽然，说来也奇怪，这两个人的风格是这样的不同，他们的作品无论在内容上、形式上，几乎都有着难以渡越的距离。然而同样奇怪的是，曹禺的作品在风格上，却与这两位有着显著差别的大师，都有许多很相接近的地方。要为曹禺的作品找寻精神上的近亲，人们是很有理由提出莎士比亚和契诃夫两个来的。也许这也可以部分地说明我之所以也很喜欢曹禺的缘故吧。当然，某些方面的接近，总归掩盖不住总的方面的差异。曹禺的作品的风格，还是与他们的很不相同的，他自有他区别于这两个人的他个人的特色。而曹禺的作品的魅力，也主要不在于他接近于莎士比亚或契诃夫的地方，而正是在于与他们不同的地方，正是在于曹禺之所以为曹禺。

正象莎士比亚和契诃夫的剧作，都是最好的戏剧、又是最高的诗一样，曹禺的剧作同样也可以说是最高的、戏剧类的诗。然而在总的风格上，这三个人又是各不相同的。莎士比亚是鲜艳而奔放的，契诃夫是朴素而深沉的，曹禺则是清丽而含蓄的。（他的清丽的一面，使他与莎士比亚接近；而使他接近于契诃夫的，则是他的含蓄的一面。）莎士比亚长于谐声，他的剧作很像乐曲，如管弦齐奏，八音协作，而嘹亮悦耳，自然和谐。契诃夫善于设色，他的剧作有如水墨丹青，但见烟云缭绕，气象蓊郁，而山幽林深，慨寄无穷。曹禺则以人物刻划为其擅长，他的剧作仿佛精塑浮雕，无不轮廓分明，神情宛然，宜嗔宜笑，呼之欲出。莎士比亚的戏剧，最最吸引我们的是它的明朗的音调和鲜丽的色彩；契诃夫的则是其幽远的情调和深邃的意境；而曹禺则以其紧张的戏剧场面、活生生的处于斗争中的现实人物，而紧紧的攫住了我们的心灵。

即以台词的动作性来说，三个人也有显著的不同。莎士比亚的台词中，充满了华丽的辞藻和生动的比喻，音响悦耳，光彩耀眼，简直使人穷于应接。其中虽然也有着明显的动作性，虽然也是围绕着一个共同目标（戏剧冲突）而向前推进着的，但它是四处奔突、闪烁不定，跳跃式地、冲击式地前进的。它与戏剧冲突间的关系，也是若即若离、忽近忽远的。契诃夫的台词，虽然也有着很强烈的动作性，但这种动作性，粗粗一看是不明显的、不易察觉的。因为他的人物的意志，似乎并没有为共同的事件所牵引住，他们有时似乎只是在各说各的话，只有当我们注意到了人物对待当前环境的不同态度，对待他们周围同一的情调、气氛的不同反应的时候，也就是说，只有当我们注意到了他们的人生观、社会观的不同，注意到了他们的心情、气质的不同的时候，我们才发现到冲突的存在，动作性的存在。它的冲突，它的动作性，原来是表现在人物的内心的伏流上，表现在光影的明暗、色泽的浓淡上的，因而是隐潜的，是比较深藏的。曹禺的台词的动作性，却是既鲜明而又强烈。他的人物都有明确而执着的自觉意志，而且相互之间有着一个共同的焦点，他们大家都在围绕着这个焦点而进行斗争。因此，他们的对话与戏剧冲突扣得很紧，它的动作性不但是明显的，而且是紧张的。所以曹禺的剧作，是最符合于黑格尔、勃吕纳谛耶等人的戏剧概念的，他的剧作的一个最大的特色，就是矛盾冲突的尖锐、紧张；体现在对话上，则是动作性的鲜明与强烈。这可以说是曹禺戏剧语言的第一个优点，同时也是它的第一个特点。

二

真正富于动作性的台词，必然同时也是富于抒情性的。因为，只有从真正的戏剧冲突的基础上产生的，发自人物内心深处，能够揭示人物潜藏的情欲和意向的台词，才是真正富于动作性的。那种靠用人物的大喊大叫来表现一种虚假的冲突的台词，那种脱离了人物的性格、缺乏人物性格上的内在依据的台词，严格说来，是说不上有动作性的。在曹禺的作品中，他的台词的强烈的动作性，是与他的台词的浓厚的抒情性结合在一起的。譬如以上面所举的《北京人》和《日出》中的几段台词来说，那里的每一个人都处在尖锐的矛盾冲突中，都在为自己的利益而进行着紧张的斗争。曾皓、思懿、潘月亭、李石清等人，都想用自己的语言去压倒对方，争取优势，去损伤对方的自尊感，触痛对方心灵中的脆弱的部分，而他们的语言也的确起到了这样的作用，产生了这样的效果，有着鲜明的动作性。但同时，这些语言也充分显示了他们自己的心情、处境，泄露了他们自己内心的秘密和隐私，把他们自己的精神面貌和道德品质清楚地展现了出来。所以，它们又是有浓厚的抒情性的。

提到曹禺同志戏剧语言的抒情性，大家就很自然的会想到《家》中的那些美丽的诗白。

那是觉新与瑞珏的新婚之夜，里里外外的人们都是热热闹闹，欢欢喜喜，偏偏这一对新婚夫妇却是冷冷清清、落落寞寞的。彼此都感到自己是多么的孤独，多么的凄凉。新郎站在窗边，望着月光和湖水，满心想着的是另一个女子——他的梅表妹。新娘坐在床沿，耳中传来湖滨寂寞而低切的杜鹃的呼唤。她在等待着新郎的第一句话。然而她听到的却只是一声深沉的、饱含酸辛的叹息。呵，多么难堪的静寂，多么折磨人的静寂！这样的场面，即使他们不开口，我们也仿佛听到了他们的灵魂的低诉，内心的颤栗。而如果开出口来，那么从灵魂的最深处，从内心的最隐秘的角落发出来的、充满感情的语言，就必然要转化为诗句。因而，紧接着，我们就听到了大段大段的象珠玉般圆润的诗白：

珏：（……）

好静哪！
哭了多少天，可怜的妈，
把你的孩子送到
这么一个陌生的地方，
说这就是女儿的家。
这些人，女儿都不认识啊。
一脸的酒肉，
尽说些难入耳的话。
妈说那一个人好。
他就在眼前了，妈！
妈要女儿爱，顺从，
吃苦，受难，
永远为着他。
我知道，我也肯，
可我也要看，
值得不值得？
…………
只要他真，真是好！
女儿会交给他
整个的人，
一点也不留下。
哦，这真象押着宝啊，
不知他是美，是丑，
是浅薄，是温厚，
也不管日后是苦是甜，
是快乐，是辛酸，

就再也不许悔改，

就从今天，

这一晚！

这个十七岁的少女，骤然离开了家，离开了疼爱自己的妈，到了这样一个完全陌生的地方，那种寂寞与孤单的感觉，那种恐惧与惊慌的心情，真是很难用言语来表达的。然而，通过作者这几句台词，这个少女的尴尬的处境、复杂的情怀，就仿佛转化成了一片轻盈而缠绵的气氛，升腾成了一派凄迷而哀婉的音调，荡漾在我们的心头，萦绕在我们的耳际，使我们恍如亲身进入了这个少女的世界，不由得要用我们自己的整个心灵去感受着这个少女所感受到的一切。这样的艺术效果，是只有最高的抒情诗才能达到的。

然而，曹禺写的是戏剧，戏剧作品虽是应该贯串着浓厚的抒情性，却毕竟不同于抒情诗。抒情诗，只消停留在诗人自己身上，它只是诗人在吐露着自己的心曲，诉说着自己的欢喜和悲哀，不需管外界的回响。而戏剧，却需要有动作，需要能展开冲突，需要有对手之间的思想感情上的交流。所以，在这一场里，瑞珏和觉新两个人，尽管都只是在作着灵魂的独语，内心的低诉，除了轻微的叹息，谁也没有听到对方的声音，谁也不知道另一个人在想些什么。然而，这里却仍旧存在着戏剧性的冲突，他们心情跳动的节奏，是互为起伏、交相应答的。在他们各自的抒情独白中，仍贯串着明显的相互间的对应动作。

当瑞珏在期待着抚慰、企盼着温存的时候，那个新郎官觉新却是——

新：(缓缓摇首)

唉——

梅呀，为什么这个人不是你？

他想着的是另一个人！瑞珏虽与他同处一室，他却视同陌路。这自然不能不更增加了瑞珏的焦急与惶惑：

珏：(翘盼)

他——他想些什么？

这样一声长叹！

天多冷，靠着窗！

还望些什么哪？

夜已过了大半！

多么可怜的女孩子！处在这样一种难堪的境地，自己满心浸透了哀愁，却还在顾念着别人的忧思，顾念着别人的寒冷。这样的女孩子，该有多么温厚的性格！这样的女孩子，怎么能不唤起人们的同情？

新：(同情地)这个人也，也可怜，

刚进了门

就尝着了冷淡！

就是对一个路人，

都不该这样，

我该回头看看她，

哪怕是敷衍。

对，你真应该回头看看她，她并不是你的仇人，何况她现在的处境是这样的惹人哀怜！然而，另一个念头却又立刻阻绝了他。不，他不能回头，哪怕仅仅是敷衍：

可就在这间屋，

这间屋，我哪忍？

我不愿回头，

为着你，梅，

我情愿一生

蒙上我的眼！

他对她竟是这样的无情！然而，唯其因为他对眼前人是这样的无情，才更其显出他对旧时人的情重，才更其显出他是个有至性有深情的人。这三个人（他和他的梅表妹以及眼前的这个新娘）的遭遇，也才愈益搅动我们的心魂，愈益激起我们对封建礼教、封建婚姻制度的仇恨。

到这里我们已经可以看出，尽管他们每一个人都只是在心里转着念头，但这些念头，却都是为另一个人而起，都与另一个人有关。而且这两个人的念头之间，又是息息相通、隐隐交织，互相扭结着向前推进的。经过了多少次的踌躇、犹疑和感情上的波折，这两个人终于渐渐的接近了。他们是怎么接近起来的呢？（是因为替躲在床下想听"天上的牛郎织女打喳喳"的五弟穿鞋吗？是因为窗外的杜鹃的叫声带来了春天的信息吗？不，这只是他们接近的一个引线，而接近的根苗则在这以前，早就在暗暗的滋长着了。）谁也无法用确切的语言来回答这个问题。但我们却的确相信他们真是逐渐的接近起来了，没有丝毫的怀疑。因为我们的作者已让他们用抒情的语言，向我们打开了他们的心灵的窗户，使我们亲眼看到了他们内心的起伏变化的过程，尽管他们未交一言，未通一问，我们却知道他们早已是"心有灵犀一点通"了。

象这样的抒情味极浓的语言，在《家》里面，几乎随处可以碰到。就是一些用散文写的对话，简直也象抒情诗一样的情味深长。试看下面这一段对话。

因为避难而随着她母亲重又住到高家来的钱梅芬——就是觉新在新婚之夜那样念念不忘的梅表妹——就要动身回去了。正当她独自一个人以无限凄楚和万分哀伤的心情，在房间里徘徊四顾，追忆着往日的一切，不胜今昔之感的时候，忽然觉新跑了进来：

新：梅！（她抬起头，望见新正立在侧门门口怆然注视着。她楞在屋中，半天，二人说不出一句话。）

新：（低声）轿都快预备好了。

梅：（缓缓）那么，就要走了。

新：（依依不舍）外面还落着小雨呢。

梅：（沉滞地）妈说要走就得走的。

新：（半晌，又——）天气忽然变凉了，你，你们的衣服带够了么？

梅：够了，表嫂借给我衣服了。

新：（微叹）唉，快的很，到底还是要走了。

梅：（望着新）嗯，住了也有十几天了。

新：（悄切地凝望着）回到乡下，每天干些什么呢？

梅：（摇摇头，悒悒地）乡下没有什么事情。夜晚睡不着呢，躺着等天亮；天亮起来了，就坐着等天黑。

新：（愀然）你，你也许还要回到他们家里[①]去吧？

梅：（片刻，才——）也许不必去了，人[②]既然是不在了。——他们家里的人并不喜欢我。（微微咳起来，捶着胸口。）

新：（疚痛）身体要紧呀，梅，你不能老这样地病，病下去。

梅：（凄笑）也许幸而有这一点病陪着我，不然，日子会觉得更长了。

觉新的“梅！”的一声，抵得过千言万语。这一声里面所包含的丰富而复杂的内容，没有人能用其他的语言把它表达出来。作者虽然仅仅用了这么一个字，然而它却最准确、最有力地传达出了觉新当时那种难以言宣的心情。从这一个字的运用上，我们就可以看出作者对他的人物的透澈的了解，就可以看到作者在锤炼语言上的独到的功夫。

觉新跑来，看见只有梅一个人在房间里，十多天来，恐怕他们还很少有过这样单独相对的机会，而现在梅就要离去了，这一分别又不知何时才能重见。他此时真不知道有多少情愫要向梅倾吐，有多少话语要向梅诉说。然而挣扎了半天，却只说出“轿都快预备好了”这么一句无关紧要的、全不是他所想说的话。接下去的“外面还落着小雨呢”“天气忽然变凉了，你，你们的衣服带够了么？”等等，同样也并不是他所急于要想说的话。但在礼教的大防下，在社会堆砌起的高墙前，他也委实无法说出他所要想说的话来的。所以，这些看来尽管是那么空泛而不切实际的说话，却又正好是曲折地、异常深细地传达出了他当时的复杂的处境和心情，所以是很耐得住人们的咀嚼和寻味的。如果这时作者竟让他滔滔不绝地向梅芬诉说起他的悔恨和痛苦来，那就反而显得不真实，反而要使人觉得索然寡味了。而这里梅芬所说的每一句话，连同她那低缓而轻悄的语调，也都十分切合她的性格和身分，特别是“乡下没有什么事情。夜晚睡不着呢，躺着等天亮；天亮起来了，就坐着等天黑。”“也许幸而有这一点病陪着我，不然，日子会觉得更长了。”等语，更把一个伤心人的欲哭无泪的哀婉心境，异常细致地传达出来了。读到这里，心头真禁不住一阵颤栗，要为这个不幸的女子而感到凄然欲绝。他们两个人的这一段对话，含义是那么深长，情味是那么隽永，简直已进入了诗的境界了。

又如《北京人》中，当文清的儿媳瑞贞急切地追问愫方为什么不跟她一起出走，一再要愫方回答为什么不出去找文清，而还要留在这个闷死人的曾家时，作者这样写：

愫：我，我说——（脸上逐渐闪耀着美丽的光彩，苍白的面颊，泛起一层红晕。

① 指梅芬的婆家。

② 指梅芬嫁过去不到半年就死了丈夫。

她的声音都有些颤抖)——他[1]走了,他的父亲我可以替他侍候;他的孩子我可以替他照料,他爱的字画我管;他爱的鸽子我喂;连他所不喜欢的人我都觉得该体贴,该喜欢,该爱,为着——

瑞:(插进,逼问)为什么?

愫:(话略顿,但语气并未停止——感动地)为着他所不爱的也都还是亲近过他的!

这虽是用散文,用日常的口语说出来的,然而却是真正的诗,这里面不但有着只有诗句才能容纳得下的浓厚的感情成分,就连它的音调和节奏,听起来也象诗句一样的圆润、有韵味。

我们再从作者在解放后写的,反映另一种生活,刻划另一类人物的作品《明朗的天》中,举个例子。

志愿军庄政委在知道了由于经验不足的小凌大夫的手术上的疏忽,他的一只眼睛将要失明时,对呆在一旁万分懊恨地嘤嘤啜泣的小凌大夫,他说了这样一番话:

不要哭了,凌大夫,不要着急了。我没有立刻说话,不是因为我气,也不是因为我难过。从昨天起,我就觉得可能发生毛病了。刚才我说不出话来,我是在想,我要用什么话来安慰你,才能使你不难过。凌大夫,我觉得出来,虽然我不太认识你,我知道你是个年轻的大夫,你是在用心为我治病;如果这是因为你个人的疏忽,只要你记住这是个错误,你就不会在别人身上再犯了。一个人一生要做很多的事情,想做事情的人总免不了偶尔犯错误。你很年轻,不能失掉自信。你要把技术学好,你要经过很多困难。只要你一心为人民,为病人,你是会成功的。我们要坚强,以后祖国需要我们做的事情太多了。……

自己的眼睛被治坏了,但首先想到的却是怎样来安慰这位年轻的医生,怎样才能使她不难过。从他的那番话里,充分体现出这位共产主义战士的高贵品质,他那颗象宝石一样灿烂的心灵,总是照射在广大人民的身上,照射在祖国的未来身上,他对凌木兰的关心和爱护,都是从对广大人民的关怀上,对祖国的未来的关怀上来的。而他的语调是那样的平稳沉着,词句是那样的朴素干净,正跟他内心的真挚的感情,以及他的坚定、乐观的情绪,是十分贴切,十分合拍的。在这里,作者就用庄政委自己的有浓厚抒情味的语言,把这位英雄人物的高贵心灵清晰地展现出来了。

以上只是随便举出的几个例子,但已很可以看出曹禺的戏剧语言具有怎样浓厚的抒情性了。曹禺本质上是一个诗人,所以他的剧作都有浓郁的诗意,都可以说是诗,而且是最高意义上的诗。不但《家》里觉新和瑞珏的独白是诗,不但《北京人》中洋溢着缠绵而淡远的诗意,就是一切其他的剧本,其他的对话,都有深刻的抒情诗的意味。而这种诗的意味,是从他的敏锐而深刻的艺术感受能力中,从他善于深入人物的灵魂,善于用艺术的语言揭开人物内心奥秘的能力中来的。

① 指文清。

也许，最使我们感觉到曹禺同莎士比亚和契诃夫相接近的地方，就在他的台词的这种浓厚的抒情性上，就在他的剧作的这种深刻的诗的意味上了。读着《家》里觉新和瑞珏在洞房中说的大段诗白，我们不禁要惊呼："这简直是莎士比亚！"而他的《北京人》，也很自然的会使我们想起契诃夫的《樱桃园》来。但其实，如我们上面所说，曹禺与莎士比亚、曹禺与契诃夫，还是很不同的。这不同，不但表现在总的风格上，表现在台词的动作性上，而且也从台词的抒情性上表现出来。

莎士比亚是一个才情横溢的诗人，他写戏有时就象在写诗。他的台词简直是辞藻的海洋，比喻的森林，使你目眩神迷，应接不暇。而且他是不知道节制的，他一任着他的热情与想象的驱使，不断的使他的人物（不管是什么样的人物）从嘴里滔滔不绝地迸发出美丽的诗句来，仿佛他的这些人物也都是象他一样的才情富溢的人似的。泰纳曾说：莎士比亚有一种感应的天才，他知道怎样忘却自己而全神贯注到他所设想的对象身上去。[①] 然而实际上，对象在他不过是一些可以借以显示他的诗才的凭藉罢了，他其实一刻也没有忘记过自己，离开过自己。我们从他的人物身上，总可以看到他自己的影子。当他的人物在抒发他们的感情时，不管是欢喜还是悲哀，快乐还是忧伤，猜疑还是嫉妒，希望还是失望，一切全都是那么强烈，那么趋于极端，仿佛他的人物都是一些带着某种程度的狂热的人。他们的体温似乎要比我们的高好几度，而这几度高出的体温，其实是属于莎士比亚本人的，是莎士比亚感染给他们，是莎士比亚把它灌输到他们身上去的。所以，他的这些抒情味很浓的台词，其实是不完全切合他的人物所处的规定情境的，同他的人物所面临的矛盾冲突有时是有些游离的。在这种地方，莎士比亚主要是以他的瑰奇的想象和富丽的文采，来吸引我们、打动我们的。这时，他的诗的才能，不是溶和在他的戏剧的才能之内，而是突出于戏剧的才能之外，他的浪漫主义的诗人的身分，就盖过了他的现实主义的戏剧家的身分了。

曹禺的诗的才能，却始终是溶和在他的戏剧的才能之内的。他的台词的抒情性，从不脱离台词的动作性，而且根本就是从他的台词的动作性中派生出来的。曹禺才真是如泰纳所说，具有忘却自己而全神贯注到对象身上去的才能的人。他能十分真切而具体地感受到他的对象所感受到的一切。他在写作时，仿佛整个地进入了他的人物所处的环境、气氛之中，有着和他的人物所有的一样的完整的、现实的感觉。他所写的台词，都是切合人物的处境和心情的，他决不让他的人物说一句他们所不可能说或是并不想说的话。而且，他的分寸感是那样的敏锐，他决不肯为了追求台词的机智、动人，为了追求表面的戏剧效果而使他的人物的语言夸张失度，以致破坏了真实感。他的台词的抒情性，就是从深入人物的心灵，细致而委曲地传达出了人物在当前的矛盾冲突中的所思所感而来的；它总渗透着人物的鲜明的目的、意向，决不停留在单纯的铺陈感情、描绘感情上。所以他的台词的抒情性，总是与他的台词的动作性结合在一起统一而不可分拆的。

那末，曹禺与契诃夫的区别又在哪里呢？就他们表现在台词的抒情性方面的特点来说，曹禺与契诃夫确有许多很相接近的地方。譬如，契诃夫也决不让他的人物毫无节制地

① 见其所著《英国文学史》第二卷第四章（莎士比亚）第一节。

去当众铺陈他的感情、描绘他的感情；他的人物也都是比较含蓄的，倾向于自我克制的；他的台词的抒情性，也主要是由于作者有着和他的人物一样的对于他们周围现实的完整而具体的感觉，由于作者深入了他的人物的心灵，委曲入微地传达出了人物的内心感觉而来的。这些都是两个人比较接近的地方。但是，如果联系到台词的抒情性与动作性之间的相互关系来看，两个人就显出不同来了。契诃夫的台词的抒情性和它的动作性之间，当然也是结合得很好的。但对比起来，显得更鲜明、更突出、更惹人注目的则是它的抒情性。它的动作性就要轻淡得多、朦胧得多，它仿佛只是渗透、交织在抒情性之中的一种配色似的，它是透过抒情性而表现出来的，是从属于、统一于抒情性的。曹禺的台词却恰恰相反，是动作性盖过了抒情性，他的台词的抒情性，是通过他的台词的动作性而表现出来的，它是从属于、统一于动作性的。所以，总的看来，契诃夫的剧作的诗意要更加深厚一些，更加浓重一些。不过，他的诗意是那样的含蓄、蕴藉，似乎更近于画中有诗的诗意；而曹禺的剧作的诗意，却是流动的，活泼的，是更加接近于戏剧类的诗的本色的。

台词的鲜明的动作性，给曹禺的剧作带来一种生动紧张的气势，能紧紧的扣住读者和观众的心弦；台词的浓厚的抒情性，又使得曹禺的剧作具有深长隽永的情味，使读者和观众徘徊萦思，久久不能去怀。而这种台词的浓厚的抒情性，这种与动作性相结合、从属和统一于动作性的浓厚的抒情性，可以说就是曹禺戏剧语言的第二个优点，同时也是它的第二个特点。

三

我们在上面曾经说过，曹禺剧作中的对话都是从行动着的人物的嘴里说出来的，它是为人物所处的客观情势所规定，又服从着人物的主观意图，始终跟人物的积极的意向和愿望、跟人物所追求的贯串的目的紧密地联系在一起的。这样，就决定了他的对话必然是既有动作性，又有抒情性，同时又是充分个性化了的。在曹禺的戏剧语言中，这三者是紧密联系而不可分拆的。上面我们为了说明的方便，也为了对曹禺同志戏剧语言艺术的成就能有更具体的了解，分别从动作性和抒情性两个方面作了一些考察，现在再试从个性化一方面来继续作一些探讨。但由于这三者在曹禺作品中本是浑然一体而难以割裂的，所以在谈这一方面的时候，仍不能不时时涉及其他两个方面。在这里所举的一些例子，也可以放到前面两节中去，正象前面两节中的所有的例子，差不多也都可以被移到这里来用一样。

例如，《家》中的钱大姨妈——就是觉新的梅表妹的母亲——出场的机会虽不多，所说的话也往往只有三言两语，但大家对这个人物的印象却异常深刻、鲜明，主要就是由于她的语言有着鲜明的个人特色，是充分个性化了的缘故。她初出场时（和她在一起的有觉新的继母周氏、四婶王氏、五婶沈氏等），正看到那个孔学会会长、假正经的老头子冯乐山从另一个门走出去，于是：

钱：（指着，一字一字地）方才出去的是谁？（大家等着看笑话，除了周氏，都在幽默地互相望着。）

王：冯，冯乐山冯老太爷！

钱：（厌恶地）哦，那个老混帐！

沈：（笑问）怎么？

钱：（翻翻白眼）干干净净的屋子，不提这种人！（回首四面打量洞房，不理沈氏。）

她才一开口，一个性情怪僻，却又异常耿直、真率的老太太的形象，就象浮雕一样清晰地矗立在人们面前了。而一旁的王氏、沈氏等人，在和她的相互映衬下，也神情如画。

在另一个地方，我们又遇到了这位老太太，当她正和觉新的继母周氏、五婶沈氏在一起时，瑞珏替她改好了一件坎肩，拿来让她试试，于是我们又听到了她那爽朗、直率、而又真挚的声音：

珏：（微笑着）大姨妈，改好了。（持起夹坎肩）您穿上试试吧？

钱：（快慰地）好快呀。（一面穿一面喜爱地望着珏。珏低头为她系着钮扣。）好，好。

沈：我们少奶奶的针线怎么样？

钱：（满意）好，好！你看，正合适！（望周，夸赞瑞珏）改得多巧啊。（不觉拉起瑞珏的手，握在自己手内）四妹，我可喜欢你这个儿媳妇！（抚摸着，笑着）你看，她的手多"肉头"（"丰满"的意思）啊！

周：（说笑话）那就给你做干女儿好不好？

钱：（爽快）好，自然好。（对珏）你愿意不？

珏：（羞涩地点点头）愿意。

钱：（不由摸摸她的丰润的面颊）哎，这哪里象生过孩子的母亲哪！（和悦地）你自己都是个孩子嘿！（忽然眨眨眼）怪，那一天是你吗？

沈：哪一天？

钱：（嫌她记性坏，不耐烦的口气）就那天，他们结婚那天。我在新房里碰见的（望周）是她么？

周：（笑着）不是少奶奶是哪个？

钱：（回头又端相瑞珏，十分正经地）怎么看着比那一天倒小了呢？（指着珏笑）你呀，好，好，胖胖答答的，是个有福的相。（对周，忽然板起面孔说）我可不喜欢我那个女儿，脾气古怪，这第一就不象我。

一声声是这样的干脆爽快，绝没有一点敷衍做作。她嘴上如果说是欢喜一个人，那她就真是从心底里欢喜了这个人；而如果她在心里讨厌着某一个人，那么，她的嘴也决不会轻易放过这个人。这里，最使人感到有趣的是她说到她的女儿的话。她自己素来是以"脾气古怪"出名的，她却说她女儿"脾气古怪，这第一就不象我"。这真是只有她才会有那种想法，也只有她才说得出这种话来。不论是当时在场的人，还是我们今天的读者和观众，看到这里，谁都禁不住要哑然失笑。但在她，这却是一句极自然、极平常的话，在她看来，她的性格当然是最正常、最合情理的，而她女儿那种多愁善感的脾气，就不免有些古怪了。

作者在刻划这个人物时，能创造出这样高度个性化的语言来，真是非常值得称道的。

同这位钱大姨妈形成一个尖锐的对照的，就是那个假道学冯乐山。他的性格正好跟心直口快的钱大姨妈相反，是极端的虚伪做作、阴险刻毒的，他的语言也就另有一种特色。下面是他在高老太爷（简称高）和他的第五个儿子克定（简称定）陪伴下出场时的情况：

冯：（似乎沉浸在崇高的冥想中，握着诗稿，连连作声，像在自语）嗯，嗯，我就爱它一片潇洒，一片灵气，一种神清骨寒的气象，不见一点肉，而温柔尽致，绝代销魂！

定：（不知为什么连连应声）是，是，是！（忽然忍不住搔首弄耳）您说这是——

冯：（目光忽然冷澈如水）你们令尊大人的诗！

高：（望了克定一眼，转对冯）评价太高了，评价太高了！

冯：（十分端重而含蓄地）真是"公诗如美色，未嫁已倾城。"（四面观望）

他的吐属别有一种风调，仿佛真是超尘拔俗脱尽了人间烟火气似的。

高：（对冯）这次承冯乐老为舍下长孙作伐，又拜领这么重的厚礼，真是——

冯：（十分豁达）你我多年友好，总是应该的，应该的。——（微笑）人老了，万事都看得淡，独有为人忙儿女的心，老而弥切。

高：（笑着）这也是一种积功积德的事。（忽然想起）哦，前些天听说冯乐老又收下一个女弟子，呃，呃，是么？

冯：（似乎在支吾）啊？——哦，是的，不错，有这么一件，（稍停，庄重起来）还算有慧根的。还好，还好，一个女孩子最难得有灵性。（高老太爷点头。）

冯：（非常字斟句酌地）遇见一个有慧根的孩子，我不忍看她堕入污泥。佛说"慈悲"孟子曰"不忍"都是一片爱惜好生的心肠。世上断没有眼看着人要落水而不肯援之以手的道理。

你看，他的辞气是这样的雍容舒徐，声调是这样的抑扬顿挫，真不愧是孔学会会长！然而，当高老太爷一提到他的"女弟子"时，他就不免要露出一些慌张之态，他的内心的丑恶的一面，就不由自主地被泄露出来了。这里，作者让他用"啊？——哦，是的，不错，有这么一件"这样的语调，来传达他那由惊慌而逐渐镇定过来的内心过程，是十分准确而传神的。

就是这个老头子，害死了高家的婢女、三少爷觉慧所爱的鸣凤，又把高家另一个婢女、四太太王氏身边的婉儿，要过去糟塌了。在高老太爷庆寿的日子，婉儿回到高家给他的老主人拜寿。当她正在向王氏诉说着在冯家所受的蹂躏时，忽然这个老头子从阁门后缓缓的出现了，他只是轻轻地、而且还是"和蔼可亲地"喊了一声"婉姑"，就把个婉儿吓得面无人色，立刻站了起来。他当然知道，在王氏面前，婉儿是不会有什么好话说到他的，但他却丝毫不动声色，仍是一付温文尔雅、从容不迫的神气。紧接着"和蔼可亲"的"婉姑"一声以后，便是"婉姑在这儿跟旧主人叙家常了吗？"这样的一句见面时的极普通的问询话。在我们听来，这声音一定也是同样地"和蔼可亲"的，然而在婉儿听来，这里面却分明有着警告与恐吓的意味，他的意思其实是："你在向她诉苦吗？你在把在我那里的真情实况告诉她了吧?”果然,后来当王氏一走,只剩下他和婉儿两个人的时候,他就立刻责问婉儿:“哪个叫你出门的?”“你方才对他们说了些什么?”在这一前一后的两种判然不同的声音语调里,这个假貌伪善的老头子就原形毕露了。

最能见出作者语言艺术的勾魂摄魄、传神写真的功夫的,是下面这一段对话。这就是发生在当婉儿的诉说被冯乐山的出现打断以后,王氏想叫婉儿到她屋里去坐坐,以便把话头继续下去的时候。冯听到王氏要留住婉儿,就:

> 冯:(不便拦阻)也好,也好,去谈谈去吧。不过现在又是老太太要烧香的时候了吧?你是否该回去了呢?
>
> 王:(机警地)别,好容易才来一蹚。就多说一会儿话,老太太那么个慈悲人,也不会见罪的。走吧,婉姑!拉着她就走。
>
> [婉姑一直恐惧地望着他。]
>
> 冯:(一面是峻厉可怖的目光恶狠狠地盯着她,示意叫她留下,一面又——)去吧,去玩去吧。平日也真是太苦了婉姑了,(非常温和的声音)去吧!
>
> 婉:(不由得止步)太太!
>
> 王:(回头)怎么?
>
> 婉:(颤抖地)我——
>
> 冯:(和颜悦色)去吧,去吧。
>
> 婉:(怯怯地)那我去了?(与王氏一同转身。)
>
> 冯:(又是冷峻森森的目光)去吧,去谈谈去吧。
>
> 婉:(回首望着他,只得又——)太太!
>
> 王:(笑着)怎么啦,这孩子?
>
> 冯:(慈祥地)是啊,真是个孩子,去吧,快去吧!
>
> 婉:(晓得不能走,对王)我不去了。
>
> 王:来吧!
>
> 婉:您先去,我就来。
>
> 冯:(洒脱地)也好,你先给我到楼上研研墨,我索性把那副长条写了吧?
>
> 婉:(点头,哀恳地)太太,您去吧。

这简直是一幅绝妙的图画!不用搬上舞台,这三个人的举动神情,就已十分清晰地在纸面上站立起来了。我们看,这个象恶魔一样的老头子,在人前总是那么彬彬有礼,从来看不到他有疾言厉色的时候,然而他却能用他的温和慈祥的语调,叫象婉儿这样的女孩子怕成这个样子,作者的这样的刻画,真说得上是入木三分了。

《北京人》里的江泰的语言,也有着特别鲜明的个性色彩。试看下面这一个场面。那是一个深秋的傍晚,姑奶奶文彩正坐在一张靠椅上织着毛线坎肩,我们的这位姑老爷江泰则靠在一张旧沙发上,右手拿着一本《麻衣神相》,左手拿着一面破镜子,一面看看书,一面照照镜子。他是那样的专心致志,文彩好几次想跟他说话,都叫他不耐烦地顶撞回去了。隔了一会,文彩又打起精神,重新提起话头,向江泰温和地发问道:“泰,你在干什么?”

于是：

江：（翻翻眼）你看我在干什么？

彩：（勉强地微笑）我说你一个人照什么？

江：（早已不耐烦，立起来）我在照我的鼻子！你听清楚，我在照我的鼻子！鼻子！鼻子！（拿起镜子和书到一个更远的椅子上坐下。）

彩：你不要再叫了吧，爹这次性命是拣来的。

江：（总觉文彩故意跟他为难，心里又似恼怒却又似毫无办法的样子，连连指着她）你看你！你看你！你每次说话的口气，言外之意总象是我那天把你父亲气病了似的。你问问现在谁不知道是你那位令兄、令嫂——

彩：（只好极力辩解）谁这么疑心哪？（又低声下气，温婉地）我说，爹今天刚从医院回来，你就当着给他老人家拜寿，到上屋看看他，好吧？

江：（还是气鼓鼓的）我不懂，他既然不愿意见我，你为什么非要我见他不可？就算那天我喝醉啦，说错了话得罪了他，上个月到医院也望了他一趟，他都不见我，不见我——

彩：（解释）唉，老人家现在心绪不好！

江：那我心绪就好？

彩：（困难地）可现在爹回了家，你难道就一辈子不见他？就当作客人吧，主人回来了，我们也该去问声好，何况你——

江：（理屈却气壮，走到她的面前又指又点）你，你，你的嘴怎么现在学得这么刁？这么刁？我，我躲开你！好不好？（赌气拿着镜子从书斋小门走出去。）

翻翻相书，照照镜子，江泰真是穷愁潦倒，落魄无聊之极。而他这里所说的话，都是那么简短、急促而又好重复，也活是一个脾气急躁而又心情恶劣的人的口吻。特别是最后，明明因为的确是自己礼数欠缺，没有话好回答文彩，他却居然还能那么声粗气壮地指责文彩嘴刁，仿佛倒是他自己受了委屈似的。这倒也不一定是因为他不肯认错而故意装腔作势，他心里多半的确是这样想的。他没有曾皓、思懿等人的把无理说成有理的本领，但在他，无理也是有理的。因为他向来是习惯于只从自己那一面看，而不知道设身处地地替人家着想的。只从自己那一面看，他自己的所作所为，就自然总是有理的。所以他说起话来，总是那么理直气壮，总有“自反而缩，虽千万人吾往矣”的气概。而这里文彩所说的每一句话，也都符合于她的温厚懦弱的性格，也活画出了一个对丈夫百依百顺、屈意承迎的妇女的形象。

再从《明朗的天》中举一个例子看看。凌士湘为了找寻田鼠，居然整天未进实验室，不知跑到哪儿去了。这叫他的学生和助教、那十分敬爱他的何昌荃，非常耽心。何刚生过盲肠炎，也顾不得休息，就跑去找教务长江道宗，要他设法解决实验用的田鼠问题。正在这时，凌士湘从外面跑了进来。于是：

何昌荃：凌大夫，你可回来了！你到哪儿去了？大家真着急了，你这么晚才回来！

凌士湘：（对何昌荃，不满意地）你又到这儿来了！我昨天还嘱咐你好好养病，可是你今天乘我出门，又跑去做实验了！你去干什么？

何昌荃：（关心地）田鼠找到了吗？

凌士湘：你不要管。你开了刀，还没拆线呢。回到病房去！我要叫他们把你这身衣服没收。

何昌荃：（笑嘻嘻地）我在实验室看见你的饭盒子又冷了，别忘了叫他们给你热一下再吃。

凌士湘：走！走！走！不要噜嗦了。

这一对师生之间的那种互相关心、互相爱护的真挚感情，在这一段短短的对话中，表现得多么的深刻、动人呵！“凌大夫，你可回来了！”这一声里，该是蕴藏着多少的关切与欣慰之情！仿佛何昌荃心里挂着的一块石头，这时总算放下来了。但他又止不住要对这位心爱的老师微露责怪之意：“你这么晚才回来”（多叫人不放心呵）！接下去，这两个人的对话真妙，各人都只管说着自己的话，完全不答理对方所发出的询问或埋怨，仿佛谁也没有听到对方说些什么似的。然而他们每一个人所说的话，却又都是关于另一个人的，他们每一个人的心，却又都放在另一个人的身上。这样的师生关系，真是多么令人称羡！而这两个人的性格，从这一段对话中，也十分鲜明、十分生动地被表现出来了。

人物的语言，透露出他的特殊的生活经验、教养和心理，每个人都各以他自己所特有的方式来讲话，我们从人物的独特的语言中，就可以推知这个人的性格形成的社会历史背景。所以，作家们都非常重视人物语言个性化的工作，都竭力想为他的人物找到适合于他们的个性的独特的说话方式——独特的语汇，独特的语句结构，独特的语调节奏，等等。也只有在把握住了人物的独特的说话方式以后，作家才有可能借助于对话而创造出鲜明生动的人物形象来。特别是剧作家，他除了通过对话来塑造人物以外，没有其他的路可走，因此，人物语言的个性化，对于剧作家来说，就更是一件头等重要的事。奥斯特洛夫斯基就曾这样说过：“我们认为，塑造典型的第一个必要的艺术条件便是忠实地给出典型人物的传达方式，就是说，他的语言甚至口语的癖性。”①曹禺剧作中的人物之所以能显得那样的鲜明生动，在很大的程度上，就是由于他的每一个人物的语言，都是有着与众不同的个人特色的缘故。不过，应该指出的是，曹禺的人物语言的个性化，并不仅仅是由于他把握住了人物的独特的语汇、独特的语句结构、独特的语调节奏等语言癖性而来，更主要的乃是由于他能时时扣紧戏剧冲突，对人物所处的规定情境以及他们的内心动态，有着十分深刻而真切的体认的缘故。台词的强烈的动作性，使曹禺的剧作生动紧张，扣人心弦；台词的浓厚的抒情性，使曹禺的剧作情味隽永，发人深思；而台词的鲜明的个性化，又使曹禺剧作中的人物，显得那样的具体真切，仿佛就是在纸面上也可以触摸得到似的，给他的剧作带来了无限的艺术的魅力。

① 转引自《文学原理》第 228 页。

台词的鲜明的个性化，可以说就是曹禺戏剧语言的第三个优点，同时也是它的第三个特点。

四

强烈的动作性、浓厚的抒情性和鲜明的个性化，以及以强烈的动作性为主的这三者的密切结合，构成了曹禺戏剧语言艺术的总的特色。此外曹禺同志在戏剧语言艺术方面还有一些其他的优点，尽管是比较次要的，却也值得提一提。

在曹禺同志的剧作中，我们找不到生冷怪僻的字眼和冗长别扭的句子。他的台词，都写得简短而响亮，演员容易说，观众容易听，完全符合舞台演出的要求。同时，他的台词虽然简短，却不贫乏，不干枯；虽然易说易听，却不单薄，不浅露，而是凝炼含蓄，意蕴深厚，充满着潜台词的。如我们上面所举到的许多例子中，有许多对话都有好几层、好几方面的意思，或者言在此而意在彼，或者言有尽而意无穷，给予导演、演员以许多挖掘与再创造的机会，而使观众和读者也大有咀嚼回味的余地。他的有一些台词，还写得十分的机智，有风趣，而同时又非常的紧凑、传神。例如《家》里面，冯乐山正在用烟蒂头烫婉儿的手腕，不料被觉慧当场捉住，痛骂了一顿。冯恐吓着说回头要告诉觉慧的祖父来管教他。恰巧这时高老太爷由克明陪着进来了，于是觉慧对冯说，你现在就可以跟我祖父讲了。高老太爷问是什么事，冯当然不敢提适才的事，他就一面十分愠怒，一面狞笑着支吾道："哦，没什么，没什么，一两个，一两个字句间的斟酌。"这样说，既显出冯乐山的搪塞的巧妙，而同时，在语气间也充分泄露出了他的心情的慌乱，确是非常的紧凑、传神的。又如《北京人》中，正当杜家吵着要抬曾皓的漆了一百多道的棺材，一家人一筹莫展，只好眼看着棺材让杜家抬走的时候，江泰忽然说他有办法，他可以找朋友想法去，而且说是决无问题。这一举动是这样的出人意外，曾皓也不禁给他弄胡涂了，似信非信地问文彩："江泰这个东西是怎么回事?"文彩却满有把握地回答："爹，您放心吧，他平时不怎么乱说话的。他现在说有办法，就一定有办法。"大家知道，江泰这个人素来是好大言而少成事的，有一次文清在说到他时，就曾这样说过："他也是跟我一样，我不说话，一辈子没有做什么。他吵得凶，一辈子也没有做什么。"而现在文彩却说他"平时不怎么乱说话的"，这与实际情况相去该有多远！这句话，随便出诸任何其他人之口，都会是一句明显的谎话，或是有意的挖苦、讥嘲，但在文彩嘴里说出来，却是十分真诚的。通过这句话，就把一个对自己丈夫十分崇拜的女子的心理神情活画出来了，同时又给人一种滑稽之感，读到这里，谁都不免要忍俊不禁。又如《雷雨》中，鲁妈一心想要见一见自己近三十年不见的儿子周萍，想不到竟亲眼看到他动手打了自己的另一个儿子鲁大海两个巴掌，她心头真有说不出的沉痛与悲愤，不禁大哭着走到周萍的面前责问他说："你是萍，……凭……凭什么打我的儿子?"这一转口，非常贴切地传达出了鲁妈当时的万分悲痛而又复杂的感情，同时，也显出了作者语言的机智。象这样的例子，如果要举的话是还可以举出好多来的。总而言之，曹禺同志的戏剧语言除了动作性、抒情性、个性化之外，还有一、简短响亮、易说易听；二、凝炼含蓄、意蕴深厚；三、机智明快、传神紧凑等优点。

此外，曹禺剧作中的舞台指示，特别是人物的出场介绍，写得也极有特色。

本来，戏剧主要是通过人物自身的台词和动作来塑造性格、发展冲突、表现主题的。在舞台上，既没有作者插嘴的余地，在剧本中自也无需作者多作不必要的说明。说明过多，反会束缚了导演、演员对人物性格的发掘和创造。所以，一般剧作在人物出场时，通常只对他的外形服饰略作介绍（有时，甚至连这些也不需要），至于思想、性格则绝少涉及。曹禺同志的作法，却颇违常例。他的出场介绍，不但清晰地描画了人物的外貌，而且还直入他的内心世界，把他灵魂中的最隐秘的东西也给掏了出来，而字数也有长达几百字，甚至上千字的。他这样做，可能有人会不以为然，会认为这已经超出了剧作家的职责范围，而更象是一个小说家在越俎代庖了。我却不这么想。也许是出于个人的偏爱吧，我有时甚至嫌他写得过于简短了。而对于他在一九五九年出的《雷雨》新版本中对蘩漪的介绍所作的删削，更是深深的感到惋惜。这样的删削，一面固然汰除了一些不必要的杂质，使文字显得更纯净了，但同时，却也洗去了不少光泽，从色调上看，就不免远不如原来那样的绚烂耀眼了。固然，“戏剧只活在舞台上”（果戈理语），剧本应该是为演出而写，估量一个剧本的成败，主要也应该根据演出，根据舞台实践。但是，如果把剧本作为一种独立的存在来看，就是说，如果把它作为一部文学作品来看，那么，只要这些出场介绍是写得符合于文学特征的，艺术价值高的，而且是同从台词中所体现出来的人物性格相一致的，那么，尽管它对于舞台演出来说是不必要的、可有可无的，仍应该认为是好的，仍应该从文学的角度来加以肯定。而曹禺同志剧作中的这些出场介绍，则的确是写得非常出色的。往往着墨不多而人物的精神尽出。他用的不是贴标签式的为人物做鉴定的办法，而是用的形象塑造的办法。他似乎是把将要通过戏剧对话的形式表现出来的东西，先就在文学特写的形式中把它完成了。作为一个真正的艺术家，曹禺总是形象地把握现实的，他对现实的理解和主张，也总是以形象的形式出现在他的作品中的。出场介绍也不例外。所以，这里决没有会不会限制导演、演员对人物性格的发掘和创造的问题，相反的，只有提供了他们以更丰富的素材，更便于他们对人物性格的揣摸体会，更有利于他们进行再创造的活动了。

剧本通常也不需要描写环境，只需标明故事发生的地点，如果事件是在室内进行的，顶多再简单地说明一下室内的陈设布置就行。在曹禺同志的剧作中，特别是在《北京人》和《家》中，却常常有大段大段的环境描写。这些描写，对于剧本来说，也似乎完全是多余的、不必要的。其实不然，因为这些描写，不但清晰地勾勒出了人物活动的环境，而且还十分生动逼真地渲染出了一种和故事的进展，和人物的精神状态息息相通的情调气氛。通过这些描写，使我们一下子就进入了人物活动的世界，对剧中将要发生的一切，预先就在我们的内心准备好一种迎接它们的适宜的情绪节奏。这样，就使我们更能感受这个剧作的妙处，更能领会这个剧作的思想意义。对于读者能产生这样的效果，对于导演和演员难道就会没有帮助吗？毫无疑问，这些描写也一定会使导演和演员能够更加具体地看清人物活动的背景，更加深入地把握人物行动的内心依据，而有助于演出质量的进一步的提高的。

还有，作者为帮助演员掌握人物说话时的动作和语调而写的一些舞台指示，也极为出色。这些指示是和人物的台词不可分割的，它们本身就是台词的延伸，台词的一部分。有时，要没有这些指示，我们就很难领会人物台词的含义和情味。譬如，我们前面引过的《家》里面钱大姨妈出场那一段的台词中，要是删去了括弧中的文字，虽然仍不失为一段好台词，但味道就要差远了。而冯乐山和婉儿、王氏三个人的那一场戏（就是冯乐山嘴上叫婉儿“去吧，去吧”而眼睛却示意要她留下的一场戏），如果没有舞台指示，那我们就简直不知道他们三个是怎么回事了。试看作者在瑞珏开始说出她的大段独白以前所写的舞台指示：

> 缓缓地抬起头，漆黑的眸子怯怯地向四面觑视，闪露出期待抚慰的神色。一种孤单单的感觉袭进她的心里，使这离开了家的少女，初次感觉复杂到不可言状的情怀。她低声叹了一口气，一时眼前的恐惧、希望、悲哀、喜悦、慌乱，都纷杂地汇涌在心底，终于变成了语言，低低地诉说出来。
>
> 她的声音亲切温婉，十分动听，如湖边一只小鸟突在夜半醒来，先还凄迷地缓缓低转，逐渐畅快而悲痛地哀歌起来。

这该是写得多么美丽。它不但把这个少女当时的神情举止，象电影镜头一样清晰地展现在我们眼前，而且还渲染出了一种充满诗意的气氛情调，为她的大段诗白的自然涌现事先作好准备。

在曹禺同志的这些出场介绍、环境描写和舞台指示中，也象在他的台词中一样，使我们感到最最突出的一点，就是作者的内心视象的鲜明。仿佛他所写到的这一切，真的栩栩如生地在他眼前矗立着似的，所以他才能那样逼真地用文字把它们描画下来，又让它们同样清晰地在我们的眼前再现出来。曹禺同志十分强调剧作家要有对生活的“真感受”，要对他所写的东西“真知道”，这确是非常正确，非常重要的。一个剧作家，只有在对他所要创造的人物有了生活实感以后，才能引起创作过程中所不可缺少的内心的热力和内在的沸腾，才能把人物写活。在生活中，我们说的是我们在自己周围确实见到或在心里见到的东西，是我们真正感到、真正想到的东西，是确乎存在于现实中的东西，我们是在这些东西的影响下说话。而剧本中的人物所说的话，却是出于剧作者的虚构，是从剧作者的创造性的想象中产生出来的。剧作者一定要在想象中真的看到了他的人物所处的现实情境，一定要知道了人物的情欲、意向和心理状态以后，才写得出真实有力的、确是人物自己所要说的话来。剧作家对于生活的观察愈敏锐，对人物的理解愈深刻，在生活中、在人物身上所看到、所摄取到的东西愈多，他的内视象就愈鲜明，在他的语言中就能包括更多生动的现实内容，更富于潜台词，而他也才更能写出真实、生动的人物形象来。曹禺同志剧作中的语言之所以能这样的鲜明生动，这样的富于魅力，就是跟他对现实生活的真实的感受和丰富的体验分不开的。

原载《社会科学战线》1979 年第 2 期

论曹禺的思想发展和创作道路

杨兆振

“我唯愿读者们认真地、批判地、历史唯物主义地对待它们。”

——曹禺

四十五年前，年仅二十三岁的曹禺创作了他的处女作《雷雨》。《雷雨》于一九三四年首次在《文学季刊》上发表，就引起了文艺界的广泛注意，从而使曹禺在剧坛初展锋芒，并奠定了他作为我国现代剧作家的最初基础。从那以后，在至文化大革命前的三十多年中，曹禺又陆续创作发表了《日出》《原野》《蜕变》《北京人》《家》《明朗的天》《胆剑篇》等十多种戏剧作品，奉献给我国年轻的话剧文学宝库，成为我国话剧艺术发展史上的重要收获，而作家本人也成为我国五四以来最优秀的剧作家之一。

曹禺是一个生活态度和创作态度都非常严肃的作家。几十年中，他与许多同时代的进步作家和老一代知识分子一样，追求真理，向往光明，渴求社会主义，经历过漫长而痛苦的精神探索过程。曹禺是沿着自己的道路逐步走向马列主义的。

“四人帮”无视老一代知识分子走向革命投入党的怀抱的曲折历程，完全背叛了党贯彻的知识分子政策。他们出于篡党夺权的反革命政治需要，伙同林彪炮制了“文艺黑线专政”论，把老作家统统打成“反动权威”“黑线人物”，而极尽打击迫害。曹禺那为人民所喜爱的作品长期被停版、停演、打入了冷宫，他的创作活动也被迫停止了达十年之久。

华主席领导我们粉碎“四人帮”，毛主席的革命路线得以准确全面地贯彻执行，包括文艺政策、知识分子政策在内的党的各项政策得到真正落实。在我国社会主义文艺园地重现百花争艳、万紫千红的明媚春天里，人们高兴地看到《曹禺选集》的新版。更令人欣喜的是，搁笔十年的曹禺虽已近古稀之年，又重新提笔，朝气蓬勃地开始了新的创作。

但是，在“四人帮”制造了严重的混乱之后，我们究竟应该怎样地评价曹禺和他的作品呢？从曹禺的生活和创作中，我们今天的作者和读者（特别是青年作者和读者）又可以吸取哪些教益呢？本文正是试图通过对曹禺思想历程和创作道路的研究，回答这样的问题。

一、创作前的思想基础——民主主义思想的形成

曹禺，原名万家宝，出生在辛亥革命结束封建帝制、推翻清室专制皇朝的前一年——一九一〇年。当时的中国正处于半封建半殖民地的沉沉黑暗中，中华民族和帝国主义的矛盾、中国人民和封建主义的矛盾都异常尖锐，整个时代的旗帜上鲜明地写着“反帝反封

建”的火红大字。就是在这样的大时代的背景下，在日趋发展的民主革命的激流中，曹禺度过了他开始创作前的二十三个春秋。他沿着自己的生活途径，走上民主主义的道路，形成了他民主主义的世界观。

曹禺没有读过小学。十五岁以前，他在家里跟着私塾先生学四书五经，受的是典型的封建教育。但是，这些僵死的封建正统文化并没有引起曹禺的兴趣，也没有成为他主要的精神食粮。真正引起他兴趣，使他激动，使他思考，对他产生深刻影响的，恰恰是相反的东西。

一九五七年，曹禺曾向《文艺报》记者谈到他少时的情景：每天从书房里摇头晃脑地背完“子曰学而时习之……”之后，他就溜进一个堆有旧书的房间里，很有兴致地读起“闲书”来。什么《红楼梦》《水浒传》《三国演义》，什么《史记》、元曲、传奇，以及《老残游记》《官场现形记》一类的清末谴责小说，他都看的很熟。曹禺曾回顾说：“这些好文章使我们体会到什么是最美的，最有民族气味的东西”（《曹禺同志谈剧作》），“甚至于象读了《官场现形记》一类清末谴责小说，都使我的热血沸腾起来要和旧势力拚杀一下”（《曹禺创作生活片断》）。当时，林琴南翻译的说部丛书很流行，少年曹禺从这些书开始接触到欧洲资产阶级的文学。这些书中宣扬的资产阶级人道主义、个性解放、自由、平等、博爱等资产阶级民主思想，对于生于封建家庭的曹禺，显然是个完全崭新的世界。

从很小的时候起，曹禺就是一个戏剧爱好者，进戏园子看戏是他一个很大的乐趣。“京戏、昆腔、河北梆子、山西梆子、唐山落子、各种曲艺和文明戏，都使我入迷”（《曹禺同志谈剧作》）。在封建统治者看来，除被称为“大戏”的京剧外，其他来自民间，还保存着群众文艺的许多质朴特色的地方戏曲和曲艺都是粗俗的，登不得大雅之堂。而曹禺恰恰从这些平民大众的文艺中，得以接触到人民的文化，感受到群众的情感和爱好。

到中学和大学时代，曹禺阅读的范围更大了。他非常爱读五四作家的作品，显然五四作家作品中日益加强的反封建的时代主题吸引了他。“在那些进步的革命的文章中，我找到了反抗和叛逆的勇气。我懂得了当时的社会是不能与之共存的，否则只有被吞噬、死去。”（《郭老活在我们的心里》）在同一文章中，曹禺还曾这样追述他当年读到郭老的新诗《女神》时的激动：“读了他的《女神》，我被震动了。《凤凰涅槃》仿佛把我从迷蒙中唤醒一般。我强烈地感觉到，活着要进步，要更新，要奋力去打四周的黑暗。”

在中学和大学时代，曹禺还大量阅读了外国戏剧大师们的剧作。这些大师们的作品对曹禺的思想和以后的创作都产生了很大的影响。古希腊悲剧作家笔下的爱与死、复仇与死，易卜生作品中强烈的资产阶级民主派思想，莎士比亚的人文主义，契诃夫对现时的深刻批判，都在曹禺以后的创作中留下了清晰的痕迹。

在知识分子世界观形成发展的过程中，所受的教育起着重要的作用，曹禺也毫不例外。一个明显的事实就是：我国优良的民族文化的哺育，平民文艺的熏陶，五四作家的启示，外国资产阶级文化的影响，都促成曹禺民主主义思想的形成。

促成曹禺民主主义思想的另一个因素是他所受的家庭和社会教育。

曹禺出生在一个曾经阔绰过，后来又败落了的封建家庭里。在这个家庭里“每天可以听到和看到很多乱七八糟的事。象周朴园逼蘩漪吃药那事情，从我的亲戚、朋友的口里经常可以听到。”“我在家最感到害怕的，就是吃饭。父亲总是在饭桌上教训子女”。曹禺在这个家庭感到“闷得很”，“整个家庭都是郁闷的”（均见《曹禺同志谈剧作》）。十分明白，曹禺在家庭生活中感到了封建主义的腐朽、压迫、专横和窒息。这不仅形成了他那忧郁深沉的性格，更为重要的是，不满和反抗的种子已经撒在了他年青的心灵上。这种不满、反抗，或者干脆说叛逆的种子，在更加广阔也更为深刻的社会生活的黑暗中，进一步得到萌发。大革命前夕，曹禺在南开中学和同学们演出易卜生的《国民公敌》。天津的反动军阀竟然以为是一个姓易的青年写了个剧本骂他，而勒令停演。如此的愚昧、无知而又专横霸道，深深刺激着青年曹禺，日后他回忆当时的黑暗，仍愤愤地说：“仿佛人要自由地呼吸一次，都需用尽一生的气力！”（《曹禺创作生活片断》）在社会生活中，黑暗的压迫促使着他的反叛，而革命者的英勇斗争，也鼓舞着他的反叛。曹禺曾谈到在学生时代使他不能忘怀的几件事，一是李大钊同志从容就义的报道，曾经使他“感到一种不可抑止的悲愤”，另一件是一个共产党员同学被捕后，面对北洋军阀的严刑拷打，一直不屈的事迹，使他知道了“在世界上还有这样一种不怕强权、不顾生死、决心要改变社会的人。”（《曹禺同志谈剧作》）

在曹禺的青年时代，正是帝国主义列强加紧瓜分、侵略我国的时候，民族的危机不断激发着他的爱国热情和反帝意识。“五卅”运动中，曹禺就参加演戏宣传抵制日货，“九·一八”事变后，他又参加宣传队到保定去宣传救亡。

显然，曹禺在开始创作生活以前，已经具有反帝反封建的民主主义的革命要求，他已经与当时的社会不能“共存”，而且“要奋力去打碎四周的黑暗”了。（《郭老活在我们心里》）

初步的民主主义思想，这就是曹禺创作前的思想基础。正是在这样的思想基础上，曹禺一开始创作，就以反封建战士的勃勃英姿投入到始于五四运动的我国无产阶级的文艺运动中来。也正是在这样的思想基础上，曹禺写出了他的抨击着中国的社会和家庭的第一个剧本——《雷雨》，向旧世界发出了他的第一声呼喊，第一声抗议！

二、从《雷雨》到《原野》——发泄着愤懑的第一阶段创作

《雷雨》是曹禺向现实迈出的第一步，也是曹禺民主主义思想闪烁出的最早的光辉。它写的是一个嫡系亲族乱伦相爱的故事。在这出离奇然而却惊心动魄的悲剧中，作者怀着极大的同情塑造了蘩漪这个为封建家庭所窒息的不幸妇女，愤怒地描写了劳动妇女鲁侍萍如同当时中国苦难的大地一样的辛酸经历，并以强烈的憎恨鞭笞了以周朴园为代表的封建性的中国资产阶级的残忍、冷酷和伪善。作者毫不含糊地一把撕掉了笼罩在这个体面家庭表面的那层薄薄的轻纱，而把它的丑恶的原形暴露在光天化日之下，从而谴责了不合理的家庭、不合理的社会，并进而完全否定了它。这个家庭的成员最后有的死亡，有的出走，有的疯狂，它和它代表的阶级合乎规律地必然走向了崩溃。青年曹禺初登文坛，就以如此昂扬的战斗激情，向旧世界展开了革命的冲击。

列宁曾经说过，一个战斗的民主主义者不会不“热烈地同情劳动者和被剥削者，相信

他们的正直与他们的力量”。(《中国的民主主义与民粹主义》)民主主义者的曹禺正是这样，在《雷雨》里，他对被压迫被剥削者，对工人阶级，对劳动人民寄予了无限的同情。他写了工人的罢工，他让工人鲁大海当面揭发周朴园的罪恶；他也写了鲁侍萍的控诉，蘩漪的反抗。所有这些都寄托着作者对被压迫者命运的深切关注和对他们的同情以至热爱的感情。

洋溢在《雷雨》中的这强烈的爱和恨，正是体现了民主革命时的时代精神，反映了人民群众的心声，使《雷雨》具有鲜明的社会典型意义。它之所以被“积恨已久的奴隶”视为“这声音是我们的”而加以热爱，并在以后陆续被介绍到国外的舞台，为曹禺赢得广泛的声誉，都是十分自然的。

毫无疑问，《雷雨》是曹禺创作的一个很好的开端。但是，《雷雨》也有着明显的局限：由于作者的故事过分离奇，又过多地纠缠于亲子关系和乱伦关系，就在一定程度上削弱了周家的典型性，模糊了它的阶级关系。作者还表现出悲天悯人的思想和对神秘不可知的事物的憧憬和恐惧，使他无法更深刻地揭示出这一悲剧的社会根源，并展现出社会发展的前途。对周家父子的鞭笞有时也还带有某些温情，对蘩漪的个人主义也缺乏深刻的批判。这反映出曹禺早期世界观中还存在着一些矛盾和消极因素(主要是资产阶级人性论、唯心主义的宿命论)，说明着曹禺民主主义思想还带有朴素的性质。

写成《雷雨》的第二年(一九三四年)，曹禺从清华大学外文系毕业，首次来到“十里洋场”的上海。在这个东方的罪恶之都，曹禺看到的是和从小居住的天津一样的黑暗：到处都是荒淫无耻的买办、流氓、妓女、烟馆，帝国主义分子在马路上趾高气扬，巡捕任意侮辱中国人。半封建半殖民地社会的黑暗现实，极大地刺痛了青年剧作家的爱国心和正义感。他“恨不得立刻发来一阵洪水，情愿自己也一起冲掉”。(《曹禺同志谈剧作》)他渴望“能看到平地轰起一声巨雷，把这群盘据在地面上的魑魅魍魉击个糜烂”。(《日出》的《跋》)就是怀着这种按捺不住的一腔愤懑，曹禺向整个旧世界发出了“时日曷丧，予及汝偕亡”的诅咒(《曹禺同志谈剧作》)，酝酿并创作了他的第二个剧本《日出》。

在《日出》里，曹禺民主主义思想中的革命因素和战斗精神得到了更充分更深刻的体现。他发挥了杰出的结构才能，巧妙地把沦落在都市腐烂生活漩涡里的人们，把那些盘据在那个罪恶世界上的大大小小的鬼域和挣扎于社会最底层的受尽凌辱剥削的牺牲者，统统组织到自己的戏剧中来，通过对他们的生动描写，作者无情地揭露、愤怒地控诉了那个“损不足以奉有余”的吃人社会。作者犹如一个代表了人民意志的法官，对着“这帮荒淫无耻，丢弃了太阳的人们”，大声喊出：“你们的末日到了！”(见《日出》的《跋》)公正地宣判了那个不合理的社会的必然灭亡。特别令人欣喜的是，在《日出》里，作者对于被压迫者已经不止于同情，即使在被称为“人类的渣滓”的妓女翠喜身上，作者也发现了一颗金子似的心，他看到了被压迫者的“正直”，也感到了劳动者的“力量”，他把劳动者作为象征光明的人们，并预言“太阳就在他们身上”。在《日出》里，作者虽然没有写出太阳的升起，然而他却暗示了一个光明伟大的未来，他确信会有一天“太阳升起来了，黑暗留在后面”。(见剧本《日出》)所有这些都使《日出》充溢着炽热的战斗激情，并使其成为曹禺为人民所欢迎所热爱的又一剧作。

《日出》比之《雷雨》，无论在思想上还是在艺术上，都是曹禺向前迈进的一步，它说明曹禺的民主主义思想走向了成熟。正如周扬同志曾经正确地指出的那样。写到《日出》时，作者对客观社会已有了进一步的认识，他认清了"损不足以奉有余"的社会形态——人剥削人的制度。他已开始有意识地"诅咒四周的不公平"，对荒淫无耻的人们泄着愤懑，把希望寄托在象征光明的人们身上，而不再有对于隐秘不可知的事物的憧憬和恐惧，那种悲天悯人的思想了，他的创作的视线已从家庭伸展到了社会。（原文见《论〈雷雨〉和〈日出〉》）

然而，《日出》也还有不足。作者展现在舞台上的只是那个社会的最黑暗的一角，但却不是最本质最典型的一角。活跃在观众面前的人物，也不是那个社会典型的剥削压迫关系的代表，因为历史舞台上两种根本对立的主要力量——金八和太阳就在他们身上的人们，恰恰被作者或者有意或者出于无奈而隐在了幕后。"帝国主义这个罪大恶极的元凶"也完全地被"放过"了（引文见1951年版《曹禺选集》的《自序》），从而削弱了它更高的典型意义。在《日出》里，作者虽然寄希望于劳动者，并预示了一个光明的未来，但此时的曹禺对工人阶级的历史使命并没有真知，"我写《日出》的时候，我并不接近、也不了解当时的革命力量""我没有能把新的力量，代表革命的力量在戏里表现出来"。这样，就使得"戏写得不够真实，给观众以不完全的印象"（引文均见《胡风在说谎》），也使得作者展现的光明缺乏坚实的基础和真正的鼓舞力量。

《雷雨》《日出》都是描写的作者熟悉的生活、熟悉的人物，而他的第三部剧作《原野》，则接触到了作者陌生的领域——农村的生活、农民的形象。《原野》是作者直接表现阶级压迫的一次有意义的尝试。在这出戏里，曹禺通过主人公仇虎的遭遇，对地主阶级贪婪地掠夺农民土地、残酷地迫害农民的罪行，进行了义正词严的揭露和控诉；而对农民对这种压迫剥削的愤怒的自发反抗，也作了动人的描写。作者坚定地站在被压迫者一边，深切地同情、关注着他们的命运，从而使这个戏贯穿着同《雷雨》《日出》同样的战斗精神。然而，由于作者对农民和农村生活的陌生，加之此时的作者还没有明确的阶级斗争的观念，他没有成功地写好这个题材。他没有深刻地在戏中展开一幅农村阶级斗争的图画。作者笔下的主要人物仇虎，是不真实也不典型的，他不大具有农民的特征，而几乎变成了一个类似江湖好汉式的人物，他过多的心理纠葛和一些行动，都缺乏生活的和性格的根据。

《原野》的出现，不仅反映出作者生活的局限，同时也表现了作者民主主义思想的局限和由此引起的矛盾和苦闷。经过《雷雨》《日出》的愤懑的发泄，曹禺已经不满足于对黑暗的单纯的揭露和批判。早在写《日出》的时候，他已经开始考虑并力图解决"怎么办"的问题。然而民主主义思想的局限，使他"想不出一条智慧的路""纠缠在失望的铁网中，解不开、丢不下的"。（《日出》的《跋》）《原野》正是表现了作者的这种苦闷。他让仇虎单枪匹马的去报仇，而自己也并不以为个人的复仇是解决农民与地主矛盾的良策。什么才是打碎黑暗、迎来光明的正确道路呢？曹禺却回答不出。

就是带着这样深刻的矛盾和苦闷，曹禺结束了他第一阶段的创作。这一阶段的曹禺就像一个感情奔放的诗人，尽情地向旧世界抽打着仇恨的鞭子，发泄着压抑的愤懑。他这个时期的创作，饱蘸着人生的血泪，愤怒的情感溢于言表。在创作方法上，多借重于曲折的故事、紧张的场面和外在的尖锐冲突，戏写得有声有色，惊心动魄，却缺乏作者向往的契诃夫式的深邃隽永的艺术力量。

经过淋漓的发泄，感情平息了一些以后，一个现实的问题“怎么办”就越来越尖锐地摆在了青年剧作家面前。这个不能回避的问题是这样地焦灼着曹禺，在《日出》的《跋》里，他作过感人的自述：“这些年在这光怪陆离的社会里流荡着，我看见多少梦魇一般可怖的人事，……它们化成多少严重的问题，致命的突击着我”“问题临在头上，恨不得立刻搜索出一个答案，苦思不得的时候便冥眩不安，流着汗，急躁地捶击着自己”“于是便如痴如醉地陷在煎灼的火坑里。”

中外严肃的批判现实主义作家，几乎都经历过这样的痛苦。托尔斯泰就长期为“怎么办”的问题所折磨，他也曾为社会开过错误的处方——托尔斯泰主义。契诃夫则发出过这样的感叹：“没有明确的世界观，而想过自觉的生活，那简直不是生活，而是负担，是可怕的事情。”(《给苏沃林的信》)曹禺显然也尝到了同样的苦头。其实，时代的指针已经指到了二十世纪三十年代，“怎么办”的问题在社会政治生活中已经解决了，而曹禺要找到它，却不得不继续经历长期的探索过程。

在思想上，要探索怎么办的问题；在艺术上，向往着契诃夫式的“深邃艰深”。显然，曹禺的思想和创作在面临着一个转折。

《原野》之后，一连几年，曹禺几乎没有创作。这期间爆发了抗日战争，在国家危机存亡的时候，作为爱国主义作家的曹禺虽处于痛苦的徘徊中，仍鲜明地表明了自己的政治态度。一九三九年，他和宋之的合编了号召全民总动员参加抗战的剧本《黑字二十八》，在重庆戏剧界纪念第一届“戏剧节”的演出中上演，曹禺本人还亲自登台演出。

一九四〇年，曹禺又写了一个自嘲式的独幕戏《正在想》，描写一个变戏法的家庭杂耍班子，改演话剧而闹出的笑话。戏结束时，班主老窝瓜改演话剧失败了，他的老婆举着棍子问他：“你不是说你一脑袋装的都是戏吗？”老窝瓜无可奈何地回答道：“我，我，我正在想！”“我正在想”，这正是处于转折期的曹禺痛苦的自白。

三、从《蜕变》到《家》——冷静思索、热情探求的第二阶段创作

在曹禺苦闷徘徊的几年中，人民的抗日力量迅猛的发展，党领导的抗日游击战争战果辉煌，敌后抗日根据地不断扩大。战前和战争初期的“亡国论”“速胜论”都被事实粉碎了。人民的抗战，挫败了日寇“以华制华”“以战养战”和“速战速决”的战略阴谋，而使战争进入了相持阶段。革命和战争的这种新形势，无疑给了曹禺以极大的鼓舞和信心，促使他结束了几年的苦闷彷徨，而开始了新的热情的探求。

一九四〇年，曹禺创作了他抗战期间的第一部大型剧作——《蜕变》。在这部作品中，作者力图通过对国统区一个伤兵医院的描写，展现出“我们民族在抗战中一种‘蜕’旧‘变’新的气象”。在这样的题旨下，作者怀着十分厌恶和鄙夷的感情，对抗战中的动摇分子、腐朽人物，对那应被“蜕”掉的腐朽阶层，毫不吝情、绝无顾忌地加以指责、怒骂和抨击；而对

作者认为在“艰苦的斗争里酝酿着，育化着，欣欣然发出来美丽的嫩芽”的新生命、新力量，进行了热情的讴歌。（引文见《关于“蜕变”二字》）作品洋溢着作者对在抗战中诞生一个“崭新的青年中国”的殷切期望和对祖国未来的乐观主义信念。《蜕变》对腐朽的揭露和批判（它集中在前两幕），是刺疼了国民党反动派的，看了这个戏首演的蒋介石就曾把张道藩大骂一顿，并禁演了这个戏。后来恢复上演时，又派宣传大员提出多处修改要求。这就从反面证实了《蜕变》在当时勿庸置疑的进步意义。它反映了人民对国民党的愤恨和不满、是代表人民讲了话的。《蜕变》中所表现出来的对祖国未来的希望和信念，也是积极的，它根植于人民抗战不断发展的大好形势，对处于艰苦的战争环境的中国人民，具有明显的鼓舞作用。但是，应该说当时的作者，虽然对国民党反动统治的众多黑暗有很深的感受，但对于它作为一切腐朽黑暗势力的总代表的本质，还没有十分清楚的认识，加之当时国民党还打着抗战的招牌，就使得作者不能更直接地把棍子打在国民党身上，使他的揭露不能更深刻一些；而他的歌颂，在当时十分险恶的社会环境下，没有也不可能选中真正的新生力量——那些真正领导、组织民众抗战的人们，而塑造了一个国民党的清官——专员梁公仰的正面形象，而且不适当的几乎神化了他，这应该说是作者的败笔。曹禺对《蜕变》的局限是清楚的。解放后也曾打算修改这个本子。《蜕变》是曹禺一个新的创作阶段的起点。从《蜕变》开始，曹禺已经不再是愤世嫉俗感情怒放的诗人，而大大增强了理智的控制。他冷静地思考，热情地探求，真实地描写，思想上、艺术上都更加成熟。他对旧势力旧人物的揭露和批判，不再带有那种时常激烈、有时又表现得温情的感情色彩，而变得冷静、彻底和深刻。他开始表现一些自己认识的新力量和新生命，并热情地讴歌他们，寄希望于他们。他还一扫过去作品中的沉闷，日益加强了未来的乐观主义的主题。在创作风格上，也大大加强了写实的倾向，由比较外露转化为含而不露，生活开始慢慢从戏里流出来。外在的矛盾、倾轧，为更加深刻的内在冲突所代替，作品变得愈加含蓄、隽永、深刻了。曹禺创作中的这些新特点，如果说在《蜕变》里还只是初具规模，那么在《蜕变》以后的《北京人》里，则得到了充分的体现。

《北京人》被公认为曹禺最优秀的作品。过去，很多评论者都公正的称誉过它。说它“象首诗，不，就是一首诗”“是中国自己的东西”（《〈北京人〉演出漫谈录》）；说它“是作者向现实踏入较深的一步，向理想迈进较远的一步，向诗追求更大胆的一步”（吕荧：《曹禺的道路》）；“无论在思想上或艺术上都是曹禺剧作的高峰”（朱青：《漫话曹禺的创作》）。这实在都不是过誉之词，《北京人》当之无愧的是我国话剧创作史上的一件杰作。

一九四〇年深秋，进入“而立之年”的曹禺，在四川省江安县靠近古旧城墙边上的屋子里，举起他那锋利的解剖刀，对没落、垂死的封建阶级进行着开肠破肚的解剖。他冷静地剖开这具老尸，把它的腐朽的机体一件件割下来让人们看。在作者的刀下，我们看到封建阶级的老一辈——像曾皓这样的封建家庭最后一道防线上的老兵——是何等的顽固、自私，他唯一的愿望就是保住棺材，延长寿命；在作者的刀下，我们又看到封建子弟是怎样的完全丧失了生命的活力、生活的意志，而变成了生命的空壳，变成了没有理想、没有勇气、没有劳动、没有寄托的多余的人；在作者的刀下，我们还看到像曾霆这样的小生命，也怎样被折磨、窒息成了小老头、小傻瓜、小老鼠，他们要爱不敢爱，要恨不敢恨，要哭不敢哭，要笑不敢笑，要喊不敢喊。整个封建阶级从上到下，从老到小，已经烂透了，除了进棺材，它不配有更好的命运。曹禺在《北京人》里对封建阶级的揭露和批判是这样的冷静、淋漓而深刻，他毫不惋惜这个注定崩溃的阶级的灭亡，而且用笑声埋葬了它。曹禺曾强调“《北京人》很可能是喜剧，不是悲剧，里面有些人物也是喜剧的，应当叫观众老笑”。（《曹禺同志谈剧作》）

对代替封建势力的资产阶级，曹禺也采取了彻底批判的态度。戏中的杜家虽然没有出场，但是我们已经感到了它的恶俗，嗅到了它的铜臭，它在与封建阶级争着寿木，它也是早晚要进棺材的。

《北京人》不仅暴露了旧的，而且表现了新的。那“深谷里的幽兰”愫方和前进的瑞贞们——憧憬未来的明日的北京人——终于认清了封建阶级的没有前途，冲破黑暗走向光明了。从作者暗示的方向，她们显然走向了革命所在的地方。曹禺对新的北京人是那样的满怀深情和希望，始终关切着她们。当阳光普照大地以后，“他总设想这两个人在今天的什么地方工作着，可能两个人都有了家庭了，但你简直认不出当初的愫方和瑞贞了”。（《曹禺创作生活片断》）

在《北京人》里，曹禺对封建阶级乃至资产阶级的批判，其彻底和深刻在他的创作中是空前的，而他对未来憧憬的热情和对光明预示的明确，也是前所未有的。他已经不仅从感情上，而且从理智上，和旧世界实行了决裂；而且“朦胧地知道革命在什么地方了”。（一九七八年版《曹禺选集》，《后记》）这充分显示了曹禺民主主义思想所达到的新高度。曹禺已经接近了社会主义的门槛，他只需再向前跨进一步，就会发生质的飞跃，在他的面前就会展开一个崭新的天地。

写《北京人》的时候，曹禺正非常地热爱着契诃夫。他早就厌倦了那种技巧上用得过分、“太像戏”的写作，而向往着契诃夫那安神、含蓄、客观、沉思的笔调和深邃艰深的艺术。期望着能像契诃夫那样，用内在的诗意的光辉把似乎平淡无奇的日常生活的题材照亮，不是去刺激人的感官，而是抓牢观众的灵魂。《北京人》的写作是实现了作者的这种愿望的。她简直就是中国的《樱桃园》。在这出戏里，曹禺就像契诃夫在《樱桃园》里成功地做到的那样，把眼泪和笑声、悲剧因素和喜剧因素和谐地溶合在一起。没有任何有意的暴露，而让角色在舞台上自然地生活，作者强烈的倾向性就从这自然的生活中，从似乎平淡的戏剧情节中，自然而然地流露出来。《北京人》标志着曹禺艺术上的成熟和基本定型，他已经形成了自己独特的艺术风格。

一九四二年，曹禺又把巴金的小说《家》搬上了话剧舞台。剧本《家》堪称《北京人》的姊妹篇，她们都是一阕旧世界的挽歌，一支新社会的序曲。《家》还被公认为小说改编剧本的一个很好的范例。曹禺充分发挥了戏剧艺术的特长，结合自己的生活体验，把《家》这样一部背景广阔，人物、事件多的大部小说进行了独具一格的加工、升华、再创造。他以觉新、梅芬、瑞钰三个善良纯洁的青年男女间的爱情悲剧为主线，构成了自己诗一样的戏剧场面，从揭露封建婚姻制度的角度，抨击了封建家庭和旧礼教的不义和罪恶，并进而否定了整个封建制度。《家》情思凄惋，但并不低沉悲观，作者以精湛的抒情笔触描写了瑞珏的死，在戏结束时传来了报春杜鹃的欢唱，预示了冬天必将过去，而明丽的春天就要到来。但是，由于剧本篇幅的限制，作者不得不削弱了在小说中和揭露封建家庭并存的另一条思想主线——以觉慧为代表的青年一代的反抗和斗争，虽经作者多方补救，仍使人多少有点气闷。有的同志还批评《家》没有描写封建社会的主要矛盾，这从道理上是对的，而且也可以说是对曹禺全部旧作的中肯意见。但对于《家》却不可依此而厚非，因为它毕竟是改编。我们不能要求作者离开原著而去写小说中也未写到的地主与农民的矛盾。否则，那就不是改编，而完全是创作了。

在第二阶段的创作中，曹禺虽然对中国的社会政治问题进行了冷静的思索、热情的探求，但是，由于他并未能用马列主义思想武装自己，又未投身到时代的激流中去，就使他无法跟上革命迅速发展的步伐，他也就无法解决苦恼着他的“怎么办”的问卷。一个作家的责任感要求他给人民指出道路来，而曹禺恰恰在这个重要问题上交不出他的答卷，这使他更深地陷入到痛苦和苦闷中。《家》之后，曹禺在创作上又沉默了。一连几年，他完全没有东西发表。直到一九四六年才在《文艺复兴》杂志上发表了一个未完成的剧本《桥》的前两幕。《桥》是一部反映民族钢铁工业的多幕戏，从发表的两幕看，作者是意在暴露官僚资本对民族工业的掠夺。戏没写完，曹禺就同老舍一起被邀赴美讲学去了。一九四七年初，曹禺由美返国后，又写了一个题为《艳阳天》的电影剧本，并曾拍摄上映。《艳阳天》通过一个正直律师同大汉奸、富商打官司取胜的故事，反映了抗战胜利后国统区人民的痛苦，表现出作者对艳阳天的渴望。但是剧本关于大汉奸被判处无期徒刑的描写，却是完全违反了生活真实的，反映出作者对抗战后的政治形势还没有深刻的认识，剧本所表现出的乐观是天真的。

《桥》和《艳阳天》，无论在思想上还是在艺术上都没有新进展，它们的出现，充分反映了曹禺批判现实主义的创作已经走到了尽头，他的世界观和创作必须来一个大的飞跃了。

四、如何评价曹禺解放前的创作

上面，我们几乎涉猎了曹禺解放前的全部剧作。从这些作品中，可以看到一条贯串始终的反帝反封建（特别是反封建）的民主主义的思想红线。在革命民主主义思想的指导下，曹禺一开始创作，就以反封建战士的姿态登上剧坛。他一贯站在被压迫被剥削者一边，用犀利的笔愤怒揭发、控诉了万恶的旧制度，揭示并宣判了旧世界必然崩溃、注定灭亡的历史命运。曹禺告诉人们再不能与吃人的社会共存了。他激发人们对旧势力的仇恨，他号召人们追求光明合理的生活，并反复向人们展示出未来美丽的曙光。曹禺解放前作品中这些本质的主流的思想，在我国人民反帝反封建的民主革命中，体现了时代精神，反映了人民的声音，符合着革命的大方向，从而使这些作品在人民中产生过积极的、进步的乃至革命的影响。曹禺这些作品之所以受到人民的欢迎，被受压迫者视为自己的声音，它们中的大部分之所以始终葆有不竭的艺术生命力，在国际舞台上也受到欢迎，其原因也就在这里。曹禺旧作的不可磨灭的历史功勋是不容抹杀的，也是抹杀不了的。

毛主席早在一九五三年就明确指出:我国无产阶级文艺从“五四”以后就已经有了,不是从一九四九年解放以后才开始的。鲁迅先生也曾说过:“在中国,无产阶级的革命的文艺运动,其实就是唯一的文艺运动。因为这乃是荒野中的萌芽,除此以外,中国已经毫无其他文艺。”(《黑暗中国的文艺界的现状》)曹禺在解放前虽然没有在党的直接领导下进行创作,但从他创作的基本倾向看,毫无疑问,他是属于无产阶级革命文艺运动的战斗行列的。

今天,曹禺旧作中描写的故事虽然已经成为过去了,但它也仍然具有重要的认识作用。无论从政治上还是从艺术上看,它们都有着继续存在的理由和价值。正如曹禺同志十分谦逊地说过的:“它们记载和暴露了黑暗、丑恶的旧社会,使今天的读者了解一些过去,从而更加热爱我们的新社会。”(一九七八年版《曹禺选集》,《后记》)至于在艺术上,曹禺剧作所达到的水准在我国话剧史上是少有的,它过去、现在以至将来,对我们都有着不容怀疑的借鉴意义。(这一点,有机会时,我们还要专题论述。)

“四人帮”为了篡夺党和国家的最高权力,把自己装扮成文艺革命的旗手、社会主义文艺的开创者,炮制了“文艺黑线专政”论、无产阶级文艺的“空白”论、“新纪元”论,全盘否定了五四以来包括三十年代在内的我国革命文艺传统。在这股浊流中,曹禺这些旧作的历史意义和现实价值都被抹杀了。如今,“四人帮”垮台了,我们必须以辩证唯物主义和历史唯物主义的科学态度,重新肯定曹禺同志这些旧作的历史地位,恢复它们的本来面目。

我们重新肯定这些旧作,绝不是说那个时期的曹禺不存在历史的时代的乃至阶级的局限了。我们从曹禺的全部旧作中,清楚地看到,解放前,曹禺的世界观始终没有超出民主主义的思想范畴,这显然局限了他的政治视野,也限制了他的创作,使其长期停留在批判现实主义的水平上。

曹禺揭露、抨击了旧世界,却始终没有击中最要害的问题。他的揭露主要局限在封建阶级内部,而作为封建社会主要矛盾的地主阶级对农民的残酷压迫和剥削,在他的作品中却很少得到表现;曹禺也曾鞭挞资产阶级,而对作为它的对立面的工人阶级却写得很少;半封建半殖民地社会的另一个凶恶的人——帝国主义,也被他漏掉了。不管曹禺怎样的仇恨旧势力,以至不能与之共存,他之反封建也是不完全彻底的。因为正如高尔基所说:“为了要很好地说明和了解旧时代有毒的、折磨人的卑鄙事情,就必须发挥自己从现在所达到的成就的高峰,从未来的伟大目标的高峰来观察旧时代的能力。”《论社会主义现实主义》)没有树立起共产主义世界观的曹禺,显然达不到那样的高峰,缺乏高尔基所说的能力,他无法更明彻地洞察旧世界丑恶黑暗的根源。

曹禺对光明的渴求是热切的,但在他的创作中,却始终没有提出过革命的变革现实的思想来。他期待的太阳没有真正升起,“怎么办”的问题一直没有解决。在战斗的无产阶级及其政党已经坚实地站在历史舞台上,并且在独立地领导着中国革命的时代,曹禺却长期没有认识这真正的新生命新力量,更没有能在自己的作品中写出他们的战斗风采。曹禺把他创作的注意力主要地放在了正在死亡的东西上,而不是放在新生的事物上。他为旧的送葬,却没有大力为新的催生。鲁迅先生曾精辟地分析、尖锐地指出过这原因:“但我以为这是因为作家生长在旧社会里，熟悉了旧社会的情形，看惯了旧社会的人物的缘故，所以他能体察；对于和他向来没有关系的无产阶级的情形和人物，他就会无能，或者弄成错误的描写了。所以革命文学家，至少是必须和革命共同着生命，或深切地感受着革命的脉搏的。”（《上海文艺之一瞥》）

揭露黑暗，而没有完全打中要害；向往光明，而不认识代表光明的人们；以对戏剧艺术的精深造诣，而没有写出更为波澜壮阔的时代戏剧。这，就是解放前的曹禺和他的剧作的根本局限。

五、世界观的转变和创作的飞跃

我们党一向非常关怀爱护进步知识分子。对于曹禺思想和创造上的矛盾和痛苦，党是清楚的。我们敬爱的周恩来总理在抗日战争时期，就曾多次和曹禺在重庆会面，很有针对性地帮助他提高政治上的识别能力，引导他接近人民。一九四五年，伟大领袖毛主席在参加重庆谈判的繁忙日子里，接见国统区文化界知名人士，又曾热情地鼓励参加接见的曹禺：你年纪很轻啊，希望你好好为人民服务。

党的关怀和鼓励，特别是中国大地上正在如火如荼地进行着的伟大革命，必将促成曹禺迈出他世界观转变的关键的最后一步。在曹禺又一次徘徊的后期，我们国家正经历着民族历史上最大的一次光明与黑暗的决战。党领导的我国革命人民战胜了国民党反动派，赶走了帝国主义，胜利地完成了新民主主义革命的历史任务，把苦难的中国引向了社会主义。曹禺作品中没有升起的太阳，在亚洲的东方升起了，普照着中国大地。解放了的中国到处都是曹禺渴望已久的艳阳天。在这伟大的革命变革中，曹禺真正认识了时代的主人，看到了真正的新生命、新力量。苦恼着曹禺的“怎么办”的问题，也由革命作出了明确的回答。在新中国的明朗的天空下，心里充满阳光的曹禺，如饥似渴地学习马列主义、毛泽东思想，多少年萦绕在胸、百思不得其解的问题，得以豁然开朗。他兴奋激动，他怀着满腔的政治热情投入到党领导的各项政治运动中去。他下工厂、到农村、上淮河工地、赴国外访问，频繁的政治活动，切实地投身革命斗争生活，大大开拓了曹禺的政治视野，也使他较为广泛地、实在地接触到人民群众。在经过长期痛苦的探索后，曹禺终于迈出了那关键的一步，完成了由民主主义到社会主义的世界观转变。一九五〇年，他发表了《我对今后创作的初步认识》，第一次用马列主义的立场、观点，对过去的创作作了严格的自我批评和科学总结。他写道：“我对于旧社会的罪恶是深恶痛疾的。爱憎之心虽然强烈，却从不能客观地分析社会现象，把罪恶的根源追究个明白”；“我是一个小资产阶级出身的知识分子，‘阶级’这两个字的含义直到最近才稍稍明了”等。一九五一年，《曹禺选集》出版，在《自序》里，曹禺再次对自己的旧作作了严格的解剖，并对收入选集的《雷雨》《日出》作了重大修改（这修改是不恰当的，一九五三年，出版《曹禺剧作选》时，两剧又恢复了初版模样）。这都反映出作家世界观发生了怎样深刻的变化。一九五六年七月，曹禺在走过艰苦曲折的道路之后，终于找到了自己的真正归宿，他加入了党的行列，成为一名为共产主义事业奋斗终生的革命战士。

作为作家的曹禺，世界观的转变，必然要反映到他的创作中来。“全国解放后，祖国社会日新月异的面貌，使他经常处在一种强烈的激动中，他非常希望自己能用创作歌颂今天新的社会，歌颂领导这个社会向前发展的共产党。”（《曹禺同志说〈明朗的天〉的创作》）一九五四年，曹禺在参加了协和医院思想改造运动后，创作了解放后他的第一部作品——三幕六场话剧《明朗的天》。

《明朗的天》是曹禺创作生活的一个崭新的开端。出现在这个戏里的已经是经过锤炼上升的阶级感情、政治感情，是现实主义的党性原则。作者坚定而鲜明地站在工人阶级的立场上，观察和表现剧中人物。他怀着真挚的感情描写和歌颂了他过去的作品中不曾有过的新人物——产业工人和共产党员的形象，表现出作者对工人阶级的无限热爱，对共产党人的由衷崇敬。对作者熟悉的知识分子，也用马列主义观点作了科学分析，明确地揭示出知识分子必须在党的领导下进行思想改造才有前途。《明朗的天》的这些新人物、新思想，都使它有别于曹禺以往的所有作品。它说明：曹禺的创作已经摒弃了批判现实主义，而走上了社会主义现实主义的康庄大道。

《明朗的天》在政治上高于曹禺的一切旧作，但在艺术上却不是他最好的作品。这个戏对现实生活和人物形象的刻划都比较粗略，作者鲜明的政治倾向没有能够通过生动的戏剧情节自然而然地流露出来，人物的性格，特别是正面人物的性格，还不够鲜明，形象不够丰满，也缺乏应有的深度和高度。这除了反映出世界观转变后，曹禺的思想境界还没有达到更高的水准外，更重要的是反映出作者还不够熟悉新生活和新人物。这使得作者在表现新生活、描写新人物时，在艺术上就不能从容自如，致使一个思想性很强的作品，却没有相应的艺术魅力。

世界观转变后，特别是入党以后的曹禺获得了充实崭新的生命。他“心里洋溢着自由光明的时代的欢喜”，他“觉得年轻了”。在来不及进行大型创作的几年里，他写下了许多文笔朴实清新的散文，衷心地热情地歌颂党，歌颂“春光满眼的生活”，表达“我们生活在这样一个自由舒展，人人都能够扬眉吐气的时代”的幸福和自豪（引文均见《迎春集》的《后记》）。

新中国成立后，由于参加广泛的社会活动，又担任了一些领导职务，加之身体不好，有很长时间曹禺同志除《明朗的天》外，没有进行大的创作。但当苏修背信弃义，撤走专家，中断援助，我国又受到严重自然灾害的困难时期，曹禺同志立即拿起了他的笔和梅阡、于是之两位同志一起，创作了大型历史话剧《胆剑篇》。《胆剑篇》赋予一个古老的历史故事——越王勾践卧薪尝胆，励精图治，建设起一个强大国家——以新的时代精神。它愤怒地鞭挞了欺侮弱小的霸权主义，而热情地颂扬了越国君民自强不息、艰苦奋斗的精神。虽然是历史剧，却在舞台上实际展现出了中国人民在困难面前不屈不挠的大无畏战斗风貌。《胆剑篇》是一曲反修反霸的战歌，也是一曲中国人民的志气歌。它充分说明共产党员的剧作家曹禺，和党、人民是多么地息息相通。

《胆剑篇》在艺术上继续并发扬了曹禺剧作的传统风格和特色，它用细腻生动的笔触，像诗一样优美而又富有哲理的语言，精心刻划了几个鲜明生动的人物形象，并以人物性格的发展为依据，从容地组织起巨大尖锐复杂的戏剧冲突，构成了丰富多采、波澜壮阔的戏

剧场面，引人入胜而又余味无穷，真正看到了曹禺写戏的功力。

六、曹禺的创作给我们的启示

我们已经用了很大的篇幅论述曹禺同志的思想发展和创作道路，从中可以得到哪些重要的启示呢？我们以为：

（一）作家的世界观决定他的创作。当曹禺还是民主主义者的时候，他就无法用马列主义的立场、观点、方法观察、表现社会生活，既找不到罪恶的根源，也指不出光明的道路，给他的作品带来种种局限，使他的创作只能停留在批判现实主义的水平，作家本人也时时陷入苦闷徘徊。而只有在他树立了共产主义世界观以后，他才获得了充实的生命，也使其创作出现新的面貌，走上社会主义现实主义道路。所以，今天一切有志于无产阶级革命文艺事业的人们，都“一定要把立足点移过来，一定要在深入工农兵群众、深入实际斗争的过程中，在学习马克思主义和学习社会的过程中，逐渐地移过来，移到工农兵这方面来，移到无产阶级这方面来。只有这样，我们才能有真正为工农兵的文艺，真正无产阶级的文艺”。（毛泽东《在延安文艺座谈会上的讲话》）

（二）作家的生活经验是其创作生命力的源泉。曹禺在写他熟悉的生活、人物时他就能运用自如，塑造出真实人的形象；反之，则不免捉襟见肘，不能使作品真实可信。我们今天的作者要表现我们的时代，要塑造时代的英雄，要写出无愧于我们时代的作品，就不可不牢记并力行毛主席这样的教导：“必须到群众中去，必须长期地无条件地全心全意地到工农兵群众中去，到火热的斗争中去，到唯一的最广大最丰富的源泉中去，观察、体验、研究、分析一切人，一切阶级，一切群众，一切生动的生活形式和斗争形式，一切文学和艺术的原始材料，然后才有可能进入创作过程。”（《在延安文艺座谈会上的讲话》）

（三）从曹禺同志的创作中，我们看到，曹禺同志决不是“四人帮”诬蔑的“反动权威”“黑线人物”，而是始终追求进步、渴求光明的人民戏剧家。“四人帮”迫害打击这样的作家，更使我们认清了他们反动丑恶的本质。不能不激起我们极大的无产阶级义愤，激发我们更坚决更深入地把揭批“四人帮”的斗争进行到底。

粉碎“四人帮”以后，我们在很多报刊上读到曹禺同志的文章、讲话。在“四人帮”文化专制主义的淫威下没有屈服的曹禺同志，又为无产阶级文艺的繁荣和发展，投入了新的战斗。他曾这样豪迈地表示：“我和众多的文艺工作者一样，要鼓足所有的力量为提高中华民族的科学文化水平，为实现四个现代化而尽心地写作”，“我要把失去的时间夺回来”。（《为了不能忘却的纪念》）

我们期待着曹禺同志的新作。

我们要学习老一辈作家的榜样。

原载《西藏文艺》1979 年第 4 期，本次发表小有删节

曹禺剧本写作和发表时间考辨

王兴平

曹禺是一个严肃认真的剧作家。他的剧本不算多,但很有份量,很有影响。正式发表的,有多幕话剧十个半:《雷雨》、《日出》、《原野》、《黑字二十八》(与宋之的合著)、《蜕变》、《北京人》、《家》、《桥》(只发表前半部)、《明朗的天》、《胆剑篇》(与梅阡、于是之合著,曹禺执笔)、《王昭君》;独幕话剧二个:《正在想》《镀金》;电影剧本一个:《艳阳天》。另有翻译剧本一个:《柔蜜欧与幽丽叶》。但是,对于这些剧本的写作、发表时间,几乎无一没有几种不同的说法,而且有的说法悬殊甚大,相差数年。这就往往影响到对作品的评论和对作家创作道路的研究。为了使对曹禺及其作品的研究更切实一些,本文试就曹禺正式发表的剧本的写作、发表时间,依次作一简略考察。

《雷雨》(四幕话剧)

这是曹禺正式发表的第一部剧作,也是他的成名之作。其完成时间有三种说法:第一种说法是 1932 年,如赵浩生先生的访问记《曹禺从〈雷雨〉谈到〈王昭君〉》(载香港《七十年代》1979 年 2 期);第二种说法是 1933 年,如钱谷融同志的《曹禺和他的剧作》(载《上海师大学报》1979 年 3 期);第三种说法是"1935 年左右",如邱扬同志的《旧中国资产阶级人物面影》(见《习剧札记》,百花文艺出版社 1963 年出版)。三种说法,其完成时间前后相差四年。

首先看看《雷雨》的发表时间。陈北鸥同志在《〈雷雨〉在东京的首次上演》(载《戏剧论丛》1979 年 1 辑)中说,"1935 年发表了《雷雨》",这显然不对。《雷雨》最先发表于郑振铎、章靳以主编、1934 年 7 月 1 日在北平出版的《文学季刊》1 卷 3 期,一次载完(四川人民出版社 1980 年出版的《三十年代左翼文艺资料选编》中的《左翼十年大事记》误作"《文季月刊》第 3 期"。《文季月刊》是巴金、靳以于 1936 年 6 月在上海创刊的,《雷雨》发表时还没有这个刊物)。随后于 1936 年 1 月由上海文化生活出版社初版。

既然《雷雨》发表于 1934 年 7 月,它的完成时间当然不会晚于此时。

关于《雷雨》的写作,曹禺有一篇简短的回忆录《简谈〈雷雨〉》(载《收获》1979 年 2 期),虽未明讲《雷雨》是何年何月写成,但叙述了《雷雨》从构思到写作直至完稿、交稿的过程和有关情景。文中说,他"刚读完南开中学,便立志想写《雷雨》这一类的剧本"。曹禺是南开中学 21 届毕业生,读完南开中学是 1928 年,可知他从 1928 年便开始构思《雷雨》了。该文又说，《雷雨》是在他读清华大学时在“旧图书馆的杂志室里”正式写作的，“连反复修改，不过七八个月”，接着“就把稿子交给了我童年的朋友章靳以，那时他正在编《文学季刊》”。曹禺于 1933 年秋毕业于清华大学西洋文学系，靳以编《文学季刊》是 1933 年下半年以后的事。由此可知，《雷雨》的完成时间，只能是 1933 年，并且是这年的夏秋之间；因为在此之前，靳以尚未创办《文学季刊》，在此以后，曹禺已从清华大学毕业了。

《日出》(四幕话剧)

此剧的写作时间，也有三种说法。第一种说法是 1934 年在上海写成的，如山东师院中文系 1979 年编印的《中国当代作家小传》；第二种说法是 1935 年，如华忱之同志《论曹禺解放前的创作道路》(载《江西师院学报》1981 年 1 期)；第三种说法是 1936 年，如唐弢同志主编的《中国现代文学史》(人民文学出版社 1979 年 11 月出版)。

1934 年暑假期间，曹禺确曾到过上海，但时间不长，入秋便回到天津市河北女子师范学院继续任教。在上海时，他看到这个大都市和北京、天津一样黑暗，痛苦极了，他渴望太阳升起，产生了创作《日出》的欲望，但正式写作是在回到天津以后。作者在为《日出》初版写的《跋》中有这样的记述：那年“严冬的三九天，……忍着刺骨的寒冷，瑟缩地踯躅到一种‘鸡毛店’的地方”，不顾危险和误解，化装深入社会底层最黑暗的角落，了解“下等人”的生活情况，“一字一字地记下来，于是才躲到我那小屋子里”写了《日出》第三幕。这里的“鸡毛店”是天津一带对最破烂的下等客店的称谓，当然不是在上海。这《跋》是 1936 年冬天写的，对一两年前的事当不会误记。既然 1934 年“严冬的三九天”才开始搜集第三幕的材料，那么第三幕的写成大致也是 1935 年年初了。作者在《简谈〈雷雨〉》中说：“我写剧本有时是从头到尾写的，如《日出》。”那么这时还有第四幕尚未动笔。所以，《日出》全剧的初稿时间不会早于 1935 年春，至于修改、定稿则更要晚些时候。作者在解放后编《曹禺选集》时于《日出》剧终处曾注明“写于 1935 年”，这是可信的。

《日出》最初发表于巴金、靳以在上海主编的《文季月刊》，从 1936 年 6 月 1 日出版的 1 卷 1 期起，分幕连载，至 9 月 1 日出版的 1 卷 4 期续完(辛宪锡同志发表在《天津师院学报》1981 年 1 期的《关于〈日出〉的几个问题》中误作“《文学季刊》”。《文学季刊》于 1934 年 1 月 1 日创刊于北平，于 1935 年 12 月 16 日出至 2 卷 4 期时停刊。《日出》发表时，这个刊物已不存在了)。然后于 1936 年 11 月由上海文化生活出版社初版。

《原野》(三幕话剧)

《原野》的初版时间，解放后一致的说法都是 1936 年 1 月(或 1936 年)，所有的文章、文学史、词典概无例外，而解放前都说是 1937 年，从 1938 年李南卓《评曹禺的〈原野〉》(载《文艺阵地》1 卷 5 期)到杨晦的《曹禺论》(《青年文艺》新 1 卷 4 期，及《文艺与社会》，中兴出版社 1949 年 4 月 1 版)，都是这样讲。这是怎么一回事呢?

《原野》最早发表在由靳以主编、在广州出版的《文丛》月刊，从 1937 年 4 月出版的 1 卷 2 期开始连载，至 8 月出版的 1 卷 5 期续完。在此之前未曾发表，更未出版单行本。在《文丛》连载之后，方于 1937 年 8 月由文化生活出版社初版。“1936 年初版《原野》”之说，可能是由于《原野》的某次再版对初版时间的误排而引起的。例如，文化生活出版社 1956 年 11 月 16 版《原野》的封底版次栏即有“1936 年 1 月初版”字样。这个误排，又可能是由民国年号与公元的换算上的疏忽造成的。因为《雷雨》《日出》《原野》等剧最初几版的出版时间皆用民国纪年，而不是用公元纪年。若“1936 年 1 月初版”之说真能成立，曹禺正式发表的第二部剧作就应是《原野》而非《日出》了，因为《日出》是在这一年的 6 月才开始连载，11 月才初版，并且是由同一个出版社出版的。这显然颠倒了顺序。

此剧的完成时间，有三种说法，一说为 1935 年，如甘竞存同志《曹禺的创作道路》(载《南京师院学报》1978 年 3 期)，一说为 1936 年，如钱谷融同志《曹禺和他的剧作》，还有一说是 1937 年，如唐弢同志主编的《中国现代文学史》。其第一种说法可能是由于误信《原野》初版于 1936 年 1 月而推测出来的，初版时间错了，所推测的写作时间也就不可靠。据郑秀同志回忆，《原野》作于曹禺到南京剧校任教之初，当时住国民党“第一模范监狱”斜对面，常见到犯人做苦工时被折磨的惨状，常听到犯人痛苦的惨叫声，充满恐怖景象，这种写作环境对《原野》的气氛有着强烈影响。郑秀同志是亲见曹禺写作此剧的，这段回忆应当可信。曹禺是 1936 年暑期离开天津市河北女子师范学院到南京剧校任教的，1937 年 8 月便离开南京了。因此，《原野》的写作时间只能在 1936 年秋天以后。它既然从 1937 年 4 月开始在《文丛》上连载，其完稿时间也不至晚于 1937 年春。作者说，此剧“是三四个月内完成的”，这在曹禺的多幕剧中是写得较快的一部。

《黑字二十八》(四幕话剧)

解放后除一二篇文章以外，几乎都一致认为此剧写成于 1939 年并首演于当年 10 月在重庆举办的“纪念第一届‘戏剧节’”。这个说法是不符合事实的。此剧原名《全民总动员》，由宋之的执笔写于抗战初，1938 年曾由上海杂志公司出版。后来曹禺和宋之的一同加以改编，故署为“宋之的、曹禺合著”。这个改编本的初版时间是 1940 年 3 月(重庆正中书局)，而不是北京语言学院编的《中国文学家辞典》所说的“1942 年”。

至于《黑字二十八》的改编时间和首演时间，不必引证过多的材料，只须看看解放前出版的《黑字二十八》的《序》便清楚了。《序》中说：“《黑字二十八》在上演的时候，原名《全民总动员》。这是为了纪念中华民国第一届‘戏剧节’而写作的脚本。关于这个脚本的产生，其中是有些波折的。第一，当时正是武汉吃紧的时候(虽然在上演之前二日，武汉是已经自动放弃了。)……为了表现这一情势，所以肃清汉奸、变敌人的后方为前线，动员全民服役抗战，成为我们写作的主题。”这篇《序》是紧接着“写成上演”之后就写的，同一年的事情绝对不会误记。作者自谓，这个剧本产生于“正是武汉吃紧的时候”，“武汉吃紧”是 1938 年夏秋之际，10 月武汉失陷。因此可以确定，此剧也就改写于 1938 年夏秋之间。它的首次演出时间是 1938 年 10 月 10 日第一届“戏剧节”，而不是 1939 年的“戏剧节”。从首演时间推断，它无疑写成于 1938 年 10 月之前，大约八九月间。

《蜕变》(四幕话剧)

《蜕变》的缘起是比较早的,早在抗战初期,1937 年秋天南京剧校迁到长沙时,曹禺在听了老革命家徐特立的“抗战必胜,日本必败”的讲演之后,便产生创作冲动,开始构思这部剧作了。但是正式创作是在到了四川江安之后。其写成时间,有两种说法:一说 1939 年,一说 1940 年。而剧本的最初发表时间,解放后都说是 1941 年。

为了说清问题,先谈谈《蜕变》的首次发表情况,长期以来,人们都以为文化生活出版社 1941 年 1 月版的《蜕变》是《蜕变》的最早版本,其实不是。《蜕变》最先连载于 1940 年 4 月 16 日至 6 月 3 日《国民公报》。该报 4 月 16 日二版告读者道:“请注意! 曹禺近作名剧《蜕变》今日起在第三版发表,此系第一次发表! 逐日刊登。”的确,这是《蜕变》的首次发表,并于每次连载时在剧名下郑重声明了版权,也确实是逐日刊登,分 49 节连载,只是中途变更过版次。《国民公报》为发表此剧费了不少周折,发过多次启示:4 月 9 日预告“明日起在本报发表”,4 月 10 日又“敬告读者”“缓期发表”,原因是“昨日忽奉中宣部命令,以该剧本再度审查尚未完毕,嘱令缓登”。这当然是由于《蜕变》的揭发社会弊端,要求国家在抗战中“蜕”旧“变”新的政治倾向而引起的。真是千呼万唤始出来,经过国民党中宣部的“再度审查”,《蜕变》毕竟发表了,于是又有 4 月 16 日剧本正式见报的第三次启示。最后还有一次是 6 月 3 日剧本连载告终时,编者在《关于〈蜕变〉》中声明“本报所发表者,系依据中宣部校正”的,故“内容与在渝公演时容有出入”,以答读者询问。该报同时预告,剧本交由商务印书馆出版。商务印书馆很快于当年 7 月初版《蜕变》。以上情况说明:《蜕变》最先发表于 1940 年 4 月 16 日至 6 月 3 日《国民公报》,以单行本而言,它的最早版本是商务印书馆 1940 年 7 月初版。

以上情况表明,《蜕变》的稿本是比较复杂的。至少有三种本子:一是经国民党中宣部强行“再度审查”“校正”的本子,即《国民公报》本,其“校正”“审定”时间在 1940 年 4 月中旬。二是国立剧校“在渝公演时”的演出本,这个演出本也是经过“审查”的。关于这,《国民公报》曾经及时透露:“因了‘某种原因’,几使此剧遭遇到流产的厄运……可是事实的经过,又怎能发表出来?”“观众不是傻子,常感到剧中的对话有些莫名其妙,但谁也不相信这是曹禺故意做出来的。”(贡蕙:《看〈蜕变〉》,载 1940 年 4 月 16 日《国民公报》)因此这个演出本也就是经过国民党“初审”后的本子。“初审”是在已经排练之后准备在渝公演之前。参加《蜕变》首次演出的沈蔚德同志回忆《蜕变》的首次公演是 1939 年秋冬(《回忆〈蜕变〉的首次演出——兼论关于〈蜕变〉的评价问题》,载《新文学史料》1978 年 1 辑)。这个记忆有误。据 1940 年 3 月 23 日《华西日报》报道:“国立戏剧学校定于本月 25 日自江安出发至重庆,公演曹禺氏新作《蜕变》……”又据当时重庆各报广告及新闻,公演时间是当年 4 月 15 日至 18 日。因此演出本的“审定”时间只是略略早于《国民公报》本,不过旬日之差,但二者在台词上仍有明显差别。三是剧本的原稿,即国立戏剧学校最初的排练本。从剧本刚刚写完,剧校即组织排练的情况来看,此剧的原稿本当完成于 1939 年内。

《正在想》(独幕喜剧)

此剧据墨西哥剧作家尼格里(Niggli)(The Red Velvet Goat)的大意改写成的。关于改写的时间,赵浩生先生在《曹禺从〈雷雨〉谈到〈王昭君〉》中记述曹禺的回答是“在《家》之后”。这显然是误记。因为曹禺的话剧《家》是 1942 年完成的(详后),而《正在想》一剧早在 1940 年 10 月已由重庆文化生活出版社初版。

《北京人》(三幕话剧)

吕荧同志在《曹禺的道路》(载《抗战文艺》9 卷 3—4 期合刊及 5—6 期合刊,1944 年 9 月、12 月出版)中论述曹禺的创作道路时,将《北京人》排列于《蜕变》之前,认为先有《北京人》而后有《蜕变》,这无论从写作时间或发表时间来说,都是不符合事实的。

关于《北京人》的写作时间,长期以来有两种说法:一说写于 1940 年,如朱月瑾同志《〈北京人〉的戏剧冲突与艺术手法》(载《南京大学学报》1979 年 3 期),更多的同志说是写于 1941 年,解放后从朱青同志《漫谈曹禺的剧作》(载《文学书籍评论丛刊》1956 年 6 期)到最近北京大学等九院校编写的《中国现代文学史》大都这样讲。其实,解放前,就在《北京人》发表不久,杨晦同志在长篇论文《曹禺论》中就说:“尽可以断定《北京人》的写作,当在《蜕变》以后的民国三十年内。”以后多数同志的说法可能就是从这里来的。当时杨晦同志对《北京人》的写作时间做了一些考证,不同于吕荧同志的说法,认为《北京人》写于《蜕变》之后,这是对的,但他“断定《北京人》的写作当在《蜕变》以后的民国三十年内”则不确切。他的主要根据是,巴金在 1940 年 12 月 16 日写的《〈蜕变〉后记》中,对《雷雨》《日出》《原野》《蜕变》都讲了,而唯独只字未提《北京人》;巴金作此文时已是 1940 年岁尾,而且又是在和曹一起住了 6 天之后写成的,如果曹禺当年已写了《北京人》,巴金定然不会不知道,也定然不会不提及此剧。所以杨晦同志说:“在他写《后记》的二十九年十二月,……《北京人》却还没有写出。”照说,根据巴金的《后记》,只能推断出《北京人》写成于《蜕变》之后,而不能论定《北京人》一定得写成于“民国三十年内”(1941)。巴金这篇《后记》是就《蜕变》写的,既然《北京人》写于《蜕变》之后,即使这时已经写成,但由于尚未发表或演出,为什么一定要象早已闻名的几个剧本那样列出?如果那样,岂不成了“预告”了吗?不提虽然已经写成而尚未发表的作品是常有的事,即以曹禺为例,他的《〈雷雨〉序》写于 1936 年 1 月,尽管上年已经写成《日出》,但他在长达万字的文章中却丝毫没有透露《日出》的任何信息,我们并不能因此断言这时《日出》尚未写成。作者这样行文,不仅因为《日出》虽成而尚未发表,而且即使已发表了,又何必定要提及《雷雨》以后的事呢?

看来,曹禺本人对《北京人》的写作时间是记得很清楚的。在《曹禺谈〈雷雨〉》(载《人民戏剧》1979 年 3 期)中说,写完“《北京人》是三十岁”。曹禺出生于 1910 年 9 月 24 日,1940 年正值三十岁。这并非“言其成数”,他在解放初编《曹禺选集》时于《北京人》剧终处标注的时间也正是“1940 年”。正由于这个时间无论就年龄或年代来说都是“成数”,所以好记。

至于究竟写于1940年什么时候，曹禺在剧专任教时的一位学生沈瑨德同志曾经回忆道：“1940年的深秋，在四川江安靠近古旧城墙边上的一幢屋子里，曹禺同志写了《北京人》。那时我还只是一个十几岁的青年，正在作他的学生。曹禺同志不过三十岁。……他把《北京人》剧本，写好一段读一段给我们听。我记得江安的夜晚没有电灯，桌上点着一盏煤油灯，铺满了稿纸，窗外是梧桐秋雨……。”（《看〈北京人〉忆旧感新》，载《戏剧报》1957年3期）沈瑨德同志是亲见曹禺写作《北京人》的，而且是《北京人》稿本的首批读者，不仅他所讲的《北京人》的写作年限、曹禺的年岁都能印证曹禺本人的记忆，而且具体描绘了当时写作的环境、时令，肯定了具体时间是深秋。

根据曹禺的记忆和沈瑨德的回忆可以确定，《北京人》写于1940年的秋冬之际。

不相信《北京人》写于1940年而认定为1941年，可能是从此剧初版于1941年12月来的。其实剧本完成后经一二年才出版单行本是常事，此前的《雷雨》《日出》《黑字二十八》都是如此，只是《原野》《蜕变》《正在想》出版较快罢了。或许认为如果《北京人》是1940年的作品，则次年就没有完成任何剧作，似乎不好理解。其实这也不奇怪。曹禺有经历数年而琢磨出一部大型剧的时候，如《雷雨》，也有三四个月即完成一部大型剧的先例，如《原野》。至于曹禺在1941年里没有完成一部剧作，那是有别的原因的。当他正着手创作另一个多幕剧《三人行》时，这年夏天，从延安给曹禺发来了《日出》在延安上演成功的贺电，当时加紧反共的国民党当局便以此作为“通匪”的“罪证”，对曹禺大肆搜查，并派特务严密监视和不断纠缠，在这种情况下，曹禺根本无法进行写作，以至于1942年初不得不愤然辞去剧专教职来到重庆。这就不难理解，为什么曹禺可以在1946年写出三部话剧，而1941年没有完成一部剧作。

关于《北京人》的发表时间，有说是1940年发表的，如北京语言学院编纂的《中国文学家辞典》（现代第一分册）。这就不对了。此剧由文化生活出版社在重庆初版于1941年12月，没有比这更早的版本。

《家》（四幕话剧）

这个剧本是据巴金长篇小说《家》改编而成的。1940年开始准备，1942年经过“整整一个夏天”，“在重庆附近唐家沱的长江上浮泊着的一只江轮里”写成的。（曹禺：《为了不能忘却的纪念》，载1978年8月6日《文汇报》）由重庆文化生活出版社于1942年12月初版。对此没有什么争议，也就不必赘述了。

《镀金》（独幕喜剧）

去年3月，我和陆文璧同志在重庆市查阅报刊时，陆文璧同志在《戏剧时代》创刊号（1943年11月11日重庆出版）见到《镀金》一剧，署为“曹禺作”。因三字字体、字号、字距均同，可以将“曹禺作”三字看成一个人名，也可以理解为曹禺所作，因而不能确定是否是曹禺的作品。同年7月，陆文璧同志访问曹禺时，曹禺回答“有这回事”，但不知道是否发表过。曹禺见了抄件，肯定了《镀金》是他改编的。后来我翻到一些资料说明，此剧不仅于1944年2月在重庆上演过，1961年还曾由上影演员剧团公演过，当时的《新民晚报》《上海电影》等刊物都发表过消息和评论。

《镀金》是据法国剧作家腊皮虚①(Labiche)的三幕剧《迷眼的砂子》改编的。从它发表的时间来看，应是《家》之后的作品。

《柔蜜欧与幽丽叶》(五幕剧)

这是据莎士比亚名剧改译的舞台本(最初发表时称为"改译"，因为曹禺为便于演出，适合中国观众，加了许多舞台指示、解释和韵文，因此除翻得很有特色而外，还有曹禺不少创造性劳动)。《中国文学家辞典(现代第一分册)》中说是"1949年"出版的，其实这不是初版。这个舞台本于1944年3月和6月在重庆出版的《文学修养》2卷3、4期上连载，同年3月由重庆文化生活出版社初版。此剧的改译工作，其他同志没有具体论及，钱谷融同志在《曹禺和他的剧作》中认为是完成于改编《家》的"同一年"(这里的"同一年"，可以指夏天完成《家》之前的春季，也可以指夏天完成《家》以后的当年。前者毫无可能，这里只讨论在完成《家》之后的当年是否可能)。这可能是依据曹禺于1978年5月为重印《柔蜜欧与幽丽叶》所写的《前言》。《前言》中说："约在1942年，张骏祥同志要在四川的一个剧团演出《柔蜜欧与幽丽叶》，……我斗胆应骏祥同志这个要求，在匆忙的时间里译出《柔蜜欧与幽丽叶》。"但是，这里面有个"约"字，看来曹禺本人对于这个年限也无十分把握。我以为应当晚一年，即1943年。因为，1942年冬，张骏祥同志翻译并导演了匈牙利剧作家贝拉·巴拉兹的大型剧《安魂曲》(即《莫扎特》)，并由曹禺主演莫扎特，年底才搬上舞台，直演到1943年初。张骏祥同志不可能同时又要"在四川的一个剧团演出《柔蜜欧与幽丽叶》"，曹禺也不可能在繁重的演出中，在短暂的时间里完成一部大型古典剧的"改译"工作。

根据当时报刊报道，1943年冬，曹禺"旅行大西北"，并继续创作另一大型剧作《桥》。由此推测《柔蜜欧与幽丽叶》的改译工作当是在1943年冬天以前完成。从《镀金》和《柔蜜欧与幽丽叶》的发表和上演时间来看，前者分别要早半年左右，因此虽然两剧都完成于1943年冬天以前，但可推知《镀金》在前，《柔蜜欧与幽丽叶》在后。

《桥》(四幕话剧，只发表二幕三场)

甘竞存同志在《曹禺的创作道路》中说，曹禺"在1946年开始写一个多幕剧《桥》"。这是不确切的。此剧酝酿、写作的时间较长。夏衍同志1942年春给田汉的信(载《戏剧春秋》2卷2期)中说，"家宝兄在写《天桥》"。曹禺原名万家宝，这里所说的《天桥》即后来的《桥》。从此信中得知，曹禺早在1942年春便开始了《桥》的创作。也许由于构思尚不成熟，也许因为更急于改编《家》和别的几个剧本而暂时搁下了。

① 现译为拉比什——编者注。

这个大型剧的前半部(二幕三场)曾于1946年4、5、6月在《文艺复兴》1卷3、4、5期上连载,但未载完。大家都说没有写完,有的还说"只写了二幕三场"或"只写了一半";作者自己却未讲过。我看也不一定就没写完或"只写了一半"。1944年2月15日在重庆出版的《戏剧时代》1卷3期就已报道:"《桥》即可脱稿,这是曹禺旅行大西北的收获之一。"既然1944年初"即可脱稿",盖不会在两年后连载时才"只写了一半"。至于没有全部发表的原因,看来主要由于从1946年上半年起,国内政治状况发生重大变化,特别是自6月以后,蒋介石对解放区大举进攻,发动全面内战,在国统区加紧镇压进步力量。在这种情况下,这个暴露四大家族官僚资本摧残民族工业罪恶活动的剧作也就难以连载下去了。

《艳阳天》(电影剧本)

这个电影剧本的写作时间有两种说法,一说写于1947年,如甘竞存、杨兆振同志讲的,一说写于1948年,如山东师院中文系编的《中国当代作家小传》和钱谷融同志的《曹禺和他的剧作》,其中《中国当代作家小传》说:"1948年,从美国回来,写了电影剧本《艳阳天》。"

曹禺是1947年2月初由美返国抵达上海的(而不是"1948年"),这在当年2月23日的《大公晚报》等报刊上有过报道。就在这年夏天,曹禺被上海文华影业公司聘为编导,即着手写电影剧本《艳阳天》,并自任导演。次年春,影片拍成上映(见当时报纸广告)。5月,电影文学剧本由上海文化生活出版社出版。从1948年春已搬上银幕的情况看来,电影剧本的完成时间不会迟于1947年底。当然,影片拍成后,在1948年5月作为电影文学剧本出版之前,也可能在文字上作过某些加工。

以下是曹禺在解放后写的剧本,似乎用不着再考察其写作及发表时间了,但由于仍然有不同的说法,也需要澄清一下。

《明朗的天》(三幕话剧)

这是曹禺解放后完成的第一个剧本。其写作时间主要有两说:一说写于1953年,如赵浩生先生的访问记《曹禺从〈雷雨〉谈到〈王昭君〉》,另一说是1954年。此外,复旦大学中文系1978年编写的《中国现代文学史》说"1957年写的《明朗的天》",显然是错误的,这大概是由中国戏剧出版社的第一版是1957年7月而妄加推测所致,却不知别的出版社早已出版并有刊物更早就发表了。

《明朗的天》最先是1954年在《剧本》和《人民文学》两个刊物的9、10月号同时发表的,1956年10月由人民文学出版社出版。北京人民艺术剧院于1954年12月12日公演,随即,报刊上陆续发表了几篇对作者的访问记,其中最早对该剧创作过程也讲得最详尽的是蔚明同志的《从〈雷雨〉到〈明朗的天〉——访剧作家曹禺》(载1955年1月11日《文汇报》)。访问记中说,当时是"一面写,一面排",因此断然不会在1953年就边写边排,1954年底才得上演。文中还具体记述道:"1954年4月初旬到7月中旬,是《明朗的天》的创作阶段。

在这 3 个半月时间之内，每天上午 9 时到夜晚 11 时，几乎毫不间断地进行劳作。”这是 1955 年 1 月初的访问，当时《明朗的天》刚刚公演，和《明朗的天》的写作时间又这样靠近，是完全可信的。因此可以完全确定，《明朗的天》写成于 1954 年夏天，7 月完稿，而决不是 1953 年，更不是 1957 年。

当然，此剧的准备阶段是比较早的：1952 年初，周总理与曹禺谈话，着重讲知识分子的思想改造问题，曹禺受到启发，打算写一个以知识分子思想改造为题材的剧本，周总理认为这个主题很重要，给予热情支持和鼓励。恰好，从当年 1 月起，全国开展“三反”“五反”和知识分子思想改造运动，曹禺便随北京市委工作组参加领导高等学校思想改造工作，并以协和医学院为重点深入生活，收集素材，同时也进行自己的思想改造，经 3 个月时间，做笔记 20 本以上，开始孕育《明朗的天》。经过两年的构思，人物已经完全活了，腹稿已经成熟，然后才从 1954 年 4 月初开始，用口述的办法完成《明朗的天》。所以，1953 年，《明朗的天》还在构思之中，它的正式写作是 1954 年夏天。

《胆剑篇》（五幕历史剧）

此剧是与梅阡、于是之合作，由曹禺执笔写成的。它的写作和发表时间距今不到 20 年，照说是不应成问题的，但也有一些奇怪的说法。如山东师院中文系编的《中国当代作家小传》说：曹禺于“1962 年，与于是之、梅阡合作，由他执笔写成历史剧《胆剑篇》”。北京语言学院编纂的《中国文学家辞典》（现代第一分册）中也说：曹禺“1962 年和于是之、梅阡合作，由他执笔成功地创作了历史剧《胆剑篇》”。（此处疑为互相转抄之误。）甘竞存同志在《曹禺的创作道路》中则说《胆剑篇》是“1959 年发表的”。这些说法都不合事实。前者之说，大概是由于中国戏剧出版社初版《胆剑篇》的时间是 1962 年 10 月，便以为是 1962 年写成的，殊不知这并不是首次发表；至于后一种说法，就更不知从何而来了。

实际情况是：《胆剑篇》最初发表于 1961 年 7 月 12 日出版的《人民文学》7、8 月号合刊，一次载完，而不是 1962 年才写成，也不是 1959 年就发表了。在 1959 年，曹禺还未构思此剧。什么时候开始构思的呢？是在困难时期到来以后。1960 年，面对着国内严重的自然灾害、经济困难和国际上嚣张的反华势力，为了鼓舞我国人民艰苦奋斗、发奋图强的斗志，曹禺决定创作《胆剑篇》。他除阅读大量史料外，1961 年春又去怀柔县一渡河大队体验生活，深为广大社员战天斗地的英雄气概所感动，于是产生了创作激情。1961 年初夏，由曹禺执笔完成了《胆剑篇》。

《王昭君》（五幕历史剧）

这是曹禺最新剧作，1960 年左右开始酝酿，1962 年开始动笔并写出了前两幕初稿。1963 年 1 月，由于当时一伙别有用心的人鼓噪“大写十三年”，历史剧成为禁区，曹禺被迫停笔，一直搁置了十余年。打倒“四人帮”以后，曹禺才重新提起笔来，于 1978 年 10 月完稿，最先发表于《人民文学》1978 年 11 月号，1979 年 2 月由四川人民出版社初版。这是大家都知道的，就此从略。

为了便于查对，现将以上考察结果列一简表于后：

剧名	著译时间	刊载及初版时间
雷雨	1928年开始构思 1933年夏完成	1934年7月《文学季刊》1卷3期 1936年1月文化生活出版社
日出	1934年夏开始构思 1935年完成	1936年6—9月《文季月刊》1卷1—4期 1936年11月文化生活出版社
原野	1936年下半年	1937年4—8月《文丛》1卷2—5期 1937年8月文化生活出版社
黑字二十八	1938年秋	1940年3月重庆正中书局
蜕变	1937年秋开始酝酿 1939年完成	1940年4月16日—6月3日《国民公报》 1940年7月商务印书馆
正在想		1940年10月文化生活出版社
北京人	1940年秋冬	1941年12月文化生活出版社
家	1940年着手准备 1942年夏完成	1942年12月文化生活出版社
镀金	1943年夏	1943年11月《戏剧时代》创刊号
柔蜜欧与幽丽叶	1943年	1944年3、6月《文学修养》2卷3、4期 1944年3月文化生活出版社
桥	1942年春—1946年初	1946年4—6月《文艺复兴》1卷3—5期 （只发表二幕三场，未完）
艳阳天	1947年下半年	1948年5月文化生活出版社
明朗的天	1952年开始准备 1954年夏完成	1954年9月《剧本》及《人民文学》9—10月号合刊 1956年10月人民文学出版社
胆剑篇	1960年开始准备 1961年初夏完成	1961年7月《人民文学》7—8月号合刊 1962年10月中国戏剧出版社
王昭君	1960年左右开始准备 1978年10月完成	1978年11月《人民文学》11月号 1979年2月四川人民出版社

原载《中国现代文学研究丛刊》1982年第2期，后收入王兴平、刘思久、陆文璧编《曹禺研究专集》（上），海峡文艺出版社1985年版第261—279页，个别小节经作者作了修改

曹禺剧作与五四文学传统

刘家鸣

伟大的五四新文化运动，开拓了中国历史的新时代；而五四文学革命，则开创了中国文学的新纪元。毛泽东指出："五四运动所进行的文化革命则是彻底地反对封建文化的运动，自有中国历史以来，还没有过这样伟大而彻底的文化革命。当时以反对旧道德提倡新道德、反对旧文学提倡新文学，为文化革命的两大旗帜，立下了伟大的功劳。"①

以鲁迅为伟大旗手和主持的五四新文学，鲜明地体现出彻底的反封建精神。五四时代作家们在创作实践中形成的，坚决批判封建礼教伦常道德，大胆地借鉴和吸收外国作家艺术经验的新文学传统，深刻地影响着后起的一代又一代作家。

戏剧艺术大师曹禺，就是在五四新文学传统的培养下成长起来的。曹禺说："我十三岁就读了鲁迅的《呐喊》。……就给以我深深的感染。"②他说，鲁迅的"作品对我说了一辈子话。他的作品哺育了我。"③郭沫若的《女神》曾经震撼了曹禺的心灵。他说："《凤凰涅槃》仿佛把我从迷蒙中唤醒一般。我强烈地感觉到，活着要进步，要更新，要奋力，要打碎四周的黑暗。"④

五四新文学给了曹禺思想以新的思想武装，指引他批判封建思想伦理，反对封建传统，引导他向世界各国的戏剧学习，博采众长，在戏剧创作上锐意创新。作为五四新文学的第二代作家，他的剧作，是五四新文学传统的继续深化，并发扬光大。

一

五四新文化运动的先驱们，从辛亥革命的历史教训中认识到，仅仅从政治上推翻封建皇帝还很不够，如果不彻底清除人们思想深处的封建礼教伦理道德，封建复辟还是非常容易的。陈独秀指出，要"盘踞吾人精神界根深蒂固之伦理道德文学艺术诸端，莫不黑幕层张，垢污深积"，使得政治革命不能完全成功；而要"巩固共和国体，非将这班反对共和的伦理文学等等旧思想，完全洗刷得干干净净不可。"⑤为着变革社会，解放民众，《新青年》高举民主和科学两大旗帜，批判的锋芒直指封建礼教伦常道德，开创"伦理道德革命之先声"。

① 毛泽东：《新民主主义论》，《毛泽东选集》第2卷。

② 《曹禺同田本相谈话记录》。见田本相著《曹禺传》。

③ 转引自邓啸林：《鲁迅·曹禺·内山鹤》，《艺谭》1983年第4期。

④ 曹禺：《郭老活在我们心里》，《光明日报》1978年6月29日。

⑤ 陈独秀：《文学革命论》《旧思想与国体问题》《独秀文存》卷1。

李大钊指出："中国现在的社会，万恶之源，都在家族制度。"①吴虞指出：封建的"家族制度与专制政治"历来"胶固而不可分析"；而"孝悌"则是"二千年来专制政治与家族制度联结之根干"。② 因而，要彻底摧毁封建专制统治，一个重要的关键在于从家庭里清除封建礼教伦理道德的流毒。五四时代，觉醒的人们喊出了"家庭革命"的口号，鼓吹突破封建家庭的礼教伦常的精神网罗，抛弃封建道德的桎梏，追求个性解放，实现人格的独立自主。

五四新文学里响彻了勇猛的彻底地反封建的呐喊。鲁迅的《狂人日记》，这篇开创五四新文学纪元的奠基性杰作，"意在暴露家族制度和礼教的弊害"，尖锐地揭穿了封建伦理道德的吃人本质，发出震世骇俗的反封建的战斗呼声。在五四作家的众多的以家庭生活为题材的作品里，大都愤怒地抨击封建宗法制家长统治，揭发封建礼教伦常道德的虚伪与残酷，形象地谴责和控诉封建传统思想道德的摧残人吞噬人的罪恶，表现出鲜明的反封建的时代精神。

曹禺从鲁迅和郭沫若等作家的作品中，接受和继承了彻底地反封建的精神传统，用以观察和思考社会生活与周围的人物事件，精心构思自己的剧作，把五四时代彻底地反封建的精神深深地渗透在作品中。

曹禺生长于封建官僚的大家庭。少年时代，他就亲眼看到封建家庭里复杂的人事和卑污的生活。他说，虽然家里生活阔绰舒服，但"整个家庭都是郁闷的。每天都可以听到和看到很多乱七八糟的事"③，使他积累下丰厚的创作材料。《雷雨》《北京人》《家》等作品，都是通过封建式家庭的日常生活和人际关系的表现，传达出作家对社会人生的深沉思索。在一定意义上说，这些剧作是继续着五四时代"家庭革命"的题旨，以独特的艺术创造，深化了对家族制度和封建礼教伦常的批判。

曹禺在《雷雨·序》里说："我在发泄着被抑压的愤懑，毁谤着中国的家庭和社会。"这可以说是贯穿在《雷雨》《北京人》和《家》的基本宗旨。他确实善于描绘封建家庭成员之间错综而尖锐的矛盾冲突，善于刻画人物内心世界复杂而曲折的矛盾冲突，从而体现作家的坚决反封建的批判精神。特别是，他着重从人们的精神世界深处，从人物心灵上所遭受的创伤戕害，强烈地控诉和抨击封建礼教伦常道德。

曹禺是擅长于雕塑人物灵魂的戏剧大师。他的笔锋总是伸进人物内心世界的底层，挖掘和揭示人物灵魂深处的奥秘或折皱。他的剧作里所表现的戏剧冲突，更多的是人物心灵上的冲突，不同的人物在思想感情上的对立与斗争。不仅是家庭内部的父子、婆媳、夫妻、兄弟、姑嫂之间的冲突，而且人物自身的内心深处、潜意识里，所展开的复杂而细微的波动或纠葛，都被挖掘出来，借助人物间的对话举止或自我独白，给予多侧面的艺术刻画，既震撼人心，又富有思想启迪。

曹禺的剧作强烈地控诉和谴责封建礼教伦理道德在摧残人、毁灭人，尤其是对青年

---

① 李大钊：《万恶之源》。
② 吴虞：《家族制度为专制主义之根据论》，《新青年》第2卷第6号。
③ 《曹禺同志谈剧作》《曹禺论创作》。

人。周公馆的秩序，高老太爷的庭训，曾家的规矩，全都散发着封建传统思想道德的腐烂气味，无形地侵蚀和摧残着青年人的心灵，直到肉体的自我毁灭。周萍和曾文清就是突出的代表。周萍虽然时而有热情，时而内省，但只是个“美丽的空形”。他自私而懦怯，忧郁而颓唐，“空虚脆弱，经不起现实的风霜”；没有活力，只能酗酒自伤，终于开枪自戕。曾文清聪颖纯厚，清俊飘逸，颇谙琴棋书画，熟悉品茶养鸽，“分明是一个温爱可亲的性格”，然而“只是一个生命的空壳”。他精神萎靡，疏懒呆滞，曾有过离家谋生的行动，却因害怕世间的生活风浪，悄然躲回家中，服食鸦片了结生命。他们都是精神上的残废，思想上没有脊梁骨的畸零人。曹禺指出，曾文清所以成了“精神上的瘫痪”，乃是“染受了过度的腐烂的北平士大夫文化的结果”。作家通过整个戏表明，周萍和曾文清的性格与死亡，充分证实了恪守封建礼教伦常的封建家族已经完全腐朽衰败，根本无能造就一个有活力的人；而且正是这封建传统思想文化，腐蚀和吞噬了他们的灵魂，把他们逐步逼上自我毁灭的绝路。

曹禺的剧作猛烈抨击封建礼教伦常道德造成了人性的畸形与扭曲。在周家、曾家、高家这些封建家庭里，虚伪的礼教纲常，森严的长幼尊卑等级，繁复琐碎的规矩礼节，都在掩饰着家庭亲人之间的勾心斗角、相互倾轧，都在培植着人性的卑劣与丑陋，造就着人性的暴戾与奸诈，扼杀着人性的正直与善良。周公馆里十多年类似禁锢的生活，家长制专横统治的秩序，把蘩漪“磨成了石头样的人”，扭曲了她的心灵。她变得阴鸷忧郁，爱走极端，妒恨与绝望折磨着她。“她是一把犀利的刀，她愈爱的，她愈要划着深深的创痕。”曾思懿“自命知书达礼，精明干练”，伪装成“谦和、孝顺、仁爱”，其实心胸偏狭忌刻，贪财奸诡。她似乎随时都在耍手腕玩花招，横暴恣肆，欺压良善，丧失了人情人性。蘩漪与思懿的畸形性格和变态心理，有力地揭露了封建传统礼教道德，真是戕害和割裂人的精神与性格的软刀子。甚至那封建家庭的统治者，周朴园、曾皓、高老太爷之流，他们的专横、乖戾、利己、冥顽，集中了人性的卑污与丑恶，又何尝不是他们所接受的封建传统教育、所恪守的封建礼俗规矩长期侵蚀陶冶的结果！封建礼教道德塑造了他们，他们又继续运用封建礼教道德去造就和迫害下一代人。

从《雷雨》到《北京人》，曹禺一直在给封建制度和统治阶级唱葬歌，诅咒他们早日灭亡。他说：我写作品是要“宣泄一腔愤怒，我要喊‘你们的末日到了！’”[①]他通过戏剧舞台向人们宣告：封建制度必然崩坍，封建家庭必定衰亡，人吃人的旧社会一定要被埋葬！

宣扬和赞美反抗黑暗社会的新生力量，塑造敢于向封建礼教伦常挑战，追求个性解放的青年叛逆者形象，正是曹禺剧作的反封建的深刻性所在。周冲、觉慧、鸣凤、瑞贞这些青年人，热情纯朴，富有正义感和独立性，他们蔑视封建礼教与尊卑等级观念，愤恨封建家庭的污浊与腐败，都用不同的方式向封建家长制和礼教伦常抗争。他们怀有美好的人生理想和对理想的执着追求。周冲“恨这不平等的社会”，抱着“为着人类谋幸福”的信念，想和四凤飞到“真真干净快乐的地方”“过着没有争执、没有虚伪、没有不平等”的自由生活。性

① 《日出，跋》，《曹禺文集》第1卷。

格好强的瑞贞，不愿在曾家那极度的压抑中讨生活，决心闯出张满礼教网罗的封建门庭，去“谋寻自己的生路”。觉慧一身正气，胸怀坦荡，突破封建礼教与尊卑观念，真诚地爱恋着鸣凤。他总是勇敢地攻击着封建家庭的伪善与无耻，而且鼓动和支持兄妹们奋起斗争。这些可爱的青年叛逆者，就是作家寄托着希望的“新的血液和生命”，表达着作家的社会理想与人生憧憬，给剧作所显示的反封建精神增添了理想的光辉。他们是那漆黑污浊的封建家庭王国里的一线光明，也是摧毁和埋葬旧社会的力量和希望所在。

愫方和瑞珏的形象塑造，体现了作家对人格美的追求。愫方从小寄人篱下，在柔弱善良的外形里包藏着一颗纯真热忱的心，坚韧地挺立在刻毒的嫉妒与凌辱中。她曾想为所爱的人奉献自己的一切，事实的教训却使她猛然觉醒了，坚决地走出曾公馆这座封建牢笼。瑞珏可说是温柔贤淑的化身，忘我地挚爱着觉新，同时她又接受新思潮的影响，读新书看新戏，支持觉慧他们的抗争行动。她纯真善良，为着解除觉新的心灵痛苦，宁愿自己退让，舍己助人。尽管封建势力和传统礼俗残暴地扼杀了她那年轻美丽的生命，她临终时仍然相信“冬天也有尽了的时候”，以生命呼唤着春天。愫方和瑞珏的人格美心灵美，突出地比照出封建恶势力的卑鄙污浊，丧尽人性。他们在漆黑的封建家庭里焕发出明亮的人格的光辉，给叛逆者以安慰和鼓舞，增添了抗争的力量。愫方和瑞珏的形象的成功塑造，同样是给整个剧作的反封建的批判精神增加了理想主义的光彩。

应当看到，曹禺剧作中通过形象塑造对封建礼教伦常道德的批判，往往同人的解放问题相关联，从而把剧作的反封建主题提高到人类解放的哲理高度。在《雷雨》等剧的序跋里，作家谈到创作动机时说，由于目睹过多的梦魇一般可怖的人事，“念起人类是怎样可怜的动物”，在世间“怎样呼号也难逃这黑暗的坑”①。作家为着黑暗社会与封建传统思想对人们的腐蚀与戕害而义愤填膺，为人们遭受的重重苦难而忧心如焚。他把沉重的悲愤与疑问熔铸在剧作里，期望人们看戏后能引起反思：“为什么有许多人要过这种‘鬼’似的生活呢？难道这世界必须这样维持下去么？什么原因造成这不公平的禽兽世界？是不是这局面应该改造或根本推翻呢？”②这表明作家已经从人间的压迫与掠夺的具体事实，上升到思考社会制度的根本改造，思索着人类的真正解放。在谈到《北京人》的创作时，曹禺说：“我当时常常看到周围的人，看他们苦着，扭曲着，在沉下去”；“当时我有一种愿望，人应当像人一样活着，……必须在黑暗中找出一条路子来”③。作家借剧中人类学家的嘴说出：人类的祖先北京人，“要爱就爱，要恨就恨，要哭就哭，要喊就喊”；“他们整年尽着自己的性情，自由地活着，没有礼教来拘束，没有文明来捆绑，没有虚伪，没有欺诈，没有阴险，没有陷害”；“他们是非常快活的！”这不是发思古之幽情，迷恋逝去的历史，而是表达出对光明美好的新世界的强烈向往，诉说着对人类自由解放的深情憧憬。可以说，这正是作家向人们发出的号召：觉醒起来，英勇斗争，砸碎一切禁锢人的身体与心灵的铁锁链，埋葬吃人的

---

① 《雷雨·序》，《曹禺文集》第1卷。

② 《日出·跋》的注释，《曹禺文集》第1卷。

③ 曹禺：《和剧作家们谈读书和写作》，《曹禺论创作》。

旧社会，彻底清除封建思想流毒，创造人类自由解放、光明幸福的新世界。

二

五四文学革命揭开了中国文学现代化的序幕，也开启了中国文学汇入世界现代文学潮流的通道。鲁迅说："新文学是在外国文学潮流的推动下发生的。"[①]在那"收纳新潮，脱离旧套"的五四时代，外国的现实主义、浪漫主义、现代主义等各种文艺思潮流派的作品纷纷被翻译进来，深刻地影响着五四作家的新文学创作。

话剧艺术本是从外国移植的戏剧形式。五四文学革命运动中，胡适、周作人等撰文批判中国旧戏曲宣扬封建传统思想，传播儒家的礼教伦理道德观念，而且偏激地否定了中国戏曲的传统艺术经验与表演技巧。钱玄同大声疾呼，要"全数封闭"旧戏馆，把旧戏"尽情推翻"，主张学演"西洋派的戏"。[②] 周作人说，旧戏曲"有害于'世道人心'"应当废除，主张"只有兴行欧洲式的新戏"。[③] 现代话剧正是在五四时代过度地批判和否定中国传统戏曲的文化背景下发展起来，并作为中国传统戏曲的对立物出现的。五四时代产生的话剧，大多还是模仿外国话剧，艺术上肤浅稚嫩。这是由于当时学习外国的话剧艺术没能很好地消化吸收，而且未能同本国的传统戏曲的艺术经验相结合，因而，新兴的现代话剧艺术还没有成熟。

曹禺剧作的出现，标志着中国现代话剧艺术的成熟。他真正继承了鲁迅、郭沫若等文学大师所开创的、勇于借鉴和择用外国作家的艺术经验与艺术方法的新传统，并发扬光大。尤其是，他在有意识地选用和择取外国戏剧家的艺术经验与技巧的同时，注意结合中国戏曲的传统艺术经验，努力使两者相互渗透融化，创造出富有民族特色的现代话剧。曹禺对于中国现代话剧的民族化，作出了卓越的贡献。

曹禺从少年时代起，就不断地先后观赏过著名的不同流派的京剧艺术家们的精彩表演，还把《戏考》读得烂熟。他还爱看昆曲、各种地方戏曲，以及北方的民间曲艺的表演。可以说，他非常熟悉并深深懂得中国戏曲艺术。他在青年时代，又受到五四新文化运动的洗礼，认真地陆续研读了古希腊的戏剧，莎士比亚、易卜生、契诃夫和奥尼尔等戏剧家的作品，坚持不懈地从外国戏剧名家那里汲取戏剧艺术的多种营养。他多次对人说过，古希腊戏剧启示他以雄浑深厚的激情和悲剧精神；从莎士比亚的戏里他学到刻画复杂变异的人性，丰富的情节，绝美的诗情，充沛的人道精神；易卜生的戏剧教给他批判黑暗现实，提出尖锐的社会问题的创作态度，谨严的结构和象征的手法；从奥尼尔剧作里，他学到充满激情的悲剧表现，深刻抒写人物内心和命运的多种艺术技巧；而契诃夫的戏剧教给他善于从日常生活里挖掘戏剧冲突，发现生活的诗意美，还有那看似自然平淡、实乃深沉隽永的艺术风格。外国戏剧名家的艺术经验多方面地滋养了曹禺，使他能够不断地丰富和提高自

① 鲁迅：《中国杰作小说·小引》，《集外集拾遗补编》。

② 钱玄同：《随感录》，《新青年》第5卷第1期。

③ 周作人：《论中国旧戏之应废》，《新青年》第5卷第5期。

己的戏剧艺术。

应当看到，曹禺还是一个既当过演员、又做过导演，有着丰富的舞台表演经验的剧作家。他说：“我从十四岁起就演话剧，一直演到二十三岁，中间没有停过。这给我舞台感，对于一个写戏的人来说，舞台感很重要，要熟悉舞台。”①他从亲自演出和导演的实践中，不但深入掌握了戏剧艺术的特征和规律，而且了解到观众的欣赏心理与要求，再加上他对中国戏曲和外国戏剧的深厚的艺术素养，就促使他能够融合中西戏剧艺术的传统与经验，进行全新的艺术创造，建造了中国现代话剧民族化的丰碑。

曹禺总是把刻画不同类型不同性格的人物的灵魂，作为戏剧艺术表现的中心。他说：“我所注目的是人，人是最重要的”；“写戏主要是写人，用心思就是用在如何刻画人物这个问题上。”②他的艺术眼光始终在注视、观察与探究着不同思想性格的人物，似乎能够透视人物内心世界的深处，看清人物灵魂底层的秘蕴，烂熟于心，从而刻画得个性鲜明、风采毕现。曹禺善于择用中国和外国的戏剧艺术的多种表现技巧，来雕塑中国现代人的灵魂，突出地表现中国人的民族精神和民族性格。

曹禺剧作所写的，大多是辛亥革命以后历史过渡时期里不同阶级不同阶层的人物，刻画出他们各自的文化心态与精神风貌，表现出人物思想性格的时代特色。

曹禺以封建家庭生活为题材的剧作里，刻画了三种人物的文化心态：一是封建家长，君临于整个家庭之上的统治者，专横恣肆，竭力维护和保持封建家庭的基业名声，运用封建礼教压迫青年人。他们虽然冥顽暴虐，却已色厉内荏，气息奄奄。曾皓说：“我的前途就，就是棺材。”道出了他们共同的面临死亡的绝望心态。一是封建家庭里被压迫的人们，大都容忍家长统治的高压和礼教伦常的思想钳制，逆来顺受，得过且过，显示了尚未觉醒的奴性屈从的文化心态。一是封建家庭的叛逆者，他们最先觉醒，勇敢地反抗家长制统治，追求个性解放和人格平等，想要建立自由幸福的新生活。觉慧劝大哥要“永远大胆”，表明了叛逆者朝气蓬勃、坚强自信的文化心态。这三种人物之间的对立与斗争，叛逆者自身的内心冲突，其实是思想上封建与反封建的斗争，深刻体现了民族精神里积极变革社会与反抗传统的革命因素，同顽固守旧与卑怯退让的落后反动因素之间的对立与斗争。曹禺剧作里精心刻画了各种人物的文化心态与精神风貌，乃是他的戏剧的民族化的重要成就。

曹禺剧作的民族化表现，艺术上还可概括出如下三点：

第一，把心理刻画与写形传神的艺术表现相结合，精细地展现人物的灵魂世界。

中国古典文艺传统对于塑造人物，讲究图形写貌，以形传神。传神即写心，注重表现人物的内心世界，描绘人物的精神风采。曹禺说：“多年来，我倾心于人物，我觉得写戏就是写‘人’；……而刻画人物，重要的又在于揭示人物的内心世界——思想和感情。”③他就

① 曹禺：《和剧作家们谈读书和写作》，《曹禺论创作》。

② 曹禺：《戏剧创作漫谈》《看话剧〈丹心谱〉》，《曹禺论创作》。

③ 同上。

善于把西方文艺传统中精于心理刻画的艺术技巧，同中国艺术传统中写形传神的艺术经验相融合，在剧作里精雕细刻地揭示人物的心灵，直至内心深层的潜意识活动。他的剧本里，主要人物出场时总有详细的说明，既描绘人物的外表相貌，又叙写人物的生活经历，并剖析人物的精神风貌与文化心态，活画出人物的个性。而后随着戏剧冲突的展开，作家多侧面地展示人物的内心世界，写出人物心灵的复杂活动，心理流变的多层次性。蘩漪、白露、愫方的灵魂里自我搏斗，她们悲剧性格的发展进程，全被表现得淋漓尽致。曹禺说过：陈白露"时尔像是久经风尘，时尔像是单纯的少女；时尔玩世不恭，时尔满腔正义；时尔放纵任性，时尔感伤厌世"①；这样复杂的灵魂被作家的生花妙笔给雕塑出来了。作家还特意挑选能够突出人物个性的细节，加以反复表现。陈白露念诗和吃安眠药这两个细节的一再抒写，表现了她内心深处的复杂矛盾，突出了她渴望光明与自由，却又无法摆脱黑暗，不甘沉溺而又无力自拔的悲剧性格。可以说，曹禺融化中国的传神表现与西方的心理刻画技巧来雕塑人物灵魂，确已达到出神入化的高度。

第二，浓郁的抒情与深沉的人生哲理的有机统一。

中国文学富有抒情的传统，强调寓理于情，讲究情与理的统一。五四时代的作家，在民主与科学的思想旗帜下，在人道主义思潮鼓动下，满怀激情地用作品批判黑暗社会和封建势力，认真地探索着"人生究竟是什么"，努力寻找变革社会、改造国民性和妇女解放的新路。五四新文学创作，往往显示出理性色彩与浓烈激情的结合。

曹禺是怀着满腔热情，思索着社会人生问题而开始写戏的。他说："一种急迫的情感的郁积，使我执笔写了《雷雨》。"②这出戏表现了他对"宇宙里斗争的'残忍'和'冷酷'"的追问与思索，其实是他面对严峻的社会阶级斗争所作的哲理思考。他说，写《雷雨》，"我写的是一首诗，一首叙事诗"。剧本的字里行间确实充溢着作家的强烈的悲愤的激情。曹禺那饱含激情的戏剧，总是通过人物命运与性格的发展进程，引发观众对社会人生的理性思索。他说过，写戏不在于要如何结局，而在于怎样提出问题。提出问题就是戏剧留给读者观众的哲理启示。

《北京人》和《家》，都在蕴藏着作家深厚激情的诗化描写里，隐含着深刻的社会人生哲理，使观众既产生感情共鸣，又引发理性的沉思。曹禺说："最好的剧本总是'情''理'交融的。"③他的剧作多是抒情诗与哲理诗的统一，是他主观感情上抒愤懑和探寻社会人生变革新路的理性思考的统一；统一在剧中各种人物形象的塑造上，统一在各种人物灵魂的精细刻画之中。

第三，地方民俗风情的艺术表现与诗的意境的创造相互交织。

以鲁迅为主将的五四作家们，十分重视作品的乡土特色，常常在作品里描绘出不同地方色彩的民俗风情，用以衬托主要人物的思想性格，批判黑暗的社会人生，强化了反封建

① 曹禺：《自己费力找到真理》，《人民戏剧》1981 年第 6 期。
② 曹禺：《〈雷雨〉日译本序》，《曹禺论创作》。
③ 曹禺：《漫谈剧作》，《曹禺论创作》。

的意义。

曹禺的剧作同样注意把人物安置在富有地方特色的城市或乡镇的民俗风情环境中，在最富民俗色彩的婚丧庆寿的场面里，刻画人物的性格，多侧面地映照出人物的文化心态。《雷雨》里的周公馆和《日出》里大城市豪华旅馆的陈设布置，人物的对话，都富有浓重的地方特色与时代气氛。《北京人》整出戏里，始终贯穿着小贩吃喝叫卖的市井声，算命瞎子的铜钲声，独轮水车的轮轴声，更锣梆子声，还有高空的鸽哨，断续的军号声。就在这京味浓郁的生活环境里，戏剧冲突在展开，人物的灵魂在撞击、在呻吟，整个戏的内在意蕴逐步表露出来了。

注重诗的意境的创造，是中国文艺的传统。无论是小说、诗歌或戏曲艺术中，优秀的作家总是重视创造情景交融的意境，用以衬托人物的心灵，突出人物的思想性格。曹禺的剧作，注意在平凡的日常生活里，为人物设置充满诗意的场景，让人物在抒情的独白或含蓄的对话里展示优美的心灵。《北京人》里愫方同瑞贞倾诉心曲时，不断响着暮秋的雁叫，断续的军号声，氛围凄清沉静，衬托出愫方那舍己为人的高洁心灵。《家》的第一幕，喧嚣杂乱的闹洞房之后，月光皎洁，梅花莹白，湖波明亮，杜鹃酣唱，展开了觉新与瑞珏发自肺腑的抒情独白，纯朴而真诚，深沉而凄清，情景交融，饱含诗的韵味。《家》的结尾，在大雪纷飞、杜鹃哀鸣里瑞珏逝去，洁白清寂的雪景映衬着人物内心的纯净高洁，暗示着雪化冰消之后大地回暖，春光明媚，包孕着深长的意蕴。

注重地方礼俗的描写与诗的意境创造相交织，使剧作富有生活气息与诗化韵味，大大强化了典型人物与典型环境的统一，这是曹禺对现代话剧民族化的富有个性的艺术创造。

曹禺是五四新文学所培育起来的戏剧艺术大师。他的戏剧创作，是中国现代话剧艺术的高峰，又是中国话剧走向世界的里程碑。他的剧作，不但在中国现代文学与现代戏剧的艺术殿堂占有光荣的地位，而且是戏剧领域里融合中西艺术传统与经验的典范作品，也是中国现代戏剧汇入世界戏剧艺术洪流，与各国戏剧艺术同步发展的杰作。

曹禺的戏剧艺术是属于中国的，也是属于世界人民的。

原载《天津师大学报》(社会科学版)1992 年第 4 期

原始崇拜与曹禺的戏剧创作

董炳月

一

首先应当阐明的是:原始崇拜是曹禺前期剧作中一个不容否定的客观存在。

话题自然要从创作于1940年冬天的《北京人》说起,因为《北京人》把曹禺的原始崇拜意识表现得最充分、最完整。在该剧中,曹禺把“一个顶好的机器工”装扮成四十万年前的“北京人”,并借人类学研究者袁任敢的口赞美说——

> 这是人类的祖先,也是人类的希望。那时的人要爱就爱,要恨就恨,要哭就哭,要喊就喊,不怕死,也不怕生,他们整年尽着自己的性情,自由地活着,没有礼教来拘束,没有文明来捆绑,没有虚伪,没有欺诈,没有阴险,没有陷害,没有矛盾,也没有苦恼,吃生肉,喝鲜血,太阳晒着,风吹着,雨淋着,没有现在这么多吃人的文明,而他们是非常快活的。①

在曹禺心目中,原始“北京人”的生活是何等自由、幸福、快乐、令人神往!本文把这种对于远古“北京人”的仰慕和迷恋称之为“原始崇拜”。

那么,曹禺所谓的“原始”,究竟包含着怎样的内容呢?结合整部《北京人》来分析,我们看到,曹禺在这一剧作中表现了一个比较完整的“原始观”。这“原始观”主要包括以下三方面的内容:

一、原始野性与旺盛的生命力。“不怕死,也不怕生”“吃生肉,喝鲜血”,对此作了最充分、最简洁的表达。体现在人物形象的塑造上,就是“北京人”令人愕然的外型和独特的行为方式。请看他的第一次“亮相”——

> 蓦然门开,如一个巨灵自天而降,陡地出现了这个“猩猩似的野东西”。
>
> 他约莫有七尺多高,熊腰虎背,大半裸身,披着半个兽皮,浑身上下毛茸茸的。两眼炯炯发光,嵌在深陷的眼眶内,塌鼻子,大嘴,下巴伸出去有如人狼,头发也似人猿一样低低压在黑而浓的粗眉上。深褐色的皮肤下,筋肉一粒一粒凸出有如棕色的枣栗。他的巨大的手掌似乎轻轻一扭便可握断了任何敌人的脖颈。他整个是力量,野得可怕的力量,充沛丰满的希望和人类日后无穷的希望,都似在这个人身内藏蓄着。(131—132页)

① 《北京人》第165页。本文所据《北京人》系文化生活出版社1941年12月初版本。

“北京人”不仅外貌如此，而且“脾气有点暴躁、说打人就打人”（133 页）。一群讨债人在中秋节的晚上来到曾家，“北京人”沉默不语，走过去一顿拳脚将他们打跑（140 页）。袁圆作为“北京人”的崇拜者，作为袁任敢以“北京人”为“蓝本”培养出来的孩子，在外形和行为方式上都与“北京人”具有相象之处。她只有十六岁，但“论身体的发育，十七八岁的女孩也没有她这般丰满”。她把父亲研究原始人头骨的房子想象成四十万年前民德尔冰期的森林，“持弓挟矢，光腿赤脚，半裸着上身，披起原来铺在地下的虎皮，在地板上扮起日常父亲描述得活灵活现的猿人模样。叫嚣奔腾，一如最可怕的野兽”（52 页）

二、单纯质朴，自由快乐。用袁任敢的话说，就是：“尽着自己的性情，自由地活着，没有礼教来拘束，没有文明来捆绑，没有虚伪，没有欺诈，没有阴险，没有陷害，没有矛盾，也没有苦恼”。这在袁圆身上得到了形象化的体现。袁圆已经十六岁，心理状态却和三四岁的娃娃一样，“如夏午的雨云，阴晴万变。正哭得伤心，转眼就开怀大笑，笑得高兴时忽而面颊上又挂起可笑的泪珠，活脱脱象一个莫名其妙的娃娃”“一切都来得自然简单，率真爽朗，无论如何顽皮，绝无一丝不快的造作之感”（52 页）。她喊自己的爸爸“老猴”；她脱了衣服傻呵呵地和男孩子一起玩泼水的游戏；她让乡下来的小柱儿脱去衣服装扮成“北京人”，还发出“一个人为什么要穿那么多衣服呢”的疑问。一派摆脱了文化规范、带有几分蒙昧状态的纯真。

三、崇尚劳动——姑且称之为“劳动意识”。体现这一点的是那个被装扮成“北京人”的人本是“一个顶好的机器工匠”。“北京人”与机器工匠的这种结合决不是偶然的、无目的的，相反，曹禺是借此赋予“北京人”以劳动的属性。剧作对剧中人江泰和曾文清的评价可以作为旁证：江泰批评曾文清虽有高超的品茶技巧，却不会种茶，不会开茶叶公司。他责备自己吃遍北京名吃、象个美食家，但不会做菜，不会开馆子，做什么失败什么，因此骂自己是“北京人”的不肖子孙。这样，劳动属性的有无已经成为评价一个人是否称得上“北京人”的重要尺度。

上述三方面的内容构成了创作《北京人》时曹禺的“原始观”，也决定着曹禺对“原始”的仰慕与迷恋。

问题的复杂性在于：《北京人》体现的这种原始观和原始崇拜意识并非仅仅存在于《北京人》中，相反，它从曹禺开始戏剧创作的二十年代末期开始就确确实实存在着了，并且贯串了三十年代曹禺的主要戏剧作品——《雷雨》《日出》和《原野》。下面分述之。

《雷雨》是曹禺创作的第一个剧本，而激起他创作《雷雨》的欲望的，正是“一种复杂而又原始的情绪”。他说自己“对《雷雨》的了解只是有如母亲对自己的婴儿那样单纯的喜悦，感到的是一种原始的生命之感”。他这样描述自己创作《雷雨》时的焦灼心情：“夏天是个烦躁多事的季节，苦热会逼走人的理智。……人们会时常不由己地，更回归原始的野蛮的路，流着血，不是恨便是爱，不是爱便是恨；一切都走向极端，要如电如雷地轰轰地烧一场”①。从这些自述中不难看到曹禺怎样钟情于“原始”。“原始的生命之感”在剧作中的实

① 以上引文均见《雷雨·序》，着重号为引者所加。

践形式，就是一组具有原始的野性、生力旺盛的人物形象的诞生。最能体现这种人格的是蘩漪。曹禺在舞台设计中这样描述她："一望就知道是个果敢阴鸷的女人"，"她有更原始一点的野性；在她的心，她的胆量，她的狂热的思想，在她莫名其妙的决断时忽然来的力量"①。曹禺声称："我喜欢看蘩漪这样的女人，……她应该能动我的怜悯和尊敬"②。这"喜欢""怜悯和尊敬"，显然取决于蘩漪所具有的原始野性。四凤和鲁大海身上，同样充满野性和生命力。四凤"约有十七八岁，脸上红润，是个健康的少女。她整个身子都很发育，手很白很大，走起路来，过于发育的乳房很显明地在衣服底下颤动着。……她有大的嘴，嘴唇自然红艳艳的，很宽，很厚"（28页）。鲁大海"身体魁伟，粗黑的眉毛几乎遮着他的锐利的眼，两颊微微地向内凹，显着颧骨异常突出，正同他的尖长的下巴，一样地表现他的性格的倔强的"（40页）。他带着手枪独闯公馆，对周家大少爷挥拳就打。从上述三位剧中人身上——特别是从鲁大海的外貌和行为方式上，我们很容易发现后来"北京人"的影子。《雷雨》中没有出场的第九个角色——"一个叫做雷雨的好汉"，大约是旺盛的生命力与原始野性的最好象征。强悍的生命力是创作《雷雨》时曹禺所理解的"原始"的主要内容。同时，对自由快乐、单纯质朴的生活的向往，在《雷雨》中也和在《北京人》中一样显而易见，只是剧作家尚未明确把它与"原始"联系在一起。将这种内容充分体现出来的是周冲——在美的梦里活着、眼睛欣喜地闪动着、脸色通红、穿一身白色运动衣的周冲。他是曹禺"烦躁多事夏天里的一个春梦"③。他恨不平等的社会和只讲强权的人。他想飞，想和四凤"飞到一个真干净、快乐的地方，那里没有争执，没有虚伪，没有不平等，没有……"。这憧憬与袁任敢所谓的"没有虚伪，没有欺诈，没有阴险，没有陷害，没有矛盾"及袁圆实践着的那种生活方式何其相似！"劳动意识"在《雷雨》中也有表现，这就是作品赋予鲁大海的矿工身份。鲁大海之所以成为《雷雨》中的"正面"角色，主要在于他的普通劳动者身份。

继《雷雨》之后创作的《日出》，虽然是叙述丢弃了太阳、自命为"人"的一类动物鬼似的生活，批判损不足以奉有余的黑暗社会，但原始崇拜意识同样有迹可寻。《日出》的故事是在打夯工人浩浩荡荡向前推进的呼声中展开的，剧作对打夯者和夯歌的描绘是："他们用一种原始的语言唱出他们的忧郁、痛苦、悲哀和奋斗中的严肃"④。在关于《雷雨》的表述中多次使用的"原始"一词又出现了！这决不是偶然的、无意义的，而是曹禺心灵深处原始崇拜情绪的无意识流露。和对于"有更原始一点的野性"的蘩漪钦羡又哀怜一样，曹禺对于用"原始的语言"唱出自己心灵之歌的打夯者寄予了同样的崇拜与希望。他说"真正使我油然升起希望的还是那浩浩荡荡的向前推进的呼声，象征伟大的将来的蓬蓬勃勃的生命"⑤。在打夯者身上，既有原始的粗犷与旺盛的生命力，又有劳动者的伟大与庄严，而这二者正是曹禺原始观的主要内容。比较而言，曹禺对普通劳动者的尊重与肯定在《日出》

① 《雷雨》61—62页。文化生活出版社1936年版。

② 《雷雨·序》。

③ 《雷雨·序》。

④ 《日出》85页。文化生活出版社1936年11月初版本。下同。

⑤ 《日出·跋》。

中表现得尤为突出。在剧作前的题辞中，他引用《新约·帖撒罗尼迦后书》第三章的话说："若有人不肯工作，就不可吃饭。"打夯者放声高唱的是："日出东来，满天大红！要想吃饭，可得做工"；方达生甚至认为："真正的男人"应当拼命苦干，象打夯人一样。——这些都说明"劳动意识"在《日出》中占有重要位置。剧作让陈白露在打夯者的歌声中自杀，也暗含着对不劳而获的寄生生活的批判和对劳动者的肯定。对自由快乐、单纯质朴生活的向往，在《日出》中是通过对充满欺诈、压迫和不平的丑恶世界的全面否定间接表达出来的。这只要看看《日出》前作为题辞的、来自《圣经》的引文就一目了然了："上帝就任凭他们存邪僻之心，行那些不合理的事。装满了各样不义，邪恶，贪婪，恶毒。满心是嫉妒，凶杀，竞争，诡诈，毒恨……行这样事的人是当死的"。记住这段话，就可以明白与此并列的那一句"我又看见了一片新天新地，因为先前的天地已经过去了"中的"新天新地"是什么样子了。

《原野》创作于 1936 年，时值《日出》创作之后，《北京人》创作之前。这时曹禺仍然迷恋着"原始"，并将这迷恋直接表现在剧作中。《原野》的主人公仇虎，就是被剧作家作为"一种被重重压迫的真人"的代表来塑造的。塑造这一形象的时候，曹禺面前晃动着的是原始人的影子。请看他对仇虎形象的设计："仇虎到了林中，忽然显得异常和调，衣服背面有个裂口，露出黑色的肌肉。长袖撕成散条，破布束着受伤的腕，粗大的臂膊如同两条铁的柱，魁伟的背微微地伛偻着。后脑勺突成直角象个猿人，……时尔，恐怖抓牢他的心灵，他忽尔也如他的祖先——那原始的猿人，对着夜半的森野震战着，神色显出极端的不安"(251 页)①。作者不仅直接将他比作"猿人"，而且在他的外型中融入了原始的蛮性与生命力，这自然使我们联想起《雷雨》中的鲁大海、《日出》中的打夯者和《北京人》中那个"猩猩似的野东西"。《原野》也表现了对自由快乐、单纯质朴、没有争斗、没有邪恶的生活的追求——这就是仇虎和金子向往的那个"黄金子铺的地方"。②《原野》没有写普通劳动者，但从剧作家把仇虎的父亲仇荣写成"安分守己的老农人"这一构思中，我们仍然能够隐隐约约地看到剧作家对于自食其力的劳动者的尊重与肯定。

从以上的论述中可以看到：曹禺是满怀"原始的生命之感"开始自己作为一个剧作家的生命历程的。在最初十余年间的创作中，原始崇拜是他的一种潜意识，是促使他从事戏剧创作的最深刻、最稳定、最强大的"原动力"。他总是自觉不自觉地表现它、追求它。从这个角度看，《北京人》的诞生具有必然性。《北京人》的诞生是曹禺从开始创作生涯的时候起就具有的"原始的生命之感"被反复表现的结果。较之以前的剧作，不同之处仅仅在于：在《北京人》中曹禺把"原始的生命之感"系统化、理性化了。这可以从两个方面来理解：首先，在《雷雨》等剧作中处于朦胧状态的、感性的"原始的生命之感"，在《北京人》中成为一种理性的生命构想。《北京人》把《雷雨》《日出》等对于善的追求、对劳动的肯定明确纳入"原始"的框架之中，从而使"原始"成为一个相对完整的体系。其次，在以前的剧作

① 本文中出自《原野》的引文皆根据文化生活出版社 1937 年初版本。下同。

② 关于"黄金子铺的地方"应当怎样理解，参阅拙文《论〈原野〉的精神内涵》(载《中国现代文学研究丛刊》1990 年第 4 期)。

中，“原始”作为一种生命构想是分裂为不同方面、由不同的戏剧角色分担的，而到了《北京人》，这种构想就集中体现在远古的“北京人”身上，那个“猩猩似的野东西”成为“原始”的最完善的载体。

按照荣格的心理学理论，无意识中某种彼此相联的情感、思想和记忆可以称之为“情结”；说某人具有某种情结，就是说此人沉溺于某种情感和向往而不能自拔。[①] 那么，我们把曹禺前期剧作中这种执着的、普遍存在的原始崇拜情绪称之为“原始崇拜情结”，也许是非常恰当的。

二

原型批评大师 N·弗莱将“原型”定义为“一种典型的、反复出现的意象”，说：“我用原型来表示那种把一首诗同其他诗联系起来并因此而有助于整合统一我们的文学经验的象征。”[②]显然，原始崇拜对于曹禺前期剧作来说就具有“原型”的意义。它不仅“反复出现”，而且确实把曹禺前期剧作统一起来了。这使我们有可能而且有必要突破前人对曹禺剧作的“个别”研究，而借用原型批评的方法，把曹禺前期剧作作为一个“整体”来认识。原型批评注重的是文学系统中作品与作品之间的内在联系，而原始崇拜确实在曹禺前期剧作之间建立了一种深刻的联系，使它们成为一个完整的“系统”。

在以往的研究者看来，《雷雨》《日出》《原野》《北京人》这四个剧作的题材和主题存在着种种差异，各自呈现了不同的戏剧冲突。比如《雷雨》表现人与命运的冲突、资产阶级和下层人民的冲突，《日出》表现上流社会和下层社会的冲突，《原野》表现两个家庭的冲突，《北京人》表现封建阶级和新兴资产阶级的冲突，等等。当然，不同的研究者对某一部剧作的理解并不完全一致，但是，几乎所有的研究者都同样强调这四个剧作之间的区别。这是因为他们总是局限于曹禺剧作中人物与人物的关系来解释作品的冲突与主题。在这种解释中，作品中的人物是划分为不同类型、相互对立的剥削者与被剥削者，上流社会与下层社会，作恶多端者与倍受凌辱者，等等。这种区分中最常用的标准，是人物的阶级地位或者道德水准。

但是，当我们从原始崇拜的角度来审视前期剧作的时候，我们发现：以往的研究者所注重的那些冲突被消解掉了，因为所有剧中人身份的区别已经隐退，相反，他们获得了同一种身份——“非原始”身份。无论是作为资本家的周朴园，还是作为贫困工人的鲁大海；无论是天真善良的周冲，还是内心充满矛盾和痛苦的蘩漪；无论是上流社会的潘月亭、顾八奶奶，还是受欺凌、饥寒交迫的翠喜、小东西、黄省三；无论是作为复仇者的仇虎，还是作为复仇对象的焦家人；无论是自私、绝望的曾皓，尖刻而刁钻的思懿，还是优柔懦弱的曾文清，善良而倍受压抑的愫方……所有这些不同阶级、不同命运的人，相对于充满生命活力、

① 参阅《荣格心理学入门》第二章第三节。C.S. 霍尔、V.J. 诺德贝著，冯川译。三联书店 1987 年版。

② ［加拿大］N·弗莱：《作为原型的象征》，《神话——原型批评》151 页。陕西师范大学出版社 1987 年版。这里的“诗”应作广义解，类似于亚里士多德《诗学》中所谓的“诗”。

自由快乐、无忧无虑的“原始北京人”来说，都是不健全的。他们承受着文明社会中的种种争斗、欺诈和烦恼，因而都成为悲剧人物。虽然某些剧中人有一定程度的“原始”属性，但他们距《北京人》中那个综合了“原始”各方面内容的“猩猩似的野东西”，尚有很大距离。而且，这一定程度的“原始”属性也一直处于文明社会的排斥与否定之中，因而这些人最终也走上悲剧性的“非原始”的路。鲁大海、蘩漪、仇虎等人具有“原始”的蛮力，但贫困、烦恼或邪恶折磨着他们，他们没有“原始”的单纯与快乐。周冲向往真干净、真快乐的地方，单纯而且善良，但宇宙这口“残酷的井”轻而易举地就将他吞没了。愫方在“善”这一点上与“原始”有一定程度的相通——因为她富于爱心和牺牲精神，但她没有自由，也没有蘩漪那种“最雷雨”的性格。她对曾文清的爱那样压抑、战战兢兢，并非袁任敢崇尚的那种“要爱就爱，要恨就恨，要哭就哭，要喊就喊，不怕死也不怕生”式的“尽着自己性情”的爱。因此这些人物以“原始”(完整的“原始”而不是“原始”的某个侧面)作为尺度来衡量，同样是悲剧性的。在曹禺前期剧作中，符合“原始”规则的是《北京人》中那个“猩猩似的野东西”，但这个“野东西”在剧作中并没有获得“现实性”的存在，而只是机器工匠的装扮物，只是袁任敢的一种描述。

总之，在曹禺前期剧作中，“原始”作为具有独立意义的价值判断尺度，潜在而又无处不在。它既超越了阶级评价，也超越了道德评价。结合作品的实际情形来分析，这一点会看得更清楚。比如《雷雨》中的周朴园，从阶级论的角度看他是买办资产阶级，是剥削者，从道德评价的角度看他心狠手辣，贪得无厌，因此他是一个应当被否定的角色。但是，剧作家对他身上符合“原始”准则的沉着、阴鸷的野性，却表现出相当程度的宽容甚至肯定。这种肯定是通过鲁大海的态度表现出来的。鲁大海浑身散发着蛮力，因此对萎靡、懦弱的生命表示深深的厌倦。他用手枪对着周萍时，周萍惊恐而又绝望地闭上了眼睛，于是他鄙视地说：“你父亲虽坏，看着还顺眼。你真是世界上最用不着、最没有劲的东西”(290页)。周萍不象其父那样坏，却更让鲁大海看着不顺眼，就是因为他的怯懦；周朴园“虽坏，看着还顺眼”，则是因为他仍然保留着蛮性的果敢与威严。再比如《日出》中的胡四、《原野》中的焦大星和《北京人》中的曾文清这三个人物，从阶级论或道德评价的角度来认识是不能相提并论的，但是，由于他们在生命力萎顿这一点上相通，与“原始北京人”所具有的野性和生命活力格格不入，因而在曹禺笔下同样成为否定的角色。胡四是一个心理和精神都被阉割了的男人，于是成为一个可笑的玩偶。焦大星被父母当作女孩子养，永远被父母看作吃奶的孩子，因此变得十分懦弱。在金子面前他胆颤心惊，为了能和金子生活在一起，他竟能容忍仇虎作为第三者而存在。曾文清懦弱、胆怯，好不容易鼓起勇气走出那个即将崩溃的封建大家庭，却象一只恋家的鸽子，在外面飞一圈又急忙飞回来。于是多年痴恋着他的愫方终于失望，离他而去，他也吞食鸦片而死。

实际上，当“原始”作为一个尺度被确立起来的时候，不仅阶级、道德的尺度被消解(处于蒙昧状态的人类并无阶级的划分和道德的自觉)，而且文明社会中整个人类的生存状态都成为不合规范的了。

通过上面的分析，我们可以下这样的结论：曹禺前期剧作作为一个完整的“系统”，在最深刻的意义上是表现文明社会人类的生存悲剧，亦即人类失去原始时代的自由、平等、幸福、健康的悲剧。在这种悲剧意义上，不仅互相之间存在着矛盾冲突的剧中人获得了同一种身份——“非原始”身份，而且，剧作呈现的那些尖锐对立，互相冲突、存在着深刻矛盾的生存方式——剥削与被剥削，富有与贫困，损害与被损害，胜利与失败，等等，也都失去了在世俗眼光中所具有的意义，而成为标志着生存烦恼与人间的灾难的符号，成为生命的负累。因为它们都是“非原始”的存在。只有揭示曹禺前期剧作的这一层悲剧意义，才能理解为什么在《雷雨》中拥有巨大财富、权势显赫的剥削者、压迫者周朴园和作为被剥削、被压迫者的侍萍、四凤、鲁大海一样落在宇宙这口“残酷的井”里，“怎样呼号也难逃脱这黑暗的坑”[①]；才能理解为什么在《日出》中剧作家不仅为下层人非人的生活而痛苦，而且借张乔治的梦把衣冠楚楚、作威作福的上流社会人物当作“鬼”来写，并让这些“鬼”在楼上争斗，被坍塌的大楼掩埋；才能理解为什么在《原野》中复仇者和复仇对象同样陷于痛苦和毁灭。这种悲剧意义在《北京人》中表现得最典型。《北京人》表现的主要就是“原始的北京人”和“现在的北京人”的冲突。在这种冲突中，曾家和杜家处于同样的位置。相对于远古“北京人”的生活来说，杜家的发达和曾家的没落都失去了它们在一般社会生活中的价值，而成为“争斗”“烦恼”的一种符号、一种存在形式。所以在该剧中由袁任敢描绘并通过“猩猩似的野东西”和袁圆体现出来的远古北京人的美好生活图景一直作为曾、杜两家人生存烦恼的恒定参照物存在着。许多研究者认为《北京人》表现的是曾家和杜家的冲突，这种解释恰恰使剧作中最重要的“远古北京人”成为多余的了。

关于文明社会中人类的存在悲剧，马克思主义认为：“有产阶级和无产阶级同是人的自我异化。”虽然有产者在异化中感到满足，无产者在异化中感到被毁灭，但他们在被“非人化”这一点上是相同的[②]，因为他们都丧失了人类在原始时代（或共产主义时代）所具有的“自由”。因此马克思主义把“异化”看作人类脱离原始社会、进入文明社会之后的产物[③]，把共产主义的实现看作“人的自我异化的积极的扬弃”[④]。说上面论述的曹禺的悲剧观是接受了马克思主义异化理论的影响显然是缺乏根据的，但曹禺的悲剧观在深度上显然已接近于马克思主义对人类存在状态与生命过程的理解。

显而易见，上述结论与前人对曹禺前期剧作悲剧性质的认识相去甚远。前人大多从阶级冲突的角度认识曹禺剧作的悲剧性质，将其确认为“阶级悲剧”，而本文把曹禺剧作的悲剧性确认为“人类悲剧”；前人把剥削者恶势力作为人间悲剧的制造者进行鞭笞，而在本文的解释中，他们作为背离了“原始时代”人类天性的“异化人”，将和被剥削、被损害者一样作为悲剧人物受到怜悯。不过，本文对曹禺剧作“人类悲剧”意义的指示并不否定这些剧作的“阶级悲剧”意义，相反，这两种悲剧是曹禺前期剧作悲剧属性的两个层面，具有内在一致性。只有揭示出曹禺剧作“人类悲剧”的特质，才能更准确地把握曹禺剧作作为“阶

① 《雷雨·序》。
② 参阅马克思《神圣家族》。
③ 恩格斯：《家庭、私有制和国家的起源》，《马克思恩格斯全集》21卷198页。
④ 马克思：《1844年经济学哲学手稿》，《马克思恩格斯全集》42卷120页。

级悲剧”的真实涵义。确切地说，“阶级悲剧”实质上是“人类悲剧”的衍生物，是曹禺的“原始观”所放射的理想之光与黑暗的社会现实相冲突的产物。曹禺热切地向往“原始时代”那种自由、平等、健康、快乐的生活，因此必然否定现实社会生活中的邪恶势力，把批判的矛头指向制造了无数人间悲剧、使人失去“原始天性”的剥削者和压迫者，否定制造了许多不平等与丑恶的黑暗社会，并对被剥削、被摧残的无辜者与弱小者表示同情。在曹禺剧作中，从阶级论出发也能找到进步意义，原因即在于此。但这并不能说曹禺是从自觉的“无产阶级思想”出发进行阶级批判的，至少他不是局限于阶级批判、简单地肯定一个阶级否定另一个阶级。作为曹禺批判工具的，是蕴含着朴素人道主义思想和个性主义思想的“原始”。因此，仅仅看到曹禺剧作由对于被压迫、被损害者的同情而生的“阶级悲剧”意义是不够的，只有既看到这一层阶级悲剧意义，同时又看到曹禺以更博大的襟怀和更悲悯的眼光审视人类生存状态时而生的悲剧感，我们的认识才接近于真实。实际上，在曹禺前期剧作中，“原始”不仅仅成为现实批判的工具，而且成为“文化批判”和“人性批判”的工具。这是曹禺“原始观”的本质决定的。崇尚“原始”本身，就是对文明和文化的否定。所以在曹禺前期剧作中，具有“原始”属性的人往往表现出与文明社会伦理规范的尖锐对立；具有“更原始一点野性”的蘩漪为了爱的自由和欢乐，置“后母”的身份于不顾；金子为了获得真正的人的生活和爱情，背着丈夫和仇虎偷欢——对这两个角色及其行为方式的肯定，说明曹禺是在用“原始”批判“文化”(具体表现为批判封建伦理道德)。这种批判在《北京人》中表现得尤其充分，典型例证是袁任敢赞美原始北京人生活时的反文明倾向：“整年尽着自己的性情，自由地活着，没有礼教来拘束，没有文明来捆绑，没有虚伪，没有欺诈，没有阴险，……没有现在这么多人吃人的文明，而他们是非常快活的。”曹禺显然是认为文明的捆绑与礼教的制约使人变得虚伪、欺诈，失去了远古北京人的单纯、自由与快乐。与把具有“原始”品格的人作为文化、文明的背叛者来确认相一致，曹禺把剧中人“原始”品格的丧失作为文化征服的结果来叙述。在《雷雨》中，他这样给周萍下注释：“他是经过了雕琢的，虽然性格中那些粗涩的滓渣经过了教育的提炼，成为精细而优美了；但是一种可以炼钢熔铁，火炽的，不成形的原始人生活中所有的那种‘蛮力’，也就因为郁闷，长久离开了空气的原因，成为怀疑的，怯弱的，莫名其妙的了”(83页)。这里明确地把“蛮力”的丧失看作“教育”的结果。在《北京人》中，剧作家指出：“‘人类学者’的家教和世代书香的曾家是大不相同的。”(52页)不相同在何处？在于——袁任敢的家教是尊重天性，顺其自然，而曾家是“读书的世家”，“什么都不讲究，就讲究这点臭规矩”(55页)。所以，袁任敢培养出了“小北京人”袁圆，而曾家只能培养出耗子似的曾霆。关于懦弱、忧郁的曾文清，剧作家指出：“这是一个士大夫家庭的子弟，染受了过度的腐烂的北平士大夫文化的结果，他一半成了精神上的瘫痪。”(35页)这几乎可以等同于他在《雷雨》中给周萍下的注释。从对文化与文明的否定这个角度看，曹禺前期剧作又是在表现“文化悲剧”。这些剧作具有一定程度的反封建色彩，原因即在于此。“人性批判”是与文化批判统一在一起的，因为在曹禺看来，正是文化的毒害和文明的发展使人类失去了原始野性与旺盛的生命力，于是有周萍、曾文清这类“人性不健全者”出现。从这个角度看，曹禺前期剧作又是在表现“人性悲剧”。

总而言之，无论是“阶级悲剧”“文化悲剧”，还是“人性悲剧”，在曹禺前期剧作中都是构成“人类悲剧”的一种成分，或曰“人类悲剧”的衍生物。这是曹禺观照生活的特殊方式决定的。他常常贴近人生，用世俗化的眼光抨击黑暗社会，批判吃人的文化，诅咒人性的堕落；又常常远离人间，站在“上帝”的位置，从哲学的、形而上的层面上思考人类的命运，为文明社会人类的悲剧性存在而忧伤。悲剧的多重性使曹禺前期剧作具有了极为丰富的蕴含。只有理解了这种以“人类悲剧”为起点的多重悲剧特征，我们才真正理解了曹禺剧作。曹禺剧作之所以富于无穷的魅力和永久的生命力，就在于基于“原始”的多种批判既为不同的读者提供了丰富、深刻的生命体验，又为使用不同思想武器和研究方法的研究者提供了多种选择的可能性。从这个意义上说，人们对于曹禺前期剧作的理解和阐释将是无穷无尽的。而且每种理解和阐释都能找到自己的依据。

三

在论述了“原始崇拜”与曹禺前期剧作悲剧特质的关系之后，有必要把“原始崇拜”作为一个“本体”来认识。对现实永远感到不满足是人的天性，也是人类的天性。在这个意义上，应当说叔本华对人类生活本质的揭示十分深刻。他说：“欲求和挣扎是人的全部本质，完全可以和不能解除的口渴相比拟。但是一切欲求的基地却是需要。缺陷，也就是痛苦；所以，人从来就是痛苦的，由于他的本质就是落在痛苦的手心里。”[①]正是这种悲剧感推动人们追求对现实的超越。当人在现实面前意识到自我的渺小和无能为力的时候，这种追求就变为一种纯粹的精神活动。精神摆脱现实的牢笼往往走两条路：走向往古，或者走向未来。人（人类）只能在怀恋往古与向往未来之间接受一种痛苦的现实——这是一个永恒的困惑。

就象一个成年人常常怀念他的童年一样，文明时代的人类也常常怀念自己的童年。因此，走向往古成为人类摆脱现实困境最常走的一条路。这种“崇尚往古”的精神在东方和西方思想文化史上都占有十分重要的位置。就哲学而言，在中国古代有庄子，在西方则有法国的卢梭。庄子痛苦于中国社会由奴隶制向封建制转变时期复杂激烈的社会矛盾，于是崇尚人类原初状态的自然和谐，非难文明，把道德观念的确立看作社会动乱的根源，“卧则居居，起则于于，民知其母，不知其父，与麋鹿共处。耕而食，织而衣，无有相害之心，此至德之隆也”（《盗跖》）“举贤则民相乱，任知则民相盗”（《庚桑楚》）。卢梭作为启蒙思想家，认识到在路易十五腐朽残暴的统治给法国社会带来深重灾难的情况下进行思想启蒙是不可能的、荒谬可笑的，于是转而反对现存社会制度，谴责整个统治秩序。而他的工具，就是消除一切所谓的文明，削平不平等，回到人类的自然状态。因此他认为：“科学与美德势不两立，而且一切科学的起源都卑鄙。天文学出于占星术迷信；雄辩术出于野心；几何学出于贪婪；物理学出于无聊的好奇；连伦理学也发源于人类的自尊。教育和印刷术可悲

① 《作为意志和表象的世界》427 页，商务印书馆 1982 年版。

可叹；文明人以别于未化蛮人的一切一切全是祸患”①。其思想的主导方面是对自然的热情，提高人类的地位，以及对现存时代和社会的轻蔑。这种思想掀起了一场波及全世界的骚动。就文学而言，“崇尚往古”也是一个世界性的文学主题。美国作家杰克·伦敦创作于本世纪初的中篇小说《荒野的呼唤》，就典型地表现了这一主题。小说中那条被唤作“布克”的狗是“一条过度开化的狗”，在人类的驯养中，它告别了“种族的少年时代”，于是它的生命也成为一种“傀儡戏”。在历经磨难之后它来到了遥远的北国听到了北极光下荒野中狼群神秘的、不可思议的歌唱，于是“内部的古老生命”被唤醒，它回到荒野中，又变为一匹勇敢、凶猛的狼。杰克·伦敦在这个故事中寄寓了自己对虚伪的文明社会的否定和对原始野性的向往。荣获1991年第63届奥斯卡七项奖的美国影片《与狼共舞》，也表现了这一主题。电影叙述的故事发生在1863年美国西部的田纳西州。约翰·邓巴中尉只身驻守在西部边境要塞，但他和那些滥杀印第安人的白人军官不同，他以平等友好的态度与印第安苏族人交往，学会了苏族语言，获得了苏族人的信任。他欣赏苏族人原始的狩猎、游牧生活，更欣赏苏族人亲如兄弟、真诚质朴的人际关系，最后终于脱下军装投入印第安苏族人中，背叛了白种人创造的“文明”。

叙述上面的事实，是为了给曹禺的“原始崇拜”提供一个宏观的历史文化背景。将曹禺的“原始崇拜”放在这个背景上来认识很有必要，只有这样，我们才能认识到：从哲学的角度看，“原始崇拜”实际上是延续了那种在东西方文化传统中具有悠久历史的哲学思想；从文学的角度看，“原始崇拜”是“重复”了那个世界性的文学主题。综合起来看，曹禺是在用文学的形式表达一种古老的哲学思想，表达人类进入文明时代以来那个永恒的怀恋与困惑。

无疑，“历史的车轮”不可能倒转。无论人类是多么不情愿，它也只能随着日出日落、时光流逝一天天远离“幸福的童年”。因此，任何一位崇尚原始的思想家的理想都只能是一种永远不可能以实践性的方式存在的“乌托邦”。从社会学、历史学的观点出发，我们可以对此作理直气壮的批判：我们可以说——随着私有制的产生和社会的发展，种种社会对立和斗争及由此而产生的生存的烦恼与痛苦是必然存在的，人的自由与解放（或曰“人性的复归”）只能从这种对立、从现实的社会关系中去寻找；我们可以说——“原始时代”的平等、自由、快乐与幸福只是乌托邦思想家的一种假定、一种幻想，那些钻木取火、结绳而治、食不果腹并且常常受到洪水猛兽威胁的原始人并无幸福可言。……这类批评无疑具有科学性，但用之于崇尚原始的思想家似乎并不恰当，因为崇尚原始的思想家所要提供的主要不是一种“历史形式”，而是一种“思想”（或曰“精神”）。思想的价值并不仅仅取决于它能否被实践，而且取决于它在多大程度上重建人与现实的关系，并通过这种重建提高人的价值。因为人从来都不仅仅是以物质的形式存在着，同时也是以精神形式存在着。“崇尚往古”这种思想的价值正在于：首先，它是向现实世界进行批判并提出挑战的一种形式，它表达的是幻想者对自身现实存在的悲剧性确认。这种自我审视与自我否定是人之所以为人

① 罗素：《西方哲学史》（下卷）228页，商务印书馆1986年版。

的重要标志。只有在深刻地体验着生存的痛苦与悲剧感的时候，人才是作为人而存在的。人类的进步、社会的发展都起因于这种由痛苦和悲剧感而生的追求超越的企图。其次在这种思想中，“往古”作为一种闪耀着诱人光彩的理想，为没有灵魂的世界塑造了灵魂。正象美国学者乔·奥·赫茨勒在评价乌托邦思想家时所说的：“乌托邦思想家就是以乐观的精神抗拒恶劣的哲学犬儒主义和那种难以捉摸的抵销社会运动的社会绝望情绪。”①——无疑，这两方面的价值属于所有崇尚往古的哲学家、思想家和文学家的理想，也属于曹禺的“原始崇拜”。

以上是从曹禺“原始崇拜”的基本倾向出发，将其置于中外思想文化传统的背景上作一般性认识。但是，曹禺的“原始崇拜”毕竟不能完全等同于庄子对人类原初状态的赞美和卢梭对人类自然状态的追求，曹禺前期剧作也不能简单等同于《荒野的呼唤》或者《与狼共舞》。曹禺的“原始崇拜”有自己的个别性——亦即复杂性。下面，我们进入对这“复杂性”的分析。

从总体上看，“原始崇拜”的复杂性集中体现在两个方面：一是它作为人生观与作为历史观的二重性，二是它凝聚着渴望与绝望这两种互相对立的情绪。

先看原始崇拜作为人生观与作为历史观的二重性。原始崇拜的人生观性质最显然。“原始”作为一种生存方式，注重的是生命的健康、自由与人的尊严、幸福。作为人生观，它与鲁迅、茅盾、郭沫若、王统照、叶圣陶等“五四”作家宏扬的个性解放思想与人道主义精神具有内在的相通。在这个意义上，“原始”一词已经失去它在语言学层次上的含义，成为一个“托古寓今”的“借口”。自由、快乐、健康是人类普遍的、具有永恒意义的追求（在某种意义上马克思主义也是为此而努力），而原始崇拜作为人生观具有终极真理的意义，对任何非人的社会都具有批判力量，其“现代品格”不会随着时代的进步而消失，直到人类从自在的人转变为自为的人，实现“人性的复归”。原始崇拜的历史观意义来源于它对文明的批判。曹禺借袁任敢的口发的议论，表达的实际是曹禺本人对历史过程的理解与评价，即：文明的诞生与历史的发展破坏了人类原初时期健康、自由、快乐的生存状态。因此他怀疑人类生命延续下去的必要性。在《北京人》中，当棺材被杜家抢走，古老的曾家面临全面崩溃的时候，思懿却说她要生产了。这消息使曾霆感到恐惧和绝望。与此同时曾老太爷也因家道败落发出悲痛而又恶毒的诅咒：“活着要儿孙干什么哟！要这群耗子似的儿孙干什么哟！”把这种描写与袁圆戏称曾霆为耗子结合起来看，就可以明白曹禺是以怎样悲哀的眼光看待人类生命的延续。原始崇拜中的这种历史观因素前人已有所发现。1942 年，茅盾在《读〈北京人〉》一文中就说：“作者的暗示，难道是要‘复归原始’找到光明吗？”“这光明的‘象征’对于观众亦将是一个哑谜，尤其是对于比较落后的观众则将产生违反作者本意的感想”②。杨晦在作于 1944 年的《曹禺论》中，也批评曹禺“偏偏要抬出人类的祖宗，反转

① [美]乔·奥·赫茨勒：《乌托邦思想史》267 页，商务印书馆 1990 年版。

② 原载 1942 年 8 月 12 日《解放日报》。见《茅盾论中国现代作家作品》，乐黛云编，北京大学出版社 1980 年版。

过来，当作他的理想，作为‘人类的希望’”[①]！无疑，作为历史观的原始崇拜是唯心主义的。且不说“历史的车轮不能倒转”，仅就“文明”而言，有吃人的文明也有不吃人的文明，人作为文明的创造者必然为文明所创造，没有“文明”这一特殊标记人将不成其为人。“原始”中包含的单纯、自由、快乐、幸福、健康、善良等观念，也是文明社会的产物，处于蒙昧状态的原始人是没有这种意识的，因为他们不可能象现代人这样意识到自我的存在并思索这存在。因此，对“吃人的文明”的否定不应导致文明虚无主义，而应导致对“人之所以为人”的文明的建设。实际上，曹禺追求自由、健康与幸福，正是在建设“人的文明”。这种本质上与原始相背离的追求在形式上打着回归原始的旗号，不能不说是一个小小的喜剧性讽刺。总之，作为历史观的原始崇拜只有在作为黑暗社会现实的否定性力量、作为扼杀人性的封建思想文化否定性力量而存在的时候，才显示出积极意义。而与之伴随的对人类前途的绝望，则体现了曹禺（也是某一类中国知识分子）力图改变现实而又找不到出路的脆弱与迷惘。

再看“原始崇拜”所凝聚的情感上的矛盾：渴望与绝望的交织。无论是从人生观的角度看，还是从历史观的角度看，这种矛盾都存在着。“原始”作为一种理想的生命形式，曹禺一方面向往它、追求它，同时又怀疑它的存在价值及存在可能性。他给大部分具有“原始”属性的剧中人以悲剧性结局，并不仅仅是为了表现现代人对原始人美好天性的背离，同时也包含着曹禺对“原始”存在可能性的怀疑。而且，在他笔下，那些近于“原始”的美德往往成为生命的负累。以愫方为例，她具有善良、奉献的美德，但这善、这奉献精神却成为枷锁，使她自我压抑、自我约束，不能象“原始人”那样尽情地、无拘无束地去爱自己所爱的人。这里显然蕴含着野性和善的矛盾，这种矛盾实质上是“原始”作为一个体系自身内部的矛盾，因为这二者同被曹禺视作“原始”的重要内容。在《日出》中，曹禺竟借了李石清的口诅咒那些充满原始野性、用原始的语言唱出自己心灵之歌的打夯者：“你们哼哼吧，你们哼哼吧，你们就这样干一辈子吧，你们这一群傻王八蛋。我恨，你们怎么这么老实！”这仅仅是李石清的评价吗？显然不是。这一定程度上体现了曹禺对质朴、善良的另一种理解——一种否定性评价。这种评价在有关黄省三的描写中表现得尤其显然。黄省三善良、勤劳，但最终连一个书记员的位置都保不住，穷愁潦倒，因养活不了自己的孩子而亲手将他们杀死，然后自杀未遂，成了疯子。这种情形下李石清训斥他说：“你这个傻子！这时候你还讲良心！怪不得你现在这么可怜了”“有钱人的钱可以从人家手里大把地抢，你没有胆子，你怎么不能偷？”“你满肚子的天地良心，仁义道德，你只想凭着老实安份，养活你的妻儿老小，可是你连自己一个老婆都养不住，你简直就是个大废物，你还配养一大堆孩子！我告诉你，这个世界不是替你这样的人预备的。”这种掺杂了青年曹禺“愤世嫉俗”情绪的责难简直就是对正直、善良、勤劳等近于“原始”的品性的“死刑宣判”。在历史观的意义上，曹禺向往“原始”，但在《北京人》中又提出了“明天的北京人”这一概念。也许是因为他意识到历史的长河不可能倒流，于是面向过去的怀旧情绪有时转变为面向未来的憧憬。

① 原载1944年《青年文艺》一卷四期。收入《文艺与社会》，中兴出版社1949年版。

“远古的北京人”与“明天的北京人”并存，体现了曹禺心中的另一重矛盾。总之，“原始崇拜”伴随着的困惑、矛盾、甚至混乱给曹禺带来的是渴望与绝望两种情绪。这在他心灵中造成的痛苦难以言喻。

具有人生观和历史观的二重性、渴望与绝望交织的“原始崇拜”是曹禺独有的。和其他中国现代作家略作比较，可以更清楚地看出这一点。“五四”以来，对现实人生的批判是许多作家的自觉意识，但他们的出发点和理论武器各不相同，如鲁迅的进化论、个性主义思想以及后来的唯物史观，周作人的人道主义思想，冰心、王统照的“爱与美”的哲学、蒋光慈的无产阶级意识等等。曹禺的“原始崇拜”与这些都不同。虽然某些作家的意识与“原始”有一致性，但这一致性仅仅是局部的。例如：在注重善良、仁爱这一点上王统照、冰心的“爱与美”与“原始”有相通之处，但他们的“爱与美”太纯净，太纤弱；庐隐和曹禺一样厌倦、憎恶现实人生，但她心中只有黑暗没有光明，只是停留在厌倦与绝望上；沈从文、废名对未受现代文明浸染的、朴野的乡村生活所作的充满牧歌情调的展示与曹禺追求“原始”有一定程度的类似，但他们的展示伴随着太多诗意的哀愁与陶醉，废名甚至进入了远离人间烟火的“禅境”，他们没有曹禺那种理性化的原始意识，不象曹禺那样一直在理想的“原始”与不理想的现实的巨大反差中品味痛苦；鲁迅在寻找人的自由与解放之路的时候是采取批判旧文化和建设新文化两种手段，而曹禺在追求人的自由与解放的时候却将打上文明标记的一切都看作枷锁。饶有趣味的是，曹禺的“原始”把上述作家的追求——自由，平等，爱，健康，淳朴，幸福，等等——综合在一起了。

这独特的“原始崇拜”决定着曹禺独特的创作个性，决定着曹禺作为剧作家的生命本质。这可以从两个方面来理解。从剧作的内容看，它决定了曹禺具有特定历史内容的悲剧意识。从艺术的角度看，它从根本上决定了曹禺剧作独特的美学风貌。在人物形象方面，无论是具有“最雷雨”性格的蘩漪，生命力旺盛并且带有几分野性的仇虎、鲁大海、金子，还是忧郁、萎靡的周萍、曾文清，抑或单纯、善良的周冲、袁圆——这些富于个性的艺术形象所具有的美学意义，实际上都来自于他们作为“原始”（或“非原始”）的一种“符号”、一种“语言”所蕴含的历史内容。在创作方法上，“原始”所包含的丰富复杂、充满痛苦与矛盾的思想内容和情感内容，与剧作有限的容量及清晰的理性表达之间的矛盾，促使剧作家大量使用“象征”这一最富于表现力的手段，并且给某些剧作带来了几分神秘色彩（如《雷雨》中那有生命的“雷雨”和《原野》中阴森可怖的黑林子）。在戏剧的总体格调上，《雷雨》的热烈，《日出》的痛苦与不平，《原野》的焦灼与苦闷，《北京人》的忧郁，所有这些都取决于剧作家以原始崇拜为主要内容的情绪的强度与类型。

四

最后要回答的问题当然是：曹禺的“原始崇拜”是怎样形成的？

“社会存在决定社会意识”——首先还是让我们遵从这个陈旧但是颠扑不破的真理来寻找答案。在写于三十年代的《日出》“跋”中曹禺说：“我这样情意殷殷，妇人般地热恋着、热望着人们，而所得的是无尽的残酷的失望。一件件不公平的血腥的事实，利刃似的刺进了我的心，逼成我按捺不下的愤怒……我绝望地嘶嘎着，那时我愿意一切都灭了吧，我如一只负伤的狗扑在地上，啮着咸丝丝的涩口的土壤，我觉得宇宙似乎缩成昏黑的一团，压得我喘不出一口气”；“我恶毒地诅咒四周的不公平，除了去掉这群腐烂的人们，我看不出眼前有多少光明。诚如《旧约》那热情的耶利米所呼号的：‘我观看地，地是空虚混沌；我观看天，天也无光’。”由此可见曹禺心目中的现实社会是多么黑暗、残酷。正是这种现实逼迫着他，将他赶向“原始”的理想世界。从这里我们不难理解“原始”如何与曹禺前期剧作呈现的悲剧性现实保持着对应性批判关系，也就是说，社会生活的黑暗与残酷为“原始崇拜”的产生提供了现实基础。

在痛苦和绝望中，曹禺到中外先哲的著作中去寻找精神慰藉。他说：“我挨过了许多煎熬的夜晚，于是我读《老子》，读《佛》，读《圣经》，我读多少那被认为洪水猛兽的书籍，我流着眼泪，赞美着这些伟大的孤独的心灵”[①]，在清华大学读书时，他“赞美柏拉图神奇的‘理想国’，同情叔本华深沉的忧郁。……热爱尼采丰盛的生命力与超人的思想，折服所罗门的智慧，仰叹耶稣对人类所寄予的真诚的慈爱”[②]。东西方思想文化传统就是这样深刻地影响着青年曹禺对社会、对人生的理解，而且显而易见地溶进了他的“原始观”。在来自西方的影响中，《圣经》的影响尤其值得注意。在曹禺的第一个剧作《雷雨》里，灾难过后的周朴园在修女的风琴声中默诵着《圣经》，这时的周朴园就是作为“人类”的一员面向上帝忏悔的。在《日出》中，正式叙述故事之前曹禺摘录了八段话作为题辞，这八段话的内容与“原始”具有内在一致性——强调劳动的神圣，主张彼此相爱，诅咒黑暗现实，规劝人类。而其中的七段来自《圣经》。在《北京人》中，曹禺通过袁任敢的口对远古北京人的理想化描述，同样是受了某种历史学说的影响，但其中基督教的印记也清晰可见，因为“原始人”那种自由、快乐、无忧无虑的生活与偷食禁果、被逐出伊甸园之前的亚当和夏娃的生活极其相似。来自中国文化传统的影响也是多方面的。《日出》前八段引文的第一段就引自老子的《道德经》，其中蕴含的平等思想亦与“原始”相通。通过李石清的口表达的愤世嫉俗的情绪，也是古人所谓“为富不仁矣，为仁不富矣”[③]的变形。在《北京人》中，曾霆朗诵了宋代欧阳修那篇抒发人生的厌倦之感、表达看破红尘后超脱心境的《秋声赋》：“……嗟夫，草木无情，有时飘零，人为动物，惟物之灵，百忧感其心，万事劳其形，有动乎中，必摇其精。而况思其力之所不及，忧其智之所不能……”。这种大彻大悟与曹禺对“原始”生活中摆脱了人间烦恼的自由单纯生活的向往正相一致。

“五四”时代精神的感召也是形成曹禺“原始崇拜”的重要因素。原始崇拜的现代品格即来源于此。它所包含的个性意识、自由意识、人道主义思想以及对旧社会、旧文化、旧家庭的批判，只有放在“五四”为中国现代文学提供的巨大精神背景上才能得到合理的解释。那种“劳动精神”虽然是借用《圣经》中的话来表达，但它与“五四”时期流行的“劳工神圣”

---

① 《日出·跋》。

② 《作家笔会》，《剧校回忆录》（春秋杂志社发行）。转引自钱谷融：《曹禺和他的剧作》，《上海师大学报》1979 年第 3 期。

③ 《孟子·滕文公上》。

观念的一致性是一目了然的。曹禺自己说，开始戏创作之前他读了李大钊《庶民的胜利》，“知道劳动者是好的，靠劳动吃饭是好的”。他说自己之所以具有正义感是因为“读了‘五四’运动之后的新书，读鲁迅的作品，读郭沫若的作品，使我受到教育，觉得写作就象他们那样，做点好事”①。

应当说明的是，曹禺既受到东西方思想文化传统的影响，也受到“五四”新文化的影响，但他从来都不是从整体上接受某家某派的思想体系，而是从自己对现实的认识和对生活的追求出发，接受某家学说的一点或部分，从而形成了那种具有独立意义的“原始崇拜”。从这个角度看，“原始崇拜”对曹禺具有世界的意义。

以上三方面的原因是外部的、社会文化学的。与此同样重要的是曹禺个人的心理因素。这首先要提及的是曹禺童年、少年时期的创伤性记忆。按照弗洛伊德的理论，无意识总是与童年时期的创伤性经验和压抑有因果关系。当我们把目光投向曹禺童年、少年时期的心灵历程时，我们看到，与“原始崇拜”具有因果关系的创伤性记忆确实存在着。曹禺出生三天母亲就去世了，童年的生活孤独又寂寞。父亲官场失意，心境颓丧，训儿子，骂厨师，家庭气氛十分不和谐。“整个家庭沉静得象座坟，十分可怕”②——自己这样说。童年时曹禺和保姆段妈生活在一起，段妈常给他讲起自己丈夫、婆婆和儿子的惨死，以及农村人受罪、财主霸道的故事。这也在曹禺幼小的心灵上留下了深深的印记。随着年龄的增长，在时代精神的感召下，他萌生了改造社会的理想。但是，在家庭的重压下和严酷的社会现实面前，他不仅没有能力改造社会，甚至改造社会的理想也不被父亲容忍。父亲对他说：“你整天皱着眉，成天搞些什么名堂，你哪里有这么多苦，你这样一个小孩子！”“你不要老想改造这个社会。”③从这里我们不难体会曹禺童年时期的孤独、郁闷与自卑。而且，这种创伤性体验随着年龄的增长和目睹了更多的人间灾难与丑恶，一天一天深化了。将“原始”和这种创伤性体验结合起来分析，可以发现，“原始”的自由快乐，是对曹禺周围丑恶、令人压抑的现实的否定；富于野性的生命力，是健全的人的标志，同时又是抗拒丑恶现实、创造美好生活的力量。曹禺自己无力改造社会、创造美好的生活，于是就在精神世界创造一种“力”的象征，代替自己去完成使命。强悍的原始人实质是曹禺自我人格在幻想状态中的扩张。在这个意义上，“原始”是曹禺快乐的白日梦，是精神胜利的产物。因此可以说，童年、少年时期的创伤性记忆是形成曹禺“原始崇拜”的最初动因和心理基础。其次要提及的是三十年代后期至创作《北京人》之前曹禺个人的婚姻生活。那时，他和郑秀保持着婚姻关系，但二人的生活习惯和思想境界很少共同之处，他内心深处热恋着方瑞，但受到现实生活和传统婚姻观念的制约，只能将那份热情强压在心底④。这无疑会激起曹禺内心深处对社会习俗和传统伦理观念的怨恨。到了《北京人》，“原始”中反文明、反礼教的比

① 《我的生活和创作道路》。

② 《我的生活和创作道路》。

③ 《我的生活和创作道路》。

④ 参阅邹红：《话剧〈家〉的改编及其他——兼论曹禺情感生活对其创作的影响》，《中国现代文学研究丛刊》1990年第4期。

重有所增加，显然与曹禺婚姻生活的不幸有关。这种屈服于文明社会而生的痛苦，也是促成“原始崇拜”的重要因素。“一个幸福的人绝不会幻想，只有一个愿望未满足的人才会。幻想的动力是未得到满足的愿望，每一次幻想就是一个愿望的履行，它与使人不能感到满足的现实有关联。”①原始崇拜对于曹禺个人的意义，就在于它是一种心理补偿。

写到这里本文将要结束了。最后要指出，和凝聚着独特的生命体验的“原始崇拜情结”决定着曹禺作为剧作家的生命一样，这个“情结”的消失则使曹禺失去了作为剧作家的生命力。四十年代之后，曹禺在思想上与许多投身于民族解放战争的革命者达到了一致，1947年，其思想发生了根本性转折②。仅仅就思想评价而言，这转折使曹禺找到了真正走向人的自由与解放的科学道路，意义重大，但这新的思想意识并非曹禺所独有，没有成为他刻骨铭心的生命体验（象他对于丑恶、郁闷、孤独的体验那样），因而很难在创作中得到具有独特艺术个性的表现。三十年之后创作的《王昭君》，也只能看作是他作为剧作家消失前的回光返照。因为该剧的创作不是从自己的生命体验开始，而是从力图表现民族团结思想开始，虽然作家下了许多功夫，剧本发表后亦有人为之鼓吹，但实际上它远没有《雷雨》《原野》等作品所具有的那种震撼人心的力量。我们这样说决不意味着思想进步了艺术就会落后（因为那样无疑是认为伟大的思想与文学不相容），而是说思想与独具个性的艺术创造不是一回事。

90年9月一稿，91年3月三稿，92年3月改定。

原载《文学评论》1993年第2期

① 弗洛伊德《创作家与白日梦》，《现代西方文论选》142页，上海译文出版社1983年版。
② 《我的生活和创作道路》。

曹禺在中国和世界悲剧史上的地位

胡润森

一

讨论曹禺在中国悲剧史上的地位，明眼人一望即知难点在“中国传统戏剧究竟有无悲剧?”明眼人也都很清楚，这在学界乃是一个各存歧见、争议至今尚未达成共识的难题。笔者对此不拟详论，笔者只限于提出如下论点：

中国传统戏剧里是有悲剧的。这类悲剧不是西方式的进攻型悲剧，而是“中国特色”的忍耐型悲剧。

“悲剧全在于对灾难的反抗”①，而反抗至少可有两种方式：一是进攻型的反抗方式，一是忍耐型的反抗方式；前者是积极主动的反抗，后者是被动消极的反抗。不过谁能否认被动消极的反抗终归也是一种反抗！所以，中国传统戏剧中那些在强力压迫下，在苦难困厄中，虽未主动进攻，但也没有趋附屈服，而是默默忍耐的主人公也就是在坚持一种忍耐型的反抗；表现这类忍耐型反抗的戏剧即是我所称的忍耐型悲剧。这类人物也就是我们所称的忍耐型悲剧人物。

元明以来的传统悲剧充分地显示出了这类忍耐型悲剧特征。它具体体现为如下两方面：一是它们创造忍耐型悲剧主人公以表现“忍耐”，二是它们又几乎无一例外地以大团圆结局来继续宣传“忍耐”。其中部分悲剧满足了上述两项条件，可称为典型的忍耐型悲剧。部分悲剧则只满足了上述两条件之一，可称之为不典型的忍耐型悲剧。笔者认为，中国传统悲剧非此即彼，大致都可分别归入上述两种忍耐型悲剧。②

典型的忍耐型悲剧以《琵琶记》和《娇红记》为代表。两剧都既创造了忍耐型悲剧主人公，又设置了大团圆结局。前剧的主人公赵五娘自始至终没有挑战只有忍耐，后剧的主人公娇红则始于挑战终于忍耐。她们身上具有如下两种重要的精神特征，一是消极性的精神特征，即面对命运捉弄自始至终不能主动反抗或虽有主动反抗而有始无终；二是积极性精神特征，即在这“忍耐”过程中悲剧主人公所表现出来的善良、坚贞、富于自我牺牲的精

---

① 参看朱光潜：《悲剧心理学》206页，人民文学出版社1983年版。

② 《桃花扇》也许算一个例外。其女主人公李香君是进攻型悲剧人物。其结局是男女主人公双双遁入空门，不能说是大团圆。但是由于这一结局同样充满消极被动特征，似乎也很难称为进攻型悲剧，也许可视为传统忍耐型悲剧的一个特例。

神品质，以及宁静安详、崇本息末、克己奉献的人格与风格。这样两类精神特征的矛盾统一，交织成为这类忍耐型悲剧的“主旋律”。而最后的大团圆结局——前剧是现实的“夫妻团聚荣归”，后剧是虚幻的“娇申同化鸳鸯”——则以极其巨大的“力度”与“华彩”，呼应扩展升华了。“主旋律”的效果，使忍耐型悲剧主题实现得愈加完美无缺。

不典型的忍耐型悲剧可以《窦娥冤》《赵氏孤儿》等为例。这些悲剧的主人公窦娥、程婴等人面对强暴压迫、苦难困厄，并不单纯忍耐，而是不断挑战，颇具进攻型悲剧人物色彩。但为何我不认为它们是进攻型悲剧，仍要把它们划入忍耐型悲剧呢？因为它们几乎无一例外地安排了大团圆结局。这反映出了不敢正视现实灾难的病态心理，表明了粉饰现实、自我安慰与自我麻醉的消极倾向。它硬要把进攻型悲剧主人公毁灭命运所激起的观众的冲天怒火，导向一个盲目乐观结论，“因为凡事总要团圆，正无需我们焦燥”[①]，致使进攻型主人公赋予全剧的主动反抗性也被大大地冲淡乃至于消褪了。以至这类悲剧里虽有进攻型悲剧主人公，我们仍不能把它们看作进攻型悲剧，而只能看作不典型的忍耐型悲剧。

由此看来，中国传统悲剧中确乎没有进攻型悲剧，只有忍耐型悲剧，这种忍耐型悲剧的构成模式可列为如下图式：

忍耐型悲剧主人公＋大团圆结局＝典型的忍耐型悲剧；

进攻型悲剧主人公＋大团圆结局＝不典型的忍耐型悲剧。

中国传统悲剧的这一基本模式一旦为我们所把握，曹禺在中国悲剧史上的地位，就从一个重要方面清晰可见了：正是《雷雨》《原野》的问世，中国悲剧史上才破天荒第一次有了进攻型悲剧！这无疑是一个具有划时代意义的真正的创举！

这些悲剧所成功塑造的进攻型悲剧主人公，在强度上力度上深度上都非传统悲剧所可比拟：蘩漪为追求爱与幸福，敢犯“灭伦之罪”；金子同蘩漪相比，虽在出身、教养、地位等方面迥异，但论追求爱情幸福的狂热则毫无二致；仇虎为报血仇不惜惨杀无罪的盟弟，甚至殃及无辜的婴儿……这些人为了实现正义合理的目标，燃着足以把铁烧成灰的热情，抱定不到黄河心不死的决心，浑身充满令人生畏的雄风与气魄，一意孤行地采取着绝对主动的行动。这种强悍雄健、桀骜不驯，甚至不惜走极端的性格作风，是中庸之道和贵柔哲学的传统所绝对不能规范的，确切地说，他们把这一道统干干脆脆地打碎并完全抛弃了！

这些悲剧还坚决地摒弃了中国传统悲剧里泛滥成灾的“大团圆”老套，既摒弃了“现实的大团圆”，也摒弃了“虚幻的大团圆”，而代之以进攻型悲剧主人公面对强大假丑恶势力而惨遭失败、毁灭的结局。这样，这些悲剧便以其自始至终高扬着的清醒而勇猛的进攻精神，与传统悲剧遍地滋生的“忍耐”划清了界限，成了中国悲剧史上前所未有的新的进攻型悲剧。它以巨大的震撼力量告诉人们：进攻型悲剧主人公结局虽未能“大团圆”，但在精神上却成功了，胜利了。这并非主观与客观相割裂的自我麻醉的阿Q式精神胜利，而是实实在在的精神胜利。因为悲剧主人公在面对常人所难以承受的“毁灭”这一最大考验时，才

① 鲁迅：《坟·论睁了眼看》。

得以圆满实现他的高贵品质、反抗意志、牺牲精神，才在读者观众心中唤起真诚的钦佩和敬仰，并促使其思考这种“毁灭”里所包含着的种种问题，进而采取行动解决这些问题。它既是巨大的感情震撼，又是清醒的理性启示，这类毁灭结局中所包含的双重功能，自然不是传统大团圆结局所可同日而语的。这类进攻型悲剧既同传统的中庸之道与贵柔哲学背道而驰，又同传统悲剧中的一味讲究忍耐，处处归于团圆的忍耐型悲剧意识倾向大相径庭，而成为一种艺术上文化上的新创造。在我看来，这一创举的意义既响应了时代，又超越了时代，历史已经并将继续证明，对于中华民族悲剧意识的崛起，曹禺的进攻型悲剧富于深远持久的价值与意义！[①] 在我看来，这一创举还从一个重要方面确定了曹禺在中国悲剧史上的崇高地位。

二

确立曹禺在中国悲剧史上崇高地位的另一重要方面，在于他的进攻型悲剧如《雷雨》《原野》创造了一种以冲突为美的刚健浓郁火爆惨烈的审美风格。这在中国悲剧史上也是前无古人的。它们所承袭的是西方“以冲突为美”的审美观的影响。

自古希腊以来，西方人对世界的看法基本上倾向于把它分割成多元范畴的对立，如物质与精神、存在与思维等等。西方人倾向于把世界视为在诸对立范畴激烈斗争中否定之否定地发展的世界。这样一种文化精神反映于审美，便形成崇尚冲突：以冲突为美的审美观。西方人传统上惯于把悲剧视为最高级的美的艺术，一个重要原因也许恰恰在于他们从以冲突为美的艺术观出发，看中了悲剧刚好是最长于表现冲突的艺术！西方始自古希腊，中经文艺复兴，直至本世纪一脉相承的悲剧艺术便是这类审美观的确证。

曹禺的《雷雨》《原野》等进攻型悲剧，其艺术构成的基本点也是在对立冲突中表现美。它在内容上大致展开为如下三个层面：第一层面：该类悲剧的剧情、人物都如轮凑辐般紧绕着冲突旋转。这显然近于西方悲剧结构模式，而与中国传统悲剧模式大为两样。这类悲剧冲突由弱到强、从小到大、从隐到显，流变发展，越来越尖锐、剧烈、复杂、白热化……最终在“毁灭”里爆裂，给读者与观众以巨大的力与美的震撼。第二层面：这类冲突主要以人物为核心展开。它大致又可分为外在的性格冲突与内在的灵魂冲突。在这两类冲突的交织中不仅再现了人物外在的动作，而且人物内在灵魂的深广性和丰富性也得到了酣畅淋漓的表现。从这个意义上说，《原野》也许比《雷雨》更富于现代意味的深刻美感。第三层面：曹禺还深刻揭示出了这类外在的性格冲突与内在的灵魂冲突所派生的诸文化背景，如时代、社会、政治、伦理、心理、思想……因而这种种冲突也相应赋有了多种文化冲突的性质和意义，由此透视出发生在现代中国的这场古与今、中与西、新与旧……广阔复杂斗争的潜流。

曹禺进攻型悲剧所表现的冲突，在形式美上又展现为如下三方面：第一，这类外在冲突与内在冲突具有一正一反、一反一复、一环紧扣一环地向前发展的形式特征，有时还具

① 详见拙作：《曹禺悲剧观及其悲剧艺术》，《西南师范大学学报》1989 年 2 期。

有相互交织扭在一起的复合发展特征。第二，这类反复较量中发展着的冲突还具有蜿蜒如一波三折、紧张如千钧一发、复杂如九曲连环、激烈如雄兵相抗的形式特征。第三，这类冲突构成还具有在主要冲突之外又设置若干次要冲突的形式特征，即所谓“间色”。这样便既弥补了单纯一味的主要冲突所可能带来的单调乏味感，减轻了观众过分沉重的心理负担，又在这间歇、纠结、过渡、递嬗、映衬中，丰富了主要冲突，增强了全剧表现冲突的节奏感、层次感与色调感。由于调配这类“间色”的“原料”仍是“冲突”（“次要冲突”），所以全剧的冲突感不仅没有减弱，反而增强了，同时多样化了。这样曹禺的进攻型悲剧就表现出建立于冲突基础之上的特别刚健壮美崇高昂扬的美学风格，即使是被普遍评为刚健壮美的《窦娥冤》《赵氏孤儿》在这方面也不可比拟。它在中国悲剧史上的确是空前的。根本原因说穿了也很简单：因为在以和谐为美的基本原则规范下的中国传统艺术所推崇的是宁静安详雍穆凄伤的悲剧风格，它对“以冲突为美”的激昂跌宕火爆惨烈的悲剧风格必然要加以排斥。

在中国悲剧里确立了以冲突为美的刚健昂扬的美学原则与艺术风格，这正是曹禺对中国悲剧史提供的又一新东西。它又从另一个侧面奠定了曹禺在中国悲剧史上的崇高地位，使其足以与关汉卿、王实甫、汤显祖……相抗衡甚至有过之而无不及。

三

探讨曹禺在世界悲剧史上的地位，应当看到他的悲剧里浸淫的中华民族文化艺术精神是最有分量的“价码”。

中国传统忍耐型悲剧诚然有许多消极性，但若换个角度观察，它却又有许多不可否认的价值：第一，积极的伦理功能。它憎爱分明、鞭挞暴虐、黑暗、贪婪、自私、见利忘义……，赞美正义、光明、忠贞、廉正、助人为乐……，即使笔者不赞成“大团圆结局”，但也没法否认它确实是在以“善恶相报”的形式告诫人们一番做人处世的万古不磨的大道理。第二，传统忍耐型悲剧在儒主中庸与道尚虚静的哲学美学观主导下，创辟出了一种对人生世界作雍容肃穆的审美静观的境界，这同西方“美在冲突”的动态的审美观大异其趣。第三，若从尼采评论“俄狄浦斯系列悲剧”时所言“英雄在纯粹消极的态度上达到了超越他生命的最高积极性”①这一辩证理性角度去观察，中国传统忍耐型悲剧在该方面的表现显然远胜于《俄狄浦斯王在科罗诺斯》之类西方悲剧。前者虽未曾表现主动进攻，积极扩张，但仍然昭示出了仁爱、善良、忠贞、克制，以国家民族他人利益为重……等正面精神价值。它们的主人公如赵五娘、娇娘是否在“纯粹消极的态度上达到了超越他生命的最高积极性”呢？若从她们个人的表现看，回答是未必如此，但若着眼于其所实现的乐天信念、伦理价值、人生境界来看，回答却应当是肯定的。因为她们沉浸在一种完全“忘我”与真正“超越个体”的精神状态之中。并且，若不仅仅局限于一时一地或今生今世，而是总揽人类世界历史发展的全局，建立在“善恶相报”观念之上的中国传统忍耐型悲剧，其所揭示的却又正是颠扑不

① 尼采：《悲剧的诞生》第36页，生活·读书·新知三联书店1986年版。

破的历史真理:光明终将战胜黑暗,正义终将战胜暴虐,善良终将战胜邪恶!这样,它所表现出的乃是一种洞悉历史奥秘的极高的智慧,一种道德理性的极致,一种相信人性、相信历史的平常而高深的明哲性。其中精湛的哲学涵义绝对不应低估。正是从这种意义上说,中国传统忍耐型悲剧的哲理性、超越性和牺牲精神决不亚于西方进攻型悲剧,只不过它们所经由表现这类精神价值的方向迥然不同罢了,前者所缺乏的是后者拥有的那种斗争性与主体精神。在我看来,这才是中国传统忍耐型悲剧真正严重的缺陷。尽管如此,但正因其迥异于西方进攻型悲剧,反而为世界悲剧史提供了新的悲剧品类,反而构成艺术史上的一大创举。

这一创举在审美领域内所做出的贡献还要更加不平凡。因为在"非和弗美"①传统审美理想指导下,传统忍耐型悲剧的审美风格不是如西方进攻型悲剧那样火爆惨烈如波涛翻涌、电闪雷鸣,而是平和稳健如空山鸟语、晓风残月。中国传统忍耐型悲剧很少象西方悲剧那样正面渲染那种不可克制的激情,那种目不忍睹的惨伤,那种你死我活的拼争,而是将这一切"淡化""净化"为一缕雍穆庄严的情绪,一片广袤无垠的哀静,一种深沉冷隽的意境。这样,尽管中国传统忍耐型悲剧强度和力度在整体上逊于西方进攻型悲剧,然而后者却又不及前者那样拥有一种稳健典雅、恢宏大度的气度和风度。

基于上述中国传统艺术文化背景,我们便发现了曹禺对世界悲剧史的一项新贡献:他继承中国传统悲剧艺术文化创造出的《家》《北京人》等"新"忍耐型悲剧,形成世界悲剧艺术的新景观。其主人公如愫方、瑞珏等人在含垢忍辱的生涯中永葆善良忠贞、默默无闻、任劳任怨地为他人而耗尽自己(甚至常常是为那些缺乏价值的灵魂。惟其如此也就更具悲剧意味)。她们所表现出来的善良、坚贞、勇于自我牺牲的精神品质,宁静安详、崇本息末的人格和风格,对于了解中国传统悲剧的人,显得格外熟悉可亲。我们很容易由她们联想起赵五娘、娇娘等含辛茹苦的悲剧形象。前者和后者确实都是同一父母所养育出的姊妹。

不过,曹禺的"新"忍耐型悲剧若与传统忍耐型悲剧相比,仍有一些明显的新成份:一是在被动中仍可能出现主动,例如愫方一向消极地含垢忍辱,但最终还是主动逃离了活棺材似的大家庭。二是没有象传统忍耐型悲剧那样归于"大团圆",而是坚持了"毁灭"与"不幸"结局。这既是时代积极进取精神融入的结果,也同汲取西方进攻型悲剧有益要素的影响有关。

但是曹禺"新"忍耐型悲剧最值得重视的还是它那向传统靠拢的"中和之美"的艺术风格。如果说《雷雨》《原野》激昂排宕、峭厉雄浑、火爆惨烈,类似西方进攻型悲剧风格的话,那么,《北京人》和《家》就是清幽邈远、融和冲淡、肃穆雍容的,其审美基调确实近于"中和之美"的传统忍耐型悲剧。

具体地讲,《北京人》和《家》的戏剧美学风格汲取了重抒情性、重写意性的中国戏剧美

① 《抱朴子·勖学篇》。

学传统。西方戏剧一贯重戏剧性即重冲突，以至曾出现过“没有冲突，没有戏剧”①的著名决断公式。其实，没有冲突，也有戏剧。中国重抒情性的传统戏剧历来就是这样的。然而在西方戏剧史上，抒情性的戏剧传统都是到了近代才由契诃夫所开创的。人们显然忽视了早在契诃夫以前几百年间，中国戏剧就是非常成熟的“抒情性”形态了，以致只津津乐道于《北京人》等同契诃夫“抒情性”的联系。其实我想也应谈它们与中国传统抒情性之间的联系。例如觉新与瑞珏“洞房花烛夜”，瑞珏与梅初识的对话，尤其是“愫方与瑞贞对话”一节，那凄凉幽婉的号声自始至终的插入，令人联想起传统戏剧中运用鼓点和喇叭对人物心理与环境气氛相互交织的抒情性渲染。（例如笔者曾有幸观摩过的川剧《宋江杀惜》一场，就堪称这类艺术表现方式的杰构。）因而充满了传统戏剧式写意抒情的神韵。随之而来的文清“去而复返”，所运用的却又是“发现”与“突转”的西方式戏剧技巧，充满了戏剧性。事实上，既注重抒情性又不排除戏剧性，正是《北京人》等戏剧在艺术上的总体性特色。这一特色既认同于传统，又不乏超越传统的自由创造性。

总而言之，曹禺的新忍耐型悲剧因其借助了中国传统忍耐型悲剧的艺术文化精神而独步于世界悲剧之林，为世界悲剧艺术贡献出了西方悲剧所短少的新东西。今后，随着研究的不断深入和中国传统和现代艺术国际影响的日益扩大，曹禺的这类贡献必将得到更为广泛的承认。这为他在世界悲剧史上占据一席之地提供了一个有力的依据。

四

悲剧（Tragedy），并非与生俱来便是今日所见的这种影响巨大的世界性品类。它曾经过长达两千五百年的由点及面、由近及远的发展进程。悲剧这趟艺术列车是以古希腊为起点站开出来的。莎士比亚是第二座大站。以后直到 20 世纪数百年间，欧美如走马灯般转换，在递嬗中延续着长期的悲剧繁荣：法国古典主义的拉辛、北欧与俄国写实主义的易卜生和契诃夫、美国表现主义的奥尼尔……是接连绵延而出的一座又一座“大站”。通过它们，悲剧艺术列车驶向了越来越遥远的“地平线”。不过，直到本世纪初期，这列车仍只是在欧美范围内兜圈子而未能驶出于西方国度之外。因为一个明显的事实是，到这时为止，以中国、日本、印度三大民族为代表的东方，确实未能诞生出以写作悲剧（Tragedy）为业而又具有世界影响的悲剧家（Tragedian）。

正是在这里，我们清晰地发现了曹禺悲剧的世界意义：曹禺迄今是中国乃至东方最重要的悲剧家。他的“五大悲剧”（《雷雨》《日出》《原野》《北京人》和《家》），既是中国现代民族悲剧的高峰，也是东方悲剧的高峰。他被誉为“亚洲最重要的剧作家”，“现代国际剧坛上首屈一指的剧作家。”②曹禺既主要借鉴西方传统创造了中国戏剧史上前所未有的进攻型悲剧，他又主要借鉴中国传统创造出了新忍耐型悲剧而为世界悲剧之林增添了新枝。站在中国悲剧史立场，曹禺的进攻型悲剧显然有更为可贵的创新意义。但若立足于世界

① 转引自陈瘦竹、沈蔚德《论悲剧与喜剧》第 44 页，上海文艺出版社 1983 年版。

② 马来西亚《星洲日报》1984 年 4 月 12 日。

悲剧史,曹禺的新忍耐型悲剧却具有西方悲剧所短少的新东西。通过在曹禺身上所发生的“东西交流”“互通有无”的过程,曹禺既为中国悲剧史创辟了新奇的境界,又为世界悲剧史灌注了新鲜的血液。[①] 曹禺把悲剧这种西方品种加以本土化,使其在中国以至东方站稳脚跟并蔚为大观,这就为悲剧真正成为横跨东西方两大区域的世界性品种作出了具有世界意义的贡献。因为在二十世纪越变越小的这个地球上,悲剧如仍象十九世纪那样只限于西方一隅,还谈得上什么“世界性”! 这一真正具有世界性的业绩诚然并非曹禺一人所为,但他凭其“顶尖”的悲剧艺术无疑贡献最突出。

二十世纪全人类文化艺术发展的共同走向是:东西方彼此学习,相互借鉴并在更高的层次上融汇入一个更大的全人类文化发展系统,当然同时也要努力保持和发展其固有的本土特性。

不难想象,即将莅临的二十一世纪,人类艺术文化发展的趋势将更是如此。那时候,“西方中心论”应已降低温度,“东方中心论”也应缺少市场。那时候,无论东方人还是西方人,也许都会更习惯于从全球范围内东西方艺术文化交流与合流的角度看问题。那时候,当人们评论曹禺在世界悲剧史上的地位时,也许会更乐于承认:在埃斯库罗斯、莎士比亚、拉辛、易卜生、契诃夫、奥尼尔等世界级悲剧家闪闪发光的名字后面,应再加上一个新名字。它,就是曹禺。

原载《中国现代文学研究丛刊》1993 年第 4 期

① 详见拙作《曹禺悲剧观及其悲剧艺术》,《西南师范大学学报》1989 年 2 期。

“不可相信的参差”

——接受视野中的曹禺剧作

邹　红

1934年7月，曹禺的第一部剧作《雷雨》由巴金、靳以主编的《文学季刊》第一卷第三期刊出。次年4月，日本东京的一群中国留日学生首次将《雷雨》搬上舞台。随后，国内剧团开始竞相上演《雷雨》，介绍、评论文章也开始见诸报刊，一时间形成了大范围的《雷雨》热。然而，面对《雷雨》所获得的空前成功，曹禺在激动、兴奋之余，也不免感到愕然和困惑。他惊异地发现，人们眼中的《雷雨》，竟然与他的创作初衷有着那样大的差异，从剧本所表现的题旨到具体的人物性格，乃至于他所希望的戏剧氛围，似乎都另有所本，而不是源自他笔下的《雷雨》。

曹禺将这种演出与剧本的错位归之于演员和导演的误解甚至能力，为此，他在《雷雨・序》中不厌其烦地阐释了自己的创作意图，对主要人物性格的理解，还有演出设想，等等。曹禺认为，舞台上的蘩漪和他“原来的企图，做成一种不可相信的参差”，而“盼望着一位有灵魂有技能的演员扮她，交付给她血肉”。对于序幕和尾声的被删除，曹禺更是深表遗憾，“这个问题需要一个好的导演用番功夫来解决，也许有一天《雷雨》会有个新面目，经过一次合宜的删改”。曹禺甚至跃跃欲试：“我将期待着好的机会，叫我能依我自己的情趣来删节《雷雨》，把它认真地搬到舞台上。”①

曹禺的想法不无道理，但他没有想到，所以会有这种误读，会造成“不可相信的参差”，并非仅仅是演员和导演的问题，在演员和导演之后，还有一个至关重要的决定因素，即时代的接受视野；他更不会想到，这种误读将伴随他一生，且决定他作为一个剧作家的声誉和地位。

一、期待视野与文学接受

按照接受美学的观点，作品的意义并不完全是由作者赋予的，相反，作品价值的实现有待于读者的参与。就是说，一部作品在未经读者阅读之前，还没有真正成为审美客体，它只具有潜在的意义，只有进入到接受环节，与读者建立起一定的审美关联之后，作家所创作的艺术形象及所表现的思想感情才得以激活，才真正获得艺术生命。同时，读者阅读作品的过程，也并非如先前人们认为的那样，只是一种被动的接受，一种对作家给定内涵的发掘，而在很大程度上是读者的积极建构活动。用德国接受美学代表人物之一的伊塞

① 曹禺：《雷雨・序》，《曹禺全集》第1卷，15页，花山文艺出版社，1996。

尔的话说:"作品的意义只有在阅读过程中才能产生,它是作品和读者相互作用的产物,而不是隐藏在作品之中,等待阐释学去发现的神秘之物。"①

正是基于这种认识,接受美学较为深入地探讨了影响作品接受的若干重要因素,其中很关键的一点,就是由德国学者姚斯提出的"期待视野"(Erw artungshorizont)②。在姚斯看来,"一部文学作品,并不是一个自身独立、向每一时代的每一读者均提供同样的观点的客体。它不是一尊纪念碑,形而上学地展示其超时代的本质。它更多地象一部管弦乐谱,在其演奏中不断获得读者新的反响,使本文从词的物质形态中解放出来,成为一种当代的存在"③。这就是说,一部文学作品意义的实现离不开读者的参与,而且正是读者的参与使其成为现实的存在。作为一个开放性的结构,作品对不同时代的读者敞露的意义并非始终如一,读者阅读的过程,实际上应该看作是一个读者与作品之间双向交流和相互作用的过程。姚斯进而指出,在这样一个过程中,读者先在的阅读经验具有特殊的意义。他引述G·布克的话:"对于一部先前鲜为人知的作品,文学体验也需要一种'体验自身因素的先在知识。在此基础上,我们遇到的所有新东西才能为经验所接受,即在经验背景中具有可读性'."姚斯由此提出了"期待视野"这一概念。他说,当读者阅读一部新作品时,"这一新的文本唤起了读者(听众)的期待视野和由先前文本所形成的准则,而这一期待视野和这一准则则处在不断变化、修正、改变,甚至再生产之中","假如人们把既定期待视野与新作品出现之间的不一致描绘成审美距离,那么新作品的接受就可以通过对熟悉经验的否定,或通过把新经验提高到意识层次,造成'视野的变化',然后,这种审美距离又可以根据读者反应与批评家的判断历史性地对象化"。因此,阅读的过程,在一定意义上也可以说就是读者期待视野的对象化过程。尽管姚斯本人并未对期待视野这一术语作明确的界定,但从他对该术语的具体使用情况来看,所谓期待视野,大致上可以理解为由读者先前阅读经验所构成的思维定向或先在结构。一方面,作为一种先在的评判标准,读者的期待视野在一定程度上决定了作品的价值与意义,而另一方面,那些创造出新的范式的优秀作品又有可能改变读者先前的期待视野,从而建立新的评判尺度。

将期待视野引入文学理论无疑具有特殊的意义。首先,它强调了读者的期待视野之于文学接受的重要作用,即指出作品意义的实现须以读者的期待视野为先决条件,而阅读过程本身则是一个或印证、或修正读者期待视野的过程。其次,对于解释何以不同时代读者会对同一作品产生理解差异,期待视野提供了一个新的角度。正如姚斯所说:"它揭示了一部作品以前理解和目前理解的诠释的差异性,建立起调节二者地位的接受史意识。"

① 伊塞尔:《文本的召唤结构》,转引自胡经之、张首映《西方二十世纪文论史》,275页,中国社会科学出版社,1988。

② 实际上期待视野这一术语并非姚斯首创,正如霍拉勃《接受理论》一书所作评述,在姚斯之前,物理学家波普尔、社会学家卡尔·曼海姆,以及艺术史家冈布里奇等人都使用过这个概念,姚斯本人也承认他不过是将其引入文学与历史阐释。

③ 本所引姚斯论期待视野,均出自其《走向接受美学》一书之第一章《文学史作为向文学理论的挑战》。见《接受美学与接受理论》,周宁、金元浦译,3—56页,辽宁人民出版社,1987。

第三，改变了先前的文学史观。姚斯认为，“文学的历史性并不在于一种事后建立的‘文学事实’的编组，而在于读者对文学作品的先在经验”，因此，他将文学史看作是一个“审美接受和审美生产的过程”。如果从这样一个角度来看问题，文学史便不能仅仅归结为文学形式自身的发展变化，而必须给读者期待视野的变化与重构以充分的注意。事实上，姚斯所谓文学史向文学理论的挑战，在很大程度上即是就此而言。

对于我们将要探讨的问题来说，期待视野的变化与重构显然提供了一个新的思路。曹禺剧作所以在不同时代有着不同的理解，所以引起不断的争议，读者（观众）期待视野的变化与重构应该是一个相当重要的因素。姚斯的意见是有道理的：“一部文学作品在其出现的历史时刻，对它的第一读者的期待视野是满足、超越、失望或反驳，这种方法明显地提供了一个决定其审美价值的尺度。期待视野与作品间的距离，熟识的先在审美经验与新作品的接受所需求的‘视野的变化’之间的距离，决定着文学作品的艺术特性。”文学史上常有这样的情况，一部作品在其问世之初并没有引起读者和评论界的注意，而在经过若干年后，人们才开始认识到它的划时代的意义；相反，有的作品一发表就产生轰动效应，但没过多久便被读者忘却，成为过眼烟云。如姚斯在文中提到的福楼拜的《包法利夫人》和费多的《范妮》即分别属于这两类。还有第三种情况：作品一经问世即引起争议，然而不论是赞誉者还是批评者，其所肯定和贬斥都出乎作者的意料之外，不但批评者令作者莫明所以，就是赞誉者也让作者哭笑不得。曹禺剧作所碰到的便是如此。应该说，以上三种情况的出现，其实都与读者的期待视野有着直接的关联，而不能仅仅归因于作品本身。所以，从读者的期待视野切入，将有助于我们更好地认识和解释曹禺剧作的接受史，并从中发现若干饶有意味的问题。

有必要说明的是，本文虽然引入姚斯的期待视野这一术语，但并非完全在其所规定的意义上来使用。这主要是因为姚斯更多地将读者先前的阅读经验作为其期待视野的主要构成，而较少涉及读者的社会文化背景对形成其期待视野的作用；另外，姚斯关注的主要是文学范型、审美标准变迁之于读者期待视野的关系，而对于作品所表现的内容和思想意蕴则重视不够。这样，我们就必须对姚斯的术语有所修正，以适应研究对象的需要。

还有研究视角的差异。比较而言，姚斯的论述重点似乎是强调作品终将会导致读者期待视野的变化与重构，或者说，读者先在的阅读经验与作品之间的审美距离是怎样调节以至于融合，而我们感兴趣的问题，却是特定时代读者的期待视野是怎样决定了对曹禺剧作的“误读”，亦即造成曹禺创作意图与读者理解之间的差异的原因。

二、对曹禺剧作的“误读”

大概而言，对曹禺剧作的误读主要来自三个方面，即来自内容方面的误读，来自表现技巧方面的误读，和来自剧场效果方面的误读，而且这三个方面的误读都始于《雷雨》。

所谓来自内容方面的误读，即是将曹禺剧作视为“社会问题剧”。

从一开始，《雷雨》就被当作一个“社会问题剧”来接受。《雷雨》东京首演结束之后，导演吴天、杜宣曾致信曹禺，就将《雷雨》看作是一个“社会问题剧”，并表示由于剧本太长，不得已而删去了序幕和尾声。尽管曹禺在回信中对此持不同意见，明确宣称“我写的是一首诗”，“决非一个社会问题剧”，但演出者显然没有接受曹禺的意见。所以当他们将曹禺复信交日本《杂文》发表时，特别加了一个编者按，认为实际的演出效果并非如曹禺所说，而是“对于现实的一个极好的暴露，对于没落者的一个极好的讥嘲”①。当时日本出版的《杂文》月刊登载介绍文章，同样认为《雷雨》的内容是“描写一个资产阶级的家庭中错综复杂的恋爱关系，及残酷地暴露着他们淫恶的丑态。用夏夜猛烈的《雷雨》来象征着这阶级的崩溃”②。而《雷雨》在国内上演后，观众的看法大体上也与此相同，如天津《大公报》1935年8月20—23日所载署名白梅的文章《〈雷雨〉批判》，即认为剧本“暴露了中国资本主义家庭的横断面，将其‘金钱’做的烟幕弹所掩饰下的罪恶加以剖析，同时对于社会婚姻和伦理制度，都表示着不满，而也象征着大时代的来临”。

应该说，东京首演在《雷雨》接受史上具有十分重要的意义，它不仅是第一次将这出话剧搬上舞台，而且为《雷雨》后来在国内的演出确定了规范。正是东京首演的成功，使得《雷雨》被作为社会问题剧来接受有据可依，而人们也就按照对社会问题剧的标准去要求《雷雨》。无论是对《雷雨》作出肯定抑或进行批评，人们所依据的都是社会问题剧的尺度，肯定者自然是着眼于剧本对社会的批判，而批评者则是指责这种批判还不够尖锐、彻底。譬如郭沫若就表示：“(《雷雨》)全剧几乎都蒙罩着一片浓厚的旧式道德的氛围气，而缺乏积极性。就是最积极的一个人格如鲁大海，日后也不免要阴消下去。作者如要受人批评，最易被人注意到的怕就是这些地方吧。”③《雷雨》在后来的遭遇果然证实了郭沫若的先见之明。

值得注意的是，曹禺作为一个剧作家的政治身份也由此得以确认——1936年4月，鲁迅在为美国记者埃德加·斯诺介绍中国戏剧状况时说：“最好的戏剧家有郭沫若、田汉、洪深和一个新出现的左翼戏剧家曹禺。”④而鲁迅所以得出如此看法，主要依据就是作为社会问题剧的《雷雨》。据《鲁迅日记》，2月15日，鲁迅去书店购日译本《雷雨》，4月22日又收到曹禺寄赠的日译本《雷雨》。可想而知，鲁迅也是将《雷雨》视为社会问题剧的，而且据此将曹禺划归到左翼作家之列。

在这样一种情势之下，尽管曹禺一再撰文申述他实际的写作动机，明确宣称《雷雨》并非社会问题剧，但人们并不认同作家自己的表白。相反，批评家们反倒将这表白视为曹禺世界观与创作方法的矛盾。早在《雷雨》东京首演之后，日本《杂文》月刊发表曹禺致吴天等人的信所加编者按中，就将演出效果非作者所想归之为作品与作家世界观的不一致，并以托尔斯泰的例子为佐证。1936年6月，张庚又发表了《悲剧的发展——评〈雷雨〉》一文，从世界观与创作方法关系的角度对《雷雨》进行理论分析。针对曹禺的表白，张庚这样写

① 《杂文》(日本)第1卷2号(1935年7月)曹禺文《〈雷雨〉的写作》及编后语。收入《曹禺全集》第5卷，9页，花山文艺出版社，1996。

② 《杂文》(日本)第1卷1号(1935年5月)登载白宁文。

③ 郭沫若：《关于曹禺的〈雷雨〉》，《曹禺研究专集》(上)，544—545页，海峡文艺出版社，1985。

④ 尼姆·威尔士：《现代中国文学运动》，见《新文学史料》1979年第2辑。

道："是的，作者并没有想要批判什么，可是为了他忠实于他的人物，爱他的人物，他的笔下到底忍不住发挥了痛快的暴露。因此他底剧作竟部分地有了反封建的客观意义。"张庚由此认为，曹禺"是个不自觉的成功的现实主义者"。同时他也指出："作者的现实主义没有一直继续下去"，而"如果他的创作方法战胜了他的世界观，他的这个剧作是要更其深入和感人的"。①

而且，曹禺接下来创作的第二部作品——《日出》，不管是有意还是无意，明显地更趋于写实，更向社会问题剧方面发展了。这自然愈发坚定了人们先前的判断。1936 年岁末，天津《大公报》文艺副刊组织关于《日出》的集体讨论，参加者大多是当时最著名的作家、文艺评论家，他们均给予《日出》以很高的评价。如时任燕京大学西洋文学系主任的英籍学者谢迪克（H·E·Shadick）认为："《日出》在我们见到的现代中国话剧中是最有力的一部。它可以毫无羞愧地与易卜生和高尔绥华兹（当作高尔斯华绥）的社会剧的杰作并肩而立。"②而执导过《日出》的著名戏剧家欧阳予倩则说："这个戏我认为比《雷雨》进步，《雷雨》究竟命运悲剧的色彩非常重，《日出》对于命运的解释已不与《雷雨》相同。它直接对着当前的社会，毫不犹疑地给以无情的暴露和批判，而且暗示着正有一群在无限的希望中浴着阳光的奋斗着的人们。"③从这些意见中可以看出，人们正是以对社会问题剧的要求来解读、评判《日出》，而曹禺也因此赢得了超乎寻常的声誉。

与此相联系的是对《雷雨》表现技巧的认识。依曹禺的写作构想，《雷雨》所表现的是一个发生在若干年前的故事，是一种"过去时"，其中虽然不乏写实的成分，但更侧重在一种情绪的宣泄。用曹禺自己的话说，"写《雷雨》是一种情感的迫切的需要"；"我初次有了《雷雨》一个模糊的影象的时候，逗起我的兴趣的，只是一两段情节，几个人物，一种复杂而又原始的情绪"。④ 曹禺所以宣称他写的是一首诗，这是一个非常重要的理由。然而首演时的处理不但删去了序幕和尾声，而且将故事发生的时间改为与演出同时——这几乎是把《雷雨》作为一个活报剧来看了。⑤ 显然，在吴天、杜宣等人的眼中，《雷雨》是一部相当现实的作品，其表现手法应该看作是现实主义或写实主义的。看过首演的郭沫若也十分称道《雷雨》的真实性，认为"作者于精神病理学、精神分析术等，似乎也有相当的造诣，以我们学过医学的人看来，就使用心地要去吹毛求疵，也找不出什么破绽"。⑥ 所以，尽管不是没有注意到剧本所受古希腊悲剧影响，但人们似乎更愿意强调《雷雨》与易卜生剧作的关联。

---

① 张庚文，原载 1936 年 6 月《光明》半月刊创刊号，引文据《曹禺研究专集》（上），551—554 页，海峡文艺出版社，1985。

② 谢迪克文，原载 1936 年 12 月 27 日天津《大公报》，引文据《曹禺研究专集》（下），6 页。

③ 欧阳予倩：《〈日出〉的演出》，转引自钱理群《大小舞台之间》，92 页，浙江文艺出版社，1994。

④ 曹禺：《雷雨·序》，《曹禺全集》第 1 卷，7 页，花山文艺出版社，1996。

⑤ 据曹禺在《〈雷雨〉的写作》中所说，第三幕中出现的月份牌标明是 1935 年 4 月 27 日，正是《雷雨》首演的日期。对此曹禺也深表遗憾。

⑥ 郭沫若：《关于曹禺的〈雷雨〉》，《曹禺研究专集》（上），544 页，海峡文艺出版社，1985。

由此决定了《雷雨》的剧场效果。演出者既然消除了曹禺原作所设置的时间距离，将故事由“过去完成时”更改为“现在进行时”，那么其用意也就在于消除观众与角色的距离，使之最大限度地投入剧情，从而强化了原作对现实的社会批判意义。对于曹禺所欲表现的“对宇宙间许多神秘的事物一种不可言喻的憧憬”，演出者理所当然地予以舍弃了；同样，曹禺所追求的那种古老、幽静的境界，那种能够让观众怀着一种“哀静的心情”、一种“水似的悲哀”离开剧场的效果，也随着序幕与尾声的割舍而不复存在了。演出留给观众的，只是对社会现实的批判，对“资产阶级家庭”的抨击，而“雷雨”则理所当然地代表了对旧的社会制度的反抗，甚至成为社会革命的先声。

《日出》亦然。恰如《雷雨》之序幕、尾声在演出中每每被删去一样，《日出》的第三幕也多为演出者所割舍。所以如此处理，固然可以归因于演出者囿于传统的戏剧观念，即遵从“三一律”的要求而以第三幕破坏了全剧的统一，但更为重要的，恐怕还是第三幕的存在冲淡了人们寄希望于《日出》的现实主题。依曹禺之见，第三幕所表现的，是那个损不足以奉有余的社会的“最黑暗的一个角落”，它理所当然地成为《日出》全剧的“心脏”。因此，“《日出》不演则已，演了，第三幕无论如何应该有。挖了它，等于挖去《日出》的心脏，任它惨亡”①。而在演出者和批评家看来，《日出》的意义更在于暴露金钱社会的罪恶，在于对“日出”即社会革命的呼唤，甚至在于反资本主义。显然，这样来理解《日出》，自然会将关注的重心放在陈白露与潘月亭、张乔治、金八等人的矛盾纠葛上，以之为主线。于是，以翠喜、小东西为中心的第三幕的删除便是情理中的事。

最能代表这种观点的，当推周扬发表于 1937 年的《论〈雷雨〉和〈日出〉》。在这篇对后来曹禺研究产生了重大影响的评论文章中，周扬首先肯定，“《雷雨》和《日出》无论是在形式技巧上，在主题内容上，都是优秀的作品，它们具有反封建反资本主义的意义”。同时周扬指出，对于《雷雨》来说，虽然“作者看出了大家庭的罪恶和危机，对家庭中的封建势力提出了抗议”，但这只是一个“消极的抗议”。由于作者未能将现实主义充分贯彻下去，“所以他的宿命论的倾向没有能够被击碎”，作为剧本的潜在主题，宿命论“大大地降低了《雷雨》这个剧本的思想的意义”，而《日出》的缺憾，则是没有正面表现“历史舞台上互相冲突的两种主要的力量”，因而未能真正揭示出历史冲突的必然规律。以是之故，“《日出》的结尾，虽是乐观的，但却是一个廉价的乐观”。

周扬更由此论及曹禺这两部戏的手法和结构，一方面，他承认“曹禺的成功，不管它的大小，正是现实主义的成功”；但另一方面，曹禺的现实主义还不够彻底，不够充分，这就导致了《雷雨》序幕和尾声的设置，以及《日出》在结构上未能达到浑然一致的境界。周扬认为，《雷雨》不该把观众引入古代的命运去，而应该“向他们展示出一个旧的势力的必然崩溃的历史的远景”，“与其把这件罪恶推到时间上非常辽远的处所，将观众的情绪引入一种宽弛的平静的境界，不如让观众就被眼前的这种罪恶所惊吓，而不由自主地叫出：‘来一次震撼一切的雷雨吧！’”不用说，周扬是不赞成加入序幕和尾声的。至于《日出》，周扬的看

① 曹禺：《日出·跋》，《曹禺全集》第 1 卷，391 页，花山文艺出版社，1996。

法是，与《雷雨》相比，曹禺“对于客观社会已有了进一步的认识”，“他的创作的视线已从家庭伸展到了社会。他企图把一个半殖民地金融资本主义制度下的脓疮社会描绘在他的画布上”，然而曹禺用“片断的方法”“人生的零碎”来阐明“损不足以奉有余”观念的尝试却是失败的，因为他“关于这个社会形态，并没有给与一幅统一的图画，只绘成了一些鲜明的斑点”。① 周扬并没有直接表示应删去第三幕，不过，上述意见无疑已表明了他对第三幕的态度。事实上，周扬寄希望于《日出》的，是将代表黑暗势力的金八和象征光明的工人，以及二者之间的矛盾斗争由幕后推到前台，而不是象现在这样仅仅停留于一种模糊的暗示。

从周扬这篇评论文章可以看出，对于曹禺剧作的“误读”已经形成一个完整的模式。那就是以社会问题为题材内容，以现实主义为创作方法，和以揭示历史发展的必然规律为创作目的，而且相应地，剧本（演出）所产生的效果应该是认知性的、鼓动性的。曹禺剧作的成功就在于它部分地具备了上述特征，而它的缺憾也就在于未能充分满足这些要求。有关这个模式形成原因的分析我们留待下文，这里要说的是，周扬此文既是自《雷雨》东京首演以来对曹禺剧作解读的一种理论总结，同时又开启了后来的曹禺研究。换句话说，周扬此文为后来的曹禺剧作评论提供了一种范式，一种“权威化（规范化）的解释”②。

因此，当曹禺第三部作品《原野》发表之后，评论界对之批评多于肯定就不难理解了。对于这样一部作者试图在表现形式上有所突破却又以农村生活为题材的作品，人们理所当然地会以其背离了现实主义，以其未能正确表现中国农村农民与地主之间的阶级斗争提出批评。同样，对于曹禺在抗日战争风起云涌之际创作的《北京人》和《家》，批评家也难免要责之以脱离现实。

这样一种“误读”一直延伸到五十年代以后。看来，从问世那天起，曹禺剧作就注定了要被曲解的命运。

三、时代的“期待视野”

所以会有这样的“误读”，时代的期待视野起了至关重要的作用。那么，是哪些因素构成了三四十年代中国话剧读者（观众）的期待视野呢？

首先是中国传统戏剧观念。尽管在中国古代文学史上，戏剧始终未能争到与诗文并列的地位，然而对于戏剧之教化功能的强调，却与正统诗文观念并无二致。明人高则成作《琵琶记》，谓：“不关风化体，纵好亦枉然。”而清人李渔在其《闲情偶寄·词曲部》中更明确

① 周扬：《论〈雷雨〉和〈日出〉》，原载1937年《光明》2卷8期，引文据《曹禺研究专集》（上），565—576页，海峡文艺出版社，1985。

② 钱理群在其《大小舞台之间：曹禺戏剧新论》一书中指出：“由于马克思主义对中国现代文学，特别是中国现代话剧发展的深刻影响——这种影响日益扩大，逐渐成为一种支配性的指导思想；也由于周扬在中国马克思主义文艺理论界的权威地位，和他长期担任的领导职务，周扬对曹禺剧作的上述评论，从理论前提、价值标准、思想方式与方法，以及具体结论，甚至人物的具体分析，都逐渐成为一种权威化的解释，甚至形成了规范化的批评模式，不仅对读者对曹禺创作的接受产生直接、间接的影响，而且还逐渐影响到剧作家本人对于自己创作生命的认识和处置。”参见该书99—100页，浙江文艺出版社，1994。

表示，戏曲(传奇)的作用，在于“借优人说法，与大众齐听”。他们知道，较之高雅的诗文，通俗的戏剧是面向大众的最有效的宣传工具，它以其直观性、浅俗性而拥有远较诗文为多的接受者，因此所产生的影响也远较诗文广泛。

这一思想到了清末民初，随着资产阶级改良主义运动的兴起，又以新的面貌得到强化。梁启超等人从西方社会发展史受到启发，把戏剧视为开启民智，实现社会改良的重要手段。他们不仅在理论上极力提高戏剧的地位，而且身体力行，积极创作表现变革维新思想的剧本。梁启超曾在他创作的剧本《劫灰梦》中借人物之口称颂法国的伏尔泰，说他“做了许多戏本，竟把一国的人，从睡梦中唤了起来”。后来陈独秀则宣称：“戏园者，实普天下人之大学堂也；优伶者，实普天下人之大学教师也。”[①]确实，在本世纪初，从资产阶级改良主义运动到五四新文化运动，从旧剧改良到文明新戏，这种以戏剧为宣传工具的思想始终贯穿其中，并成为指导戏剧创作和评判戏剧高下的重要原则。

正是由于将戏剧视为开启民智、变革社会的重要手段，鼓吹民族解放的《黑奴吁天录》才会成为中国现代话剧上演的第一个剧目。如果将改编后的剧本与斯托夫人的小说《汤姆叔叔的小屋》稍事比较的话，可以看出两个重要的改变：一是淡化了原作的基督教色彩，二是突出了人物的反抗精神。这样一种改变恰与当时中国反对帝国主义压迫，争取民族独立、强盛的现实需求相吻合。而且，春柳社演出的第二部话剧《热血》同样延续了这一倾向。《热血》改编自法国剧作家萨尔都的剧本《杜斯卡》，那本来是一出颇具浪漫色彩的爱情悲剧，但改编者陆镜若、欧阳予倩却特别突出了革命党人的越狱和慷慨就义等内容，赋予其较为浓郁的宣传意味，以至于有意无意地改变了原剧的主旨。

继春柳社之后，进化团的演出更是以宣传性、鼓动性为特征，表现出强烈的政治倾向。其代表作如《黄金赤血》《共和万岁》等，或以辛亥革命为背景，或直接表现当时的政治事件，完全是直接把戏剧当作配合资产阶级革命的工具了。尽管进化团的演出在艺术水准上不及春柳社，然而正是这种宣传性、鼓动性使之广受民众的欢迎。可以说，进化团的特征在于此，进化团成功的原因也在于此。

还应该提到李石曾所译波兰剧作家廖抗夫的《夜未央》。廖抗夫名不见经传，其《夜未央》无论在思想内容还是艺术形式方面均无多少可取之处，但它却成为迄今为止我们所知道的中国第一个正式翻译的外国剧本。究其原因，恐怕还得归结为它的无政府主义倾向与当时某些人的政治主张合拍。换言之，还是着眼于宣传性的结果。

由此可见，在中国现代话剧的滥觞时期，人们首先关注的，是话剧这种艺术样式作为一种宣传手段所特有的效力。这就决定了选择的首要标准——视其思想内容是否与中国社会的现实需求相吻合，是否能够服务于当时的政治斗争，至于表现形式的新旧、艺术水准的高低，相比之下倒不是那么重要。

所以五四新文化运动以后，易卜生及其剧作成为中国剧坛的热点，在众多的翻译剧作中独领风骚，就是极其自然的了。恰如鲁迅所说：“何以大家偏要选出 Ibsen 来呢？……因

① 三爱(陈独秀)：《论戏曲》，《新小说》2 卷 2 期，1905。

为要建设西洋式的新剧，要高扬戏剧到真的文学底地位，要以白话来兴散文剧，还有，因为事已亟矣，便只好以实例来刺戟天下读书人的直感；这自然都确当的。但我想，也还因为Ibsen敢于攻击社会，敢于独战多数。”①的确如此。实际上，易卜生在中国之被重视，并非完全取决于他在世界现代戏剧史上的影响地位，而主要是因为他创立了一种新的戏剧形式，一种以写实性、议论性为特征的戏剧形式而适应了中国现实社会的需要。我们知道，还在易卜生剧作被翻译介绍进来之前，进化团的演出已经有意识地将剧中人物的议论作为针砭时事、吸引观众的有效手段，从而表现出某种向议论化发展的趋势。而陈独秀所以说戏园是天下人之大学堂，理由之一便是“戏中有演说，最可长人见识”。这种先在的对于戏剧的认识，必然会直接影响到国人对外来戏剧的选择和接受。因此，通过引入议论手段而突出了批判性和宣传性的易卜生戏剧，理所当然地成为国人译介的首选对象，更何况象《玩偶之家》(《娜拉》)这类作品，其思想见解又正好与中国反封建和妇女解放的要求不谋而合呢！

另一方面，易卜生剧作所产生的巨大影响，又反过来奠定了以反映社会问题为内容的写实型戏剧模式在中国的至尊地位。继易卜生剧作之后，英国的萧伯纳、高尔斯华绥，俄国的契诃夫、高尔基等一大批批判现实主义剧作家的作品陆续被翻译介绍，更进一步扩大了社会问题剧的声势。这些翻译作品不但以其价值取向影响着中国的戏剧观念，而且成为国人学习话剧创作的范本，使他们对这样一种模式情有独钟。1921年成立的民众戏剧社在其成立宣言中写道：“萧伯纳曾说：‘戏院是宣传主义的地方’，这句话虽然不能一定是，但我们至少可以说一句，‘当看戏是消闲’的时代，现在已经过去了。戏院在现代社会中，确是占着重要的地位，是推动社会使前进的一个轮子；又是搜寻社会病根的X光镜；又是一块正直无私的反射镜。”②这里表现出来的对戏剧的认识，无疑和以易卜生剧作为代表的社会问题剧的影响有着直接的关联。这种影响是如此之大，以至于当时从事话剧的重要人物如洪深、田汉等人，都不约而同地表示愿做“中国的易卜生”；就是曹禺，后来也承认当初受了易卜生不小的影响。

三十年代左翼戏剧的出现，不但继承了先前推崇社会问题剧的传统，而且对之提出了新的要求。在1931年9月通过的《中国左翼戏剧家联盟最近的行动纲领》中有这样一段文字：“剧本内容的配合以所参加的集会底特殊性质与环境来决定，通常是根据大多数工人群众所属的特殊产业部门的生产经验，从日常的各种斗争中指示出政治的出路——指出在半殖民地中，中国无产阶级所负的伟大使命，指示他们彻底反帝国主义，反豪绅地主资产阶级的国民党，反黄色与右倾的欺骗，拥护苏联及中国苏维埃与红军。”③与民众戏剧社的成立宣言相比，可以看出二者的基本差异在于左翼戏剧家们接受了马克思主义文艺思想，强调戏剧除了反映社会现实、针砭社会弊病之外，还必须体现出强烈的阶级意识和鲜

① 鲁迅：《集外集·〈奔流〉编校后记三》，《鲁迅全集》第7卷，163页，人民文学出版社，1981。

② 《民众戏剧社宣言》，原载《戏剧》1925年5月1卷1期。

③ 《中国话剧运动五十年史料集》第1辑，302页，中国戏剧出版社，1985。

明的政治倾向性，必须能够正确揭示出社会发展的历史必然，从而使之成为当前政治斗争的有力武器。相应地，中国话剧的取法对象也由易卜生式的社会问题剧转向了俄苏戏剧。

有必要指出的是，中国左翼戏剧运动的兴起与日本普罗戏剧的影响有着直接的关联。最早在中国提出“无产阶级戏剧”口号的，是以创造社成员冯乃超、郑伯奇、叶沉、沈起予等人为代表的一批留日归国学生。他们率先从理论上对此前的社会问题剧作了批判，主张无产阶级戏剧不能止于“见鸡描鸡，见狗描狗”式的客观描述，而必须先具备唯物论的立场和无产阶级意识。在他们看来，戏剧应该是在“暴露、阐明社会上的矛盾”的同时，还能够“引导大众到发生一种革命的热情来反抗奋斗，而达到革命的目的”。[①] 不难看出，后来左翼戏剧理论的基本观点正由这些见解发展而来，实际上这批留日学生也确实就是中国左翼戏剧运动的中坚人物。

就是在这样一种由传统渊源、外来影响（阅读经验）和现实需求共同构成的时代的期待视野中，曹禺的《雷雨》呱呱坠地。可是，这部出自一个 23 岁的青年大学生的处女作，它是否能够得到时代的接纳和读者的认可呢？

四、“误读”的合理与乖谬

《雷雨》的问世并非一帆风顺。

1934 年 7 月，《雷雨》发表于由巴金、靳以主持的大型文学刊物《文学季刊》第一卷第三期。事实上剧本差不多在一年前便已经完稿了，交给靳以（他是曹禺的童年好友）也有了一段时间，但耐人寻味的是，靳以却将这部在中国现代话剧史上具有里程碑意义的剧本长期搁置在抽屉里。其中原因，或许如曹禺所说，是因为两人关系密切而有意避嫌，不过在靳以本人，恐怕并未真正认识到曹禺这部剧作的价值。直到与曹禺并不甚熟而心意相通的巴金知道有这样一部稿子，找出来看后，才决定立刻刊发。

同样耐人寻味的是，在《雷雨》刊出后差不多一年的时间里，没有一位批评家对它产生兴趣，写出只言片语。

为什么这样一部能令巴金感动落泪的剧本竟然在中国文坛上受到如此的冷遇？而在东京首演之后，不过一年左右，《雷雨》又竟然红遍大江南北，成为各地剧团竞相上演的剧目？为什么同是《雷雨》，人们的看法前后竟然如此不同？所以，对于《雷雨》首先在日本演出成功并赢得好评这一现象，我们就得追问一下：这种成功究竟是建立在什么基础之上？

关于《雷雨》在日本演出的起因，田本相的《曹禺传》是这样记述的：“当时，在日本有两位关注中国文坛的青年学者武田泰淳和竹内好。他们看过《雷雨》，深深为之感动了，带着《文学季刊》一起去茅崎海滨，找正在那里度假的中国留学生杜宣。杜宣酷爱戏剧，而且是个左翼文学青年，于是，便在一起热烈地讨论起来，一致认为《雷雨》虽然受到欧洲古代命运悲剧和近代易卜生的影响很大，但它是中国的，是戏剧创作上的重大收获。于是决定把

① 叶沉：《演剧运动的检讨》，《创造月刊》2 卷 6 期，1929 年 6 月。

《雷雨》搬上舞台。"[①]据此,《雷雨》是被当作中国话剧创作的重大收获而得以搬上舞台的。但问题的关键在于:是什么使他们得出如此结论?作出如此评价?是剧本的思想内容?表现技巧?还是兼而有之?从演出者对《雷雨》的处理来看,怕还是思想内容的成分居多。就是说,他们对《雷雨》的肯定,固然不无形式技巧方面的因素,但首先还是剧本的反封建意义,甚至是其中有关劳资斗争的表现。田本相特别提到了杜宣"是个左翼文学青年",可想而知,那两位日本青年的政治倾向和文学旨趣应该与杜宣相同。鉴于左翼戏剧运动在当时日本剧坛的巨大影响,杜宣等三人对《雷雨》的解读,极有可能是以左翼戏剧家的观点为评判尺度的。

在曹树钧、俞健萌所著《摄魂》中,提到演出《雷雨》的场所——筑地小剧场,是"日本左翼戏剧界中心",而为剧组联系演出场地的,则是"刚从苏联归来不久的日本著名戏剧家秋田雨雀先生"。这也从一个侧面表明《雷雨》在日本的接受背景。[②]

演出者对剧本最大的改动,是删去了序幕和尾声。按照吴天等人的说法,所以如此处理,是因为剧本"太长的缘故"。对此《摄魂》作者还提供了一条旁证,谓当时日本"正处于不寻常时期,战时警察法规定,凡是剧场、舞厅等公共场所,一律只准营业到夜间十一时整"。而《雷雨》剧本容量丰富,搬上舞台要演六个多小时才能全部演完。[③] 我们承认,这的确是一个理由,但序幕和尾声的删节,恐怕不能仅仅归因于此。因为序幕和尾声的存在与否,直接关系到剧本的题旨、氛围,甚至思想倾向。显然,如果保留序幕和尾声的话,势必削弱剧本对现实的批判锋芒;相反,如果删去序幕和尾声,则会强化其悲剧效果,突出其社会问题剧的特征。这一点,演出者心中其实是清楚的。所以他们除了删节之外,还做了一些相关的改动,如将剧情发生的时间改为与演出同时,以及在终场时安排鲁大海上场等。由此可见,所谓剧本太长不过是一个次要的原因,突出剧本的现实性、批判性才是删改的内在动机。换句话说,演出者对《雷雨》的删改主要不是由于技术上的"不得已",而毋宁说是出于对剧本价值、意义的特定解释的需要。

当然,我们感兴趣的并不只是演出者何以要进行删改,删改后的演出效果同样是一个值得探究的问题。毫无疑问,不论演出者删改的动机为何,删改后的演出的确在中国留日学生中产生巨大反响,并得到日本戏剧界人士的好评。就是说,尽管这种删改违背了曹禺的本意,却为《雷雨》东京首演的成功奠定了基础。

倘若演出者完全按曹禺的意图来排演,保留序幕和尾声,或虽有所删改而仍作为命运悲剧来处理,结果又会如何呢?从先前《雷雨》作为文学剧本所受到的冷遇来看,恐怕不大可能获得现在这样的成功。

所以应该承认,演出者这样做有其合理的一面,即迎合了时代的期待视野。在三十年代的中国话剧观众看来,话剧无疑必须具备象易卜生、萧伯纳作品所特有的那种现实性、

① 田本相:《曹禺传》,160页,北京出版社,1988。

② 曹树钧、俞健萌:《摄魂》,126页,中国青年出版社,1990。

③ 曹树钧、俞健萌:《摄魂》,127页,中国青年出版社,1990。

议论性和批判性特征，必须富于宣传性、鼓动性。因此，将《雷雨》作为社会问题剧来处理，正符合大多数观众的话剧审美定势，而曹禺淡化悲剧效果，追求古老、幽静境界的创作意图，实际上很难得到当时观众的认同。更何况东京首演的主要观众又是一批多少受了日本左翼戏剧影响的中国留日学生，他们对戏剧特性的认识及其欣赏趣味，《雷雨》演出者们当然不能置之不理。平心而论，《雷雨》得以搬上舞台，进而产生大范围的影响，东京首演的改编者及导表演人员确实功不可没。

而且，演出者对《雷雨》的改编，也不是全凭己意，而多少可以从剧本中找到依据。所以就是曹禺本人，虽然明确表示写作《雷雨》并非有意识地"要匡正，讽刺或攻击些什么"，但他并不否认："也许写到末了，隐隐仿佛有一种情感的汹涌的流来推动我。我在发泄着被压抑的愤懑，毁谤着中国的家庭和社会。"[①]这恰如钱理群分析的那样：一方面，当曹禺进行创作时，在显意识里，他感到的是自己生命本能的冲动，是对宇宙间神秘力量的惊奇、恐惧，以至于不可言喻的憧憬；另一方面，在潜意识里，他的愤懑又隐隐指向中国的家庭和社会。"而当这一切外化为他的戏剧生命，进而成为社会生命存在，接受处于现实的社会关系中的'观众的筛漏'（曹禺语）时，他显意识的自觉追求因为与时代意识形态既成规范相背离，而遭到拒绝，被推到'后景'中去；相反，潜意识里的不自觉指向却因为与'时代话语'的暗合，而被接受者强化，推到'前景'位置，显示出一种新的生命活力"。[②] 可以说，在某种意义上，《雷雨》演出者们所做的，正是这样一种前后置换或隐显对调。

但自另一角度看，《雷雨》的舞台版在迎合时代期待视野的同时，也将剧本所包孕的丰富内涵简单化了。这虽然有利于当时观众的接受，却不免导致了主题的单一和人物性格的扁平，甚至扭曲。不错，演出者是可以为自己辩解："就这回在东京的演出上看，观众的印象却似乎完全与作者的本意相距太远了。我们从演出上所感觉到的，是对于现实的一个极好的暴露，对于没落者的一个极好的讥讽。"然而，观众所以会有如此印象，除了其自身期待视野的作用之外，还与演出者的处理直接相关。譬如蘩漪形象的错位即为一例。我们注意到，在当时的演出中，蘩漪并没有成为一个值得肯定的人物，或者说，演出者未能替她找到同情。罗亭所录文字诚然代表了封建顽固势力的观点，[③]但演出者们似乎不曾反躬自问，他们自己的处理又将蘩漪置于一个什么样的位置。从白宁等人文章来看，蘩漪无疑是代表了"淫恶的丑态"，既然如此，则会有那样的看法，不能说与演出毫无关系。难怪曹禺要深表遗憾，道："舞台上的她与我原来的企图，做成一种不可相信的参差。"同样，舞台上的周朴园，甚至于周冲，也与曹禺的本意有相当的出入。

由于"误读"的不可避免，更由于建立在这种"误读"基础上的演出（包括后来国内各剧团的演出）的成功，不但使得舞台上的《雷雨》反客为主，令曹禺的申辩，还有他按自己意图

① 曹禺：《雷雨·序》，《曹禺全集》第1卷，7页，花山文艺出版社，1996。

② 钱理群：《大小舞台之间》，55页，浙江文艺出版社，1994。

③ 《雷雨》东京首演之后，剧团收到一封署名"一位热心戏剧的同胞"致《雷雨》剧团的公开信，信中写道，"闻尔等又决于本月中旬再次公演《雷雨》，尔等诚畜生不如矣。夫此等恋母奸妹之剧，斤斤以为艺术，公演于岛夷之邦，其意何居，殊难索解。"见日本《杂文》第1卷2号（1935年7月）罗亭《〈雷雨〉的批评》。

来演出的尝试，相形之下显得几近徒劳；而且如前所述，从对《雷雨》的“误读”开始，无形中规定了曹禺剧作的思想意义和艺术特征，规定了曹禺作为一个剧作家的创作走向。

于是，社会对曹禺戏剧创作的期待继续着先前的“误读”——既然曹禺以社会问题剧得名，那么他理所当然地必须创作出更好的、更能满足时代期待视野的社会问题剧。相应地，对于曹禺后来的创作，是否符合社会问题剧的规范，是否能满足时代的期待视野便成为人们评判其成败高下的标准。例如吕荧在其《曹禺的道路》一文中指出：“《雷雨》不是真正的社会剧，不过它是作者向现实踏出的最初的一步，它的成功确定了作者努力的方向；这是一条伏线，引出了以绘写社会为主题的《日出》”，“而经过《原野》，作者由命运的观念的否定进而作原始的憧憬。当他赋予这憧憬以新的内容，并且作为社会学的憧憬而加以肯定的时候，于是产生了题名《北京人》的悲剧”。[①] 显然，依吕荧之见，从《雷雨》到《北京人》，曹禺正在逐步摆脱命运悲剧的色彩而趋向描写社会悲剧，这恰是他进步的表现。杨晦的《曹禺论》则认为：曹禺本该由《日出》走向另一条大路，《蜕变》的创作即是曹禺迈出的新的脚步，然而遗憾的是，“曹禺在这条路上，只迈了这一步，马上又退转去，回到了他的老路，写出了《北京人》，接着是《家》！”他称《原野》是曹禺“最失败的一部作品”，而《蜕变》，虽然艺术价值不高，但因为“完全是写实的手法，没有一点神秘象征的成分搀杂在里面”，所以“在曹禺的艺术发展上，实在是平坦的一条大道”。[②] 不难看出，尽管吕、杨二人对曹禺剧作的具体看法并不完全一致，但所持尺度却是一样的。再如何其芳对曹禺改编的《家》的批评，以之为“情感上的牙痛症”[③]，同样是因为这部改编之作未能满足时代的期待视野。

我们不能苛求评论者超越时代，何况话剧又是属于那种最不能寂寞的艺术——没有观众的应和，话剧这朵艺术之花便失去了存活的土壤而很快枯萎。所以，即使是最自信的剧作家，也不能置观众的兴趣、评论家的批评于不顾，而必须不断调整自己以适应时代的需求。问题在于，时代的期待视野并非一成不变，一部满足了特定时代需求的作品也许可以轰动一时，却未必能够传之久远；相反，一部与特定时代需求不尽吻合的作品在当时虽被批评，但时过境迁之后，它的艺术魅力不减反增。曹禺前期的几部重要作品正是如此。那么，对于曹禺剧作被“误读”的合理与乖谬，我们究竟应该如何评判，才不失客观公允呢？

作为后来者，我们确实可以置身事外，去分析评判以显示所谓的“后见之明”；可是，对于成也“误读”，败也“误读”的当事人曹禺，他又该怎样面对这种“误读”呢？

原载《首都师范大学学报（社会科学版）》1999 年第 6 期

① 吕荧：《曹禺的道路》，《曹禺研究专集》（上），294，300 页，海峡文艺出版社，1985。

② 杨晦：《曹禺论》，《曹禺研究专集》（上），340，370 页，海峡文艺出版社，1985。

③ 何其芳：《关于〈家〉》，《曹禺研究专集》（下），368 页，海峡文艺出版社，1985。

曹禺早期戏剧创作的潜宗教结构

高浦棠

曹禺戏剧创作与宗教的关系已成为不争的事实，但我们应该充分注意到，这个问题是曹禺研究中的一个深层次领域，曹禺接受宗教的影响决不囿于某一具体宗教形态[①]，它是一种泛宗教影响。这种影响渗透在曹禺的主体意识中，主要体现在世界观、思维方式、人文理想等方面，渗透在创作实践中，则表现为一种沉潜隐秘的现象。

尽管戏剧文学有其艺术综合性的形态特征和人物命运冲突动作化的本质特征，但文学剧本作为叙事文学的一种，它与其他叙事文学一样，在结构上仍然由故事、人物、情境等一般叙事文学的最基本要素所构成。曹禺在早期的戏剧创作（指抗日战争爆发前曹禺创作的《雷雨》《日出》《原野》）中，正是在故事、人物、情境等最基本的叙事文学要素的选择、取舍、运用以及对各要素之间的贯通处理等方面，表现出一种沉潜的宗教文化意蕴和宗教理念秩序，我们将此称之为潜宗教结构，本文试阐释解析之。

一、文本原型与宗教故事

在人类历史上，宗教时代是紧承神话时代出现的一个时代，在现存世界各民族的许多宗教典籍里，所有神灵的传奇故事都基本保留了神话人物的精神风貌，其中有些作了删繁就简和改头换面，有些则原封不动地照搬过来。宗教故事实际上就是对神话故事有选择和系统化的传承，因此，许多宗教故事与神话故事一样成了后代文学作品中反复出现的原型母题，不过，在曹禺的早期创作中，剧情故事与宗教故事之间的关联，绝不是显在的直接套用，而像所有文学作品中的“原型”一样，是一种有意无意的隐喻，其表现也显得非常隐晦与深潜。

（一）《雷雨》故事原型。《雷雨》的故事“原型”应该是《圣经》中的“失乐园”神话，亚当和夏娃偷食了耶和华神的禁果，一同被逐出伊甸园。综观“失乐园”故事，我们可用下列一组词来贯通：诱惑——偷食（禁果）——惩罚。

《雷雨》本身的剧情比较繁杂，具有动作性的主要矛盾冲突是周朴园与鲁侍萍、周萍与

① 宋剑华《基督精神与曹禺戏剧》，湖南师范大学出版社2000年出版。王本朝《20世纪中国文学与基督教文化》，安徽教育出版社2000年出版。王列耀《基督教文化与中国现代戏剧的悲剧意识》，上海三联书店2002年出版。以上三书均专谈曹禺与基督精神与基督教文化。

蘩漪两条线，它们是全剧的主体骨架，也是推动其他情节线索发展的内在动力机制。认真分析这两组矛盾就会发现其内在思理逻辑与“失乐园”故事有着惊人的相似，首先鲁侍萍在周公馆做工受到当年的周家少爷周朴园的诱惑，“不很本分”“不清白”地“生了两个儿子”（侍萍语）。而周朴园后来则又受到比侍萍更优越的“有钱有门第的小姐”的诱惑，抛弃了鲁侍萍。从此，鲁侍萍受了种种惩罚性的磨难，而周朴园则自从将侍萍赶出家门以后，也一直经受着自我道德良心的谴责和惩罚。从诱惑到犯罪（包括偷情、抛弃）再到遭受惩罚，“失乐园”故事这一内在思理逻辑正好可以移位到《雷雨》中来，周朴园与鲁侍萍的命运在这个层面上正与亚当和夏娃的命运暗中契合，而正是在这个层面上，我们发现周萍的行为又是周朴园行为的翻版，周萍与蘩漪、四凤之间的乱伦情感纠葛过程的思理逻辑可以直接对应到“诱惑——犯罪（偷情）——惩罚”这个模式中来。这里蘩漪的行为表面看去似是个例外，她“有更原始的”“野性”，她受这种“野性”的驱使，要“什么都不顾”地往前走，然而她在肉体和心灵深处也同时遭受着和其他人一样的难以承受的惩罚。

除了思理逻辑的象征对应关系外，在《雷雨》中还有象征对应“伊甸园”的场景，这就是周公馆的大客厅，构成《雷雨》主体骨架的周朴园与鲁侍萍及周萍与蘩漪两组故事的原始起点均在这个大客厅。面对这个大客厅周朴园安排的种种摆设与禁令，会让人隐隐感觉到这里像是一个举行仪式的庄严场所，而鲁贵在这里的新的发现和转述，又使得这个场所罩上了一层神秘的面纱。《圣经》中的伊甸园曾是亚当和夏娃无忧无虑的生活乐园，然而他们的苦难命运也始于在“伊甸园”的犯罪，同样，《雷雨》中周公馆的大厅既是周朴园、周萍父子曾经行乐的场所，也是他们犯罪的场所，因而也是《雷雨》中所有人物苦难命运的原始起点。

早在1935年曹禺最初表述他写《雷雨》的初衷时，就曾多次说道：“我的方法乃不能不把这件事推溯，推到非常辽远的时候，叫观众如听神话似的，听故事似的，来看我这个剧，……这种方法犹如我们孩子们在落雪的冬日，在炉火旁听着白头发的老祖母讲从前闹长毛的故事，讲所谓‘Once upon a time’的故事，在这氛围里是什么神怪离奇的故事都可以发生的。”[①]由此可知，写《雷雨》，以隐喻象征远古时代的一出神话，正是曹禺的初衷，这样，我们从“失乐园”神话与《雷雨》故事在时间、环境、内在思理逻辑等方面的神似关系着眼，便有足够的理由认定：“失乐园”神话就是《雷雨》故事的原型。

（二）《日出》故事原型。与《雷雨》不同，《日出》没有习惯上那种完整的曲折的文学故事，曹禺说：“我想用片段的方法写起《日出》，用多少人生的零碎来阐明一个观念，……即第一段《道德经》引文内‘人之道损不足以奉有余’，所谓‘结构的统一’也就藏在这一句话里。”[②]以道教真经《道德经》中一句极富表现力的话来结构统领全剧，这让我们想起弗莱说过的一段话：在戏剧中，“某些主题、情景和人物类型从阿里斯托芬时代直到我们今天都几

① 曹禺《〈雷雨〉的写作》，《杂文》半月刊1935年第7期第2号。

② 曹禺《日出·跋》，《曹禺戏剧集·论戏剧》，四川文艺出版社1985年版，第382页。

乎没有多大变化地保持下来，我曾用'原型'这个术语来表示这些结构单位"。[①] 如果说"人之道损不足以奉有余"是文学作品从老子时代一直沿用的一个主题，那么我们可以说这里已经找到了"日出"结构的宗教经义原型。但是，从严格意义上说文学作品的原型应该是潜在的，作者在表现原型意义时不是有明确目的的过程，而是不经意的、有意无意的或潜意识的行为，那么，在《日出》结构中有没有更为沉潜隐深的宗教故事原型呢？根据曹禺有意无意的表述，我们有必要去作进一步的探寻。

曹禺说：在写作《日出》之前，"我挨过许多煎熬的夜晚，于是我读《老子》，读佛经，读《圣经》，我读多少那被认为洪水猛兽的书籍……我恶毒地诅咒四周的不公平。除了去掉这群腐烂的人们，我看不出眼前有多少光明。诚如《旧约》那热情的耶利米所呼号的：'我观看地，地是空虚混沌；我观看天，天也无光'。我感觉到大地震来临前那种'烦躁不安'，我眼看着地崩山惊，'肥田变成荒地，城邑要被拆毁。'在这种心情下，'我已经听见角声和打仗的喊声。'我要写一点东西，宣泄这腔愤懑，我要喊'你们的末日到了！'对这帮荒淫无耻，丢弃了太阳的人们。"[②]在这段表述中，曹禺透露了他写《日出》之前，曾接受过与自己当时"一腔愤懑"的情感造因有关联的宗教文化信息，但最突出的，也是与他的情感造因直接契合的则是《圣经·旧约》中耶利米的呼号。

耶利米是希伯来民族"旧的"时代的著名先知，耶利米一生的言行在《圣经·旧约》中被编为《耶利米书》。曹禺在《日出·跋》中所说的耶利米的呼号和《日出》剧本前面赘附的八段引文中的第三段，均出自《耶利米书》。虽然曹禺自己说他与耶利米的契合是一种情感造因上的契合，但我们却由此探寻到了作为《日出》剧本框架结构的故事原型。

《耶利米书》是《圣经·旧约·先知书》的一篇。"先知书"是《旧约》中的一种体式，它在《旧约》中占有相当大的篇幅。虽然如此，但作为一种文体其结构却非常单一，绝大部分"先知书"的主体内容由两部分组成，一部分诅咒现社会生活的腐败堕落，一部分用神启的方式揭示这种生活的罪恶后果。这种结构格局亦可用下面几个概念连贯：控诉——审判——惩罚，在《圣经·旧约》中，从最早的《以赛亚书》，到最后的《玛拉基书》无不采用这种固定结构模式，只是到后期出现了个别先知给生活在苦难堕落困境中的人们以正面诱导的倾向，如《以西结书》和附设在《以赛亚书》后面的"第二以赛亚书"均有这种倾向。统观《圣经·旧约》中的"四大先知书"和"十二小先知书"，《耶利米书》是最具典型性的。

对照"先知书"的这种格局，我们发现《日出》的故事结构正与之暗中契合，我们把前述的那一段曹禺的表白拿来，即可找到这种契合的因子，如"我要写一点东西，宣泄这一腔愤懑"，这对应的是"控诉"概念；"我要喊'你们的末日到了'！'对这帮荒淫无度，丢弃了太阳的人们。'"这又对应的是"审判"。至于"惩罚"概念所对应的则是剧本中李石清、黄省三、陈白露以及翠喜、小东西等人的死，还有潘月亭的破产和所有不顺意的人们。当然曹禺也

① 叶舒宪选编《神话—原型批评》，陕西师范大学出版社1987年版，第404页。
② 曹禺《日出·跋》，《曹禺戏剧集·论戏剧》，四川文艺出版社1985年版，第374—375页。

在剧本中安排了具有“神启”功效的暗示，这便是那句颇富诗意的、空穴来风式的断语：“太阳升起来了，黑暗留在后面。但是太阳不是我们的，我们要睡了。”

（三）《原野》故事原型，与《日出》一样，在宗教典籍中，同样可以析出一显一隐两个与《原野》剧情相对应的故事来，这里，显者就是曹禺反复申述的“报仇”“仇恨”故事①，虽然曹禺曾解释过“《原野》不是一部以复仇为主题的作品”②，但其剧情却毫无疑问地写了仇虎复仇的过程。复仇故事从宗教学的角度去阐释，它原出佛教。佛教有基本教义叫“因果报应”，意思是“行善者得善报，行恶者得恶报”③，我国民间常有“善有善报恶有恶报”的说法，就由佛教“因果报应”教义演绎而来。需要说明的是民间说法与佛教教义是有区别的，佛教所说的“因果报应”主要体现在个体人生的“今世”与“来世”的“六道轮回”中，其善恶果报的主体不能代替更换；而民间的说法则更偏向于在现世就得到报应，而且其善恶果报主体亦不固定，如父之善恶因缘，即可由其子来代受果报。在《原野》中曹禺虽然把焦大星安排为仇虎向焦阎王复仇的对象，但复仇后仇虎自己却犹豫了，并在幻觉中看到了地狱阎罗王随顺人世焦阎王意愿的判决后果，这或许正是曹禺所说的写的是复仇的故事，而反映的则不是复仇的主题之所在，它最终跳出了民间的和佛教教义的“因果报应”格局，显示了一种“启示”性的意义。

这种“启示”性意义使我们联想到了《原野》剧情背后更为深潜隐秘的一个宗教故事，这便是《圣经·旧约》中的《出埃及记》，或者更准确地说是关于摩西的故事。摩西是以色列民族长，上帝最初立约的中介人，是以色列民族历史上最伟大的民族英雄，是基督教前身犹太教的创始人。《圣经·旧约》中的首五卷历来被人们称为《摩西五经》，其中除了《创世纪》之外的《出埃及记》《利未记》《民数记》《申命记》等四部经书，写的就是摩西在上帝的神谕之下，引领长期在埃及为奴的以色列人走出埃及，经过崎岖的西奈旷野，艰难地向上帝指选的流奶、流油的肥美之地——迦南挺进的全部传奇历程。这段传奇历程反映了以色列民族幼年阶段的悲惨境遇和悲壮精神。我们说在更深潜的层次上，《原野》的结构正对应着摩西引领以色列人出埃及的历史经过。

在出埃及的过程中，我们可以析出这样几个关键情节：其一，摩西蒙召成为传达上帝神谕的先觉者，相当于后来的先知，用一个关键词来概括就是“觉悟”；其二，给埃及人降灾，特别是用神器击杀埃及人的所有头生子，使出离埃及成为可能，可用“报复（惩罚）—出离”来概括；其三，在荒芜的旷野中艰苦跋涉，与上帝立约，可用“旷野立约”概括；第四，摩西引领以色列人来到约旦河边，面对河对岸的迦南，已风烛残年的摩西当众演讲说自己不

① 1981年曹禺接受郦子柏等人采访时说：“当时的农民……要报仇……”。1978年曹禺在接受赵浩生采访时说，《原野》的主题是“仇恨，恨那个恶霸，想报仇”。但曹禺在接受田本相的采访时说：“《原野》不是一部以复仇为主题的作品……仇虎有一颗火一样的复仇的心”。以上采访分别见四川文艺出版社1985年版《曹禺戏剧集·论戏剧》附录。

② 曹禺《我的生活与创作道路——同田本相的谈话》，《戏剧论丛》1981年第2期。

③ 中国社会科学院世界宗教研究所佛教研究室编《佛教文化面面观》，齐鲁书社1989年版，第103页。

能继续领导大军前进，只得把重任交给约书亚，这可用“嘱托”概括。同样，我们在《原野》中也可析出与摩西的故事相对应的几个关键情节来。第一，仇虎被迫的心灵觉醒，立志报仇，逃出监狱，来到旷野中的焦家，即所谓“觉醒”；第二，杀死焦大星，暗害小黑子（实际是仇虎用计让瞎婆婆打死的），领着花金子逃出焦家，即“报仇—出离”；第三，艰难地跋涉于旷野的黑林子中，特别是第三幕的第三景中，已经苦不堪言的花金子，在仇虎试探性的询问过程中，仍坚定不移地要跟仇虎一同到那“黄金铺的地方”去，即“旷野立约”；第四，剧本最后仇虎临死之前，也向花金子作了情深意切、感人至深的嘱托，即“嘱托”。除了上述几处关键情节的神似以外，在整体艺术氛围上更为神似的，是仇虎引花金子在原野黑林子中奔走与摩西引领以色列人在旷野中跋涉的神秘对应，以及两个故事都有一个美好的未来世界，《原野》中的未来世界是“黄金铺的地方”，摩西引领以色列人出埃及的目的地则是“美好宽阔流奶与蜜之地”①。

虽然戏剧文学的特质要素是矛盾冲突，不是故事，但要真正写好矛盾冲突，却离不开故事，佛斯特说“小说的基本层面是故事”②。这句话运用在戏剧创作中也是非常贴切的，只有有意味的故事，才能构筑起深刻感人的戏剧冲突。在曹禺早期剧作中，将神话作为演绎现代生活情景的原型，其意味之深厚是不言而喻的。

二、未出场人物与人类主宰

在曹禺早期的三部剧作中，都有未出场人物。所谓未出场人物，就是那些与舞台上出现的人物有戏剧关系但却不出现在舞台上的人物。最典型的是《日出》中的金八，在《日出》中与金八对应的未出场人物是“那些劳作的人们”，即第二幕、第四幕反复在舞台说明中提到的那些“砸夯的”小工们③。这种构思设计，在《雷雨》和《原野》中也有反映，曹禺说：“《雷雨》里原有第九个角色，而且是最重要的，我没有写进去，那就是称为雷雨的一名好汉。”④从《雷雨》和《日出》对未出场人物的设计安排看，《原野》中的未出场人物应该是焦阎王和仇虎在牢狱中的弟兄们。

关于未出场人物的概念其实是曹禺自己提出来的，根据曹禺在《日出·跋》中的说明，这些未出场人物身上有如下特点：首先，他们分别是各剧中“最重要的角色”“时时操纵着场面上的人物”，其次，他们分别是各剧中的“生命”或“生机”，是剧情发展变化的活力所在，或者说是人物关系和命运变化的原动力。很显然，就剧情发展和剧中人物关系而言，未出场人物在剧本结构中有着举足轻重的作用，但是否仅此而已呢？换一句话说，曹禺在每个剧本中都安排上未出场人物是否还有其更深层的含义呢？他们在作者的主体意识中意味着什么，在剧情之外又象征着什么呢？

① 《圣经·旧约》，1998 年中国基督教协会出版，第 54 页。
② 佛斯特《小说面面观》，花城出版社 1981 年内部发行版，第 24 页。
③ 曹禺《日出·跋》，《曹禺戏剧集·论戏剧》，四川文艺出版社 1985 年版，第 379 页。
④ 曹禺《日出·跋》，《曹禺戏剧集·论戏剧》，四川文艺出版社 1985 年版，第 380 页。

从上面概括的两个特点看，曹禺笔下的未出场人物，很像西方宗教中的上帝，如基督教中的上帝就有“生命”的象征和不可视见的神性等特征。但是我们决不能轻易在上帝与未出场人物之间画等号，问题的关键在于我们应该在哪一个角度、哪一个层面、哪一种意义上将上帝身份与未出场人物作直接对证。严格说来，上帝本身就有着多重身份、多副面孔、多种内涵。如《圣经·旧约》中的上帝是一个威严与慈爱、惩罚与拯救并重的上帝，而这个上帝的价值主要体现在以色列民族所奉行的犹太教中，《圣经·新约》中的上帝更偏重于公平、正义、慈爱、善良等福音的播撒，虽然它也有最后的“末日审判”之说，但是自从上帝“造成肉身”之后，他就再没有行《旧约》记载的毁灭人类、惩罚不驯、试炼不忠、给敌人降灾等神迹，上帝的实际能量和真实面孔在新旧约中是有区别的。此外，还有哲学家和神学家笔下的“位格神”“人格神”上帝，以及宗教徒心目中全能的“完美精神象征”的上帝。曹禺虽然进过教堂，但他并不是一个宗教徒，他心目中的上帝形象一部分从他进教堂的感受体验中得来，更主要的是从宗教典籍中得来。况且，曹禺早期剧作中的所有未出场人物，并不都是全能的“完美精神象征”的上帝，在各个剧本中有明显的区别，下面我们分而述之。

曹禺说：“《雷雨》所显示的，并不是因果，并不是报应，而是我所觉得的天地间的残忍。……在这斗争的背后或有一个主宰来管辖。这主宰，希伯来的先知们称它为‘上帝’，希腊的戏剧家们称它为‘命运’，近代的人撇弃了这些恍惚的观念，直截了当地叫它为‘自然的法则’。而我始终不能给它以适当的命名，也没有能力来形容它的真实相。因为它太大，太复杂”。[1] 这里所说的“主宰”，就是《日出·跋》中所说的“第九个角色”，因为“主宰”者“管辖”着宇宙里如“四凤和周冲的遭遇”这样“残忍”“冷酷”的斗争，而“第九个角色”则时时操纵着出场的“八个傀儡”。对于“主宰”者，曹禺说他“没能力来形容它的真相”，对于“第九个角色”，曹禺则说“总不能明显地添上这个人”，尽管曹禺将《雷雨》中的未出场人物与希伯来先知心目中的“上帝”、希腊戏剧家笔下的“命运”、近代人称为“自然法则”的这些形象和理念作了明确的区别，但从中仍不难看出他们在宇宙中的能量是基本等同的，只不过在感情上曹禺体会到《雷雨》中的“未出场人物”所显示的“残忍”“冷酷”比“上帝”“命运”“自然法则”更“大”，更“复杂”。

在曹禺创作《雷雨》的时代，人类文明已进入现代社会，宗教上帝观念在人们心目中逐渐淡化而“自然法则”观念则已普及，但曹禺的许多自我表述中往往谈到“主宰”者形象时便用“上帝”概念来代替，谈到蘩漪：“热情原是一片浇不熄的火，而上帝偏偏罚她们枯干地生长在砂上。”[2]谈到周朴园和周冲：周冲的“死亡和周朴园的健在，都使我觉得宇宙里，并没有一个智慧的上帝做主宰”[3]，此外，与“上帝”概念共生于同一语境的“先知”“预言”以及

① 曹禺《雷雨·序》，《曹禺戏剧集·论戏剧》，四川文艺出版社 1985 年版，第 355 页。
② 曹禺《雷雨·序》，《曹禺戏剧集·论戏剧》，四川文艺出版社 1985 年版，第 358 页。
③ 曹禺《雷雨·序》，《曹禺戏剧集·论戏剧》，四川文艺出版社 1985 年版，第 361 页。

"灵魂""宇宙""拯救"等等概念的频繁出现，说明心目中的"主宰"者，更接近于《圣经》中的"上帝"。况且，"主宰"一词本身也采自《圣经》，在《圣经》中，"主宰"是上帝对宇宙的一种特殊职能。

但是，我们不应该忽视曹禺对《雷雨》中未出场人物所显示的"残忍""冷酷"的描述，和比"上帝""命运""自然法则"更""大"、更"复杂"的表述，这是曹禺自己独到的发现。约翰·希克在总结了"犹太教——基督教"的上帝概念和后世诸多神学家的上帝观念后，对上帝作了这样的概括："上帝被认为是无限的，永恒的，非被造的，人格的实在，他创造了除他之外所存在的一切，他对他所创造的人类显现为神圣的仁爱的上帝。"①几乎在所有神学、宗教学著作中，我们很难发现有关上帝"冷酷""残忍"的描述，然而曹禺却在《雷雨》中暗示出一个"确是太残忍的"不"智慧的上帝做主宰"②。我们知道，希腊悲剧中的"命运"是以残酷著称的，而希伯来人的上帝则是以拯救与惩罚并重著称的，《雷雨》中的上帝正可看作综合上述两种观念形成的一个形象。因此我们说曹禺丰富了历史上人们有关上帝言说的内涵，在这个主宰者身上，不仅存在着不可视见的神秘性，而且还有着无法言说的"复杂"性和无限性（即曹禺所说的"太大"）。

在《日出》中，未出场人物的位格，由一个增加到两个，即金八和幕后"劳作"者。曹禺在安排这两个未出场人物的过程中，曾有意将"拥有光明和生机"的"劳作"者"硬闭在背后"，当作金八的"陪衬"。我们从直观的戏剧情节看，金八也的确是主角，在金八身上，我们既可以看到《雷雨》中未出场人物那种时时操纵出场人物的全能性，也有《雷雨》中未出场人物可以完全主宰出场人物生死命运并玩出场人物于掌心的残酷性。《日出》中的所有出场人物从性别和行迹看，男的大部分是嫖客，女的则都是妓女，这些男男女女又生活在两个不同的环境中，同时也被区分为两个阶层或群落：一类生活在"地狱"般的宝和下处，被人们称为"人类的渣滓"，一类则是混迹于"××大旅馆"有钱有地位的社会各色人等。但无论生活在哪里，他们都不同程度地受着金八直接或间接的、有形或无形的控制。在曹禺的心目中，无论是"××大旅馆"的群落，还是宝和下处的群落，他们都是见不得阳光的"鬼"，是挣扎在人间地狱中的"禽兽"，而金八正是这个人间地狱中掌握生杀大权的"代表"③，当然也可以说金八就是《日出》所有出场人物命运的神秘的主宰者。

但是，曹禺之所以将《日出》的未出场人物分成两个，显然是有其特殊用意的。金八虽然有着主宰出场人物命运的权势，然而金八所代表的这个世界是一个腐烂且即将被毁灭的世界，他所主宰的包括他自己在内的群落则是一个没有生命且即将崩溃的阶层，担当剔除这个阶层、更新这个世界的使命的人物，就是曹禺"故意"把他"闭在背后"的"那些劳作的人们"。只有这个未出场人物才能算得上是《日出》世界中神圣的、全能的主宰者，这个

① 约翰·希克《宗教哲学》，生活·读书·新知三联书店1988年版，第35页。
② 曹禺《雷雨·序》，《曹禺戏剧集·论戏剧》，四川文艺出版社1985年版，第356页。
③ 曹禺《日出·跋》，《曹禺戏剧集·论戏剧》，四川文艺出版社1985年版，第379页。

未出场人物的神性特征是通过一种真正意义的启示方式表现出来的，如果不是用启示这样一种方式，我们便很难将幕后的“劳作”者与神秘的人类主宰联系在一起。在犹太教—基督教历史上，上帝与人类的沟通，上帝向人类传达旨意，主要是通过先知做中介完成的，先知所传达的上帝旨意在神学上叫作启示，“启示是由神保证的真理向人所作的传达”①。曹禺创作《日出》时，劳动者当家作主的思想已点燃了一浪高过一浪的社会革命，在进步文化界亦已有了多种形式的直接间接反映。但是，我们从《日出》中的“劳作者”身上看到的不是阶级斗争和武装革命，而是一些神秘的晓喻和宣示，所谓晓喻和宣示，指的是曹禺把“劳作者”看作“拥有光明和生机”的人们，并在剧本第二幕和第四幕中多次描写他们的劳动号声充满了“生命”的气息，他们的身上披着“阳光”，而对应“生命”和“阳光”概念的则是剧本前面赘附耶稣的宣示：“我是世界的光，跟从我的，就不在暗里走，必然得着生命的光。”②更直接地传达神的旨意的还有，剧本前赘附的第四段引文，即使徒保罗等人写给帖撒罗尼迦教会的信中所晓谕的主耶稣的圣训：“我们在你们那里的时候，曾吩咐你们说，若有人不肯工作，就不可吃饭。”③《日出》中“劳作者”的轴号唱词便是：“日出东来，满天的大红！要想吃饭，可得做工！”从耶稣的神谕和“劳作者”所传达的信息之间的神秘对应吻合，我们看到《日出》中的“劳作者”即未出场人物，根本不像是20世纪30年代迫切要求或正在走向翻身求解放道路的中国无产阶级被压迫劳动人民的阶级形象，而正是一个神秘的人类世界主宰者的形象。

《原野》中未出场人物的构想与安排，基本上与《日出》相似：两个位格及他们所行的不同职能，焦阎王像金八，具备“劳作者”职能的是仇虎临终前向花金子交代的“弟兄们”。这里需要进一步说明的有下列几点；第一，《日出》描写的人类生存环境是“人间地狱”，《原野》中则不仅有“人间地狱”（焦阎王家），还有宗教中所谓的真正地狱。焦阎王不仅主宰着剧本中所提到的所有人的现世命运，也主宰着这些人死后在地狱中的命运，他的权能行施范围更大，他的本质更残忍。剧本中多次描写焦阎王的遗像对现世活人的心理威慑，以及给现世活人带来的无端恐惧，这无疑是神学意义上人类主宰者与人类关系的一种写照。佛教中的阎罗王和犹太教—基督教中的上帝面对人类时，均有这样的职能、权能、功能。第二，曹禺在剧本中还描写了与焦阎王对垒的仇虎及仇虎的弟兄们，这里我们特别提到仇虎在两个未出场人物位格之间的地位，仇虎本来是未出场人物“弟兄们”中的一员，他是代表“弟兄们”从幕后走到前场来颠覆焦阎王主宰的那个世界的。在剧情发展中，仇虎几乎就要胜利了，但由于他自身势力的单薄，以及由此导致的意志力、心理承受能力的消解，最后无奈地失败了。在死之前，他反复向花金子交代说明他的“弟兄们”的力量和权能，并像神一样宣示：“告诉他们现在仇虎不相信天，不相信地，就相信弟兄们要一块儿跟他们拼，

① 约翰·希克《宗教哲学》，生活·读书·新知三联书店1988年版，第115页。

② 《圣经·新约》，1998年中国基督教协会出版，第114页。

③ 《圣经·新约》，1998年中国基督教协会出版，第233页。

准能活，一个人拼就会死”。对于仇虎的这一宣示，我们虽然找不到像《日出》那样的神学启示来对应，但我们也找不到有关当时劳动人民翻身求解放斗争的描写和说明。而就仇虎这个形象而言，他虽然是个有着深重苦难、深仇大恨的人，但他的言行举止，更像一个人性化的上帝的天使，是上帝旨意的执行者，至于他究竟像摩西？还是像弥赛亚、耶稣？这将留待以后进一步讨论，而无论他像这三个人物中的哪一个，他的宣示，也就是神的启示。由此，我们也便不难领悟《原野》中另一个未出场人物——“弟兄们”施行“最后审判”的神性权能和主宰世界的无须证明的必然结果。

通过我们的分析可看出，在曹禺主体意识的深层领域，存在着一个令他无比惊惧且又无法言说的人类的主宰者——上帝形象，他具备着宗教意义上的人类主宰者的一切特点。为了表达他对这个形象的“向往”和“憧憬”，他便将这个形象设计为未出场人物，从而使得剧情更加充满了戏剧性。

三、人类生存困境与宗教苦难意识

曹禺早期创作的三个剧本都是悲剧。悲剧是以剧中人物的苦难命运和悲剧结局显示的，在以往较长时段内的主流批评话语中，《雷雨》表现的是封建大家庭的悲剧，《日出》表现的是都市社会的悲剧，《原野》表现的是农村的悲剧。自一面看去，这不无道理。但对曹禺研究来说，从选材范围来框定他创作的最终价值，是远远不够的，这只触及到了曹禺创作大厦的表层，曹禺深切关注的是人，是人的命运，人的灵魂，甚至是人物灵魂深处的意识和潜意识层面。

从社会身份看，曹禺早期创作中的人物有地主、资本家、太太、阔少、职员、自由职业者、工人、佣人、交际花、妓女、逃犯等等。但社会身份的高低贵贱和经济生活的贫富差别并未成为曹禺建构戏剧矛盾冲突的主要依据，曹禺是将各种身份的人物统统都推到生命的旋涡中，来写他们的生存困境、多舛命运和苦难灵魂。《雷雨》中的人物都为情欲所煎熬；《日出》中人物的情欲成了物欲的附庸，他们都为物欲所煎熬；而《原野》中的主要人物正陷在人类情感的两极之间，被爱和恨所煎熬。

法国著名宗教哲学家马利坦说：“中间物种的处境一般说来是不太令人羡慕的，而人类，因其既有肉体又有精神，是一个中间物种，这乃是一种怪诞的优越。苍天在诉述上帝的光荣，而上帝创造的大地却对人那么的可怖。”①作为神学家，马利坦把人定位为“中间物”，对人的精神的先天性规定无疑带着许多神秘色彩，然而，不约而同的是美国社会生物学家威尔逊从生物进化的角度，也得出了大致相似的结论。威尔逊认为：人类的前景是暗淡的——我们是一群生物，灵魂不能自由飞翔。如果人类进化根源是达尔文的自然选择，那么我们就不是上帝的造物，而是遗传变异和环境中必然性的结果。”②“大脑中存在着先

① 刘小枫主编《20世纪西方宗教哲学文选》(上册)上海三联书店1991年版，第37页。
② 威尔逊《论人的天性》，贵州人民出版社1987年版，第1页。

天的潜意识压抑力和动机，它们深刻地、无意识地影响着我们的伦理前提，人类道德就从这些根源如同本能一样进化而来。”①总结两位哲人的观点，用一句通俗的话来概括就是：人有先天的优势，同时也有先天的劣势，先天的精神优势决定人有着超越现实生存环境的内在机能和潜能；而先天的劣势（即或者说肉体或者说遗传）则又规定人很难对现实生存环境有所作为。曹禺以他早慧的心灵，透过纷繁的红尘世界和人欲弥彰，敏锐地感悟到了人的与生俱来的生存困境。他的早期剧作向我们展示的戏剧情境正是这样一种人类的生存困境，剧中人物几乎都是这种生存困境中的挣扎者。《雷雨》中周萍与蘩漪由于乱伦，最后在尴尬的困境中走向死亡的路；周朴园一直在维护着他的体面的家庭，孰料在他体面的家庭里竟发生了晴天霹雳般的乱伦事件；侍萍被周家抛弃以后，本想远离周家，谁知三十年后竟鬼使神差地再次来到了周家，周家成了她一生都无法摆脱的魇圈。《日出》中潘月亭一系的人物都在费尽心机、绞尽脑汁地聚敛钱财，殊不知在他们聚敛钱财的过程中，钱财已经给他们设好了险坑；陈白露和翠喜这一对不同档次的妓女，一旦陷进“烟花巷”里，便再也无法自拔了；方达生想领走陈白露而不能，为了解救小东西，又几遭不测，可惜他满腔热血竟无处挥洒，只得满心惆怅，四处碰壁。《原野》中的仇虎怀着极度的爱和极度的恨，从监狱中逃出，来到无边无际的原野上，痛快淋漓地宣泄了他的爱恨情感，然而后来竟不自觉地陷进了自己心造的网笼里；花金子以一个女人所能承受的最大的牺牲，找到了自己的心爱，然而这心爱却是仅仅存活了十天的“一现昙花”；焦大星被夹在生身母亲和心爱的花金子之间，他的无奈一望便可知晓；焦母儿孙死了之后，只剩下她一个双目失明的瞎老婆子，她将怎样打发风烛残年的时日呢？

当人的生命置于如此困境之中，随之而来的只能是心灵的痛苦、灵魂的磨难，我们知道，苦难在世俗的意义上一般是与人的经济状况相联系的，但富有如周朴园、潘月亭、焦母者也往往会从心底生起诸多无端的痛苦，应该说这是曹禺的特意安排，因为只有在精神世界的平台上，富人和穷人的灵魂才都平等地成了苦难的载体。周朴园与鲁侍萍，虽然前者是富有的抛弃人者，而后者是贫贱的被抛弃者，但他们两人都同时为同一件事情经受着痛苦的磨难。当焦母预感和明确意识到仇虎将报仇的时候，他们两人也同时为同一件事情感受到了痛苦。陈白露，一个姿色出众、拥有众多追求者的交际花，无论是继续在烟花巷混下去，还是跟随方达生出走，都是有条件的，然而她却自己毅然拒绝了两种希望的召唤，用安眠药结束了年轻美丽的生命。从宗教学的意义上说，人的肉体生命是有限的存在，而人的精神灵魂则是企求永恒的一种存在，然而只有将灵魂交付给上帝的时候，才会成为一种可能。那么，当人的灵魂还没有交给上帝的时候，人的精神界域究竟有多大？人的灵魂究竟有多大的承受能力？现代医学和心理学提供给我们的结论是，当人的灵魂无法摆脱命运的磨难时，人的内心世界就会崩溃，精神就会分裂。蘩漪精神分裂了，侍萍的痴呆是另一种精神分裂；黄省三疯了，李石清狂了，陈白露其实也是因为无法继续承受人格分裂

① 威尔逊《论人的天性》，贵州人民出版社 1987 年版，第 5 页。

的痛苦而自杀的；仇虎满蓄了八年的报仇欲望，当他的仇恨欲火所喷洒的对象与既定对象有所偏离时，他也成了一个精神分裂症患者；而听着黑树林子里焦母那鬼魂一般的呼号，谁又能断定此时的焦母还是一个精神健全的人呢？

固然，早在古希腊时期，苦难就是悲剧情节的重要组成部分。亚里斯多德说，悲剧情节的“第三个成分是苦难”。① 但是古希腊人往往把苦难归咎为“命运”。而“命运”是无形的，不规律的。因此，古希腊悲剧中的苦难在很大程度上显示出一种偶然性。然而，曹禺则不然，我们从他早期创作中发现的是另一种景观，从《雷雨》到《日出》，再到《原野》，从封建大家庭到都市社会，再到农村，到处都充满着苦难的气息，每一个人的灵魂都被苦难所浸透。着眼于人类的生存环境，以戏剧冲突为载体，曹禺深刻地揭示了人类无法逃避的苦难，苦难一旦成为各种不同语境中的共同话语，成为人社会生活的共同底色，它便超越了个别，上升成为哲学命题。在世界哲学史上，唯有宗教学才是最典型的苦难主义。然而当我们把曹禺所揭示的苦难与宗教意义上的苦难进行对照比较时，就会发现他们之间存在着惊人的相似。这种相似主要来自对于苦难根源的揭示。

自然在宗教哲学领域，对苦难根源的认识也是有区别的。佛教认为：“人生一切皆苦。”②这一切皆苦的最根本原因是“贪欲”，“正是在人的这种不可能得到真正满足的强烈贪欲中，痛苦深深地扎下了根”。③ 犹太教—基督教也认为人生是痛苦的，但人生痛苦的最根本原因来自人与上帝的关系，可概括为两种类型：第一，上帝考验试炼自己选民是否忠诚而特意安排的苦难，如以撒、雅各、约伯式的苦难，以及耶稣在旷野经受撒旦考验的苦难。第二，上帝惩罚罪人式的苦难，如亚当和夏娃的苦难，大洪水时期人类的劫难，以色列民族在巴比伦被困的苦难，特别是以钉十字架的极刑象征对整个人类惩罚的耶稣的受难，被后来许多宗教学家引申概括为人类被上帝遗弃的苦难。汉斯·昆说，耶稣的“这种被人遗弃的死，如我们所看到的，其特征就是不可比拟、不可限制地被上帝遗弃：即被那个他将一切寄托于与之接近的人遗弃在绝对的孤独中”。④ 而耶稣自己也在临刑前发出了内心的呼喊：“我的神，我的神！为什么离弃我？”⑤毫无疑问，在基督教神学家们看来，人类最根本的苦难来自上帝的遗弃，或者说“遗弃”情节是人类苦难的根源。而曹禺剧作所描写的大多苦难现象的根源也正是“遗弃”情节。侍萍、蘩漪的苦难源自被遗弃；周冲的苦与鲁大海的怒也与遗弃有关；陈白露是被那位诗人遗弃后自甘而又不忍沦落在烟花巷里的，方达生的怅惘又与陈白露的不理有关；黄省三被李石清遗弃，李石清又被潘月亭遗弃，潘月亭最后被金八所抛弃，这一系列的遗弃引来了一系列的苦难结局；而仇虎的仇恨则是来自焦阎王将他打断腿后抛入监狱这一隐伏的遗弃情节。“遗弃”是曹禺建构戏剧矛盾冲突的隐伏

① 亚里斯多德《诗学》，人民文学出版社 1962 年版，第 35 页。
② 中国社会科学院世界宗教研究所佛教研究室编《佛教文化面面观》，齐鲁书社 1989 年版，第 102 页。
③ 爱德华·J·贾吉编《世界十大宗教》，吉林文史出版社 1991 年版，102 页。
④ 刘小枫主编《20 世纪西方宗教哲学文选》（上册）上海三联书店 1991 年版，第 904 页。
⑤ 《圣经·新约》，1998 年中国基督教协会出版，第 37 页。

情景，是曹禺心目中人类遭际苦难命运的根本原因。

这里需要补充的是从遗弃到苦难的中间地带，还隐含着一个“欲望”的逻辑环节，也就是佛教所说的“贪欲”，在曹禺早期剧作中亦不乏贪欲者形象，这正可说明曹禺创作兼收并蓄的包容性与宗教文化蕴涵的丰富性。

故事、人物、环境情节或情境——从文艺学的角度着眼，已经构成了一个规整而系统化的世界，这意味着曹禺虽然描写的是现实生活，但这现实生活的背后却隐伏着一个完整的宗教世界；曹禺虽然刻画的是现代人的欲望、追求、命运，以及由此形成的戏剧冲突，但所有这些冲突的机制却都建立在一片深厚的宗教土壤上；曹禺虽然展示的是斑驳陆离的现代世界，但这现代世界的上空却不断滋生着一种无形的宗教气息，曹禺的特点、曹禺的深刻、曹禺的魅力均与这隐伏着的宗教世界和升腾着的宗教气息有关。如果说宗教是一种文化现象，文化是一种生活模式，那么，文学艺术一旦与宗教文化有了血肉联系，它又将意味着什么呢！——是对特定人群生活的有限时空的超越？是与人类心灵深层的潜在记忆和感应的沟通？抑或是二者兼而有之？相信走进曹禺的戏剧世界，就会得到满意的答案。

原载《文学评论》2003 年第 6 期

曹禺研究有无审美疲劳

——兼论"说不尽的曹禺"

曹树钧

曹禺是我国现当代戏剧史上成就最为突出、影响最大的一位剧作家，因此研究曹禺的文章与论著之多，涉及方面之广，以及对许多问题在理论上的发掘与探讨之深入，都是中国其他剧作家难以比拟的。

进入21世纪之后，在一些学者中产生了这样的疑问：曹禺研究是否已经差不多了？一次一位年轻学者问一位年老的曹禺研究者："你搞曹禺研究已经数十年，是否感到了审美的疲劳？"还有一位博士生在给一位曹禺研究专家的信中说："我不敢碰曹禺研究，您已经研究了那么多年，我很难再超过您。"这就提出了一个问题：曹禺研究是否已经探讨得差不多了？或者更尖锐地说，曹禺研究搞了那么多年，是否已经到了山穷水尽的地步？本文试对这些疑问作初步的回应。

一、曹禺研究在剧作家研究中遥遥领先

从20世纪30年代曹禺剧作问世之后，七十余年间曹禺研究便由浅入深，逐步发展，成为我国现当代剧作家研究中成就最为突出的一个领域。

1949年直至"文革"，由于"左"倾思潮的严重干扰，曹禺研究基本上局限在《雷雨》《日出》等曹禺个别剧作的分析范围内，内容也仅仅停留在文本的狭窄天地内。改革开放以来，由于思想解放和中外文化交流的加强，曹禺研究者的审美视野大大拓展，曹禺研究的领域不断扩大。曹禺研究不仅从社会学，更从美学、心理学、比较文学等各种视角展开，对曹禺剧作进行了多侧面、多层次的审视与探索，跨入了全新的领域。从1978年至1990年，短短十几年，就出现了十几部曹禺研究专著。

新中国成立后第一部曹禺研究专著《〈雷雨〉人物谈》1980年由上海文艺出版社出版。上海华东师范大学钱谷融教授的这本书并不是鸿篇巨著，它只有十二万多字，但它却是钱谷融先生"文学是人学"审美理论的具体体现，是中国现代文学批评史上文艺批评、戏剧批评的一部经典之作。我们在谈及文艺批评经典时，经常谈到莱辛的《汉堡剧评》，谈到别林斯基、杜勃罗留波夫评《钦差大臣》《大雷雨》的著名论著，其实我们可以毫不夸张地说，《〈雷雨〉人物谈》就是中国当代文艺批评家撰写的一部戏剧评论的经典。此书的第一篇文章：《你忘了你自己是怎样一个人啦！——谈周朴园》早在1959年9月便发表了，并且自那时开始，便产生了广泛的社会影响。

这之后，曹禺文本研究的专著《曹禺剧作论》（田本相）、《曹禺的戏剧艺术》（辛宪锡）、《论曹禺的戏剧创作》（朱栋霖）、《曹禺论》（孙庆升）、《曹禺剧作艺术探索》（华忱之），生平研究的专著《曹禺传》（田本相）、《曹禺评传》（胡叔和）、《摄魂——戏剧大师曹禺》（曹树钧、俞健萌）、《曹禺的剧作道路》（杨海根）、《海上惊雷》（陈迎宪）等纷纷问世。进入 90 年代之后，演出研究开始引起学者的重视，专著有《大小舞台之间》（钱理群）、《曹禺剧作演出史》（曹树钧）等，以及综合研究的《曹禺：历史的突进与回旋》（马俊山）、《走向世界的曹禺》（曹树钧）、《现代性视野中的曹禺》（李扬）等著作。曹禺的家乡潜江还出现了研究曹禺的本土作者刘清祥与毛道海等。刘清祥原系潜江市曹禺著作陈列馆（今为曹禺纪念馆）馆长，从 1989 年陈列馆创建至 1996 年曹禺逝世，七年中多次采访曹禺，结合工作研究曹禺，写过多篇研究文章。2004 年与董尚华合著出版《中国戏剧大师——曹禺》一书。毛道海专注曹禺家族史的研究，前后达二十余年，2007 年出版《曹禺家世》（中国戏剧出版社）一书。

进入 21 世纪以来，曹禺研究以更加全面、深入的态势展开，研究的领域在不断地向新的方面拓宽，从一个侧面反映了改革开放以来我国戏剧理论研究的飞速发展。从 1985 年至今，将近二十五年间，先后在天津、北京、武汉、石家庄、潜江等地举行了八次全国性乃至国际性的曹禺学术研讨会。每次会议在曹禺研究方面都有新的进展。2000 年、2004 年会议结束后出版了《神州雷雨》》（曹树钧、刘清祥主编）、《世纪雷雨》（曹树钧、郑学国主编）等论文集。在这些研讨会上，曹禺研究又有了新的突破，主要表现在：

首先，对曹禺及其剧作的研究从各个不同角度，全面、深入地展开，提出了不少新的见解。

有的学者从曹禺个人话语与时代话语的消长这一视角探讨了曹禺的创作道路，认为曹禺的剧作具有个人话语和时代话语两种因素。对于个人话语，他经历了抗争——动摇——坚持——改变——回归——放弃的曲线变化过程。总的趋势是个人话语逐渐消减，时代话语逐渐增长，其结果是一代话剧天才成了平凡的剧作家。

同样是论述曹禺具体作品与人物，许多学者也力图用新的视角，提出自己新的见解。对《北京人》这一众所周知的曹禺代表作，中年学者李扬教授指出这部剧作“既是对作家前期创作的一种总结，又隐含了作家以后创作的基本走向”。作家一方面在作品中高扬着反传统的旗帜，另一方面又对体现着传统美德的愫方赞美有加，“不知不觉间陷入了悖论之中”①，标志着作家在文化立场、价值观念、审美趣味诸方面的转向。

其次，创作心理研究与比较研究方法在这两次研讨会上有了较深入、广泛的运用。有的学者论述了曹禺剧作构思的心理特征；有的学者比较曹禺前后期的剧作异同，指出前期作品注重写人的灵魂、呼唤人性，贵在精神。后期作品，文思转向平和细润，像宫廷中的雅乐，雍容华贵，风貌宜人。没有往日犀利的锋芒，没有分明的棱角。没有无所顾忌的一往无前的冲动，是一种不争、不怒、无个性无锐气的无色人生。

① 李扬.悖论与整合：《北京人》中的反传统与传统（A）.世纪雷雨（C）.主编曹树钧、郑学国.中国文史出版社，2005：281

比较的研究方法在各个不同层面上获得展开。既有曹禺剧作与易卜生、奥尼尔剧作的比较，也有曹禺剧作与文明戏时期一些剧作的比较；前者让我们认识到中外文化之间的相互影响，后者让我们看到中国戏剧艺术本身的进化，看到了历史演进的历程。在2000年与2004年两次研讨会上，特别令人喜悦的是一批中青年曹禺研究学者脱颖而出，他们的视角开阔，观点新颖，从艺术思维、爱情婚姻话语、女性主义文学、接受美学、史料学等多种视角、多种方法对曹禺剧作作了较广泛、深入的探讨，成效卓著。

在新世纪的曹禺研究中，有两个现象令世人瞩目：一是2004年与2010年由中国文联、中国剧协、湖北省文化厅、潜江市文化局等单位联合主办了两届"曹禺文化周"，在"曹禺文化周"期间举行了国际学术研讨会、曹禺剧作演出、参观曹禺纪念馆等一系列弘扬曹禺优秀文化的盛大活动；二是由湖北潜江市曹禺研究会策划的《曹禺研究》年刊问世。从2004年到2010年《曹禺研究》这本全国唯一的曹禺研究年刊接连出版了七辑，内容越来越厚实，团结了全国广大的曹禺研究学者，研究领域越来越广泛，影响日渐扩大，充分显示了湖北人民对曹禺这位杰出戏剧家的深情厚爱，对曹禺剧作这一中华民族的瑰宝的无比珍视，为中国的曹禺研究作出了重要的贡献。

二、曹禺研究纵深开掘的天地有多大

学海无涯，艺无止境。迄今为止，曹禺研究已经取得了上述丰硕的成果，但有不少领域需要从纵深开掘。

（一）生平研究、文本研究有待全面深入展开

研究一个作家（剧作家）的作品，必须要有正确的评价作品的方法和标准。这个方法和标准，鲁迅曾作过这样精辟的论述："倘要论文，最好是顾及全篇，并且顾及作者的全人，以及他所处的社会状态。这才较为确凿。要不然是很容易近乎说梦的。"

在相当一段时间里，三幕话剧《原野》遭到了不应有的误解。有不少评论家批评这部作品"缺乏生活基础"，"整个剧作充满了一个非现实的人造气氛"，北大一位著名教授甚至在《曹禺论》中断言这"是曹禺最失败的一部作品"。[①] 平心而论，这是对《原野》创作过程未作调查研究的武断结论。假如对曹禺创作《原野》时的创作过程稍加考察，便不难发现这些评论者对《原野》的指责是何等的主观和荒唐。因此生平研究与文本研究是曹禺研究的基本功，也是曹禺研究的重点。

曹禺剧作的文本研究还需进一步深入，对曹禺剧作需要正本清源，消除误读，作出尽可能科学的阐述。

长期以来由于"左"倾思潮的影响、第一手资料的缺乏，对曹禺、曹禺的剧作往往作出非科学的评价，出现不少"误读"现象，需要进一步开展史料研究、生平研究，为广大研究者提供坚实的事实依据，还曹禺其人、曹禺其作品的本来面目。现已出版的《曹禺全集》需要增补，文章应该尽可能收全，无论文章、书信还是日记都不能作人为的删改。首先史料要

① 杨晦.曹禺论[A].青年文艺[J].新1卷第4期

还本来面目，然后研究也要根据事实，实事求是地作出科学的评价。

在一次国际性的学术研讨会上，有的学者认为应该尊重曹禺本人的意愿，在编《曹禺全集》时理所应当地删去曹禺在反胡风、反右派斗争时期的文章。一些学者反驳了这种观点。认为曹禺反右派、反胡风时期的错误文章，应该收，否则不成其为《全集》。当然，传主本人建议不收，他的心情我们可以理解，他不想再一次伤害朋友。但是学者从事的是科学工作，科学就必须要坚持实事求是的原则。传主不愿意收可以做工作，也可以采用在编《曹禺全集》时加编者按，明确指出传主的态度，让读者对传主的进步有一个清晰的了解。最近《曹禺全集》的编者在曹禺诞生 100 周年时重版《全集》，准备补上这些文章，这就是一种值得欢迎的实事求是的科学态度。

经典需要重读，“重读曹禺”，也是和改革开放的新时代同步的。但重读的前提是要弄清事实，弄清文本的本来面目。例如曹禺生平中有一个内容：他与国民党人士的关系。解放后由于众所周知的原因，曹禺本人是讳言的。他南开中学的老师张彭春，曹禺在 1936 年 1 月初版《雷雨》序中，曾经明明白白地写上“末了，我将这本戏献给我的导师张彭春先生，他是第一个启发我接近戏剧的人”。后张彭春做了国民党驻联合国官员，1957 年以后《雷雨》序中就删去了这几句话。曹禺与他的岳丈、参加过黄花岗起义的国民党元老郑烈，曾经有过相当亲密的关系。关于这一段史实，也是由于众所周知的原因，曹禺也是讳言的。但是作为生平研究、作为传记是不能讳言这段史实的。依此类推，诸如此类的生平活动，需要进一步研究、探讨的还有不少。只有在发现、披露史实的前提下，我们才可能据此作出相应的分析和研究。

今年五月，曹禺在天津的故居开放了。一开放便感觉到有许多史实我们还远远没有搞清楚。当年万公馆有两幢楼房，前面八间，后面八间，这十六间住房当时住了一些什么人。后来卖掉前面一幢，人员居住又发生了什么变化。再后来，曹禺养母、侄子、侄媳妇一家迁到何处，为什么迁移，这些都缺乏调查研究。笔者在写《摄魂——戏剧大师曹禺传》时，曾经采访过天津作家周骥良、曹禺南开的同学、黎元洪总统的儿子，但由于经费、时间等的局限，都未及深入下去，许多史实还是空白。1986 年笔者拍摄电视传记片《杰出的戏剧家曹禺》时，曾当面问过曹禺，身边还有无父母的照片，曹禺说在“文革”中早就处理掉了。后来笔者辗转找寻，才找到一张他养母的照片。至今为止，我们还没有找到一张他生父、他亲哥的照片。

曹禺剧作的文本研究，也还有许多方面需要我们重新认识、重新研究。试举其二：一、曹禺剧作运用的是什么创作方法？历来的说法是严谨的现实主义，现在有人提出是现代主义创作方法。例如由上海话剧艺术中心与上海戏剧学院演艺中心 2010 年 8 月演出的全新解读版的《雷雨》，认为《雷雨》是现代主义剧作，“重新解读”就是将这段被人们熟知的经典悲剧，“真正地把曹禺先生的现代主义情怀展示在观众面前”。① 笔者认为：“在话剧《雷雨》中，剧作家曹禺不仅仅继承了现实主义的创作方法，同时他也尝试借鉴现代主义创作

① 朱渊.话剧《雷雨》回归现代主义情怀[N].天天新报，2010

方法的一些特点，创造了现代现实主义的创作方法。在这一创作方法中，他吸收了大量的象征手法，努力揭示了人物深藏的内心生活、心理的真实，让观众思索整个社会、整个人类。”①

严谨的现实主义、现代主义、现代现实主义，这显然是对《雷雨》创作方法三种不同的理解，这种不同的理解，会直接影响到导演和演员二度创造的艺术处理。

又如，曹禺剧作创作指导思想究竟是什么？这也是一个需要重新研究、解读的一个重要问题。这里至少有三种说法，一种说法认为“《雷雨》的现实主义是同‘五四’以来的革命现实主义传统一脉相承的，并且是为左翼革命文学的战斗精神所照亮的”。② 而在《日出》中又发展到了“向着革命现实主义积极靠拢和接近”，竭力将曹禺的思想向革命的、战斗的方面靠拢。另一种说法认为曹禺还没有“确立起明确的先进、科学的世界观”。③ 近年又有学者认为“曹禺是中国剧坛一位空前的人道主义者”，④这话听来如石破天惊。其实这就是解读曹禺经典的一种“拨乱反正”。无数事实证明，莎士比亚是曹禺最推崇、最敬佩的一位戏剧大师。他赞美莎士比亚是一位使人类永久又惊又喜的巨人。他的女儿万黛有一次问他：“我听人家说您是中国的莎士比亚，是吗？”他说：“瞎扯，我怎么能同莎士比亚比？他如同沧海，我连沧海之一粟都不够。”⑤莎士比亚的人文主义、人道主义进步思想就是贯串曹禺全部经典剧作的思想，这就是曹禺文本的核心，无论在思想上和艺术上，曹禺的剧作都深深地打上了莎士比亚的烙印。

究竟怎样准确地把握剧作的世界观？既不人为地拔高，又不故意地贬低，清楚地梳理出它的发展脉络，这是新世纪曹禺剧作研究需要重新解读的一个重要命题。

（二）创作心理研究、演出研究方兴未艾

剧作心理研究是创作心理学在剧本创作心理研究中的具体运用，它研究的是剧作家对现实印象进行创造性加工的心理特点。这是近年来我国新开拓的学术领域。曹禺作为一位极富创造性的剧作家，他的剧作的个性心理特征是什么？他的剧作构思过程中带有哪些有普遍性的创作规律和哪些特殊规律。又如曹禺后期创作心态问题，也是很多读者和学者关心的一个问题。研究这一问题，可以发人深思：怎样的时代气氛，怎样的文化环境有利于剧作家发挥他的艺术才华，鼓舞他的创作激情。这些问题的探讨不仅有助于曹禺创作研究的深入，而且对于我们今天如何努力创作精品、对于现实的戏剧创作活动，具有十分重要的启迪。

在这方面的研究，我们还刚刚开始，尚处于方兴未艾的阶段。

演出研究是研究戏剧家艺术成就的不可忽视的领域。剧本的生命在于演出。曹禺写

① 曹树钧.精湛的表演，认真的探索[J].话剧，2010
② 潘克明.曹禺研究五十年[M].天津教育出版社，1987：242
③ 潘克明.曹禺研究五十年[M].天津教育出版社，1987：256
④ 童道明.重读曹禺[A].中国戏剧，2008(4)
⑤ 曹树钧.曹禺和莎士比亚的戏剧创作[A].走向世界的曹禺[M].天地出版社，1995：16

剧本首先是为了演出，也只有在演出实践中才能更深刻地领会曹禺剧作的精神实质及其艺术表现。“莎剧是为了上演而写作的，莎剧只有放到舞台上才最能显示出它的风貌。”①研究曹禺必须重视他的剧作的演出，这一点在进入21世纪之后，已为一些曹禺研究学者所认识，已经陆续出现一些从演出角度研究曹禺的论文和结合曹禺剧作演出研究曹禺剧作的学术专著。但从总体来看，与从曹禺演出在国内外的广泛程度、从曹禺剧作以各种艺术形式改编程度来看，曹禺的演出研究，应该说是曹禺研究中十分薄弱的一个环节。曹禺的剧作在全国各个省、在全世界二十几个国家演出过，这方面的研究需要作大量的调查研究。在国际上，20世纪莎剧研究取得的最大进展就在于把莎剧还原为“台上文本”，充分显示出莎剧的风貌。我们也需要将文本研究与曹禺剧作演出研究紧密地结合起来，用演出研究来推动曹禺文本研究的深入。

曹禺是一位十分熟悉舞台的剧作家，有着丰富的舞台实践经验。尽管他的剧作有着很强的文学性，但他的剧作首先是为演出创作的。他进行剧本创作时，脑海中就会浮现出舞台上相应的戏剧场面来，就会把自己对舞台表现的要求鲜明地贯彻到文本中去。因此，研究曹禺剧作，如果只停留在文本中，就仅仅是研究了一半，并且是很不够的一半。

曹禺先生是十分重视演出研究的。1990年8月，笔者在完成《摄魂——戏剧大师曹禺》这本35万字传记之后，赴北京医院探望正在病中的曹禺，就向他谈了笔者准备撰写一本曹禺剧作演出史的愿望。曹禺当即给予热情的鼓励：“你说得很对，研究剧作必须要联系它的舞台演出，这样才能讲到点子上。你是戏剧学院毕业的，你选择这个角度探讨，很有意义，也很对路。”

经过十多年的努力，2007年6月，四十万字的《曹禺创作演出史》由中国戏剧出版社出版。此书问世后，学术界给予了肯定的评价。著名戏剧评论家刘厚生认为“这是一部有新意的书”，“这部大作是一个创举，填补了中国话剧史论著的一块空白，内容详实而且细致”，“不仅资料丰富、具体，重要的更是它所蕴含的学术价值。”②研究中国现代文学的黄川教授、四川文联主席廖全京先生均撰文认为这是“一部弥足珍贵的史书”，“是迄今为止我国第一部全面、系统探讨曹禺剧作在中外演出历史的学术专著。”③

尽管这些学者对曹禺剧作演出史问世评价甚高，但笔者却清醒地认识到，在我国《曹禺剧作演出史》这一研究领域才刚刚起步，还需要作大量、深入的研究。笔者在十几年曹禺演出史研究工作中，深深感到在这方面需要开拓的领域太多太多，还需要通过国内外广大的曹禺研究学者共同努力，不断推进。

拙著《曹禺剧作演出史》(以下简称《演出史》)主要论述了曹禺剧作话剧舞台演出的简史，而且对它的其他演出形式的广泛改编以及在世界五大洲二十多个国家的演出，也进行了初步的探讨。在人类戏剧发展史上，越是伟大的作品便越是不会简单地停留在一种戏

① 方平.莎士比亚时代的舞台和观众[A].新莎士比亚全集(一)[M].河北教育出版社，2000:19

② 刘厚生.一本有新意的书——《曹禺剧作演出史》读后[N].澳大利亚《澳华时报》，2008

③ 黄川.一部弥足珍贵的史书[A].曹禺研究(四)[M].中国文史出版社，2007:292

剧艺术形式内。随着时间的推移，它们会不断成为其他戏剧形式进行二度创作的题材和灵感源泉。半个多世纪以来，曹禺的剧作不仅以原有的话剧形式在舞台上历演不衰，而且改编成戏曲、歌剧、舞剧、舞蹈、音乐剧、广播剧、评弹、曲艺等多种舞台演出形式。即以戏曲而言，就已改编成京剧、越剧、沪剧、评剧、川剧、粤剧、秦腔、甬剧、汉剧、楚剧、花鼓戏、花灯戏、扬剧、唐剧、晋剧、庐剧、采茶戏、琼剧等二十个剧种，活跃在天南地北各个不同的舞台上。《演出史》对曹禺剧作的改编演出，仅仅作了很初步的探讨。即以上海地区而言，改编演出过曹禺剧作的剧种就有沪剧、越剧、甬剧、京剧、歌剧、舞剧、音乐剧等剧种，加上电影、电视剧、音乐剧、广播剧、评弹等种类就更多了。各个剧种，各种艺术形式，在改编演出时都有不少新的创造，值得我们认真加以总结研究。然而迄今为止，我们还没有一本《上海曹禺剧作演出史》。又如，上海有上海戏剧学院、谢晋影视学院等多个艺术院校，它们都多次上演过曹禺剧作。即以上海戏剧学院为例，它就曾多次上演过《雷雨》《日出》《原野》《北京人》《家》，还上演过《镀金》《王昭君》(片段)等，为培养未来的编剧、演员、导演、舞台艺术工作者作出过重要的贡献，我们完全可以将曹禺剧作的演出与上海的艺术教育作为专门课题来研究。

至于对曹禺演出从剧场艺术角度作分门别类的研究，例如《曹禺剧作表演史》《曹禺剧作导演史》《曹禺剧作舞台美术史研究》至今尚未提到议事日程上。

在影视艺术方面，1936 年《雷雨》被拍成无声片上映，1997 年《雷雨》又被改编成二十集电视连续剧。从此以后，曹禺的主要剧作几乎全部搬上了银幕和屏幕，极大地扩大了曹禺剧作在中国及世界人民中的影响。它们改编的成败得失，也成为影、视改编艺术中一个重要的学术研究课题，《演出史》对这一问题也只是作了简要的概述。但这方面的研究也完全具有学术价值，应该作为一个重要课题来研究。

限于篇幅和精力，笔者对曹禺剧作的戏曲、歌剧、舞剧、音乐剧、电影、电视改编，在《演出史》中，也只能作一初步的论述。更详细的研究，有待后来人以专著形式加以深入的探讨。

在人类几千年的发展史上，一位剧作家的历史地位不是靠权力造就的，更不是靠媒体吹捧出来的，而是由他剧作的生命力决定的。莎士比亚已经去世四百年，然而人们仍然缅怀他、研究他，是因为他的作品一直活跃在舞台上。在中国话剧百年史上，剧作的生命力如此旺盛，曹禺剧作是独一无二的，这就决定了它永不衰竭的历史地位。完全可以预期，再过一百年二百年，曹禺的经典仍将会以各种艺术形式活跃在中外舞台上，而在这方面我们的研究却太少、太弱，留下的空白太多太多，远远落后于广大艺术工作者的演出实践，需要众多学者的辛勤耕耘，让它焕发出更加璀璨的艺术光芒。

(三)尚未涉及的不少研究领域

曹禺研究还有一些研究领域基本上尚未涉及，需要进一步开拓。

例如曹禺的教育思想。曹禺不仅是一位杰出的剧作家，而且也是一位卓越的戏剧教育家。从 1936 年到 1941 年，他在国立剧专整整任教六年。新中国成立后又长期兼任中央戏剧学院副院长、名誉院长，为我国的艺术教育事业作出了重要的贡献。不仅如此，抗战期间，曹禺离开国立剧专后，还先后在复旦大学、中央大学任教。半个世纪之后，当年的学生回忆起曹禺的讲学都激动不已。一位当年的复旦学生深情地说：名教授的课往往教室里挤满了人。有一次曹禺老师讲《罗密欧与朱丽叶》，小教室里挤得满满的，连后排和门口都站满了人。曹老师背着滚瓜烂熟的诗句，像清泉一样淙淙悦耳。当描述一个热恋的少女的心态时说，她多希望对方知道自己爱着他，但又羞于启齿。好像小孩玩麻雀一样，手里拽着一根线，希望麻雀飞，但又不希望它飞得太远。讲得前排姑娘们抬不起头来。朱丽叶埋怨家庭仇恨阻碍了他们相爱，曹老师深情地介绍了莎翁名句“What’s in a name? That which we call a rose by any other name would smell as sweet”(名字算什么？玫瑰花不叫玫瑰花不是一样香吗！)“这富有哲理的诗句深深地印在我的心扉。”[①]学生们还对曹禺老师专心致志看书的故事津津有味地相互传说：那时曹老师常穿着一件长褂子，也不常换，落脱不羁。有过一个这样的传闻，那时师母在重庆工作，每周回来一次，一回来就督促曹老师洗澡，外面听有击水声，但久而未已，师母从缝隙窥见，只见曹老师一边看书，一边用脚击水而已，弄得师母啼笑皆非。

上海华东师范大学的钱谷融 1942 年在中央大学旁听了一两次曹禺的课，“他讲的内容我已记不真切，只记得他引用莎剧中的台词时，常能用原文背诵如流，抑扬顿挫、声情并茂，学生都深深地为他所吸引，倾倒不已。”[②]

迄今为止，各个不同时期曹禺的学生回忆曹禺教学生活的文章，已有几十篇，但系统地探讨曹禺教育思想、教育方法的论文尚无一篇。这方面无疑又是一个研究空白点。

又如，曹禺的艺术管理思想。在中国文化发展史上，曹禺不仅是一位戏剧大师，而且是位杰出的艺术管理家。在他的主持下，北京人艺被建设成为具有世界影响的第一流的国家剧院。

作为中国最久负盛名的剧作家，曹禺把自己的一生都献给了中国的戏剧事业。在他众多的社会职务中，北京人民艺术剧院院长这个职务，是他倾注心血最多的一个。从 1952 年到 1996 年他生命的最后一刻，他一直领导和关注着剧院的艺术建设。近半个世纪以来，北京人艺前后十四次排演了他的八部剧作。北京人艺可以说是演出曹禺剧作最多的一个剧院。他的作品培养了一代又一代的导演、演员、舞台艺术工作者，也培养了人艺一代又一代的观众。

在曹禺的领导下，北京人艺既坚持现实主义创作道路，又重视从中外各种戏剧流派，特别是从中国戏曲传统中吸收有益的营养。经过半个世纪的实践，演出两百多个中外剧目，逐步形成了真实、深刻、质朴、含蓄以及形象生动鲜明、生活气息浓郁、舞台形象和谐统一、具有民族特色的北京人艺的艺术风格。

在北京人艺建院三十周年纪念册序言上，曹禺讲了这样一段话：“在这个剧院里，我是

① “复旦百年忆复旦”，见复旦大学百年校庆纪念报

② 钱谷融.曹禺先生追思[A].倾听雷雨[C].上海文艺出版社，李玉茹、钱亦蕉编.2000:166

院长，但也不过是个院长，没尽多少力量。我的剧本在这个剧院的舞台上演出过，我感到光荣。但这是小事。在三十周年纪念日中，我感触最深的是，我一半的生命与这个剧院紧紧连在一起。我们相信我们这个剧院将与祖国长存。”①

曹禺为北京人民艺术剧院所作出的贡献，是他在新中国成立后为人民所作出的重大贡献之一，也将与祖国长存。这方面的研究，我们也还未真正系统认真地进行。

戏剧理论方面，曹禺出版过《曹禺论创作》《曹禺论戏剧》两本理论著作，还有许多散见的戏剧理论文章，包含了丰富的戏剧思想，博大精深，然而至今尚未有人深入系统地研究过。

其他如曹禺的对外文化交流活动、曹禺剧本的各种版本、曹禺研究的历史等等也是一些未曾系统地研究、论述过的领域，需要进一步开拓。

三、曹禺研究要重实证、重广泛的调查研究

综上所述，我国的曹禺研究不仅不存在审美疲劳，不存在“山穷水尽”的问题，而且是方兴未艾、大有可为。我们需要从许多方面将曹禺研究引向纵深发展。

近年来，国外的学术研究十分重视实证，这一点值得我们重视。许多问题往往费了许多唇舌，一个实证材料，顿时使问题迎刃而解。例如1935年，《雷雨》在东京首演，演员阵容如何，日本友人做了哪些工作，一些回忆文章由于年代久远，难免有差错。但最近我找到一份当年演出的说明书，共四页，那上面演员表、舞台工作人员写得一目了然。而且这份说明书当年还给剧作家曹禺本人寄了一份，首页上写上“呈曹禺先生”五个字。

演员：

周朴园——贯去樵（饰）　　周蘩漪——陈波痕（饰）
周　萍——邢　云（饰）　　周　冲——邢　雪（饰）
鲁　贵——王　空（饰）　　鲁侍萍（鲁妈）——乔　英（饰）
鲁大海——吴梦光（饰）　　鲁四凤——瑞　茜（饰）
老　仆——佟　熙（饰）　　仆　甲——石子琪（饰）
仆　乙——徐　熙（饰）

舞台监督——吴　天　　演出——吴天、刘汝醴、杜宣
脚色及剧务——邢　云　　背景——宇佐美一
照明——穴泽喜美男、李相南　　装置——姚潜修、石天
效果——王任之、褚承祖、娄亨茂、臧士元　　保管——石　天
事务所——张清　　说明——町野寿郎、邢云

曹禺研究如何深入？还有一个突出问题，即是研究方法的拨乱反正。前辈历史学家范文澜曾有两句名言：“板凳要坐十年冷，文章不写一句空。”指的是做学问一定要扎扎实

① 曹禺：“建院三十周年纪念册序言”，载“北京人民艺术剧院”1952—2002，人民文学出版社

实，要沉下心来搞调查研究、积累第一手材料。现在有些年青学者甚至一部分中年教师，他们心态浮躁，缺少扎实的研究基本功。一次，在一个曹禺国际学术研讨会上，笔者亲耳听到一位博士生（还是在职的副教授）振振有词地大谈“迄今为止我国尚无一部从舞台艺术角度研究曹禺剧作的论文和著作”。笔者实在听不下去，当即请问：“抗战时期著名戏剧评论家刘念渠出版一本《转型期的演剧纪程》书中有大量论述曹禺剧作演出的内容，不知先生可曾看过？”这一句话便将这位博士问住了，因为他压根儿不知道有这本书，也不知道有刘念渠这位著名戏剧评论家。总而言之，他根本没有在学术上做过认真的调查研究，然而他居然敢武断下此结论。这种华而不实的学风实在有碍曹禺研究的健康发展。笔者建议，在纪念曹禺百年诞辰的学术活动中，一定要批评这种不正的学风和文风。同时，要让年青的学者清晰地认识到，在学术研究的道路上，要坚持真理还需要有百折不挠的勇气，要敢于向学术界实际存在的霸气和专横的作风挑战，要敢于讲真话，破除一切迷信。

在18世纪德国狂飙运动时期，歌德曾热情赞扬“说不尽的莎士比亚”。[①] 1986年6月《红楼梦》博览会在东北哈尔滨举行，曹禺的贺词是：“说不尽的曹雪芹”。[②] 仅从我们上述所论曹禺研究实际存在的种种空白、种种需要深入探讨的领域，我们岂不也完全可以说“说不尽的曹禺”吗？

“登高壮观天地间，大江茫茫去不还。”笔者深信，经过中外曹禺研究学者的共同努力，我国的曹禺研究必定会出现一个崭新的面貌，在曹禺诞辰百年之后，将曹禺研究推向一个新的阶段。

原载《戏剧艺术》2010年第6期

① 歌德.说不尽的莎士比亚[A].古典文艺理论译丛（第三册）[C].人民文学出版社，1962

② 据中国新闻社电讯，转引自天津《今晚报》1986年6月28日

曹禺写不出“第六部名剧”原因再探

王卫平

曹禺一生创作了《雷雨》《日出》《原野》《北京人》并改编了《家》，这是学界公认的“五大名剧”，完成这“五大名剧”之后，曹禺年仅32岁，到他86岁逝世，在长达54年里，曹禺却没有写出“第六部名剧”。以往，学界有“精神残废说”“才智损耗说”，近年来又有“才思枯竭说”①。笔者认为，这些单一的说法都不能准确阐释曹禺写不出“第六部名剧”的复杂根源。实际上，曹禺写不出“第六部名剧”是主客观复杂因素共同作用的结果。曹禺晚年的“精神残废”和“才智损耗”固然都是由恶劣的外部环境造成的，但中年的曹禺为什么也写不出？曹禺主观的劣势，包括感知、体验、积累的不足，创作着力点的不善于转换、迁移能力不强、创作主体的心理障碍以及性格、人格的缺陷等都是不能忽略的。这是一个沉重的话题，也是曹禺研究中绕不过去的、意蕴丰富深邃的论题。它不仅有助于我们认识曹禺，认识戏剧创作的特殊性，也有助于我们认识文学创作的共同规律，为后来的作家创作提供有益的借鉴和启示。

一

把曹禺写不出“第六部名剧”的根源，归结为“才思枯竭”，并认为“他通过下苦功储备材料，或积累经验、或体验生活、或模仿范本、或钻研技巧，都不能解除此危机”②。笔者认为，这一说法较难令人信服。如果真是这样，那么，曹禺本人、家人、朋友，以及众多研究者为什么还对曹禺的创作报以无限的期待呢？退一步说，如果说曹禺自己在创作的后期乃至晚年已深知自己“江郎才尽”了，那么，为什么还不放弃创作“第六部名剧”的愿望？为什么还心有不甘并为此长期精神痛苦？

曹禺的家人、挚友、众多研究者，也包括曹禺自己之所以无限期待他能写出“第六部名剧”，写出更多的名剧，就因为曹禺有才华，是戏剧天才。有才华，有创造力，但却写不出作品，这本身就是悲剧。曹禺23岁就能写出《雷雨》，而且经久不衰就已经证实了这一点。著名作家巴金在给曹禺的信中如是说：“你比我有才华，你是一个好的艺术家，我却不是。”③著名画家黄永玉在给曹禺的信中这样说：“你是我那一时代现实极了的高山”，“如果

① 张志平：《曹禺的“第六部名剧”》，《文学评论》2013年第5期。

② 张志平：《曹禺的“第六部名剧”》，《文学评论》2013年第5期。

③ 田本相：《曹禺传》，北京十月出版社1988年版，第470页。

能使你再写出二十个剧本需要出点力气的话，你差遣就是！”[①]一位小说大家、一位绘画大师不约而同地钦佩曹禺的艺术才华，这说明曹禺的确具有一般人少有的戏剧天赋，再加上他对中外古今戏剧的研读、历练，使他具有了极高的戏剧造诣。具备了这个先决条件，才使他成为中国现代戏剧的巅峰，才使众人对他写出新作品、好作品充满期待。

其实，曹禺的“枯竭”应该不是“才思枯竭”，而是生活枯竭、题材枯竭、体验枯竭、储备枯竭，这和“才思”是两码事，不能混为一谈。从曹禺后期创作的《明朗的天》(1954 年)、《胆剑篇》(1961 年，与梅阡、于是之合作，曹禺执笔)和《王昭君》(1978 年)等几部作品来看，这几部作品的“失败”不能归为曹禺本人的才思枯竭。比如，曹禺在创作《胆剑篇》的时候，著名的曹禺研究专家田本相曾说：“当时按茅盾先生的统计，写这样一个题材的戏有上百部，他认为《胆剑篇》是写得最好的。”[②]他在回忆中不无遗憾地说：“《胆剑篇》的结尾没有听取曹禺的意见，这是想来令人遗憾的事。……从今天看来，曹禺想的比我们深，这正是他的才华所在。”[③]

其实，曹禺在后期和晚年创作的衰退，不仅是曹禺个人所独有，郭沫若、夏衍、于伶、阳翰笙等戏剧家都存在类似的问题。像曹禺这样写作计划落空或半途而废的作家也不在少数，茅盾在长篇小说创作上一向计划宏大，导致《虹》《子夜》《第一阶段的故事》《锻炼》等都没有完成最初的宏大构想，留下了“半部现象”。新中国成立以后，从民国走过来的知名作家，像周作人、茅盾、沈从文、钱钟书都已远离了创作，难道是因为他们才华枯竭吗？显然不是。在中国当代文学史的前半期，类似的现象同样很多。不少作家“一部作品打天下”：杨沫因创作出新中国成立后第一部反映知识分子成长道路的长篇小说《青春之歌》并成功塑造主人公林道静这一形象而一举成名。《青春之歌》之后，杨沫相继创作了长篇小说《芳菲之歌》《英华之歌》等作品。但是后两部作品在思想性、艺术性和影响力等方面远不及《青春之歌》。梁斌的《红旗谱》创作之初，要写一部多卷本的反映中国农民革命斗争的史诗性作品，第一部 1958 年出版，反响强烈，并被改编为话剧、电影；而后 1963 年出版的第二部《播火记》，1983 年出版的第三部《烽烟图》，都反响平平。至于战士作家高玉宝一生只有《高玉宝》一部作品。他们在创作出一部比较优秀的作品之后确实存在才思枯竭的问题，这与作家的出身、经历、学养、体验、文学根底与造诣、艺术的历练与熏陶都有密切的关系。也许正是这些要素的不足，才使他们江郎才尽而塑造不出更加感人的文学形象。而曹禺则不是，他跟这些作家不能同日而语。如果因为曹禺创作不出像《雷雨》等前期经典的作品而就否定了曹禺的戏剧才华，那显然是难以成立的。很少有作家和曹禺一样饱受期待、充满压力甚至痛苦。有才能、有艺术，而写不出作品，这才令人惋惜，才是意味深长、值得探寻的悲剧，才是沉重的“曹禺现象”。

---

① 田本相：《曹禺传》，北京十月出版社 1988 年版，第 472 页。

② 田本相：《焦虑·苦闷·残废——对曹禺晚年悲剧性的探寻》，《绍兴之理学院学报》2008 年第 2 期。

③ 田本相：《曹禺传》，北京十月出版社 1988 年版，第 408 页。

二

曹禺写不出“第六部名剧”不是因为作家本人才思枯竭，而是有着复杂的、多方面的原因。一个剧作家，创作成功的多种条件包括感知、体验、创作才能、艺术积累、舞台经验以及创作主体的内在自由等缺一不可。在这些要素中，究竟哪些出了问题？应该说，曹禺的创作才能、艺术积累、舞台经验都没问题，而感知、体验、创作主体的内在自由就难说了。正是由于时代的变迁，社会的转型，使曹禺必须重新感知变化了的时代和社会；他写“五大名剧”时所体验的宇宙的残忍和冷酷，人的悲剧命运，精神的挣扎、焦灼、困境以及由此带来的阴森和神秘在新的时代面前已不合时宜，而新的体验尚未建立，因此，曹禺必然感到肚子空空，一无所有；而创作主体的内在不自由直接导致他创作的精神残障，形成创作心理障碍，这种心理障碍既是由外部环境造成的，也有曹禺内心不够强大的原因。以往把“曹禺现象”归罪于那个时代、社会、政治，即特定时代政治文化的强力介入、极“左”思潮的严重干扰、一次次批判运动以及官场的腐蚀和诱惑。这自然是不错的。但外部环境必须通过内在因素起作用，曹禺晚年的“精神残废”和“才智损耗”固然都是由恶劣的外部环境造成的，但曹禺主观的劣势，包括创作心理、心态、性格、人格以及感知、体验的不足，创作着力点的不善于转换、迁移能力不强都是“曹禺现象”的原因。仅从外部环境造成了曹禺的“精神残废”和“才智损耗”“只能说明他在新中国成立后未写出其‘第六部名剧’的根源，不能解释他在 1942 年夏到 1949 年 9 月期间未写出其‘第六部名剧’的根源。”①它也表明，仅从外部环境寻找根源是不够的，必须深入曹禺的“内宇宙”探寻个究竟。

首先说感知、体验的不足、创作着力点的不善于转换、迁移能力不强的问题。如前所述，曹禺的“枯竭”是感知新时代、体验新生活的枯竭。曹禺创作的敏感区域是对人、人的命运、人的极爱和极恨、人的精神挣扎的深度思考。他擅长揭示人世间的残忍，表现人的精神痛苦，而不是现实政治、阶级斗争、民族斗争，从而迎合时代。所以，从他的成名作《雷雨》开始，就伴随着误读、曲解和批评，从左翼到右翼。比如田汉就认为《雷雨》与时代隔膜，是个体的孤芳自赏。指责在民族、国家、同胞灾难深重的时候，南京艺坛却在上演最卖钱的《雷雨》②。到了现代，悲剧的主题已转到了社会制度，可曹禺对命运悲剧情有独钟。现代人的命运不是不可知，而是社会的，认为这应该是曹禺把握的创作路径。③ 还有的人甚至认为《雷雨》的观众“多是一些整天无所事事的人，太太小姐、公子少爷之类”④。周扬在 30 年代写了关于《雷雨》和《日出》的评论，对作品有肯定，但也指责宿命论“大大降低了《雷雨》这个剧本的思想的意义”⑤。何其芳对曹禺的《家》评价也不高。这样的指责，这样的遭遇，在当时的时代语境下不能不规约年轻的曹禺，影响他创作的抉择。他要改变自

① 张志平:《曹禺的“第六部名剧”》,《文学评论》2013 年第 5 期。

② 田汉:《暴风雨中的南京艺坛一瞥》,《田汉文集》第 14 卷,中国戏剧出版社 1986 年版,第 9 页。

③ 张庚:《悲剧的发展——评〈雷雨〉》,《光明》创刊号,1936 年 6 月。

④ 杨晦:《曹禺论》,《青年文艺》1944 年第 1 卷第 4 期。

⑤ 周扬:《论〈雷雨〉和〈日出〉》,《光明》1937 年第 2 卷第 8 期。

己，迎合时代，于是便有了1938年的《全民总动员》、1939年的《蜕变》。要求一个艺术家完全放弃自己创作的“专利”“特长”，只能导致两种结果：或者写不出；或者写作失败。曹禺既有写不出的经历，也有写作失败的经历。抗战初期，他写出了两部戏，结果失败了。从1942年写完《家》到1949年七年多的时光，曹禺一直想写，从历史剧到现实剧，他都试过，但却写不出，因为他想写的都不是他擅长的“敏感区”，而是他的误区。相反，在1940年创作的《北京人》因又回到了他原来创作的擅长的领域、敏感的区域，所以成功了，并显示了创作的高峰。因此，敏感的批评家茅盾立即对之表示赞赏，认为“作者又回到从前的一贯作风，这是可喜的”①。新中国成立之后的几十年，曹禺再沿用从《雷雨》到《北京人》的创作理路，继续写他最擅长写的人的困惑、困境、挣扎和抗争的命运悲剧和社会悲剧，在不正常的文学生态下已完全不合时宜，而他能写的又因缺乏感知和体验，缺乏生活的积累，根本不熟悉，于是只能是长久地写不出，“第六部名剧”终未诞生。

“每个作家都有他的一个‘生活库存’，鲁迅的‘库存’就是他的鲁镇，老舍的‘库存’就是他的北京四合院的市民，而曹禺的‘库存’就是他熟悉的自己的‘家’，以及和他的‘家’同类的资产阶级的家庭、没落的封建家庭。他转而去试探历史剧，是不是透露了这‘库存’告罄的消息呢？不是他没有才华，他的才华依旧。但是，巧妇难为无米之炊。”②新中国成立之后，曹禺的身份发生了变化，他已经从剧作家演变为官员、社会活动家。从1949年7月当选为文代会的主席团成员后，曹禺一直做着文艺界的领导工作，经常频繁地参加社会上的各种活动。这期间的曹禺，可以说一直浮在社会的上层。但是，我们看看同时期的其他作家，不少人主动深入生活、积累素材。比如，柳青为了创作长篇小说《创业史》，1952年就深入到陕西省长安县，并在长安县皇甫村落户达14年之久。周立波为了创作《山乡巨变》深入农村，积累生活。曹禺却没有，他的观察、体验、积累缺失了，创作也就难以为继。画家黄永玉在给曹禺的信中批评他的创作“从一个海洋萎缩为一条小溪流”③，非常深刻、形象。

“曹禺现象”的悲剧就在于他过去最擅长写的，在新中国成立后是最不让写的，让他写的却又不是他的长项，且缺乏感知、体验和积累，而他又有才能，不肯迁就写庸常的作品，这就出现了尴尬。假如新中国成立后的文学生态是正常的，作家的写作是自由的，那么，曹禺会沿着他早期擅长的创作理路走下去吗？恐怕也未必。曹禺自己曾坦言，写完《家》后，再沿用类似《雷雨》《北京人》的题材和方法，“不行了，写不出新意来了”。④ 因为艺术创作有一个创新、突破和超越自我的问题，而不能重复自我。从写完《家》到1949年的文学生态并不像新中国成立后的前30年那样被极“左”路线所统治，尽管也要求文学要贴近时代、反映抗战，但作家写什么还是有相对自由的。在这样的环境下，曹禺也没有沿着以前“五大名剧”的路数写出“第六部名剧”，这是艺术创作规律的问题。那么，出路在哪里呢？

① 茅盾：《读〈北京人〉》，香港《大公报》1941年12月6日。
② 田本相：《曹禺传》，北京十月出版社1988年版，第325—326页。
③ 田本相：《曹禺传》，北京十月出版社1988年版，第472页。
④ 田本相等：《曹禺访谈录》，百花文艺出版社2010年版，第51页。

只有改弦更张，开辟新的创作领域。事实上，曹禺尝试过这种转型，并力图紧跟时代，甚至希望能够改变自己来迎合时代。新中国成立后，他主动表态、主动修改自己早年的作品就是明证。但是，他的创作转型是不成功的，这是否印证了曹禺不善于实现创作着力点的转换，立足点迁移的能力不强呢？当然，曹禺始终执着于艺术的高标准、高境界，不肯迁就和降格也是他作品少的原因。但凭他的才智，通过努力，比如体验生活、体验生命、储备材料、积累经验、钻研技巧等等完全可以写出一般性的或比较优秀的剧作，但要写出“第六部名剧”恐怕也难，因为转型后的创作就不是他刻骨铭心的体验了，不是非写不可、有着强烈的创作冲动，不是从灵魂深处奔涌出来的。

另外，曹禺终生选择戏剧不放弃既是他的“幸事”也是他的“不幸”，既成全了他，也耽误了他。因为戏剧是文学中的王冠、艺术中的高雅艺术、高难度创作，它在创作上的要求要远比小说、诗歌、散文高，其创作的难度明显比其他文体要大，是最难驾驭的艺术样式。也许正因为如此，所以，中外戏剧家要远远少于小说家、诗人、散文家，戏剧大师更是寥若晨星。我们看到，现代知名作家到了晚年多写散文，正如孙犁所说，散文是老年人的文体，可以游刃有余，挥洒自如。小说家巴金晚年的《随想录》大放异彩，被认为是他一生创作的第三次高峰。文体家冰心晚年的散文几百篇，以大胆地干预生活赢得读者的敬仰。曹禺自称不会写散文，也无意写散文。如果他晚年把注意力转到写散文上，凭他的才华，相信成就不会在上述几位作家之下的。

三

曹禺写不出“第六部名剧”的另一内在原因是创作主体内在不自由的问题。也许你会说从写完《家》到 1949 年的七年时间，其创作不是相对自由吗？这是不错的，但由于如前所述的曹禺早期的剧作不断受到误读、曲解、指责，不能不给曹禺带来创作的心理压力，再加上抗战文艺生态对他的影响、裹挟，曹禺不能不表现要紧跟时代，表现民族、国家的大主题，甚至接受自己一向反对的“主题先行”。但这个大主题又是他最不熟悉、最不擅长的，因此，创作构想一再流产。

新中国成立后文艺运动不断。在一次次批判运动中，曹禺批判别人，自己也心痛，灵魂感到战栗。他曾对田本相说：“解放后，总是搞运动，从批判《武训传》起，运动未有中断过。虽然，我没有当上右派，但也是把我的心弄得都不敢动了。”①

如果说上述所说的都是属于创作主体外在不自由的问题，那么，还有一个创作主体内在不自由的问题。从艺术创作心理来说，创作主体的“内在自由”对创作的成败优劣具有决定性的作用。“内在自由”说到底是创作主体精神的自由、心灵的自由，包括情致的自由、理性的自由，其重要特质是自为性。曹禺这位创作主体，内在是不自由的，其写作常常不是自为的状态。不承认这一点，而将责任完全归咎于外在的不自由，将无法解释苏联的一些作家在那样的环境下，写出一些好作品，也无法解释和曹禺同时代的一些作家也写出

① 田本相：《焦虑・苦闷・残废——对曹禺晚年悲剧性的探寻》，《绍兴文理学院学报》2008 年第 2 期。

一些比较好的作品。曹禺出名早，影响大。中后期的创作一直深为盛名所累，为众人期盼所压，人们总是自觉或不自觉地拿他前期创作的标杆来衡量他、要求他，对他的创作寄予厚望。这使曹禺在创作上背上了沉重的精神负担，不能轻装上阵。他越想写好，就越有心理压力，以不辜负共和国总理、著名作家、画家等对他的期望，越有心理压力，也就越难以写好。曹禺后期的精神压力，实际上就成了他创作的阻力，这个阻力很大，使他不能自由地飞翔。“文革”结束以后，有一次，曹禺谈到黄永玉给他的信，引起了他的感慨，他说：“最近从报纸上看到袁伟民对运动员讲的一段话，他说：‘不要被金牌的压力卡住，心里有东西坠着，跑也跑不快。要把自己的水平发挥出来。’这很有启发。我就是总有东西坠在心里，心里坠着东西就写不出来。”①他的创作就被“名剧”的压力卡住了，心里又坠着“领导的任务和嘱托”，创作变成了一种“遵命”。比如曹禺在谈到《王昭君》的写作时说：“这个戏是敬爱的周总理生前交给我的任务。那是 1960 年左右的事，周总理指示我们不要大汉族主义，不要妄自尊大。”“周总理说，要提倡汉族妇女嫁给少数民族。说到有个王昭君，周总理就指着我说：‘曹禺，你快写！’”“我现在想写的王昭君，是力图从‘有利于民族团结’的精神去考虑的。关于这个戏，周总理指示我的基本精神是：民族团结，文化交流。”②“多年来，我写戏都是领导上交给我的任务，我也写了几个，有的也没写出来，像河北省的抗洪斗争，像私营工商业改造，都搜集了不少材料，没有写出来。现在岁数大了，更写不出来了。”③曹禺说这话时已经 77 岁，时光已迈进了 1986 年，思想解放，观念更新，创作自由，文艺已迎来了春色满园。曹禺也从多年的梦魇中解放出来，经过深刻的反思，也彻底从混沌中清醒起来，明白过来。“思想更正确了，技巧更娴熟了，一切都很妥帖，就是没有了昔日火热的激情和执著、痛苦的求索。”④相反，曹禺早期的创作就没有什么精神负担、心理负担，心灵是处在自由的状态，没有任何束缚。我们回想曹禺创作《雷雨》时候的情况，从中学时代到大学毕业，曹禺一直在构思、设计《雷雨》。那个时候，曹禺还是一个年纪轻轻的学生，是一个无名小辈，他的创作自然完全没有顾忌，更没有那种成名后来自各方面的压力。写《雷雨》是曹禺情感的宣泄，是作者寂寞、困惑、痛苦之情的抒发，因而，并非预先定下了一个明确的主题。写《日出》，在前面援引《道德经》《旧约》《新约》《约翰福音》中的话语，表达“天之道”和“人之道”以及天地间的空虚混沌、生命的死和复活，悲天悯人。接下来的几年时间，在这种相对自由的空间下，他又创作出了《原野》《北京人》等名剧。从抗战开始，时代的风雨改变着他，从行动自由到心灵自由都受到了限制，不能自由舒展，宇宙、人生、命运的臆想被简单的政治宣传所取代，心灵的天空变得狭小，艺术的高度一再下滑。而在新中国成立后，曹禺创作上的自由度更少了，连心都不敢跳动了，精神战栗，何谈创作自由？周恩来曾经就《胆剑篇》这样说曹禺：“新的迷信把我们的思想束缚起来了，于是作家们不敢写了，帽子很多，写得很少，但求无过，不求有功。曹禺同志是有勇气的作家，具有自信心的作

① 田本相：《曹禺传》，北京十月出版社 1988 年版，第 473 页。

② 曹禺：《关于〈王昭君〉的写作》，《曹禺论创作》，上海文艺出版社 1986 年版，第 47 页。

③ 田本相：《曹禺传》，北京十月出版社 1988 年版，第 473 页。

④ 晏学：《要向深层挖掘》，《戏剧评论》1987 年第 4 期。

家，大家都尊重他。但他写《胆剑篇》也很苦恼。他入了党，应该更大胆，但反而更胆小了。谦虚是好事，但胆子变小了不好，入了党应该对他有好处，要求严格些，但写作上反而有了束缚。”总理还批评说：“过去和曹禺同志在重庆谈问题的时候，他束缚少，现在好像束缚多了，生怕这个错，那个错，没有主见，没有把握。这样写不出好东西来。”①“文革”后曹禺也经历了深刻的精神忏悔。他在和田本相的谈话中，回顾自己在新中国成立后、新时期前创作心态不自由时坦诚地说：“解放后，我和许多知识分子一样，是努力工作的。虽说组织上入了党，但是，‘资产阶级知识分子’这个帽子，实际上也是背着的，实在叫人抬不起头来，透不过气来。这个帽子压得人怎么能畅所欲言地为社会主义而创作呢？那时，也是心有顾虑啊！”②正是因为缺少足够的创作上的自由，精神压力过大，思想包袱过重，心灵不能放纵，情致不能舒展，才使他不能想写什么，就写什么，想怎么写，就怎么写，才导致他写不好、写不出，无法再登创作高峰。

四

曹禺创作不出“第六部名剧”，也是他的性格、人格使然，这主要体现在知识分子的懦弱性格，缺乏独立思考、独立人格等主体性品格，缺乏主观战斗精神和人格的意志力量。曹禺在新中国成立后写不出“第六部名剧”，不光是时代悲剧，也是“性格悲剧”“人格悲剧”。他的“精神残废”虽然主要是由一次次的政治批判运动、知识分子的思想改造所造成的，但他在性格和人格方面是否也存在值得反思之处呢？

在历次的政治运动中，曹禺表现为“怕”、胆小、听话，缺乏胡风、丁玲式的倔强和勇敢，倒有茅盾式的谨慎。尤其是这个“怕”字，典型地体现出知识分子的软弱。清代文人叶燮在《原诗·内篇（下）》中概括了文学大家不可或缺的四大要素：“才、胆、识、力”，他解释说：“大凡人无才，则心思不出；无胆，则笔墨畏缩；无识，则不能取舍；无力，则不能自成一家。”③曹禺不缺“才、识、力”，唯独缺“胆”，这直接造成笔墨畏缩。当问他是否被政治运动吓怕了，曹禺诚实地说：“也不是害怕，就是觉得不对头，觉得可能出错。”④其实，这还是“怕”，怕出错，怕挨整，怕失去现有的一切。吴祖光在一篇文章中谈及他和曹禺在1994年的一次会面，吴祖光说：“他忽然满面愁容说起在一生写作上的失落，我脱口而出地说了一句憋了多年从来没说出口的话：‘你太听话了！’曹禺的反应出乎我意料！几乎是在叫喊：‘你说得太对了！你说到我心里去了！我太听话了！我总是听领导的，领导一说什么，我马上去干，有时候还得揣摩领导的意图……可是，写作怎么能听领导的？’……显然他明白过来了。但是岁月不居，余年衰朽，锦绣年华已经过去了。”⑤

曹禺的“怕”、胆小可以从如下事例中窥见一斑。新中国成立之初批判《武训传》之后，

① 周恩来：《周恩来论文艺》，人民文学出版社1979年版，第106页。

② 田本相：《曹禺传》，北京十月出版社1988年版，第411页。

③ 叶燮、薛雪、沈德潜：《原诗一瓢诗话说诗·语》，人民文学出版社1979年版，第16页。

④ 万方：《灵魂的石头》，《收获》1997年第3期。

⑤ 吴祖光：《掌握自己的命运》，《读书》1994年第11期。

曹禺就发表了表态文章《我对今后创作的初步认识》(1950 年 10 月第 3 期《文艺报》),文章中谈到他自己对今后创作的认识并把自己早期的作品基本否定了,而且是用当年周扬错误的观点,对自己过去的作品进行了否定和批判。与 1935 年辩解《雷雨》"不是社会问题剧"的时候相比,曹禺此时的想法发生了巨大的转变,他自己批判《雷雨》悲天悯人思想歪曲了事实,使一个可能有些社会意义的戏变了质,成为一个有落后倾向的剧本。他还说在《日出》中"我忽略我们民族的敌人帝国主义和它的帮凶官僚资本主义,更没有写出长期和它们对抗的人民斗争"。曹禺急于表示要把"自己的作品在工农兵方向的 X 光线中照一照",挖去自己"创作思想的脓疮"。这完全是一种政治性的表态。没有人要求他、强迫他,他就主动进行自我检讨。这就充分体现了曹禺性格上的"怕"。

而曹禺前期完全不是这样,他一直直面评论界的各种批评。比如最初有人说他的戏剧是对欧美的模仿,曹禺反驳说:"我不能窥探这些大师们的艰深,犹如黑夜的甲虫想象不来白昼的明朗。在过去的十几年,固然也读过几本戏,演过几次戏。但尽管我用了力量来思索,我追忆不出哪一点是在故意模拟谁。""我是我自己——一个渺小的自己。"①《雷雨》的演出,序幕和尾声被导演删掉了,曹禺非常不满,说这是斩头截尾;《日出》的演出,被导演删去了第三幕,曹禺更不满,说这是挖心,这是勇敢的抗辩。

从 1949 年新中国成立到 1996 年曹禺逝世,四十七年中,曹禺为"势位"所误,为"盛名"所累,被"应酬"缠身,他已从艺术家演变为官员、领导。吴祖光说他就是不能冲破这个"罗网"。什么是这个"罗网"呢?吴祖光说:"我以为就是官方对他的重视。半个世纪以来,曹禺头顶上戴的'桂冠'实在太多了,什么院长、主席、领导……一个艺术家、作家他的第一任务就是创作,他需要的是时间和充沛的精力,否则就是对他的写作的干扰和破坏。曹禺仁兄离开我们之后,唯一能说明他生前生活和思想情况的是夫人李玉茹女士,由她来介绍死者生前的思想是值得我们深思的,就是:'曹禺自认今生的一大憾事就是:时间被写作以外的事占去太多'。"②吴祖光认为太多"桂冠"害了他;巴金说他:"你得少开会,少写表态文章";黄永玉说他"你为势位所误!"的确,曹禺一方面为势位所误,为官场所累,另一方面他又离不开官场。官场、势位让他无法战胜自我。他写不出来,就去参加各种应酬、应景,写表态文章,而他越是这样应酬就越写不出来,这形成了一种怪圈和恶性循环。他虽然没忘写作,但实际上写作已经不可能了。他的这种经历是过去、现在乃至将来有名气的作家的前车之鉴。

原载《中国现代文学研究丛刊》2017 年第 9 期

---

① 曹禺:《雷雨·序》,原载上海文化生活出版社 1936 年 1 月版《雷雨》。

② 吴祖光:《太多"桂冠"害了他》,《曹禺评说七十年》,刘勇、李春雨编,文化艺术出版社 2007 年版,第 90 页。

三、文学史中的曹禺

《中国新文学史稿》选辑

王　瑶

《雷雨》及其他

一九三四年曹禺发表了四幕长剧《雷雨》，严密的结构和精练的对话都显示了作者底艺术修养和写作技巧，这立刻引起了广大的注意，认为是新文学运动以来戏剧创作上稀有的成就。接着他又写了《日出》和《原野》，都是多幕长剧，这位剧作家的卓越才能就更加证明了。这些剧曾在各都市广泛上演过，作者在剧本中是注意于舞台提示的，演出的效果也很成功。《雷雨》是写一个绅商家庭的悲剧，作者在序中说：

> 累次有人问我《雷雨》是怎样写的，或者《雷雨》是为什么写的，这一类的问题。老实说，关于第一个，连我自己也莫明其妙；第二个呢？有些人已经替我下了注释，这些注释有的我可以追认——譬如“暴露大家庭的罪恶”——但是很奇怪，现在回忆起三年前提笔的光景，我以为我不应该用欺骗来炫耀自己的见地，我并没有显明地意识着我是要匡正，讽刺或攻击些什么。也许写到末了，隐隐仿佛有一种情感的汹涌的流来推动我，我在发泄着被抑压的愤懑，毁谤着中国的家庭和社会。然而在起首，我初次有了《雷雨》一个模糊的影像的时候，逗起我的兴趣的，只有一两段情节，几个人物，一种复杂而又原始的情绪。

《雷雨》的题材本来是极富于现实意义的，那些人物有的死有的逃，剩下的也变成了疯子，这自然是一种社会制度的残酷所造成的；但作者处理这题材的时候，却以一种悲天悯人的心境，认为“宇宙里斗争的残酷与冷酷”，只是“自然的法则”，而他所要表现的，“只是对宇宙这一方面的憧憬”，结果就特别强调了阴暗的宿命论的观点。他说：“在《雷雨》里，宇宙正像一口残酷的井，落在里面，怎样呼号也难逃脱这黑暗的坑。”[①]他在序中再三强调剧中“序幕”和“尾声”的重要，他要加强悲剧的情境，说“是想送看剧的人回家，带着一种哀静的心情”。他强调了不可知的力量，而且希望能收到希腊悲剧一样的效果。因此如果换一个角度，从这个悲剧发生的社会意义和对现实生活的影响来观察，那主题就被他的“憧憬”所歪曲了，他以性爱与血缘的各自巧合的伦常纠葛来冲淡了这个悲剧的社会性质。他写作的艺术水平是高的，他也努力想和近代资本主义国家的剧作水平相颉颃，但思想的限制多少使他对题材的把握不能深入，结果只成了一个非常像戏的“戏”。但在演出上，观众

① 《雷雨·序》。

却不感觉《雷雨》神秘，而是把它当做社会剧来欢迎了的，这主要就在作者所写的人物性格的真实。周朴园的专横，蘩漪的苦痛，周萍的软弱，周冲的天真，鲁贵的卑鄙，鲁大海的刚强，鲁妈的悲惨经历，作者都通过了精炼的带动作性的对话，有很细腻真实的描写。观众由爱与死的纠葛中，自然也可以体会到他们的社会性质。在《日出》中，作者摄取了黑暗势力笼罩下的都市悲剧，目光移向社会现实，作品的内容也光辉了一些，可以说是他剧作中最好的一部。作者在《跋》中说：

这些年在这光怪陆离的社会里流荡着，我看见过多少梦魇一般的可怖的人事，这些印象，我至死也不会忘却；它们化成多少严重的问题，死命地突击着我。这些问题灼热我的情绪，增强我的不平之感，有如一个热病患者，我整日觉到身旁有一个催命的鬼，低低地在耳边催促我，折磨我，使我得不到片刻的宁贴。……人毕竟是要活着的，并且应该幸福地活着。腐肉挖去，新的细胞会生起来。我们要有新的血，新的生命。刚刚冬天过去了，金光射着田野里每一棵临风抖擞的小草，死了的人们为什么不再生起来！我们要的是太阳，是春日，是充满了欢笑的好生活，虽然目前是一片混乱。于是我决定写《日出》。

从《雷雨》中不可知的神秘进而写无影无踪却时时在操纵场面上的一种可怕的黑暗势力，表示了作者想从现实中追求问题的解决了，因此作品的内容也就比较真实。他在书前面抄了好些《老子》和《圣经》中的话，他对这个“损不足以奉有余”的社会充满了愤慨，却并没有认识它的本质。他以建筑大楼的砸夯工人来代表光明，他说：“真使我油然升起希望的还是那浩浩荡荡向前推进的呼声，象征伟大的将来蓬蓬勃勃的生命。”①就是这点朦胧的劳工神圣的社会思想使他的作品添了光辉。在《日出》中他画出了好些真实的人物，过寄生生活的女主角陈白露，投机的银行经理，苍白无力的知识分子，被压榨的小职员，各种无聊人物，以及被侮辱无损害的女人翠喜和小东西。作者说：

我想用片段的方法写起《日出》，用多少人生的零碎来阐明一个观念。如若中间有一点我们所谓的“结构”，那“结构”的联系正是那个基本观念，即第一段《道德经》引文内“人之道损不足以奉有余。”所谓“结构的统一”也就藏在这一句话里。《日出》希望献与观众的，应是一个鲜血滴滴的印象，深深刻在人心里，也应为这“损不足以奉有余”的社会形态。因为挑选的题材比较庞大，用几件故事做线索，一两个人物为中心，也自然比较烦难。无数的沙砾积成一座山丘，每粒沙都有同等造山的功绩。在《日出》里，每个角色都应占有相等的轻重。合起来，他们造成了印象的一致。这里，正是用着所谓“横断面的描写”。②

这个黑暗角落里的人物几乎都是一些社会的残渣，但作者鞭挞暴露的力量是不够狠的。他以为“目前的社会固然是黑暗，人心却未必今不如古，堕落到若何天地，症结还归在整个

① 《日出·跋》。

② 《日出·跋》。

制度的窳败，想到这一点，不知不觉又为他们做一些曲宥，轻轻地描淡了他们的责咎。”[1]其实这也和他对社会的认识有关，他似以金八一人来代表黑暗势力，像《雷雨》中的命运一样，本就有点把现象单纯化了；而且没有组织的工人社会运动而只有辛苦地为资本家盖洋楼的工人也很难具象地代表光明，因此写作时就减低了爱憎的强度了。但无论如何，《日出》总是一个很好的剧本，是我们新文学创作中的宝贵收获。《原野》是写古老农村中农民向土豪地主复仇的悲剧，这更是有社会斗争意味的题材，作者注视到农村也表示了他视野的扩大，但是他处理题材时却渗入了过多的神秘象征的色彩，纠缠于心理状态和良心谴责等抽象观念，使《原野》的现实性反逊于《雷雨》。复仇的主角仇虎是农民，但这个人物却被抽象地写成了一位坚强的英雄，充满了绿林豪侠之气，却又那么受不了心理上的谴责。而且布置了过多的象征气氛，黑的原野，黑的林子，象征了原始性的恐怖，却削弱了故事的现实性。终于在黑林子里，构成了复仇与死的悲剧的结局。作者对农民是不够熟悉的，这剧比起当时中国农村的实际情形来说，就有很大的距离。仇虎是与命运抗争的人，但不像农民，只是一个属于“沉郁的原野”的人，有的是粗暴的充沛的原始力量。其他的人物也失去了复杂错综的社会性格，只赋有一种抽象单纯的品质，因此故事虽然动人，却并不真实，作者底艺术修养和写作技巧是有高度水平的，他的作品常常是知识和聪明的结晶，而不是经验和观察的体现；但用了那支笔，紧密的穿插和生动的对话都帮助他展开了一个紧张的场面，以巨大的力量激励着人心，使发生应有的舞台效果。剧中的每句话都是纯正的口语，从对话中将故事和主题凝成严密的结构，令人感到紧张和亲切。即使在动作的细小处，他也不惜用全力来渲染。他的创作才能是卓越的，而且因了他的创作的出现，也鼓励了和提高了一般剧作的艺术水平，贡献是很大的。

抗战与进步

曹禺的《蜕变》可以说是典型的写抗战中社会进步的一个剧本，写的是一个伤兵医院由腐败而蜕化为良好的过程：由于有了一个热诚负责的丁大夫和一个来视察的握有行政权力的梁专员，遂使这个医院在短期内完全改观，成为一个理想的为伤兵服务的机构。作者自己说：

> 在抗战的大变动中，我们眼见多少动摇分子，腐朽人物，日渐走向没落的阶级。我们更欢喜地望出新的力量，新的生命已由坚苦的斗争里酝酿着，育化着，欣欣然发出来美丽的嫩芽。这一段用血汗写成的历史里有无数悲壮惨痛的事实，深刻道出我们民族战士在各方面奋斗的艰苦同那被淘汰的腐烂阶层日暮途穷的哀鸣。这是一段需要“忍耐”但更需要“忍心”的坚苦而光荣的革命斗争。我们对新的生命应无限量地拿出勇敢来护持，培植；对那旧的恶的，应毫不吝惜，绝无顾忌地加以指责，怒骂，掊击，以至不惜运用各种势力来压禁，直到这帮人，这

① 《日出·跋》中的注。

种有毒的意识“死”净了为止。[①]

这里可以看出作者对旧势力的憎恨和对光明的向往。他脱离了过去的神秘色彩，平实地处理了一个现实的题材；作品中的主要人物都是代表光明进步的，可以看出作者当时的愉快兴奋的心情。抗战初期是一个爱国热潮奔腾澎湃的时代，从现在看来，那时人人都有点过分乐观，作者创作时的心情是可以理解的。但历史的进展证明了“蜕旧变新”并不是那样一件简单的事情，作者的看法实在过于天真了一点，而那些代表新生的人物实际上都是脱离了社会真实的。丁大夫是一个毫无缺点的完全的新人，她的心无时无刻不在伤兵身上，读者或观众自然很敬爱这样的人物，希望她能够得到成功。胡风说：

> 这样的崇高的人格是应该得到胜利的，而作者也使她得到了胜利。但他却用的是只手扭转乾坤的方法，那就是“喜从天降”的梁专员底出现。应该注意的是这位梁专员，虽然带着形象的面貌，但与其说他是一个性格，还不如说他是一个权力底化身。由于梁专员，她底存在才得到了保障，由于梁专员，她底愿望才得到了实现，由于梁专员围绕着她的一切就是化腐朽为神奇。于是，由污暗走到了作者所设想的紧张热烈，再走到了庄严光华的境地。作者不仁，把这位梁专员当作替她卸去历史负担的刍狗，这刍狗式的人物，到第三幕第四幕，尤其是第四幕，就局促地容身无地；因为作为权力地化身的他底存在，已经不能再有作用了。[②]

这个故事从严冬的时节展开到四月的春季结束，充分地表现了作者对抗战中的变革所寄予的希望。胡风又说：“在别的作品里面，作者在现实人生里面瞻望理想，但在这里，他却由现实人生向理想跃进。但据我看，他过于兴奋，终于滑倒了。”[③]果然，当作者从现实中感到并不那么乐观的时候，他的写作便又换了个方向。他送给了我们《北京人》的悲剧。这是以抗战前“北京”一个家庭的纠纷关系为题材，写出家人亲戚之间的矛盾和互相倾轧，以及这些人的昏聩自私的行为，从而反映封建社会的腐烂死亡的情况，和这个没落阶层中一些具有善良灵魂的人物走向了新的生活的故事的。给这些走向新生的人领路的是一个带有象征意味的“北京人”（一个机器工人）；作者把“北京人”当作光明的象征，他借剧中人的人类学者“袁任敢”的口说：

> 这是人类的祖先，这也是人类的希望。那时候的人要爱就爱，要恨就恨，要哭就哭，要喊就喊，不怕死，也不怕生。他们整年尽着自己的性情，自由地活着，没有礼教来拘束，没有文明来捆绑，没有虚伪，没有欺诈，没有阴险，没有陷害，没有矛盾，也没有苦恼；吃生肉，喝鲜血，太阳晒着，风吹着，雨淋着，没有现在这么多人吃人的文明，而他们是非常快活的！

为了和那些为封建社会所腐化了的人们相对照，作者用“北京人”指出了人类的祖先

① 曹禺《蜕变》后：《关于蜕变二字》。
② 胡风《在混乱里面》：《〈蜕变〉一解》。
③ 同上。

原是很健康勇敢的，因此也就给那些作者所同情的善良人物安排了一条新生的道路。这说明了因为作者的对于旧社会的憎恨，遂对原始的力量抱有一种无批判的憧憬，而这就减低了作品的社会意义。因此当他由家庭悲剧来写整个封建社会的腐烂的一面就非常深沉动人，而对于走向新生的那一面就写得悬空无力了。那两个出走的人完全是由于客观环境的压迫，却并没有本身的觉醒的因素。故事局限性在一个家庭之中，也不大看得出它和当时整个社会情势的关系来。胡风说：

> 作者所写的那个封建家庭(封建社会)，看来错综复杂但其实是过于孤立了一点，因而那些人物看来须眉毕肖但其实是单纯化了一点。那样一个大家庭，和整个封建势力并没有彼此扭结的血缘关系，只是关起大门来开演一个悲剧，而对于暴发户的资本主义，并没有在活的社会交涉里面表现出它底抵抗力或迎合，只是单纯地负了一笔债和讨债底威逼，而且这也不过仅仅尽了促成这个悲剧上的一点观念上的作用。至于当时应有的民族斗争和社会斗争的政治浪潮，在这里没有起一点影响，而新的人生理想，新的力量底存在，也仅仅只在人物底对话里面说明式地暗示几句而已。主题内容底孤立的把握就发生了人物性格底单纯，好像他们根本不会走出曾家大门以外……①

这一指出是相当有力的。接着他又根据巴金的小说《家》改编成为四幕剧《家》，比之原作，这不只可以看出他的聪明的剪裁和独到的描绘，精神和重点也很不相同了。巴金原作着重在“五四”以后在这个大家庭中的新与旧的冲突，以及青年人自己的活动和出走，这在《家》以后的续编《春》《秋》中就更明白。曹禺的剧本则着重在大家庭的腐化和青年人的婚姻不自由上面，他用力地描写了冯乐山这样一个伪善人物，构成了爱情悲剧的原因，剧本的结尾是凄凉的。作者并没有写新的一代的出走，这就比原作减低了不少的社会意义。它使人感到造成这悲剧的只是冯乐山这个坏人的罪恶，而恋爱婚姻的悲剧比起小说原作着重的新生一代的奋斗反抗来，力量也就微弱多了。虽然这样，剧本的效果还是很强的，它使人对这个家庭发生了强烈的憎恨，看过后谁还愿意再做“宝盖下面的一群猪”呢！不过把青年人的奋斗略去，鼓舞作用就少的多了。他的这些剧本都获得了不少的读者和观众，艺术水平确乎是相当的。结构的严密、对话的生动、人物的显明和剧情的紧张都紧紧地抓住了观众。他吸收了西洋近代的戏剧技巧来写中国的社会生活，影响了一般剧作的艺术水平，这是他的主要贡献。在内容上，这些作品虽然也反映了一些社会的现实，但由于理解得不够正确，就大大地损害了他在艺术上的成就；这就说明了无论一个作品的艺术性怎样高，如果它的内容不能很真实地反映社会现实的话，是无法震撼人心的。

王瑶《中国新文学史稿》(上)，开明书店，1951年版第271—275页
《中国新文学史稿》(下)，新文艺出版社，1953年版第154—158页

① 胡风《在混乱里面》：《论〈北京人〉》。

《中国现代文学史略》选辑

丁　易

曹禺是现代中国一个出色的现实主义剧作家。他在抗日战争以前，写下了三个多幕剧：一九三四年出版的《雷雨》，一九三六年出版的《日出》，一九三七年出版的《原野》。这三个剧本曾经拥有大量的小资产阶级和市民层的读者和观众。

作者大概出身于一个生活优裕的封建家庭，又曾在南开中学、清华大学这两个资本主义气味最浓厚的学校里面受过较长期的教育，对中国封建文化思想和欧美资产阶级文艺理论都有一定的修养和研究，这一些对于作者的思想起了很大的影响。因此，作者对当时革命理论和革命实际斗争，虽然也见到和听到，一九三五年的中国共产党领导的“一二·九”学生运动就发生在作者的身旁，但这些对于作者似乎都没有起着什么作用。作者在这一时期写剧本的目的，据他自己说，“只是对宇宙这一方面的憧憬”“并没有显明的意识着我是匡正，讽刺或攻击些什么”。当他写他的第一个剧作《雷雨》的时候，他说在起首“逗起我的兴趣的，只有一两段情节，几个人物；一种复杂而又原始的情绪。”①他在《雷雨·序》中非常看重剧中的序幕和尾声，他希望“有一位了解的导演精巧地搬到舞台上”，造成他“所谓的‘欣赏的距离’”，发生像“希腊悲剧 Chorus 一部分的功能”，为的“是想送看戏的人们回家，带着一种哀静的心情”。很显然，这一些看法，都是属于资产阶级唯心论的艺术思想的范畴的。不过，作者虽然受了这些思想的影响，但作者究竟是生活在半殖民地半封建的中国，他目见耳闻的都是这一社会制度的黑暗和罪恶，他有着年青的火炽的热情，和一颗艺术家真实的良心，他就不得不摄取这些社会现象作为他的题材，于是《雷雨》就成了“暴露大家庭罪恶”的一个社会剧。再由于作者卓越的艺术才能，描写人物性格相当真实、生动、凸出，能够吸引读者和观众，使他们受到感动。但这“感动”却不是作者所希企的那种“哀静的心情”，而是“低着头，沉思地，念着中国半殖民地的命运”！② 这怕是作者始料之所不及罢？但是《雷雨》的积极意义却恰恰是在这里！不过，这积极意义也还是有一定限度的，由于作者的思想限制，他只能暴露这社会的罪恶，却不能指出如何去消灭这些罪恶，相反的，他却陷入了宿命论的泥淖中，他说：“在《雷雨》里，宇宙正像一口残酷的井，落在里

① 《雷雨·序》。
② 杨晦《文艺与社会》：《论曹禺》。

面，怎样呼号也难逃脱这黑暗的坑。"[①]这一唯心论的宿命论的观点，贯串在作品之中，便大大减少了主题的积极意义。

继《雷雨》之后，作者写出了《日出》，由家庭悲剧进而写社会悲剧。他在《日出·跋》中说："这些年在这光怪陆离的社会里流荡着，我看见了多少梦魇一般可怖的人事，这些印象我至死也不会忘却；它们化成多少严重的问题，死命地突击着我，这些问题灼热我的情绪，增强我的不平之感，有如一个热病患者，我整日觉到身旁有一个催命的鬼低低地在耳边催促我，折磨我，使我得不到片刻的宁贴。"这样，他写出了《日出》，很显然，他是企图在《日出》中解决这些现实问题的。由"《雷雨》中渺茫不可知的神秘"，进而追求现实社会里的严重问题的解决，这在作者实在是一个很大的进步。在《日出》中，作者写下了一些真实生动的人物，如：过着寄生生活的女人陈白露，买空卖空的银行经理潘月亭，认识模糊而又想拯救别人的知识分子方达生，被压榨得喘不出气来的银行小职员黄省三，过着非人生活的被侮辱践踏的妓女翠喜和小东西，代表黑暗势力的金八的爪牙黑三，以及一些都市的渣滓人物像张乔治和顾八奶奶等。作者对这些人物或予以斥责鞭笞，或予以同情怜悯，感情真是深挚，很能吸引读者和观众。但在剧中，作者把这一些黑暗和罪恶，全归之于"一种可怕的黑暗势力""无影无踪，却时时在操纵场面上的人物"——金八的支配与操纵，把光明的希望寄托在建筑大楼的砸夯工人身上，而这些工人并没有出场，也没有指出这些工人有什么领导和组织。

很显然，作者所暴露的这些黑暗和罪恶，是当时半殖民地半封建社会制度的产物，决不可能是一个"无影无踪"的金八所能支配操纵的，就是金八自己又何尝不在这现实社会支配之下呢？把光明的希望寄托在工人身上这完全是对的，但一群既未出场而又无领导无组织的工人，只凭着"那浩浩荡荡向前推进的呼声"，企图"象征伟大的将来蓬蓬勃勃的生命"，是有些模糊笼统的。

是什么思想使得作者有这样的看法呢？这仍是由于作者唯心论的观点与立场。他面对了现实社会，这社会的极端黑暗迫使他"不能片刻宁贴"，但他却又不了解产生这黑暗的根源，他不能从社会制度和社会本身去深入了解，于是他只好"读《老子》，读《圣经》，读《佛经》，读多少那被认为洪水猛兽的书籍"，希望从这些书里寻求解决，而那些所谓"被认为洪水猛兽的书籍"，就作者全部作品的思想内容来看，决不是马克思列宁主义的哲学和革命理论，而是似乎近于虚无主义的那一类东西。在这些书内寻求解决现实社会问题，所以作者的"基本观念"就自然不能超越老子的"人之道损不足以奉有余"的那一个原始的简单的概念。再加上作者写《雷雨》时的宿命论的思想的影响，在《日出》中就出现了"无影无踪"的金八，他仿佛是一个命运之网，所有人都不能摆脱他的控制。关于这一些，作者后来也会认识到，他说："现在想想，倒也记得动手的时候确实要提出一些问题，说明一些道理。但我终于是凭一些激动的情绪去写，我没有在写作的时候追根问底，把造成这些罪恶的基

---

① 《雷雨·序》。

本根源说清楚。譬如《日出》这本戏，应该是对半殖民地半封建的中国旧社会的控诉，可是当时却将帝国主义这个罪大恶极的元凶放过；看起来倒好像是当时忧时之士所赞许的洋洋洒洒一篇都市罪恶论。又如，我很着力地写了一些反动统治者所豢养的爪牙，他们如何荒淫残暴，却未曾写出当时严肃的革命工作者，他们向敌人做生死斗争的正面力量。”①作者这段自我批评是很恳切的。但是《日出》在当时究竟还是提出了一些问题，它深刻地暴露了这些反动统治者所豢养的爪牙是如何荒淫无耻，被压迫者是如何过着非人的生活，十分有力地攻击了这个黑暗社会，这在当时还是有着较大的积极意义的。

作者在《日出》之后，写出了《原野》，他把目光由都市转向农村，写一个农民向地主土豪复仇的故事。这原是一个很好的题材，但由于作者不了解农村中的主要阶级矛盾和斗争，不清楚农民生活，再加上宿命论的思想，以致把这一个富有现实意义的故事，写成了非常玄秘、非常抽象，甚至不大可解的奇怪现象。神秘象征的色彩，纠结着心理状态和良心谴责，极力渲染原始的恐怖和阴森的气氛，以致远离现实，简直不像是人世间的故事。《原野》，在作者剧作中，不能不说是失败的一部了。

抗战期间，作者又写了三个多幕剧：《蜕变》《北京人》和《家》。

《蜕变》在《原野》之后写出，在作者思想认识上是一个跃进，他为当时抗战热情所鼓舞，要写出“我们民族在抗战中一种‘蜕’旧‘变’新的气象”②。这企图是好的，但可惜的是作者不大清楚产生这“旧”的黑暗的现象的根源，更不明白“新”的气象要在怎样的政治社会条件之下才能产生，因而作者在剧中所描写的乐观和光明，只是他主观的幻想，不是现实的真实。试想一想，在蒋介石反动统治下，像剧中主角丁大夫、梁公仰那样公正的人物，竟能够以绝对权力来压倒腐朽集团而不遭受任何挫折，这无论如何是不可能的！因此，这个剧本虽然是用写实的方法，但所写的却不是真实，剧中人物都是凌空孤立，超越现实社会之外的，剧中的乐观气象客观上倒替黑暗现实起了粉饰作用，虽然作者本意并非如此。

作者这种幻想的乐观，在抗战现实中自然是要碰钉子的，碰了钉子以后，他明白了他的乐观是空的。至于为什么是空的，他似乎也并没有怎样去追究，于是他就避开抗战现实，写出来《北京人》和《家》。

《北京人》和《家》的主题，都可以说是反对封建制度的。作者的思想在这两个剧本中虽然并没有向前突进，但是若干人物的塑造和技巧的熟练却超过了他以往剧作的水平。剧中所指出的新方向虽仍和《雷雨》《日出》一样，只是模糊不清的概念，但却深沉地有力地唱出了旧社会的挽歌，这挽歌是如此沉重地袭击了读者和观众，因而就能够激起读者和观众对“吃人”的封建制度的愤怒和反抗的情绪。

但是作为一个批判的现实主义剧作家，作者在中国现代文学史上，终不失为最优秀的一个。他深刻了解那些渣滓人物和黑暗势力，并由衷地憎恶他们，他勇敢地把这些搬到舞

① 《曹禺选集·自序》。
② 《蜕变·后记》。

台上，在千百万个观众面前血淋淋地暴露出来，并予以无情地批判，这一点是完全符合当时人民要求的。而作者的卓越的艺术才能，又能够把他所要表现的写得如此生动、如此形象，如此振撼人心，仿佛有一股巨大的力量在吸引着观众，鼓动着观众，使观众不仅觉得作者代表了他们的要求，说出了他们想说的话，并能和作者一样，进一步衷心地憎恶这些渣滓人物和黑暗势力。从这一点去考察，作者的剧作是起了一定的积极作用的。

至于作者写作态度的严肃认真和高度的写作技巧，使得作品结构严密紧凑，对话凝练有力，不粗疏，不草率，即使是极微小的地方，也经过仔细斟酌，这些，在提高当时戏剧艺术水平上，也有其一定的贡献。

原载《中国现代文学史略》，作家出版社 1956 年版第 281—286 页

《中国新文学史初稿》选辑

刘绶松

第三编　第二次国内革命战争时期的文学(一九二七——一九三七)

曹禺(万家宝)是本时期出现的一位非常著名的戏剧作家。他的第一个剧本《雷雨》(四幕剧)一九三五年①发表在《文学季刊》上,立即取得了广大读者和批评界的注意。一九三六年作为单行本印行(文化生活出版社)的时候,作者在书前序文中作了如下的自白:

> ……累次有人问我《雷雨》是怎样写的,或者《雷雨》是为什么写的,这一类的问题。老实说,关于第一个,连我自己也莫明其妙;第二个呢?有些人已经替我下了注释,这些注释有的我可以追认——譬如"暴露大家庭的罪恶"——但是很奇怪,现在回忆起三年前提笔的光景,我以为我不应该用欺骗来炫耀自己的见地,我并没有显明地意识着我是要匡正,讽刺或攻击些什么。也许写到末了,隐隐仿佛有一种情感的汹涌的流来推动我,我在发泄着被抑压的愤懑,毁谤着中国的家庭和社会。然而在起首,我初次有了《雷雨》一个模糊的影像的时候,逗起我的兴趣的,只有一两段情节,几个人物,一种复杂而又原始的情绪。

"一种复杂而又原始的情绪"指的到底是什么呢?作者继续写道:

> 《雷雨》对我是个诱惑。与《雷雨》俱来的情绪蕴成我对宇宙间许多神秘的事物一种不可言喻的憧憬。《雷雨》可以说是我的"蛮性的遗留",我如原始的祖先们对那些不可理解的现象睁大了惊奇的眼。我不能断定《雷雨》的推动是由于鬼神,起于命运或源于哪种显明的力量。情感上《雷雨》所象征的对我是一种神秘的吸引,一种抓牢我心灵的魔。《雷雨》所显示的,并不是因果,并不是报应,而是我所觉得的天地间的"残忍",(这种自然的"忍酷",四凤与周冲的遭际最足以代表,他们的死亡,自己并无过咎。)如若读者肯细心体会这番心意,这篇戏虽然有时为几段较紧张的场面或一两个性格吸引了注意,但连绵不断地若有若无地闪示这一点隐秘——这种种宇宙里斗争的"残忍"和"冷酷"。在这斗争的背后或有一个主宰来使用它的管辖,这主宰,希伯来的先知们赞它为"上帝",希腊的戏剧家们称它为"命运",近代的人撇弃了这些迷离恍惚的观念,直截了当地叫它为"自然的法则"。而我始终不能给它以适当的命名,也没有能力来形容它的真实

① 应为1934年——编者注。

相。因为它太大，太复杂。我的情感强要我表现的，只是对宇宙这一方面的憧憬。

我们之所以要不厌详尽地引录上面两段文章，主要是因为它们可以引导我们对于《雷雨》一剧获得正确的理解和评价：《雷雨》一剧的现实的意义及其神秘的意义，都可在这两段话中找到它的真正根源。尽管作者说他无意于“暴露大家庭的罪恶”，然而每一个作为“社会人”的观众或读者，却依然首先在剧本中接触到了它的社会意义，而他们在剧本中所得到的满足或感动首先也就在这一方面。我们作为一个读者和观众，关于剧本还可以替作者下更多的“注释”；因为我们不仅在剧本中看见了一个“大家庭”的隐秘的罪恶，而且我们还分明地看见了在剧本中表现出来的复杂尖锐的阶级对立的关系。（例如周朴园和鲁大海，尽管他们是父子，但他们不得不成为仇人；使得周朴园对于侍萍“始乱终弃”的，阻碍周冲和四凤的相爱的，归根结底，也还是那个贫贵悬殊的阶级对立关系。）在这里，我们首先就要肯定：《雷雨》这个剧本在一定程度内反映了社会生活中某些重要的真实的东西，而且以此教育了它的观众和读者。原因不难理解：作者曾经说过，逗起他的创作兴趣的，是作品中的一两段情节和几个人物，这就是说作者在现实生活中首先是有了一些真实的感受（尽管它还是片断的），而且在创作的过程里，他又被“一种情感的汹涌的流”所推动，他不得不“发泄着被压抑的愤懑，毁谤着中国的家庭和社会”。这样，《雷雨》这部作品就具有了一部现实主义文学艺术作品所特有的那种长处：它真实地刻划了人物的性格（周朴园的冷酷专横，蘩漪的顽强，周萍的软弱，……），它“匡正”“讽刺”和“攻击”了旧社会的黑暗的一面。

但是作者的“复杂而又原始的情绪”，对于宇宙的一种不可知的“神秘的”观念，也给作品带来了重大的难以弥补的缺陷：这就是一直弥漫在作品中的“宿命论”的观点和它的神秘的气息；这些限制了作品对于现实发掘和反映的深度，也冲淡了它已经具有了的社会的意义。在剧的结尾，作者通过鲁侍萍的嘴，这样说道：“天知道谁犯了罪，谁造的这种孽！——他们都是可怜的孩子，不知道自己做的是什么。天哪，如果要罚，也罚在我一个人身上；我一个人有罪，我先走错了一步。如今我明白了，我明白了，事情已经做了的，不必再怨这不公平的天；人犯了一次罪过，第二次也就自然地跟着来。”不仅在这儿，在很多地方作者都提到了命运的力量，把它作为事件发展的主宰。但我们想，造出这种惨剧来的，真正是侍萍的罪过或者说是命运的播弄吗？我们不能够找出更合理、更真实的解答来吗？

在《雷雨》中，作者显露了他的卓越的才力和技巧，剧情结构和人物对话的紧凑、自然，在当时的剧作中，这样成功的例子是不多见的。

曹禺的第二个剧本《日出》（四幕剧），去掉了《雷雨》中的神秘的情感，更多的是作者对于不公平的世界和“荒淫无耻，丢弃了太阳的人们”的暴露和愤激。在书后的《跋》中曹禺说到了写作这个剧本时的激动的心情和他安排剧情时的苦衷，他说：

……我还是年青，不尽的令人发指的回忆围攻着我，我想不出一条智慧的路，顾虑得万分周全。冲到我的口上，是我在书房里摇头愰脑背通本《书经》的时代，最使一个小孩子魄动心惊的一句切齿的誓言："时日曷丧，予及汝偕亡！"（见《商书汤誓》）萦绕于心的也是一种暴风雨来临之感。我恶毒地诅咒四周的不公平，除了去掉这群腐烂的人们，我看不出眼前有多少光明。……我感觉到大地震来临前那种"焦躁不安"，我眼看着要地崩山惊，"肥田变为荒地，城邑要被拆毁"，在这种心情下，"我已经听见角声和打仗的喊声"。我要写一点东西，宣泄这一腔愤懑，我要喊"你们的末日到了！"对这般荒淫无耻，丢弃了太阳的人们。

…………

《日出》写成了，然而太阳并没有能够露出全面。我描摹的只是日出以前的事，有了阳光的人们始终藏在背景后，没有显明地走到面前。我写出了希望，一种令人兴奋的希望；我暗示出一个伟大的未来，但也只是暗示着。……我明白我说的是什么，我相信我说的未来，我也想到应该正面迎去，另写一幕摆开我的主角，那些确实有了太阳的人们。然而我不禁念起《雷雨》，这么一个微弱的生命，这几年所遭受种种的苛待……这样一个"无辜"的剧本为一群"无辜"的人们来演，都会惹起一些风波，我又怎肯多说些话再让这些可怜的演员们受些无妄之灾呢？

就是这样，《日出》这个剧本在我们面前展开了旧中国大都市里一群生活在暗夜中的人们：其中有漂泊人海，过着堕落、平庸又痛苦的生活的陈白露，有专门做投机生意，在糜烂无耻的生活中打滚的银行经理们，有没有登场而在那里暗中支使一切的作为黑暗势力的象征的金八，有为生活折磨得垂头丧气的小职员们。有两种不同类型的知识分子：颓丧疲倦，但还是追求着"春天"和"太阳"的方达生和满脑子金钱女人的外国留学生张乔治，有沉落在苦海里，挣扎着终不免于一死的小东西。而且在剧的结尾，以窗外高亢而洪壮地合唱着轴歌（即"日出东来，满天大红！要想得吃饭，可得做工！"）的砸夯的工人们作为了太阳的化身，给观众和读者带来了一线曙光。这样，这个剧本，就体现了作者的爱与憎、愤怒与希望，它较之《雷雨》有了更多的艺术感染的力量。

但是《日出》这个剧本，还不能说它已经科学地分析了和真实地反映了当时的客观现实。作者在剧前引录了老子《道德经》中的话："天之道损有余而补不足；人之道则不然，损不足以奉有余。"他对于"损不足以奉有余"的"人之道"是不满的，但是这种不满，很显然还停留在一种感性认识上，他还没有找出造成这种"损不足以奉有余"的不平现象的真正原因来。没有登场的金八是不足以代表整个丑恶的私有社会制度的，剧终的暗示性的结尾也不够明显，缺乏力量。

《原野》（三幕剧）所反映的应当是农民对于豪绅地主的抗争与复仇，但是同《雷雨》一样，过于浓厚的神秘的色彩遮没了它的社会意义。主角仇虎本是一个农民，恶霸地主焦阎王陷害了他，把他当成土匪关在牢里，害死了他的爸爸和妹妹，抢走了他的爱人给自己做儿媳，这是一个血海深仇。仇虎从狱里逃了出来，焦阎王已经死了，仇虎杀死了他的儿子和孙子，报了仇恨。但是仇虎却在追捕者的枪声中用匕首杀死了自己。这样一个故事，在古旧中国的农村里应当是一件屡见不鲜的事实，描摹了它，也就是揭露了旧中国农村中的矛盾和斗争。但这不是作者原来的企图，他所要着意渲染的是原始性的恐怖与粗犷的气息，所要表现的是人类对于抽象的命运的抗争——一个非科学的纯观念的主题。剧本主角仇虎不是作为一个真实农民的形象而刻划的，他只是一个纯粹的抽象观念的化身。在他的身上，集中地体现出来的不是一个社会的人的性格，而是一个原野的人（具有着原始感情和原始力量的原野的人）的空幻的形体。其他人物的性格也缺乏社会和阶级的烙印，整个剧作充满了一种非现实的人造的气氛。因此，《原野》一剧的现实意义，不仅赶不上《日出》，而且还远逊于《雷雨》。它在作者的许多剧作中，应当是失败的一个。

第四编　抗日战争时期的文学（一九三七——一九四五）

在上一时期以《雷雨》《日出》等剧知名于世的剧作家曹禺，在本时期又发表了三个剧本：《蜕变》《北京人》《家》。

四幕剧《蜕变》，据作者说，是在写“我们民族在抗战中一种‘蜕’旧‘变’新的气象。这题目就是本戏的主题”。作者又说：“我们对新的生命应无限量地拿出勇敢来护持，培植；对那旧的恶的，应毫不吝惜，绝无顾忌地加以指责，怒骂，掊击，以至不惜运用各种势力来压禁，直到这帮人，这种有毒的意识‘死’净了为止。”①作者创作这个剧本的主观愿望，从这些话中可以很显然地看得出来。

然而《蜕变》的成功所在，却不在于它对于“新的生命”的颂扬和支持，而在于它对于“旧的恶的”的暴露和掊击。剧本描写了一个省立后方医院在抗战初期迁移到后方一个小城后，“历来行政机构的弱点，俱一一暴露出来”：“全院的公务人员仿佛成了一座积满尘垢的老钟，起初只是工作迟缓，以后便索性不动”“从院长起，他用人办事但凭他自己一时的利害喜怒为转移”“好的职员不过是情绪消沉，坏的就胡作非为，瞒上欺下”。在这种情况之下，自动加入后方医院的女医师——丁大夫的救护伤病员的工作，也受到了百般无理的拖延和阻挠。后来因为上面派来了一个正直无私的，而且“在他自然的收敛中，蕴藏着多少智慧，经历，了解和做事的精力”的梁专员，这个医院，这才进行了“彻底改革”，“在不断的经验与学习里逐渐树立一个合理的制度”，“在短时期之内就开赴前线的后方，努力坚苦的救护工作”。以后这个前线医院，又奉命把一部分有经验、有学识并且勇于负责的人员调回××大城，办理一所规模更大的后方伤兵医院。事业虽然庞大，但进展却甚为迅速，因为“贤明的新官吏如梁公仰先生者，在这一部分的公务人员的心里，已逐渐培植出一个勇敢的新的负责观念。大家在自己的职责内感到必需（如梁专员所说的）‘自动找事做，尽量求完全’，开始造成一种崭新的政治风气的先声”。——这就是这个剧本描述的全部故事。有一点很清楚地可以看得出来：剧本中对于这个后方医院的黑暗情况的暴露，虽然没有联系到国民党反动派全部政府机构的糜烂情况及其腐朽本质，而是把它当作一个个别的丑恶现象来加以处理，但是这种暴露到底反映了生活的真实（纵然不是很深刻的），它的讽刺是辛辣的。这里体现了在民族解放战争当中一个正直的作家对于腐朽事物的强烈憎

① 《蜕变》附录：《关于‘蜕变’二字》。

恨，因而也教育了它的读者和观众。我们以为这就是《蜕变》这个剧本比较成功的地方。

不过，也应当这样肯定：剧本中对于“新的生命”的描画和讴歌，是没有现实生活的基础的，因而它给予读者和观众的印象也是虚浮的，缺乏教育意义和感动力量的。作者创造了两个人物——丁大夫和梁专员——来作为“新的生命”的代表人物。我们先看丁大夫。作者这样说明了她的性格及其形成的原因：“她所受的高深的科学教育不但使她成为中国名医，并且使她养成爱真理，爱她的职业所具有的仁侠精神的习性。”这告诉了我们——丁大夫这个人物，作者是没有从形成她的性格的阶级基础和社会关系上来加以理解和创造的；同时也告诉了我们，像丁大夫这样的“仁侠精神”，虽然“出污泥而不染”，但到底是不足以作为人们学习的对象和模范的，也是不能够代表社会生活中的新生力量的。因为在这样一个艰苦的年代，人们所需要的爱国英雄是那些对客观现实具有正确的认识和理想，而又坚持原则、敢于战斗的无畏的勇士，丁大夫显然不是这样一个人物。她仅仅是一个茹苦含辛的寡母，一个爱护伤兵的仁慈的女性，一个孤零零的女性。在那样的环境下，她“慷慨而又易于动情感”，她“学习着必要的忍耐和迁就”。这是一个悲剧的性格，在她的身上，我们看不出胜利的希望和力量。所以作者不能不把“旋乾转坤”的力量寄托在另一个人物——梁专员身上。应当这样说，梁专员这个人物的创造，是更缺乏现实生活的基础的。他作为一种权力的代表出现在剧本里，而实际上，这种“贤明的新官吏”在当时的国统区是不可能存在的。他的出场所造成的气氛，令人很自然地联想起旧剧中包公一类的人物来。他的出现和由于他的出现而形成的“焕然一新”的景象，只能算是一种希望和粉饰：作者的善良的愿望和对于丑恶现实的无意的粉饰。社会的“蜕旧变新”，毫无疑问地，是应该走另外一条道路——革命的道路的。

《北京人》（三幕剧）写的是一个封建旧家的崩溃没落的故事。它虽然不能算是一个成功的剧本，但是在某些情节安排与故事穿插上，显然寓有作者的深意。例如故事的进行，始终穿插着曾、杜两家争夺棺木的事实，这分明是在暗示，不仅是代表封建主义的曾皓，就是代表“暴发户”的资产阶级的杜家，在半封建半殖民地的中国，也都是“日暮途穷”“行将就木”的“在棺材里打滚的人们”。又例如以一个修理卡车的工人来扮作“北京人”，而又以来自田间的小柱儿装扮成“他的弟弟小北京人”，这也可以看出作者的希望寄托所在。又例如以瑞贞和愫方的出走作为剧本的结尾，也显然是在显示新的一代的应有出路。所有这些，在作者思想和艺术的进程上，是值得我们重视的。

但是这些，在剧本中仅仅是一种抽象观念的象征式的说明，它们还没有得到饱和着生活气息的形象的表现。特别是以对于原始生活的向往来代替人类的希望，也证明了作者这时思想认识上所存在着的模糊状态。作者通过“人类学”的学者袁任敢的“沉重的声音”说出了自己内心里的深切想望：

> 这是人类的祖先，这也是人类的希望。那时候的人要爱就爱，要恨就恨，要哭就哭，要喊就喊，不怕死，也不怕生，他们整年尽着自己的性情，自由地活着，没有礼教来拘束，没有文明来捆绑，没有虚伪，没有欺诈，没有阴险，没有陷害，没有矛盾，也没有苦恼，吃生肉，喝鲜血，太阳晒着，风吹着，雨淋着，没有现在这么多

人吃人的文明，而他们是非常快活的。

这样一种“返归自然”的思想的存在，使得这部作品虽然唱出了旧社会的“挽歌”，但对于新的生活理想的启示，则显得缥缈而空虚。在人物塑造上，曾思懿的形象显然是脱胎于《红楼梦》中的王熙凤，而曾文清的性格又与巴金小说《家》中的觉新有着某种程度的近似。江泰是作为一个“丑角”式的人物而出现的，他只给观众带来了一些发笑的资料，而不能使他们思索到任何一些较为深刻的社会意义。至于“北京人”、袁圆、小柱儿，则又显然是作者的某种观念的化身，而缺乏作为一个“真实的人”的活生生的性格面貌。这些都应当是剧本《北京人》的难以弥补的缺陷。

四幕剧《家》是根据巴金的小说《家》改编而成的。这个剧本虽然在表现艺术上取得了某些方面的成就，但它的缺点则在于过分着重了恋爱婚姻问题的描写，因而不免缩减了巴金原作反封建的意义。在最后一幕中，觉慧在出走前对他的大哥觉新说：“这几天我才渐渐认识，我的敌人不是一个冯乐山，而是冯乐山所代表的制度。他伪善，他怕人说他伪善；他诬陷了我，他得了意。可是，我绝不会让冯乐山跟冯乐山类似的这一群东西终生得意的。”但这样斗争的气概和贯串在整个剧本中的缠绵悱恻的情调比较起来，就未免有些相形见绌，而且常常是被后者所冲淡甚至于是遮没了。剧本以瑞珏的惨死作为收场，在观众和读者心中所唤起的情感也是哀怜多于愤激。当民族斗争和社会斗争日益趋向尖锐和剧烈的时候，《家》的发表和上演，是缺少一种足以震撼人心的感染力量的。但是有一点应该特别指出：《家》没有《雷雨》中的命运观念，没有《原野》中的原始性的恐怖气氛，也没有《北京人》中的纯粹象征式的人物——“北京人”。它是我们所曾经提到过的曹禺剧本中最少象征意味和神秘气息的一个。它的主题是明朗的。如果联系到作品所反映的时代(北伐以前)来说，人物性格也都具有一定的社会基础。这不能不说是《家》这个剧本的主要优点。

曹禺的剧本在艺术上的确是达到了很高的成就的，在结构的完整和对话的紧凑上，在同时代作家的作品中，我们还很少找得出同样的例子。他能够紧紧地抓住他的观众和读者，使他们的情感随着剧情的进展而一齐进到紧张的高峰。在内容方面，也反映了旧中国社会的某些方面，在一定程度内揭示了社会生活中的矛盾和斗争。这就是他的作品之所以能够拥有大量观众和读者的原因。但是由于作者这时还缺少一种观察和分析社会生活的有力的思想武器，他还不能够正确地理解这个正处在大变革期间的暴风雨的时代，因此，就不可避免地要给他的作品带来一些重大的缺点；而如何克服这些缺点，却是作者的圆熟的艺术技巧所无能为力的。

原载《中国新文学史初稿》(上卷)第392—397页，
(下卷)第166—171页，作家出版社1956年版

《中国新文学史》(中卷)选辑

司马长风

曹禺的《雷雨》

曹禺在三十年代,彗星般的展现,使人们不得不在此承认,世间确有天才这回事。

在曹禺的处女作《雷雨》,一九三五年三月①在《文学季刊》发表之前,欧阳予倩已从事了近二十年的戏剧工作,洪深、熊佛西和田汉诸大家,都已著作等身了,尤其是田汉,对戏剧表现了近宗教的虔诚,他领导了南国社的一段艰辛奋斗,简直像献身传道的使徒;这四人在三十年代都有多种剧本问世,但是《雷雨》一经面世,那些剧作便立刻黯然无光了。这些老大家不禁瞠目而视这个年方二十六岁的后进小子。他的第二部作品《日出》,荣获一九三六年天津大公报文艺戏剧奖。从此奠定在戏剧创作的首席地位,更到今天,仍无人能够超过。

曹禺(一九〇九——)②湖北潜江人,原名万家宝,清华大学英文系毕业,在学时期即酷爱戏剧,曾数次参加演出,细心体察舞台经验。因此他写出的剧本,多适宜于舞台演出。

这里评述他的成名作《雷雨》。

《雷雨》是一部四幕剧,是写一个富豪之家的伦理大悲剧。

富豪子弟周朴园与青年女仆周侍萍私通生了两个儿子,后因与名门闺秀结婚,便把周侍萍赶出了公馆,周侍萍抱幼子投河自尽,竟得救未死,后嫁给鲁贵为妻生了一个女儿,周朴园娶的夫人蘩漪生了一个儿子。悲剧就发生在同父异母和异母同父四姊妹和二男二女八人之间。

周侍萍自尽未遂之后二十年,她的后任丈夫鲁贵在周朴园家佣工,又把他和侍萍生的女儿四凤介绍在周家做侍女;后来又把周侍萍带来的油瓶儿(周朴园与侍萍所生的第二个儿子)鲁大海介绍到周家的煤矿做矿工,周朴园的长子周萍(与侍萍所生第一个儿子)与后母蘩漪有染,后又与四凤(同母异父兄妹)相恋;次子周冲(蘩漪所生)则亦追求四凤;这一连环性的纠葛已经够复杂的了,又加上鲁大海领导矿工反对董事长周朴园(实是他的生父)。这个伦理大乱套,在命定的巧合安排下,聚在一起,互相撞击,于是在一大雷雨之夜,揭露了所有的隐秘,每个人都变成了丧心的鬼!有了三个月身孕的四凤,发现周萍是哥

① 此处有误,《雷雨》应是于1934年7月在巴金、靳以主持的《文学季刊》第1卷第3期刊载——编者注。

② 此处有误,曹禺生于1910年——编者注。

哥，羞愧寻死，踏中电线死了，周冲为了救她同归于尽；周萍吞枪自杀了。

这一由连串巧合安排的悲剧，因过于巧合，而丧失了戏剧的趣味，尤其是最后一幕，有血亲关系的八人揭开真相，暴露罪恶，一连三人自杀，未死者也都疯疯癫癫，超过心理弹性的限度，不但演员感到技穷，观众也感到无法消受。因此许多剧团演出《雷雨》都被迫删去尾声，就剧论剧，这是极大的缺点。可是自一九三五年秋由上海复旦剧社的演出，竟一鸣惊人，其后成为演出率最高的剧本，可知这剧本的魅力另有所在。

曹禺出身清华，是在叶公超、朱自清、杨丙辰诸人影响下成长的作家，并且在《文学季刊》上成名，本可以归属为京派作家，换言之应是谨守文学本业的作家。可是他太聪明，有如一个透明的水晶球，站在那里两只眼睛向四面八方打招呼，博取喝彩。他一方面在艺术深度上下功夫，一方面在政治上花枝招展；一方面要表现温良的人性，一方面又突出无情的阶级意识。可以说《雷雨》是一部多面投机的作品。他自己似乎对任何东西都无动于衷，执着的只是一点兴趣，一点野心。正因为这样才面面俱到，广拜神佛。也正因为这样，弄得多面不讨好。

有些反共的评论家直斥他奉中央指示而写作，这固然是栽诬；左派评论斥责他抱着“悲天悯人的心境”，玩弄小资产阶级的人道主义也是冤枉。

在他心目中第一个权威是观众，必须使观众感兴趣他才能成名，因此他的剧本，个别场景和情节气味特浓，这是成功的基础；第二他要敷衍的是当道者，当时实行“先安内后攘外”的政府；第三他要应对的是弥漫上海文坛、号召阶级斗争的左派势力。要想了解曹禺初期作品的创作动机和内容成分，必须把握上述三因素的微妙平衡。

在迎合国人传统观念（也连带敷衍南京政府）满足观众趣味方面，他着实用了不少心力。例如他不但把二子一女的侍萍写成一仰之弥高的伟大母亲，并且把剧中的反派主角周朴园，也写得深情款款，写他对侍萍始乱终弃之后，三十年来受良心的惩罚。客厅里摆着三十年前的旧家具，摆设也保持着三十年前的旧观，甚至为纪念侍萍生孩子，常年关着客厅的窗户等等，都表现了不平凡的人情人性，显出了这个富豪之家的阎王、丑恶的大资本家，有他崇高庄严的一面。

试看周朴园教训周萍的话：

> 这间屋子的家具多半是你生母顶喜欢的东西。我从南边移到了北边，搬了多少次家，总是不肯丢的。（戴上眼镜咳嗽了一声）这屋子摆的样子，我愿意总是三十年前的老样子，这叫我的眼睛看着舒服一点。（踱到桌前，看桌上的相片）你的生母永远喜欢夏天把窗户关上的。

可是，你不能据此即认为他有什么人道观念，伦理深情，反过来，在他的安排之下，而是蓄意把中国的传统伦理送上绞架。试看剧中的母子私通、兄妹奸淫、兄弟相残、父子仇雠等情节可明了。他所以表达一些人性人情，只是为了剧情的需要，他对伦理的毁灭不但丝毫无动于衷，并有窃窃快意之感。

反过来，他对近代西方人正面肯定的肉欲性爱则给予很高的评价。他对剧中的角色特别喜爱那个为了性爱扔弃母爱的蘩漪。试看他在《雷雨》初版序言中的话：

在《雷雨》里的八个人物，我最早想出的，并且也觉真切的是周蘩漪。……我喜欢蘩漪这样的女人。……我想她应该能动我的怜悯和尊敬，我会流着泪水哀悼这可怜的女人的。我会原谅她，虽然她做了所谓“罪大恶极”的事情——抛弃了神圣的母亲的天责。我算不清我亲眼看见多少蘩漪。……她有火炽的热情，一颗强悍的心，她敢冲破一切的桎梏，做一次困兽的搏斗。……

一个女人渴望性的满足，原不是什么罪恶毫，但也绝不是可歌颂的德行。她的反抗年长二十岁的周朴园，可以欣赏；但是霸占比她年轻八岁的周萍，则未免太缺乏同情。周朴园霸占她是罪行，她霸占周萍同样是罪恶。这样一个平凡的女性，曹禺对她竟这样一往情深，大值得注意。

再看他对左派思潮的敷衍，主要是突出矿工鲁大海，及揭露周朴园的凶恶，但突出得都很失败。试看他借鲁大海骂周朴园的话：

①哼，你的来历我都知道，你从前在哈尔滨包修江桥，故意叫江堤出险……

②你故意淹死了两千两百个小工，每一个小工的性命你扣三百补钱！姓周的，你发的是绝子绝孙的昧心财……

这两段话看起来很凶狠，其实太概念化，缺乏说服力。因为近代的资本家全凭企业的圆滑进行、资本迅速周转来获取利润，绝不肯造成死伤数千人的事故来赚钱。并且笔者为哈尔滨人，那条江堤只有两丈多高，坡度很大，断不会有崩塌的危险，而江水不深，要想死一个人都不容易，怎能同时淹死两千二百人？从这段话的违反常识，可知曹禺对于突出阶级仇恨，是怎样的粗心大意，缺乏热诚。但是他偏要这样做，以迎合左派势力。

再以鲁大海这个无产阶级形象来说，也足以使马列主义者感到呕心。例如鲁大海是三个工人代表之一，一同进城找董事长周朴园谈判，结果另外两个工人代表受了收买，背着鲁大海在协议文件上签了字。自回矿山号召工人开工去了；其次，鲁大海发现妹妹与周萍有染，居然也顺水人情，赞同无产阶级女儿与资产阶级阔少爷结婚了。诸如此类，在左派人士看来，都是阶级出卖和阶级投降，是对无产阶级的侮辱。难怪左派评论家对《雷雨》始终冷冰冰了。

除了写作上的投机心理，《雷雨》以及初期另外两个剧本《日出》和《原野》，都有人指出是窃取西方剧作名著，例如：

《雷雨》一剧，完全以易卜生的《群鬼》为蓝本，再加上俄国奥斯绰夫斯基[①]的《大雷雨》的一点情节。……

《日出》一剧，始脱于法国小仲马的《茶花女》。陈白露相当于玛格丽特，方达生相当于阿芒。……

《原野》一剧，很显然的是受了美国欧尼尔的《琼斯皇帝》的启示而写成，只是作者加强

① 现译为 A.N.奥斯特洛夫斯基，俄国剧作家——编者注。

了农民如何向土豪乡绅复仇的描写。……[1]

对于这类似的批评，曹禺自己有过含糊其辞的辩解：

> 我很钦佩，有很多人肯费了时间和精力，使用了说不尽的语言来替我的剧本下注脚；在国内这些次公演之后更时常地有人论断我是易卜生的信徒，或者臆测剧中某些部分是承袭了 Euripides 的 *Hippolytus* 或 Racine 的 *Phèdre* 的灵感。认真讲，这多少对我是个惊讶，……尽管我用了力量来思索，我追忆不出哪一点是在故意模拟谁，也许在所谓"潜意识"的下层，我自己欺骗了自己；我是一个忘恩的仆隶。一缕一缕地抽取主人家的金线，织好了自己丑陋的衣服，而否认这些褪了色（因为到了我的手里）的金丝也还是主人家的。其实偷人家一点故事，几段穿插，并不寒碜。同一件传述，经过古今多少大手笔的揉搓塑抹，演为种种诗歌、戏剧、小说、传奇也很有些显著的先例。然而如若我能绷起脸，冷生生地分析自己的作品（固然作者的偏爱总不容他这样做）我会再说，我想不出执笔的时候我是追念着哪些作品而写下《雷雨》，虽然明明晓得能描摹出来这几位大师的劲道和瑰丽，哪怕是一抹，一点或一句呢，会是我无上的光彩。[2]

对他这一段话，读者不难自行判断。

纵有上述的分析，可是我们无论从剧本的结构，还是从演出效果来看，我们都不能不承认，《雷雨》是三十年代剧本的杰作。它的杰出在于下列几点：

第一，从《雷雨》开始，话剧在广大的社会中，才成为引人入胜的戏剧，它为话剧树立了里程碑。

第二，它使舶来的话剧，成为纯熟的本地风光的话剧，夸张一点说，为话剧建立了民族风格。

第三，在穿插紧凑，对话生动，剧中人个性的突出各点上，都超越他的前辈，迄今仍无后来者。

原载《中国新文学史》（中卷），昭明出版社有限公司 1976 年版第 296—301 页

---

[1] 丁淼著《中共文艺总批判》，另编《中共统战戏剧》第二章，曹禺《雷雨》与《日出》所引三十年代某批评家对雷雨的批评。

[2] 曹禺《雷雨》一九三六年一月所写《序》。

《中国现代文学史》(二)选辑

唐　弢 主编

曹禺，原名万家宝，一九一〇年生于天津一个没落的官僚家庭，原籍湖北潜江。他是第二次国内革命战争时期出现的有很大成就和广泛影响的剧作家。一九三四年发表四幕剧《雷雨》，一九三六年又写成《日出》，这两个剧本反映了中国半封建半殖民地都市上层社会生活的腐烂与罪恶。作者以卓越的艺术才能深刻地描绘了旧制度必然崩溃的图景，对于走向没落和死亡的阶级给予了有力的揭露和抨击。

四幕剧《雷雨》在一天的时间（上午到午夜两点钟）、两个舞台背景（周家的客厅，鲁家的住房）内集中地表现出两个家庭和它们的成员之间前后三十年的错综复杂的纠葛，写出了那种不合理的关系所造成的罪恶和悲剧。它写的主要是属于资产阶级的周家，同时又写了直接受到掠夺和侮辱的鲁家。《雷雨》中主要人物的结局有的死，有的逃，有的变成了疯子。剧本的这种强烈的悲剧性不只深刻地暴露了资产阶级的罪恶和他们庸俗卑劣的精神面貌，而且引导观众和读者不得不追溯形成这种悲剧的社会原因。这正是《雷雨》这一名剧深刻的思想意义之所在。剧中的人物不多，但作家对主要人物形象都通过尖锐的戏剧冲突和富有性格特征的对话，作了深刻的心理描绘，他们都有鲜明的个性，每一个人物都显示了他的作为社会人的丰富内容，以各自的遭遇和命运激动着人们的心弦。

在半封建半殖民地的中国都市里，资产阶级往往带有浓厚的封建气息，周朴园正是他们中间的代表。他既是尊崇旧道德的资本家，又是在外国留学过的知识分子。对于这个人物隐藏在“仁厚”“正直”、有“教养”等外衣下的伪善、庸俗、卑劣的精神面貌，以及由此产生的罪恶，作家通过富有表现力的戏剧情节——例如他对侍萍的“忏悔”、对蘩漪的专横、处理罢工的手段等等，给予了有力的揭露和批判。鲁贵是一个不识羞耻、趋炎附势的奴才，在他和周朴园这两个人物身上，作家所投射的憎恨是极为鲜明的。性格更为复杂和矛盾的一个人物是蘩漪，在这个人物的塑造上，特别显示了曹禺优异的艺术才能。蘩漪是一个“五四”以后的资产阶级女性，聪明、美丽，有追求自由和爱情的要求；但任性而脆弱，热情而孤独，饱受精神折磨，渴望摆脱自己的处境而又只能屈从这样的处境，正象作者所说，她陷入了“一口残酷的井”。作家曾说：“在《雷雨》里的八个人物，我最早想出的，并且也较觉真切的是周蘩漪”①。作者用力刻划了这个人物的内心世界。她对周家庸俗单调的生活感到难以忍受，对阴沉的气氛感到烦闷，对精神束缚感到痛苦，她要求挣脱这一切。在一

① 《雷雨·序》。

定意义上她也是一个被侮辱与被损害者。而剧本又使她在难以抗拒的环境中走向变态的发展:爱变成恨,倔强变成疯狂。悲剧的意义于是就更加深刻和突出。作家曾说:“这类的女人许多有着美丽的心灵,然为着不正常的发展,和环境的窒息,她们变为乖戾,成为人所不能了解的。受着人的嫉恶,社会的压制,这样抑郁终身,呼吸不着一口自由的空气的女人,在我们这个现社会里不知有多少吧。”①强调形成这种悲剧的社会原因,同情像蘩漪这样人物的内心苦闷,当然都是应该的,但说她的一切是“值得赞美的”,她的心灵是美丽的,则表现了作家在着重控诉资产阶级生活方式对于人的摧残和损害的同时,对这些人自身的弱点缺乏批判,并且给予了过多的同情。对蘩漪是如此,对周萍也是如此,像周萍这样一个具有苍白空虚的儒弱性格、一切都打着他那个家庭出身的烙印的人,作者在他的结局的处理上,显然表现了不应有的同情。周冲的年纪尚小,他生活在飘渺的憧憬和梦幻里,对现实缺乏深切的理解。这个年青人最后的惨死,不仅揭露了资产阶级生活方式同一切美好愿望的对立,同时还暴露了这个封建性的资产阶级家庭的罪恶。

除了精神上、物质上都依附于周家的鲁贵以外,鲁家其余的三个人物都是属于社会下层的被侮辱与被损害者。鲁妈和自己的女儿四凤的几乎相同的经历,深刻地说明了在那个社会里这些平凡善良的人物的遭遇和命运。虽然鲁妈对有钱人怀着仇恨和警惕,但仍旧无法阻止女儿走上她所恐惧的道路。四凤对社会现实是无知的,鲁妈和四凤是那样纯朴,容易受骗,因而她们母女的遭遇与蘩漪、周萍不同,就更强烈地引起了人们的同情。鲁大海这个人物虽然写得还不够丰满,但作家对他赋予了很大的热情,这是体现作家社会理想的形象。他粗犷,有力,最后《雷雨》中的那些人都毁灭了,他却走向自己应该走的道路。鲁大海的出现给作品的阴郁气氛带来了明朗与希望。

由于作家主观上对产生这些悲剧的社会历史根源当时还缺乏科学的理解,把悲剧的原因解释为“自然的法则”,认为“宇宙正象一口残酷的井,落在里面,怎样呼号也难逃这黑暗的坑。”②这种思想认识影响了作品反映现实的深广程度,并且带来一些思想上和艺术上的弱点。在《雷雨》的“序幕”“和“尾声”未删之前,这种影响更为明显。例如以性爱与血缘的伦常纠葛来展开戏剧情节的处理,不只在艺术上使人感到塑造的刀痕,甚至如作者所说“有些太象戏了”③,而且也反映了当时作家对支配人类悲剧的力量的认识上的模糊不清。但由于曹禺对他所写的生活非常熟悉,爱憎分明,剧中人物的真实刻划,读者或观众仍然可以从中看到这一悲剧的深刻的社会根源。

如果说《雷雨》在有限的演出时间内,成功地概括了一个资产阶级家庭前后三十年的腐朽堕落的历史,《日出》则在有限的演出空间内,出色地表现了包括上层和下层的复杂社会的横剖面。从《雷雨》的暗示所谓“自然的法则”到《日出》的描写实际操纵社会生活的一种黑暗势力,说明作家对现实的理解有了显著的进展。在《日出》的《跋》中,他说:“我也愿

---

① 《雷雨·序》。
② 《雷雨·序》。
③ 《日出·跋》。

望我这一生里能看到平地轰起一声巨雷，把这群蟠踞在地面上的魑魅魍魉击个糜烂，哪怕因而大陆便沉为海。”可见他确是对那个腐烂社会抱有一种“时日曷丧，予及汝偕亡”的极端憎恶的感情。《日出》所写的是三十年代初期受资本主义世界经济恐慌影响下的中国都市，它表现了日出之前那种腐朽势力在黑暗中的活动。《日出》中四幕戏的时间分配是：黎明，黄昏，午夜，日出。这也说明了作家在黑暗中迫切期待东方红日的心情。他说：“果若读完了《日出》，有人肯愤然地疑问一下：为什么有许多人要过这种‘鬼’似的生活呢？难道这世界必须这样维持下去么？什么原因造成这不公平的禽兽世界？是不是这局面应该改造或根本推翻呢？如果真的有人肯这样问两次，那已经是超过了一个作者的奢望了。”①说明作家的确是在努力用他的作品袭击和摇撼那个他所憎恶的制度。

《日出》中的气氛是紧张而嘈杂的，这是当时都市的生活气氛，也是日出之前的时代气氛。随着剧情的开展，紧张的矛盾冲突一下就把人抓住了。剧本包括了都市中各式各样的人物：住在旅馆的“单身女人”、银行经理、博士、流氓、妓女、茶房、富孀、面首等等，他们的社会地位、生活、性格、文化教养各不相同，人物比《雷雨》多，生活面也比《雷雨》广阔复杂。通过性格化的语言，这些人物都能以各自的鲜明形象吸引着人们。剧情展开的地点是陈白露和翠喜的房间，这两个妇女虽然所联系的社会阶层不同，但她们都是被侮辱的女性，是那个罪恶都市的产物。选择这样的地点来展示“损不足以奉有余”的社会画面，也说明了作家艺术构思的巧妙。剧情是围绕主要人物陈白露展开的，她一面联系着潘月亭，由此揭露了上层社会的罪恶与腐烂；一面又联系着方达生，由此展开了下层社会的痛苦与黑暗。陈白露这个“交际花”，年轻美丽，高傲任性，厌恶和鄙视周围的一切，但又追求舒适和有刺激性的生活，清醒而又糊涂，热情而又冷漠。她在脸上常常带着嘲讽的笑，玩世不恭而又孤独空虚地生活在悲观和矛盾中。这是个悲剧性的人物。在她身上也有一些为一般交际花所没有的东西，善良和正义还没有丧失净尽，因此她除了与潘月亭等人厮混外，还会为了“小东西”而作出对付黑三的那些举动，同时也才能与方达生仍然在感情上保持联系，但她“游戏人间”的生活态度是不可能长久维持的，结果只能在日出之前结束了自己的生命。从潘月亭的活动中，可以看到当时都市经济恐慌的面貌：工厂停工，银行倒闭，地皮跌价，公债投机盛行。他与李石清针锋相对的紧张搏斗，正显示了这些人物的丑恶灵魂和已经面临的没落命运。与此相对照的是黄省三全家服毒的惨剧，在黄省三和李石清的对话中，非常有力地表现出了那个社会中残酷的阶级压迫和人与人之间冷酷无情的关系。通过剧情的紧张进行，这些人物的性格特点得到了清晰的刻划。方达生出现在旅馆里的那些人中间，显然不很协调，但他的拘谨的书生气，富有正义感的性格，却又使人感到他与陈白露的感情联系的可信性。而且由于他的出现和“小东西”的遭遇，这才使作者所要描绘的那个“损不足以奉有余”的社会画面更加完整。方达生是一个缺乏社会经验而又有善良愿望的知识分子，他要感化陈白露，又要援救“小东西”，碰壁之后还立志要“做点事，跟金八拼一拼”。作家把砸夯工人的集体呼声当作日出后光明的象征，他说：“真使我油然生

① 见《日出·跋》的最后一个注释，中国戏剧出版社1957年9月北京第1版《日出》删掉了这一注释。

起希望的还是那浩浩荡荡向前推进的呼声，象征伟大的将来蓬蓬勃勃的生命。”①这说明他把改造社会的希望寄托在劳动者的身上，虽然剧中并未出现工人阶级的形象，那种砸夯的呼声主要是烘托了气氛，但方达生最后迎着上升的太阳和向着工人歌声的方向走去，却产生了一种暗示的作用。这个人物虽然还有许多缺点，但作者是把他当作正面人物来写的，他在剧中的出现，给人以希望和鼓舞。

除以上主要人物外，作品还描写了顾八奶奶的庸俗愚蠢和故作多情，李石清的狡黠毒辣和洞悉人情，从黑三的凶狠残忍中衬托了金八的势力，从翠喜的悲惨境遇和真挚感情中写出了下层人民的善良。通过这许多成功的舞台形象的描绘，作者把“不足者”与“有余者”之间的矛盾作了充分的揭露。这个矛盾社会的操纵者就是没有出场的人物金八，正象代表光明而同样没有出场的工人一样，这个人物也未获得形象的力量。但就全剧所显示的剖面看来，他当然是一个拥有实际势力的封建、官僚、买办阶级的代理人，是民主革命的对象。《日出》这部作品的矛头就是直接指向这种势力的。戏剧进行到结束时，显示阳光的出现已经不远，“有余者”濒临末日。

《雷雨》《日出》以后，曹禺的创作视野一度扩大到了农村阶级斗争方面，他于一九三七年写了《原野》，这是一出描写农民向土豪复仇的悲剧。但由于对所描写的生活不熟悉，剧本在农民形象的塑造上却不成功。作者企图把主角农民仇虎写成一个向恶霸复仇的英雄，但这个人物被作者所加的复仇、爱与恨、心理谴责等因素神秘化了，他只是一种与命运抗争的力量的象征，失去了丰富复杂的社会性格。而且在最后一幕布置了过多的象征性的环境气氛，黑的原野，莽莽苍苍的林子，增强了神秘感与恐惧感，却削弱了剧作的现实性。在这幕戏中还出现了阎王、牛头马面、鬼魂一类幻象，虽然这里也表现了一些统治者的法律的残酷性，以及在阶级压迫下农民的某种精神状态，但作家的意图却在写仇虎复仇以后的恐惧和心理谴责，这就把许多神经质的、知识分子的东西加在仇虎身上，损害了这一形象的真实性。《原野》的前部分写得比较成功，焦母的形于辞色的暴戾，花氏的埋在心底的倔强，都很细致动人。语言机智而含蓄。但就整体说来，这一作品的现实性是比较薄弱的。

抗战初期，由于作家对民族解放前途的瞻望和爱国主义的激情，他写了歌颂战争中社会进步的剧作《蜕变》（一九四〇年）。剧本写一个腐败的伤兵医院由于有一个热诚负责的丁大夫和一个来视察的梁专员，使这个医院在短期内完全改观，成为一个很好的为伤兵服务的机构。作家以很大的热情塑造了丁大夫这一光辉的形象。她富有正义感，对国家民族有真挚的爱，在抗战爆发后社会现实的变化下，她的思想和工作态度也起了很大变化，她热诚地愿为伤兵贡献出一切力量。这个人物性格鲜明。剧中对那些旧的社会渣滓（马登科和“伪组织”等）也揭露得相当深刻，因而前面部分真实动人，富有艺术感染力。《蜕变》的主要缺点在于梁专员这一人物脱离了典型环境和社会现实根据，因而使后面的情节发展失去了真实性。剧作家后来自述，梁专员这一人物是根据他在抗战初期所见到的一

① 《日出·跋》。

位老共产党员塑造的[1]，这样的光辉性格在现实中当然是有的，但在当时的国民党统治区，却不可能掌握行政权力而且无所阻碍地改造一切，这就使剧情显得架空。《蜕变》的故事由严冬的时节展开，到四月的春季结束，表现了作者对抗战中社会变革所寄托的希望。但历史的进展证明"蜕旧变新"不得不经过艰苦的革命斗争，作家当时对社会变革过程显然理解得过于简单了一点。

曹禺所期待的蜕变落了空。他看到真正的阳光并没有出现，映照在天上的只不过是雷雨之后的残虹，失望之余，他着悲哀的心情写了《北京人》。它以抗战前北京一个没落的封建世家为题材。剧中人物都有他们自己的生活习惯和内心苦闷。在家人亲戚之间的矛盾与相互倾轧中，观众深深感受到这些人物的昏聩自私已经完全不能适应时代，从而体会到封建社会腐烂死亡的必然性。《北京人》所写的是时代的悲剧——新与旧的矛盾。但由于新的一面写得比较朦胧，结果着重写出的只是旧的自身的腐烂。而在暴露旧家庭的腐败方面，吸引人注意的好象倒是曾皓同思懿在家庭经济和家事安排上的矛盾，这就多少削弱了作品的思想意义。暴发户杜家虽然是促使曾家解体的直接原因，但在剧作中只体现为一笔债务的关系，并未着重写出他们之间复杂的关系。封建家庭的崩溃是与中国人民革命的浪潮密切联系的，在半殖民地的中国社会，资本主义的力量不可能促使封建制度根本解体，而封建家庭的内部腐烂也不可能不同社会阶级关系的变化相关连。

《北京人》一方面写了袁氏父女和象征性的"北京人"，意在由人类祖先的健康勇敢来对封建社会进行批判，衬托出这个家庭中的那种消沉和无聊的气氛，但这种原始力量的憧憬对作品社会意义的表现并无多大帮助，袁氏父女在剧中也只能起一种对比和象征的作用，并不是富有社会内容的形象。同时，对走向新生的愫方和瑞贞的描写也不够有力，剧本所体现的她们出走的原因是：愫方爱了一个实际上是害了她的人，瑞贞嫁了一个根本不能理解她的人。她们只有离开这个家庭才能摆脱这种难堪的关系。而对于她们所追求和向往的，属于新的生活的内容和自身的觉醒因素，也表现得比较渺茫。但作家确实肯定了在现实社会中有一个可以去的地方，那里的生活与这些追求自由与幸福的青年人的理想是协调的，而与曾家那种气氛是对立的。虽然可能由于实际限制，作家未能具体写出他们走向的地方，但已经表现出作家的理想寄托，也能够给读者或观众以鼓舞。这个剧本在社会意义上虽然逊于《日出》，但仍是一部优秀的作品。特别是在艺术上显示了曹禺独有的创作特色：完整的戏剧结构，绵密的穿插，浮雕式的人物性格，启发人们对生活作深刻思索的对话，葱茏的诗意，以及浓郁的地方色彩，都能给人以强烈的感受和鲜明的印象。

一九四二年曹禺将巴金的同名小说改编为剧本《家》。比之原作，这个剧本在情节方面有新的开展。巴金的小说着重在青年人对封建家庭和旧的秩序的反抗和奋斗，书中最激动人的形象是觉慧；曹禺的作品则着重对大家庭的腐化和旧的婚姻制度的揭露。觉慧的出场只是为了完成鸣凤的悲剧，而瑞珏这一牺牲者的形象却可以说是新的创造。她在原作中的地位并不突出，但在剧本中却始终是性格鲜明的主角，她与觉新的关系和心理变

① 《曹禺同志谈剧作》，《文艺报》1957年第2号。

化写得十分细腻。剧本由她结婚开始，到死亡结束，她的遭遇就是这一悲剧的具体体现。作者创造这一人物很用力，婚夜的朗诵诗式的独白，她和梅小姐的情致哀伤的长谈，以及辗转病榻的凄凉场面，都增加了悲剧的气氛。剧本表现梅小姐的场面不多，但含蓄而深隽地刻划了梅小姐对爱情的深沉和她的善良的同情心。另外一个反面人物冯乐山也比原作大为突出。巴金后来说过："我们两个人心目中的冯乐山并不完全一样。曹禺写的是他见过的'冯乐山'；我写的是我见过的'冯乐山'。"①在剧本中，这个人物是作为旧势力的代表而正面出场，这就给青年人的婚姻悲剧找到了社会势力的根源。剧本的情调比小说原作低沉，它强调了婚姻的不幸而略去了青年人的活动和出走。但它不是一般的改编，在艺术上有新的创造，而且在控诉旧家庭的不合理方面也仍然能够取得动人的效果。

从以上这些作品看来，曹禺最熟悉的是半封建半殖民地社会里资产阶级及其知识分子和封建的家庭生活。对于这方面的题材他都能处理得得心应手。从《雷雨》《日出》《北京人》等作品的强烈悲剧气氛中，可以看出他对被侮辱与被损害者的同情和对旧社会制度的愤慨。但曹禺并不停止于对旧社会制度的暴露和批判，《雷雨》中他写了工人鲁大海，《日出》中出现了打夯的劳动歌声（作家说"我硬将我们的主角推在背后"），说明作家对人民终将胜利抱有强烈的希望和期待，而这又正是促使他无情地抨击那些社会渣滓的力量的来源。曹禺的《雷雨》《日出》的出现正当左翼戏剧运动蓬勃展开的时期，和左翼戏剧运动起了呼应作用，并且从艺术上弥补了左翼戏剧创作的不足。曹禺在北平的时候，对北平"剧联"的演出作过帮助；《雷雨》最初上演，"左联"成员首先给予支持，并且作了很高的评价。曹禺当时还没有获得工人阶级的立场，正是这种限制，在一定程度上也影响了他的作品的成就。作家后来说："太阳会出来，我知道，但是怎样出来，我却不知道。"②由于作家苦于不知道"太阳怎样出来"，作品中就往往借助于想象来代替生活的真实，用瞩望和理想来代替已有的光明，虽然这种愿望值得肯定，但有时不免夹杂着一些不完全真实的艺术构思和艺术形象。《雷雨》中的宿命论观点，《原野》中的幻象和神秘气氛，《蜕变》中缺乏现实根据的梁专员，《北京人》中的象征性的"北京人"，——这些构思或形象所存在的程度不同的缺点，都与他当时的思想局限有关。

曹禺的作品反映了中国社会的或一方面，而且反映得十分深刻，艺术上也达到了很高的成就，这除了他对旧社会的愤恨和熟悉理解外，又取决于他的创作经验和文学修养。曹禺在创作《雷雨》前就曾广泛地接触了欧洲的古典戏剧，他喜欢古希腊悲剧，用心地读过莎士比亚的作品，也读了易卜生、契诃夫、高尔基、萧伯纳和奥尼尔等人的剧作，后来他还翻译了《柔蜜欧与幽丽叶》，这些世界名著加深了他的艺术修养。他在少年时代就受过中国古典文学的熏陶，还相当熟悉北方民间文艺，这从他一九四〇年写的独幕剧《正在想》就可以得到证明。曹禺接触中国的戏曲则更早，老一辈的戏曲表演艺术家给他留下过很深的印象。在这前后他也喜欢看名演员演出的"文明新戏"。所有这些既培养了他的艺术欣赏

① 《谈〈家〉》。
② 《曹禺同志谈剧作》。

能力，也对他的创作的民族色彩产生了一定的影响。曹禺又是一个自己有舞台经验的剧作家，因而他的作品经得起舞台实践的考验。他说“我们要象一个有经验的演员一样，知道每一句台词的作用。没有敏锐的舞台感觉是很难写得出好剧本的。”[1]同时他又认为他自己的戏应该作到为普通的观众所了解，“只有他们才是‘剧场的生命’”。这也表现了曹禺对群众的重视，他和那种主张一个内行人的认识重于一戏院子 groundlings 的称赞的人完全不同[2]。所以他的作品能够牢牢地抓住人心，在社会上产生广泛的影响。

曹禺的作品的出现，标志了“五四”以来话剧创作上的新成就，不只在当时引起了广泛的注意，推动了话剧创作水平的提高和发展，而且在长期的舞台考验中得到了人们普遍的爱好，一直保持着巨大的魅力，他的《雷雨》《日出》等优秀作品为现代文学剧本创作开创了一个崭新的局面。

巴金、老舍、曹禺，一般被称为民主主义作家。他们从各自不同的起点出发，经过各自不同的道路，摸索前进。革命形势的推动，中国共产党直接间接的领导和影响，使他们越来越密切地与人民革命的洪流结合在一起。他们的作品，以主要的篇幅暴露诅咒半殖民地半封建的旧中国的黑暗和罪恶，同时也严肃地探索着人民解放的途径。这些作品以其在艺术上刻苦认真所获得的优秀成就，成为现代中国新文学极为重要的组成部分。

原载《中国现代文学史》(二)，人民文学出版社 1979 年版第 183—195 页

① 《曹禺创作生活片断》，《剧本》1957 年 7 月号。

② 参阅《日出·跋》，groundlings 指贱价买票、站着看戏的人们。

《剑桥中华民国史》(第2卷)选辑

(美)费正清 主编

戏　剧

中国现代戏剧的发展,与中国现代诗的发展有着很多相似特点。它们都是在西方影响下以刻意反抗传统的新形式开始出现的。从1907年开始——那时有一个由中国留日学生组成了“春柳社”团体,并且上演了小仲马的《茶花女》以及斯陀[①]夫人的《黑奴吁天录》这样一些翻译过来的剧本,演员都是男性——这种新样式的业余实践者们便称之为“新戏”“新剧”,后来又称为“文明戏”或“现代戏”,以便把它与传统戏剧区别开来。1927年,田汉——早期剧作家之一——采用了“话剧”这个术语,来把它同传统的京剧——它主要是一种“歌唱式的戏剧”——作了重要的区分。[②]

和新诗一样,这种新剧也是文学革命的一个有机组成部分,而且事实上它作为宣传新思想的一种手段,具有更突出的作用。胡适在《新青年》上发表介绍易卜生的文章,随后发表《玩偶之家》的中译本和胡适的易卜生式的剧本《终身大事》,于是把这种新的戏剧手段引向了社会改革这一方向。但是在艺术质量上,这种新剧在20年代时要比诗歌更粗糙,尽管有相当数量的外国剧本已被译为中文。那时为数不多的剧本,不过是社会反叛或个人毁灭这类主题的文学习作而已:胡适的《终身大事》,郭沫若的三部曲《三个叛逆的女性》,洪深的《赵阎王》,田汉的《湖上的悲剧》《咖啡店之一夜》和《名优之死》。

作为一种表演艺术,它所遇到的困难比诗和小说那种书面样式遇到的困难更多。虽然在20年代已经出现了几个戏剧组织或团体,特别是民众剧社(1921)和南国社(1922),但它们都是“业余的”,只是那些喜爱戏剧(“爱美”)的作家和学者的团体,他们对演剧技巧几乎没有任何专业知识。尽管经过田汉、欧阳予倩,特别是洪深(他曾在哈佛师从贝克教授,在第47创作室受过实际训练)的努力,但在20年代没有专业“戏剧”可谈。一个剧本很少演出那么一两次,却时常在中学的礼堂或其他公共场所作为节庆活动的一个部分。这些非专业剧团缺乏资金和来源,有时他们的演出还被学校和地方官员以污染学生道德为由勒令停演。据夏衍的有趣记述,迟至1930年,他所属的业余团体,在上海租了日本人的一个有活动舞台的剧院轰轰烈烈地上演了雷马克的《西线无战事》。但那几位男女演员不

① 现译为斯托夫人,《黑奴吁天录》又译作《汤姆叔叔的小屋》——编者注。

② 胡耀恒:《曹禺》,第16页。

得不去干份外的事，和导演一起在幕间换布景，转舞台。①

直到 1930 年初，中国现代戏剧才最终在创作和演出方面成熟，这主要是由于几个人的努力。

曹禺创作他的第一个剧本《雷雨》时，还是清华大学的一个学生。剧本 1934 年发表，1935 年由洪深和欧阳予倩指导的复旦大学学生上演。1936 年，该剧由巡回剧团巡回演出，获得前所未有的成功。② 曹禺的第二个剧本《日出》(1936)获得上海《大公报》文学奖。在曹禺发展自己的艺术以唤醒广大民众的过程中，更多的剧本不断出现——《原野》(1940)③，《蜕变》(1940)，《北京人》(1940)和《桥》(1945)④——这些剧本使曹禺成为现代中国首屈一指的剧作家。

在他所有的戏剧中，《雷雨》和《日出》至今依然很受欢迎，尽管《北京人》可以说是他的艺术上最好的作品。《雷雨》风行一时的成功很容易理解，因为它的题材涉及五四时期的关键问题：肯定"在传统宗法制社会中个性的自由和幸福"。⑤ 渗入这种居于主导地位的解放主题的，是对遭受资本主义剥削的工人那种苦难境遇所表现出来的一种新萌生的社会主义者的同情。但是曹禺不满足于使自己的第一部作品落入五四初期"社会问题"剧那种简单化模式里。说得更确切些，这种信息是通过希腊悲剧传统中的那种激情与命运的复杂情节而表达出来，这样，曹禺表现出自己是一位才力最丰富的剧作家，在才华上远远超过他的所有前辈。这个剧本中的主人公周蘩漪是一位妇女，一个对其继子有着乱伦欲望的痴心女子。正如刘绍铭令人信服地指出的那样，曹禺笔下人物的来源可以追溯到拉辛(《费德尔》)、尤金·奥尼尔(《榆树下的欲望》中的阿比·普特南)以及易卜生(《群鬼》中的阿尔文太太)。⑥ 曹禺可能在构思此剧时想把它写成一部中国式的《玩偶之家》(易卜生也是用这种方法写《群鬼》的，他为了使观众相信；阿尔文太太最后的结果会是娜拉的命运，假如她选择的是与丈夫呆在一起)。但曹禺想把乱伦欲望这一主题作为一种对传统的家庭伦理的悲剧性反抗来加以揭示，这种尝试甚至来得更大胆。曹禺理应因他对西方戏剧遗产的这种创造性运用而受到欢迎。

在《日出》里，曹禺的意图有着更多的社会性质。和茅盾的《子夜》一样，曹禺的戏剧有意对资本主义秩序的死亡作出严峻刻画。为了提高这一主题，曹禺还采取了另一项大胆的步骤。他回忆道；"在我写《日出》的时候，我决心舍弃《雷雨》中所用的结构，不再集中于几个人身上。我想用片段的方法写作《日出》，用多少人生的零碎来阐明一个观念。"⑦这个戏里出现了一群人物，但却没有一个中心人物。而且为了揭示出具有对照性的人生片断，

① 田汉、欧阳予倩编《中国话剧运动五十年史料集(1907—1957)》，第 1 集，第 151 页。
② 胡耀恒：《曹禺》，第 21—22 页。
③ 《原野》于 1937 年发表在《文丛》1 卷 2—5 期——编者注。
④ 《桥》于 1946 年发表在《文艺复兴》1 卷 3—5 期——编者注。
⑤ 刘绍铭：《曹禺：契诃夫和奥尼尔的不驯服的门徒，一种文学影响研究》，第 6 页。
⑥ 刘绍铭：《曹禺：契诃夫和奥尼尔的不驯服的门徒，一种文学影响研究》，第 10 页。
⑦ 引自胡耀恒书中译文，第 54 页。译者注：此文出自曹禺《日出·跋》。

曹禺在四幕里既写了上流社会也写了下层阶级。第三幕发生在妓院里，使人们对骄奢淫逸和受苦受难产生一种极其强烈的情绪，这可能是中国现代戏剧中构思最大胆的一幕戏。①

曹禺获得成功的关键因素之一在于他那种敏锐的戏剧感。他是中国现代的两位不仅把戏剧看作文学而且也看作表演的剧作家中的一位（另一位是洪深）。他的舞台说明准备得详详细细，为的是达到最大的紧张性。《日出》中妓院那场戏把舞台分为两部分，两个情节同时展开。在《原野》里，象奥尼尔的《琼斯皇帝》那样，咚咚的鼓声和无声的场景被用到戏中来，创造出一种心理恐惧的气氛。《雷雨》中对希腊悲剧传统有意识的运用则是曹禺热切地努力掌握戏剧技巧的另一个例子。

在明显地模仿西方范例中的技巧时，曹禺的戏剧在内容上却明明白白是中国的。他的作品将他那一代人共有的情感和思虑加以戏剧化。他的戏剧主题——在《雷雨》和《日出》中有着详尽表现——是人们非常熟悉的：旧的婚姻制度的悲剧，封建家庭结构，下层阶级的受压迫，都市资本家的堕落，以及青年知识分子的挫折与失望。但是，曹禺能够为这些主题带来感情表达上的那种令人心惊欲碎的力量。在这方面，他很像巴金，他曾把巴金的小说《家》改编成剧本。和巴金一样，曹禺很受自己情绪的支配。他写道，写作《雷雨》时，“有一种情感的汹涌的流来推动我，我在发泄着被抑压的愤懑”。写《日出》时，他也“怀着一腔愤懑”。② 事实上，曹禺的绝大多数剧本都可以看作他自己感情的外现。这些作品也暴露出巴金小说中那些同样的缺点：毫无羁勒的文风，过分热情地运用夸张的语言，而且有着一种流于情节剧和追求耸人效果的倾向。但是作为一位戏剧家，曹禺有着一个明显胜过巴金的地方，那就是他能够通过一种活生生的戏剧形式来表达自己的真实情感。

由于曹禺的全部同情寄寓在被压迫者身上，所以他并不是那种狭隘的政治性作家。他对自己呕心沥血加以发展的这种文学形式，并无兴趣把它仅仅作为一种宣传工具。作为一位艺术家和社会批评家，他只关心“日出”之前的那种无所不在的黑暗——也就是战争和革命前夜令人痛恶的现实的种种弊端。和鲁迅、茅盾一样，他既不能提出积极的疗救，也不能对未来提出具体的展望。在《日出》结尾，女主角从她死去的丈夫和诗人的小说中援引这样一段话：“太阳升起来了，黑暗留在后面。”③

这段名句是预言。1936 年，中国确实处于一场民族大灾难的前夜，但是这新的“黎明”并没有为曹禺的同胞的生活带来更多的光明，它带来的倒是一个漫长的战争和长期的革命时代。

原载《剑桥中华民国史》（第 2 卷），章建刚等译，上海人民出版社 1992 年版第 460—464 页

① 由于这幕戏内容大胆，所以这个戏在上演时常常删去这一幕，这使曹禺颇为懊恼。

② 刘绍铭，第 6 页；胡耀恒，第 24 页。

③ 曹禺：《日出》，第 236 页。关于曹禺戏剧的英译本，见《雷雨》与《日出》，均由 A.C.巴恩斯译；《原野》，C.C.兰德和刘绍铭合译。

《20 世纪中国文学史》(上)选辑

黄修己 主编

曹禺的《雷雨》等话剧

曹禺(1910—1996)是对 20 世纪中国话剧发展做出杰出贡献的剧作家。他本名万家宝,1910 年出生于天津。出生后即失母的精神创伤与失意官僚的沉闷家庭气氛,使幼小的曹禺感到无形的精神重压,造就了他的忧郁气质,致使他对家庭、社会和人生产生某种无法摆脱的悲剧性感受。

曹禺从小就接触传统戏曲和文明新戏,进中学后,积极参加学生演剧。他在清华大学西洋文学系学习期间,又系统地阅读了古希腊悲剧和近代欧美写实剧。对人生的悲剧性体验和对话剧奥秘的洞悉,为曹禺日后的悲剧创作,提供了情感与艺术的充分准备。1934 年,他发表四幕话剧《雷雨》,以其深邃的悲剧精神与娴熟的编剧技巧,标志着中国开始有了与近代西方第一流的写实悲剧相媲美的作品。1936 年和 1937 年,他又陆续发表四幕话剧《日出》和三幕话剧《原野》,奠定了他作为 30 年代中国最著名的悲剧作家的地位。《原野》以莽莽苍苍的原野为背景,展示复仇者仇虎复仇之前所经历的精神折磨,与复仇后的恐怖、惊慌、悔恨,以及由此产生的精神分裂与心理幻觉。这部作品,尤其是第三幕明显地受到奥尼尔《琼斯王》表现主义艺术的影响。抗日战争爆发后,他发表《蜕变》(1940)、《北京人》(1941)等话剧。四幕话剧《蜕变》以大后方某伤兵医院的变化,来表现"我们民族在抗战中一种'蜕'旧'变'新的气象"①。三幕话剧《北京人》代表 20 世纪中国写实话剧的最高水平。1942 年,他将巴金的小说《家》改编为同名四幕话剧,突出了青年人情致缠绵的恋爱悲剧,将原作中的次要人物瑞珏提升到中心人物的地位,并赋予她以中国传统妇女的性格魅力。内心独白的大量运用,为该剧营造出悲怆的诗意。

50 年代以后,他的剧作面貌发生变化。1954 年,为了配合抗美援朝和知识分子思想改造运动,发表四幕话剧《明朗的天》。这是曹禺创作道路的一个标志性的转变。过去,常常是汹涌的感情潮水,推动他进入高度兴奋的创作状态,既没有预先设定的主题,甚至人物性格也是在创作过程中由朦胧而逐渐清晰的。但写《明朗的天》,动笔之前,曹禺就明确了自己写作的政治意图。从此,鲜明的政治动机与直露的理性思维,成为曹禺 50 年代之后戏剧创作的主要特征。他后来的历史剧《胆剑篇》(1961,与梅阡、于是之合作,曹禺执

① 曹禺:《关于"蜕变"二字》,《曹禺文集》第 2 卷,中国戏剧出版社 1989 年版,第 428 页。

笔)和《王昭君》(1978),也同样是为现实服务的政治宣传剧。

曹禺的处女作(雷雨》,以 20 年代初期中国社会为背景,以周姓与鲁姓两个家庭各个成员之间的性爱、血缘与伦理纠葛,表现封建宗法专制主义所造成的家庭悲剧,以及作者对人类命运悲剧的痛苦思索。

《雷雨》充满了紧张的戏剧冲突。现任北方某煤矿公司董事长周朴园,是剧作诸种矛盾冲突的集合点。他年轻时,曾与佣人之女侍萍相爱。后来为娶一位门当户对的小姐,周家逼得侍萍带着刚出生不久的次子投河自尽。周朴园因无力保护侍萍而深感愧疚。他后来的婚姻生活并不如意。三十年来,他一直真诚地怀念着侍萍。但当侍萍突然出现在她面前时,他因害怕她损害自己的名誉、地位而对她冷若冰霜,又企图用金钱来打发侍萍远走。他对侍萍态度的变化,表现了资本家阶级的拜金主义本性。不过,剧作的重心却在于通过周朴园的家庭生活,表现封建宗法专制主义的本质。他对妻子专横冷酷,在儿子面前则显露严肃和毋庸置疑的权威。周朴园与家庭成员之间的矛盾,实质上是封建宗法家庭专制对自由意志的压迫与摧残。但作者始终将周朴园当作一个现实中的人来塑造。周朴园对妻儿的严厉,是对他们爱的扭曲的表现形式。他对侍萍的内疚和怀念也是真诚的,因为那不会危及他的利益。因此,到第四幕,当人们目睹周朴园当着全家的面道出事实真相,并向侍萍作沉痛的忏悔时,感到既出乎意料,又合于情理。

作为周朴园封建宗法专制主义统治的主要对立面,蘩漪是《雷雨》最具悲剧性格的人物。处在封建宗法专制环境中的蘩漪,尽管受过一点新式教育,但"五四"之后传入中国的西方个人主义,并没有成为她的自觉意识。她追求人的意志自由,完全出于她身上的原始的野性。因此,她虽不满意周朴园的夫权专制,但又不能以新型女性的姿态跨出周公馆的高墙深院,只得将对爱情的渴望和无处宣泄的怨愤凝结在心底。三年前,周萍的到来重新点燃了她生命与爱情的烈火。但更为不幸的是,她最终又遭到周萍的抛弃。这种极度的精神与情感的重压,造成她的阴鸷乖戾的极端性格和绝望疯狂的变态心理。她与周朴园的矛盾,是人类追求情感与意志自由的天性,与封建宗法专制主义文化的矛盾。曹禺呼唤的就是人类那未被封建宗法专制文化所驯化的"原始"的"野性",即蘩漪身上所表现出来的,由"最残酷的爱和最不忍的恨"交织而成的"最'雷雨的'性格"①。

周萍为摆脱乱伦,结果却又陷入了新的而且更不可饶恕的乱伦关系之中。他是封建宗法专制社会新一代中的没落人物。与此相对的是,曹禺通过"在美的梦里活着"的周冲的形象,寄托着自己对新一代的希望和对未来社会的憧憬。作者借他的死亡,表现对封建宗法专制家庭、社会之摧残、毁灭人类理想的悲愤之情。

《雷雨》悲剧中血缘与性爱关系的历史真相,是随着侍萍来到周公馆得以揭开的。侍萍投河遇救后,带着大海流落他乡。"为着她自己的孩子,她又嫁过两次。"由于无法忍受现任丈夫鲁贵的鄙俗奸诈,只身到千里之外的学校做女佣。她唯一的希望就是女儿四凤不要再重蹈自己的旧辙。可当她从外地赶来,竟出乎意料地发现自己又回到周公馆,四凤

① 曹禺:《雷雨·序》,《曹禺文集》第 1 卷,第 214 页,中国戏剧出版社,1988 年版。

偏偏在这里当侍女，并且跟周家的大少爷、她的同母异父的长兄周萍做下了“糊涂事”，还怀了身孕。此时，饱尝人世沧桑的侍萍，把儿女们不自觉的乱伦关系，归之于自己造的孽在他们身上的报应，认为他们现在的乱伦关系，与自己三十年前的委身周朴园，有着某种无法理喻的因果关系。但剧作家却将这一切解释为是“宇宙里斗争的‘残忍’和‘冷酷’”①。侍萍母女两代的相似境遇，周萍摆脱与后母乱伦关系的努力，却反而使自己陷入与同母妹妹的更为严重的乱伦关系，说明人类无法摆脱命运的悲剧。曹禺曾说：“这个剧……与其说是受近代人的影响，毋宁说受古代希腊剧的影响。”②为了引导欣赏者对《雷雨》悲剧进行宇宙观的思索，曹禺特地用“序幕”和“尾声”，将剧情“推到非常辽远的时候，叫观众如听神话似的，听故事似的”；特地在序幕中用了巴赫的音乐，因为它“会把观众带到远一点的过去境内，而又可以在尾声内回到一个更古老、更幽静的境界内”③。

《雷雨》将剧情浓缩在从上午到午夜两点钟的时间，和周家的客厅与鲁家的住所两个舞台背景之内，从主要人物关系的危机降临之际开场，到第二幕便点破周、鲁两家血缘性爱与伦理纠葛的关键人物周朴园与侍萍之间的真实关系，用过去已经发生过的事件，追溯目前正在发生着的事件的源头，并以前者为潜力推动后者急剧发展，使之迅速奔向高潮。剧作还通过巧妙地穿插与补叙，和经过精心选择过的“发现”与“突转”，将以片断形式出现的三十年间的往事，同目前正在紧张发生着的剧情，在因果关系的逻辑链条上完整有序地联结为一体。这种回溯式的结构，一方面不断地引导欣赏者与剧中人一起回溯三十年间的往事，另一方面又不断地召唤欣赏者追寻这出悲剧的历史根源，引发对人类命运悲剧的思索。它非常有利于包融《雷雨》故事所含有的现实层面与哲学层面上的悲剧意蕴。但《雷雨》的结构也存在着明显的非整一性。鲁大海与周朴园之间的劳资冲突，偏离了剧作的中心情节和主题。这是曹禺受当时左翼文化运动和话剧运动的影响而有意为之的。他希望借此表达对作为剥削阶级的资本家的政治批判。

《雷雨》首载于 1934 年 7 月出版的《文学季刊》第 1 卷第 3 期，1936 年 1 月由文化生活出版社出版单行本；1936 年 4 月，由留日中国学生戏剧团体——中华话剧同好会，在东京首演。同年秋，国内第一个职业话剧团——中国旅行剧团，先后在天津、北平、上海、南京等地公演。此后，《雷雨》成为许多职业和业余演剧团体的保留剧目，被当作检验演剧艺术的试金石。

《日出》的剧情，发生在 30 年代初期，北方某大都市一家高级旅馆华丽的休息室，和一家三等妓院里。这是一个由上流社会和底层社会所组成的金钱世界。在上流社会里，有虽未出场，但却操纵着全剧人物命运的，半殖民地社会金融买办兼流氓式的投机家金八；有追逐金钱与美色，但最终被吞噬的银行经理潘月亭；有不择手段往上爬，以失败告终的银行秘书李石清；有徐娘半老、故作天真娇怜的富孀顾八奶奶，和她的新“面首”、自称“中

① 曹禺：《雷雨·序》，《曹禺文集》第 1 卷，第 212 页，中国戏剧出版社，1988 年版。

② 曹禺：《〈雷雨〉的写作》，《杂文》月刊第 2 期，1935 年出版。

③ 曹禺：《〈雷雨〉的写作》，《杂文》月刊第 2 期，1935 年出版。

国第一美男子”的胡四；有满脑子金钱、地位、洋狗和女人的留美博士张乔治；有渴望自己的女儿被财神爷看中的旅馆茶役福升；有凶狠残忍的流氓打手黑三，等等。这些人的活动，构成了尔虞我诈、道德沦丧的没落社会的景象。在底层社会，有为人蹂躏到几乎完全麻木的职业妓女翠喜；有被逼做雏妓，最终悬梁自尽的小东西；有亲手毒死全家却无钱为自己买毒药的失业银行书记员黄省三。上流社会的醉生梦死，是建筑在对底层社会的贪婪榨取的基础之上。曹禺怀着满腔悲愤向这个“损不足以奉有余”[①]的拜金主义社会发出了愤怒的诅咒。他将四幕剧情发生的时间，分别安排为黎明前、黄昏、午夜、凌晨日出，提醒人们当“日出东来，满天大红”之时，那种社会制度便不复存在了。

曹禺声称“在《日出》里每个角色都应占有相当的比重”，[②]但陈白露仍是他所倾心创造的人物。他借这个陷入悲剧深渊而又不可自拔的高级妓女的形象，寄寓对拜金主义的控诉。美丽聪慧的陈白露原先是个充满罗曼蒂克幻想的纯洁姑娘。她出身书香门第，父亲死后，因断绝了经济来源而离开学校，做过社交明星、电影明星和红舞女。她还跟一位憧憬光明的诗人结合，但因思想分歧，而终于分道扬镳，这使她对生活产生厌倦。同时，她对资产阶级享乐生活由羡慕到留恋，并最终沦为供人玩乐的高级妓女。她清醒地认识到：“我弄来的钱是我牺牲过我最宝贵的东西换来的。”因此，她在玩世不恭的外表下，深藏着不甘出卖自己而又不能不出卖自己的痛苦。她的内心充满着纯洁天性与拜金主义的剧烈冲突。她回忆少女时代所表现出来的快乐，她对太阳、春天、霜花和自己青春的赞美，她营救小东西时所表现出来的同情心，证明她并非完全被拜金主义所异化。但醉生梦死的生活，对于她已经成了无法逃脱而且也不愿逃脱的桎梏。当方达生劝她改变这种生活状态时，她拒绝的理由是：“你养得活我么？……我要人养活我，……我要舒服，……我出门要坐汽车，应酬要穿些好衣服，我要玩，我要跳舞……”她只有“一辈子卖给这个地方”，才能满足这种生活欲望。既不甘心继续堕落下去，又不愿意过自食其力的清贫生活，她只有自杀才能解决内心冲突，以及由此造成的精神痛苦。这意味着拜金主义对人类的美好天性，具有多么大的腐蚀力与吞噬力！如果说蘩漪的悲剧可以归咎于禁锢她的封建宗法专制家庭，那么走出家庭独自闯入社会的陈白露，则又陷入了半殖民地都市社会拜金主义的陷阱而不能自拔。从《雷雨》到《日出》，从蘩漪到陈白露，曹禺始终在探索 20 世纪中国女性的悲剧命运。

陈白露少女时代的情人方达生，是《雷雨》中周冲形象的发展。他目睹了上流社会的荒淫无耻和底层社会的悲苦无告之后，将希望寄托在劳动者身上。剧终，他迎着满天曙光，在建筑工人们的夯歌声中，昂首向着太阳走去。这寄寓着作者对理想社会的追求。

曹禺创作《日出》时，决心舍弃《雷雨》的结构方式，尝试“用片段的方法”，“用多少人生的零碎”，来再现半殖民地大都市“损不足以奉有余”的社会现象[③]。这种结构方式，人物较

---

① 老子：《道德经》第七十七章。曹禺将该段引作《日出》的题辞。

② 曹禺：《日出·跋》，《曹禺文集》第 1 卷，第 457 页，中国戏剧出版社，1988 年版。

③ 同上。

多，他们带着各自的历史出场，有利于以尽可能大的容量去展示社会的横断面。

《日出》最初连载于1936年6月至9月出版的《文季月刊》第1卷第1～4期，同年11月由文化生活出版社出版单行本。1937年2月，由上海戏剧工作社在卡尔登大戏院首演。5月获《大公报》文艺奖。

1941年10月，曹禺的三幕话剧《北京人》，由中央青年剧社在重庆首演，12月由重庆文化生活出版社出版单行本。至此，三十二岁的曹禺已经攀登上不仅是自己的，而且更是20世纪中国话剧艺术的巅峰。

《北京人》以抗日战争前北京一个典型的封建士大夫家庭纠纷为背景，展开新生与腐朽的冲突，并由此表现出处于没落期的封建宗法专制主义及其家庭制度必然崩溃的历史命运。大幕拉开时，曾家辉煌的历史已经成为过去，堵门讨债者络绎不绝。老太爷曾皓极端自私，为了有人照顾自己，不惜耽搁外甥女愫方的青春。他的生活目的，似乎就是为了保住那上了一百多道漆的棺材。但他在家中的威权实际上已经丧失。为偿还债务，他的棺材终于被隔壁开纱厂的暴发户杜家抬走。他也随之对自己的子孙彻底地绝望。他的长媳曾思懿自命知书达礼、精明干练，但却将狡黠的心思用在与家人勾心斗角上。这种行为从内部加速了封建家庭制度的分崩离析。长子曾文清被封建宗法专制的文化，以及体现这种文化的北平士大夫生活方式，消蚀了他的生命力与创造力。春天放风筝，夏夜游北海，秋天逛西山看红叶，冬天早晨在霁雪的窗下作画。寂寞时徘徊赋诗，心境恬淡时独坐品茗。北平士大夫的闲情雅致，将他陶冶成一个懦弱懒散的生命的空壳。他懒于动作，懒于思想，懒于做任何费力的事情。对生活的厌倦和失望，甚至使他懒于宣泄心中的苦痛。懒到不想感觉自己还有感觉。他不敢表达对愫方的爱，无可奈何地容忍思懿的淫威。为打发寂寞的时光，他自暴自弃，染上了吸食鸦片的嗜好。愫方鼓励他外出谋生，可不久他又不由自主地回来。就像他自己养在笼子里的鸽子已经不会飞一样，他也丧失了生活的勇气与能力。他最终因对自己的绝望而自杀。他的悲剧说明处于没落时期的封建士大夫文化，再也没有任何存在的合理性了。作者对他的悲剧命运怀着人道主义的同情，而对另一个同样丧失生活能力的老留学生江泰则持嘲讽的态度。

最终冲出封建宗法专制家庭牢笼的是瑞贞和愫方。瑞贞是曾家的孙媳妇，无爱的婚姻，婆婆的专制，革命的朋友所宣传的新思想，使她最早产生“我不要这个家”的想法。愫方给人最深刻的印象是忧郁和沉默，“像整日笼罩在一片迷离的秋雾里，谁也猜不透她心底压抑着多少苦痛的愿望与哀思”。她以惊人的耐心忍受曾皓的精神折磨和曾思懿刻毒的妒嫉，过着长期寄人篱下的孤苦无告的生活。她温厚而慷慨，时常忘却自己的幸福和健康，抚爱着和她同样不幸的人们。她认为“活着不是为着自己受苦，留给旁人一点快乐，还有什么更大的道理呢?”因此，她总是执着地追求有意义的生活。她对文清无言的爱情，即是这种追求的一种表现形式。可是文清根本不值得她爱，她的悲剧性就在于爱上了一个实际上是害了她的人。当文清悄然归来之后，她怀着幻灭的悲哀和对新生活的追求，跟瑞贞一道出走。创作该剧时，曹禺与后来成为他第二任夫人的邓译生恋爱，他把对方的性格气质融汇到愫方的形象中了。

既然剧中现实的北京人，已经不同程度地被封建宗法专制文化所异化，那么，理想中的人类又该是什么样的呢？曹禺在剧中特意设计了身份为考古队机器工匠的北京猿人的模特儿形象。他通过这个体巨如山，充满着原始野性与力量的北京猿人模特儿形象及其硕大的身影，与现实中渺小而萎缩的北京人作鲜明的对比。他还借古人类学者袁任敢之口，介绍北京猿人的生活：

> 这是人类的祖先，这也是人类的希望。那时候的人要爱就爱，要恨就恨，要哭就哭，要喊就喊，不怕死，也不怕生。他们整年尽着自己的性情，自由地活着，没有礼教来拘束，没有文明来捆绑，没有虚伪，没有欺诈，没有阴险，没有陷害，没有矛盾，也没有苦恼；吃生肉，喝鲜血，太阳晒着，风吹着，雨淋着，没有现在这么多人吃人的文明，而他们是非常快活的。

曹禺认为这些充满“野得可怕力量”的北京猿人的生存方式，才是“人类日后无穷的希望”。他在《北京人》里所呼唤的就是未被封建宗法专制文化所驯化的新型人类的诞生。曹禺的理想是一厢情愿的。“北京猿人”模特儿的形象设计，破坏了全剧朴素的现实主义风格。

曹禺写《日出》时，就对契诃夫的社会心理剧表示神往，并尝试改变《雷雨》式的写戏的路子。这种努力，到《北京人》，方得以真正实现。《北京人》的戏剧场面，是由普通的生活琐事构成，而非《雷雨》式的偶然性的紧急事变。各个戏剧场面之间的逻辑联系，隐藏在生活海洋的深处。戏剧冲突由外部情节线和内在动作线构成。外部情节线为棺材的拍卖事件。内在动作线为剧中人文化心理的冲突，并以隐藏在情节中的，剧中人自身的内心冲突为其基本存在形式。比如，在表现曾思懿、曾文清、愫方的关系时，虽然作者极力渲染曾思懿的进攻型性格，但文清的退让，愫方的沉默，却未使剧情出现热闹的戏剧冲突。处于剧作家意识中心的，是曾文清对自我的不满与灵魂的隐痛，是愫方美好心灵遭受摧残和最终迈向新生活的心理过程。这是典型的契诃夫式的散文式结构。《北京人》也刻意追求契诃夫戏剧所特有的浓烈的抒情色彩。这不仅表现为对愫方形象所体现的，受压抑的中国传统女性忧郁气质的诗意发掘，而且表现为由盲者的铜锣、黄昏的号角、夜半的更柝、冷冷的鸽哨响、单轮水车郁塞的轮轴声和那响彻了寒巷的“硬面饽饽”的叫卖声等组成的自然音响，对剧作悲怆凄凉的总体氛围的渲染。由《雷雨》的刻意雕琢、沉郁热烈，到《北京人》的自然天成、平淡深沉，曹禺剧作的艺术风格的变化，标志着他的话剧艺术更臻成熟。他后来创作的《家》，大体上沿用的就是这个方法。

作为 20 世纪初从西方移植进来的新型戏剧样式，话剧从创作精神到编剧技巧，都与中国古典戏曲有着质的区别。中国作家对话剧艺术的熟练掌握，便需要一个渐进的过程。中国新兴话剧经过本世纪初的萌芽期，20 年代的发展期，到 30 年代开始进入成熟期。曹禺的《雷雨》《日出》，就是中国话剧作家娴熟地掌握欧洲近代写实剧创作精神与编剧技巧的标志。曹禺属于中国第二代话剧作家，他“出现得虽迟，却极为出色，顿时震惊了整个的中国文坛，使得一般剧作家老辈为之黯然无光”①。《北京人》则为代表 20 世纪中国写实话

① 赵景深：《文坛忆旧》，第 60 页，上海北新书局，1948 年版。

剧最高水平的作品之一。

从戏剧类型学的角度来看，曹禺的代表性剧作，既有《雷雨》《原野》那样的纯正悲剧，也有《日出》《北京人》等蕴含着喜剧性甚至闹剧性的非纯正的悲剧。在20世纪中国戏剧史上，致力于悲剧创作并使之成为最有光彩的戏剧类型的开创者，是20年代的田汉，其成就最为杰出的便是曹禺和郭沫若。曹禺创造的周朴园、蘩漪、陈白露、仇虎、愫方、曾文清等一系列闪烁着性格光彩的悲剧艺术形象，以其深刻的内蕴，引导人们思索悲剧的社会历史环境、民族文化传统以及人类无法摆脱的命运等多重原因，从而开掘了悲剧追问的深度。

曹禺笔下的悲剧艺术形象，最有性格魅力的，当推女性系列。从蘩漪、陈白露到花金子，从侍萍、愫方到瑞珏，乃至令人憎恶的曾思懿，都凝结着作家女性心理分析的卓越才华。作家学生时代扮演女性角色的舞台经历，使其经常神游于女性的精神世界；他后来的爱情婚姻生活所带来的欣悦与痛苦，使其深切地关注女性命运。或许正是这种情感体验，才使其成为20世纪中国最擅长表现女性心理的剧作家。

曹禺是杰出的语言大师。他代表作中的人物台词，既能够推进剧情进展、揭示人物复杂隐秘的心理活动，同时又符合人物不断变化着的性格特征及其言语方式，达到了动作化与性格化的高度统一。这是理想的话剧语言形态。在政治宣传说教型与情绪宣泄型的语言形态占据着剧本创作的显著地位的情况下，曹禺话剧语言的杰出成就，在一定程度上弥补了整个话剧创作语言文学性的贫困，因而格外值得珍视。（陈政执笔）

原载《20世纪中国文学史》（上），中山大学出版社1998年版第407—418页

《中国现代文学三十年》(修订本)选辑

钱理群　温儒敏　吴福辉

30年代,中国现代话剧史上,终于出现了一位大师级的剧作家:曹禺(1910—1996年)。他原名万家宝,出身在一个官僚家庭里,仿佛是天生的戏剧家,他从小就有机会欣赏中国的传统戏曲,在称为中国话剧运动摇篮的南开中学又获得了丰富的舞台实践经验,在清华大学西洋文学系就读时,更是广泛接触了从莎士比亚、易卜生到契诃夫、奥尼尔的西方戏剧,不倦地探讨着戏剧艺术——可以说,正是这两个方面的“诱惑”,使他与中国现代话剧运动结下了不解之缘。正是他所创作的《雷雨》《日出》《原野》《北京人》《家》等经典剧作,使中国现代话剧剧场艺术得以确立,并在中国的观众中扎根,中国的现代话剧由此走向成熟。曹禺的剧作影响、培养了几代中国剧作、导演、演员,在中国现代话剧整体面貌上打上了自己的印记。

一、从《雷雨》到《原野》

《雷雨》是曹禺的第一个戏剧生命,也是现代话剧成熟的标志。和一切经典性作品一样,《雷雨》也是说不尽的:人们可以从不同角度、不同方面去开掘与阐释。

虽然曹禺一再声明,他在创作开始时“并没有显明地意识着我是要匡正、讽刺或攻击些什么”,但他同时又承认“也许写到末了,隐隐仿佛有一种情感的汹涌的流来推动我,我在发泄着被抑压的愤懑,毁谤着中国的家庭和社会”[①]。以后人们基本上就按照这一作家的“追认”来阐释《雷雨》,于是注意到,剧本在一天的时间(上午到午夜两点钟)、两个场景(周家客厅和鲁家住房)内集中展开了周鲁两家前后三十年的复杂的矛盾纠葛。全剧交织着“过去的戏剧”(周朴园与侍萍“始乱终弃”的故事,作为后母的蘩漪与周家长子周萍恋爱的故事),与“现在的戏剧”(蘩漪与周朴园的冲撞,蘩漪、周萍、四凤、周冲之间的情感纠葛,周朴园与侍萍的相逢,周朴园与大海的冲突),同时展现着下层妇女(侍萍)被离弃的悲剧,上层妇女(蘩漪)个性受压抑的悲剧,青年男女(周萍、四凤)得不到正常的爱情的悲剧,青春幻梦(周冲)破灭的悲剧,以及劳动者(大海)反抗失败的悲剧,血缘的关系与阶级的矛盾相互纠缠,所有的悲剧都最后归结于“罪恶的渊薮”——作为具有浓厚封建色彩的资产阶级家庭的家长的象征(代表)的周朴园。而戏剧的结尾,无辜的年轻的一代都死了,只留下了对悲剧性的历史有着牵连的年老的一代,这就更加强化了对“不公平”的社会(与命运)

① 曹禺《雷雨·序》,《曹禺文集》1卷,北京:中国戏剧出版社,1988年版,211页。

的控诉力量。

人们当然不会忘记作者的申明，他所写的是“一首诗”，而不是“社会问题剧”①，“《雷雨》对于我是个诱惑，与《雷雨》俱来的情绪蕴成我对宇宙间许多神秘的事物一种不可言喻的憧憬”②。于是，出现了对《雷雨》的“还原性”的阐释：人们发现与抓住了剧作家在《雷雨》中所揭示的“生命编码”，即戏剧“意象”中所内含的人的生存困境。

首先是“郁热”。这不仅是戏剧发生的自然背景(剧本中一再出现的蝉鸣、蛙噪、雷响，无不在渲染郁热的苦夏氛围)，同时暗示着一种情绪、心理、性格，以至生命的存在方式。在《雷雨》里，几乎每一个人都陷入一种“情热”——欲望与追求之中：周冲充满着“向着天边飞”的生命冲动，沉溺在永远不能实现的生命自由、健全发展的绝对理想境界的精神幻梦里；蘩漪、周萍、四凤，则充分表现了人的非理性的情欲的渴求，尤其是作者倾心刻画的蘩漪，她更有原始的一点野性，更充分地发展了人的魔性。鲁大海也同样满蓄着反抗的、破坏的、野性的力。即使是侍萍，以至周朴园，他们对充满痛苦的(侍萍是一种屈辱之苦，周朴园则是忏悔之苦)初恋的极其矛盾、复杂的情感反应，正表明了对于曾经有过的人的情爱的难以摆脱。但所有人物所有这一切“情热”(欲望与追求)都被一种人所不能把握的强大的力量所压抑着，剧本中几乎每一个人出场时都嚷着“闷”，蘩漪更是高喊：“我简直有点喘不过气来。”我象征着生命“热力”的“郁结”——超常态的欲望与对欲望的超常态的压抑，造成了人的巨大精神痛苦。由此而引发出的，是“极端”的“交织着最残酷的爱和最不忍的恨”的“‘雷雨’式的性格”，与近乎疯狂的“白热、短促”的“‘雷雨’式的”感情力量。当听到蘩漪那“失去了母性”的一声大叫：“我没有孩子，我没有丈夫，我没有家，我什么都没有，我只要你说——我是你的！”人们会感到这是人被逼到走投无路的地步的病态的挣扎，从而受到心灵的震撼。

于是又有了“挣扎”与“残酷”的发现。曹禺说：“这堆在下面蠕动着的生物，他们怎样盲目地争执着，泥鳅似的在情感的火坑里打着昏迷的滚，用尽心力来拯救自己。”③但这又是怎样一种“挣扎”与“拯救”呵：周萍“抓住了四凤不放手，想由一个新的灵感来洗涤自己”；蘩漪又“抓住周萍不放手，想重拾起一堆破碎的梦而救出自己”；侍萍(鲁妈)也抓住四凤，希望她不要重走自己当年走过的路，以永远地摆脱发生在昨天、今日又被唤起的梦；周朴园又抓住侍萍，希望借助她的“明智”，既结束旧梦，又维护周公馆的既成秩序；甚至天真的周冲，也在抓住四凤，想仰仗她的帮助，走入理想的境界。这样一个抓住一个，揪成一团，“正如跌在泽沼里的羸马，愈挣扎，愈深沉地陷在死亡的泥沼里”。④ 由此产生了曹禺式的命题(观念)：“残酷。”他说：“在《雷雨》里，宇宙正像一口残酷的井，落在里面，怎样呼号也难逃脱这黑暗的坑。”⑤这里，既包含了对人(特别是中国人)无论怎样挣扎终不免失败的

① 曹禺《〈雷雨〉的写作》，载《杂文》月刊第2期，1935年7月出版。

② 曹禺《雷雨·序》，《曹禺文集》1卷，北京：中国戏剧出版社，1988年版，211页。

③ 曹禺《雷雨·序》，《曹禺文集》1卷，北京：中国戏剧出版社，1988年版，213页。

④ 同上。

⑤ 同上。

生存状态的发现，同时又表明了，作者对宇宙间压抑着人的本性、人又不可能把握的某种不可知的力量的无名的恐惧。

耐人寻味的是，剧作家的戏剧本事之外，又精心设置了“序幕”与“尾声”：十年后，周公馆变成了教会医院，楼上、楼下分别住着两位疯了的老妇——蘩漪与侍萍。这一天，一位孤寂的老人（周朴园）来到医院，看望她们，彼此却没有一句话。偶尔撞进医院的年幼的姐弟俩目击了这一切，又像听“古老的故事”一般听人们谈起了十年前的往事。有了这样的序幕与尾声的框架，就造成了欣赏的距离，将戏剧本事中的郁热、愤满与恐惧消解殆尽，而达到类似宗教的效果：在“悲悯”的眼光俯视中，剧中人之间的一切矛盾、冲突、争斗也都消解，无论是处于情热中的蘩漪、周萍、四凤与侍萍，还是在梦想中的周冲，在计算里的周朴园、鲁贵，都同是在尘世中煎熬而找不到出路的“可怜虫”。“悲悯”作为一种审美情感，自然是对充溢剧作中的激情的净化、升华与超越；而这种站在更高的角度，远距离的理性审视，也是更高意义上的清醒。

从对《雷雨》的多重解释中，正是显示出了曹禺戏剧创作的一个重要特色：它既是关注现实的，同时又超越现实，追索着隐藏于现实背后深处的人生、人性、人的生命存在的奥秘。

但具有无羁的创造力的剧作家本人却对《雷雨》产生了不满，他反省说：“我很讨厌它的结构，我觉出有些‘太像戏’了。技巧上，我用的过分。”[①]他于是“试探一次新路”：不再追求精心构制的故事，而注重展现日常生活，也即将关注与表现的重心由传奇转向平凡，由变态转向常态；在戏剧结构上，也不再集中于几个人身上，而借鉴印象派绘画的散点技法，用片段的方法，用多少人生的零碎来阐明一个观念。于是，又有了一个全新的戏剧生命：《日出》。戏剧的场景由家庭移向社会，同时展现着现代大都市的两个典型的环境：高级大旅馆与三等妓院。剧作家用极其简洁的笔法勾勒了出入于其间的众生相，并且把他（她）们分为“不足者”与“有余者”两个对立的世界，以表达他对现代都市所奉行的“损不足以奉有余”的“人之道”的抗争。因此，剧本中作者最为动情的，无疑是写到“不足者”的悲剧命运的部分。无论是沦落风尘，却有一颗“金子般的心”的翠喜，最终不免一死的“小东西”，还是那善良到无用地步的都市小人物黄省三，都引起观众巨大的同情。作家笔下的“有余者”却都是可笑的，这是曹禺喜剧才能的最初显露。剧作者用近乎漫画的手法，刻画了一群“生活在狭的笼里面洋洋地骄傲着”的“可怜的动物”：他们自认为有钱有势，有本事，有手腕，在这个社会上“混”得不错，自我感觉极端良好，于是就处处忸怩作态，或作娇小可喜之态（顾八奶奶），或作黯然销魂之态（胡四），或故作聪明之状（潘月亭），或时显“西崽”之相（乔治张），这都令观众鄙视与厌恶。他们仿佛主宰着自己的命运，却被一种更大的、连自己也弄不清楚的力量支配着（在剧本中，作者是以“金八爷”作为这种冥冥中的力量的代表与象征的）。用李石清的话说，他（她）们是被“耍了”，也就是处于“被捉弄”的地位。正是这一点，使作者（与观众）对这些“有余者”的审美感情趋于复杂化，在鄙弃的同时，不能

① 曹禺《日出·跋》，《曹禺文集》1卷，456页。

不多几分悲悯：他们的这一命运一定程度上也是属于人自身的，当人陷入了不自知的盲目状态时，就实际上处于“被捉弄”的地位。——这样，曹禺在发现了“人的挣扎”的困境（《雷雨》）以后，现在在《日出》里又开掘出“人的被捉弄”的困境。这也是一种“宇宙的残酷”，而且连“挣扎”的悲壮之美都不配享有，只剩下了人的愚蠢与卑琐的喜剧性。

从另一个角度看，以上趋于两个极端（“有余者”与“不足者”）的人物都是充分强化与简化了的，而居于两者之间的李石清却显出了性格的复杂性：他为了从“不足者”的悲惨地位中挣扎出来，不惜把灵魂出卖给这个“现代大都市”的魔鬼，获得的不是人应该有的生命的魔力，而是它的异化物——狡黠、狠毒与卑琐。因此，他的戏剧性的命运中，无论是短暂的幻想中的“得势”，还是最终的失败，都在观众的欣赏心理中，大大强化了前述“被捉弄”感与“残酷”感。

《日出》中最难忘的人物，自然是作为现代大都市的产物与象征的高级交际花陈白露。她的年轻时的朋友方达生的来访，唤醒了“过去的我”及对“我的过去的故事”的回忆：当年的“喜欢太阳，喜欢春天，喜欢年青”的竹筠，怀着“飞”的欲望（就像《雷雨》里的周冲那样），离开农村、家乡（就像鲁迅小说中的知识者那样），独身来到了现代大都市。但她并没有找到自己的理想的精神家园，而且永远地“卖”给了这大都市里的大旅馆，再也“回不去”了。不仅是外在的环境不允许，更是“自己所习惯的种种生活方式”“桎梏”了自己：她已经“倦怠”于飞翔了。这是人的自由生命的自我剥夺，曹禺称这类“习惯的桎梏”为生活的“自来的残忍”[①]，与蘩漪们的“挣扎”、潘月亭们的“被捉弄”同样惊心动魄。

剧作家在第二幕的开头与全剧结束时，都精心设置了打夯的小工和他们的歌声，作为“日出”（或拥有与创造“日出”的力量）的象征。剧作家显然从劳动者身上“浩浩荡荡”的“大生命”中看到了希望，而全剧也为“日出”的意象所笼罩，显示出整体的象征性，如同《雷雨》一样：从《雷雨》到《日出》也就保持着内在的一致性。

于是，1937 年 4 月，又写有了《原野》——人们称其为曹禺“生命三部曲”之最。

在《雷雨》里已经显露峥嵘的“生命的蛮性”与“复仇”的命题，现在在《原野》（和《雷雨》《日出》一样，已经成为剧中独立的生命存在）里，终于得到了淋漓尽致的发挥。几十年后，曹禺谈到《原野》时，强调说：“（它）是讲人与人的极爱和极恨的感情，它是抒发一个青年作者情感的一首诗。”[②]与当年说《雷雨》是“一首诗”竟是惊人的一致。

读者（与观众）大概都很难忘记第一幕开始金子与仇虎调情、捡花那场戏：这一对被情欲燃烧得几乎疯狂的男女，竟会爱得如此痛苦，情人间如仇敌般互相折磨，在对方“筋肉的抽动”中享受着爱的快感，在丑的变形中发现美的极致。焦母对于她的儿子焦大星的爱又何尝不是强烈而刻骨铭心的，正是为了独占对方的感情，疯狂的爱竟转化成对媳妇疯狂的恨，并得到了金子同样疯狂的反击，陷入了无休止的嫉妒、怨恨的感情折磨中，自身也发生了情感的毒化，性格的扭曲。发生在焦家的悲剧比之周朴园的家庭悲剧，也许更普遍，它

① 曹禺《日出》，《曹禺文集》1 卷，234 页。

② 曹禺：《给蒋牧丛的信》，转引自田本相：《曹禺传》，北京：十月文艺出版社，1988 年版，464 页。

根源于人的感情欲望本身，就几乎不可解脱，带来永久的困惑。

《原野》里，与“爱”交织在一起的是“复仇”。戏剧以仇虎“从地狱里逃回来复仇”为开端，“阎王，我回来了”一声高叫，就把“复仇”的主题推向顶点。但剧作家却出人意料地安排了焦阎王的突然去世，只剩下瞎了眼的焦母、性格懦弱的焦大星，和尚在摇篮中的小黑子。这不但使仇虎的复仇失去了对象，连复仇的合理性都受到了挑战。于是发生了戏剧重心（以及剧作家对于人的命运的探讨的重心）的转移：由外部的复仇行为（人与外在社会力量的关系）转向由复仇引发的内心矛盾（人与自身的关系，人的灵魂世界的揭示），由外在命运的挣扎转向自身灵魂的挣扎。于是，当仇虎依照“父仇子报”“父债子还”“断子绝孙”的传统，真的实现了残酷的复仇（杀死焦大星，并借焦母之手击杀了无辜的小黑子），他却无法摆脱内心深处的“有罪感”，陷入了灵魂的分裂与挣扎。“仇杀故事的路线”由此发生陡转：不是仇虎追杀焦家人，而是焦母把仇虎追赶到了原始森林，并出现了精神幻觉。戏剧结束时，观众看到“大地轻轻地呼吸着，巨树还那样严肃，险恶地矗立当中，仍是一个反抗的魂灵”——尽管最终肯定了复仇，却依然没有（也不试图）解决它的内在矛盾与困惑。

二、《北京人》与《家》

1940 年，曹禺创作了他的第四部杰作：《北京人》。此时的剧作家已经走出了生命的“郁热期”，进入了生命的“沉静”状态。《北京人》也就有了另一种氛围，另一番情调——没有“雷雨”前的苦热，也不如“日出”般炫目，“原野”似的阴森、恐怖；这里有“秋风吹下一片泠泠的鸽哨响”，快乐而安闲，“卖凉货的小贩，敲着‘冰盏’，……丁铃有声，清圆而浏亮”“在苍茫的尘雾里传来城墙上还未归营的号手吹着的号声”“随着风在空中寂寞的振抖”……。这是曹禺追求已久的由“戏剧化的戏剧”生命向“生活化（散文化）的戏剧”生命的转变：不仅是对人的日常生活的表面形态的关注，更是对人的日常生活的内在神韵与诗意的开掘，普通人的精神世界的升华。只有在《北京人》里，曹禺才实现了他的“走向契诃夫”的宿愿。

在北平曾氏大家庭里，他首先发现的是“孤独”——对人与人之间的“不相通”的悲哀的体味与思索。这是一次层层深入的开掘：开始，剧作家在他的男女主人公曾文清与愫方身上发现了自觉于心灵的隔绝，又渴望着心灵的沟通的两个灵魂的接近，当他写到这一对“知己”尽管“在相对无言的沉默中互相获得了哀惜和慰藉，却又生怕泄露出一丝消息，不忍互通款曲”时，他是一定会想到在《雷雨》《日出》与《原野》里一再提到的人不能掌握自己的命运的悲哀与无奈的。但曹禺作为一个真正的灵魂的探险者，又向自己（以及读者和观众）提出了一个严峻的问题：这两个生命真的“同声同气”吗？他终于发现，在“静默”的表象背后，隐藏着两个不同的灵魂：一个（愫方）像真正的人那样活着，拥有博大而丰厚的爱与坚韧精神；一个（曾文清）作为人早已死去，只剩下生命的空壳。心灵本就相隔“天涯”，“若比邻”云云只是自欺欺人的虚词，这是不能不引起透骨的悲凉之感的。而愫方竟是为着这样的无用的生命做出无私的奉献，更使人感到，人的美好的感情、追求是多么容易被无端地扭曲和捉弄。曹禺式的“残忍”观念因此得到更深刻的阐发。但在愫方的感受里，这梦幻般的追求的破灭是既悲凉又能给人以温馨的，因为这是毕竟有过的真诚的追求。因此，当愫方述说着“我们活着就是这么一大段又凄凉又甜蜜的日子啊！叫你想想忍不住要哭，想想又忍不住要笑啊”时，她是在表达着对日常生活中真正诗意的深切体验的。在这个意义上，我们可以把《北京人》称为曹禺“生命的诗”。

当曹禺进一步追问“曾文清怎样从‘人’变成‘生命的空壳’”时，他就转向了对中国传统文化的历史观照(这也正是抗日战争所提出的“时代命题”)。曹禺显然认为，这是一个士大夫家庭的子弟，染受了过度的腐烂的北平士大夫文化的结果。作为一种没落的贵族文化，它悠闲、雅致，却带有浓厚的寄生性，最能消磨人的生存意志，像曾文清竟陷入了无可救药的怯懦、颓废与沉滞、懒散之中，“懒于动作，懒于思想，懒于用心，懒于说话，懒于举步，懒于起床”，甚至“懒于宣泄心中的苦痛”，“懒到不想感觉自己还有感觉”。这是人的真正“堕落”：人的生命的彻底浪费，人的个人与社会价值的彻底丧失。——曹禺就这样从一个相当独特的角度对没落士大夫的“北京文化”进行了历史的否定。曹禺又突发奇思异想，让人类的祖先——“远古北京人”(中国猿人)从天而降，同时又精心设置了人类学者袁任敢和他的女儿袁圆这样的“明日北京人”的形象——他(她)们代表了同样发源于北京的“科学、民主”的“五四”新文化。这样，曹禺就创造了一个舞台奇观：三个不同时代的“北京人”，代表三种截然不同的文化，同时出现在《北京人》同一个舞台空间里，在历史的参照与对比中，更显出“今日北京人”的生存方式及其所代表的封建士大夫文化的全部荒谬性，同时将读者(观众)推到一定的距离之外，达到某种超越，“以一种悲悯的眼来俯视这群地上的人们”。——《北京人》在更高的层面上又回到了《雷雨》“序幕”与“尾声”的追求，但于悲悯之外，又增加了几分嘲讽，由悲剧转向了喜剧。

写于1942年的《家》是一次极富创造力的“再创作”。从巴金的小说《家》到曹禺的《家》，人们发现了表现重心的转移，不仅从以觉慧的反抗为中心转向以觉新、瑞珏、梅小姐三个人物的关系为主要发展线索，而且剧作家对他(她)们爱情生活的关注与描写的重点，已经主要不是悲剧性内容的揭示，而是努力开掘与发掘内涵的生命力量与美。瑞珏可以说是曹禺塑造的全新的女性形象，显然已经将蘩漪、陈白露、花金子因残忍的压抑而导致的心灵的扭曲，情感、心理、性格的病态荡涤干净，也不像愫方那样“整日笼罩在一片迷离的秋雾里”，瑞珏更是晶莹剔透的，充溢着“纯真”之气。剧作家写到觉新时，也给予了更多的理解与同情，使他的形象具有某种明朗的色彩。对鸣凤与觉慧的爱情，更是投入了巨大的激情。这是一曲“青春的赞歌”，也是创作“诗剧”的自觉尝试。剧作家唤出了“杜鹃声声”，让生命中的青春力量彻底释放，青春的诗意美得到淋漓尽致的发挥与展开。与此相适应，他又创造了“诗化的戏剧语言”——曹禺戏剧生命创造的原动力，不仅是思想、情感的内在要求与冲动，也来自语言的诱惑。

三、曹禺剧作的命运

从1933—1942年的十年间，曹禺即为中国现代话剧奉献了《雷雨》《日出》《原野》《北

京人》《家》五个堪称经典的杰作，而且每一部新作，都在现实人生与人性的开掘及戏剧形式上有新的试验与创造。可以看出，曹禺执著追求的，是一种“大融合”的戏剧境界。这是人类戏剧宝库中的精华：从希腊悲剧与喜剧、莎士比亚，到易卜生、契诃夫、奥尼尔……的大融合。这是中国传统戏剧艺术与西方戏剧艺术的融合，是中国传统诗学与西方象征主义的融合。这是戏剧与哲学、具体与抽象、形而下与形而上的融合。这是追求“生活幻觉”效果与舞台“假定性”效果的融合。这是情节剧、佳构剧与心理剧的融合，是戏剧与诗、戏剧与散文、戏剧化的戏剧与生活化的戏剧的融合，是写实与写意、写实与非写实的融合。这是喜剧与悲剧的融合……等等。因此，曹禺对于中国现代话剧的意义，不仅在于他的戏剧创作标志着并促进了中国现代话剧的成熟，更重要的是，他的极富想象力与创造力的实验性的创作，为中国现代话剧的发展开拓了广阔的领域，提供了无限丰富的可能性，展示了多元的、自由创造的发展前景。但曹禺的创造，对于现代中国话剧又是超前的，也就是说，他的创造力与想象力都大大超过了时代接受水平。最能说明这一点的是曹禺接受史上的矛盾现象：曹禺既是拥有最多读者、导演、演员与观众的现代剧作家，又是最不被理解的现代剧作家；人们空前热情地读着、演着、欣赏着、赞叹着他的戏剧，又肆无忌惮地肢解着、曲解着、误解着他的戏剧，以致他的戏剧上演了千百次，却没有一次是完整的、按原貌演出的（无论作家本人如何抗议，《日出》的第三幕、《北京人》里的有关“远古北京人”的描写总是被删削，《雷雨》的序幕与尾声至今也从未搬上舞台）。长期以来，读者、导演、演员、观众、研究者们只能（只愿）接受曹禺戏剧中为时代主流思潮所能容忍的部分，例如他的剧作中的社会的、现实的、政治的内容，写实的、戏剧化的、悲剧性的艺术（形式）因素，而对与上述方面交融为一体的另一侧面，例如对人的生存困境的形而上的探索，非写实的、非戏剧性的……因素，特别是打破常规、突破传统的、个人的天才创造，则不理解，不接受，却又颇为大胆地轻率地视为“局限性”而大加讨伐。在某种意义上，曹禺这位天才的剧作家正是被落后于他的时代所“骂杀”与“捧杀”的。这是中国现代文学史（戏剧史）上最为沉重也最发人深省的一页。

原载《中国现代文学三十年》（修订本），北京大学出版社 1998 年版第 412—421 页

《中国现代小说史》选辑

夏志清

中国早期的剧作家，曾经想以现代西方式的戏剧与京剧之类的传统戏和电影相抗衡，争取观众的兴趣。但是他们的企图屡次失败。到了三十年代中期，西方式的戏剧，终于在沿海诸城市的中产阶级中，建立起商业上的地位。这种成绩，差不多是曹禺一个人的功劳。曹禺在战前的三个剧本，《雷雨》《日出》和《原野》，无论在什么地方上演，都受到热烈的欢迎。由于他的成功，几个剧团乃应运而生，不少作家也因此改行写剧本。如果没有这一开端的话，那么在内地和已沦陷的上海，战时群众对现代话剧的反应就不会有这么迅速和热烈。

曹禺毕业于清华大学外文系，是一位非常用心的剧作家，但很容易受当时社会潮流所左右。虽然他尽力模仿易卜生和奥尼尔，并借用希腊悲剧中某些熟悉的情节，他初期的三部剧本，基本上还属于认真创作的通俗剧（melodrama）的范围。这些剧本迁就中产阶级观众对中国社会某些陈腐事物的通常反应，宣扬浅薄的左派观点，虽然这些观点，只有非常严格的马克思主义批评家才会提出异议。曹禺自命是一位严肃的艺术家。他在《日出》的跋中说，他虽然非常仰慕契诃夫，但是因为缺乏很成熟的观众，所以他无法试图依照契诃夫的方法来创作。他的剧本一直未能以成熟和朴实的笔法表现生活，这暴露了他的粗俗。曹禺一本正经地引用命运、遗传律、弱肉强食的自然现象和阶级斗争以增强他剧本的戏剧效果，但是这种拼凑只表示他自己缺乏一种个人的悲剧视景而已。

曹禺在战时写了一部振奋人心的爱国剧《蜕变》，一部反映封建社会式微的悲剧《北京人》，又改编过《柔蜜欧与幽丽叶》和巴金的《家》。所有这些剧本叫座力都很强，文艺批评界的反应也很好，但是只有在《北京人》（虽然他用人猿来作为进化之必然象征用得非常牵强，但这仍是他所写过的最好的剧本）中，他才对被困在没落的旧礼教传统中的弱者，表示了最大的同情。

曹禺的成就，比其他同期的剧作家高出许多，一般人光拿这一点来设想，以为现代戏剧在战时，已到了真正的开花结果阶段，这种看法并不正确。事实上，这时期成熟的戏剧非常少。当时最受欢迎的剧本，如曹禺的《蜕变》、老舍和宋之的《国家至上》、夏衍的《法西斯细菌》、吴祖光的《正气歌》、郭沫若的《屈原》等等，用今日的眼光来看只是浮浅的爱国宣传作品。

原载《中国现代小说史》，复旦大学出版社 2005 年版第 221—222 页

《二十世纪中国文学史》选辑

（德）顾　彬

戏　剧

中国的戏剧仅有那么两次和世界文学建立起了联系：一次是中国现代文学这个变革阶段的短短几年，另一次是50年代的一个短暂时期。前者要归功于曹禺（1910—1996），而为后者做出贡献的是老舍，那将在以后谈到。从根本上来说，中国戏剧的发展是紧随时代的危难和趋势的。1927年以后文学中心转到了上海，这里同时也开始了戏剧的进一步传播。上海当时有50个戏剧团体，其中最有名的是田汉领导的南国社和洪深[①]领导的复旦剧社。1929年，上海艺术剧社成立，它携着“无产阶级戏剧”的要求而登场，并介绍左派剧作家的戏剧观点。1930年，田汉以《我们的自己批判》一文，实现了他的剧社从某种多元主义到一元化党派倾向的转变。总体上来说，随后成立的中国左翼剧团联盟想要实现一种为大众的舞台实践，它派遣剧团到乡村，完全投身于为革命的服务。从现在起，戏剧的主角是工人和农民。在中国共产党的解放区也是类似的情形。这场运动被称为“红色戏剧”，它其实与红军的政治宣传组织无异。在实践上，他们要做到艺术与战争的统一，士兵由真正的士兵来扮演，真实的将军演他们自己，于是整个村庄成了一个戏台，村民也登台来扮演农民的角色。中日战争爆发之后，这场运动汇入了国防戏剧。意图想来是很简单的：a)抗日，b)支持全面解放，c)支持戏剧的大众化，使用各地方言。其中最有名的剧本是《放下你的鞭子》，它在1928年到1937年间为不同的作者所加工改编，并使用了歌德的迷娘插曲。[②]

田汉和洪深典型地代表了这些年中戏剧舞台上发生的所有变化。田汉同样也由于给舞台带来拙劣的作品而留下不光彩的成绩。在此之前，他就因为转向写实主义，丧失了早期作品中突出的抒情性特色，也不再描写受到侵割的内心世界。1935年还有了另外一个

---

① 主要是高利克写过关于他早期作品的文章，关于这位作家艾伯斯坦的《戏剧》手册（128—144页）给出了非常详细的说明。

② Barbara Kaulbach：《中国舞台上的迷娘》（“Mignon auf der chinesischen Bühne”），见德博（Günther Debon）和夏瑞春（Adrian Hsia）合编的《歌德与中国——中国与歌德》（*Goethe und china — China und Goethe*），伯尔尼等地：彼得·朗出版社1985年，195—204页。这个剧本被归到陈鲤庭（1910年生）、崔嵬（1912—1979）名下，在艾伯斯坦的《戏剧》手册中也这样被列出。

变化。他在三幕剧《回春之曲》①中将抗日斗争和拯救祖国跟一个爱情故事联系在一起。梅娘(生于1920年)唱了一首至今仍深受观众喜爱的“梅娘曲”，召唤中国的复兴，她护理主人公高维汉恢复健康，高维汉在抗战中丧失了记忆，只能不停地喊：“杀啊，前进！”剧作也以此告终。

这个时期的戏剧尽管看起来历史性要比艺术性更值得重视，却隐约地反映了话剧的某种危机。总的来说，戏剧在1949年以前只占到整个舞台创作的百分之五。这场危机可以总结如下：(1)话剧作为启蒙手段首先是一个道德教育场所，教训甚于娱乐；(2)到1937年前都是以改编为主；(3)这造成的后果是，舞台上出现了太多男男女女的娜拉，即资产阶级的角色。左派在戏剧更新上采取的措施并不单是纯粹的政治事件，同时也是一种艺术尝试。这就形成了三重的推移：①从个人问题转向社会秩序问题；②从染有更多知识分子色彩的白话转向街头语言；③从资产阶级转向人民大众。

当然也有独立的戏剧运动，试图阻止这种从启蒙转变为通俗戏剧的总体趋势，继续保留舞台剧的教育性。譬如熊佛西②以他的农民戏剧继续了启蒙使命。但他想把教育和娱乐结合起来。他开始是“小剧场运动”的发起者，不过很快就认识到，他追求融音乐、绘画、雕塑、舞蹈和文学于一体的总体艺术的“小剧场”，在城市中并没有获得大部分人的认同。观众的消失也使他在30年代开始转变思想，提出了“街头剧”和农村戏剧的主张。在一场教育民众的新式运动中，作为社会主义的替代物，他从1932年到1936年在河北定县一个示范村庄③主持将理论转变为实践。“农民戏剧实验”应有助于去除大众中存在的落后和自私等四大缺点，通过识字文化运动将农民引导到艺术中去。熊佛西和左翼剧作家的相同之处就在于他的集体精神的构想。应该只存在一个躯体：熊佛西不需要观众，他只要演员，特别是在自由的天穹下，所有在场者都应该是演员，一切都回到戏剧的初始状态，那时戏剧和生活之间没有任何分隔。定县的实验虽然在1937年结束，但它把秧歌吸收进来，构成了话剧民族化的基础，这在抗战阶段和毛泽东文艺思想形成中都发挥了极其重要的作用。

① 《田汉文集》第3卷，321—370页。

② Hsiung Fu-Hsi(熊佛西)：《中国的农民生活：三个乡村生活剧本》(*Chinesisches Bauernleben: Drei Stücke aus dem chinesischen Landleben*)，Werner Eichhorn 译自中文，东京：德国自然和民族学学会(Tokio: Deutsche Gesellschaft für Natur — und Völkerkunde Ostasiens)1938年。这个版本包括剧本《屠户》(“Der Schlachter”)、《锄头健儿》(“Ein Held vom Lande”)和《牛》(“Das Rind”)。另一德译本出自佛尔克(Alfred Forke)：《近年的十一个中国歌剧剧本》(*Elf chinesische Singspiel texte aus neuerer Zeit*)，晋文(Martin Gimm)加工整理，斯图加特：斯丹纳出版社1993年，421—441页，455页(《一片爱国心》[“Varerlandsliebe”])。

③ 关于这个戏剧运动参见甘博(Sidney D. Gamble)内容广泛的材料汇编：《定县的中国乡村戏剧》(*Chinese Village Plays from the Ting Hsien Region*)，阿姆斯特丹(Amsterdam: Philo Press)1970年。

当时还有许多剧作家,比如女性剧作家白薇(1894—1987)①等,这里恕不能一一列举。不过还是需要对夏衍和李健吾作一番简短说明。夏衍的《赛金子》(1936)和《上海屋檐下》(1937)②巧妙地反映了爱国主义和社会现状等主题,而李健吾作为喜剧家并不太适合于那个时代。李健吾虽然主要是改编欧美的戏剧作品,或按自己的理解进行续写,他的一部最重要的作品——《这不过是春天》(1934)③——却成为当时一部特别成功的喜剧,尽管主人公为爱情、革命和腐化所苦恼。尽管如此,只有一位剧作家获得国际影响,在艺术上超越了时代:曹禺。唯独他成功地实现了欧阳予倩(1889—1962)提出的话剧职业化的要求。1934 年,曹禺以剧本《雷雨》④实现了这一点。中国的话剧此前大多是基于国外剧本的翻译或者改写。在话剧职业化方面,上海卡尔登剧院发挥了重要的作用。从 1936 到 1937 年间出现了一场大的戏剧热潮,也促动商人前来投资。

《雷雨》虽说是曹禺的处女作,却是中国语言中第一部了不起的、上演最多的现代戏剧。中国现代话剧在此处达到了高峰。这部四幕剧演出于从早上到午夜的一天中,在两个地点展开,主要是周朴园的客厅,只有第三幕中才在鲁大海的住处。周朴园是一个矿山企业的老板,鲁大海是矿上的工人。两人的父子关系直到结尾才揭晓,他们代表着相对而行的时间的力量。主题是一场要追溯到三十年前的冲突,它将现在和过去联系在一起。这场冲突一方面同辞退家里的一个佣人有关,她曾为主人周朴园生了两个孩子,另一方面是两位主人公由于不知情造成了乱伦关系,也是因为他们父母的交错关系而不得不背负这样的孽债。在所有人之上还有一种无人能够逃脱的力量。尽管存在资本与劳工、老人

---

① 她最著名的剧本是接续易卜生的娜拉写的三幕剧《打出幽灵塔》(1928),收在《白薇作品选》,长沙:湖南人民出版社 1985 年,245—332 页(据 1931 年版本),评论为白舒荣、何休《白薇评传》,长沙:湖南人民出版社 1983 年,80—90 页。这位在中国参考文献中一般很少涉及的女作家通过艾伯斯坦的上述手册可以得到很好的了解。关于她的生平见冯铁:《作为拼贴的自传——白薇的〈悲剧生涯〉》("Autobiographie als Collage — Tragischer Lebenslauf von Bai Wei")。见 Christina Neder 等编的《中国的传记之维》(*China in seinen biographischen Dimensionen*)。"111—127 页。

② 因为空间和时间上的一致,严格说来,标题应该是"上海一个屋檐下"。剧本被 George Hayden 译成了英文,见:耿德华编《二十世纪中国戏剧选》(*Twentieth Century Chinese Drama*),76—125 页。原文见焦尚志编《夏衍代表作》,郑州:黄河文艺出版社 1986 年,93—168 页。尽管可以算夏衍最重要的作品,这个在国共两方面都遭到攻击的剧本却并不在上述选集中。

③ 剧本的中文来源和英译见 146 页注④。关于作为剧作家的李健吾参见卜立德:《李健吾和现代中国戏剧》("Li Jianwu and Modern Chinese Drama"),载于:《亚非研究院院报》(*Bulletin of the School of Oriental and African Studies*)39(1976),364—388 页。

④ 《曹禺选集》,人民文学出版社 1978 年,1—134 页;德译者为 Jung-Lang Chao,收入艾伯斯坦编:《来自中国的现代剧本》(*Moderne Stücke aus China*),19—141 页。德文单行本译者为 Uwe Kräuter,外文出版社(Peking:Verlag fürfremdsprachige Literatur)1980 年。阐释见 John Y.H. Hu:《曹禺》(*Ts'ao Yü*),纽约(New York: Twayne Publishers)1972 年,29—43 页;刘绍铭:《曹禺:契诃夫和奥尼尔勉强的学徒——文学影响的研究》(*Ts'ao Yü. The Reluctant Disciple of Chekhov and O'Neill. A Study in Literary Influence*),香港大学出版社 1970 年,6—27 页;高利克:《曹禺的〈雷雨〉》:同欧里庇得斯、拉辛、易卜生和高尔斯华绥的创造性遭遇》("Ts'ao Yü's thunderstorm: Creative Confrontation with Euripides, Racine, Ibsen and Galsworthy"),见同一作者的《中西文学关系的里程碑》,101—121 页。

与年轻人、男人与女人的对立，但它不是一部社会剧，而是对一种氛围的诗意把握，这种氛围从话剧名中也能看出来。凌驾于一切之上的是一种紧绷的气氛，仿佛要在一场雷雨中才得以释放。这是劳碌和磨难的气氛，它要将为了生存而争夺不休的各方闷死。从审美角度来看，可以提供的解决方法只能是宗教性的宽恕行动。首先是唯一一个真正有罪的女主人公蘩漪对悲悯的乞求，[①]然后是在大多数版本中被隐去的“序幕”和“尾声”，隐藏作者的态度在其中显示出来：在年轻一代死去后的十年，周公馆成为一座教会医院，仍然活着的家里老人在疯癫状态中继续讲述过去的故事。所有的枝蔓就这样在回忆中结束，剧中人——按照作者的说法——都是为旁观者所怜悯的“可怜虫”。对曹禺来说，宇宙就像一口残酷的井，不存在任何从阴暗中逃脱的可能性。他在这里将行动障碍的方面又推进了一步：沙龙里的每个人尽管都想抓住另一个人，以图自救，然而这是一种幻象，行动只是一种虚幻行动，不能让人得救。如果有人在生活中注定要重复先辈的罪过，那么他如今在精神病院中也注定在回忆中重复自己。和时代趋势相对立，作者在这里对田汉早期剧作中已经形象地表现了的情形做了进一步发挥：个人被囚禁在他的想象之中，这种被囚状态本质上是以在家庭和教育系统中的被囚为前提的。

这部作品的巨大效果一方面恐怕是建立在憎恨和自我憎恨的情感冲击基础上，另一方面在于对母题的巧妙运用开启了朝向未来的空间。当然这里有太多的母题，以致不能对所有的一一提及。最明显的就是雷雨和电线的象征含义。时而关闭，时而打开的窗户作为过去、回忆、观察和解脱的窗户，代表了或者是生存的窒息空气，或是对另外一种生活的渴望。家具就是些场所，在那里，照片唤醒了往日的爱情。而其中最重要的是取自易卜生的“闹鬼”母题。家里闹鬼，因为女主人和继子间保持着一种非法的关系：他们俩注定要重复过去的错误，先辈的错误，因为他们没有回忆，也毫不知情。疾病和忧郁，尤其是女人们的，是到处闹鬼所不可避免的后果。

曹禺在后来的剧本中同样强调了行动乏力的方面。[②] 这被解释为是他唱给“旧”社会的挽歌，由此而非常适合于这一时期其他作家所共同推动的“为民国掘墓”。醒目的是，青年人的热情歌唱（“我们都还年青”；“我们可以飞”）不仅是在这里随着事件进程而销声匿

① 艾伯斯坦编：《来自中国的现代剧本》，124 页。关于同情在民国时期文学中扮演的角色（包括凌叔华、叶圣陶）见 Goat Koei Lang-Tan：《儒家的同情观念以及同情感在中国新文学中（1917—1942）：同儒家精神传统相关联的民国时期文学理论、短篇小说和童话》[Konfuzianische Auffassungen von Mitleid and Mitgefühl in der Neueren Literatur Chinas（1917—1942）. Literaturtheorien，Erzählungen and Kunstmärchen der Republikzeit in Relation zur konfuzianischen Geistestradition]，波恩（Bonn：Engelhardt－NG Verlag）1995 年。

② 这方面表现得最成功的是在剧本《北京人》（1941）中。因为我已经详细地探讨过这个剧本以及行动乏力的方面，这里就只指出文献来源：《行动障碍的范式：一种 20 世纪中国戏剧的理论》（“Das Paradigma der Handlungshemmung. Zueiner Theorie des chinesischen Theaters im 20. Jahrhundert”），载于《波鸿东亚研究年鉴》（*Bochumer Jahrbuch zur Ostasienforschung*）1987 年，143—159 页。

迹。他的第二部剧作《日出》(1936)[①]同样也写到年轻的主人公们走向灭亡。曹禺本人对《雷雨》不太满意,他认为这部作品“太像戏了”,是一部纯粹工于技巧的“well-made play”,于是他又开创一条新路:他选择了一种“印象派”的方法。人是碎片化的,设计成一个个“散点”,他们阐明了一种观念:所有人,不管是作为富人去损害或作为穷人而付出,都活像“生活在狭的笼里面洋洋地骄傲着”的“动物”。就是这里,易卜生的影响也可以从多方面看出来。剧情发生的两个地点,是大都市(天津)的沙龙。一个是高级旅馆,另一个则是下等妓院,以便描画出娜拉的浮沉来。曹禺表现的是一个完全颓废的世界,年轻人身在其中最终只能是用自杀来解脱。在该剧结尾,通过拉起窗帘而看到的日出并不一定就代表了乐观和希望。剧名蕴含的意思似乎很简单,即表达了(现代)人从黑暗中解脱的渴望。他的《日出题辞》最后引用的是《启示录》(21.1):“我看到一个新的天和新的地,因为原来的第一片天地已经消失,海也没有了。”[②]日出的象征意义比起剧名蕴含的意思来要更加复杂。这部话剧的四幕一直到结尾几乎都是在黑暗之中发生的。偶尔出现的亮光也毫无疑问地终将会来临。问题只是:以怎样的方式。如果几乎全部四幕剧都发生在晚上或深夜,那么主人公就只能是夜里醒着,而整个白天在睡觉。所以,陈白露两次说过:“太阳升起来了,黑暗留在后面,但是太阳不是我们的,我们要睡了。”[③]此外,这部话剧就像在希腊戏剧中一样以一个合唱为背景。夜里干活的建筑工人不停地歌唱着太阳,而他们劳作的成果,一座用来获取资本的高楼,又会剥夺他们的阳光,他们只是生活在它下面。这里并不是简单地指资本社会通过其工作制造的黑暗,也不是指将要来的社会主义的太阳,这里更多地指的是现代中的无家可归状态,即一个把旧的抛在身后,以便从纯粹乌托邦中无任何先决条件地建立起一个新世界的人的无家可归状态。

这部作品和《雷雨》一样,也是通过采用多层次母题取得了效果。尽管作者希望能将剧本化简为一部“革命者手册”和一个没有情节和剧场效果的社会研究的结果,但它仍然向由侧重点不同而产生的多重诠释可能性敞开着。交际花陈白露生活在遮盖着的窗户后面,但她打开了窗,因为窗户就代表着春天、太阳和童年。方达生,她的仰慕者之一,要带她离开高级大旅馆,回到她的童年。然而她既不想回去,也不想要一个家庭,因为她与男人的关系只能是建立在钱的基础之上。钱对她而言就是她的贞洁的唯一真正的交换物。方达生想要给她生活带来的变化,是建立在一种幼稚的和大男子主义的爱情之上的。陈白露并不想通过方达生来改变什么,只是想得到支配他的权力,就像支配一个孩子。因此,她所体现的结局就是:无悔的人生,即便万劫不复——这也极典型地表现在《雷雨》中

① 《日出》德语版(*Cao Yu*: *Sonnenaufgang*),译者为 Yvonne Mäder-Bogoraf,外文出版社 1981 年。原文见《曹禺全集》,花山文艺出版社 1996 年,第 1 卷,191—397 页。诠释见 John Y.H. Hu:《曹禺》(*Ts'ao Yü*),44—54 页;刘绍铭:《曹禺:契诃夫和奥尼尔勉强的学徒——文学影响的研究》,28—42 页。

② 引自马丁·路德翻译的《新约》,斯图加特(Stuttgart: Privilegierte Wurttembergische Bibelanstalt)1909 年。——原注。此处据顾彬原文译出,曹禺的引文稍有不同:“我又看见一片新天新地,因为先前的天地已经过去了!”——译者注。

③ 《日出》德语版(*Cao Yu*: *Sonnenaufgang*),39,第 181 页;《曹禺全集》第 1 卷,第 237,375 页。

的周蘩漪身上。

《雷雨》《日出》和另一部话剧《原野》(1937)[①]构成了一个三部曲，这些剧作的中心内容就是反抗旧秩序。《原野》虽然迄至如今还没有其他两部作品那么有名，但也在中国现代文学史上留下了轮廓清晰的一幅图像。从尼采到鲁迅再到T·S·艾略特，现代都曾以荒原的形象示人，这幅图像在其中也起到了推波助澜之用。[②]

原载《二十世纪中国文学史》，范劲等译，华东师范大学出版社2008年版第172—177页

① 《原野》英文版(*Ts'ao Yü: The Wilderness*)，Christoper C. Rand和刘绍铭译，香港大学出版社1980年，这个版本还包括了《雷雨》和《日出》的创作材料。曹禺《原野》重印本，上海：上海文化生活出版社。阐释见John Y.H. Hu:《曹禺》(*Ts'ao Y*)，55—65页；刘绍铭：《曹禺：契诃夫和奥尼尔勉强的学徒——文学影响的研究》，43—56页。

② 在这方面试比较邓腾克(Kirk A. Denton)：《中国现代文学中的自我问题：胡风和路翎》(*The Problematic of Self in Modern Chinese Literature Hu Feng and Lu Ling*)，斯坦福：斯坦福大学出版社1998年，特别是253—255页，可是对路翎的描述却非常不如人意。

四、回忆录

戏剧家曹禺访问记

萨　宴

在中央大学的旁边，也是陆军监狱的旁边，一幢三间的二层洋房里，住着一位暴发的戏剧家曹禺先生——万家宝。

曹禺是《雷雨》的作者，也是《日出》的作者，他近年在中国艺坛上，是颇受欢迎的一个，因为他的《雷雨》和《日出》，一再演出，也一再卖座力不衰，不仅此也，同时国内的舆论，莫不一致予以满意的赞颂与推荐，这真是一件对他个人堪作鼓励，而足认为光荣的事。

笔者曾在一个花香四溢的五月的早晨，访问了这位算得熟人的戏剧家。

那天伴着本刊的摄影记者，走进那幢带有东洋风的竹篱山院，砰的叩开了紧闭的铁纱门，娘姨便应声招待我们进去。

房间很简单，地毯上除了规矩的安置了几张沙发茶几外，所谓点缀的玩艺，只有靠西墙的一只大花瓶。瓶中无花，靠东墙角的是一尊大慈大悲的观世音菩萨和两个小镜框，框里是人像，什么名字，却没有留心，大概是莎士比亚、萧伯纳、高尔斯华绥诸名家的肖像吧，我想。

我们作了一个速度的注目礼，便安详的坐下。

咚咚咚，楼梯上走下我们访问的对象曹禺先生，那天他穿的是一套青色哔叽西装，发乱，衣歪，拖着拖鞋，样子似在工作着，可是面上却有睡容。

他看见记者，老远的笑着迎来，热情的握着手，道着早安。

于是，我们就一齐坐下了。

“孃娘倒茶来。”他吩咐着，手抚着嘴。

“近来好吧？”我就此开了端。

“好，真谈不到，近来，却倒了霉，昨天北方有信打来，告诉我哥哥过世了。”他不胜悲凄的沉哑着声音说出这话。

“……”我正打算找安慰的话句，他又说：“自己这几天为了《原野》就要赶排，所以不完的部分就不能不写，而且他们催得要命。素来不生病疮的我忽然生了一个疮，(说时他手指着嘴唇)请医生看了，他说不是口疔，起先我倒有些怀疑呢。”(他笑了笑)

“我想怕是酒刺之类，不两天会好的。现在《原野》大概就可脱稿了吧？”

“不，还有一幕。这个戏写出来一定不会好，因为时间太匆迫了，这真是没法的事。”

“这也不一定，或者因为一气呵成，而更会得到成功的。这个戏的序幕我已在文丛中读过，我觉得这个戏，将比《日出》的置景更复杂更困难，而《日出》也不已是较《雷雨》的置景烦重了！万先生也觉得吗？”

“是的，从《雷雨》《日出》到《原野》的置景方面，是有这个倾向，可是这并不是一个好现象，因为我们如果站在戏剧通俗化的立场说，比如中国的剧团像‘业余剧人’‘中国旅行剧团’大规的较有实力的剧团有几个呢！所以我总觉得，戏剧走向这方面来，并不是生路、大路。而真正的观众，他们所要求的还是‘故事’，而不是景。而且，景的本身，根本也只是表现故事的一个说明的帮助。目前中国的话剧问题，不仅这一方面是不够，其外，照现在的整个的戏剧说吧，中国人何尝有中国人自己的戏呢，这不过是把外国戏搬运罢了。就如现在的许多戏，至多也只做到利用外国戏的形式，放进中国的故事。我总想有一天利用了中国自己的形式，去说明自己的故事。不过，这是要在若干年之后的，要经过整个戏剧努力者们努力的，说不定这一代，或到子孙们的时候才有看到的可能。”他说着笑了。

“若照万先生的意思，中国自己的戏的形式为如何呢？”

“还是不能下一具体的说明。这也不是一个人所能的工作，但是我的意思总觉得像目前这种戏，想使之普遍，就如中国的梆子戏班一样的，箱子一背，行囊一捆，要到哪里，就哪里，到这里可以演，到那里仍旧可以演，不择台子，也没多大顾虑，照他们那样的干法，戏剧通俗化的问题不唯可迎刃而解，同时，谈戏剧大众化，把戏剧交给大众，利用戏剧作为教化国民的手段等问题，到这时才可说，而且，就遇着反对的理论，也可真的把货色拿出来，其成效之可观，这可断言一定不会差。不过，说到这，也不是容易的，比如将来搬上这种台子的本子，用什么本子才好？而本子的内容与形式、台词、道具、照明，这些都将成为问题。可是如照个人的意见，将来本子内容我以为故事应该特别注意，自然在取材方面是不能离社会的现实。至于本子的形式，已如前述，我虽不反对目前这种样子的努力，但这绝不是一种能够代表中国民族戏剧艺术的东西，他没中国民族的个性，没有中国现实上使然条件，换言之，西方形式的戏，总是西方，其好到优美到顶点，那也只宜西方，对中国不免显然有点不合适。将来新的中国戏产生了，台词、照明、道具这些的问题，是有待大家商讨的。比如目前的‘话’剧，最低限度我们不能承认其有现代中国话的真纯成分。那其间有文章有语言，炫耀的化装（或者说夸大的语法（Bombast））大多有很多不合适的文句，同时由于迎合大众语、口语的利用，在戏剧上反应出来，于是又造成了各色各样的台词的本子，所以今后的语言的统一性（Uniuocitg）应该特别注意，这，不只是有关话剧的本身，而且有关一切文学的口语之使用。所以，中国到目前还没有像莎士比亚、歌德这些伟大的作家产生，这都是有关系的。比如在歌德时代的德国语言，已经成熟，可是，目前的中国写作的人还是要时常利用人造语言（Erporanto）的帮助，才能满足写作上的要求。在这种情形之下谈到产生如莎士比亚作品中的五步韵体（5 SFoot Rhymes）之类的自然语言运用自然而优美的作品，简直是做梦。就如我个人，便是主张把白话诗和戏打成一片的一个，可是如目前的白话诗则又绝无可能，因之，这都是在产生新的能代表中国民族戏剧之前的问题。再如吧，假定中国产生了如莎翁之五步韵体的剧本，因了这种形式关系，就不免稍离现实。可是，真的到现实反应于戏剧艺术上的时候，这已是把现实透过了艺术这一形式了。换言之，已把现实夸大。因此我不反对象征的戏剧，而我更主张，不离开现实，利用象征的手法反应现实。有了这一概念之后，所以我对将来舞台上的服装、布景、照明等也同样发生了一个意思，便是可省即省，尽删而不用，而景的方面，能简单到不可再简单仍足表现要告诉观众的故事这已经够了。到这时，或者把话剧搬上草台班，一箱衣物，一班人马，走遍天下的做戏剧通俗运动就不会成什么大问题了。”

他侃侃而谈，口若悬河的说明着他对话剧的前途、主张和意向，这时他有说有笑，有舞台上的角色的气味，他操着一口流利的北平话，悦耳动听，真不失为一个话剧作家，当时我这么想，笑了笑。

他在这谈话中，我们可以看出他对艺术的热情与忠实。他忘了新死的哥哥，忘了口唇的疮痛，他要谈，来痛痛快快的谈了一大篇。在这时适巧他的电话铃震动起来，于是，他站起来接电话，回来便说。

“对不起，让你等了。”

“哪里，不必客气。”我们无声的沉默了三两秒钟。以后接着我们又谈了一些关于文明戏的形式是否可以部分的接受问题，文明戏改用他的剧本的问题。他很愤怒那般市侩的无耻，把剧本改得不成话，以图迎合低级观众的心理。同时，对当局的置此问题而不予过问，他也相当不满。他说：“中国的著作家是一无保障的，实望今后全国作者能来一个向立法当局的请愿。这些确是值得讨论的，注意的，不然作家也同样不应受法律的制裁，我想，这么才算公平。”

末了，我们海阔天空的谈了很多的东西，从话剧运动的初期，说到了最近的上海的业余剧人，田汉先生的中国舞台协会。从时事谈到了身边琐事，最后我想到他最近出国的问题、结婚的问题问他。

“我本打算出国，到人家那里看看究竟。可是，恐怕这事一时不能实现了。哥哥一死，家里只有一个寡母、寡嫂和两个侄儿，都非常之小，男人只我一个，所以实在给缠住走不开了。我打算写完《原野》到北方去，把母亲他们接来，大概下学期还在南京。”

“……”

“至于那个爱人，郑女士，是在清华大学的同学，不久前订婚的，您是知道。”他非常坦白的自白着。

万先生虽然在戏剧上有了这么可惊的成就，可是他还非常青年，今年二十八岁，和读者差不多。他现在国立戏剧学校担任编剧一科，这对他很愉快胜任，据说同学对他非常欢迎。万先生固然是一位可佩的作家，但是也是我们年青人的可范人物。

我怀着满意的心情，和这位年青的可敬的《雷雨》《日出》《原野》的作者谈了足有三小时，看看时间已过晌午，就告退而出了。

原载《读书青年》1937年第2卷第11期

随笔:我对于曹禺印象

张仲淑

我认识曹禺,是远在五年之前,那时他刚从清华大学研究院毕业,便到天津女师学院教书——在这个过去曾蜚声河北的女子最高学府里,这位“小先生”曾经是众目所归的一个力量,尤其是在英语系读书的同学,几乎都和他成为很好的朋友。自然我们见面的机会,除去在课室里上课,课外和他谈话的机会也很多,因此,我更深地了解他的处境和认识了他的个性。

曹禺先生——原名万家宝,字小石,湖北人,他的身量很矮,并且也很瘦弱,面孔很显年轻,从他一双炯炯有光的眸子里,可以知道他是一位天分很高的青年,一副白光的眼镜,更显着学者的风度,在他随时笑谈间,总是流露着一团青春的朝气。因为他的年纪和学生相差无几,所以彼此间总是像朋友似的一起谈话。他对于文学的造诣很深,尤其是爱好西洋文学作家的研究,他最喜欢萧伯纳,其次是高尔基华绥,因此他喜欢一种文学作品,不单是歌颂真、善、美的东西,而却是如何拿出力量来,揭露人生、社会的黑暗和罪恶,他说:“像萧伯纳是能以文学来领导社会、启示人生的作家,我们应该多读他的作品。”

那时候,他一面教书,一面还努力从事写作,万先生在女师院英文系所担任的课程:本戏剧研究和莎士比亚,配得在我们讲读翁剧《盛纳斯商人》[①](*The Merchant of Venice*)的时候,当他读到该剧主角雪卢科[②](Shylock)的对白时,他露着满口的雪白牙齿,咬文嚼字地读着,充分的体贴了剧中人物的个性,把犹太人吝啬的特性表露无遗,这实足地表现他对于读书修养的深刻,是超乎一般的年轻。

关于曹禺先生的生活,就我所知道的,是了无纪律,因为他把“读书”当做了大部分的生活,所以有时竟连两餐都会忽略了的。他对于衣履,是不很讲求的,尤其是不论整洁,他时常把一件很贵重的绸质袍子,穿得和喇嘛袍一样的油渍肮脏,不堪入目,却也有时是西装革履,满有绅士风度,那就是万先生要赶火车到北京去的时候了。他普通到北京去的时候,不外有三件事:看爱人,借书和听戏(据说他最喜欢听杨小楼的戏)。

万先生在天津教书时,是绝对不修边幅,也许他为避免天津小姐们的追逐,因为这样一位天才学者,是会引起一般小姐们注目的,所以他总是喜欢穿着一件破旧的袍子,目不斜视地时常发现在偌大的一个校园里。

---

① 现译为《威尼斯商人》——编者注。

② 现译为夏洛克——编者注。

就我所知道的，万先生确是一位不拘形骸的人，他的身材虽小，然而脑子特殊硕大，在他的眉宇间，仿佛总潜伏着一个力量——这就是他总愿借文学的研究，实地去表现一个对人类社会改造的力量。他有着一些极其复杂的感情——他对于人生的看法，是概括着爱与恨、喜与憎的错综的情感。也就是这样一种极端的情感，能使他在人生的各方面，培养成敏捷的感受性和观察的能力，认识的世界人很广阔，了解人生的能力自然也随之坚强起来。他能够将他自己环境里所熟悉的人，每个个人加上一点渲染，然后用一支锐利的笔，从容的写出来，介绍到每一位读者面前。为使一般读者更进一步地认识他所描摹的不同的个性，他更把这些人物搬到舞台上去，使他们或她们能够活跃地在观众面前痛苦、狂喜、麻醉、流血；种种不同的表情，这完全都是产生于这位“小先生”的脑子，这个宝贝的脑子，真要感谢上帝特殊的赐予。

过去《雷雨》《日出》《原野》三剧本演出后，一般读者和观众的心，都为之颤抖了，更其在今日荒芜的剧坛上，有这样几个大的东西产生，我们也不能不感到异样的宽心。

谈到曹禺先生对于戏剧的爱好，一方面固然是个人的天才和嗜好，主要的也不能不得功于他的恩师张彭春先生(前南开大学教授)。张先生对于他的提携和鼓励，不能不说是曹禺先生成功的一个原素。

原载《新进》1941 年第 1 卷第 2 期

曹禺印象记

（本刊驻沪撰述石挥君特约稿原题《曹禺在古城》）

英　梧[1]

由古城来到这繁华的上海，一切都难以习惯，心头整天的像被一只黑大魔手压住，沉重得可怕。在这儿常见的是些阴暗的日子，那疯魔似的欢乐与我是无缘的。我为那弥漫于周遭浓厚的血腥窒息。

我怀念着古城，我爱那新鲜而自由的空气，幽静而愉快的生活，朴实而诚恳的乡民……

这古城——江安，在川江的上游。战前那儿几乎没有一个外省人，连本省的异乡人也少见。直到现在还有许多中学生没有见过火车或是到过重庆，民俗闭塞得很。

因为重庆几次猛烈的轰炸，国立戏剧学校搬到这古城来。剧校的迁来，给古城憨直主人们带来无限的惊异，他们几乎不能置信，在他们的世界上，会有这样的“洋学堂”，让一群年青的孩子们，不分男女的成天混在一起，上着没有书本的课，他们认为这简直是奇迹。

剧校的校址是座古旧的文庙，深居在这殿室内那高敞而阴森的厅堂，那善歌而忧郁的宫铃，那耸入云际而峻美的殿角，那久经风霜而浑壮的牌坊，每令人有隔世之感。

我难忘在剧校潇洒的生活，我难忘在那纸窗净儿的图书馆中，静读时窗前飞过的鸟鸣，我难忘黄昏时分在校园外紧围的半圈城墙上，对着无垠的田野，寂寞的低唱，我更难忘牌坊下三三两两的同学，对满天疏落的星斗，抱藤长谈的月夜……

一群可爱的艺术儿女，在古城度着清苦的生活，虽然每天只有一样没油的素菜下饭，但他们精神上却异常愉快。无论是排戏、听讲，他们都与剧中人同喜乐，共悲愁，分不出是中外，是古今，是自己，是剧中人，他们只知道这是生活，人类悲惨的生活，他们想尽他们微薄的力量，在荆棘丛中，为人类找寻道路，急切的盼望悲剧不再人间上演。

在孤岛我寂寞的日子里，我忘不了在古城短短的一年。除了那愉快的生活，可亲的师长，打得火热的同学，我特别对万家宝教授——曹禺先生寄与更多的怀念，因为在剧坛的前辈与剧校的教授中他给我较深刻的印象。

他不爱修饰，矮小的身材，常穿着件灰旧的长袍，要不是有一双敏慧充满神采的眼，你说不定会猜他是个小店里的朝奉。在平时他不爱讲话，闲着除了看书，无论是静坐是散步，总是潜浸在沉默的凝思中。常常在街头碰见他夹着几本书匆匆的走过，同学都避开他，不敢跟他招呼，恐怕扰他从沉思中惊醒。

---

① 即中国著名电影和话剧演员、导演石挥——编者注。

他暗涩而忧郁，面对着眼前的非人的生活，有无限的烦闷与苦痛。他恨不得新的世界即刻来到，由于人类许多超卓的理想不能如愿实现，他燥急，他叹息。但这一切却不轻易与人言说，总是暗暗的自己忍受这些苦恼。

他为人诚挚而富于情感。记得有一次在假期中，我与他同船，遇见一个被开除的同学，他不但不回避他，又极关怀的垂询他的近况，劝他不要灰心，如果有心于戏剧事业，世界便是最好的学校，它给予人无限的学习机会。不要虚浮、任性，要切实，要有恒心，前途总是有希望的。世界上有许多成功的人，在年青的时候也是被开除的坏学生，所以不要气馁，只要认清道路。那同学被感动得嚎啕大哭起来，他看看那无知而天真的青年，也不禁泪下。

他战后的新作《蜕变》，轰动整个的“自由中国”。这是他准备了二年，尽取这中国有史以来未有最伟大时代的精髓而成的唯一心血结晶，渝地中外报纸誉为战后最能表现中国伟大的“蜕旧变新”时代精神的剧作与史诗。（原作在渝首次公演后一月内逐日在新蜀报载完，得酬千元，创中国剧作稿费之最高峰。）但《蜕变》获得如此的成功，决不是偶然的，战事开始后，他便着手收集材料，据我所知《蜕变》的素材大半取之于剧校搬迁的途中。剧校由南京而汉口而长沙而沙市而重庆而江安，所经路程，几乎是“自由中国”心脏的全部，因为交通的不便，同时沿途要作宣传工作，进程极慢，差不多摆遍沿途的小城，并且每个城池都有较长的耽搁，使他能有机会与生活在这伟大时代人群作亲切的交往与深入的观察。再加之他对西欧名剧渊博的素养，成熟的技巧与丰盛的经验，削笔春秋般的谨慎的精神，《蜕变》的轰动，的确不是无因的、侥幸的。

《蜕变》全部是在古城写的。他为了要静心的写作，在校中请了假，并且将他的夫人送到重庆，据说是因为他的夫人太关怀他的健康，在家一定要限制他一定的时间起息，这种关怀作家们是难以忍耐的，因为作家不是一部机器，无论任何原因，他不能在写得顺利的时候，停止他的写作。在写作期间，谢绝一切的客人，整日一个人坐在屋里，差不多有一个月不出家门一步。由校长到同学，都为了希望他的新作早日完成，谁也不敢去惊扰他。

至于他写作《蜕变》认真的态度，我愿意举一个小小的例子。他为一句台词中的一个字的推敲，曾费过一整夜的功夫。剧中有个丁大夫，她是被人称为“伤兵之母”的好医生，她对任何病人，无不尽她所有的能力救治。有一天，她自己的儿子，忽然在前线染了重病下来，非开刀不可，她又不敢亲手开刀，怕自己的孩子死在他母亲的刀下。可是，这医院里除了她又没有再好的外科医生，最后她只有狠心自己动手。在动手前的刹那真是母亲生年最大的痛苦，但无论孩子得救与否，这是最后一次了。在写作的时候作者不能决定哪个最确当，当时丁大夫的台词“这是最后一次了”，还是“这是最末一次了”。他反覆的将“后”与“末”两字试读、推敲，最后决定用“这是最末一次了”那句。因为“最末”的“末”字音调下沉，较“后”深沉、有力，内在并兼有忧郁苦痛压抑等多种复杂的情感。像这样的例子很多，我不能一一举出来了。

等《蜕变》写成后，第一次带他的原稿到校中来，他清瘦多了，但精神极好，兴奋得像一个刚生产后第一次抱着她自己的孩子的母亲，脸上满堆着欣慰的笑容，欢喜得几乎掉下眼泪来。

曹禺的家庭据我所知，除了他夫人外，在北平还有一位年老的母亲，他对于他母亲有无限的敬爱，这部新作《蜕变》，故事便侧重于狭义与广义的母爱的表扬，因为《蜕变》是献给他母亲的。他对于家庭有超人感触，记得他讲到霍甫特曼《沉钟》的时候，曾经提到家庭对人类的束缚，因为家庭，致令他不能有充分的自由，任性的在广大的世界中随意飘游，因为家庭，因为责任，因为道德，他不能尽如己意的将自己的生命完全献给他的理想、真理与事业。旧有的道德与新的思想所引起的矛盾，破坏了他诗人的怀抱，摧毁了他心中最美的艺术之宫殿。

对于婚姻与恋爱，不但是他自己，也是全人类的，他以为总是难以乐观的。当他对我们讲到班那的《痛苦的灵魂》《玛婷》，霍甫特曼的《日出之前》与柴霍甫[①]的《万尼亚舅舅》时，表示过他的恋爱观，他认为世界上，无论是怎样方式的恋爱，总是难以获得久远的幸福。他同意班那的主张，人到世界上来原只带了半个灵魂，他必须在异性中寻找那其余的一半，这一半在这世界中一定是有的，可是，世界太广大，人心太隐藏。

也许这半个灵魂，在你眼前飘过，但是你没有发现她，以致你永远失掉她。也许这半个灵魂你永远不遇见。除了那配合灵魂的恋爱，一切的恋爱都是极易动摇的，当任何一方，认为自己所寻着的同路人，不是自己另一半的灵魂时，便有了深切的痛苦，这种失望往往并不是因为对方有什么严重的错误，或是突然改变，而不过是因为更接近的生活，使你真正认识了你所选择的人。因为人类的柔弱，特别憎恶"离散"的习性与不彻底的道德观念，往往会使你不能按着理想行走你所要走的道路，以致你容忍了你的不满，放弃了灵魂配合的希望，矛盾地、苦痛地，甚至于不甘地抱着自己孤独的半个灵魂隐恨终身。烈性的人，无奈何时只好自杀，如同在《日出之前》中的教授一样。

关于他自己的婚姻（他的夫人是他在清华大学的同学），正如其余关于他自己的事情一样，总是层层隐秘的。不过他说过这样的话，妻子往往只知道怎样在小节上，表示她对丈夫的情爱，睡迟了催你早点睡，工作太忙要你休息，逼着吃些滋养的食品，问问冷暖，这并不是不好的，但只止于此，就未免太狭义，而扬弃爱的广义的价值。假如，真的爱情失去了，夫妇之间任何一方，只是在小节来弥补，那不但无益，反而会更深重地加增对方的苦痛。

曹禺平日的生活很清苦，尤其是到了古城以后。在那儿什么东西都非常昂贵，而且没有好的，他很俭朴，衣服总有好几年不添置了。他在古城的生活，并不十分愉快，我看他常常异常寂寞，除了在创作中寻找他的乐趣外，几乎将全部闲暇的时间消磨在图书馆里。我时常看见他一个人，带着他的读书札记，在书堆里静阅，所读大半是原文的剧本与理论。他读得很精细，把重要词意都摘录下来。他读过的书很多，尤其是世界名作家重要作品，差不多完全读过。他的记忆力极强，读后他不但记得那剧本的主题故事，并且记得它的结构、技巧、有名的台词。

他是一个不喜讲话的人，但并不是不会讲话。他讲话最多要算在上课的时候。他的

① 现译为契诃夫——编者注。

课程，没有一个同学不爱听，他在校中担任的课程是各级戏剧概论，西洋戏剧史，剧本选读，编剧方法。全校同学最喜欢的功课，是他的“剧本选读”，可以说，他简直不是在讲书而是在演戏。他用丰盛的情感与不同的音调读着各种角色的台词，用动人的语句讲出每个剧作的灵魂，用亲切的理解道出角色的个性及其发展与转变。尤其是在讲剧本故事时候，他能将所有学生自由地带入他所要讲的世界与生活中，千百个心变成一个心，与剧中人同甘苦，同纵放，同欢笑，同郁闷，同忧伤。全课室一点声息也没有，连他轻微到几乎难以听见的叹息，也沉重地打动每一个人的心弦。我们甚至于爱听他的授课胜于捧读他的作品，我们往往费两天功夫细读一部名作，只能接受一两段动人的情节，三四句有名的“悲词”，而那不易深切体会的伟大作品的精髓，每经他一两句湛深的评语，而发得深刻的认识。

曹禺的哲学观念，在这里难以有限字句作确当的叙述。但，我可以简单地写出他几种重要的思想。在哲学上，他不为任何宗派所束缚，他推崇各宗派的优点，吸取它们的精华，辩证地接受。他赞美柏拉图神奇的“理想国”，他同情叔本华对生活深沉的忧郁，他热爱尼采丰盛生命力与超人的思想，他折服于所罗门惊人的智慧，他崇敬创设新世界坚强的手臂——马列主义，但他撇弃一般患着“左倾幼稚病”的青年，他仰叹耶稣对人类所寄予的真诚的慈爱，然而他也憎恶专以倚神为生的僧侣……他毫无偏颇的宗派观念，极理智地接受应当接受的，扬弃应当扬弃的，不将自己奔放的思想困在狭窄的笼中。

综合起来说，他推爱一切含有强劲的生命力、神圣而豪放的自由，积极的创造性与超时代的思想的真理，直至现在他不相信世界上已经有完善的真理或是主义，这时代的儿女不应当为某种思想所满足而迷信它，应该将它作详尽解析，选择地接受，辩证地扬弃，果敢地批评，理智地补充。他鄙视那盲从地跟随着响亮而趋时的思潮摇旗呐喊的蠢徒，他同情那些不为当代赞赏的新思想，他认为易卜生所提出的，个人比群众更有智慧的思想，有部分的真理。

在文艺思潮上，他特别羡慕与赞美文艺复兴与狂飙运动的时代。因为在那两个不同的时代中，有着相同的精神。那种光芒万丈、洋溢的才华，狂放的情操，惊人的丰满的生命力，无限而新颖的创造智能，不顾一切非难而胆敢破坏那些颓旧而具有深潜的势力的思想的毅力，他被感动。

文艺复兴与狂飙运动时代中的艺术家，都是世界有史以来稀有的天才。他们不但长于某一种艺术部门，而且往往能文善诗精于音乐、刻塑、绘画、戏剧，并具有几种不同形式创造的能耐；在文艺复兴时代的艺术家中，甚至有体育家、剑术家。这是有史以来艺术界最光荣的时代。

因为受文艺复兴与狂飙运动思潮的影响，曹禺极力想使自己变成博学多能。最近半年来，除了努力读书，闲暇时，他勉力从事运动的学习，与同学先生们一同打篮球、打乒乓甚至于做啦啦队的队员。他那种爱隐饰自己的柔弱，耐着急迫的喘息，同年青的小伙子们一道在场中奔跑时灰白的面色，我深被感动，做啦啦队队员的时候，他那种忘了自己年龄而天真的笑容，令人有深切的亲近之感。（他喜爱狂飙运动，甚至于喜爱它那原文“Sturn Und Drang”的名字，因为他爱它那铿锵、有力、热情的音调。）

对于宗教，他也有异于常人的理解。但也如他的哲学观念一样，并没有确定信仰。他只是以为一些自以为唾骂宗教为前进的人，是极其愚蠢的。正像柏拉图的“理想国”令他向往一样，基督教没有眼泪的“天国”，他美丽的灵魂为着人类将来的幸福，感觉那对他也有极强的吸引力。可是他并不就信宗教，他愿意研究它。因为中世纪（五一十一）的黑暗时代，宗教执事变成市侩，教堂变成法庭，神父们为了敛钱，而做着为人在世界在天国以钱赎罪骗局，诸如此类的恶行，使他对宗教有许多反感与怀疑。

不过，耶稣伟大的慈爱与明远而深湛的哲言，不能使他立刻否定宗教人类灵魂不可解的苦痛与寂寞，死亡的憎恨，世界的必然毁灭（依据元素化合物必然风化与变散的科学定律，物质虽然不灭，但地球一定会毁坏的，科学家早有预言，不可视为迷信），推动他开始对宗教作有心的研究。本班有位同学是天主教徒，有暇他很喜欢与他接谈，探询一些宗教的真理。曹禺在戏剧上的成就，一般人只知他是剧作家，其实他不仅精于剧本的创作，同时长于导演，并且还是中国少有的优秀的演员。他曾导演过高尔斯华绥的《镀金》，自己的《日出》《原野》与《正在想》《日出》《镀金》由剧校在南京演出。《正在想》是前年戏剧节在江安由剧校演出的，极得好评。《原野》是战后由昆明某剧社特请其飞滇导演的，也轰动一时。至于演剧，据我所知，曾经在《镀金》（清华求学时代）、《雷雨》（南京中剧学校）、《总动员》（重庆首届戏剧节）担任过角色。在清华演过不少的戏，据说以前多演女角，因为那时候女演员不易觅请，我曾经看过他演《雷雨》中的朴园，深认是我所看《雷雨》许多舞台上的朴园中最成功的一个。他亲近的友朋，甚至于以为他表演艺术的成就高于剧作。若不是受身材的限制，他真是中国能演多型角色而艺术修养最高的唯一优秀演员。

曹禺是怎样写作的呢？他写作最主要的工作，是用长期间收集材料与制定极详尽的写作大纲。（新作《蜕变》的写作大纲，长几近万言。）他善于观察人类的生活与性格，他对生活与人物的观察无不探索到人类灵魂最深处。他重视性格胜于情节。他在角色的制造上，费极大的功夫，择取多数“模特儿”之特性，以雕塑其所希望造成典型。他有丰富的舞台经验，他熟识舞台，他的作品竭力使他能适合舞台。写作时他无时或忘那些重要的舞台条件。他主张以个性发展故事，否定以情节发展故事的写作方法。他极注意角色所用语汇，务使每一句台词、每一个字义，能表现角色的性格、职业与其身处环境。他竭力避免叫角色说作者自己的言语。他以为“角色”的孕育时期，给他极多的愉快。

他愿意在“角色”未成形前以很长的时间与他们相处，使自己对“角色”熟悉，熟识他们如同自己的儿女。他不但重视台词的确当，更爱推敲台词的音节与语调，他在改作时都要用情感试读已写成的台词，仔细体味台词的音节与语调是否适合每一场戏的情调与每个角色当时的心绪。他留心每句台词的发音所给予观众的音乐效果。他写作的态度极为严谨，不肯放过一个单字，一句短话，或是一段对舞台工作者的说明与要求。他创作时，不肯忘却观众，顾到他们的理解能力与其需要，但并不过分迁就观众。他能确定主题，自始至终把握它，使每一场每句话属于主题，为主题而作。最后，他喜爱在每部新作中试用新的作风，使每部作品赋有独特的风格。

曹禺的成功，主要因素是他圆熟的技巧。而这技巧的获得，我以为得益于他对古今名剧的博览。他的剧作，我们可以看出都多少受着名剧的影响，如《雷雨》部分的受易卜生《群鬼》的影响，《原野》部分的受奥尼尔《琼斯王》的影响，《蜕变》部分的受名电影剧本《白衣护士》的影响，《正在想》部分的受理格烈的 *The Red Velvet Goat* 的影响……不过，受影响决不是生硬的抄袭，而是技巧学习后的活用。其余因为他对各种学术有广泛的认识，哲学知识的丰富，帮助他对主题的把握，与对生活的深刻认识（在我熟识的剧作家中他可以算是读书最多的一位）。对于他的成功，我们不能忽视他严肃的写作态度，他几乎将自己的作品当作他生命的全部。同时他对人类的热爱，与精进向上的精神，也促成他的成功。最后有一点，我希望提出的：我以为在他的作品中技巧多于生活，若是在他作品中再加增生活的含素，我想他的成功将更大。（这当然不是说他作品中的生活含素少于任何一个中国当代的剧作家。）

曹禺对戏剧理论也有不少宝贵的意见，在剧作方法，他推崇"静的戏剧"，他憎恶那些没有"死亡"便不能写悲剧的作家。他认为真正有价值的戏剧不一定要有"死亡""决斗""离散"，因为在真实的生活中，"死亡""决斗""离散"是不常有的，常有的是难以言说的隐藏的忧伤，淡漠而难消的灵魂的苦痛与深切而丛杂的内心矛盾。

…………

因为这个缘故，他极爱柴霍甫与霍甫特曼的作品。如《三姊妹》《海鸥》《万尼亚舅舅》与《日出之前》《沉钟》。

作家与观众间的联系，曹禺极为重视。当然不能无标准的迁就观众，或竟降落意识水准。不过，作家不能忘怀作品是写给观众的，总要使他们接受。他赞叹莎士比亚的写作技巧能获有上至显达的贵族，下至肩担贸易的贫民的多数观众。莎士比亚的剧词能雅俗共赏。为了要获得广大的观众群，不惜写出极俚俗的词句。可是，他的作品的艺术价值，非但不因此低落，反取得更高的评价。

关于中国优秀演员的修养，他有这样的意见，对于剧校训练的演员，他并不给予较高的评价，认为剧校的演员，生活经验异常薄微，虽则在演技的基本训练上较有基础。一般中国的演员，生活经验确较为丰富，但忽视了演技的基本训练，可是，他们忘却世界上没有一个伟大的音乐演奏家能不苦练音阶而获得成功的。所以他们往往虽极努力，但不能觅得那进前的梯阶。他深以为造就优秀的演员，首先要注意生活与技巧的调协，不宜偏颇。

在世界著名的剧作家中，他对柴霍甫有较深的崇敬，极端喜爱他那极高艺术价值的"静的戏剧"。其次他爱莎士比亚的才华，能写多种阶层的生活，多型的人物，及他深入的人性的体验，诗情的词藻，丰富的语汇，尤为余事。对于易卜生剧作美妙的结构、远见的主题、精确的台词，亦有无限的钦慕。

他很少提及自己的作品，不过在许多零碎的谈话中，稍许可以知道一点，《雷雨》中太多的技巧，使他渐生厌恶，但仍极爱那没有登台主角"雷雨"的性格。对于《日出》虽比较满意，但他颇恨那新的希望的空洞，没有能在"黑暗的必然灭亡"外，将新世界的基础稳固的建设起来。他对《原野》颇有偏爱，虽然剧坛对它的评价并不高（尤其是主题）。他爱仇虎、金子、焦大妈，那丰盛的生命力，极端的仇妒，果敢的毅力与旺烈的生之意志。新作《蜕变》，他喜爱丁大夫那伟大的母性。更使他愉快的是他在以前只是将思想与希望寄托在虚渺中，而在《蜕变》里看见他的思想与希望已部分的实现在生活与斗争中。

离开古城一转瞬便是半年，何日再重临旧地呢？每思及此，不胜怅惘。我虽远离了古城，但我的心，依然留在那里。我怀念着她，我惦记着那些艺术的拓荒者与儿女们。

何日再见呢？何日再见呢？…… 当我离开了古城，在重庆机场跨上座机，飞入去港的旅途时，我泪眼凝噎了，我用低泣，向可爱的“自由中国”道别。铁翼下看见那繁盛的街市，尽成了废墟，但如今已有无数耸入云霄坚壮的烟囱在废墟四周建树起来。城市是冷落了，可是在乡村，田园旁，山谷中，岭峰上，有了许多新房，有了新的家庭。……

远了，远了！那洁白而无际的云海，遮住我模糊的泪眼，我极目不能再看见这可爱的首都。低首俯视只见一片无边的天地，绵连雄踞的山岭，纵横夺胜的江河……

锦绣的山河暂别了，但我坚信我们再见日子近了，很近了！在将来的新的天地里。

写于夜上海

原载《艺术与生活》1941 年第 22 期

中国话剧坛的星座

——曹禺

金　川

矮小的身材，清癯的体质，一副墨边眼镜，一袭土布长衫，瘦削的面庞上永远挂着一丝微笑，这就是曹禺——中国剧坛的不朽星座。

已是上了三十几岁的人物，但仍是像小孩子般地活跃，他的气质里永满着善良、纯朴、率直，面上永远罩着一层和气，与他相处的人总感着十分可亲。虽说他的身体看上去很纤弱，但他具有着一种内在的力量，有一种潜在的热力，它使人感得一层温暖。

演《五奎桥》开始话剧生涯

还是在中学求学的当儿，就对戏剧发生浓厚的兴趣，那时中国的剧坛还在萌芽时期，一切都很幼稚、低落；但凭着他对献身艺术的决心，他开始展开了他努力的途径，他曾试作过不少短剧，他还不断涉猎欧美戏剧之精华。当他在南开大学肄业的当儿，他并参加演出洪深之《五奎桥》一剧，开始了他之从事戏剧的生活，万家宝之名亦开始留予人们以清晰之印象。不久转学清华，借着教授们的指教并自己的奋发研究，他终于获得了初步之成就，在中国的剧坛上奠立了坚固的地位。

脱离学校后，一度曾参加清华留美庚款考试，但不幸落第，他并不曾灰心，他并不以自己不能镀金感到失望。在国内，相反地由于此次刺激，他更埋头努力。他精细体察自己生活周围的一切，凭着他的超越的智慧聪颖与对社会情形的深邃观察，他的剧作开始获得了高超的评价。他的第一部作品《雷雨》开始风行起来，全国各地到处演着他的戏，人们提着他的名字像读着一种传奇似的感着神秘味道。

曹禺之成功并不是偶然的，翻开中国之戏剧史，我们不难看到其中多少庸碌之辈借着卑劣的手段或沿用京戏“捧角儿”之方式而欺混着世人，但曹禺却是凭着自己的实际才能而为人称誉的。在他的三部曲里，我们可以发觉出他是一个具有犀利眼光的旁观者。在他的戏里，他为我们刻划出大家庭之崩溃，社会之阴诈，他也为我们暗示出生活之意义，告诉我们这一代在这动荡潮流下的任务。他的写作不但是消极地揭发社会的黑暗面，他更积极地予以光明的启示。再有他剧中人物轮廓的清晰，小动作的刻划入微，对白的简洁流利——都能予我们以亲切之感。我们看着他的戏，就像读一篇真实的史诗。他一点不夸张，他是那样赤裸裸地展开在观众之眼前。曹禺的出现，在中国的剧坛上岂不是一个奇迹？

演员导演一脚踢

曹禺不但是个卓越的剧作家，他更是一个优秀的演员。他的演技是多方面的，他能演各种性质不同的人物，他可以扮作一个仁慈衰弱的老者，也可以为一个老刁浮滑的坏蛋。他演来是那么逼真，一丝不过火，确至“炉火纯青”之境。除此之外，他还是个出色的导演，他对一出戏的演出，从不稍加敷衍，他干戏的态度是严肃的。他对一切小动作都十分留意，他精细地推敲、研究，一直到臻于完善始罢休；为着一个细微的动作，他会翻来覆去地重复着。不用说，在他导演下的演员是够辛苦的，然后这正是他成功之要素，他绝不肯将不纯熟生硬的演技搬出去，这种忠实于艺术的态度将他比拟目前上海一般粗制滥造马虎从事的大导演之手法，诚不啻天壤之别。

我以前曾见曹禺演过戏，但说到认识还是在昆明的事。三年前，昆明筹备一次盛大的公演，为着要获取预期的成就，所以特地请曹禺来昆主持一切，那次戏目是《原野》，演员有凤子、孙毓棠等，均是文化界的闻人。他们虽是非常熟习的朋友，然而本着干戏的伟大精神，他并没丝毫的松他的职责，为此凤子小姐是累得差一点病倒。为着排戏，他们每晚总要弄到深夜。曹禺的衣衫敞开着，头上披着蓬乱的发丝，像乱草似的覆着。他的嘴角衔着一根香烟，他不停息地在舞台上演着，他用心地为演员讲解剧中人物的个性与应有的气氛，我那时亦系工作人员之一，他对我们也是絮絮不休。他对布景、灯光、效果，一切都有超越的研究。我们连续总忙了将近一月，以后剧总算公演了。不消说，这次的演出是轰动整个山城的。

诙谐·风趣　逗得人家合不拢嘴

曹禺是个极喜诙谐极有风趣的人物，每在工作过后，他会为我们讲一些动人的笑话，时常逗得我们合不拢嘴。他对一切修养均极丰富，同时他更有着一种惊人的生活的经验。

战后，曹禺一直在四川国立剧校任职，这几年来的作品除《北京人》《蜕变》已在沪公演外，其他因限于环境，均未能与上海观众见面。曹禺的近作，除在技术上更趋熟练，而且更注入一层新的时代意识。据川中友人来函谓：他现在正计划写作几个剧本，我们希望他的新作能有更伟大不朽的成就，为中国的剧坛放出灿烂的火花。

原载《万象》1942 年第 3 期

曹禺的中学时代

杨　璧

近几年来，在中国文坛上，独享盛名的写剧家曹禺，他的几部名著——《雷雨》《日出》《原野》等，都被一般话剧运动者爱得像珍珠一样，同时因为舞台上的演出和搬上银幕以后，他的剧的吸引力更加普遍化了！中国各大都市里的民众，甚至女人孩子都能记得曹禺的名誉——《雷雨》《日出》《原野》……

曹禺的剧的确能够吸引观众，而一般观众只知道《雷雨》的作者，是姓曹名禺的，便把这位后起中国剧坛巨子的真名宝姓，究竟是何许人，都给忽略了！

曹禺二字本是《雷雨》作者的笔名，正和鲁迅是周树人、茅盾是沈雁冰的笔名一样，因为笔者和曹禺是中学旧同班的缘故，所以知道曹禺二字是万家宝的笔名罢了。

笔者现在把和曹禺同窗时代的一些印象，写在下面，想中国文艺的读者们，都愿意知道一些吧！

我们的母校，是天津南开中学，是一个在北方享名的中学，它有广大的校舍，容纳了两千多从各省聚来的学生。

曹禺是生在天津的湖北人，进入南开中学那年，他不过是十二三岁的孩子。

记得笔者第一天认识他是在南中的食堂里，南开中学学生的伙食，是按月缴费，笔者是新考入该校的初中二年级新生，因为没有同伴在一起缴饭费，便被学校庶务课编排在几个初中三年级同学一起同桌用饭。第一次的用饭和几个生人在一起，心里总觉着有些不便，但那几位同桌饭友，彼此都是熟人，一切的举动和谈话，不独让我这新人羡慕，就是隔桌的同学，也要对他们来注意。

因为他们几个人里，最漂亮的是万家宝，最健谈的也是万家宝，那时的他也不过是一个十五岁的孩子，他所谈的都是些社交场中的话，什么昨天晚上在某一个跳舞会的光景，什么某女士跳舞的姿势怎样，范伦铁额、哥伦慕尔的影片几时在平安上演，或是某一个宴会上的主人态度如何，骤然听去，好似一个社交场中的老手，仔细一看，不过是一个十几岁的男孩在那里说得天花乱坠罢！

饭是一天两顿的吃，我们的认识渐渐的加深了，彼时偶尔也说几句话，更进一步说几句笑话，他们都是高年级的同学，多少对他们有些顾及，不敢造次，而我这低年级学生，也放不到他们几个人的眼里。

时间很快的过去，转眼一个月的同桌关系，便断绝了，因为第二个月我便找到了同班的，一起来缴饭费，从此便听不到那些世故较深的句子，一个活泼青年的影子也不常见到了！

两年以后笔者升入高级一年的甲一组，“甲”是代表文科的意思，一组是一年级文科的一部分，这组学生份子太复杂了，有的是上一年级留下来的留级学生，有的是虽然由初三升级，但仍有一门或两门功课在初三重习，或是等候年假期间补考，这些份子凑到一起的原因，不外他们过去贪玩，对功课太松懈罢了，但是有一部是天分高的份子，因为聪明，反被聪明所误而已。

这一组里的份子除了笔者本人外，还有前几年享名的小提琴家陆以循的哥哥陆以洪，艺专演剧名手三赖之一的林赖卿，那时他已经改名为林受祜，名法学家江庸的四公子江樵（已故去多年），南中的篮球校队乙队份子杨琏玉、杨长骥、王新华，都是些大名鼎鼎的玩将，再有便是现在中国的写剧家万家宝了，他本来比笔者高一年级，不幸因为功课的关系，也许是家庭发生了事故耽误了学业，才留在高级一年，笔者很幸运，便和这位未来的戏剧作家，开始同班听讲的生活。

这一学期的曹禺，便不是从前的模样了！一切在消沉着，态度稳重，不苟言，不苟笑，西装不见穿，皮鞋也被他遗弃，常常穿着一件旧神袍，外套一件短小、颜色已退的蓝布大褂，正好像清朝的官服袍套一般。头上常戴瓜皮小帽，再往下看，脚下穿的是雨道皮脸的素布鞋，既透着风雅，又露着松懈，形容虽是这样，但他已经开始图书馆里的作业，课堂上的功课毫没有一点疏忽的情事。

那年国文班的教员是张弓先生，张先生现任北京中国大学的国学教授，是中国修辞学的发明家。张先生对他的功课并不怎样得意。但对他最赏识的，要算国学常识教员钟伯良了，钟先生是四川人，国学家梁漱溟的高足，钟先生对全班学生的笔记，大多数都不满意，惟有万家宝整理后的笔记，特别在班上宣扬，同时教全班同学来传观，上面的批语，因为是十几年前的事，原文忘记了，但意思我还记得，表示万生的笔记整理得法，颇有心得，同时还有些期待的话。曹禺的功课，成为平地一声雷，震动了全班同学耳目，从此每一个人都不敢对他当留级的学生看待，过去那些荒唐不羁的影子，不觉都忘掉了许多！

记得那年万家宝的父亲故去了，本班同学因为对他的感情好，便每人都接到他家的讣闻。看讣闻，知道他父亲的官衔是陆军中将，哀子栏下有两个人，一个是他的哥哥，一个便是曹禺，开吊的那天，笔者同全体同学到他家里去，曹禺的家住在天津特别二区，是一所入时的洋房，灵堂布置的非常肃穆。笔者同几个同学公送了一幅祭幛，为了寻觅自己送的礼物，便顺便浏览了一次全部祭幛，大名衔的人士很多，最引人注目的便是黎元洪大总统的礼物，上款提的是某某乡兄千古字样，由此可以知道万氏家庭的过去情况。在拜灵的时节，是看不到孝子的，只在灵幕里听到隐隐的呜咽声音，更能使灵堂的空气变得十二分凄凉。和尚念经的时节，一个孝子捧着灵位出来，注目去看，不是万家宝，是一个面白似玉的文弱青年，看年龄约在二十左右，这才知道是万的长兄无疑，据几个知道万家宝身世的同学说，万的哥哥大老宝，和他弟弟的性格完全不同，一个是活泼泼的，一个是死板板的。

家庭变后的曹禺，似乎比从前活泼些，每天除掉念书用功之外，课余之暇，有时唱两段旧剧，唱来的确有味，尤其喷出来的字儿，耐人寻味。当时为他操琴的人，胡琴是周连增，周以后便是华北掷铁饼纪录保持者，手大胳肘粗，但是拉了一手的好胡琴，月琴和三弦琴手，便是笔者和一位网将张箕曾。哼几段旧剧不算出奇，他又显露他的身手，每天下班后，开开留声机，放些西洋音乐片，便跳起交际舞来，南开中学男女同学不合校，当然寻不到女性的舞伴，但仍然能够对对成双的跳，这个女性舞伴的替身便是大名鼎鼎的曹禺。曹禺那年不过是十六七岁的青年，身量并不高，生来一个柔软的细腰，来代替女性的舞伴，煞是称职。当年作男性舞伴的有两三个人，身体都大，舞技都好，一个是曹禺的琴师周连增，身高六尺以上的彪形大汉，一个是俞珊小姐的兄长，名字叫俞启孝，善溜水好跳舞，又是一个演说家，第三个便是赵四小姐的令弟赵国基，这几个人都是曹禺的好舞伴。每到午饭以后，便告诉校役替他们留神着斋务课员的查斋，寻风的布置停当以后，南中四斋的舞场便开始营业了！他们舞场的规矩，凡是初次入舞场学舞的同学，必须屈尊些要先扮女人，被先进的舞友用作女伴，虽然情愿加入装舞女的很多，但他们的生意远不如曹禺，因为曹禺的舞姿，就是女人也要逊色呢！

南开中学的话剧在清末的时候就很享名了，《一元钱》《一念差》都是南开的剧本，不过以后落伍了。张伯苓校长的弟弟，张彭春，对于西洋新剧很有研究，他离开清华以后，便回到母校南开来做中学部主任，南开的这剧团便长足的进步了！

P,C,张所导演的剧，差不多都是易卜生的名作，如《娜拉》《国民公敌》等剧，都是一出一出的上演，当时因为男女不能同台合演，所以剧中的女角全由男人来扮演，曹禺便是张彭春最赏识的假女角。曹禺扮女人优点胜于缺点，优点是，身量小，腰细，脚小，面貌轮廓好，声音娇，缺点只是皮肤稍嫌黑些，但是经过油彩化装以后，也不怎样难看。曹禺扮女人，是很下功夫的，每天要穿一穿高跟鞋，练习女人的走路，甚至照着镜子来走，看一看自己的姿态，和腰部的动作，两腿出去是不是一条直线，他的努力结果作到了毕肖，每次上台，不知颠倒了多少男女同学。

张彭春领导的南开剧团，享名了十几年，曹禺对于戏剧的修养也逐渐的加深了，曹禺中学毕业那年是在民国十七年（西历一九二八年），他并未升入南开大学，考进了清华大学，入的是经济系（或许是外国语文系）。念书虽和南开绝缘，但是演剧的时候仍然返还母校担任角色，这时的南开新剧团已经打破了男女的界限，男女同学可以在师长监视下在一起演剧。

在民国二十年或二十一年的冬天，记得一度我因事到清华园去，特地的来拜访离别多年的老同学曹禺。那天曹恰巧有空堂，所以把他的老友让到宿舍里。曹禺当时是三年级的学生，住的房子仍然是旧斋舍，一人一间的小屋，两间共用一个壁炉，白天的炉火不太旺，但是屋里感觉着不十分冷。谈了些阔别数载的话，问了些旧同学们的去处，曹禺在谈话的时候仍然是在看着书，房里陈设的很简单，看出来是一个很能用功的大学生，不多时我便离开了清华，从此彼此又恢复从前各不通气的关系，几年没有听到他的消息。

南开学校三十周年纪念日，南开新剧团邀了不少的校友返校扮演《财狂》的角色，这时的曹禺便变了作风，扮起《财狂》中的"守财奴"，一个七十左右的老头儿，声音、形容居然是一个老头，不再看到装女人时代的丽影了。

以后几年常在报上见到曹禺的名著《雷雨》就要出版的消息，《雷雨》将要公演了和《雷雨》演出后各方的好评，转眼第二部的《日出》，第三部的《原野》，也一一付梓问世，听说到最近已经写出八部剧本。据笔者计算，他今年最大不过三十三岁，但他已经成名了！他的老朋友，只是依然故我的活着。

这篇文完全凭着个人的回忆写的，没有第二人来印证，实是冒险，好在动机是为作一个“黄金时代”的梦，讲一讲老友的笑话，也许有一部分是绝对靠得住的，也许有一部分是夸张式的描写，只求中国文艺的读者们对这篇文当好玩的故事看，笔者当作一个“黄金时代”的回忆，而老友曹禺见到的时候，也盼他付之一笑吧！

原载《中国文艺》(北京)1942 年第 5 卷第 5 期

未付邮

——致曹禺书

成　己

家宝：

这讨厌人的秋雨又下了一整天了。

雨点打在玻璃窗上，点拖成了线，流，流下去积成小小的一个水滩，无聊赖地伏在窗沿上向外面望出去，一颗心都给纷乱的雨丝给缠住了。偶然地在水滩里照见了自己十分憔悴的脸，记起那些日子在旧书堆里翻出你的一张小照，照片上的颜色，像记忆一般的，也已慢慢的都要褪掉了。这还是你在天津演《财狂》时寄给我的一张剧照，说起来倒十年以外的事了。那时候，我们都还年青，有的是梦想，也有的是热情，为了朋友的一句话，可以跑出几千几百里地去办一件现在想起来几乎是可笑的小事，为了一个戏的演出可以连着三四星期整天整夜地不睡觉！

你该还记得我们在清华第一次演出的《娜拉》罢？事先虽然足足地排了一个月，可是演员里面除了吴京和你以外全是从未上过台的新手，在开幕的前几分钟里，我的心跳动的几乎要从口里掉出来了，手在颤，脚底下也发软，自己向自己重复地念你告诉我的那句话："不要怕！只要记住了台词的第一句和最末一句就不会错的了。"可是，有什么用呢，出台的时候还不是怀着比赴死刑还难过的心情走上去的！到了台上，你像小鸟般扑到我怀里来的时候才看清你涂满了油彩的脸上黏满着从头套上落下来的假发，不禁地又笑了出来。我记得这样清楚，因为那是我第一次也是我最后一次做演员的经验，更因为你演了那次戏之后永远再也没有扮过"女角"了。

外面的雨愈下愈大了，沉沉的天色像铅一般地压在心上，连气都透不过来你大约还记得？

那该是个夏天罢，我有事情从北平赶到天津来，你和我谈起说为写下一个戏——《日出》——搜集材料，所以当地各等的妓女班子都想去看看，不知道是不是因了我的怂恿，才去找了黑三型的李×爷一同到一家著名的二等窑子里去"开开眼"。进门之后，先等李×爷躺在烟铺上抽足了福寿膏，房间里才开始有了生气，躲在一边的我，看他们不住的"打情骂俏"，只不过觉得姑娘们的言语和举动有些粗野直爽过分。不知怎样一来，有人提议说天气太热了，一定要我们将上下衣服统统脱掉。在她们的手臂都粗过我们大腿的情势下，抗议自然是无效的！在几分钟之内就被她们解决了，总算是给我们留下了贴身的背心和短裤，那种窘极的情形，每次想起来都还是要失笑的！

短短几年的离别，我们四周一切的一切都起了大的变动，怎能不让人有国破山河在，人事全非的感觉？就是当时常往来的朋友里面，有的离散了，有的悄然的舍弃了这尘世。就是连靳以，整天咒骂着女人，也曾指天誓日地说决不再娶妻，听说也终于美满的结了婚，假使我得的消息正确的话，你也已经是两个孩子的父亲了。时间飞快的奔过，我们却都一步步走入中年的暗影里去，当这暗影袭来时，年青人的幻梦一个个地被冲破了，以前的一切希望、理想，似乎也随着年纪逐渐的会消灭下去。

你是说要知道一些话剧界的动态的，可是我能向你说点什么呢？我只能告诉你，一切太混乱了，这种一日数变的情形，即使所谓“圈内人”者，也都觉着眼花缭乱，从这漆黑一团里面抽出一个头绪来，似乎也不是几句话可以说得尽的。

真正关心话剧的人都会感觉到目前靠戏吃饭的人都比干戏多了许多，也感到真正的话剧人才的贫乏，好的剧本的缺少，出钱办剧团的老板们拿演员当作他自己的囤货，囤货自然是为了赚几个钱，于是戏没有演出一个，只见演员们在市场上像货物一样被抛来抛去，于是几个比较有天才有前途的演员为供求的关系就出了黑市！只要有钱，剧本荒更不成问题，几位大编剧家书架上有的是陈年宿货，随时都可以拿出来应市，再不然花上三天两夜的功夫也可以赶出一个新剧本来，好在有的是英文原本，管他妈的，将剧中人的原名换成张三李四，再一整理就成至尊伟构了。没有导演有什么关系，随便找一个人来排上三四天就可以隆重上演的，又好在导演名字可以用集体，挨起骂来大家挨骂——也可以说没有一个人挨骂——最可怜的还不是那些花钱来看戏的“忠实观众”，非等幕正式拉开以后才发现剧本是东抄西借，导演是莫知所为，装置是七拼八凑，演员在台上吃螺丝开玩笑，灯光效果又是忽明忽暗，若有若无，想想用掉的几十元票钱，又不能不硬着头皮看下去，真可以说是啼笑皆非。这样下去，戏院生意自然不会好的，于是出钱的老板发急，于是靠着老板吃戏剧饭的人自然不得不掮出看家之宝的艺术至上的大纛旗来摇一摇，表示他们之“曲高和寡”，表示他们之不在生意眼！老板者只好自认晦气！至于剩下几个真是干戏的人，除了成功之后接受人家放过来的冷箭和嫉视以外，也只有默默地叹口气罢了！原是不想说的，说了出来倒又像是在替人家发牢骚，“天下乌鸦一般黑”，黑乌鸦也许你已经看得多了，我在这里唠叨是多余的了。

外面这讨厌人的秋雨还是下个不停，这封信不知道又要到什么时候才能寄出了。

替我向颖如问好。

原载《万象》1943年10月1日第3卷第4期

忆曹禺

郭　朋

在中国许多剧作家中，我最爱好曹禺的作品，过去我这么感觉，在最近之将来，我想这样的见地也不会变更的。

像曹禺之作品一样，他本人永远给予人以新鲜之印象，他是个瘦小的、架着一副墨边眼睛、不十分健康的人，年纪虽说也三十开外了，但仍具有青年人所特具的热诚。他的脸上永远挂着笑，一种青春成熟的笑，与曹禺在一起是不会感到寂寞的。

他穿着一袭藏青色染有油渍的旧大褂，布满微髭的嘴角上，永远衔着一根濡湿的烟卷，平常总是头埋着，想在沉思着什么。走起路来急匆匆地，一天到晚像什么要事在等着他，但即使在最纷忙的工作里，也总是满脸堆满笑容。他绝不肯因自己的私情而妨碍别人，他自己高兴，他也要使在他周遭的人们都变得高兴，在他的谈吐中，是不会寻出"忧郁"一类的字眼的。

"人生就是做戏，为什么不打起精神兴高采烈地过下去呢？"

这是他的话——一个十足乐天派的人，成天为流行忧郁病缠绕的年青人，听到他这样的话，也会被鼓舞起来吧！

但如果根据他这种气质而来推测他是个浑噩而不懂事的孩子，那将犯着一种严重的错误。曹禺丰富的人生经验，比之那些在宦海沉浮数十年的老者，亦无愧色。我们也可以说，假使曹禺不是具备这样丰富的人生经验，那末他决不会写出像三部曲之类的不朽剧本，即使有，也决不会有今日的收获。

他虽然在外表上显出一种漠不关心的态度，但对世间之一切，他是用着全副精力去观察的。对于那些愚蠢的，丑恶的，阴暗的……他都像欣赏一幅艺术杰作似的观察着，凭着他超绝之聪颖，他从周围的世俗事物中去发掘他精神之宝藏，当他静静地低着头凝思的时候，我们可以想象得出，一个伟大的故事是产生了，曹禺之剧中人常是在这样状态下产生的。

正因为他这种人生鉴赏者态度发展之结果，所以在他笔底下刻划出来的人物，都是活生生地，决不带有丝毫牵强。在中国，剧作家也不可谓少，但他们由于实际体验之不够，所以创造的人物个性也常是幻想的、虚构的，这样的作品，某一时期也许会受到某一部分观众的欢迎，但多半的结果总是失败的。曹禺之所以显得出类拔萃，这是一个主要的因素。我们也更可以说，曹禺的成功是客观的人生经验与丰富的灵感渗合的结果，假如我们从他的代表作来细细研究的话，我们都可证明这样的评语是正确的。《日出》中陈白露一型的都市女人，以及如《原野》中带有原始怨恨之仇虎等等人物，写来真是再亲切也没有，在我们现在的世界上，像这样的人物是随地可见的。也许在我们最亲近的友朋间，就可发现类似的嘴脸，自然经过作者略加渲染以后，其个性便成为典型的了。看曹禺的戏，不啻读一部最感人的史剧，使观众的情绪完全融合于剧中人之喜怒哀乐中，随时有一种亲切之感。

远在曹禺做学生时，我就看过他演的戏，那时他正在南开读书，饰的是洪深《五奎桥》中的一个老头子，演来真惟妙惟肖，使人拍手叫绝。但是当时一般人也只不过知道有一个叫万家宝的会演新戏而已，谁也没想到几年以后，他会成为中国剧坛上的一颗灿烂的星座。正像任何艺术家一样，曹禺的成功也全不是幸致的，我们在前面已经提起过，他具有犀利的观察力，一件平凡的事都能给他以深刻难忘的印象，日子久了，许多不同的经验堆集起来，就成为他用之不竭的艺术的泉源。他年青时的日子并不很痛快，贫穷及一切不幸的遭遇时常会袭击他，但对于各种阴暗势力从不畏缩，他就是这样一个能闯能打的家伙，他曾说，世界上绝不会有什么大不了的灾难能使人一辈子沉沦下去，人生下来也绝不是永远为着受苦的，靠着他对生命坚强的信心，他终于克服一切的阻碍，他的话是对的："我们都年青，我们永不会在黑暗势力前低头。"

他的学生时代是这样打发过去的，他所攻读的虽不是戏剧一科，在中国大学里，直到现在，这样专门的学系还不曾有过。他因为一心要成为一个剧作家，所以只要有空暇，总是躲在图书馆里，翻阅这一门的书籍。对于理论方面的研究也从不忽略，西洋剧作家中他最爱好的是英国高滋华斯的作品。他先在南开，继而转学清华，在那儿由于环境优良，给予他不少工作上的便利。前辈诗人闻一多是他最爱护的师长，毕业后曾一度考官费留美，但不幸落选。要在平常人，也许早就心灰意懒，但曹禺丝毫未曾介意，他虽没能有机会出洋，但他比那些镀过金的博士们，也许有更多的成就。

在他的私生活中，对一切事情是不肯苟且的。这种精神自然也渗合在他的艺术中，为要描写一个人物的强烈个性，他会四下访寻，以求真实。《日出》中的小东西，就是他亲身去妓院体验后动笔的。曹禺还有一个特点，在他的剧本中，对白最流畅，但并非是用华丽的词藻堆砌而成的，他描写一个工人或者一个小市民，或者一个流氓，每一人物都能恰合个性，讲的话句也能符合身份。这一点，也许并不太难。但事实上却要费多时的磨炼，方克成功。除此之外，他的每一部戏都还带有一种浓重的情调，或者充满地方气息，像《原野》阎王鬼怪那段唱词是北方民间最流行的。

有许多批评家，认为《日出》及《原野》之第三幕都是多余的，对于这问题，他的答复是他创作这场面是经过多时考虑而成的。别人所认为不重要的枝节，而对他乃是呕尽心血的结晶。他说如其将《日出》第三幕删掉，当然全剧的故事进展也许不致受任何影响，但就不免缺少一种气息，没有小东西之出现，也许黑三陈白露人物之轮廓，就不会有这样鲜明。对于《原野》第三幕，他更特别珍惜，他也承认这幕幻想场面有某一部分是受了欧西前进剧作家作风的影响，但他完全重新加进一种新的灵魂，使它带有浓厚的中国情调，没有这便会像被阉割过后的动物，将永远缺少生气。

民国廿八年夏间，昆明“国防剧社”为举行盛大公演，特地派员专程请曹禺来滇，那时笔者因在剧专中也担任着相当职务，因此与曹禺见面之时颇多。当时拟定的戏目计有《原野》及《全民总动员》两剧，前者由凤子、孙毓棠及联大优秀演员演出，阵容之强可谓开西南剧界记录，演员既都是知名之士，而且与曹禺私人方面都有浓重情谊，对剧本也更能了解，这次的演出不用说是绝对成功的。

在《全民总动员》一戏中，曹禺本人也饰一个疯子的角色，比起他学生时代的演技是更进步得多了。这出戏是重庆剧作家庆祝戏剧节的集体创作，曹禺、宋之的都是执笔者，这出戏连演至两三星期之久，其热烈情形是少见的。

曹禺不但是卓越的剧作家和优秀的演员，他同时又是全国最佳之导演。我从没看见过一个导演有曹禺那样谨慎，对于演员的每一小动作，他都曾详细考虑过，绝不容有丝毫变更。因此演员们都累得喘不过气来，就是对凤子孙毓棠等他也毫不讲情，既要演戏，就得认真从事，马马虎虎是要不得的。要不能遵守这起码规则，那末干脆可以不做，一个不成熟的戏拿来搬出去，那是比要他性命还会使他痛心的。

他担任的虽然是导演，但对布景服装等等也都贡献意见，经他指点后，工作起来确是省事得多。《原野》第一幕的后台效果，五十多种秋虫鸣声都是由他亲自教授的。又如铁道模型的仿制和布景画面，也很多是由他亲自动手的。他卷起衣袖，嘴角衔着烟，常是独个儿工作到深夜，但他从来没有抱怨过一句，他愉快地干着一切，他说一出精彩戏的上演，是他生活中最感兴奋的事。

对于不负责任的工作人员，他从不恶言相责，导演中有这样好脾气的也真可谓凤毛麟角，他总设法劝你改进，要是你实在不听，他就闭口不响。每次排戏完毕，他照例要为演员们讲点有趣的故事，大家痛痛快快乐一阵，谁也不会感到寂寞的。

昆明大公演后，他就回到江津，重新担任戏剧学校教职。这两年间新完成的作品如《正在想》《蜕变》《北京人》等已相继在上海公演过，在这几种戏中，作者的艺术造诣是更进步了。他写的剧本自不仅这些，只是限于环境，不易寄沪罢了。我还记得他离昆明前，曾说过要写一历史剧，现在想来也该早已脱稿了。

原载《杂志》1943 年第 10 卷第 4 期

访曹禺及其他

王　筠　辑录

曹禺在西安

谁都不能否认，曹禺剧作中的对白，向来是最能上口、最有力而不以词藻来炫耀的。但从改编《家》后，曹先生又跨入了一个新的境域，那便是想在剧本中放进音乐的成分去，《家》的第一幕中的诗韵独白就是一个新的尝试。在《李白与杜甫》和《三人行》二剧中，将更有新的发展，或者说不定从今以后，有诗剧的形式出现。

关于这一方面的意见，曹先生最近在西安时，曾向访问者谈起过，正在这上海话剧配音谈得很热闹的今天，将这一段文字介绍出来，也许不无意思吧，下面就是摘录发表在《西安日报》上的访问记的一段：

"上略……我们的谈话很自然的转到他的作品。他说正在写《三人行》，主角是宋高宗、秦桧与岳飞。这是他第一次试验写历史剧。他想在剧中尝试利用无韵诗体。这一尝试在《李白与杜甫》一剧中，他更想大规模的发挥。他要从中国语言中寻求出音乐性，加以精妙的运用，希望不借任何音乐（指乐器）而在舞台上收到音乐效果。'话剧决不能倚赖音乐，倚赖不是办法，必须从自己本身找办法，如一味倚赖，就丧失独立性了。'重庆演出《家》时所有的朗诵场面，毫未借助音乐却也收到极美丽的音乐效果，这证明素朴的白话里就蕴含有极强烈的音乐成分。"

谈到音乐，记者不禁联想到一个常萦回脑际的问题："廿世纪的文学主潮是什么？"从一些大师们的迹象上分析，文学里的音乐倾向及生命主义之强调，显然日益明确，曹先生的意见是："任何时代的文学，其最高的境界都是近于音乐的境界。"曹先生自己似乎一天天的也在往这一倾向发展。

《北京人》里面如果北京人本人不出场，是不是收效会更大点。记者提出这一问题，不禁联想到音乐境界的暗示作用。

"是的，我新近修改这一剧本时，已将北京人出场的几节删掉了。他不出场确比出场好。不过，就最近在重庆上演的情形说，北京人不出场，似乎还没有收到预期的效果。我们还得慢慢研究。"

"曹先生将来是否是打算写诗剧？"

"我极想尝试。这种尝试在每一个剧作者或许是免不了的。不过，诗剧很不容易写，必须有最丰富的人生体验，以及最伟大的想象力。我现在年纪还青，我要等年纪大一点才敢尝试。”曹先生的口气极谦虚，他又说，写诗或诗剧，对于作家常是免不了的道路。严格说来，每一个作家都有写诗的可能。哈代以小说知名于世，晚年却改行写诗，并且留下了伟大诗剧《统治者》。在所有文学工具中，诗的隐蔽性最强，文艺者不得已时，非利用它不可。……（下略）

原载《杂志》1943 第 12 卷第 2 期

曹禺印象记

李　蕤

和曹禺先生初见，是三十一年夏天，那时我们都住在西安的西京招待所。

从曹禺先生的几部作品中，如《原野》《北京人》，都可以看到他是颇崇拜“充沛的生命之野力”的，但从他的举止言谈中，却丝毫寻找不到他这一种气质，他的声音低沉而响亮，态度温文而恳切，举止高旷而谦和。口音是北京话，但却没有令人讨厌的一般说北平话的“官味”！

他很谦和地说过去对他的几部作品的批评，留给他有很深刻的印象。随后询问北方的情形，他说此次到长安来，是希望看看长安的风姿，寻些杜甫和李白的遗迹，因为他正在写一部《李白和杜甫》。他对于长安的印象很好，认为气派雄浑阔大，和北平一样可以给人许多回忆和启示。

当叩问他最近有无新的写作计划时，他说：“我准备写一部《三人行》，以宋高宗、岳飞、秦桧为主角，体裁完全是诗歌体，但是还是一种大胆的尝试。”

那时，正是《北京人》刚刚在洛阳上演之后，河南的朋友们对于《北京人》的批评颇不一致。在重庆也有胡风安娥和许多作者对《北京人》的不同看法，我便询问他对这些批评的意见，他的回答只是含蓄的微笑。《北京人》的扉页上有“海内存知己，天涯若比邻”二句，胡风认为这是纪念一个人的，同时便根据这一假定伸引到全部剧中。我表示这两句诗仿佛是作为代序写给全国许多相识或不相识的朋友的，问他对胡风的看法如何，他笑着说：“胡风的看法，自然也相当聪明的。”

那时正是河南大灾之后，他非常希望到河南来实际看看，为受难的三百万人写一部东西，但终因种种关系未能如愿东来。从大灾里人吃人的事，谈到文学里的“人性”问题，我便提出冰心的“母爱”来，并以拙作《从母爱谈起》提出讨论，说明所谓“悠久不变的人性”在残酷的现实中“变”到什么情形，证明离开现实写人性并非“不朽”。他很感慨地说：“她们这般人，住在歌乐山上，怎能感受到血淋淋的现实社会呢？”

在西安的几天中，达官贵人，绅士淑女，都以认识曹禺为荣，有的请他讲演，有的请他到临潼洗澡，真把他看成了“万家宝”。但这些只能增添一个艺术家的内心的寂寞。最使他兴奋的，是西安儿童保育院那些孩子们对他的欢迎会，在那次欢迎会中，他表示只有他们才是未来希望的寄托者，他向他们祝福，并且说要向他们学习。

他离开西安的时候，有许多人给他送行。儿童保育院的孩子们，也去给他献花，他对那些坐汽车赶去的贵胄几乎没有什么招呼，只有对那些孩子们却再三再四地抚慰，直到上车时还依依不舍。

原载《月刊》1946年第2卷第3期

记曹禺

赵景深

曹禺这名字出现在新文坛很迟。新文艺运动开始于民国六年，这年一月，胡适的《文学改良刍议》发表在《新青年》杂志上；这一篇论文可说是中国新文艺运动第一次正式的宣言书。直到民国二十年左右，《文学季刊》一卷三号上刊登了曹禺第一个剧本《雷雨》，他才为人所知。但他出现得虽迟，却极为出色，顿时震惊了整个的中国文坛，使得一般剧作家老辈为之黯然无光。最初是他自己在天津上演，大约是自编自导自演。上海最早上演他的《雷雨》是民国二十四年秋天。后来芜湖、日本东京等处都上演这戏。我在《中国文学史纲要》（中华版）末节说："曹禺的《雷雨》尤博得好评；上海、天津、芜湖、东京等地的剧团都纷纷上演，并且已经有影山三郎和郑振铎的日译本了。"

关于凤子等演《雷雨》《日出》的情形，我在《十年来的复旦剧社》上说："秋天又在宁波同乡会演《雷雨》。我请作者曹禺题字，曹禺因为自己的字写得不好，便请复旦的老同学靳以（章方叙）来冒名顶替，我被曹禺瞒过，回信给他说：'你和靳以真是好朋友，连字也像他！'凤子演此剧时，曾被感动得在剧台真的哭了起来，假戏真做；浑忘了自我，无怪能获得成功了。

"民二十六复旦同学们组织戏剧工作社，演的曹禺第二部剧作《日出》，仍是凤子的主角。这时凤子已经毕业。"

在《雷雨》上演时，我曾写过一篇批评："这是一部难得的戏剧。单就气氛的阴郁、定命论的表现以及遗传的证明都足以被认为自然主义的杰作。自然主义，这十九世纪中叶以后文艺运动的名称，在十几年前，早有人谈说；现在以这名称加在《雷雨》上，也许显得不时髦。但事实上我是这样的想，就这样率直地写了出来。"

"这不是罗曼蒂克的戏剧，作者的热情并没有在作品里显示出来。无论周蘩漪和鲁侍萍是怎样的痛苦，她们的说白是怎样的动人，但作者只是躲在幕后客观的冷静的搬弄着，并不含有一点教育或是组织的意思。"

"这戏剧在形式上是三一律的回复，正如易卜生回复到希腊古剧去一样。四幕戏都是在一天以内发生的；并且只有四幕，不像初期的戏剧，胡乱写上八幕。在内容上是命运的不可抵抗，遗传的罪恶，以及社会和家庭黑暗面的描写。本剧的女主角凤子曾写过一篇《读〈雷雨〉》的短文，拿它来与希腊悲剧《阿迭帕斯王》对比，我觉得这比拟是聪明而且恰当的。"

“在结构上也很巧妙。他想写一个丫头的触电而死，却先写花园里花架上的电线失修。可是他怕露出破绽，又故意再著力写仆人屋外的大水。这样布起疑阵来，使得看戏的人猜不准，究竟这丫头的结局，是要触电而死，还是投水而死。结果投水不曾有照应，触电却有了下文。要让凡手来写，大水一节一定是不会添上的。”

剧中的周冲曾说了一大段话，含着未来的新生的希望，带有象征的意味，使我想起柴霍甫的《桃园》。

倒数第二幕一位老仆说了几句话，像是基督教里的牧师，这样传道者的出场，在西洋剧本中是常可看到的；徐志摩的《卞昆岗》不也有一个弹三弦的瞎子么？

“我所看过的现代中国的戏剧不多，但像《雷雨》这样气魄大的戏却还是第一次看见，处处都显示出作者所受的戏剧修养很深。把那写小说《茵梦湖》似的方法用在戏剧上，序幕和尾声的时间在中四幕的十年以后，这方法也是第一次在现代中国剧里见到。虽然自然主义已是过去了的思潮，但正式的自然主义的中国话剧，或者要算是从《雷雨》开始的吧？——不，正确的说，像这样严肃而且不苟、顾虑周至的自然主义戏剧恐怕在中国是不多见的吧？”

后来曹禺又写出了《原野》《北京人》《正在想》《蜕变》等剧。英文《天下》月刊三卷三号到五号并有姚克的《雷雨》译文。曹禺的戏除《原野》外，我都看过。记得五六年前有一个时候全上海的三四家话剧院同时都演曹禺的戏，好像是辣斐花园演《正在想》，璇宫剧院演《日出》，上海大戏院演《原野》。

虽然我在十多年前就写信给曹禺，却不曾见过面，直到今年（民卅五）他与老舍受美国国务院的聘请，到美国去讲学，路过上海，方才见了几次面。中华全国文艺协会上海分会欢送他和老舍的盛况，我已经写过一篇文章在《文艺复兴》第三期上发表。那一天餐后吴祖光说了一个曹禺的轶事。《前线日报》雷斯的记载说：“有一年的冬天，那时曹禺在江安，天气冷极，到剧专上课时碰见，左右肩在发抖。曹禺的脸色很不好看。他说：‘我大概又发胃病了。’等到上完了课，他突然觉得好了。大家在办公室里闲谈，正当谈得最高兴的时候，曹禺突然啊哟一声，跳了起来，他的右肩又抖了。他说：‘我的右肩上有一只耗子，一定是的。’大家都弄得莫名其妙，他却异常肯定的说，于是他把衣服脱了下来，望地上一甩，人就急急地逃到外面去了。大家把他的袍子一看，结果真的有一只连头带尾一尺多长的耗子，原因大概是那天气候特别冷，而丝棉袍子夹里破了，耗子钻进去取暖之故。佐临说，曹禺常常有抖肩胛的习惯，或许就是这个关系。”

后来在文艺欣赏会、上海戏剧电影协会的欢送会、文艺复兴社的宴会上又看见过曹禺几次。曹禺在前两个会都有演说，都曾提到话剧里应该有话，都曾引到南宋的滑稽戏。他所说的，与王国维《宋元戏曲史》引明田汝成《西湖游览志余》卷二十二相同：“绍兴间内宴。有优人作善天文者，云世间贵官人必应星象，我悉能窥之。法当用浑仪设玉衡，若对其人窥之，则见星而不见其人。玉衡不能卒办，用铜钱一文亦可。乃令窥光尧云：‘帝星也。’秦师垣，曰：‘相星也。’韩蕲王，曰：‘将星也。’张循王，曰：‘不见其星。’众皆骇，复令窥之，曰：‘中不见星，只见张郡王在钱眼内坐。’殿上大笑，俊最多资，故讥之。”曹禺再加上说明，说张俊的钱很多，一坛坛都藏在后园里；他称钱为“没奈何”，因为他不知道怎样用。

曹禺很沉静不大说话，说起话来声音很小而且文雅，并且态度谦和。他是我们天津南开的同学，如穆木天、董秋斯、靳以、陈西禾、张采真等都是南开出身的。

对于他的戏剧，我最喜欢《蜕变》。我在看过《日出》《正在想》《蜕变》以后，都写过剧评，大半刊在申报《游艺界》上，未留刊稿，年远日久，也不去查考了。

原载《宇宙》1946 年第 5 期

曹禺二三事

李　苓

曹禺是湖北人，但说得一口流利的北平话，音调是那么清脆，好像有许多小铃子，在喉管里弹响似的；难怪他在求学时代，就是个杰出的演员。他个子很小，在任教国立剧专时，是与郑沙梅等同列于矮子剧团，并且他还是矮子剧团的团长。他那一张清瘦的面貌，再加上那副克罗克眼镜，十足显示了他的学者风度。

曹禺得天独厚，在左耳后侧，比别人多生了一个小肉球。这个小肉球，给曹禺不知带来了多少灵感。他每当文思欠畅或是碰到什么伤脑筋而又不易解决的问题时，就立刻用右手托住了左肘，左手的大拇指和食指，捏住了那个小肉球，两眼出神地向斜上方凝视，只要轻轻地几下捏过，马上解决了，灵感也就排山倒海似的往外倾泻；所以这个小肉球，确是曹禺灵感的泉源。

他所有的时间，不是花费在写作上，就一定是花费在读书上。他对读书有特殊的癖爱，你只看他每天无时无刻不扶着一册原版西书，一空下来，便翻看了书，聚精会神地读，无论什么大的动乱，也无法影响他，有时，连走在路上，也会捧着书本边走边读，越看越起劲，越走得慢，若是看到最精彩的地方，他会索性站在大路中间停住了，往往会引了一大群人围住他，对他莫名其妙地呆望着，等到他发觉了这种情形，便赶紧合上了书，微笑着走了开去。

由于读书和创作占满了他的整个脑袋，因之，在一些日常生活的琐事上，曹禺就透着十足的迷糊劲儿。记得有一天，是在一个冬天的早晨，曹禺穿了一件灰布的棉袍，从家里匆匆忙忙的赶到学校里来上“编剧”课，很奇怪，这天他讲得特别不够劲，显出异常局促的样子。终于忍不住了，他站起来很忧郁地对大家说，他不舒服不能再继续讲下去，他难受得想吐，心头似乎有什么东西在忽上忽下地跳动。于是，他走到休息室里面坐了一下，想吐又吐不出，也不懂得毛病究竟是在什么地方。但仿佛这种不舒服，又不像在身体内部，也许是在体外。因此，他决定先把那件灰布棉袍脱下来检查。正当他刚脱下时，一只小老鼠忽然从衣服内窜了出来，曹禺吓得把衣服抛出几尺远，再仔细一想，原来那只小老鼠在昨天晚上躲了进去，今天早上还没有赶得及往外逃，就被曹禺穿在身上了。小老鼠急得在袍子里上下乱跑，虽然是远隔着几重衣服，而曹禺却以为是心里面在作祟了。

有一次，更妙了，曹禺从一个朋友家里回来，因为时间已很晚，那位朋友特地命一个仆人提了灯伴他回家。到了家里，曹禺忽然想到应该拿一点钱给那个仆人，于是便伸手在口袋里掏出来了一张票子，也不看看是多少钱，就送给了那仆人。第二天，曹禺发现身上丢了一张账单，到处乱找，急得要命。但不久，他又恍然大悟，原来昨天晚上将它误为钞票而赏给那个仆人了。诸如此类的事情很多，但这是无损于他的令誉的；反之，正由于这些趣事，更可以显出他专心于事业的伟大情形。

现在，他和老舍同应美国国务院之邀，去美国讲学，在参观好莱坞时，还被摄成了新闻片，希望这位青年剧作者，能加紧他的学习，在未来是应该有更美满的成就的。

原载《秋海棠》1946 年第 23 期

曹　禺

——中国第一流的剧作家

蒋　敦

《雷雨》《日出》《原野》《蜕变》《北京人》《家》《桥》在中国剧运中所创作的剧本里，是多么光辉的名字，而且每一部都有它深刻的主题与独特的风格。多少导演与演员都将自己溶化在曹禺先生的剧本中，学习体验而获得了成就，在中国每一个出名的演员差不多都是他的剧本中的过来人，而导演他的剧本最成功的便是他的挚友张骏祥先生。他俩都曾是中央电影摄影场的编导委员，中电的负责人罗学濂氏对这样名扬国内外的剧作者是特别优礼的，曹禺先生的本名是万家宝，他和张骏祥先生同是清华大学的高材生，在学校中他俩因着志趣的相投，就已经成了很好的朋友了。

人类灵魂的崇高与伟大，真是不可测的，名哲学家冯友兰氏外表像一位三家村的教书匠，而中国第一流的剧作家曹禺也是身材矮小，常穿着一件灰旧的棉袍，看起来像以前当店里的"朝奉"，但是透过他的玳瑁眼镜，一双充满着智慧神采的眼，常常浸沉在沉默的凝思之中，你便知道他不是一个平常的人了。

天才是九九分血汗和一分的灵感，曹禺先生对于搜集材料的认真，工作的勤毅，与创作态度的严肃，真使人感觉到一个剧作家的成功决不是偶然的。他在胜利前写《桥》的时候，因为这个剧本是以国防工业的钢铁厂为背景，在搜集材料的时候，差不多天天在重庆附近的钢铁厂中与工程师工人在一块混，他自己书桌上也摆满了炼钢的专门书籍，猛然一看，你一定会认为他是一位炼钢专家，而他炼出的精钢却是他的剧本《桥》！

从他每一个像小说一般描写详尽的剧本里，你可以由人物的介绍与置景的说明中，知道一个剧作者对他所写的人物与人物生活的环境刻划得多么精细，这完全靠他长时间的收集材料与制作极详尽的写作大纲。对于他所写的脚色在平时更随时注意他的模特儿，所以他常常在街上盯住一个人不住的观察，常常让对方对这种神秘的态度大惑不解而起误会，在写作时常常自己自言自语模仿体验角色的台词，而他的卧室就变成了假想的舞台了！所以他的剧本重视角色的性格胜于全剧的情节，他不仅是以剧本的情节来塑造剧中的角色，而是以角色的性格为源泉自然而然的形成剧情的开展，使每一句台词每一个字都能表现角色的性格，而由这些不同的性格相互间的关系，围绕着他的主题来完成他的杰作。他让自己溶入到每个角色中，而每个不同的角色又都溶化在他的思维的主题里，这样便完成了他特别成熟的编剧技巧。

他一方面由现实中发掘他的材料，但构成他创作思维主线的，还有赖于人类文化的总积淀——书籍！他是一个剧作者，他的外国文特别好，从古希腊的悲剧、古典派的浪漫派的作品到自然主义现实主义的剧本，他都博览过，所以他的剧作中多少都受着外国名剧的影响，如《雷雨》部分的是受着易卜生《群鬼》的影响，《原野》部分受奥尼尔《琼斯王》的影响，《蜕变》受电影剧本《白衣护士》的影响，《正在想》部分受理格烈 *The Red Velvet Goat* 的影响，但受影响决不是生硬的因袭，而是说明了无论哪一种文艺创作都是源远流长的，像金字塔一样，要有深厚广大的基础，才能有惊人的高度，曹禺的博览群书对各阶级层生活的观察便构成了他创作的深厚的基础，才有他今日的最高的成就！

他译过莎士比亚的名剧《罗密欧与朱丽叶》（他译作《柔蜜欧与幽丽叶》）有人开玩笑的说几疑是曹禺原著莎士比亚改编。可见他的译笔是怎样的动人，怎样的信达了。

他每一个剧本都是他心血的结晶，而且他是有名的难产作家，但是他一部作品出现，就成了中国剧运上的里程碑，我们希望他这次由美国带回更多的收获，再为吾国文艺界戏剧界写出一部辉煌的杰作，为世界文化的宝库中增一颗珍珠！

原载《世界月刊》1947 年第 1 卷

由美归国的曹禺先生

蠡　芳

他是悄悄的回来的

曹禺先生回来时，悄悄的无声无息，这是他的性格，他最不喜欢铺张，他愿意在极自然的情形下面和他的朋友和熟人们相会，所以第一次，是在观众演出公司同人的聚会里，他和大家握手，互相问好。于是大家你一句我一句的谈起了他到美国讲学的情形和这十个月来的他的生活。

他的精神很好，和去时并无什么两样，尤其当他穿上长袍，好像更使我们觉得熟悉和亲近。但是，不知怎样，我总觉得有些不同，因为我想起，当去年出国的时候，似乎大家的心境都更愉快了一点，在欢送会上，大家鼓掌的声音，欢呼的声音，是那样响亮，大家都感觉到幸福的生活是离得并不辽远了，在那种情形之下，到美国去讲学，确是带着无限的希望的，也想到要做的事是一定会得到满意的收获的。

但是，乌云把太阳遮掩了，于是在心境上，我就不免有些暗涩。实际上，如果说，他希望在美国得到一部分同情者的捐款，来建立我们的剧场，那么别人见到我们国内烽火满天，又怎肯把这一笔捐款拿出来呢？因此他在美国要说的话，就不能畅所欲言了。我想不仅如此，这是一种整个精神上的影响：他不能忘记祖国。

留在那里做什么呢？既然觉得惘然，不如早日束装东归，于是他回来了，悄悄的回来了。现在不能和去时比较，每一个人狂热的心情，都不免沉重起来，我想他不愿别人来欢迎他的东归，这一点，实在是重要的原因之一。但是，欢送他的人，虽然没有张开手臂来欢迎他，他们却比什么时候，都更需要他。寂寞的剧场，要他改变它那荒凉的景象，苦难的人民，要他来为他们控诉不平。现在，更为沉闷的日子降临了，但是我们却不能沉闷，我们要更打起精神来过日子，今天的生活，需要每一个人更坚决的去对付。

我看第一眼，我就感觉到了，他的精神很好。我想，面对现实，他的愤怒是永久压抑不住的；他不会安静的生活下去。

他是我们的戏剧使者

他到美国去，是被国务院请去讲学的，他自己的目的有二：一是希望能得到一笔捐款来为我们没有经济基础的剧场打打气，但是，如我前面所说，他到了美国，不久就打消此意；第二是要把我们近代的戏剧运动介绍给美国的人民，这一点，他是成功了的，我们所走的一段路程，很令一部分美国人惊奇。他们不了解我们已早从模仿欧美的那一套中走了出来；尤其我们的话剧，自始至终，就高高的揭示着“民主与科学”的理想，一直在希望把这一股力量服务人民，而且，已经蓬蓬勃勃在人民的生活中开花结果，创造出了无比灿烂的世界，充满着新的精神和新的力量。

他曾经在耶鲁大学、哥伦比亚大学、芝加哥大学、华盛顿大学、天主教大学、克伦多大学等，讲述过关于中国近代演剧运动的情形，凡是比较有名望的学校，他都去演讲过，并在纽约市政厅等作公开演讲，和一般美国人取得非常密切的接触。他是我们的戏剧使者，他是我们人民的使者，他要把我们的心和他们的心联系起来。

曹禺到美国去也曾经带去我们戏剧的许多材料，其中有《柔蜜欧与幽丽叶》及《夜店》两个戏的舞台面，这使他们也很惊奇，因为在他们的看法上，不但以为我们是在因袭他们走过的路，同时，在艺术水准上，也不能与他们比较。但是，看了我们这两个戏的舞台面，却都大加赞赏，在理解上，在趣味上，在想象上，在表现上，他们认为都很完美。这使我们几十年努力的一点收获，也是颇可骄傲的。

对于中国戏剧道路的问题，美国人有一部分人的意见很是有趣，他们认为中国京戏的形式，既有我们自己的特色，而且在表现方法上也颇为灵活，所以不该追随欧美之后，而用他们的表现的方法。自然，这种看法，还是因为他们不了解我们实际情形的缘故，因为我们在开始的时候，虽然从欧美的戏剧上学习了无数的东西，但是今日已经不但不是追随，而且吸收营养，变成自己的血肉。他们对我们京戏形式的看法，自然不仅是因为不明了我们实际情形的缘故，同样，对艺术形式的了解，彼此之间，也是有很大的距离的。

自然，在一部分进步人士的理解里，他们完全赞美我们演剧工作者的精神，和已经在散播下的种子，他们和我们一样相信，今日所做的，明日必有收获。

总之，这对于美国人是一种惊奇，演剧对现实发生着如此密切的关系，对生活发生那样大的力量，对抗日战争有这样大的贡献，他们是没有想到的，因为他们的演剧，和我们有着一段很大的距离。

他对美国影剧的观感

那么美国的影剧情形是怎样的呢？曹禺先生曾经跑了两万八千英里以上，几乎跑遍了东西南北每一个角落，其间，还受了加拿大的邀请，到那里去访问了一次，所以对于新大陆的演剧情形的了解，他是有一个深刻的印象的。自然，演剧的中心在百老汇，电影中心在好莱坞，所以他在那里留下来的时间也最为长久，不但看了很多戏，许多电影，并且还参观了他们的拍戏与排戏，常常逗留在摄影场与剧场里面。这在他说来，是最有兴趣的生活了，因为这样，比什么都更能了解美国影剧的情形。

他也曾经与当代著名的作家如柏吐尔德鲍尔克特、马克斯威尔安德生、《守望莱茵河》的作者爱琳海尔曼、新任“剧场艺术”的主编罗斯芒德吉尔德，及赛珍珠等相见，并且他们谈得很多，自然结成了密切的友谊，他们对中国戏剧发生着强烈的兴趣，而且极愿意帮助我们的。在演员方面，他和海伦海斯、卡塞珍考耐尔、雷蒙玛赛、蓓蒂戴维丝、考尔门、约轮迦菲尔等都相见过，他们并且为他举行了私人的酒会，兴高采烈的欢迎我们的戏剧使者。英格丽里曼，是我们大家都欢喜的演员，曹禺先生见过她，并且看了她演出的《贞德》，她的演技，使他不绝的赞赏。自然，我们不能忘了，还有一位著名的剧作家是曹禺先生所最佩服的，那就是奥尼尔，可惜因为奥尼尔刚在病中，使他不能去亲自访问；只是他看见了奥尼尔的新作《送冰的人》在百老汇的演出，使他稍为补足了这方面的缺憾。这个剧本的演出，成绩非常惊人，对美国的剧坛，也无异一阵狂风，吹起了别人沉睡的心情，因为现在百老汇最流行的是歌剧与喜剧，这些演出者的唯一的希望是获利，他们不愿自己有所损失，所以使一般剧作家，对于写一个严正的剧本的信心，也因受此影响而失去了。所以说得不好，百老汇是在沉睡之中，最好的倾向，也不过是要求艺术上的完美，翻演悲剧，譬如易卜生、王尔德、莎士比亚的戏。新戏，尤其是力作，是少见的。但是，说实在的，即是如《送冰的人》这种戏，也是和现实没有很密切的关系的。像一九二八年的经济恐慌时代那样的把演剧当作一种有力的武器来反映，来为人民说话，那种热情，现在是完全冷却了，除了极少数的人还在坚持。所以说，百老汇是在沉睡之中。

为什么在沉睡之中呢？这是与美国的社会有关的，因为在那样的社会里，艺术完全被商人扼制住了，例如好莱坞就有极多编剧者，他们有是非之心，他们有正义的立场，他们有热烈的情感，他们希望利用电影的形式来说出他们心里所要说的话，但是好莱坞的老板的生意眼是不允许他们把声音传送出来的，所以虽有心，却无力，他们只能希望，而很难实现了。因此曹禺先生的话是对的，他说：虽然美国政府允许人民自由发表意见，但是当报纸完全操纵在许多托辣斯手里的时候，究竟用什么去发表意见，这意见又有谁能够听到呢？在这种情形之下，美国的电影艺术是被窒息了，他们没有新鲜的空气呼吸。同时，在很多剧作家的思想里，受了他们生活的影响，都有一种很有趣的看法，认为首先得使自己的经济生活有了基础，然后再来讲究构思艺术的创作，所以进好莱坞和写音乐剧只是暂时的。他们和我们作家的感情是不同的，我们作家的理想，不但要时刻贬斥这种个人主义的影响，而且热烈的要求自己能以人民的痛苦为痛苦，说得过激一点，我们的作家是以痛苦为骄傲的。

总之，好莱坞与百老汇，都被金钱在统治着，压迫在剧作家身上和心上，使他们因为负累过重而跌倒而失望，自然，也有人在其中挣扎，绿芽从金钱的隙缝中，也要抬起头来的。

现在曹禺先生从美国回来了，由这一次旅行所看到的所听到的来比较我们所坚持的方向，他一定更为珍视我们演剧的成果和精神，而且他一定要为更刻苦的戏剧的前途奋斗。加倍努力，用全副精神来工作。

原载《文艺春秋》1947 第 1 卷第 3 期

曹禺的家世

陈　寿

高祖裤带自经　曾祖双目失明
祖母自幼聋哑　父亲民国将军
三代遗传错杂　方得聪慧子孙

引

方今文坛巨子，尤其在戏剧写作范畴里，总不能不推曹禺先生数一数二吧？一般只知道他是书香子弟，他的家世却很少见于杂志报章。这颗赫赫有光的文斗究竟得了什么先天的遗传和后天的修养，当为大家所关心。作者很幸运地遇见一位潜江的父老，传出下面很可珍贵的故事。

原籍南昌　落籍潜江

时在明末万历年间，一位江西南昌府九龙街石门县万庄人氏的武官，因天下扰攘，游宦到湖广安陆府潜江县，住了下去。他姓万，名邦，就是万氏支派在潜的始祖。他娶妻杨氏，一代代子孙繁衍。传到第八世兄弟二人，兄名廷瑶，生子三；弟名廷琇，生子七。廷琇公生于前清乾隆四十三年（公历一七七八年），以嘉庆二十三年（一八一八）戊寅恩贡，候选州判。子七人中六兄弟均入学，四人得功名，计为二廪生，二岁贡，一解元，一孝廉。长子时叙字惇五，号珏田，大排行居四。谱上载称“时叙；郡廪生，屡荐不售。……幼年聪慧，有神童誉。工诗、古文、辞……博读秦汉以上之书，旁及天文、地理、律历、书画。……尤著岐黄”。他生于嘉庆五年闰四月（一八〇〇），不幸早死于道光十二年（一八三二）十一月，享年三十有三。妻杨氏生子二，长际云，际韶。这早慧而未得志的儒医本不出奇，但死却出于自缢而又传出两段信不信由你的神话。

东家来问安　先生已自缢

大约珏田四爷卅三岁那年，在荆门州属石灰堰某家教馆。宾主原为至交，东家又特别尊师，每天早起，必先到书房间问安谈话，陪用早点。准以为例，向不间断。先生起床很早，从不在东家到来以后。一天，东家到时，书房门还未开，叫先生不应。东家高声说：“先生，你今天起迟，输了我了。”书童却说先生早起，上了厕所回来，关门又睡。再叫仍不答应，从窗缝望去，先生坐在床上。连忙破门抢进，先生已用裤带坐缢而死，尸身不倒。东家大惊，急向先生家报信，先生的一位弟弟六爷谨堂连夜赶往，次晚方到。先生仍坐床上，身还温软，面貌如生。用轿抬回家中，安放才僵。

吕祖降坛说

前世误用一药，今生有此果报

据此传说，珏田公何故寻死，颇成疑问。有人说他自经那天早晨，小便时发现附近河畔，有一洗衣妇女，因而有□□门秀士自尊的心理，不禁出此下策。这已属想象之词，不料三年以后（道光十五年），另一位老弟五爷榭香解元公在京大挑，更有奇怪的答案。五爷说曾在琉璃厂吕祖阁设坛扶乩。吕祖降坛指示道：“你哥哥已三世为人，俱属聪明正直。但前生行医误用一药，所以今生有此果报。现准向上帝奏请，保佑后世子孙昌大。”

这两段神话，自属杜造。其中蛛丝马迹，或系四爷行医用药有误，甚至致人于死，遭受责难，因而自经，两个贤弟乃故神其词借为隐讳。那且不管，我们所要注意的，那位怀才不遇裤带自经的珏田先生，乃是曹禺的高祖。

知县上任　双目失明

太君寿长　百龄人瑞

曹禺的曾祖际云，珏田公的长子，在大排行中也行大。榜名骏，字裔卿，号祥五。生于道光三年（一八二三）十月初八日子时。咸丰九年（一八五九）恩科中式本省乡试举人。同治元年（一八六二）会试考取觉罗官学汉教习，敕授文林郎，拣发甘肃知县。道中因同伴害眼，误被传染，以致双目失明。回家口授教书二十多年，所传生徒不少。死于光绪十三年（一八八七）丁亥二月初一日。妻魏氏，在过去万门中享寿最长，活到一百零几岁，直到民国七八年才告寿终。百龄上寿之庆，她的独孙宗石将军在津大张寿筵。北洋三任总统徐世昌题赠“蔚为人瑞”的百龄匾额，颇称一时的盛事。

祖母无言真聋哑　父亲进学号神童

以下要谈到曹禺的祖父母和父母了。百龄人瑞的长子名綮，又名启文，字紫邮。幼时，尝为失明教读的父亲笔录讲义。初娶杨氏，生一女和曹禺的父亲宗石将军。杨氏自幼聋哑，不为丈夫所喜，又娶徐氏，凶悍异常，杨氏和子女都受虐待。宗石将军名德尊，生于同治十二年（一八七三），十五岁中秀才，和他曾祖珏田同样有神童之誉。初娶燕氏，同邑人女。家道仍极穷困，无法向上。燕氏贤淑，将所有嫁妆金饰都拿出变卖，作她丈夫争取功名的费用。他和母舅杨君偕同晋省，都考取官费留东。他先后毕业于陆军振武学校和日本仕官。学成返国，为直督端方所器重。朝考陆军步兵科举人。任直督卫队标统，编练新军。民国曾任陕西镇守使，察哈尔都统，授职陆军中将，将军府将军。而那位娘舅归国，发神经病死，可谓有幸有不幸。将军的燕氏夫人生一女名珍珠，颇为他所钟爱。生男家修，却最痛恨。宣统元年（一九〇九）又在武昌娶商人薛氏长女，貌美而慧。是年举家移居天津。次年薛夫人生男家宝，就是现在鼎鼎大名的曹禺。大约曹禺十龄左右，即遭母丧。不久父亲续弦，继母竟是借居他家的小姨——母亲的妹妹。两位薛夫人的陪嫁丫头王姑娘，后来又成了家修的妻子——曹禺的长嫂。

将军风流儒雅　进士宾至如归

宗石将军风流儒雅，生得魁梧奇伟，声若洪钟。惜乎困予烟霞，中年更得腿病，不良于行。他对故乡无多好感，亲族颇少往来。相传潜人某君到津有所于求，他命仆人说此处不姓万，乃是东洋人曼德郎的公馆。清末民初间，万氏中一文一武，蜚声于时。武即将军，文乃他的四叔祖云荪进士。云荪公馆居京师，不过一闲郎曹。但宾至如归，族中子弟，无不视同亲生，多赖教养。宗石将军也受过叔祖的提携，独和叔祖后裔时通音问，敬礼有加。他死于民国十七年，享年四十五岁。这位将军虽无勋绩流传，他的哲嗣二郎却早在文坛上写下了光荣的历史。

结

遗传学告诉我们，血系复杂的结合才有优秀的种子。万氏世代书香的因素和宗石将军母族病态残疾的因素，产生父子两代都有先天的特殊禀赋，而曹禺尤有过人的聪慧。加以宗石将军重视曹禺的学业，发蒙即为聘请素所看重的外甥，国学渊博的刘其珂君常川教读。后来又入天津南开中学和北平清华大学更是教化力量颇大的学校。

听说曹禺对于现在的家庭生活感觉烦恼，他和结婚十年的夫人不再能像从前水乳交融一样的美好。真地如此吗？他的处女作也是成功作——《雷雨》，好一幕想象的人世悲剧。他快到中年了，也许不会造成真的悲剧把他自己陷下去。

民国卅六年四月廿八日于上海

【编者按】陈寿君是本报一位采访记者。他为曹禺家世找出这样的材料，令人感动。编者本人就是文中所述云荪公的嫡孙。闻先父寿梅公及家人谈及宗石大哥确只与我家往来，呼先父为桂叔。陈君此文自有相当真实，但恐难免遗漏。本人生于北平，未回潜邑，也不能有所补充。希望读者继续供给可采的事实。如能引起“吾家曹禺”的兴味，写一篇自传或幼年回忆一类的文字，那就不胜盼望之至了！

原载《人人周报》1947 年第 1 期

出世丧母的曹禺

万戒甫

本报创刊号所载陈寿君之《曹禺的家世》一文，编者唯恐遗误，曾附言希望读者供给可采的事实。兹奉家族叔戒甫先生（大排行居八，堂叔祖德如公之幼子，德如公系伯曾祖时醇公所出，时醇公系曹禺高祖珏田公的三弟，与先曾祖九华老人为同胞，即陈寿君文中所述廷琇公之子）来书，更正一点，谓曹禺生母产后即病故，并对族兄宗石晚年及曹禺幼年的遭遇有所补充，原书节录如次：

——编者——

梅子侄如见：

吾家之宝，其生母于产后即病故。曹禺十龄左右丧母不确。宗石哥（对编者言）于十五年冬，患遗传性中风症，家修至平寓请四叔（对编者言）介绍徐绍武赴津诊治，愈后半身不遂，后能行动，至十七年除夕，携家宝在浴堂理发时，忽呼头痛，返寓举烟枪将吸之际，气绝不及延医。子由大伯（对编者言）亦系二次中风而亡。当宗石哥病前，阎百川曾派兵站总监黄国梁至津请宗石哥赴晋任参谋长。阎黄皆留日同学，宗石哥任宣化镇守使时与阎情感甚洽，黄初到津时，曾婉辞。经三次敦请，方允过年后赴任太原一行。不幸除夕病故。家宝于丧后曾往太原访黄，走谒三次始见面，对之冷淡，言不及义。家宝受此刺激，到平乘人力车到二郎庙（编者按：当时四叔及八叔之平寓），将所备川资五十元遗失车上，颇以此行为耻。彼肄业南开初中时，我十三年参加直奉战役，回平过津，因交通未复，曾在渠家小住。见其童年天真，聪明活泼，今已成名。惜其继母（姨）于宗石哥故后，行为不检，渠愤而与之断绝关系。成名后，少与家人往来，固因我辈无力，无势，无名，未与彼联络。而此种琐事，如其母，其兄，其父执所予之不良观念亦是原因。据我所知，彼天性尚厚，以《日出》得大公报奖金成名，三部曲问世，彼遭一般人嫉视。彼一人努力奋斗，应付环境，亦颇感孤独无援。……

介　甫

五月十八日

原载《人人周报》1947 年第 4 期

记曹禺

彭行才

有人说过："成功的事业是属于神经病人的。"我们不管这句话哲学意味怎样，据我所知道曹禺先生的确有点神经质，矮小的身材启示着一种文学家特有的风度，扁平的鼻梁上架着一副近视眼镜，和人说话的时候，总是习惯的托一托镜框，脸上扮着过分谦虚的笑容。我们虽然不再相信天才，不过以二十三四岁的年龄，就以处女作《雷雨》声振全国，一跃而为戏剧家，这的确是一个天才的奇迹。

他写作的态度非常慎重，没有经过相当时间的孕育，对人物的观察，主题的选择，剧本大纲的拟写，甚至现实生活大的体验，若不认真的选择、删改、构思，是不肯轻易动笔的。

他的确不是一个多产作家，不过每部作品的问世，都慎重而具有成就。

奇怪得很，曹禺先生的右耳上，生了一颗小瘤，当他构思的时候，总是习惯的用手轻轻抚摸着它，眼睛望着远处，呆滞而又十分神秘的样子。所以有人说他的《日出》《雷雨》《原野》是细细想出来的。如果你和他讲话，他又照例用手摸着小瘤的话，那么你赶快住嘴，不然，不管你怎样说得天花乱坠，有声有色，结果他还是要问你一句："啊？你刚才说什么？"原来他"正在想"。

他的身边不会有很多的钱和手表戒指之类的东西，不然包管三天之内就要不翼而飞，这并不是给小偷儿作了礼物，实在当他构思的时候，这些东西连他自己也不知道放到什么地方去了。有一次我在四川江安一家小吃店的柜台上，忽然看见他的信和许多东西，一问老板才知道他把帐付过之后，就把这些东西忘记在这里。

他常常在写过稿子之后，自来水笔的套子没有套就放在口袋中，甚至在码头上送客，轮船开了，帽子还放在船上。

他排戏的认真，不亚于写作（一般人只知道他是一个剧作家，其实他同时也是一个好演员和导演）。记得民国二十五年南京第一次演出《日出》的时候，他亲自指挥排演，日夜工作，忙得不亦乐乎，甚至连饭都不吃，他只叫工友买几块烧饼当饭，一面吃饼，一面排演，向演员分析性格或是指挥地位。过后，将那吃了一半的烧饼，有意无意的放进口袋，排演一会儿，他又重新拿一块，边吃边讲，于是这些烧饼被咬了一口或二口之后，放进几个口袋中，等到排演完毕，满口袋都是被吃了两三口的烧饼。

由此，我们可以知道曹禺先生的写作和工作的神经质式的认真，这些神经质不一定都是对的，不过凡是在事业上成功的人，他们大都有点神经质，这种神经质也就是他们成功的理由，有些地方是值得我们学习的。

原载《幸福世界》1947 年第 1 卷第 8 期

与曹禺先生一席谈

黄钟龄

同德总会学术组主办第一次演讲，于八月二十九日下午五时请曹禺先生演讲，大家都知道曹禺先生是现代中国名剧作家，所以听众非常踊跃。

看过《日出》《雷雨》《原野》的人，没有不知道曹禺；知道曹禺的人，并不一定知道万家宝。的确，万家宝远不及曹禺出名，知道曹禺是万家宝的人恐怕很少数，但是，他的《日出》《雷雨》《原野》这三部杰作，又远比曹禺的声名大。记者战时在重庆时，听过曹禺先生多次演讲，想不到在上海我们又有机会听到。

“曹禺先生想已很老了，大概总有五十多岁吧？”一位同事这样的问我。

“哪里！哪里！他只有三十多岁，非常年青。”记者辩证的答复他。

“鬼话，我怕你弄错了？”他又不相信说。

“我倒没有弄错，你见过他么？”

“我虽然没有见过，不过在十多年以前，我读初中的时候，就已经知道这位名剧作家，那时我们并且看过他的《日出》。如果现在还只有三十多岁，那末，十多年以前他不是还不到二十岁？”

“他完成《日出》时，据说只有十九岁！”

我们正在辩论时，恰好曹禺先生来了，我告诉这位同事说：“这位年青的小伙子就是。”他向我惊奇的微笑。

看上去三十大点岁，矮小身材，大概是去黄泛区视察受了日晒的关系，皮肤较黑，圆圆的脸庞上，架着一副不很深度的近视眼镜，头发蓬松，上身穿着白绸香港衫；黄卡其短裤，白线袜子。一双旧得要破的皮鞋，看样子好像是由重庆带来的。这样一副神气，谁都不相信这就是曹禺先生。

今天的讲题是“旅美印象”（按：曹禺先生不久始由美返国），计分三部分：一好莱坞，二百老汇，三美国人如何学习戏剧。（讲词见另文）

他演讲时态度自然，也许是戏剧家，喜欢用手表情，有时候把双手插在裤袋里。他的讲词，他的表情，一点也不使听众感到疲倦，常常哄堂大笑。

演讲历一点十五分钟始毕，记者曾就下面几个问题提出问曹禺先生：

问：万先生在大中华电影厂任导演，是临时帮忙抑是正式签订有合同？导演片名为何？该片何时可以完成？

答：是“文华”不是“大中华”。不是临时的，正式签订有合同。想长时导演几部片子。片名为《艳阳天》，大约要到本年年底可以完成。

问：此次赴黄泛区视察，是个人的意思抑是被邀请？去的目的为何？此行收获怎样？是否将以黄泛区为背景题材写一剧本？

答：是“行总”邀往视察。去看看黄泛区灾难情形；收获不坏，但没有打算写剧本。

问：一般人以为万先生此行，必将黄泛区视察所见情形写一剧本，使更多的人知道黄泛区同胞的灾难。

答：的确，黄泛区灾情很惨，把那些灾情真实的写成剧本，这是一个很有意义的事，可是我没有此计划，不预备写什么。

问：万先生正在编写之剧本《桥》何时可以完成？其题材内容如何？现在有没有剧团接洽上演？

答：已经写好一半，其余未完成之部分，等《艳阳天》电影导演完后，再开始续写。内容为战时后方工业困难情形。

问：那不是要到明年才开始？

答：是的，要到明年！

问：报载中央大学聘请讲学，有无其事？

答：是的，中大曾有此意，不过我没有接受。

同德总会话剧组，最近拟排演话剧，并已选定曹禺先生早年作品《正在想》剧本，但该剧角色较多，且系一滑稽戏剧，一般认为难演，记者特就此问题征询曹禺先生意见。

问：一个没有舞台经验的业余剧团，想排演《正在想》这个剧本是否适宜？

答：这是一个戏中戏的剧本，滑稽笑闹，很不容易演，演得不好，不仅动作及整个剧情不能抓住观众，反而失去观众，最好演悲剧。

我们在愉快中结束了谈话，记者请他写本刊签名，并在记者的日记簿上题“仁者爱人”四字。

他很忙，连香烟汽水也没有吃一点，临走时频向记者自谦的说：“演词请不要发表”“请不要发表”。

原载《金声》1947年第11期

曹禺这个人

海　公

民国廿二年夏末，复旦剧社假宁波同乡会作第十九次公演，剧目是《雷雨》，谨记得饰四凤的是凤子，饰周萍的是顾得刚，导演是欧阳予倩。这是上海剧场第一次露演曹禺编剧的《雷雨》，话剧由于这次的露演才引起观众浓烈的兴趣。

之后，曹禺的《日出》《原野》《蜕变》《正在想》陆续由“中旅”及其他剧团演出，由于每一个戏吸引了大量的观众及热烈的好评，曹禺已隐然成为全国剧作者的王座。

卅五年春，记者与石挥、张伐、韩非、白穆诸子成立中国演剧社，第一只戏是《雷雨》，这是记者热烈崇敬曹禺剧作所促使而提议的，当时的阵容是：

四　凤——沙　莉
鲁　贵——石　挥
繁　漪——碧　云
周　冲——韩　非
周　萍——张　伐
周朴园——乔　奇
大　海——白　穆
鲁　妈——路　珊

剧本的成功加上阵容的齐全，计演出五个日场，第一场售八成半，余四场统告客满。

张骏祥来谈，拿出曹禺的委托书，以代理人资格收取上演税，那时曹禺应美国务院之聘，正在彼邦讲学。

又半年，曹禺返国，“中电”秘书张家浩持来曹禺致记者函一件，因张骏祥拍戏公忙，希望记者与张家浩担任曹禺的代理人，是为记者与曹禺交谊之始。

及《假凤虚凰》事件发生，文华公司柬邀全沪报馆记者及各电影公司负责人举行检讨曾于外滩华懋饭店八楼，第二个起来发言者为曹禺，他以苍劲的声带为《假凤虚凰》辩护，记者群窃窃私语：“噢！今天得兴仰慕已久的曹禺先生相处一堂，这个瞻仰风采的机会，正是梦寐难求。”

记者群趋前握手，团团把他围住，要求签名。

曹禺这个人，一点不懂得仪表的修饰，一年中有二百四十天老是穿着一条洗旧了的黄卡其裤，还有一顶旧呢帽，有谁相信这个美国农夫打扮的是位国际驰誉的名剧作者。脸上老挂着笑容，发老是不理，矮矮的身材，二个滚圆的眼镜框，一掇发尾落在额角上。推测他的年龄，大概是三十八九岁光景。

《艳阳天》电影剧本整整写了六个月，据文华摄影场全体工作人员的意见：从没有看得到处理导演工作有如曹禺那样精细过，有几场戏试镜头多至四十余次；这种不厌其详的求全精神，比别的导演是没有这般耐心的。

下个月他预备到北平去休息一时，实在是写剧本去的。第二个电影剧本是《春夏秋冬》，由他自己导演，他因为太重视导演工作的缘故，他说凭他的精力，一生只能导演十个戏，他对于自己的看法跟观众的重推有着颇远的距离。他谦抑，随和，七年前一直担任国立戏剧学校教职时，因为他博学，讲的题材特别风趣，所以听他课程的学生特别多，学生们说：听万先生（曹禺原名万家宝）的课能忘了肚子饿。课余之暇，大家一起唱戏，喝酒。他的平剧，完全谭派唱腔。酒量呢，整整五斤花雕，对手是李恩杰，师生二人在一起时，这位后起的装置专家，跟他老师可以打个敌手。曹禺是学生们心目中的“朋友”，不是老师，感情就特别容易接近了。

原载《电影周报》1948 年第 3 期

剧人风貌：曹禺

之　言

曹禺先生，是我国许多剧作家中最受普遍欢迎的一位，十余年来，他为我们写了七个剧本，这些剧本一直为读者、观众所喜爱着，不断地再版，不断地上演，造成戏剧史上光辉的记录。他没有给我们写出更多的剧本，除了他的译作《柔蜜欧与幽丽叶》以外。他的每个戏的创作过程是很长的，他从来不轻易动笔，这一点是可见出他的严肃与认真，所以他所写出的每一个戏，论质论量都是那么浓厚，那么沉重，一字一句都是他呕心沥血的成果。

先生长在北方，毕业于清华外文系，万家宝是他的真名。关于这个名字他曾自作戏言，认为自己非但不足为万家之"宝"，即连一家之"宝"都够不上。他不但是位剧作家，还是成功的演员和导演，但他很少演戏，在内地曾演过《雷雨》里的周朴园，并导演过自己所写的剧本。他没有出国留学，大学毕业后一直创作剧本，他的成就完全是刻苦自修得来的。

他没有写过戏剧理论的书籍，即是关于戏剧方面的短文也很少见到，但他却是位修养很深的理论家、学者，这在受过他的教诲的人们全都知道，他先后曾在南京国立剧专、上海市立剧校教授编剧课程，都受到同学们热烈地欢迎。

他已是将近四十岁了，看起来还是那么年轻，像个二十多岁的小伙子，中短的身材，一副圆脸老是带着笑容，披散的短发没有一丝油迹，金边眼镜，穿西装没有穿长袍的时候多，有时还喜欢穿上身和下身不相配的衣服。他的全身充沛着一股感人的热力，他从不表示教授的身份，他把听课的学生当作年青的朋友，上课时讨论式的谈话，当回答同学的询问时，他的两颗明亮的眸子自然地向上翻动着，在那里面发射出智慧的光芒，每次非经过片刻的思索不轻易发言，他尊重同学，绝不把同学看作一群无知的孩子。

他的面上有一处特征，在右耳门边有个突出的小肉球，讲课时常用右手不自觉地去捻弄它，已成为一种习惯动作。他也喜欢抽香烟，当时抽最便宜的五华牌。他很少谈起自己的剧作，偶尔谈到也总是说它们不像东西。

他教授的方法是理论与实习并行的，他以自己的创作经验指导后辈，注视现实，体验生活，观察日常接近的人物，把他们用简练的句子描写下来，随时记录真实的性格化的语言，丰富自己，作为日后创作的材料，这些习惯的准备工作，在他的《我怎样写〈日出〉》里即可看到。

他的自尊心是很强的，因此养成他对人事的慎重与谨严，近年来他没有作品问世，这在他是最痛苦的。人们对他的企望很高，他不能轻易的写，时代急剧的向前进展，作家们的思想生活也在跟着《蜕变》，他的《艳阳天》问世之后，由于各方面的反应，使他更深地了解了这个时代，了解今后的他应该写出些什么。然而不是简单的事。所以他沉默了。

但我们相信他的沉默是短暂的，决不是长久的消沉，因为他永远是属于我们年轻一代的，他决不会和人民隔离，在不久的未来，我们会看到曹禺先生兴奋地站起来，踏进人们的行列，歌唱出新中国的春天！

原载《剧讯丛刊》1949 年第 2 卷第 2 期

曹禺创作生活片断

颜振奋

一

今年四月中，曹禺同志到上海视察，我和他一起到上海，作为一个热爱他作品的读者，有机会在短短的时间中听到他的许多教诲，真是感到十分幸运。

剧作家曹禺同志的作品是大家都很熟悉的，但当我们和一些青年剧作者请他谈谈写作经验时，他总是谦虚不肯多谈。他平时很少写文章谈自己的创作，除了他在年青时候写的《雷雨》的序和《日出》的跋之外，我们几乎很少看到他写这类文章。但我们知道，在他二十多年的创作生活中，他积累了很丰富的写作经验。

一九三三年，曹禺同志开始写作《雷雨》，剧本初稿经过巴金和靳以阅读后在一九三四年发表在《文季月刊》上。据曹禺同志告诉我，在写作《雷雨》之前，他并没有写过剧本，只写过一篇短篇小说，和同学们编辑过一种学生的文学刊物而已。因此有些人觉得曹禺同志当时那么年轻，而第一部作品又写得那么好，仿佛主要是由于他的天才。当然，曹禺同志是很有才能的，但也必须说明一下，在他写作《雷雨》之前，他是经过了许多辛勤的劳动和充分的创作准备的。

一九三三年，曹禺同志写作《雷雨》的时候，虽然还是一个二十三岁的青年，他当时在清华大学研究院学习外文，但是他接触戏剧是在他童年的时候。除了在家里和私塾先生学习古文古诗，学习四书五经、史记等书外，在幼小时候他母亲经常带着他去看"大戏（京戏）、小戏（地方戏）和文明戏（即通俗话剧）"，看了戏后就和书房的小朋友们咿咿唔唔地扮演起来，有时候按着故事演，有时就索性自己天南地北地编排，总要闹到塾师出来干涉才罢。他看过很多有名的演员的戏，他说他居然听了一次谭鑫培，他坐在别人的怀里，才三岁。以后在他开始懂得看戏的时候，便看了龚云甫、陈德霖、杨小楼、余叔岩、王长林、裘桂仙、刘鸿声……等，这些艺术家们使他懂得"戏原来是这样一个美妙迷人的东西！"他也十分欣赏当时那些优秀的"文明戏"的演员，有一位老艺术家名叫"秦哈哈"，他的绝妙的演技和才能至今使他念念不忘。

曹禺同志没有读过小学，每天他从书房里摇头晃脑背完了"子曰学而时习之……"以后，就溜入一间堆存旧书旧物件的房间里，找一些"闲书"看。他的父母并不顽固，有时也介绍一些他们认为可以看的小说给他看。什么《红楼梦》《水浒传》《西游记》《封神榜》《三国演义》《聊斋志异》《镜花缘》《老残游记》《二十年前目睹之怪现状》《官场现形记》《九尾龟》等等，他读了一大堆，这时林琴南译的说部丛书很风行，他开始从这些用文言译述的小说里，接触西欧的文学。到了南开中学，他起始学外国语文，摸着原文的外国小说和剧本。这一段时期他非常爱“五四”时期作家的作品，这些革命的前辈作家启发他必须关心中国的社会问题，使他知道文学要反映人民的疾苦，并且要给人民指出道路来。

中学的时候，除了接触中国的戏曲外，曹禺同志相当喜欢易卜生的作品，他挑了几本易卜生的戏，读得很熟。据他说，当时并不是完全能够理解，但他从易卜生的剧本中了解了话剧艺术原来有这许多表现方法，人物可以那样真实，又那样复杂，但他说“这位大师的作品却无论如何不能使我像读五四时期作家的作品一样的喜爱。大约因为国情不同，时代也不一样吧。甚至于像《官场现形记》一类清末谴责小说，都使我的血沸腾起来要和旧势力拼杀一下，但易卜生却不能那么激动我”。

南开中学的戏剧活动培养了曹禺同志对话剧的兴趣和舞台感觉。他演过易卜生的《国民公敌》和《娜拉》，他记得演《国民公敌》时正当大革命的前夕，天津的反动军阀褚玉璞以为有一个姓易的青年写了《国民公敌》骂他是“革命”的敌人，派了督办公署的爪牙勒令师生们停演。这件事情给这个小小的演员（那时曹禺大约是十七岁）一个很深的印象。他回忆当时的黑暗，不禁说“仿佛人要自由地呼吸一次，都需用尽一生的气力！”除了易卜生的剧本外，他还演过莫里哀的《悭吝人》、丁西林的《压迫》和五四剧作家的作品。曹禺同志说，当时学生的戏剧活动大半是和政治活动结合的，在五卅运动时，为了抵制日货，他们就演了自己编的或者改编的许多戏。

曹禺接触西欧的古典戏剧是在大学的时候，他很喜欢希腊三大悲剧家。他比较用心地读过莎士比亚的作品。（中学时，他说他得到一些国外名演员如爱伦·特蕾 Ellen Terry 的读词唱片，反复谛听，对于他了解莎士比亚有很大好处。）在这一个时期他也读到了高尔基、萧伯纳、奥尼尔（美国剧作家）和俄罗斯剧作家契诃夫的作品，此外他涉猎许多十九世纪英国、法国和帝俄时代的剧本和小说。他平时非常用功，在清华大学时，有一段时期他整天在图书馆里读书，而大部分是读剧本。和曹禺非常熟悉的老朋友靳以同志告诉我，曹禺当时读了很多剧本，而且都很仔细地做笔记。

在他写作《雷雨》之前他已经不止读过几百个剧本了，同时也已经养成了经常不断地观察生活、观察周围人物和经常思考问题、分析事物的习惯。他在日常生活中经常观察他的朋友、亲戚、同学以及一些偶然遇见的陌生人。

《雷雨》于一九三四年在巴金和靳以主编《文季月刊》发表后，收入巴金主编的文学丛刊。据说，第一次演出《雷雨》的是在东京一群爱好戏剧的中国留学生们（导演是杜宣和吴天），第一次翻译《雷雨》的是影山三郎，日译本有日本左翼作家秋田雨雀写了介绍的文章，前面有正在日本的郭沫若先生写的序。曹禺同志说，一部作品从发表、演出，直到出单行本，要经过多少人的辛勤培植与劳动，这些师友们在编辑和介绍工作上所用的精神使他很难忘记，经常提醒他，“文学是集体的事业，我们要关心人，要关心时时刻刻出现的新的作品”。

《雷雨》演出的成功开始了曹禺同志的创作生活。一九三四年他第一次到上海，接触当时这个光怪陆离的大都市。当时上海充满了买办、流氓、妓女。帝国主义者在马路上趾高气扬,洋车夫被打,巡捕侮辱中国人,外滩这一带都是洋商、豪贾、外国人,总之,当时是一个人吃人的社会。曹禺那时就开始想写《日出》。《日出》在一九三六年发表在《文季月刊》上,这个剧本的第一个导演是欧阳予倩,由复旦大学剧社在该年演出,演陈白露的是凤子。靳以同志告诉我,"《日出》中的翠喜是确有其人的",曹禺曾引他一起找过这个人。提到这个人时,曹禺同志很感慨地说:"这个善良的女人,恐怕被糟蹋到连骨头也找不到了!"这个善良的妇人的性情给予他很大的启发。几句翠喜的台词确是这个人当时说的。谈到潘月亭,他说,许多演员往往把潘月亭演成大腹便便的胖子,但他当时想到的潘月亭是一个受过一些教育、外貌似乎漂亮而骨子里庸俗透顶的商人。他的庸俗不一定在外表的臃肿上。自然,这样的演法要难多了。

二

曹禺同志旅途中带了一本俄文本的契诃夫。在上海观察期间,只要空闲下来,总是仔细地读契诃夫的剧本。有一天早晨,他正在窗口读《三姊妹》,他说这个剧本写得多么好,人物的感情写得很深刻,应该一次又一次的读。他说,读剧本不是匆匆忙忙看一次就算了,应该反复地读,将自己最喜欢的段落背诵下来,甚至高声朗读,这样就能够潜移默化,真正吸收这个作家的长处。曹禺很喜欢读俄文,读契诃夫剧本他说也可以帮他学习俄文。他主张读外国剧本最好能够读原文本,作家能懂得一些外国文字很有帮助,读外国剧本依靠翻译经常不能充分体会原著的好处。他说能够直接看原著,可以懂得外国的大作家如何掌握文字的本领,究竟读原著要比读译本接触作者的精神更近一些。他觉得多学习几种语言有很大好处的,譬如俄文、英文、日文,任何好的译本总难比得及原著,尤其是剧本,对话的口气和遣词用字的工夫是很难完全翻译出来的。译莎士比亚就是一个鲜明的例子。他认为三十岁上下的人学习外文并不晚,只要下决心就能学会,而且剧本词汇比小说少,读剧本是比小说容易一些的。

从一九五〇年起,曹禺同志自学俄文,他只听两个月的俄语广播,以后就坚持自学。现在他已能依靠字典勉强读契诃夫的原著了。他有一套莫斯科艺术剧院演出的《三姊妹》的读词唱片。在一个落雨天的下午,他和我一道在旅社里听过其中的一段。他对我低声讲解着。这是《三姊妹》的第四幕,这时威尔什宁要走了,屠森巴赫男爵决斗死了,远处响着军乐的声音,剩下奥尔加拥抱她的两个妹妹玛莎与伊里娜。"我们要活下去! 音乐多么高兴,多么愉快呀! 叫人觉得仿佛再稍稍等一会,我们就会懂得了,我们为什么活着,我们为什么痛苦似的……"莫斯科艺术剧院的艺术家们确实读得好,他们仿佛把契诃夫的魂灵都召回来了。我们共同感到这个伟大的艺术给人的不可言喻的喜悦。曹禺同志说,契诃夫对生活理解得很深。我们今天当然不必再写他所写过的那种生活,但我们要象他那样深地理解我们今天的生活。

曹禺同志告诉我,写剧本的人不仅应该读剧本,他还应该读小说。因为小说可以通过各种各样的方法去刻划人物,描写人物的心理活动,反映的生活比剧本宽广,容纳人物也比剧本多。他说，小说教我们怎样看人，如何观察现实生活中的事物。生活是复杂的，小说可以帮助你把复杂的生活系统化，帮你分析生活中的事物。我们经常说这个人象贾母、象王熙凤、象贾政，那个象李逵、象张飞，正因为作家为我们把这些人物分析了，又集中地描写出来，我们才知道某种人物含有某些特征。多读小说会较深刻较宽广地理解人，理解人的生活。

曹禺同志告诉我，当你读剧本的时候，不仅应该注意那些主要人物的描写，还应该仔细研究那些出场不多，只说几句台词的人物，学习有才能的作家们如何通过精简的语言来表现这些小角色的性格，学习他们用简短的台词表现人物性格的本领。他说契诃夫很懂得描写那些只有一两句台词的人物。他们出场和对话虽然很少，但性格仍然是鲜明的。《三姊妹》中的索列尼·瓦西里·瓦西里耶维奇上尉的台词很少，出场也不多，可是性格是鲜明的。他还主张多读《史记》，他说学习《史记》也帮助我们用精炼的语言创造出人物的本领。

在曹禺同志的剧本中，我们仍然可以看到许多小角色，《日出》中的小东西、小顺子、翠喜，《原野》中的白傻子、常五，《北京人》中的小柱子、陈奶妈等，台词都很少，但他们的性格是鲜明的。谈到这些人物的创造时，曹禺同志说："剧作家描写人物，并不一定是天天见面的人，有时可能是只见过一面的人，只要他给你很深的印象，使你想表现他，使你能串连出一大堆旧时的回忆，你就能将他给你第一次强烈的印象表现给观众，或是从他的某一点得到启发来创造出人物来。"他说：《日出》中的翠喜是在生活中，他只不过见到她两次，但她所代表的痛苦悲哀却使他无法忘记，使他非写出来不可。

曹禺同志是有多方面修养和多方面兴趣的作家，他主张剧作者应该有多方面的兴趣，他自己对音乐有很大的喜爱。在中学时他和一些朋友们喜欢听交响乐，喜欢莫扎特、海顿和贝多芬的作品，他说，音乐欣赏可以启发你的想象，使人更加崇高和纯洁。他也主张剧作者读诗，他自己很喜欢读诗，喜欢读古诗。对于昆曲、京剧以及许多地方戏都有很大的爱好。他也喜欢评弹和鼓词这种说唱艺术。他觉得中国的说唱艺术有很高的成就，不仅音乐曲调很美，唱词也既通俗而又富有感情。过去在上海他听过很多次评弹，《长生殿》《珍珠塔》《三笑》等的演唱，他都很喜欢。他说，评弹有些唱词从字面上看虽然并不十分出色，但和唱结合在一起往往充满了感情，通俗易晓，而且说白又极生动，有性格，难怪人们这样喜欢评弹。

曹禺同志很喜欢地方戏，有一次，我和他一起去听陈伯华演出的汉剧《二度梅》。他说，中国戏曲的编剧特点是值得我们学习的。他以《二度梅》为例说，在不重要的地方只几笔交代过，在需要大段抒发人物感情的地方抓住不放。《二度梅》的前一场介绍人物关系写得很简单，但在《重台别》《舍身岩》等几场就大大抒发人物的感情。看了地方戏曲后，我们从剧场出来，在回旅舍的马路上，他告诉我说，一个作家应该熟悉舞台，优秀的地方戏曲都是熟悉舞台的人写的，我们要象一个有经验的演员一样，知道每一句台词的作用。没有敏锐的舞台感觉是很难写出好剧本的。

三

研究与分析一个作家的作品最起码的条件是细心读他的作品，具体分析作品中的艺术形象，可惜有些人走了相反的道路，他们离开了作品本身，孤立地抓住某一情节进行抽象的推理，不从作家思想的发展及作品总的倾向去看问题，而是枝节地抓住剧本某一人物的一句台词，主观地认为这就是作家的思想本身，因而得出一些错误的论断。关于这种现象，曹禺同志也有同样的感受。他说，孟子有一句话："缘木求鱼。"这句话正好说明了有些批评家研究作品不从具体作品进行分析，而是离开作品本身，抓住空洞概念进行反复推敲的现象。离开水而到树上去捉鱼是捉不到的，离开作品本身去评价作品也得不出恰当的结论来。

二十多年，文学史家、批评家对曹禺同志的作品发表了不少意见，其中有很多是中肯的、正确的，但也有些评论文章正犯了"缘木求鱼"的缺点。譬如认为《雷雨》中鲁妈在三十年后回到周朴园家是作者的宿命论观点，认为《原野》森林里仇虎的幻想是作者的迷信思想，认为《北京人》中北京猿人在最后出现是原始主义的表现等等，这显然不是从作品的主要倾向去进行评论，不从作品艺术形象去分析的简单化的做法。关于这一点，曹禺同志没有发表意见。谈到《雷雨》中鲁妈三十年后回到周朴园家里时，曹禺同志说，鲁妈相信命运是鲁妈这个人物的思想，这样一个妇女在当时有这种思想是自然的，但是让她三十年后又回到旧地来和周朴园碰在一起，这是作者有意的安排，写的既然是戏，而戏也需要这样写，为什么不可以有这样的事情出现呢？

曹禺同志谈到古人论诗，说诗有"赋、比、兴"。就《北京人》里猿人的黑影出现的情节说，这种安排就好比是起了诗中的"兴"的作用。有了"北京人"的影子出现，就比较自然地引起袁任敢在槅房后面的那段长话，其用意也在点出这个家庭中那些不死不活的人们的消沉、疲惫、懒散和无聊。但这是横插进来的一笔，不可描得太重。因此，在舞台上（第二幕夜半曾家突然熄灯时，那透露在纸槅扇上的"北京人"的黑影，不宜呈现在观众面前过久。在袁任敢说完长话和江泰同上场之前，那人影就可以消失了），"这样处理就自然一些，"他说，"不然，那悬在头上的黑影会使人感到很不舒服，和剧中人谈笑间的喜剧空气也不调和。"

提起愫方和瑞贞，他说这两个人都是封建家庭中被埋没了的好人，有能力的人。他设想这两个人在今天什么地方工作着，可能两个人都有了家庭了，但她们工作起来热情而坚定，眉宇间还仿佛是她们，但你简直认不出她们就是当初的愫方和瑞贞了。愫方是一个十分坚强而内心光明的女子，她爱文清，把希望和幸福寄托在一个没有用的人身上，她爱了一个实际上是害了她的人，同情了一个实际上是害了她的人，她以前的悲剧就在这里。曹禺忽然笑着说，他终于把她们"放出"去了，因为事实正会是这样。"这样做，我一点没后悔。我想这两人想起当初的出走也不会后悔的。"

曹禺同志正构思一个新的剧本。我们站在上海大厦十四层高楼的窗口，他望着熙熙攘攘的外滩和苏州河，意味深长地说道："上海，现在干净多了。（他指的不只是雨后碧绿的草坪，不只是宽广整洁的街道，他更指的是人，是人们的思想。）这些船只货车载运的物资不再流入某一个人的私囊，成为某一个大亨的钞票。这些物资将变成人民体内的营养、身上的衣服、起居的房屋，孩子们的温暖和一切最需要、最美好、最有文化的东西。念起这些，再听这轮船的声音、这车铃叮当的声音、这电车过桥轰轰的声音，这喇叭声、汽笛声，这些声音是多么贴近你！多么有情感！多么打动你的心肠！"他正在构思。在他视察上海工商业社会主义改造的情况时，访问了许多工商业者，也认识了一些朋友。显然有多少人多少事使他激动。他的新作的背景，不是一九三四年他初次见到的上海，而是今天的新上海。剧本的主人公不再是被太阳遗留在后面的人们，而是在太阳下欢呼的人们。

写于上海大厦　四月二十八日

原载《剧本》1957 年 7 月号

掌握自己的命运

——与曹禺病榻谈心

吴祖光

一九三六年我刚在北平读完大学一年级的时候，一个很偶然的机会被邀到南京就任以留美的现代戏剧家余上沅创办的成立不足两年的国立戏剧学校校长室秘书。当时约定任期一年，一年后我仍回北平继续学业。我到剧校就任时已是一九三六年末，头一天上班就参加了一次校务会议。会议是校长主持的，我作记录，那时的教务主任是陈治策，教授有马彦祥、王家齐、杨村彬、万家宝（曹禺）……都是当时话剧界的知名人物，其中最为人所熟知的名字是曹禺先生，他的话剧三部曲《雷雨》《日出》《原野》已经演遍全国，名满天下；那时候他不过二十六岁，风华正茂。而我当时只有十九岁，距现在快六十年了。

我到南京的第二年发生了转换祖国命运的全民抗日战争，我继续大学生涯的原定计划成为泡影，接下去的就是绵延八年的大后方的流浪生涯。有几年时间和曹禺几乎朝夕相处，我们一同经历过日寇飞机的血腥轰炸，也一同渡过乘木船溯长江而上的艰难旅途。同学校一起从南京到长沙，从长沙到重庆，再从重庆到长江上游的江安水竹乡……由于全民抗战形势的鼓舞，我在长沙旅途用四个月的时间，写了我生平第一个四幕话剧《凤凰城》；也由于抗战初起，成为当代抒写抗日战争史实的第一个多幕剧。曹禺是阅读并肯定这个剧本并促使它广泛演出的第一人，也使我从此进入职业编剧的行列，而在这个队伍之中我是最年轻的。半个多世纪以来，中国多灾多难，大约整个四十年代是我和曹禺接触最为频繁的时期，他虽然作了剧校的教务主任，课务繁忙，但对剧本写作的执着经常使我感动。他虽然年轻，风华正茂，却不讲吃穿，不图享受；经常不修边幅，直着眼睛出神；有时和人说话，也答非所问，一只手经常捻着右耳朵下面的一颗痦子发呆，学生们都知道：万先生正在琢磨写剧本呢。那颗痦子有神奇的功用，摸着摸着灵感就来了……《正在想》《北京人》就是那个时候的作品，是在教学极为繁忙的时候写出来的。

进入五十年代，曹禺以满怀喜悦和对祖国的无限热爱，写了一部《明朗的天》来祝贺新中国的诞生。过去经常相聚的朋友虽然同住一个京城，却如鱼龙入海，难得见面了。然而最叫人难以想象的却是一九五七年那场灾难——矛头对准知识分子的一场滔天大祸——反右派斗争，死伤枕藉，惨不忍睹。尽管我亦难逃劫数，但对能够安然渡过这场祸事如曹禺老大哥者是深感庆幸的。进入了以后的一个个不平凡的岁月，曹禺没有中断他的话剧创作，并且选择了重大的历史题材：《王昭君》和《胆剑篇》。在这以后，他曾长时间作准备和思考要写一部表现中国传统戏曲女演员的生活经历的剧本而最终没有完成……

使曹禺不能继续他的宏伟事业的是久久缠身不去的病痛。他住进医院已经长达六年之久，肾功能衰竭是主要的病，难以根治。伴随的则是其他的老年疾病，曾经有几次病体稍愈回家，但不久便又回到医院；幸而有他晚年得到的伴侣京剧名演员李玉茹女士随时厮守是他最大的安慰。但是我昨天去医院看他时才知道玉茹因心脏病开刀在上海住院，至少要三个月才能痊愈，目前就只有二十四岁的青年小白在病院日夜陪伴了。

看见眼前的曹禺使我太多感慨，我们相识都在少年时，我还没有开始写作，他已经以“三部曲”名满全国。但是问题亦在这里，虽然此后的岁月至今长达六十年，然而后来他的几多剧本至今再也没人提起，更不见有一个在舞台上继续发光放亮。至今人们看见的、听见的还是半个世纪前的《雷雨》《日出》《原野》。当然，也有这样的评论：《雷雨》渊源于希腊悲剧，《原野》不少受到美国作家尤金·奥尼尔的影响。然而曹禺本是西洋戏剧的专家学者，何况他已把希腊悲剧和奥尼尔的设想化为中国的血肉，得到广大中国观众的喜欢！至于《日出》则是曹禺真正呕心沥血的杰作，剧中第三幕的活生生血泪交迸的翠喜更是后来万众遵循的“深入生活”的典范，才是真正的曹禺。

因为曹禺昨天从医院打来了电话，而偏偏我出去了，是妻子接的，告诉我曹禺对我的想念，所以我今天才去了医院，才了解他的病情近况。和每次相见一样，虽然时间短暂，总不忘悠悠往昔，他紧紧握着我的手，满怀怅惘，满腔失落感……我看着他，想着这位不世的作家戏剧大师：中央戏剧学院院长，北京人民艺术剧院院长，中国戏剧家协会主席，中国文学艺术联合会主席、委员、代表、顾问……浪费了多少精力？消磨了多少年华？他得到的是什么？读者和观众得到的又是什么呢？

进入这个夏季以来，我们的往日弟兄一一离去。就在这一个月中，陈白尘、黄佐临、骆宾基、翁偶虹、胡考相继辞世。我不知道还有多少次能够和曹禺仁兄在这个北京医院坐在一起，拉着手谈话。他忽然满面愁容说起在一生写作上的失落，我脱口而出地说了一句憋了多年从来没说出口的话：“你太听话了！”

曹禺的反应出乎我意料，几乎是在叫喊：“你说得太对了！你说到我心里去了！我太听话了！我总是听领导的，领导一说什么，我马上去干，有时候还得揣摸领导的意图……可是，写作怎么能听领导的？……”他的激动过去了，声音渐渐低下去了。显然，他明白过来了。但是岁月不居，余年衰朽，锦绣年华已经过去了。

我想，领导是重要的。一个国家，一个政府，一个部门，机关，学校都要领导，军队尤其要领导……但是，文学、艺术创作却是另外回事，她是艺术品，她是公开的，不是秘密活动；亦可以说，除法律对她的限制之外，广大的读者和观众都是她的领导，每个人都有权批评她和欣赏她。因此她的成就和失败都理当由他自己负责。但她的创作只能是自由的。在过去不久的“四人帮”时代居然有过这样的说法：“领导出思想，群众出生活，作家出技巧。”这也只能是那个是非颠倒、人妖混淆的时代才能产生这样的“领导”。

在一九五七年反右运动中，我曾经提出一个问题：“屈原是谁领导的？李白、杜甫是谁领导的？关汉卿、汤显祖是谁领导的？……”我受到严厉的批判，被划成戏剧界第一号右派分子。但即使在无数次对我的批判大会上也没有人回答我提出的问题。

曹禺青年时期的“三部曲”成为他一世的辉煌，在那以后的半个多世纪以来，虽亦不无堪称传世之作，但相形之下黯然失色。这一事实很好地回答了我在一九五七年提出的问题。

曹禺最后对我说了一句话，是：“中国戏曲是最伟大的戏剧。”这正是我一向的主张。立即想到他曾经要写一个中国戏曲女演员题材的剧本，而且回想起著名的京剧女演员赵燕侠曾经对我说过接受过曹禺采访的情况。当然李玉茹夫人能够提供更丰富的素材……遗憾的是，这恐怕是很难实现了。

尽管他已经很疲倦地睡在床上，而且在“吸氧”。但我要告辞回去时，他仍旧坚持起床送我，让小白推着轮椅送我到四楼的电梯口。我只嘱咐他不要再想什么，安心接受医生的治疗，延年益寿。至于写作，寄托在年青一代的身上，但愿他们能够掌握自己的命运，不再受什么“领导”的干扰了。

一九九四年六月十八日

原载《读书》1994 年第 11 期

灵魂的石头

万　方

电话铃声响得那么突兀，我一下子就醒了，四下里一团漆黑。我不知道是什么时候，一点都不知道。我也一点没有想到这铃声会带来可怕的消息，一定是什么人打错了，以前有过这样的事儿。可这一回不是。我听到小白的声音，他一直在医院里照顾我爸爸，在电话里小白只说：曹老情况不大好，医生让你到医院来。不知为什么我没有多问，就把电话放下了。这时我看见床头的小钟指着四点十分。

我穿衣服，穿了一件毛衣，又穿了一件，我拿了包，看清钱包是在里面，我拿了钥匙，然后关灯出门。那个时间没有电梯，我从十四层往下走，楼道里响着我奇怪的脚步声，非常奇怪。奇怪的是这一切都是我自己的动作，但又不像是我的。我走到外面，空气冰冷，天还漆黑，苍黄的路灯下，大街空空荡荡，没有一个人影。我的脑子里也是空的，什么都没有想，混沌极了。我走到街中心，等到一辆出租车，汽车在黎明前的城市飞驰，冥冥中我的心有所期待，期待什么都没有发生，一切回复到正常。然而在这巨大虚空的黑夜后面，我感到了正在发生的事情，我的爸爸走了。

1996年12月13日黎明。走进病房时，医生说，现在把心脏起搏机关了，请你们看看。我看见一条绿色的直线。我不懂，我完全不懂。病房很高的天花板上亮着那盏昏暗的日光灯，房间里非常混乱，我爸爸的身体斜躺在病床上，光着脚，肚子隆起，脸上罩着呼吸器的面罩，我还是不懂，什么也不懂。在今天以前，我下意识地躲避着那个时刻，现在我克服了自己，极力回想，可仍然只能想起那噩梦般的莫名其妙的场面，好像所有的人都沉没在海底里，我说不出自己的感觉，但我记起我摸了他的脚。

我爸爸走得很安静。做了病理检查之后，也没能查出明确的在这么短的时间里致死的原因。当时的情况是护士半夜查房，给他量了血压，他还在睡着。十多分钟后护士长又进来看看，因为他那两天发烧，发现他的呼吸不对，极慢极浅了。

在做了处理之后，医生让我们再进病房和他告别。这时外面已晨光熹微，但病房的厚窗帘挡住了天光。我爸爸的身体被一条大白单子裹着，下巴用白绷带整齐地兜住，只有脸露在外面，脸上很光滑，看上去就像睡着了，睡得十分安稳。我们和他告别，但是他不知道了。我爸爸他真福气，没有经受垂死的病痛折磨和死亡的恐惧。在寂静的深夜，他衰弱的身体里产生了难以觉察的奇异的波动，也许有个声音告诉他“我们要走了”。他来不及多想，甚至没有听清楚，他想问问对方，可是又没有力气。在最后的时刻，是他对一切事物的好奇心引导他跟着那声音去了，他没有见过死神，他想见一见。

以后的几天里，冬日的天空异常晴朗，太阳明亮极了，街景和往日一模一样，但是它毕竟有一点不一样了，我再不能到医院去看我爸爸了。在他离开我之后，我想他想得很多。许多报纸杂志都约我写他的文章，我尽可能地写了。这篇文章我拖了将近两个月，我觉得需要一段时间，从悲伤恍惚里走出一段距离。我慢慢看了他写给我和妹妹的信，他曾经写给我妈妈的信，还看了其他的文字。我想这一篇文章是最后的一篇，我不是说永远，我是说在能力与条件所及的现阶段。

我手上有两张不大的纸，上面是一首我爸爸写的诗，时间是 1986 年 11 月 8 日。

雷从峡谷里滚响
莽原的每一棵草在哆嗦
我听见风吼，黑云从乌暗的天空猛压头顶
从云里垂下来黏乎乎的东西
那是龙的尾？是龙的长舌？像无数的钩
钩住我的眼睛，心，耳和我的手。
地上喷出火
我的全身在燃烧
洪水泛滥，暴雨像尖矛扎透我的背
我向天高吼："来，再狠狠折磨我！"
大地震抖，高楼，石头，水泥坍下来掩埋了我全身
土塞住我的喉咙
我向天高喊："来吧，我不怕，你压不倒我！
你不是龙，连一条毒蛇都不配，
把戏吓不倒我。"
我看见了太阳，圆圆的火球从地平线上升起！
我是人，不死的人，阳光下有世界
自由的风吹暖我和一切
我站起来了，因为我是阳光照着的自由人！

我不是评论者，也不大懂各种的分析与评价。我只是有思考的能力，我极力思考怎样才能写出我爸爸，写出那个潜藏在种种表象之下的灵魂。他的身体里绝对有一个灵魂。我觉得我不可能把它写出来，因为它太复杂太丰富，太精致太脆弱，太旺盛太强烈，太荒谬太狡猾，根本无法穷尽。我想来想去，决定用客观些的办法，尽可能记录、引用他的话和活动。当然我也还是要发表一些我的看法。

大约在 20 世纪 80 年代后期，我陪爸爸去了一趟天津。那一次的旅行使我很贴近地感受到他的童年，感觉出他这个人是从哪儿来的，为什么他所以是他。天津对我来说是个陌生的城市，我们坐汽车寻找他的旧居。司机说：这就是意租界了。我看到路边是一幢幢小洋楼，已经很旧了，还是看得出当年殖民地的味道。忽然，我听到爸爸很大的声音，"就是

它！就在这里！”

汽车停在路边，他认出了旧时的街道，兴奋极了，连连说：“不错，绝对不会错的，这一家姓萧，那一家姓陈，我真是像在做梦啊！”

他的家“小白楼”是座两层的小楼，颜色灰突突的，门前搭着一些乱七八糟的东西。里面住的人家不多，都上班去了，我记得只有两个老人。我们进去时陪我们来的人向住户解释，我爸爸却顾不得和主人多招呼，这在他是很少有的。他沉浸在激动与恍惚之中。

“真是奇怪呀！这是我的书房，我就住在这里，翻译莫泊桑的小说，读易卜生，读《红楼梦》，看闲书，有个书童陪我读书……”他不对我们任何人，声音喃喃地说。我看到的是一间光线昏暗的普通人的住房，摆着床和桌椅，非常的普通；然而在他的眼光里，这些房间奇异地活起来了，有人在里面出入。

果然他的先生来了，“教我的有一个大方先生，他还教过袁世凯的儿子，叫袁克定。他第一次就给我讲他写的《项羽记》。我记得他住在法租界，好玩古钱，好几个姨太太，人很古怪。他冬天是永远不生火的。”

他迈进一道门槛，脚下绊了一下，幸亏身边的人扶住他，而他毫不觉察。

“啊，这是小客厅……”如烟的往事使他悬思其间，“有一个李补耕，他穿着长袍马褂，在这里等着父亲下楼来见他。父亲慢腾腾地走下来，也是摆着架子，他一见父亲就行三拜九叩礼，每个动作都那么认真。我觉得可笑极了。我父亲一点也不客气。这个人靠我父亲当了县知事，捞了不少钱。他一家人都信菩萨，每次到家里来总是带着他的老婆和两个丫头，吃饭的时候李太太用舌头把碗舔得干干净净，相当滑稽。后来他一来就和我父亲对着抽鸦片烟，他夫人和我母亲对着抽”。

我们走上楼，楼梯更加暗了，又窄；记忆里楼上的光线像是亮堂一些，房子也比较宽敞。

“那时候真是乌烟瘴气哟！哥哥在楼下抽，父亲母亲在楼上大客厅里抽。那间大客厅，北洋军阀的大政客黄郛来过，黎元洪的姨太太也来过。真奇怪，过去的事情竟然记得这么清楚……”

我爸爸一次又一次站住，四下张望，置身于他的童年之乡，实在使他迷惑不解。我则想像出一个不大的男孩儿，放学回家时的情景。家里十分安静，没有人声，空气中飘散着一股他熟悉的气味。他走进自己的屋子，做自己的事儿，但是有一种东西一点点渗透到他的身体里面。

站在阳台上，他指给我看王傻子的家。王傻子就是那个陪他念书的书童，不用交钱，送两袋棒子楂儿给老师。“我们一块儿在院子里演戏，文戏武戏都演。我和他一起乘电车看无声电影，是《马瑞匹克弗》，在光明电影院。”

后来我们下了楼，经过一间屋子，他说那是他们吃饭的地方。“我最怕吃饭，父亲总是在吃饭的时候发脾气，骂厨子，有一次一脚就把哥哥的腿踢断了。”他沉默了一会儿，“我父亲，他高兴时就背我，我十五岁时，他还背过我，在屋里走啊走啊。”我们在小白楼前照了相，我爸爸指着街道旁的空地，“就在这地方，排着一溜人力车，天津人叫‘胶皮’，不问价钱，上去就走。”他又指着一座邻近的小楼，“这就是周金子的家。周金子是个妓女，我忘记了是什么阔老爷花了一万块钱，把她买来作姨太太。这座小洋楼就是专门为她盖的。为什么叫金子？一万块钱，太贵重了，像金子一样。”他说那时他特别想看看周金子的模样，可她不大出来，偶尔在夏天，洗了澡出来一下，只是在阳台上一晃，在他少年的眼睛里，他觉得她长得很美，像神仙似的。

他记得在胡同口经常看到逃难的农民，一头挑着锅，一头挑着孩子，晚上叫得很惨。

这是我陪我爸爸回天津旧居时的大致情景。我想说的是我有一种感想，出生在旧中国的文人，他们大多从小就感到压抑，继而觉悟到有一股与他们格格不入的势力的存在，从此他们的生存就处于个人与一种势力对峙的状态。这成为他们无法逃脱的命运，他们也不想逃脱，他们从来无缘体味“为艺术而艺术”的闲情逸致，这才是他们的情结。

我无法说出这种势力的名称。在我之前，在不同的时代，它以不同的面目存在了上千年，它改变了人生存的定义，使个体的生命消失，变成一种适合于它的物质形式。无数中国人的生活被改变，而那些不甘于被改变、有独立意识的人，就要有所作为。

我爸爸写剧本就是他的作为。一个人的能力有大小，才华更是上天给的。我爸爸有幸被赋予了才华，他的成名是在很年轻的时候，像几乎所有当代的中国文人一样，在二十几岁就迸射出生命中创造的光辉。我体会他真正的才华，在于他全身心地活在自己独特的感觉之中，登上了自己的那块石头。他迎接命运，他愤愤不平，他痛苦，他要反抗。一股股激流从他身边汹涌而过，他的心被激荡，也许他也想化为激流，或者说把自己投身进一股强大的力量里，可在他的心灵中有一个小人儿，具有把握他的更大的力量。就由于有他的把握，他写出了《雷雨》。

那时他还在南开中学念书，有一个同学叫杨善全，他对杨善全说，我有一个故事想写出来。这位同学就说，那你讲讲吧。他说：“我讲了，讲得乱七八糟，他也没听出所以然，只说，很复杂呀，你写吧。”

“你们要我讲蘩漪是从哪儿来的，有什么原型？有，肯定是有，好多好多。但要我说出张家老太太、李家少奶奶、王家小姐有什么用？讲了也是白讲，你们也不认识。《雷雨》这个名字，如果硬要我讲，雷，是轰轰隆隆的巨大声音，惊醒他们；雨，是天上而来的洪水，把大地洗刷干净。”这番话是对来采访他的人说的。

我和爸爸一起去过他的母校清华大学，他是在清华的图书馆里写的《雷雨》。他指给我看他老坐的位子，说：“不知废了多少稿子呀，都塞在床铺下边。我写了不少的人物小传，写累了，就跑到外面，躺在草地上看天空，看悠悠的白云，湛蓝的天。”

“当年图书馆的一个工作人员，他待我太好了，提供我许多书籍，原谅我一时想不起他的名字。他还允许我闭馆之后还待在这里写作。那些日子真叫人难忘啊！我当时就是想写出来，从来没有想到过发表，也没有想过演出。”

后来，抗战时期在重庆，我爸爸写出了《北京人》。当时有人对《北京人》在那个时期出来有所非议，似乎认为有些不合时宜。我不这样看，恰恰相反，从中我又一次认识了我爸爸内心里的那个小人儿，他站在自己的高度，看到那个高度所看到的世界和人。他是了不起的。

我真心地佩服《北京人》的剧本。时常想，要具有怎样的感悟力，体味多少不愉快，刻骨的厌恶，埋得极深的苦痛，才能写出曾皓那样的人物，而我爸爸那时还是个青年。我一直觉得《北京人》里每个男人身上都有他的影子，他比他们加在一起还要丰富生动。

由此我想到自己的幸运。一个有才华有灵魂的人活在我身边，使我得以一直看着他生命的进程。从某种意义上说，如同看着众多的中国文化人，甚至是中国的知识界。当然我不能把他们之中的任何一个等同于另外一个，但他们的命运确有共同之处。

曾经我写了一个话剧《谁在敲门》，就是出于我所处的独特的位置与切身的感受。我试图写一个充满创造力的人，有过了不起的创作，后来创造力消失了，但奇怪的是一顶闪光的帽子始终戴在他头上。在“文化大革命”运动中，这顶帽子被揪下来，连同他的脑袋一起扔进了屎坑。“文化大革命”结束后，帽子和头再次被安放在他的身体上。这是一种极端反常然而又确实正常的现象，戴着耀眼的“桂冠”，而随时可能连脑袋一起被摘除。

长时间以来，我爸爸和许多的人，他们都被告知他们的思想是需要改造的，这种对灵魂的改造像是脑叶切除术，有时是极端的粗暴行动，还有就像输液，把一种恐惧的药液输入身体里。这是一种对自身渺小卑微的恐惧，我知道这是非常严酷的事。

“文化大革命”开始时我在上初中一年级，我爸爸被打倒，被揪斗。我家住的院子的大门上写着“打倒反动权威、反革命文人曹禺”的标语，字又黑又大，贯穿整座大门。我在学校里是“黑五类”子女，不允许进教室，只能坐在教室外面，一坐就坐一天，不能动不能说话。现在回忆起来，那时不管我们做什么，怎样做，我们的生存都不可变更地处在假定有罪的状态下。

我发现了一个本子，封皮上是我爸爸的笔迹，写着：十年浩劫回忆录。关于我上面说到的情形，他写道：“我心痛极了。我有罪，把我抓去斗，狠狠斗死了，就算了；十来岁的孩子有什么错，为什么还要连累我的孩子们！真想紧紧抱着小方子痛哭，但孩子不干，她没有心情受任何人的爱抚，连爸爸也不能勉强她。但我知道她是爱爸爸的，她湿润的眼睛对我闪出怜悯的光。”

有一段时间，我爸爸被关在牛棚里不能回家，早上让他们到马路上扫大街，小孩子就用石头砸他们。他说：“我羡慕街道上随意路过的人，一字不识的人，没有一点文化的人，他们真幸福，他们仍然能过着人的生活，没有被辱骂，被抄家，被夺去一切做人应有的自由和权利。”后来我记得放他回家了，他把自己关在屋里，能不出门就不出门。造反派命令他参加批判会，一进单位的门他就难受极了，他说：“那些人你说是人也好，是鬼也好，是神也好，反正我惹不起。我就是孙子，也不是孙子，就是一条虫，随你们怎么碾。”他上班要路过一条叫“剪子巷”的胡同，看见一个老太太天天在扫地，他非常羡慕她，就想像她那样，在胡同里有半间破房，一天天扫地，浑浑噩噩地过，苟全性命。

人民大学那时就在我家隔壁，每天从早到晚造反派都在高音喇叭里大叫大喊。我爸爸在回忆中写道：“酷热的夏天，本来在我的小屋里就很憋闷，现在更加不能忍耐……半夜醒来，不知从什么地方传来一阵阵粗野的声音，那鬼哭狼嚎使我的胸口隐隐作痛。我胆战心惊。我觉得不久这群发疯的黑狼将包围我，抓着我，用黑爪子抓伤我的脸、我的背，我感觉自己已缩成一团。我不愿叫醒睡着的方瑞和小欢子，她们沉沉地睡在另一间小屋里。白发的岳母瘫在木板床上，一夜一夜地咳嗽。四面是乌黑的海，黑浪滚荡着，时而漂浮起几个没有眼睛、没有面目的人头，发出声声惨叫……这大约是梦，我惊醒了。我勉强安慰自己，用一颗安眠药只睡了两三小时。”

再之后他被革命群众“解放”，在团河农场劳动。每个礼拜六的下午，天色近晚的时辰，我就从窗子里看见他的小个子出现在远远的大门口。他推着自行车进了大门，然后又蹁腿骑上车，看上去挺利索。今天，我仍然清晰地记得他在暮色中的样子，脖子上系着一块白毛巾，头上戴一顶蓝布帽子，脸上的神情有点惶惶然，又有一种松了口气的感觉。我爸爸还看过传达室，先是在首都剧场，结果被来中国访问的日本人发现了，就把他调到北京人艺宿舍的传达室去，分发报纸，传呼电话。我记得他被表扬过，因为他在食堂里每顿都只吃四分钱的菜。有一次我外婆吃白薯，把皮剥掉，他觉得浪费，就把白薯皮吃下去。我有我爸爸在那个时期的一张照片，他坐在传达室的一张破桌子前面，手拿报纸，身后的墙上布满水印，脸上倒是乐呵呵的。

我了解我爸爸，他不是一个斗士，也不是思想家，恰恰相反，他是一个很容易怀疑自己否定自己的人。但我深知他是一个真正的艺术家，他的生命是一种半感官半理智的形态，始终被美好和自由的情感所吸引鼓动，但他的情感和思想又都是充满了矛盾的，而且都加倍地放大了。当美好的东西被彻底打碎，所有的路都被堵死，而他觉得自己没有任何的力量，绝望和恐惧就把他压垮。

我说的那本“十年浩劫回忆录”是一个很薄的练习本，写了不到一半，那上面的最后一行字是：当时，我整天担心随时被抓进去……

我爸爸给我讲过他得知粉碎“四人帮”消息的情形。那时候我妈妈已在1974年去世了，妹妹从部队复员，他俩住在一起。他说：小欢子从外面回家来，走到我床前，我那会儿天天吃很多安眠药，和废人一样；小欢子两眼发光，对我说，爸！咱们得救啦！

“我不信，不敢信。怕，怕不是真的，还怕很多。我跑到大街上，那会儿已经是夜里了，我走呀走呀，看到多少家的窗口里亮着灯光，整座楼都是亮的，我忽然感到难以支持，靠在一棵树上。我觉得自己的心脏的承受力已经到了极限。老天爷啊！没有经历过的人不可能明白，那种深重的绝望把人箍得有多么紧！我想我是从大地狱里逃出来啦！”

在写出了这些文字后，我不由得想起我爸爸曾经讲起的一段经历。那是1949年。他从上海坐船到香港，和一些人一起再坐轮船到了山东解放区，又到了北平。我不能肯定准确的路线，但这并不很重要。重要的是他辗转行程的目的，参加第一届中国人民政治协商会议。在开国大典前，他是庆祝游行活动的组织者之一，身上带着很多的公款，他让我妈妈在住处守着装钱的包，寸步不离。他还担任了庞大的锣鼓秧歌队的一名指挥。他那时戴着一副金丝边眼镜，我简直难以想象他会怎样指挥那雄壮欢腾的队伍，但我能想象得出他本人激动发晕的样子。他的这个身份极少被提起，在这里我觉得值得一提。

粉碎“四人帮”后，我爸爸的社会活动渐渐多起来，头衔也越来越多，他的时间几乎被各种各样的活动填满。每次活动回来，他一阵风似的从门外进来，脚步匆匆，进屋后把衣服一脱就倒在沙发上。他总是弄得十分疲倦，人好像被抽空了似的。

有一次他回到家，精疲力竭往沙发上一倒，我跟过去坐下，同情地说："真够忙的。"

他缓过点神儿来，说："就是无聊就是了，没点儿意思。"他一下子就把话说到根儿上去。"一天到晚瞎敷衍，说点这个说点那个，就是浑蛋呗！没法子。"

我听惯了他骂自己，就笑笑。他又说："我现在的脑子是空空洞洞，一无所有呀！"

过了一会儿，他见我还坐在旁边，就又对我说："告诉你，每个人都有一本账，我写不出东西是我自己的账。你别以为我苦恼，你苦你的恼吧！"

千真万确，我亲眼看到一种痛苦持续不断地困扰着他。这痛苦不像"文革"时期的恐惧那样咄咄逼人，人人不可幸免。这痛苦是只属于他自己的。我曾经反复琢磨这份痛苦的含义，我猜想：痛苦大约像是一把钥匙，唯有这把钥匙能打开他的心灵之门。他知道这一点，他感到放心，甚至感到某种欣慰，然而他并不去打开那扇门，他只是经常地抚摸着这把钥匙，感受钥匙在手中的那份沉甸甸冷冰冰的分量。从某种意义上说，这甚至成为一种独特的游戏。真正的他则永远被锁在门的里面。也许里面已经人去楼空，他不知道，也并不真的想知道，但是痛苦确实是痛苦，绝没有掺一点假。

我曾在一篇关于我爸爸的文章里说，痛苦是他的性格。现在我感到这样说不很准确，更准确的说法是，痛苦是他的天性。而他的性格中具有好热闹的一面，不甘寂寞的一面。

好热闹和不甘寂寞我认为是两回事儿。好热闹是个人的事情，好办；不甘寂寞就不光是他自己的事了，弄不好就变得很难办。

有的上午他坐在沙发上看报，看着看着睡着了。电话铃一响把他闹醒，电话总是要他开会、题字、看戏、评奖之类的事儿。他一接电话就清醒了，人也精神了，什么事都应承下来。

有一段时间他几乎天天有活动，有时一天有四个日程，日历本儿上记得满满的：追悼会，法国议会代表团，送机场，英国大使馆，等等。

每次参加活动回到家，他都极为疲倦，还有一股说不出的沮丧。当然也有挺得意的时候，但这样的时候毕竟不多。他心里很清楚这是怎么回事。有一次他和我说，我是用社会活动麻醉自己，我想写，写不出，痛苦，就用社会工作来充塞时间。他感叹道：这么下去怎么得了？

然而，长时间的寂寞又会使他烦躁。他坐在桌前翻手边的东西，毫不相干的杂志，又走到书柜前漫无目的地找书，读出一本本书的名字。他在屋子里东走西走，他的脸这时候绷得紧紧的；我看见了，走过去摸摸他的脸，他站住，松懈下来，对我说："不行了，孩子，不知道什么时候再出来那个劲儿，可是像是不大行了。"有那么一会儿，我们互相看着，我多么地理解他因而可怜他。事情是多么明白啊！我本想安慰他，才摸摸他的脸，可是我什么也没能做到。

我爸爸得过严重的神经官能症，多年来他的睡眠必须要靠安眠药。吃了安眠药之后，他就大大地放松了，种种潜意识都变成话语，像地下的泉水一样往外冒。他的眼睛瞪得大大的，在床头灯的直射下亮得吓人，我就坐在他身边，可他并没有看见我，而望着他活生生的痛苦。

"我痛苦，我太不快乐了，我老觉得我现在被包围着，做人真难哪！我要坦白出来，我怎么自私怎么坏，我要说心里话，说世界上任何人都不敢说的话。"——"我最恨那些所谓的正人君子，没有一个没坏心眼儿，禽兽比他们好，恨就恨，爱就爱。"——"昨晚那个大使，说什么伟大的作家，了不起的作家，狗屁呀！我听着一点不高兴，我想得太大了。我想但丁，想托尔斯泰。"他顿住一口气，然后深深地吐出来："都七老八十了，还成什么呀！我呀，在这个世界上白白过了一辈子，但我有一个最大的所得，我悟啊！这个世界实在不高明。人哪，是个丑恶的东西，可是也不，人又那么地吸引你……"他什么都讲，毫无顾虑，他总是为自己一生中所犯的各种错误、失当的行为反复思虑、后悔。有时候他拉着我的手，"小方子，你逼我吧，不逼不行啊！我要写东西，非写不可！"他嘴在脸上用力地抿紧，目光灼灼，闪动着生命的光焰，"我要做一个新人，忘掉过去的荒诞和疑虑，我要沉默，我要往生活的深处钻，放弃这个'嘴'的生活，用脚踩出我的生活，用手写真实的人生。"他的话像文章一样，思路畅通之极。

多少这样的时光，我已经睡下，他连声地叫我，接着开始他的倾吐。床头灯照着我们，他立下志愿。

在我爸爸去世后，我和妹妹整理了他给我们的信，一大部分的信是他 1981 年到 1983 年间从上海写给我们的，那时他准备把解放前写了两幕的未完成的剧本《桥》写出来，那一段时间的信几乎都说到写作的问题。

他在信里说："这几年，我要追回已逝的时间，再写点东西，不然我情愿不活下去。爸爸仅靠年轻时写了一点东西维持精神上的生活，实在不行。"他又说："爸爸最近才悟到，没有一定的工作方向，随遇而安，浪费青春和中年时光，这是最可怜的，想起来甚至觉得惨痛。只有在暮年猛追一阵，补去已逝的时间。但创作真是极艰苦的劳作，时常费日日夜夜的时间写的那一点东西，一遇到走不通想不通的关，又得返工重写。一部稿子不知要改多少遍，现在爸爸连一个草稿，不，一个真正的大纲都没有搞成。当然真有一个结实的大纲与思想，写下去只是费时间，倒不会气馁。"

那一阵子，他找了好多人谈话，搜寻材料，"我现在为了自己最后的创作下了大决心，坚决搞下去，只有乘这股热气、这点灵气好写下去。我多年没有这种感觉，没有这种创作的欲望了，难得能写，想写，这对我来说是一刻千金的时候。"在这段话之后他加了括号，括号里写着："我也许搞不出来，但这个戏的大纲必须乘这段时间弄出来，因此北京人艺三十周年、全国文联开会都不能参加。这个创作不能放下，我知道一放下就完了，而完了，我最后的机会也就完了，我的生命也就等于不存在了。"

1981 年 11 月 29 日的信里，他写道："最近我十分认识一切事情要办好，无论是求学与写作，都需要愉快的心情。不要以为'心情'本来就'坏'，怎么就会好起来？我的经验是愉快的心情可以由自己争取得到的。大约必须钻进工作或学问中去，万不可怕苦。要苦干，干就会从中得到兴味，对学问的爱好，对工作的感情。……爱因斯坦说：'热爱是最好的老师。'他说自己一生的成就便从这句话得益最多。我要加一句：'着迷是最好的朋友。'"

1983 年初，他在信中写："我正在写作，每日夜二时或三时四时起来不等。干上四小时，头昏眼花，只好搁笔，但总算有点进展。写作之难，大约不亚于你在医学院攻读医学。”这封信是写给我在大学里学医的妹妹的。“时常干了一个月的工夫，写好的东西，现在一看，不成样子，又把它完全划去。去年春日、暑期的计划与大纲，今日看来绝不能用，太浅，太俗，也太无意义，只好全部作为废纸。然而这一个多月的努力像是站得住！这一点看来站得住的东西，确实由于我这一两年下的功夫得来的。虽然这一两年的稿子终成了废稿，但没有这些废稿中的思想感情，经过一再筛滤，扬弃，是不可能造成现在这点比较站得住的东西。我觉得以往用的功夫与精力并不是白用的。”

1983 年 4 月 5 日的信：

“人生只此一次，若不战胜私念，决心想为人做点有益的事，则日后心感痛苦。无论学医、治学、写作都是一个道理。不悟出自己活着的使命则一事无成，势必痛悔为何早不觉悟。爸爸近来异常奋发，又万分苦恼，就因早未觉悟，早未明白，在私念中浪费大半生命。”

4 月的又一封信里，他说：“目前我确有些气馁，但我终不认输，只能向前干，向前干。”

1985 年 2 月 25 日的信：

“最近读了《贝多芬传》，这位伟大的人激励我。我不得不写作，即便写成一堆废纸，我也是得写，不然便不是活人。”

“工作第一，知识第一，知识中有无限幸福。到了一定年龄便知这是真理。”

到了 1985 年晚些时候，我在他的信里看到这样的话，“心事并不颓唐，还想有所作为，只是年老体衰，何日大去是不可测的。”

爸爸去世之后，我的脑子里不由得老冒出过去那些美好的时光。那时我家住在铁狮子胡同三号，院子里有一棵很大的海棠树，春天花影满地。我爸爸的书房是一排小北房里的一间，被前面高大的房子挡住了阳光。窗子上挂着白窗帘，门前我妈妈种了一畦晚香玉，夏天开花的时候，那洁白硕大的晚香玉就像一个个朝天的小喇叭，美丽极了也香极了。我和院子里的孩子在海棠树下跳皮筋，一扭头总能看见爸爸趴在窗前的书桌上。我们边跳边唱，偶尔，童稚的声音传进他的耳朵，在他大约是一种隐约的来自天外的音乐。夏天，书桌上放着一大盆冰块，我爸爸写作时就光着膀子。有的时候我看到他在屋子里走来走去，脸上有些阴沉沉的。他会很突然地剧烈地挠他的头顶，就像脑袋里憋着千头万绪，只有拼命地痛快淋漓地挠头才能把它们梳理清楚。在我还是个孩子的时候，我亲眼目睹了他进行创造的景象。

在他年老之后，也有过一段日子，他一个小时一个小时地趴在客厅的方桌上写着什么。我手里有一张上面写着一些字的白纸——

> “为什么一个字也写不出。天沉着脸，像是又要下雪，其实方才还是亮晶晶的，怎能一转眼就变成这样一副讨人嫌厌的样子。这个天就像我，一天能几个神气，说明心中有怨气。但天不应该有什么内心的活动。我是人，人却不能不有各种变化。譬如我总像在等待什么，其实我什么也不等待。”

也许他始终有所期待，期待奇迹的出现，可奇迹没有来，不肯再来了。我知道他开过若干个头，但据他说总是写着写着就写不下去了。我问过他为什么，怎么就写不下去呢？

他说也不是害怕，就是觉得不对头，觉着可能出错。我想我能理解他。偶尔，我也有另外的想法，这是不是他下意识为自己找到的一种借口呢？难道他真的就不能战胜内心的魔鬼？不能解放自己？我无法得出结论。

多年以来，我爸爸的手边一直有好几个本子，有活页本，有很小的笔记本，也有学生用的横格本，本子里内容纷繁，有他的断想，有日记，有一篇篇的人物对话和他自己写的诗，最多的是他想写的戏的提纲。

有一个叫作《黑店》的戏，提纲他已经想得很细了。人物表有：童五，张俭，刘恭，刁仆和柳童氏。他写下了他们的性格特征，他们的身世，互相间的关系与发展，还有一场场的对话。

关于《黑店》，他写道："天地造物，有如蚊虫，有如雪豹，有如豺狼，有如狐狸，但有的是人，更妙的是真人。风暴中有静静的草舍，雷电中有安静的美好的心，它似高山岩石，似野天信鸟，它忠诚，却忘记人间如何丑恶。黑店是人间，是人住了一生的地方，平和静穆是一切事物，但事物的内中却疾风暴雨。"

还有一个戏，剧名叫作《外面下着雨》。写的是一对老夫少妻，下雨天在屋子里共度时光的情形，是个独幕剧的构思。他已写了大段的台词。我还发现他在 1987 年写下的断想，其实也是一个戏的构思。一个人物叫胆大，另一个叫胆小。"胆大"是一个好冲动、自以为是、好冒头出问题的人，偏说别人不敢说的话；"胆小"是事事害怕、处处设防、惟恐戴上枷锁的人。再有一个人物叫作：神。"神"冷酷、专横，把胆大和胆小都压在大山下面。在宇宙洪荒之中，大地震怒，把神也压在了大山恶石之下，于是有了神、胆大、胆小三人的对话。

他还想写"斗战胜佛"孙悟空的戏，写如来。其中还出了一个大学者，孙猴子向他讨教，而发现大学者的脑袋和心都空空如也，孙猴儿感叹：怪不得他这样神气，四大皆空他就占了两空，头空心空，做了一生万事通，善哉善哉！我要拜他为师。

另外还有一个提纲：《岳父》。这个岳父最早是摆摊子的，后来发了财，开了银行，有五男五女，五个女婿，每个人都有曲折的经历。其中一个女婿是地下党，岳父掩护了他，还掩护过别的地下党员，戏一直发展到解放以后。在他的本子里，我看到他记下要写一个爱听好话的人和一个说谎话的人，一个能说的骗子和一个专爱受骗的傻子，外加一个不正直的聪明鬼。在活页本的一面，顶端写着"张好好"三个字，是剧名。这个张好好是个歌女。他写道："张好好的双手像两只飞动的鹞子，奏出明快而略带哀伤的音调，唱：'扑嗒嗒，泪如梭，有情偏被无情磨……'"

我仔细地翻看了我爸爸写下的这些东西，从字里行间，我强烈地感到他对各种人物怀着极大的兴趣和热情，他脑子里那部创造的机器一直在运转不停，人生的问题一个个像滚珠似的，在他的脑子里发出哒哒哒的清脆的声响；在他心灵的大厅中，他既是讲述人又是听众，思想的自由的回声在他的身体里震荡，我感到异常欣慰。

直到他的病使他不得不放弃，不得不离开他心里各色各样的人物；一旦离开他们，他感到那样孤独。他的小本子上有一首诗，表达了内心的感觉：

孤单，寂寞，像一个罐头抽尽空气，
我在压缩的黑暗中大喊，没有声息。
孤单，寂寞，在五千丈深的海底，
我浑身阴冷，有许多怪鱼在身边滑去。
孤单，寂寞，在干枯无边的沙地，
罩在白热的天空下，我张嘴望着太阳喘气。
孤单，寂寞，跌落在深血弥漫的地狱，
我沉没在冤魂的嘶喊中，恐惧。

我爸爸去世后，巴金伯伯的女儿打电话和我说：我爸说曹禺真可惜，他就这么走了，他心里有好多好东西，他把它们都带走了。

这话巴金伯伯老早在给我爸的信里就说过，他说："家宝，你要写，你心里有真宝贝，你要把它们拿出来。"

当年我爸爸写出《雷雨》之后，给了他的好朋友、中学同学章靳以。当时章靳以、郑振铎和巴金一起在办《文学季刊》。靳以叔叔把剧本放在抽屉里，放了一年，大约因为我爸爸和他的关系太近了，反而觉得不好讲话。我曾问过我爸爸：你为什么不问问呢？他说："那时候我真是不在乎，我知道那是好东西，站得住。"一年后，巴金伯伯看到了《雷雨》，读过后立刻决定在《文学季刊》上发表。

现在我确实懂得了，我爸爸在年轻时真是非常的自信。这是一种多么大的幸福。然而老年之后，那股自信早已不知去向，不知为何物了。他常常怀疑自己写的东西是不是真的好，怀疑它们的价值。我劝他不要想了，因为这不是他的事。

"怎么讲？"他问我。

我说出看法："你写了剧本，尽了你的力，以后就由时间去衡量了。"

"那我的戏是不是还算经得住时间考验的？"

"你说呢？"我反问他。

"你说呢？"他又问我。

我想他心里是有答案的。在他重访母校南开中学时，为中学生们讲话，他说："我一生都有这样的感觉，人这个东西是非常复杂的，人又是非常宝贵的。人啊，还是极应当把他搞清楚的。无论做学问，做什么事情，如果把人搞不清楚，也看不明白，这终究是一个很大的遗憾。"

在我爸爸 1982 年 6 月 10 日给我的信里，他写道："一个作家必须有真正的思想。一个人没有思想便不成其为人，更何况一个作家。其实向往着光明的思想才能使人写出好东西来，你以为如何？希望你能真正在创作中得到平静快乐的心情。"

在他 1982 年 7 月 13 日给我的信里，他说："天才是'牛劲'，是日以继夜的苦干精神。你要观察，体会身边的一切事物、人物，写出他们，完全无误，写出他们的神态，风趣和生动的语言。不断看见，觉察出来，那些崇高的灵魂在文字间怎样闪光的，你必须有一个高尚的灵魂！卑污的灵魂是写不出真正的人会称赞的东西的。"

"我的话不是给木头人、木头脑袋写的。你要经常想想，揣摩一下，体会一下，看看自己相差多远。杰克·伦敦的勇气、志气与冲天干劲，百折不回的'牛劲'是大可学习的。你比起他是小毛虫，你还不知道苦苦修改，还不知道退稿再写，再改，退了，又写别的，写，写，写不完地写，'迷'在写作里，那怎么行？"

今天，他不在了，再看他对我说的这些话，我想自己没有辜负这份深切的父女之情。我走进了他指给我的迷人的创作境界，他曾经在这里获得了极大的享受。这是人生多大的幸事啊。

夏天里晴朗的一天，我爸爸坐在医院后面的"小花园"里，戴着耳机在听肖邦的钢琴曲，远远看见我走来就大声喊："今天特别的好！早上我在院子里快活得要命，我都跳舞了。"说着他的屁股在轮椅上颠了两颠。他拿下耳机，"你听听，一定要听听，美妙至极的钢琴，我这路快活哇！"

我听他的钢琴曲，又还给他，帮他把耳机塞好，他的眼睛一直看着我，亮闪闪的，充满期待，"不知为什么今天这么好。明天就不知道什么样儿了。"

我又记起过去的一个白天，那时他还没有住医院。上午时分，我爸爸坐在客厅的沙发上看报纸，家里很安静。我从门厅经过，忽然听见一种怪声音，我惊疑地朝他望去，声音正是他发出来的。不知道他看见了什么文章，引起何种感想，就用一种怪声唱了起来："可怕呀，可怕呀……"他把腔调拖得长长的，像唱戏一样；我盯住他看，他愈发提高嗓门儿，还是唱同一句词："可怕呀，可怕呀，真是可怕呀！"

我笑着走过去，问："爸，什么可怕？"

他把一句"可怕"唱完，回答我："可怕，什么都可怕。不是吗？"

我爸爸，他骨子里实在是一个太真诚的人，心里的快活和悲哀就像地下的泉水一样，有一点点压力就止不住一股股地冒出来。想来那没有别的原因，那是一种自然现象。想到他的这份天性，不知为什么我觉得难过极了。

在我的一个本子里，一直夹着一张纸，上面是我抄下来的爸爸写给别人的一段话，现在我再看这段话，感到像是对他本人性格的年谱说明，我把它抄在下面：

> "万不能失去'童心'。童心是一切好奇、创作的根源。童心使你能经受磨炼，一切空虚、寂寞、孤单、精神的饥饿、身体的折磨与魔鬼的诱惑，只有'童心'这个喷不尽的火山口，把它们吞噬干净。你会向真纯、庄严、崇高的人生大道一直向前闯，不惧一切。"

曾经有那么一天，我爸爸看出我不快活，对我说：小方子，别那么不快活。

我说：没什么快活呀！

他想了想，说："是没什么快活事儿。我给你读两句诗，你就懂了。"他找来弘一法师的书，翻到其中一页，念给我听："水月不真，惟有虚影，人亦如是，终莫之领……"他解释道："就是不能懂这个道理。'为之驱驱'，驱驱就是忙呀，忙了一辈子。'背此真净'，真净，这么干净的一个世界，你违背了，'若能悟之，超然独醒'。"他放下书，静了一会儿，"这是另外一个世界，和马克思的世界不一样，和资本主义世界也不一样。你觉得如何？"

他望着我，穿过我，望着他自己的内心。

12 月 27 日是我爸爸遗体火化的日子。那天天出奇的好，碧空如洗。灵车沿着宽阔的长安街向八宝山开，街上是上班的人流。我一直朝后扭头看着爸爸，他躺在那儿，身上盖着一条雪白的绸子，化过妆的脸很好看，样子和睡着了一模一样。清晨纯净的阳光最后一次照着他，那阳光透亮得要命，尘世上所有的瑕疵都被这样亮晶晶的阳光遮蔽了。遗体告别后，我们坐在八宝山大门前的空地上，等着他的骨灰。没有一丝风，中午的太阳照在身上暖融融的，简直有点像春天。黑色的树枝清晰地伸向晴空，几只喜鹊飞来，落在树梢上，显得那么美好。后来我妹夫指给我们看，在蓝天的映衬下，烟囱里飞起一股股淡淡的灰烟，那应该是我爸爸。他说：那灰会飘落到地上，等春天的时候，草长出来，花开了，他也就在那些生命里边。他说得很好，给我们以安慰。

继而，我想到，我爸爸终于放下了他的痛苦，放下他心里的宝贝，还放下很多东西。他是一个极丰富极复杂的人，他一生不追求享乐，他很真诚。他有很多的缺陷和弱点，但是他没有罪孽。如今，他透明的生命回到一个好地方去了。

在他的一个本子上，我看到他写下这样一句话："灵魂的石头就是为人摸，为时间磨而埋下去的。"他说得真好，使我感到一个人的心有了应有的分量。

现在，已经到了 1997 年 2 月 6 日的晚上，是旧历的大年三十。我选择了独自在家的方式来度过这个夜晚。家里人到别的地方团聚去了，七点钟左右我在附近的"肯德基"店吃了简洁的快餐，然后回到家，打开灯。屋子里真安静，和每一个晚上没有任何区别，然而还是有所不同，我知道我再也不怕电话铃响了。我打开电脑，打开这篇文章，我一点也不是矫情的人，可我要在这个时候写几个字。

…………

我发现我没有别的话可说。

…………

爸爸，我非常想念你。

原载《收获》1997 年第 3 期

怀念爸爸曹禺

万 黛 万 昭

这些日子，我们总是想起爸爸，想起他和我们在一起的许多往事，那些充满阳光的快乐日子；想起他的艺术，他的才华，一阵阵悲哀、痛惜之情涌上我们的心头。半个多世纪，爸爸在我们面前，在我们身边，像一棵参天的大树，但我们并不自觉，直到他走后，我们才发现，许许多多知识装在他的脑子里，许许多多真知、精髓融化在他的思想里，许许多多美好感情、体验升华在他的精神里，许许多多灵感、才华蕴藏在他的灵魂里，他都带走了。他留下的太少，带走的太多！

从小，我们的记忆里，爸爸总在读书、探索，他知道的东西那么多，却仍是那么好学，对于艺术，他非常的勤奋和认真。

在清华大学读书的时候，他成天钻在图书馆里。后来，他也是手不释卷，在汽车里，饭桌旁，甚至坐马桶，也要抱着书。年老重病后，他仍每天在床上读书，他看书很专心，很入神，环境的打扰、亲人的叫唤都难以把他从书的世界里拉出来。读到精彩之处，爸爸常把眼镜摘下来，把书拿得更近，仔细地读。有时停下来，睁着炯炯有神的眼睛，一动不动，陷入遐想和沉思。

读得有兴致的时候，愿意给我们讲点什么。他讲过果戈理、契诃夫、高尔基、莎士比亚和泰戈尔。记得五十年代初期，爸爸竟答应我们一个同学的请求，讲了高尔基的《海燕之歌》。当时我们只是初中和小学学生，对这个满篇都是暴风雨和小动物的作品一点都不能理解。爸爸给我们讲了1905年革命前夜的俄国，讲了当时各种人在革命中的表现和革命者的英勇、乐观，使我们这些小孩子第一次知道诗歌里竟包含这样伟大的东西，知道了诗歌的战斗性、社会性和寓意性。那天傍晚，我们坐在什刹海边，爸爸有声有色地给我们朗读了《海燕之歌》，当时大风骤起，黑压压的云层翻滚而来，在平静的湖面掀起浪花，我们仿佛感受到了暴风雨的即将来临和海燕的豪情。

家里有一套关于莫扎特的唱片，里面有音乐、有解说，爸爸觉得很有意思，就同意昭昭把同学带到家里来讲讲。他一边听，一边翻译唱片中的英文解说，把莫扎特的一生和音乐，给我们讲得既生动又有趣。爸爸早年与张瑞芳阿姨合演过话剧《安魂曲》，曾轰动一时。我们想，正因为他懂得莫扎特的音乐，才能把莫扎特演得那么好。爸爸很喜欢听音乐，是世界艺术精品的鉴赏家。五十年代，苏联大钢琴家李赫特尔来华演出，票价很贵，爸爸毫不吝惜地买了票带我们去听。平时不修边幅的他，居然穿上西装，仿佛去参加盛典，他以这种方式表达了对音乐艺术和音乐家的敬意。年纪大后，爸爸常一人静静地听肖邦的作品，他喜欢肖邦，尤其是夜曲、即兴曲和波兰舞曲。肖邦音乐中的浪漫气质、诗意和激情深深打动他，唤起他的艺术灵感和想象，使他对艺术的渴望得到满足。

对于语言学习，爸爸有着特殊的兴趣。他精通英语，也抽空继续学习法语、德语、日语，他的书架上，各种语言的字典就有几十部。五十年代，为了学俄语，他买了许多文法、会话书，抓紧一切空隙时间自学。经过几年努力，他能读俄文书，并能与苏联人作一般交谈。与众不同的是，他喜欢在艺术中学习语言。他托人买到一套莫斯科艺术剧院演出的契诃夫《三姐妹》的俄文台词唱片，如获至宝，反复地倾听，从中体味契诃夫笔下俄罗斯语言所营造的特有的社会气氛和人物情感。他曾给我们讲过一位爱尔兰诗人的诗歌，读了原文，又读中译文，讲解不同语言的不同韵味和译文的优劣。爸爸就是这样，从艺术中学习语言，又从语言中学习了艺术，他在语言艺术方面的知识是那么渊博。正因如此，他所翻译的《柔蜜欧与幽丽叶》不仅表现了莎士比亚戏剧的灵魂，也传达了莎士比亚戏剧语言的神韵，至今仍是莎士比亚戏剧的最好译本。

爸爸喜欢西洋艺术，更热爱自己民族的艺术。他是真正的爱国者，深深地爱着中华这片暖水热土。新中国成立初期，爸爸以巨大的热情投入新中国的建设工作，当时缺乏外事干部，他曾主持过一段外宾接待和国宴事务，工作非常劳累，送往迎来，安排食宿，宴会上排座位、选酒等，事无巨细，他都亲自动手、品尝。五六十年代，爸爸作为文化使者常常出国。在我们孩子们眼里，到国外看看是多么美的事啊！爸爸并不这么看，正因为他走过的地方太多了，他才更加热爱自己的祖国，他常说："我一出满洲里，心里就难受，天天盼着回国。"好多次，他都是被说服动员，才同意出国的。

对于民族艺术，爸爸的爱好和学习是多方面的。他对京剧艺术情有独钟，由衷地推崇梅兰芳先生的京剧艺术和高尚品德。他学过余叔岩的戏，唱过老生；他喜欢川剧的精巧、悦耳，尤其赞赏充满智慧的川剧喜剧艺术；他能一连数遍欣赏凄凉细腻的评弹《夜雨闻铃》，也被高亢、激越的常香玉豫剧唱腔所感动；有一阵子爸爸对陕西的秦腔和山西的晋剧特别入迷，几乎天天去看戏，还写了好几篇评论文章。记得他曾带昭昭看晋剧《窦娥冤》，对哀婉、动听的晋剧唱腔赞不绝口，称赞女主角唱得好，演得投入，同时也针对"六月雪"中泪水满面、不能自已的窦娥的表演谈道，她不能这种哭法，影响了演戏和对观众的感染，也不美了。爸爸的话使昭昭一下子明白了表演中演员自我与角色、情与理的关系，生活美与艺术美的关系。

同样的道理，在一次看齐白石的画展中爸爸也讲过。当时昭昭问他，怎么齐白石画的萝卜和樱桃都不像啊？爸爸对着一幅"荷花"说，你这孩子不懂，它比真的还像，还美。爸爸又说，齐白石原来是木匠，他画的黄瓜和螳螂透出劳动者的质朴和老人的童趣。艺术中"神似"和"形似"的道理和艺术家的作用让爸爸讲得浅显而清楚。后来，爸爸从荣宝斋给我们买回来一套齐白石扇面的复印品，从那以后我们才慢慢懂得了齐白石，越来越喜欢他的画了。

对中国古典文学，包括中国的艺术理论，爸爸特别偏爱，平日我们看他手中拿的，绝大部分是这方面的书。他曾钻研了一段时间刘勰的《文心雕龙》，看唐诗更是他喜欢的消遣，他有许多版本的唐诗和释本，给我们讲过《唐诗小札》。晚年，爸爸还给我们的孩子讲过楚辞。

爸爸爱读书，也教育我们爱书。但不是靠说教，而是通过潜移默化。抗战胜利后，我们在南京上小学，爸爸从上海给我们姐妹俩订了不少儿童书刊，如丰子恺的漫画，张乐平的三毛流浪记，还有安徒生、格林童话，一千零一夜等。买来整套整套的儿童文库，什么司马光破缸救小孩，岳飞精忠报国，木兰从军，越王勾践卧薪尝胆。爸爸还写信给我们，要我们好好读这些书。信是在粗糙的黄草纸上用墨笔写的。为了增加我们的兴趣，他还画了一幅自画像：戴着眼镜，一手夹着书本，一手拿着破雨伞的穷爸爸。在我们成长的过程中，爸爸为我们买书，从不吝惜钱，为了给学医的黛黛买脱销的专业书，常走遍北京的内部书店。买书是他的“休息”和嗜好，几乎每个月他都到内部书店买书，一买就是十几本、数十本。

爸爸崇尚知识，敬重有学问的人，特别佩服科学家，提起当代大科学家、清华名教授，他最爱说的话是：“真了不起。”文艺圈里的智士能人，他也由衷钦佩，他说焦菊隐伯伯“有大学问”。在北京人民艺术剧院实行总导演制时，爸爸作为院长，总是竭力维护他的威望，支持他在艺委会中的领导地位，使他的真才实学得以发挥。

一次，演《雷雨》之前，爸爸带黛黛到后台看望演员。一进门，黛黛马上被这儿的气氛镇住了，整个后台静悄悄的，没有一点声音，演员们在“进入角色”。看见爸爸，大家只与他点头致意或简单寒暄。扮演周朴园的郑榕叔叔从化妆室出来，一言不发，旁若无人地迎面走过。爸爸不但没责怪他，反而以称赞的口气低声说：“不论谁来，这个时候，他都凡人不理。”严谨、认真的艺术创作态度，是人艺上上下下的一致作风，也是爸爸竭力倡导的，他为有这样优秀的艺术家和作风而感到骄傲。

作为艺术家，爸爸喜欢观察“人”，了解“人”，研究“人”。爸爸说他写戏，首先是有人物，只有人物在他的脑子里“活”起来，在任何情况中一下子就能知道他会说什么，做什么，想什么，把这个人在脑子里搞得熟透了，变成活生生的东西，这时才有情节，有故事。爸爸身边经常带着一个小本子，随时记下他的点滴体验，一句话，一个人物，一件小事，一瞬灵感……与人谈话、吃饭、参加会议，甚至走在马路上，他都在观察人。记得五十年代初，我们中学胡同口有个布篷馄饨烧饼摊，那是人力车夫、三轮工人、搬运工、小商贩聚集的地方。爸爸常带黛黛在那儿吃饭。他总是饶有兴趣地和这些普通劳工攀谈，忘了时间。

爸爸喜欢普通老百姓，尤其爱年青人。我们小时住校，他曾带着糖炒栗子到音乐学院附中看昭昭，坐在宿舍的双架床上津津有味地和同学们聊天。黛黛读书的贝满女中和育英中学剧团演出苏联儿童剧《铁木儿及其伙伴》，爸爸不但来看，还请来了艾青伯伯。看到我们这些十二三岁的孩子，自导、自演、自己搞灯光、布景，他高兴极了，演出之后请我们吃了顿饭。爸爸对群众艺术中富有生命力的东西，总是兴趣盎然，在新事物面前，充满新鲜感。1958 年，北京医学院举行全院文艺会演请爸爸参加，黛黛班上的快板群“大战密云山”吸引了爸爸，他说：“我感到一股青春的气息迎面扑来，充满生气。”他认为演出有真情实

感，有根基，可以算好东西。爸爸很爱听我们讲学校里的事，见面时总要先问，学校里有什么有趣的事情，老师怎么讲课，我们最喜欢什么老师，为什么以及我们好朋友的情况。黛黛上医学院，后来又当了医生，爸爸特别兴奋，说这实现了他年青时代曾有过的梦想。他常兴致勃勃地问，怎么做病理解剖，基础医学学什么，治过什么病人、怎么治的以及病人和家属的情况。一次，黛黛讲了一个年轻美貌的白血病人与她新婚燕尔丈夫死别的故事，爸爸听后感动地说："真是一出戏啊！"爸爸对"人"的观察和兴趣，直至耄耋之年仍然不减。

妈妈说，爸爸年青的时候，大家都说他"神"，是个"天才"，但他总说"我很笨，写东西很慢，很费劲，算什么'天才'"。妈妈催他快写东西，把他逼急了，他就说"写东西哪像拉屎那么容易?!"的确，爸爸写东西很慢，精雕细刻，特别认真严肃，不论是写剧本、散文，还是发言稿，都一遍又一遍地修改，一个字，甚至一个标点地琢磨，写完，还要反复读，他说"不但要写得顺，还要念得顺"。在朗读中，他凭着多年舞台经验和直觉，能发现文章中的毛病，遇到不清楚的地方，他就查字典，而且马上就查，决不拖拉。爸爸特别爱查字典，不论在写作、阅读，还是日常交谈中。

他多次跟我们说，一个人如同一个杯子，小杯子一点点水就装满了，而一个大杯子，就能装很多很多水。这大概是爸爸一生酷爱读书，敬重知识，为人谦和的道理吧。

但是，我们觉得，爸爸的勤奋好学更来自他对艺术的痴迷。

听奶奶讲，爸爸从小就对看戏、演戏爱得入了迷，经常一人对着镜子，一会儿痛苦，一会儿快乐，沉思、仇恨、爱慕、轻蔑、甜蜜……做出各种表情来，在天津故居的墙上，留下了十几张不同表情的特写照片。后来爸爸又上台演《娜拉》、《财狂》(即莫里哀的《悭吝人》)，奶奶是他每戏必到的忠实观众。爸爸在台上又是说，又是唱，又是跳，奶奶带着得意的表情回忆道："你爸爸小时候灵乎着呢。"看见爸爸演《财狂》中的老财迷，最后"嘣咚"一下直愣愣倒毙在台上，奶奶心疼得什么似的。妈妈说，爸爸演戏不如导戏，导戏不如写戏，说他演戏过火。因为爸爸演戏特别投入，总是忘乎所以，在舞台上毫不吝啬地挥洒自己的热情。后来，他写戏更是如醉如痴。

1933年暑假，爸爸在清华园图书馆的阅览室里写下了自己的第一部剧作《雷雨》。当时的爸爸风华正茂，他蓬勃的青春生命力，能拥抱整个世界的火一般的热情，使他的智慧才华像雷雨闪电一样迸发出来，他奋笔疾书，一泻千里，一下子就十几小时。不可遏制的创作欲望和冲动，常常使他忘记了自己，忘记了周围的一切。在清华园中，年青的爸爸还给妈妈留下了数百封写满诗篇、洋溢着艺术激情的书信。一位好友曾读过其中的几封，感动地对我们说："这些信不像花前月下的谈情说爱，不是卿卿我我的甜言蜜语，而充满着纯真的感情，富于理想和追求，才华惊人，那样热情，那样健康，那样高尚。你爸爸年青的时候太可爱了，谁看了这样的信，都会动心的。"

抗战胜利后，爸爸在南京国立剧专教书。记得一次他带黛黛去讲课，那是个月夜，门口和窗口都站满了人，教室安静极了，缕缕月光从窗外射进来，投在讲台上，所有的人都被"台上的戏"所吸引，屏住了呼吸。爸爸在讲莎士比亚，这里忽如一个辉煌的舞台。他边讲边演，如诗，如画，如剑，如火。一堂课结束良久，学生们方才如梦初醒，报以热烈的掌声。

也在这时爸爸想起了小黛黛，到处去找。回家路上，看到女儿冷得瑟瑟缩缩，这才想起她穿的大衣。讲课时，黛黛被学生们传来传去地抱着，大衣早已不知去向了。

后来，昭昭又听爸爸读过果戈理的《塔拉斯・布尔巴》。这是一位乌克兰英雄父亲的悲剧故事。在抗击波兰侵略者的战斗中，塔拉斯・布尔巴的大儿子在华沙英勇就义，父亲遥对华沙含泪呼喊"好样的！我的孩子"并亲手处死叛国的小儿子安德烈，最后自己也被敌人活活烧死。爸爸读的是塔拉斯在死去的安德烈身旁的一段情节，显然他被这位父亲内心的悲哀、矛盾和伟大人格深深打动。现在虽然昭昭已经不记得情节的具体文字，但是爸爸动情的朗读，却强烈地感染了她，让她至今难忘。

爸爸不但爱艺术，爱读书，而且会读书，在艺术活动中充满着才华和智慧。他一生读过的书不计其数，但是他能一下子抓住书海里面的好东西，知道好作品好在什么地方，并把它们融化在自己的血液里，引出新的创造。

一次，爸爸翻阅《泰戈尔作品集》，他喜欢浏览书籍，翻着，翻着，他忘情地念了起来，这是泰戈尔的儿童诗《金色花》："假如我变了一朵金色花，为了好玩，长在树的高枝上""妈妈，你会认识我么？""当你沐浴后，湿发披在两肩，穿过金色花的林荫，走到祷告的小庭院""读《罗摩衍那》，那棵树的阴影落在你的头发与膝上时，我便要投我的小小的影子在你的书页上，正投在你读的地方"。这最后一句爸爸念得特别亲昵甜蜜，他满足地放下书本，赞叹道："这是多么可爱的小孩！多么好的诗啊！"豁然，我们领悟了，这个地方，对孩子恋母的娇态和稚嫩的童心，写得是多么精彩，这一页的小诗正是艺术中的好东西。由此，我们钦佩泰戈尔写人和驾驭文字的能力，感受到他艺术的魅力。因为爸爸念得实在太"好听"了。他不是在念书，他的声音传达出了艺术的旋律、色彩和芳香，我们仿佛看见了那个天使般纯洁、可爱的小人，感受到母性的美和南国的芬芳。我们永远都念不出爸爸那样。

如何读书，爸爸有一套自己的读法。他从不要求我们门门功课都得五分，他说一个人的能力有限，不可能样样都好，在一点上做好，就很不错，说他在大学的时候，一些功课及格就是了。他的绝大部分时间都花在作品上，他把清华大学图书馆中的戏剧文学作品几乎都读完，而且外文书尽量读原文。他说作品读得多了，真读懂了，就知道什么是好东西了。

当然，我们知道，不是所有的书虫子，都能发现、学到书中的好东西，也不是所有的艺术鉴赏家，都能写出好作品。所以，有人说爸爸是天才的读者，有卓越的艺术感觉。他们感叹他在契诃夫的戏剧还被戏剧世界冷落在一边的三十年代，就独具慧眼地成为了契诃夫戏剧的知音。爸爸像一般人那样，去读剧本，在舞台上看契诃夫的戏，但是他却非同寻常地在契诃夫的戏剧中，特别是在《三姐妹》尾声所展示的那一幅"秋天的忧郁"中，发现了契诃夫式的诗情戏剧特殊的戏剧动作和打破传统戏剧模式的戏剧革新。他以自己独特的方式去倾听那套《三姐妹》原文台词唱片，不断体味剧中那摄人魂魄的情调和味道所营造的契诃夫风格。他更以高于鉴赏家的天才写出自己的新创造，展示自己戏剧的成熟——这就是具有真正中国气派和独具曹禺个性的现代戏剧《日出》《北京人》。同时，在这两部作品不同于《雷雨》的戏剧结构中，"诗""戏"交融的艺术境界中，戏剧气氛和人物心态的关系和变化中，甚至在凄凉的军号声和“硬面饽饽”的叫喊声中，我们仍可以“听到”契诃夫戏剧的回响。

说起爸爸的生活，我们觉得，一是喜爱运动，二是生活简单。

爸爸喜爱运动，大概是得益于清华的教育。在崇尚体育的清华园里，马约翰教授严格执教，体育不及格，不会游泳，是不能毕业的。爸爸在那里养成了良好的运动习惯。他爱好游泳，蛙泳、自由泳、仰泳都会，游得轻松自如。在天水一色的大海里，他不怕海涛，不怕风浪，经常一人游得很远很远。爸爸还会打网球，而且打得很好，很灵活，交了不少球友。他经常骑车，也会骑摩托车，能在上海繁忙的街道上穿梭而行，有一次出了车祸，还摔伤了腿。不管多忙，他都坚持运动，有时就在家里做做气功、打打太极拳，最得心应手的还是“自由体操”，这是绝对自由的自我创造，如何动作，他随心所欲，做得自由自在。有时为了活动各部位关节，他还发明一些很可笑、很难看的动作，越做越高兴，来了情绪，就手舞足蹈地跳起来，逗得我们哈哈大笑。

爸爸能保持对新事物的敏感，对艺术的追求，心理上的年青，外貌上也不显老，与一生坚持运动很有关系。

爸爸赞成鲁迅的话，生活越简单越好，否则就会变成自己的负担。爸爸从不讲究吃穿，把身外之物看得很轻，这可能是由于他太专注自己所做的事情吧。除了豆腐、豆芽、肉皮冻……是他喜欢吃的菜以外，我们想不出他喜欢吃什么名菜。他吃饭极快，常常是食而不知其味，囫囵吞枣地吃完饭，接着干他的事，或者边吃饭边想事，完全听不见我们在饭桌上说什么。爸爸不注重穿是有名的，有时可以说邋里邋遢。家里的家具几十年不换，到现在还没有什么皮沙发、大立柜，最好的家具是五十年代定做的几个书柜，以后的书越来越多，只得堆在一边。

对他人和公家的事，爸爸却是很慷慨、严格。三年困难时期，黛黛在医学院的同学张之生家境贫苦，母亲守寡多年，一人支撑着数口之家，还供孩子们上学。她患了眼疾，如不马上动手术，就有失明的危险。为了凑钱给母亲治病，张之生向黛黛借五十元。当时，一个学生哪有这么多钱？于是黛黛把这件事告诉了爸爸，他马上拿出钱说：“告诉你同学，不要着急，他母亲的病一定能治好。还有什么困难，告诉我。”就这样，张之生母亲的视力保住了。数年后张之生工作了，还钱时深情地说：“雪中送炭的恩情我不会忘。”爸爸去世后，他十分悲痛，立即打电话，发唁电，送花圈到家中慰问。

五六十年代，人艺演了很多爸爸的戏和一系列好戏，许多朋友都向他要票，他们以为爸爸是人艺的院长，一定弄的是“招待券”或“赠券”。可是他们没想到，所有的票都是爸爸自己买的，统一记账，每月从工资中扣除，有时几十元，有时一百多元，相当于爸爸当时三分之一的工资，这一点，院长办公室的张学礼同志最清楚。

现在我们脑子里所回忆的，绝大多数都是爸爸年轻时候的情景。后来他老了，很少再写剧本，然而他多么想像年轻时那样写啊，哪怕像当年那样走进人群，和普通人在一起！但是这时的他已经走不动了，只能坐在轮椅上。他想看看人，要求把他推到医院门口，看着来来往往的行人，听他们说话，看他们走路、骑车，碰到年轻人，他的目光便一直跟着他们望到路的尽头……爸爸不能离开人啊，不能离开他脑子里、戏剧中的人物而生活啊！

爸爸是个能写的人，从他二十三岁就能写出《雷雨》来看，他的确写得太少了，特别是后半生，为此，他苦闷万分。每当提到巴尔扎克写了满书架的大作时，他真的自愧不已！这，成为晚年困扰他的最大痛苦。长期以来，家里的墙上一直挂着爸爸写的一幅字，这是他按照自己的意思重新编排的《离骚》中的几句诗："日月忽其不掩兮春与秋其代序。惟草木其零落兮恐美人之迟暮。汩余若将不及兮恐年岁之不吾与。"爸爸无不感慨地解释道："屈原为自己没能来得及为国家做些什么，可时间却飞快流逝而悲哀。"我们知道，爸爸这不仅是在讲屈原，更是在讲自己。多少次，他对我们说："真没想到，我都八十多岁了。"话里包含着无奈，更多的还是"惊回首"看到生命即逝的恐慌。因为他心里仍燃烧着对艺术的向往和渴望，他多么希望前面还有很长很长的时间啊！

他怀着这种不灭的痴情，在八年重病卧床的日子里，静静地、平和地忍受着一天又一天的痛苦和折磨，不烦恼，不诉苦，不抱怨，以衰弱之躯度过了几次险情，顽强、艰难地活着。

1995 年 10 月黛黛离开爸爸出国的时候，爸爸已经很虚弱了，但他坚持坐着轮椅送女儿到电梯口。黛黛感到一种生离死别的恐惧和剧痛，哭着请求爸爸："您一定等我回来！"他答应了。黛黛又请求爸爸"您一定要和我们一起走进 21 世纪"，他点点头，又答应了，眼睛里闪着泪光。看着爸爸，我们怎么也不能把他和一个八十岁重病衰弱的老人联系起来，在我们的脑子里，爸爸永远是那个年富力强的爸爸，那个充满热情和新鲜感的爸爸，那个才思横溢、富于创造的爸爸，他是一定能够活到 21 世纪的。

爸爸和他的艺术永远在我们心中，永远和他热爱的祖国大地同在。

原载《电影创作》1997 年第 4 期

大师的勉励

朱栋霖

人的一生中，有的事你一遇上它，会影响你一辈子的命运。

二十年前，我在南京大学攻读研究生，决定以曹禺戏剧研究作为我的学位论文。曹禺剧作是我最钟爱的作品之一。记得中学期间，我读遍了当时学校图书馆所藏的“五四”以来的作品，一部《曹禺选集》令我心灵震颤。我读着那琅琅的台词，心中想象着舞台上种种人生，那些剧中人似乎都鲜活起来了。我赞叹着《雷雨》《北京人》的神奇，把剧作读了一遍又一遍。那时根本未想到，我会与它的作家发生联系。我把曹禺戏剧研究作为我的学位论文选题，完全是出于我对这位杰出作家的爱好。我知道，历来已有许多名家高手对曹禺戏剧发表了许多高论，我要能有所超越，确乎很难。在两年中间，我的几篇论文逐渐发表。那几年，特别时兴研究者找作家本人，有人不惜不断地到某作家家中去擦地板、换煤气，以换取作家给他一些尚未发表的资料。但是我想，我主要研究作品，至于那些我希望了解的事已有人先访问了，当时报刊上不断有关于曹禺的访谈录发表。我一直没有同曹禺联系的想法。

1981 年冬，我将要离开南京到苏州大学工作。我的曹禺研究正进入后期。一天，我应约去导师陈瘦竹先生家，先生与师母沈蔚德根据我提出的问题，介绍曹禺先生在四川江安时期创作《蜕变》与《北京人》的情况。沈先生是南京国立戏剧专科学校的首届毕业生，毕业后留在母校。曹禺先生 1936 年到南京的国立剧专任教，她听过万先生讲课。抗战爆发后，剧专迁往四川江安。那时曹禺创作了《蜕变》，沈先生是剧中女主角丁大夫的扮演者，曾经乘着一条大船往重庆参加首演。1942 年初，曹禺离开江安往重庆，他把自己执教的编剧、戏剧理论课转给陈瘦竹先生担任。先生与师母回忆着四十年代在江安的教书、演剧生涯，充满深情。江安的剧专当时聚集着一批戏剧界名流：洪深、马彦祥、张骏祥、焦菊隐、黄佐临、章泯、吴仞之、应云卫、余上沅、丹妮等，曹禺任教务长。他们与曹禺有着深深的友谊，他们称赞曹禺先生讲课很好，有魅力，吸引了许多学生。陈先生讲到，曹禺先生讲编剧，举的都是西方名剧，他从不举自己的作品在课堂上讲授，尽管《雷雨》《日出》在当时已很有名，但是曹禺先生讲课从不提自己的作品，他很谦虚，而且他在其他场合也不提自己的作品。陈瘦竹先生对他赞叹不已。这件事，给我留下很深的印象。

1984 年，我的专著《论曹禺的戏剧》即将由人民文学出版社出版，我发现四川人民出版社有《原野》的修订版问世，在第三幕中，曹禺有许多改动。同时，关于曹禺创作中有一些问题需要了解，例如，章靳以是否是方达生的原型等。为了叙述的确切，我冒昧写了一封信给曹禺先生，记得这封信是寄到中国剧协请代转的，因为我不知道曹禺先生的地址。

不久，我收到一封信，信封下角署着：“北京木樨地22号楼6门10号曹禺”，四张信笺上是曹禺的书法：

栋霖同志：

来示并大作早已读过。我不大好读书，至今引为遗憾。从您的文章里，看出您对古书外国作家书下过功夫。如谈到契诃夫，您的见解就相当精确，谈到我的那几本戏，您也有独到意见。您从一九八〇至一九八一写作《论曹禺的戏剧创作》，耗费多少精力，我感觉惭愧。我的作品，如果还算个作品的话，是不值得您下了这大精神的。

今天下午田本相同志可能来访，他正在写个年表。我想把你问的种种交给他看。我自己答不上来，我从不留过去的记载。关于《日出》某些角色原指的是哪些真人物。这些都是猜测之词，不足深究的。

田本相同志是北京广播学院语言文学部教授，在北京东郊定福庄。他是位十分认真的人。他作过一些调查，才搞出一个年表。您如果愿问他，我想他会作出较准的答复。

我近来开会多，见人多，写作简直停下来。岁数较大，而无长进，是件难堪的事。

早应复信，以事、以病，耽误至今，十分不安，请多原谅。

敬祝

撰安

曹禺

一九八四．六．三　北京

这封信中，曹禺的虚怀若谷与对研究者的鼓励，都显示出这位著名艺术家的可敬人格。他还寄给我新版《原野》，亲笔签赠。这是四川人民出版社的新版，经曹禺本人作出多处修订。

1985年，曹禺先生七十五周岁，同时是他从事戏剧活动六十周年。10月4日南开大学举办学术研讨会。3日晚上，我与田本相等几位同仁去天津宾馆看望曹禺先生与夫人李玉茹。那天，于是之、夏淳都在座。曹禺先生精神特好，他向我专门谈起：“读过你的文章，写得很好。”他很激动，也很感慨，看来有许多话要讲，他对他的母校感情太深。那是我第一次见到曹禺先生。第二天上午，开幕式如期举行，陈瘦竹先生的致辞特别精彩。他历数古今中外戏剧大师的创作年份，莎士比亚、关汉卿、汤显祖、莫里哀、易卜生、契诃夫，从何年始至何年终，共经历多少年，而曹禺先生的戏剧活动自1925年演出《压迫》至1985年已历经六十周年。陈先生双眼几乎失明，他不用文稿，但念诵各位戏剧家的活动年代，那一大串枯燥的、极易混淆的年份数字，如数家珍，如吐珠玑，顿使全场肃静，无不为他惊人的记忆力而赞叹。曹禺先生在开幕式发表了深情的讲话，感谢南开对他的培育之恩。

第二天，曹禺重返天津小白楼故居，忆起青少年时代的往事，不胜感慨。他还回到母校南开中学参观，发表了热情洋溢的讲话。天津会议之后，我们这批人又晋京，出席中国话剧文学研究会成立大会，曹禺、夏衍都到场讲话，曹禺的讲话是《话剧的新时代就要到了》。可惜我为会议的组织工作，忙得未去听他演讲。

我第二次见到曹禺先生，是在北京医院的病房里。1990 年 8 月，曹禺演剧活动六十五周年暨国际研讨会在北京举行。北京人艺演出了《雷雨》《北京人》。他有病，医生不同意他出席开幕式大会，怕他太激动，病体承受不了。中外友人都惦记着他。我与上海戏剧学院的曹树钧先生相约在下午去北京医院探望他。在医院门口碰到日本学者影山三郎。1935 年，《雷雨》在日本由中国留日学生首演，第二年出版日译本，影山三郎译出了这部中国名剧。当年影山三郎还是学生，曹禺信任他，同意他翻译，还解答了许多问题。五十多年过去了，影山已满头白发，而两人的友谊依然常青。曹禺先生精神很好，在病房中接待来访客人。他依然谈起我写的文章，显然他已读过我那本 1986 年出版的《论曹禺的戏剧创作》。他很高兴，轮番同我们合影。宽大的睡衣包裹不住他关心戏剧事业的心。他关心剧场，关心戏剧演出。他说他怕看《雷雨》，开场那段鲁贵与四凤的戏，很容易演得沉闷。一会儿，郭老的子女来找他，为建立郭沫若基金会找他签字。他很兴奋，立即表示要签名支持。

第二年 8 月，北京人艺建院四十周年暨北京人艺演剧学派国际研讨会在北京举行，我第三次看望曹禺先生。经曹禺、焦菊隐等艺术家精心缔造、发展的北京人民艺术剧院已经在海内外赢得巨大的艺术声誉，研讨会期间演出了“人艺”名剧《雷雨》《茶馆》《狗儿爷涅槃》《推销员之死》。大家忘不了缔造“人艺”演剧风格的戏剧大师。曹禺先生斜靠在北京医院的病床上，与我谈起了他在重庆的戏剧活动。那时我在南京大学工作，他说：“南京大学是一所很好的学校，那里有我的朋友，陈白尘先生，我们一起排过戏，《黑字二十八》。陈瘦竹先生，他是位学者，知识渊博。”他很敬仰大学教师，很关心大学。他的声音已不如一年前清晰有力。护士来测他的心跳，说不宜太兴奋。曹禺夫人李玉茹一直陪伴在旁，曹禺称她“妈妈”，病中的曹禺显然须臾离不开她。他一会儿喝茶，一会儿吃西瓜，一会儿又要抱到轮椅上坐一会儿。曹禺要将轮椅推到外面走廊上，我们高兴地在走廊上照了相。一会儿，李玉茹又把他抱到床上躺下。李玉茹身材瘦小，反应灵敏，而曹禺已显然行动不便，身体很沉重，她已经竭尽全力在侍候曹禺先生。从谈话中，我知道她每天早上来医院，陪伴、侍候一天后，晚上回家睡觉。自曹禺进医院后，天天如此。前后两年，我两次到北京医院探望曹禺，都是李玉茹陪侍在侧，耐心而又费劲地侍候着。我突然悟到，曹禺先生虽然晚年疾病缠身，但是在精神上他是幸福的，他和李玉茹互敬互爱，李玉茹更以一种献身精神关爱着这位老伴。不久前，我在上海观看过李玉茹的演出，那是俞振飞舞台生涯七十周年纪念演出，她与蔡正仁合演昆曲《奇双会·写状》，出色地表演一位年轻少妇的复杂心态，舞台艺术仍然光彩夺目。现在，她谢绝了在京沪舞台上的演出，那是她奋斗了几十年的舞台生涯，离开了她的观众，只身陪伴一位病人，倾心侍候，毫无怨言。我崇敬曹禺的杰出成就与闪光才华，也敬佩李玉茹的人格，赞叹这对艺术家夫妇老而弥笃的深情。

那次回家不久,收到曹禺寄赠的题辞,那是他的亲笔书法,曾被黄永玉赞为“气势雄强,间架缜密”。曹禺先生书赠我的题辞是:“万树争荣　东风浩荡”,其中镶嵌了曹禺与我的姓名,足见先生对我俩友谊的珍重。

如今,这幅题辞挂在我书桌正面的墙上。它使我想起我与曹禺先生的交往,曹禺先生对我的鼓励,更想起曹禺先生对中国现代戏剧的贡献和他对戏剧未来发展的热切关注和构想。还有什么比这八个字更能体现曹禺这位为中国现代戏剧做出过杰出贡献、创作出璀璨精品的戏剧大师,对我这位后辈的激励呢。

1998 年 8 月 5 日于苏州大学

原载李玉茹、钱亦蕉编《倾听雷雨:曹禺纪念集》,上海文艺出版社 2000 年版第 198—203 页

怀念曹禺先生

田本相

一

我早就应该写下我的深深的难以忘却的怀念，不但为了我，更为了景仰曹禺先生的人们。

也许我的怀念文字并不重要，但对我来说却是一段十分珍贵的感情经历……

我是在一个十分偶然的机会去拜会曹禺先生的。1979 年的 5 月，我把《曹禺剧作论》交给中国戏剧出版社的杨景辉同志，是他觉得有必要将稿子请先生过目。而我那时一个想法，曹禺先生是我所尊敬的，所以不愿打扰他；作为一个研究者，还是沉默些为好。

我竟然没有料到曹禺写信来了，我十分激动地读了他的信：(原信)

田本相同志：

十分感谢，您寄来您的著作。我因即将赴美，许多事情急待解决，只能十分粗略地拜读您的文章。您的分析与评论是很确切，也是深刻的。您的研究工作使我敬佩，有时间，应该和您长谈，但目前许多事要料理。是否待我回国后，咱们再约一个时间谈一下。

我的作品确不值得用这么多力气，你费了大量时间去研究，使我很惭愧。

我即赴美，约五月中即返京，当约请一谈。祝好！

曹禺 80.3.8

曹禺先生这封信，使我的心情久久不能平静。这是我从事研究以来，第一次得到这样的鼓励，而且是这样一位大师的鼓励！

也可以说，是这封信，导致了我的学术命运的改变。其实，我是学中国现代文学的，并在我的导师、著名的鲁迅研究专家李何林先生指导下从事鲁迅研究。打倒“四人帮”之后，拼命地用功，希望把“文革”中消耗的时光“夺”回来。那时，我已经收集了大量的关于《阿Q正传》的资料，准备写一部关于它的专著。是一个偶然的机会，我写了一篇读《曹禺选集》的论文，反响不错。于是几个老同学就鼓动我研究曹禺。我确实有些话要说，但开始还是不大情愿，舍不得丢弃鲁迅研究。后来终于写了，想不到这部书，得到先生这样的重视，当然也得到了学术界的重视，加之这封信，于是，命运就驱动着我转向曹禺研究。于是，人们也误会我是一位戏剧研究者了。直到后来我当上了话剧研究所的所长。我回想起来，连自己都不可思议。无疑，先生的信给了我“转向”的勇气和信心。由此，我自然也把先生看成是我的老师。

二

他从美国回来，很快就约我见面。

还记得是1980年5月23日，第一次同先生会面的时候，他为了我不至于过于紧张，把准备好的香烟亲自递给我。还仔细问起我的经历。当他知道我也是南开大学的学生时，他说我们是校友嘛！

最出乎我的意料的是，正式谈话一开始，他就把《曹禺剧作论》引为知心之作，他讲得那么亲切而严肃。他是这样说的：（引录音）

> 本相同志，你真是下了功夫的，这点我非常感谢你。你想到的是我没想到的，我没想到的你想到了，可见批评家的好处。我曾经和你说过《孟子》上的一段故事。孟子见齐宣王说，每个人都有恻隐之心。啊，孙犁同志说，没有人道主义就没有文学，孙犁是很大胆的，很敢说话的，不怕有人反对。他敢说，我很佩服他。孟子非常会说话，有一次齐宣王让孟子讲讲齐桓公、晋文公称霸的事迹。孟子就说，齐桓公、晋文公都是用道德的力量来统一天下的，你齐宣公也是能使百姓生活安定并能统一天下的。齐宣公说，你怎么知道我能够呢？孟子说，我听人说过这样一件事，有一次有人牵着牛从你殿下走过，牛快被宰杀了，牛有预感，直打哆嗦，害怕，掉眼泪。你就说，把它放了吧！看它哆嗦可怜的样子，它毫无罪过，我实在于心不忍啊！孟子说，就凭你这种好心肠，我觉得你可以统一天下了。孟子还说，君子对于禽兽，是只能见其生，不忍见其死，闻其声就不忍食其肉；因此，君子远庖厨也。孟子还向齐宣公解释，所谓“不忍之心”，就是“仁术”，也就是仁爱之道。齐宣王听了很高兴，便说：“诗云：‘他人之心，予忖度之。’夫子之谓也。”齐宣王借用《诗经》中“巧言篇”里的两句诗表达了他的心情，意思是说，我心里想的说不出来的，你这么一解释我就明白了。从这个故事，也可以说，作家有心，批评家能“忖度”它。

我并不认为我的《曹禺剧作论》有什么高明的见解，它不过是在解放思想的浪潮中，对曹禺和他的剧作，以及他在中国现代文学史和中国话剧史上的地位给予重新评估罢了。现在看，已是平常之论。在他的谈话中，给我的教诲是在另外的方面：他是那么谦虚，那么平等待人；没有任何俯视或者教训的口吻，但我又觉得他像一位学者，在同我讨论文学批评以及评论家同作家的关系时，他的见解是非常具有启发性的。一个下午，他侃侃而谈，从他的身世、创作，到中国戏剧界的现状，还有对一些著名的外国戏剧大师的看法，使我直接感受到先生大师的睿智和风度。一个下午，没有谈得尽兴，又应我的请求，再谈。这就是后来经我整理并经他亲自修改的《我的生活和创作的道路——同田本相同志的谈话》，这些谈话成为人们研究曹禺的重要文献。

三

有人说，他是不爱谈话喜欢沉默的人。但给我的印象，谈起戏剧、文学他却是滔滔不绝，口若悬河。那时，他已是七十高龄的老人了，但他的思想却那么敏捷，那么富于联想，那么深刻！给我印象尤深的是谈对当时一批社会问题剧的看法，可以说是振聋发聩，独具胆识。是他最早也最深刻提出这个问题的。现在，我不妨把原话发表出来（录音记录）：

现在，我感觉有个极大的问题，无论是写戏，写小说，写什么东西，要有思想性。思想性我是不反对的，应该有的。但是，这里有个问题：现在一个戏，有个官僚主义者，另外有一批人物是坚决执行法制的，于是乎按两种思想成了两种人物，必然有一些挫折，有一些故事，有一些道理，无论如何是逃脱不了这么一个套子。一方代表真理，是正面的；一方代表谬误，是反面的。正的压服了邪的，成了这样一部戏。这种戏需要不需要呢？当然很需要，这就是现在的社会问题剧。针对当前社会的许多缺点毛病，针对社会上的许多问题现象，写出来了，如《报春花》《救救她》《未来在召唤》等等。我看了当时是非常感动，激动得不得了，觉得非常有道理，确实说出了我的心里话。但是，有一个问题，如果党也觉得这样好，看到是指责社会上的缺点，哪些是好的，哪些是坏的，哪种思想是符合时代的，符合四个现代化的，是值得提倡的；哪些是不符合时代要求的，不符合四个现代化的，是需要铲除的。从前如果是反面人物，牵掣到生产队长还可以，牵掣到生产大队长有些问题，牵掣到公社领导就成问题了，牵掣到省委就更不得了。我们已有了进步，许可作家批评，许可批评社会上的错误，批评政府机关干部的错误，干部的堕落，甚至是老干部。这比“十七年”，是个极大的进步。海默就只是写了很小很小的事情，就查到迫害致死。现在可以批评了，这些，表现了一定的民主，拆除了一定的禁区。但是，这里有一个值得思考的问题，这是一条很狭窄的路，如果把戏剧仅仅看作是表现政治的，政治需要什么就表现什么。解决什么问题，也不怕你说，不怕你讲，我们就写这些问题，也许群众要看，也许能解决问题，这就不敢讲了。譬如《权与法》，一部戏即使全国都上演了，是不是它就有那么大的影响作用，使有特权的人都不敢搞特权了，这很难说呢？文艺有益于四化，帮助四化，这我们不怀疑。但可能我们有误解，批评家有误解，于是把所有问题拿出来似乎有问题就拿出来写，好像很解决问题，写了后，大家就欢迎，好像很解气了，我总觉得这样一种写法，路子还是窄了。我希望是这样的一个情境：好像赶着一群羊，走啊，走啊，走到开口处，山谷豁然大开，是一片一望无际的旷野，是一片碧绿碧绿的草原，有牛有羊，这样的路子较好。不是被一个问题箍住，应该反映得深一些。应该把整个的社会看一遍，看得广泛，经过思考，写出使人思、使人想的好作品。不是按照作家规定的思路去想，顺着作家画好的道道去思，而是让人纵横自由，广阔地去想，去思索整个的社会，去思索人生，甚至思索人类。《红楼梦》《战争与和平》《约翰·克利斯朵夫》这些伟大的作品，就是这样的。

七十年代末、八十年代初，话剧涌现出一批社会问题剧，在当时影响很大。我也看过其中一些剧作，但没有想到先生这样高瞻远瞩，这样具有胆识，在充分肯定这些剧作的基础上，提出了他的见解。这确实是一个令人深思，给人启悟，并具有引导性的意见。即使今天来重读这些意见，仍然具有现实意义，仍然是我们话剧创作中值得解决的问题。同时，也深切地感到作为一位长者对话剧界的期待，曹禺是希望话剧多出一些优秀的剧作，而不是应时的赝品。

四

北京出版社准备出版一套现代文学传记丛书，《曹禺传》的写作任务落到我的身上，这是曹禺先生推荐的。一次，我到北京医院看望先生。正在谈话中，北京出版社的总编田耕同志和李志强同志从我家里赶到医院，他们早就同先生商定，由我来写《曹禺传》，这样，当着先生的面，我就万难推却了。

至今，我仍然感到这是先生对我的信赖。似乎，从我认识了先生，我们之间就有了一种默契，一种精神的联系。我确是把他作为我的老师，但同时我又是他的研究者；他始终对我十分关心，像一个长辈，而他始终把我作为一个年轻的朋友，作为一个研究者来对待。我们是忘年之交，也是君子之交。每次去看望他，他总是那么客气，总是送我到电梯门口，这使我格外感动。他对人的尊重，是真诚的。自然，也使我对他分外尊敬。

对我来说，这种信赖是一个鞭策，是一个充满期待的契约，我必须把它写好。但是，为先生写传谈何容易，且他又是这样一位戏剧大师。

似乎曹禺先生很善解人意，懂得我的困难，在写作之前或写作过程中，给了我许多有益的启示和帮助。他多次谈到如何写传，以及如何写他的传的问题。

最初，我曾问他：您自己的传由您自己来写不是更好吗？很多作家都自己动手。他说："我这个人是最不愿意谈起自己的，我最不愿意写信，除了给巴金，我也不是因为懒，而是不想写。当然，我也从未考虑自己写传。""如果我自己写，困难是很多的，不能单靠记忆，也要收集资料，甚至我过去待过的地方，还需要故地重游一番，以唤起回忆。有的老朋友，又必要在一起忆旧……"

"写传是很难很难的啊，写小说可以天马行空；写传，不能说事事有根据，但它必须是信史。自古以来，传就是纳入史的范畴。不真实的传记，是没有价值的。我很佩服罗曼·罗兰写的传，虽然简短，但却传神，颇有精神、感情的震撼力。莫洛亚的传记如《巴尔扎克传》《雨果传》等就写得十分迷人，他写出传主的性格、丰采和为人种种，娓娓动听，浩浩荡荡。你要多看看，加以比较琢磨。"

记得在我答应为他写传后不久，他打电话约我去他家里。他说，你要写我的传，除了我们谈，你必须尽可能去采访我的一些亲戚朋友。就是这次给我开出了一个几十人的名单。据我采访之后的印象：这个名单开得十分客观，其中有些人是因为一些事而对他有过误会和意见的。他当时就说："你采访中，要全面地去了解，各种意见都要了解，这样你才能够客观，保持一个平静的心态。对于写传的人来说，应当有这样一个心态。否则，很容

易把人写偏了。可能你是好心，但经不起历史的检验。要写经得起历史检验的东西。”

他谈起他小的时候有很多苦闷说：“我父亲很奇怪，问着我说：小小的年纪哪里来的这么多苦闷？你写我，就要把我的苦闷写出来。”是他这句话，点亮了我。我在同他的谈话中，所追索的就是他童年、少年直到青年时代的苦闷的心路历程。在我的《曹禺传》中，我几乎用了将近三分之一的篇幅写他的这段历史，而侧重点，就是写出他的苦闷，直到《雷雨》，是他的积淤于心中的苦闷的喷发。后来，我想，他同我谈经历，不是谈事迹，而是知心之谈，谈出他内心的秘密。当然，也是对我的指点。

不记得我们有过多少次会心的谈话，有过多少次关于戏剧、文学、历史和现实人物的讨论。开始是为了写传，每次去，都带着笔记簿，随手记下来，回去加以整理。有时，也带上录音机，曾经录下十几盘录音带。有时，去了，谈了，当时没记，回来追记。先生过世，我请我的老伴刘一军，也是我的曹禺研究的合作者，把它整理输入电脑。我再次回顾这些访谈的记录，他的音容历历如在眼前，我想，他这些谈话是十分珍贵的。我想以《曹禺访谈录》的形式发表出来，来纪念先生。

五

有一段，先生对中国戏剧出版社有些意见，不愿意把自己的书由他们出版。

我知道，景辉是很想编辑出版《曹禺文集》的，这是一件大事。我是很乐意促成的。后来，才知道一些原委，事情便放下了。

王正出任中国戏剧出版社总编，景辉任副总编。他们是很想有所作为的，把出版《曹禺文集》列为第一出版计划。我又出面同先生商量。其实，先生是通情达理的，他说：“我是剧协主席，我自然应当支持戏剧出版社。但是，我也是作者嘛！也应当尊重我作为一个作者的意见嘛！”

当我们商量编辑的方针时，先生是很谨慎的。先生的意见是以四川出版的单本剧集为准来编辑，这是经过他再次修改过的。当时，我的意见是认为应当有所区别，应当以文化生活出版社的版本作为底本。其他剧本，也是尽量以最初的版本为好。这样做，起码，我认为更有学术价值，更有收藏价值。先生考虑再三，采纳了这个建议。但是，当第一卷的校样出来后，先生突然又改变了主意。他亲自打电话给我，说还是按照四川本作基础，口气似乎也没有多少商量的余地。我们只好照先生的指示去做。那时，正是在反精神污染。也许，还有别的原因，我始终没有问过。但我感到先生的确是十分的谨慎的，我总觉得他有着某种摆脱不掉的“余悸”。

我记得我是这样说服先生又改变主意的。在一次鲁迅研讨会上，日本朋友对我们一些作家的文集上有某某篇“存目”的做法很不理解，为什么不能收入而偏偏“存目”呢？我把日本朋友的意见告诉他，他终于同意按照原来的意见编辑《曹禺文集》。

六

我觉得先生是一位宽容通达的人。比如对待自己的作品，他就是这样，可以说，任人改编，不加阻拦。特别是年轻人，他更宽容。

一次，我到医院去看望他，他问我是否知道王晓鹰在准备导演《雷雨》，说他将所有鲁大海的戏都砍掉了。我说，我看过报道。他问我是如何看的，我说："既然您都同意他们改编了，我还有什么可讲呢？"先生说："是王晓鹰的导师徐晓钟带他来说的，讲了许多道理。我不能给他们泼冷水，可以实验吗？我也吃不准把鲁大海拿掉，这个戏会成为什么样子？"我听出来，他是有疑问的。我说："《雷雨》这出戏，难得写了这么一个形象，他也许有这样那样的缺点，但如果没有他，这个戏的典型环境就大为失色了，那么就会削弱这出戏的整体的结构和整体的艺术力量。不过，还是等看过戏，再谈观感更好。"先生说："我也赞成你的看法，把鲁大海去掉，是有些问题。不过，我总是这样一个态度，实验么，还是允许的。"

以我的观察，他这种态度是一贯的。香港、台湾的一些戏剧团体演出曹禺的戏，有时通过我找先生，不论是职业剧团，还是业余剧团，他都慨然应允。

一次，在医院，正好日本的内山鹑先生将他导演的《日出》录像带寄来。曹禺看过剧照，十分激动，他说："本相，你看扮演陈白露的这位演员，多么年轻，多么漂亮！这些年来，我们演陈白露的女演员，年龄都偏大些。演陈白露的，就必须年轻漂亮。这是角色所要求的。谢芳演的陈白露，风度、气质都好，演得不错，但是年龄还是显得大了！"从此，我感到他对他的戏的演出，要求还是很高的。

他多次同我谈到电影《原野》。其实，他对这部电影的改编是相当满意的。由于当时在国内禁演，起初，他说得相当谨慎。他总是问我，为什么国内不准上映呢？后来，他逐渐放开了，他对《原野》的改编，给予很高的评价。他说："我不赞成依样画葫芦的改编，看起来对原著很忠实，而对改编来说却是不成功的。《原野》，也许有人以原著要求它，无论是基调、色彩和篇幅，都同原著不同。但是，它自身却很谐和统一，改编后形成一个新的机体，也可以说电影的机体。""杨在葆和刘晓庆都演得不错，都捕捉到人物的个性和气质，刘晓庆把金子的泼野演出来了，特别是金子对仇虎内在的深情，她理解得很准确。如果这个人物缺乏这些东西，无论把她演得多么'性感'，都是对人物的歪曲。"似乎由于电影《原野》的问世，他对话剧《原野》也打破了将近四十年的沉默，开始发表他对话剧《原野》的看法。的确，四十年来，评论界对《原野》的曲解、批评是太多了。而对《原野》的重新评价，对他也是一个安慰！

我还有许多事可回忆，还有许多心中话要说。限于篇幅，就先写到这里。我将逐渐把我的思念和对先生的回忆写成访谈录发表出来，献上我对先生的敬意！

1998年5月17日—6月10日清晨

原载李玉茹、钱亦蕉编《倾听雷雨：曹禺纪念集》，上海文艺出版社2000年版第172—182页

六十年的情谊

张瑞芳

算起来，从我认识曹禺至今已六十年了。我在高中一年级的时候，曹禺的《雷雨》已在《文学季刊》上发表了，引起了轰动，我们当时班里还想排这个戏，因觉得太困难没演成，但这个剧本在同学中影响非常大，给我的印象很深。我真正认识他是抗战时期在重庆的时候，演了他写的好几个戏，他成为我的师友。

1937 年抗战爆发后，曹禺随国立剧专从南京一路流亡迁徙到了重庆。我是 1938 年 9 月离开北平学生剧团到的重庆，进了剧专当旁听生，选了曹禺、黄佐临、余上沅等老师的课，对曹禺讲课印象特别深，当时挺崇拜他的。

我刚到重庆不久，那儿正准备举行第一届戏剧节，曹禺与陈白尘、宋之的一起写了抗战剧《全民总动员》，话剧界联合演出。那次真叫“全民总动员”，上海来的许多著名演员如白杨、赵丹、舒绣文、魏鹤龄等都参加了演出，剧专的校长余上沅也一起演，连国民党的行政要员张道藩都在里面扮演了一个角色。那时因为战局复杂，本来在战区活动的许多演员都集中在重庆大后方，声势浩大，那个戏几乎所有的演员都上了，所以一下子把当地的观众都吸引住了，演出很轰动。曹禺自己也登台演戏，他演白杨（饰莉莉）的爸爸，一个民族资本家。那是我第一次看到他演戏，矮矮小小的个子，两个眼睛很有神，在台上语言节奏掌握得很

好，说着说着，突然一下子停住了，那潜台词就出来了，特别棒。我刚到那儿，也在其中演了一个角色——芳姑，是个小难民，后来跟失散的爸爸相认。从那以后，我和曹禺的接触就多了起来。

当时重庆集中了各地文艺界的人，形成了一个进步话剧的中心，出现了不少好作品，培养了一批高水平的观众。许多名家都在那儿写剧本，比如曹禺、张骏祥、吴祖光、陈白尘、茅盾、老舍、杨村彬，他们都很年轻，大多三十岁左右，曹禺刚到重庆时才二十七岁，我们那时就更年轻了，二十岁左右，郭沫若也不过四十几岁。就这样形成一个很大的“雾季”（秋季）的演戏高潮——雾季艺术节，很成气候。夏季日本人轰炸重庆，大家隐藏起来写作，秋天重庆大雾，飞机看不到目标不能轰炸，于是大伙就把戏推上舞台，精彩的表演、活跃的气氛使重庆人至今难忘“雾季艺术节”。曹禺是其中突出的一员，那时期他写了好几个剧本：《蜕变》《正在想》《北京人》《家》，现在看来他的创作的影响不只在中国，世界华人甚至外国人都对他的作品感兴趣，至今还不断有人排演。大家都说他才华横溢，我们都称

他“天才”，他也真的是天才。他那时朝气蓬勃，有理想，有激情。他左耳腮边有一颗痣，一想事就会出神地去捻那颗痣，我们笑称那是他的“灵感包”。

1941年，我在曹禺写的话剧《北京人》中扮演愫方，这以后，我与曹禺的接触更多了，关系更密切了。那个戏分量很重，在重庆演出非常震动，给观众留下了难忘的印象。戏中许多角色都有原型的影子，但又不全是，写得生动，他对那种封建书香门第的生活是熟悉的。张骏祥导演，非常注意掌握整个戏中人物的基调和处理全剧的总体节奏；江村演文清更是演绝了，活脱脱一个曾家少爷。《北京人》在重庆抗建堂上演，八路军办事处、周总理、邓大姐他们都连续看了好几遍，并且在解放后还几次提到那个戏、那些人。演完这出戏之后，我们从北方去重庆的一批人，无形中就形成了一个“圈子”，巴金、曹禺、章靳以、张骏祥、吴祖光……我也跟他们经常在一块，有人戏称我们是“京派”。

后来他又改编了巴金的《家》，在这之前他就说要专门为我写个戏，演一个新娘子，从结婚那天演起，一直演到死，这就是瑞珏。后来剧本写成后，各个剧团都争着要排，曹禺就说：“哪个团演这个戏都可以，但瑞珏这个角色非由瑞芳来演不可。”为了这个条件，各个剧团还有些争执，最后决定将首演权给了中国艺术剧社。当时重庆有许多话剧团，有了剧本可以在各个剧团演，演员可以互相用，挺活的，同现在差不多，所以形成了一个有实力的话剧队伍。曹禺改编的话剧《家》与原小说和后来电影《家》的侧重角度不同，从觉新结婚到瑞珏死就结束全剧，瑞珏的戏份很重。这个角色有大段独白，我怕演不好，就去请教他，对我帮助很大。

1942年，我和曹禺同台演出《安魂曲》。当时有个业余的剧社“怒吼剧社”，是地下党组织的，我就是在那儿入的党。《安魂曲》就是由“怒吼剧社”演出的，张骏祥导演，曹禺演奥地利音乐家莫扎特，我演他的恋人阿露霞，一个歌剧演员。那时大家都年轻，热情高涨，演这个戏需要大量音乐专门人才，要弹钢琴、要唱歌剧等等，而且须高水平，所以最后由马思聪在幕后为莫扎特拉提琴配音。曹禺从前学过点，姿势挺对，但拉不出曲子，他在台前摆样子拉，声音就是马思聪在后头配的。我本来还要唱莫扎特的歌剧，我练了一阵，后来我怕到台上高音唱不上，还是让导演请胡雪谷找人来配。范继森为莫扎特的姐姐配钢琴独奏，劳景贤在幕后领唱《安魂曲》。当时没有录音带，他们每场都在幕后演奏演唱。这个戏曹禺演得很成功，他把一个有才华但被环境迫害的音乐家的内心世界表现得淋漓尽致。曹禺从前在中学里就演过戏，演娜拉。他的一位同学告诉我，他实在太用功了，说他演娜拉时，正好有个法国电影《娜拉》在天津放映，他就跟着一场场看，最后一举一动都有那个女演员的风度，所以演女角演得非常好。这次演莫扎特，一个“小伟人”，感情很跳跃，他也把神态都抓住了，特别是念台词，他有修养，念出来感觉就不那么空。当然他也讲一些技巧，但他念的时候体会得较一般演员深，所以特别好。排练时他念大段大段的台词，我就感动得掉眼泪，正式演出时，因剧院有一千多个位子却没有任何扩音设备，所以他不得不把声音提得很高，就损失了很多。这是一个很有现实意义的剧，看的人很多，当时重庆因汇聚了许多著名作家和演员而培养了大批话剧观众，到今天我还老想起重庆的观众，这么高水平，这么能欣赏话剧的观众还真少。记得著名教育家陶行知先生含泪看了《安魂曲》

演出之后，连夜回到育才学校，深夜敲钟全体紧急集合，带领同学们长途步行一百多里，从草街子走到重庆看这个戏。有些年纪小的孩子，累得边走边摔跟头，他们赶到剧场，没有座位就坐在国泰戏院楼座的水泥台阶上。我们在谢幕时听到孩子们从楼角发出的热烈掌声，心里特别激动，使我永生难忘。

抗战胜利后我们都到了上海，曹禺导演了《艳阳天》，他可能并不擅长电影导演，但他也搞了。解放以后呢，我总觉得他一直是在一种很矛盾的心情当中，一方面想积极参与到新中国的建设中去，一方面又因过多的社会工作耽误了创作而痛苦。我记得那时北京刚解放，别处如上海还未解放，我们大家从各地绕到北京。曹禺从地下党得到北京的邀请，希望他参加第一次政治协商会议，他非常兴奋，像个小孩似的，在一个小本子上激动地写诗，题目是《我来了！我来了！》，改了一遍又一遍。他写着“我迎着阳光来了……”热情极了，终于到了刚解放的北京。去了之后，大家开各种会，我参加了青代会、妇代会等等，然后大伙一起参加文代会，他也热情得不得了。五一、七一，北京全市大游行，到了晚上，队伍集中在大体育场，毛主席、周总理来到主席台，看台上场子里坐满了人，大家拼命叫“毛主席万岁！”，他也跟着使劲喊，全身心投入。文代会时，曹禺当了南方代表们的一个组长，让他通知大家开会。他老怕忘了，就拿了个本子写上，他又不会干这些事，弄得手忙脚乱，紧张极了。我记得大家还跟他开玩笑，曹禺着急地说：“你看，你看，我这么多事！你看我人都瘦了！”黄佐临慢条斯理地说：“哼，毛主席事多多，毛主席就挺胖。”挺有意思的。那时他就是全心全意地想投入到新的生活中去。

作为一个世界知名的文人，这些年来，曹禺做了很多很多不属于创作上的事情，各种活动实在很忙，一直到晚年他还经常为自己未能写出东西来而痛苦。我到北京去看望他，见很多人找他，国外也有人来，拿了他们演《雷雨》《北京人》等的录像、设计给他看，他累极了，还要强打精神接待。有时他看看我说：“你看上去永远年轻嘛，你也不老。我真想再给你写戏，写戏给你们演。”这样的话说过不止一次。解放后他也写了一些戏，如《明朗的天》《胆剑篇》《王昭君》，都是根据当时的形势让他写，他也就接受了，但究竟都是比较理性的东西，所以写出来也达不到他原来的高度。我感觉他是挺矛盾的，也挺苦闷。想想刚一解放也的确需要很多人工作，比如出国、接待外宾，我们也是整天有很多活动，主要是急迫希望别人知道我们新中国的状态。并且曹禺这样的文化名人，在国际上有知名度，别人认识他们，知道他们，通过他们可能就更理解我们新中国，所以他也就做了大量工作。但从创作上看，很多时间就被占去了，当时首要的是服从组织安排和政治需要，还有各种运动，太困难了。我们这一代人确实经历太多，中年之后到老年那一阶段，我们都没能在自己本行上多作贡献，这很可惜。还有就是对于新的艺术创作方法的适应，就我们演员来说，是二度创作，那也就算了；但作为作家，曹禺所熟悉的是他过去所写的旧社会的内容，他的“根”在那儿。后来的生活还是比较表面，因为地位也不一样了，不可能完全深入到生活里，对他来说很多东西抓不住，我看他心里也挺难过的。他老觉得自己应该写点什么，但又不知道写什么。事情做了许多，可是他就觉得后期没能留很多东西下来，有一种遗憾，自己对自己后来写的戏也不完全是满意的。

曹禺是个天真的人，像个大孩子，但同时因为出身于一种老式大家庭里，他又有一种老式传统教育下的拘谨。解放初期有一次在中南海受接见，曹禺坐在椅子上，连靠背都不靠，正襟危坐，周总理就讲他："曹禺，你干吗那么放不开呢?"还有，曹禺表面看来有一点世故，其实他很单纯，很善良，他对人家的作品、人家的演出，最常用的一句评语是："哎呀，真不易!"他从来不愿当面说人家不好，但私底下，要是我们讲某个作品某处不好，他也会一样地讲哪里哪里差。后来他一说"哎呀，真不易!"我就说他"滑头"，当面一套背后一套，其实，他是真怕自己的否定意见会给人压力太重，特别对演出或改编他的作品更是宽容得出奇。

曹禺是我多年的师友，我每次只要到北京总要去看看他，我们可以谈谈过去的许多事情，特别是在他住了医院后，我们见了面虽然说不了多少话，因为他耳背，但总感觉有很多共鸣的东西。他老说："嗨！看见你时，你才二十岁!"每次见面都特别开心，好像大家一下子都变年轻了。1996 年我为姐姐逝世去北京，那是我最后一次见到曹禺，与以往一样他一定要让护工推着轮椅送他到电梯口，看着我进梯。最后他还说："哎呀，我真应该给你写个戏，就照你现在这样儿写，可惜我做不到了……"

（张瑞芳口述　钱亦蕉整理）

原载李玉茹、钱亦蕉编《倾听雷雨——曹禺纪念集》，上海文艺出版社 2000 年版

怀念曹禺

巴　金

一

家宝逝世后，我给李玉茹、万方发了个电报：“请不要悲痛，家宝并没有去，他永远活在观众和读者的心中！”话很平常，不能表达我的痛苦，我想多说一点，可颤抖的手捏不住小小的笔，许许多多的话和着眼泪咽进了肚里。

躺在病床上，我经常想起家宝。六十几年的往事历历在目。

北平三座门大街14号南屋，故事是从这里开始。靳以把家宝的一部稿子交给我看，那时家宝还是清华大学的一个学生。在南屋客厅旁那间用蓝纸糊壁的阴暗小屋里，我一口气读完了数百页的原稿。一幕人生的大悲剧在我面前展开，我被深深地震动了！就像从前看托尔斯泰的小说《复活》一样，剧本抓住了我的灵魂，我为它落了泪。我曾这样描述过我当时的心情：“不错，我流过泪，但是落泪之后我感到一阵舒畅，而且我还感到一种渴望，一种力量在身内产生了，我想做一件事情，一件帮助人的事情，我想找个机会不自私地献出我的精力。《雷雨》是这样地感动过我。”然而，这却是我从靳以手里接过《雷雨》手稿时所未曾想到的。我由衷佩服家宝，他有大的才华，我马上把我的看法告诉靳以，让他分享我的喜悦。《文学季刊》破例一期全文刊载了《雷雨》，引起广大读者的注意。第二年我旅居日本，在东京看了由中国留学生演出的《雷雨》，那时候，《雷雨》已经轰动，国内也有剧团把它搬上舞台。我连着看了三天戏，我为家宝高兴。

1936年靳以在上海创刊《文季月刊》，家宝在上面连载四幕剧《日出》，同样引起轰动。1937年靳以又创办《文丛》，家宝发表了《原野》。我和家宝一起在上海看了《原野》的演出，这时，抗战爆发了。家宝在南京教书，我在上海搞文化生活出版社，这以后，我们失去了联系。但是我仍然有机会把他的一本本新作编入《文学丛刊》介绍给读者。

1940年，我从上海到昆明，知道家宝的学校已经迁至江安，我可以去看他了。我在江安待了六天，住在家宝家的小楼里。那地方真清静，晚上7点后街上就一片黑暗。我常常和家宝一起聊天，我们隔了一张写字台对面坐着，谈了许多事情，交出了彼此的心。那时他处在创作旺盛时期，接连写出了《蜕变》《北京人》，我们谈起正在上海上演的《家》（由吴天改编、上海剧艺社演出），他表示他也想改编。我鼓励他试一试。他有他的“家”，他有他个人的情感，他完全可以写一部他的《家》。1942年，在泊在重庆附近的一条江轮上，家宝开始写他的《家》。整整一个夏天，他写出了他所有的爱和痛苦。那些充满激情的优美的台词，是从他心底深处流淌出来的，那里面有他的爱，有他的恨，有他的眼泪，有他的灵魂的呼号。他为自己的真实感情奋斗。我在桂林读完他的手稿，不能不赞叹他的才华，他是一位真正的艺术家！我当时就想写封信给他，希望他把心灵中的宝贝都掏出来，可这封信一拖就是很多年，直到1978年，我才把我心里想说的话告诉他。但这时他已经满身创伤，我也伤痕遍体了。

二

1966年夏天，我们参加了亚非作家北京紧急会议。那时“文革”已经爆发。一连两个多月，我和家宝在一起工作，我们去唐山，去武汉，去杭州，最后大会在上海闭幕。送走了外宾，我们的心情并没有轻松，家宝马上要回北京参加运动，我也得回机关学习，我们都不清楚等待我们的将是什么。分手时，两人心里都有很多话，可是却没有机会说出来。这之后不久，我们便都进了“牛棚”。等到我们再见面，已是12年后了。我失去了萧珊，他失去了方瑞，两个多么善良的人！

在难熬的痛苦的长夜，我也想念过家宝，不知他怎么捱过这段艰难的日子。听说他靠安眠药度日，我很为他担心。我们终于还是挺过来了。相见时没有大悲大喜，几句简简单单的话说尽了千言万语。我们都想向前看，甚至来不及抚平身上的伤痕，就急着要把失去的时间追回来。我有不少东西准备写，他也有许多创作计划。当时他已完成了《王昭君》，我希望他把《桥》写完。《桥》是他在抗战胜利前不久写的，只写了两幕，后来他去美国讲学就搁下了。他也打算续写《桥》，以后几次来上海收集材料。那段时间，我们谈得很多。他时常抱怨，不能做自己想做的事情。我劝他少些顾虑，少开会，少写表态文章，多给后人留一点东西。我至今怀念那些日子：我们两人一起游豫园，走累了便在湖心亭喝茶，到老饭店吃“糟钵头”；我们在北京逛东风市场，买几根棒冰，边走边吃，随心所欲地闲聊。那时我们头上还没有这么多头衔，身边也少有干扰，脚步似乎还算轻松，我们总以为我们还能做许多事情，那感觉就好像是又回到了30年代北平三座门大街。

但是，我们毕竟老了。被损坏的机体不可能再回复到原貌。眼看着精力一点一点从我们身上消失，病魔又缠住了我们，笔在我们手里一天天重起来，那些美好的计划越来越遥远，最终成了不可触摸的梦。我住进了医院，不久，家宝也离不开医院了。起初我们还有机会住在同一家医院，每天一起在走廊上散步，在病房里倾谈往事。我说话有气无力。他耳朵更加聋了，我用力大声说，他还是听不明白，结果常常是各说各的。但就是这样，我们仍然了解彼此的心。

我的身体越来越差，他的病情也加重了。我去不了北京，他无法来上海，见面成了奢望，我们只能靠通信互相问好。1993年，一些热心的朋友想创造条件让我们在杭州会面，我期待着这次聚会，结果因医生不同意，家宝没能成行。这年的中秋之夜，我在杭州和他通了电话，我清清楚楚地听到他的声音，还是那么响亮，中气十足。我说：“我们共有一个月亮。”他说：“我们共吃一个月饼。”这是我最后一次听到他的声音。

三

我和家宝都在与疾病斗争。我相信我们还有时间。家宝小我 6 岁，他会活得比我长久。我太自信了。我心里的一些话，本来都可以讲出来，他不能到杭州，我可以争取去北京，可以和他见一面，和他话别。

消息来得太突然，一屋子严肃的面容，让我透不过气。我无法思索，无法开口，大家说了很多安慰的话，可我脑子里却是一片空白。我不能接受这个事实，前些天北京来的友人还告诉我，家宝健康有好转，他写了发言稿，准备出席六届文代会的开幕式。仅仅只过了几天！李玉茹在电话里说，家宝走得很安详，是在睡梦中平静地离去的。那么他是真的走了。

十多年前家宝在给我的一封信中，写了这样的话："我要死在你的前面，让痛苦留给你……"我想，他把痛苦留给了他的朋友，留给了所有爱他的人，带走了他心灵中的宝贝，他真能走得那么安详吗？

1998 年 3 月

原载《人民日报》1998 年 5 月 15 日

为戏而生的曹禺

李玉茹

曹禺与生俱来的就是“戏”细胞。仿佛他这个人是为了“戏”才来到这个世界的。

在母亲的怀抱里就开始了听戏、看戏。15 岁在南开新剧团登台演戏。在导师张彭春先生指导下，他不仅学会了演戏，还学会了导戏、写戏。曹禺这一辈子，从没有离开过戏。贯穿他整个生命的是戏、是舞台、是观众、是读者。在他血液中流淌着的还是“戏”。有了戏，他才有了生命，才有乐趣，才有他的一切！

熟悉曹禺的朋友，都知道他不修边幅，对物质生活没有任何要求，极其随便。对身边琐碎事物漫不经心，甚至朋友和他说话时，偶然他也会神不守舍，听而不闻。在这种时候，他的思维已进入了他想象的境界中去了。朋友们都知道他就是这么一个人，也就见怪不怪了。但是一接触到戏，无论演戏、读剧本、看戏，他便聚精会神，全身心地投入到戏里去了。曹禺读剧本也好，看戏也好，他像普通的读者与观众那样好奇、新鲜。随着剧情的发展，人物的遭际，都会左右着曹禺的情绪，时而会心地笑出声来，时而连连叹息，时而默不作声思考着什么。

曹禺最大的乐趣之一，是读书。在书的海洋里得到无穷的欢愉，“……眼前直下三千字，胸次全无一点尘。”读书之外另一个最大的享乐是任他徜徉在他心灵中一个自己的天地里，那里有戏的王国。他在那个王国里骋目追寻，追寻着他熟悉的或不熟悉的甚至是陌生的人们。在这些同类中有他喜欢的，也有他憎恶的。他就是要把万物之灵的“人”琢磨透，剖析透。曹禺毕生孜孜以求的就是“了解人”，他要了解的是人的“灵魂”，是躲藏在灵魂深处的光明的、黑暗的、真实的、虚伪的、高尚的、卑鄙的、美好的、丑陋的东西等等。为此，他苦心孤诣求索了一生。他就是要牢牢抓住人的灵魂里最本质的东西，把这样真实的“人”创造出来，写进他的“戏”里。然后，把这些活生生的人，捧给他的读者与观众。这才是曹禺最大的满足、最大的幸福。

曹禺博览群书，中外古今的书籍他没有不看的。他对民族的“唐弄戏”“元杂剧”“明传奇”都爱看。不仅喜欢看，对美丽词藻还能背诵，如《还魂记》中“游园”：“原来姹紫嫣红开遍，似这般都付与断井颓垣，良辰美景奈何天……”《长生殿》中的“闻铃”“哭像”以及李龟年“弹词”等，他都很欣赏。我俩有时看昆曲演的传奇剧目，回到家来，他立即翻阅原传奇剧本，看看改编得究竟如何。他对关汉卿、汤显祖十分钦佩，常说这是中国了不起的大剧作家。

曹禺对各种地方戏曲艺术都很爱看，无论秦腔、晋剧、川剧、河北梆子、豫剧、曲艺等等他觉得都很有东西，很有特色，很有价值。在南开中学的时候，他还演过京剧《南天门》(即《走雪山》)里的老家人曹福。扮演小姐曹玉莲的是他同班同学，名字我忘了。他说在台上小姐走不动了，坐在地上，老家人要搀小姐起来，扮小姐的同学是个小胖子，曹禺扶不动她，差点把他也拽趴下，引得台下观众哄然大笑。张伯苓校长看完戏，对曹禺很夸奖了一番，说他扮相像余叔岩。曹禺喜欢京戏，高兴起来还能唱《洪羊洞》《打棍出箱》等戏。唱词之熟，令我惊讶，大约是少年时候背"戏考"的功底吧。他告诉我他唱的是"余派"(余叔岩)。有时他也朗诵莎翁戏中的独白给我听，声音醇厚动听，他那铿锵有力，又十分讲究抑扬顿挫富于激情的朗诵，使我听了很受感动。我常想，曹禺演戏，一定是个好演员。可惜，我没有见过他演戏……

为纪念曹禺 90 岁诞辰，戏剧界的朋友们冒着酷暑赶排着曹禺的戏。北京人民艺术剧院正在重排《日出》、复排《雷雨》，并投入排练人艺从未上演过的《原野》。中央戏剧学院 9 月份正值院庆 50 周年，同学们也正热火朝天地赶排《雷雨》。有人告诉我不少观众给首都剧场打电话要求订票了。戏剧界的朋友们和他的读者与观众都深情地怀念着他。曹禺有知的话，该是多么多么地欣慰啊！

前不久，《原野》导演李六乙先生来看我，谈了他对《原野》新的诠释和他的处理设想。我想到，曹禺向来总是尊重别人对他剧本的二度创造，只要不太离谱，他都同意。作为我来说，我很相信人民艺术剧院的艺术家们，也更相信人艺的观众们，他们是有高度鉴赏力的艺术欣赏者。一个戏的成败得失，高水平的观众们会作出公正的评论的。这也使我想到我的老师梅兰芳先生的一句名言："移步不换形"。这是梅先生对戏剧艺术规律总结出的一句至理名言。

曹禺离开我们已经三年多了，每当我看到曹禺的戏不断地在舞台上、银幕上、屏幕上乃至国外的舞台上演出时，我确确实实感觉到曹禺没有离开这个世界，他就在我们中间，他的生命在延续，在舞台上延续，在观众与读者心目中延续，延续着！

9 月 24 日即是曹禺 90 岁诞辰，谨以此文作为我对他的馨香祷祝吧。

原载曹树钧、刘清祥编《神州雷雨》，湖北人民出版社 2002 年版

万家之宝

——追忆曹禺

李欧梵

香港话剧团不久前公演《万家之宝》话剧，是名剧作家曹禺（原名万家宝，1910－1996）的三部戏剧选段：《日出》《原野》和《北京人》，在香港演艺界引起一阵轰动。

我非戏剧研究者或专家，但和曹禺先生及他的高徒英若诚倒有数面之缘，此次公演又令我想起这一段值得回忆的往事。

我在台湾大学读书时，早知曹禺的大名，但他的戏剧在当时国民党统治下的台湾还被列为禁书。我在大四那年，热衷西洋戏剧，颇想研究一下曹禺受到西方文学的影响，却不得其门而入，后来老友刘绍铭以此为题写出一本精彩的博士论文。我到美国留学的第一年，在芝加哥大学的远东图书馆就开始补读"禁书"——鲁迅、茅盾和曹禺。记得当时的初步印象是：鲁迅的作品相当黑暗，而茅盾和曹禺的作品则十分大胆。暂且不提鲁迅和茅盾如何令我看得入迷，曹禺的《雷雨》和《日出》也使我大吃一惊：前者讲的是乱伦，后者描写的却是都市生活的颓废，这还得了！我心目中的左翼文学形象，被这些作品一扫而空，哪有什么意识形态和阶级斗争？不错，《日出》的结尾有工人在唱歌，但女主角陈白露（此次由毛俊辉夫人胡美仪客串演出）却始终生活在"小资产阶级"的纸醉金迷的世界中，执迷不悟，难道曹禺真是一个左派作家？我不相信。

不料二十年后20世纪80年代初期竟然在我任教的印第安纳大学和曹禺先生见面，更和他的大弟子英若诚一见如故，成了莫逆之交，因为他就是我当年就读的台大外文系系主任英千里教授的儿子。现在又事隔二十多年，二人皆已作古，但我记忆犹新（但详细见面的日期却忘了）。英若诚和我与刘绍铭（他本是印第安纳大学比较文学系的博士）在印大活动中心的旅舍、他们二人下榻的套房中开怀痛饮，英若诚特别带来一瓶酒精度极高的陈年"二锅头"，三人畅叙别情，好像本来就认得似的。曹禺先生没有陪我们饮酒，先自就寝，但却被我们三人的喧哗声吵得睡不着觉，屡屡探头致意，面带笑容，像一个慈祥长者面对几个不听话的晚辈：该睡觉了吧，怎么还闹个不停？

然而，曹禺作《雷雨》和《日出》的时候，年纪比我们还轻，才二十多岁！怎么在艺术造诣上如此"世故"？记得后来我以此向英若诚请教，他说：当年他上清华大学的时候很喜欢看图书馆珍藏的英文文学名著（众所周知，英若诚的英语也犀利之至），发现每一本书的后页登记表中都有一个借书人的名字——曹禺！怪不得曹禺早期剧本中西方文学的影子呼之欲出，从希腊悲剧到契诃夫和奥尼尔（Eugene O'Neill），比比皆是，但在内容上却注入一

股强烈的“五四”新文学的味道。当年我差一点申请到印大攻读西洋戏剧，说不定就和青年时代的曹禺一样，从这些大师作品中感受到一种心理震撼，尤其是奥尼尔的那几部冗长的剧作，如：*Mourning Becomes Electra*（《悲悼》）、*Desire Under the Elms*（《榆树下的欲望》）、*Emperor Jones*（《琼斯大帝》），刘绍铭的论文（后来成书）中早已指出：这几部作品显然影响了曹禺对《雷雨》和《原野》的构思。《日出》的气氛则受到契诃夫的影响。

那次在印大的会面，令我印象至深的另一个场面是印大戏剧系（我当年申请却未获准入学）的师生为他演出的《日出》的一幕，他老人家观后几乎老泪纵横，看来十分感动。为什么一群二十出头的美国大学生——内中没有一个人是华人——用另一种异国语言竟然能表现出原剧的气氛和意境？况且这些吃牛奶长大的美国中西部青年根本不知道“五四”新文学怎么一回事。

我观后立刻问曹禺：“这次演出，是哪一方面打动了您？”他脱口而出地答道：“陈白露这个美国女孩把她演绝了！其实这个交际花出淤泥而不染，个性像白露般的清新，本来就是‘五四’新女性的模子！只不过都市生活使她变了样子。”

曹禺的这一段话，又在他公开演讲时重复了一次，所以我至今记忆犹新。也许他故意要恭维一下美国学生，以答谢盛意，但我想这还是他心里的话，事隔半个世纪才有机会宣泄出来。他那一代的中国作家——不论是左派或右派——都经历过一段“悲情”，这却绝对和后来的政治环境有关：因为五四运动带起的是一股浪漫激情，虽然表现于个性解放和反传统的“意识形态”之中，但真正追求的是一种莫名的理想，这种理想，有人把它化之为革命或社会主义，也有人（如曹禺）不见得如此，而想从人性本身挖掘出一个新的典型或从感情上追求种“极至”，这个极至，在西方现代文学中就是死亡！爱与死本来就是西洋文学和艺术传统中的一大主题。

曹禺这一代人（特别是个性中充满激情的作家，巴金当然是另一位代表人物）却未能把这股理想的激情真正发挥出来，以艺术形式将之重塑，成为文学。我猜曹禺当年心不在革命，而参加革命的作家却被整得很惨，因为列宁的“政党”组织——国民党和共产党曾以其为典范——是讲求纪律的，在革命进行时更是如此。革命成功以后呢？除非牺牲“小我”，彻底地把个人激情融入爱国的情绪中去“为人民服务”，否则无路可走，只有沉默。我在 20 世纪 80 年代初期访问大陆时，见到不少作家，大部分都说着客套话，除了少数敢言作家，都处于自愿沉默的状态，曹禺可能也是如此。

所以要等到来了美国才真正把心里话说出来。

曹禺早年（20 世纪 40 年代末）也曾访问过美国，旧地重游，当然感慨良多，内中细节我就不得而知了。他两次访美皆甚为成功，第二次更受到美国各地华人知识分子的热情款待，对于像我这样的研究现代文学的人，当然更有一股“异样”的激动——这“异样”不仅指的是异国，而且也意味着“时过境迁”后的历史讽刺。研究文学的人，往往从“文本”中揣摩作家的面目，但毕竟不如和作家本人面对面来得更真切。然而也有的中国作家见面不如耳闻，言论令人失望，丁玲就是其一。曹禺给我的印象和丁玲不同：他展露的真面目是艺术家，而不是党员。后来我重返北京时又随印大同事罗郁正教授和他见了一面，他已经躺在病榻上了。20世纪八九十年代的中国，犹如雨后春笋，新的作家辈出，曹禺早已离开历史的舞台，“空留纸上声”。他的早期剧作，不但可以不断重演（每次演出也可采用不同方式，譬如此次香港话剧团就以英语演出《北京人》的一幕），而且也可以重读。记得我在20世纪60年代初读《雷雨》《日出》和《原野》，觉得像是在读小说，内中对背景、人物甚至舞台设计皆描述甚详；它又像电影剧本，因为内中不少“表现主义”式的形象和象征技巧，绝非全然社会写实，或是在“社会主义现实主义”的大旗下特意制造出来的赝品。

走笔至此，不禁又想到电影。看过《满城尽带黄金甲》的朋友都说故事来自《雷雨》的原型，我认为不然，最多也不过学了皮毛而已。张艺谋的才华盖世，就是读书不够多，否则怎么会把《雷雨》的原型“尽带黄金甲”，极尽铺张之能事？原剧中的压抑和阴冷气氛尽失。又有人说《满城尽带黄金甲》是中国式的《哈姆雷特》，则更离谱。张艺谋哪有时间去揣摩莎翁名剧？电影非同文学，但和戏剧还是有不少缘分。戏剧受场景限制，无法在形象和动作上更多样化，但戏剧传统中却有一个更坚实美学的“骨架”——也可以千变万化，这就要靠剧作家和导演以及演员的文化涵养了。不是所有电影明星都能演莎翁名剧，也不是任何电影导演都可以随意改编曹禺。

我曾看过由刘晓庆主演的《原野》，记得片中色彩极浓，她演得十分“入戏”，剧情也颇尊重原著，唯独缺少原著中的“表现主义”气氛，太过写实了。表现主义的传统最重视心理幻想的重现，布景不能写实，情绪至关紧要。但此次香港话剧团以“传统手法”演绎《原野》，效果应该别具一格。

至于《日出》，则是我最心爱的曹禺作品，原因无他，正是内中有契诃夫的味道，他的《樱桃园》照样可以搬进上海（或天津）的大旅馆中，但剧末最后几句经典台词又如何处理？“太阳升起了，但太阳不属于我们，我们要入眠了！”（手头无原著，只记得大意）文绉绉的，像是翻译。据曹禺亲口告诉我：他最初构思此剧时就从这最后几句话和陈白露站在窗前的“大特写”开始。不知中国哪一位电影大导演愿意重拍《日出》？然而现在的上海——“小资”气息充斥，也带有不少“黄金甲”——又如何令我想起年轻时代曹禺笔下的《日出》？！

后记：刚写完此文，无意中在坊间看到重新发行的粤语片《雷雨》的影碟，青年时代的李小龙还在片中演一个配角（周冲）。返家后欣赏，发现导演吴回处理手法十分紧凑，只不过为了大明星白燕（在片中饰演鲁妈），把原剧中女主角周蘩漪的分量大为减低。

原载《书城杂志》2008年第1期

再访郑秀

田本相　郑　秀

1982年5月10日

郑秀老师来信，邀我5月10日上午9时到10时去找她。我九时半到达，大约十二时半出来。我们谈了有两个半小时。这次谈话，让我感慨万分，思绪万千。这个老人，给我的印象是太好了！太深刻了。我竟然糊涂起来，似乎又明白起来。人啊人！真是太复杂了！

郑　秀：1966年12月，北京的红卫兵曾经发动抓“彭罗陆杨”，就在这次红卫兵的突击行动中，曹禺也被他们抓了。大概是“四人帮”借此想搞总理吧！大约夜半，红卫兵闯进曹禺的住宅，曹禺那时不服安眠药是无法入睡的。他正睡着，就把他从床上拉下来拖走。总理知道了，就到处查询，知道关在中央音乐学院礼堂里，他就亲自去了。看到彭真和曹禺，总理对红卫兵说，“曹禺算个什么呢？他又不是走资派。”于是，他们就把他放了，清晨六时许回到家中。总理是很关心曹禺的。

我的弟弟郑还就是曹禺把他介绍给总理，去了解放区的。他是在重庆走的。郑还是学电机的，现在解放军电子工业学院当副院长，是个老干部了。郑在“文革”中还换上便衣去看望曹禺。他说，虽然姐姐和他分开了，但旧谊仍在。

万昭很能干，在中央音乐学院做过学生会主席。对他的爸爸那真是一片孝心。看着爸爸出了事，那时万方、万欢还小，都是她为曹禺奔波，到处递材料，告状。

田本相：还是很想听您谈谈您和曹禺先生恋爱、结婚到离婚的经历，因为这些对研究曹禺的创作是十分重要的。有些老同志说，不懂得曹禺的婚恋，就很难深入曹禺的戏剧世界。至于哪些能够写进传里去，哪些不应当写进去，我会尊重您和曹禺先生的意见。

郑　秀：我是1932年考入清华的，1936年毕业。当时清华有个军乐队，我入学时，陆以循就是清华军乐队的助教，因为他是三年级就留校当助教的，大学没有毕业，每月工资40元；一般助教80元。曹禺学巴松管是在前，学了很短的一段时间。陆以循管理钢琴，我每周两次去军乐队练钢琴，都碰上他。但是，还是没有直接认识。《何梅协定》的签订，时局紧张起来，我便去天津了，我住在天津市女青年会。还有个叫倪雅妹的，会拉提琴。

我还是先说说我的家世。我舅舅是黄花岗七十二烈士之一。我父亲是由伯父资助到日本去的，认识了我的舅舅林文，入了同盟会，成为莫逆之交。我的外曾祖父林鸿章是前清最后一个状元，福建老家大门口还有“状元及第”的牌子。我的外祖父是个少爷，熟读诗书，到台湾讲学；我舅舅林文、我母亲林佩英都去台湾了，所以我外祖父家的人，都会说台湾话。

清末，家庭没落，房子还有，很穷了。我舅舅，他的生母去世了，孤苦伶仃。我的大姨嫁给沈葆桢家。沈家也是望族，他同左宗棠、曾国藩是三足鼎立。我的姨父叫沈璇庆，他就是著名的沈崇事件中沈崇的祖父。沈葆桢是两广总督、两江总督，上海沈家湾都是他的。我姨父沈璇庆是个很正直的人，终身不穿绸子。我从小跟他学书法，别名东老，民元以后，他在海军部当秘书，专管为红白喜事写对联，思想比较进步。给大官送寿屏，他就在寿屏上写字，字写得好，很出名。北洋军阀失败了，他就回到福建去了，我也跟着回到福建。

我从哺乳时期跟着姨父长大，在福州的别墅里，姨母待我很好。他到北京，我又跟着到了北京，先是入东观音寺小学、培元小学，又入贝满中学。后来姨父回福州，我又跟着回去了。他在敬老院当院长。

1926—1927年间，我父亲到南京工作，那时他是最高法院的法官，我已经十六七岁了。我不愿读旧书。就要求父亲让我一个人回到北京读书，初中三年级又回到贝满中学。我住校了。高中二年级母亲故去。培元、贝满、燕京，都是教会学校。我毕业后，被保送进燕京大学，保送也考，是提前考，考两科，我被录取了。考上了就回南京。但是父亲认为燕京是教会学校，非叫我考清华。我也没带书回去，就仓促上阵，又去上海，在上海大夏大学参加了清华招生考试，考文科，数学考了49分。我考的是法律系，乔冠华也是这个系的。这是1932年。这样，就按照父亲的意思进入清华读书。

1933年春天，曹禺翻译了一个多幕剧《罪》。我那时是一年级，曹禺是四年级。不知他怎么知道我，就通过孙浩然来找我，请我参加《罪》的演出。我是比较爱活动的，我们在贝满就能用英语会话。我读书时爱打扮，有风度，当时贝满有三位同学在清华都是这样的。就有人追我们，追的人很多。南开考入清华的四个同学，不爱打扮，死念书。我们贝满的三个人都会弹钢琴，家庭情况也比较好，长得又很漂亮。

石淑宜，她父亲是在日本学纺织的，石家庄大兴纱厂就是他开办的，是经理；抗战时期发了国难财，到了西安办了大华纱厂。蒋纬国到西安驻防，就和石淑宜的妹妹订婚了，结了婚。

我不知为什么曹禺找我，我在中学是演过戏。贝满在通县办过一所平民学校，就是靠演戏捐款来资助办的。我说我不能演，但曹禺仍通过孙浩然来说服我。南开那些女同学也都说万家宝如何好，威望很高，老说服我。这样，我和孙毓棠、曹禺三个人演了《罪》，就是在同方部演的。可能现在还有，就是清华学堂和大礼堂之间的那所房子，实际上可以说是个小礼堂。演了七八场，反映很好，不但清华人来看，燕京的人也来看。

那时清华每年校庆都开放女生宿舍，叫人参观。平时不让男生进去，一开放，我的几张照片都丢了，收到过十几封求爱的信，也是演戏演的吧！

从演戏之后，他就抓住我不放了。我们住在校外新南园18号，是教授的楼，给女生住，我住得远些，就是避免人纠缠我。后来又住古月堂，现在还有，是女生宿舍，就是躲开他。可是他一宿一宿地守在女生宿舍外边不走。同学都说,你去看看,要不他会出毛病的。我就去见了。第一次见面,他就把他的情况都讲了。他爱他的母亲。那时追我,他一夜一夜地失眠,同学都帮他说好话。他在学校威望比较高。

从 1931—1933 年,西洋文学系有两个拔尖的,一是曹禺,一是钱钟书。钱钟书家学渊源,中文底子厚,会拉丁文、英文,英文最好。他们毕业那年,在毕业年刊上,钱钟书用英文写的序,引经据典,我当时都看不懂。

他们的系主任叫王文显,他的工资比较高,每月 600 元,这是因为他入了英国国籍。万黛出国,就是通过王文显的女儿王希琰办的。那时,王希琰是一个十分淘气、长得又不算漂亮的小姑娘。是任之恭的女儿告诉我王希琰在美国从医的,我写信给她,她不忘旧谊。

1933 年春天,我认识曹禺。1933 年夏天,放暑假我没回家,在学校里温习功课,他在图书馆里写《雷雨》,他材料早就准备好了。秋天把剧本拿给章靳以,靳以给压住了。

每星期六,我和曹禺到三座门去,在那里,我认识了巴金、冰心、姚蓬子。他们办《文学季刊》。靳以拿到《雷雨》的稿子,不能做主,等巴金回到北京,是巴金决定的,不怕冒风险,1934 年发表。

发表之后,国民党也不让演,是在日本首演的。在国内是中国旅行剧团首演的,在天津的租界演的。先是在小地方,长江一带,无锡、杭州,后来演到上海轰动了。

1933 年曹禺毕业考入研究生院,人们都说是养老院,每月给 30 元生活费。他父亲给了他 1 万元,钱交给章靳以的父亲的交通银行存起来,利息从优,每月有 30 至 40 元的利息。我父亲每月给我 30 元。他去保定育德中学教了几个月的书,拉痢疾回到北京,等于不辞而别了。人家给他每月 240 元的工资,相当高了。

我记得生病回来就住在德国医院,我去看他时,杨善荃也去看望他了。1935 年他去了女子师范学院,在天津写《日出》。他写《日出》,应提到张彭春,他每一幕都同张彭春商量,而且就是张彭春陪着他到三等窝子去调查。

《雷雨·序》提到献给导师张彭春,张说:"你怎么这么客气!"1935 年还同张彭春编演《财狂》。1935 年,我们商量出国,准备到西欧去。他先去德国,到美国钱不够。第二年,我毕业后也去。我父亲每月给我的钱都存起来,我们已经作好了出国留学的准备。这时,余上沅在南京办剧校,听说曹禺要出国,就又是打电报,又是用信约他到剧校教学,说:与其你自费留学,还不如将来由剧校保送你外出留学,还省了自己的钱。就这样到了南京剧校。

毕业后,父亲叫我回南京,就在南京政府的审计部给我找了工作,当科员,审核大学经费,我正好管北大、清华的经费审核。曹禺每月薪金是 260 元。

田本相:您是什么时候同曹禺先生订婚和结婚的?

郑　秀:我们是 1936 年 10 月 26 日在南京德奥瑞同学会(一个类似国际俱乐部的组织)举行的订婚仪式。有他的母亲,剧校同事,巴金和章靳以是专程坐飞机从上海赶来。那时上海至南京间的飞机航线才开,票价 25 元。他们带来一个十分漂亮的美国进口的洋娃娃，这个娃娃会叫人。田汉正在南京，我们不晓得。一共发出了二三百份请柬，收了十几份贺电。快结束时，田汉拿了一个中堂送来了。晚上家里有个家宴，他母亲是特地从天津赶来的。

“七七”事变前夕，万家修，他的哥哥死了。他对哥哥倒不怎么样，但毕竟是手足嘛！他特别惦念的是他的母亲，他怕她经不起打击，很担心，就急忙赶回天津。可是一回到天津“七七”事变爆发了，出不来了。他是化装成商人，由海路坐英国航船经香港去武汉的。

中日一开战，我的继母带着一家人到上海避难，只有我和我的父亲留在南京，父亲担心女孩子不好办，就把我送到芜湖，住到九十月间，才收到曹禺的电报，叫我到武昌会面。

曹禺的外婆家在武昌，当时他的外婆、舅舅、舅母还在。他的一个舅舅叫薛延年，他的母亲叫薛咏南，他母亲很能干。

在南京，他的房子是马彦祥和白杨同居的房子，在四牌楼，对面就是国民党的第一模范监狱。我那时的办公地点离他的住处很近，中午便在他那里吃饭。监狱里经常发出铁镣的响声，在那里还看到过陈独秀。他写《原野》与此有关。

到武汉住了两个礼拜，就去长沙。我父亲不同意我们结婚，但我们还是在长沙结婚了。当时只租了两间民房，我记得院里还停着一口棺材。“新房”里就有两把藤椅，两张帆布床，一个书桌：再简单不过了。在长沙的稻谷仓，学校又给了楼上的一间房子，就又搬到这里住。这个房子好些，长沙大火之前，日机还是常来轰炸的。

结婚时，请了二十几个人，是在长沙女青年会，吃的西餐，吴祖光是介绍人，余上沅是证婚人。我希望把婚礼搞得热闹些，但是，正是战争年月，是办不到的；我想将来回南京再补行一次婚礼。这事我没跟曹禺说过，但我心中是这样想的。

剧校要迁到重庆，我是从长沙走的，1937 年底 1938 年初到重庆。他们是坐民船，走了几个月，我到重庆码头去接他们。剧校在上清寺，我家在枣子南垭，是王光美的一个弟弟的夫人娘家的房子。我那时没工作，从南京走后，是停薪留职。

1938 年我有了孩子，就是万黛。重庆轰炸，剧校搬到江安。这个小城，不到一万人，盛产竹器，街中心可看到四面的城墙。1940—1941 年，我到江安，万黛半岁左右。1941 年有了万昭，万昭是在江安生的。在生万昭前，曹禺写了《蜕变》。

我带着两个孩子在重庆待了一年。江安点豆油灯，他弄得满床都是油，他就是邋遢。有了万昭后我又回去的。生万昭后，写《北京人》，当时住在一个开明地主家里，这个房主做过旅长，官不大，解放后是重庆政协委员，他有一个儿子是地下党，是江安小学的校长，二儿子在国民党空军。有 200 亩地。我们住在他家的客房里，楼上有一个书房，前面有一个大花园，很安静。巴金曾经在江安住过一个月。

邓译生、邓宛生是姐妹俩，邓宛生懒散极了。她父亲是青岛一个学校的校医，邓译生跟母亲在江津。方琯德和邓宛生是表兄妹。方的母亲在江安，邓译生有肺病。那时我家有许多学生来，邓译生也来。我没想到她对曹禺表示好感。这个人很安静，很冷，后来她不来了。

在我临产时发生这种事情，是很不愉快的。曹禺热起来叫人受不了，冷起来也叫人受不了。我喜欢打麻将应酬事。先是邓译生替他抄写稿子,我和邓译生闹了一次。有个杨嫂(方琯德家的佣人),扮演了一个传递信件的角色。有一天,杨嫂来了,向曹禺使眼神,我看见了。杨嫂呆了一会儿,曹禺就外出了。我从后边尾随,曹禺没发现。他到一个茶馆里坐下,便看邓译生的信,我从后边把信夺了过去。是毛边纸写的,有一些留在曹禺手里,他便吃进肚里去了。我便掌握了他的秘密。

我开始没理睬他,谈了一次。他说,我对他不好;还说,堡垒是容易从内部攻破的。我还是把信还给他了。

我先离开江安的,曹禺也走了。曹禺走的真正原因,就是因为这一件事,不是复旦大学需要人。1943—1945 年,复旦大学在重庆的嘉陵江北岸。开始还回家来,后来干脆就不回来了。他怀疑我有什么活动,其实都是正常的社会活动。那位邓小姐也追到重庆来了,据说是在南岸同居了。他提出离婚,我不同意。1946 年他去美国,把皮大衣拿走了,这是我为他带出来的衣服。

抗战胜利后,我回到南京,从审计部调到财政部,曹禺再没有给过生活费。我到财政部,每月有 60 元的底薪。每年 12 个月的工资,都是通过俞鸿钧行长(黄苗子是俞的秘书)同我父亲来往,我父亲是检察长,转中央银行的。我在南京干了一年半,他没有寄过钱。他从美国写过一封信给我,要离婚,我没答应。

1947 年曹禺从美国回来,在文华电影公司,他还管家,两个礼拜回南京一次,也有一次提出离婚。那时,我的二弟在上海制药厂,有一次,他找曹禺要票,曹禺不在,制片厂的张家浩知道他的地址是保密的,张家浩把地址告诉了我二弟。曹禺知道后吓坏了,便骑着摩托车找我二弟,就是这次他把手摔坏了。

据说我父亲在上海《新闻报》登过一则启事,说:郑秀和曹禺是合法的婚姻,其他人都是非法的。

胡子婴人很好,和我早就认识,她把两个孩子接到上海去住,见义勇为。陈波儿的几个孩子也是她带大的,她是救国会的。

1948 年底我调到福州,曹禺在上海,送我上轮船。

1949 年初,他到香港转去解放区。他跟我发誓,他没有把邓译生带到北京。邓译生到了香港,追曹禺,冒充我的名义,受到中共办事处的接待,到北京后,他们住在北京饭店。

1950 年初我调到北京,我去找妇联,找了孙大姐。她叫我不要着急。这时,他就喝酒,我很痛苦,他不回家。他到中央戏剧学院当副院长。那时说服我离婚,我不肯。他到法院要死要活。当时南汉宸是行长,章蕴秋管人事,她出面,让我不离;上边给他施加压力,搞了 8 个月没解决。我又告他,他又怕了,他不承认住过北京饭店,还带着丈母娘。后来,我还是从政治上考虑,从他前途着想,答应离婚了。不过,我说,得章大姐出席,我才签字。在中央戏剧学院客厅,妇联、法院、双方组织、记者、我的好朋友都出席了。曹禺做了检讨,他哭了。他那时每月的工资是 2000 斤大米,拿 900 斤大米抚养孩子,条件是到大学毕业。我当时说:"为了爱,我同你结婚;今天,同样为了爱,我同意离婚。"

他过去对我很好,对女儿也很好。我父亲不同意,我们用英文通信,怎样父亲又同意结婚呢？他很会甜言蜜语，说他父亲也是当官的，我父亲以为门当户对，也就同意了。

他对朋友不来往。李季方、贺恩慈找他，他对贺说，你叫什么名字？人家很不愉快。曹禺生病，贺恩慈听说了，很热情帮忙（方瑞未死之前）；第二次，方瑞死了，去看他，他也很冷淡，专门谈自己的事。这个人没有真感情，谈恋爱时很热，热得叫你受不了，冷起来就是另外一个人。

方瑞死时，我的大女婿去帮忙，为他料理丧事，两个女婿对他都不错，四个孩子陪着他，陪他洗澡，防震棚也是他们搭的。

他母亲很聪明，官太太，见过世面，手里有两个钱，把房子出租，抽鸦片，每次她回武昌，都带不少东西，三姑太太，很讲气派。

他哥哥分到的是武昌的房子和股票，他母亲分到的是房子。他哥哥政法学院毕业，1937 年死的。1936 年订婚，他母亲去南京，就希望我父亲为他哥哥找事，回津给我父亲写信，父亲写了，但未上任就死了。

万家修的儿子万世雄，在天津大学内燃机系当教师；万世雄的儿子万青在北京上学，最近还来看我。

万家蕊，她就是曹禺的堂妹，来认亲，曹禺不认，是潜江老家的。

1949 年回到北京，他带着方瑞去天津，一见到他母亲就下跪了。这是万家修的妻子——我的大嫂告诉我的。他母亲患癌症来北京治疗，去曹禺那儿看看，但是还是住到我这里来，他母亲对我说："你永远是我的女儿！"

> 本来，我还准备再去看望她，可是，有两三年，我也经常有病。想不到，再没有见到她。据说，她在病危期间，还希望同曹禺先生见上一面，她始终钟情于曹禺；但是，不知是什么原因，最后的愿望竟未能实现。我相信她是带着一个巨大的精神遗憾告别人间的。

原载田本相、刘一军著《苦闷的灵魂：曹禺访谈录》，百花文艺出版社 2010 年版第 246—256 页

怀念曹禺大师

王　显

1956 年 8 月，我调到中央人民广播电台广播剧团做演员。主要从事广播剧、文艺广播。剧团对标准普通话和语言表现力的要求非常严格。因为我们也肩负着推广普通话的任务，录制了许多普通话教学唱片(1958 年有了电视，改为中央广播电视剧团)。

1956 年 9 月，电台、文学戏剧部和剧团的领导，为了提高广播剧团的导、表演能力，决定排演戏剧大师曹禺先生的经典剧作《北京人》。成立了以蔡骧为首的导演组，并宣布了演员名单。听到让我扮演曾文清这个主要角色，直感是喜忧各半：作为一个 23 岁的青年演员能获得这样好的机遇，极为难得，非常惊喜；忧的是自己知识浅薄，又没有表演经验，这么重要的角色，唯恐自己完不成角色的任务，毁了整台演出。正因为缺乏信心，也就更激励自己要加倍努力，在排练中学习，创造好人物。向领导、导演和未来的观众，交一份及格的答卷。实现我在边疆时的夙愿……“有朝一日，我这个小文艺兵，能在首都的舞台上演出，那该多幸福啊”。令我感到幸福的是，在我排演《北京人》的过程中，多次接触到曹禺并亲耳聆听他的教诲。

2 月 16 日上午，看了北京人民艺术剧院连排《北京人》第一幕，从中得到一些收获，文清在第一场台词读得很好，把他的懒散味读出来了。发现画被耗子咬坏了，台词很紧。戏的节奏强化了。和思懿的矛盾尽量去说服她，这样夫妻关系比较适宜。文清去拜祖，奶妈陪着文清去，表现得比较亲切。拜祖回来站在父亲旁边更好些。

我还当场记录了曹禺先生提的意见：“文清对鸽子、画，就像看见愫方一样，以致忘记旁边还有人。文清和思懿两个人是非常陌生的，文清在遇到事情以后，和思懿发生冲突的时候，为什么不和她争下去？主要因为思懿她根本不了解我，她也不会理解我的，算了，争也没用！”

曹禺先生的话，使我领悟到文清对愫方的爱之深，愫方在文清的心中就是他的生命支柱。而对思懿这样的人，不屑一顾。从而也看出文清骨子里的清高。

2 月 20 日，由于汽车没安排好，曹禺先生晚九时才来。人艺也来了一些演员看连排。我有些紧张，正式开始时就好多了。因为时间关系，曹禺先生只看了一、二幕。

最后曹禺先生谈意见：“最重要是演员在舞台上不要演悲剧，因为剧本本身就是悲剧。如果台上每个人都是愁眉苦脸的，观众就没法看下去。应该在悲剧里寻找喜剧因素，而《北京人》这个剧本里有许多，而每个人也应该是笑的。这个戏演出，要让观众不断地产生笑声才对。”

谈到文清：“你为什么总是皱着眉头总是在苦闷，这样怎么能使你活下去？以至见到愫方也是那样。在生活中难道都是带着痛苦去见爱人吗？文清这个角色，不能以今天的眼光来看待，他是一个正面人物。应该让观众同情他，他是一个非常爱生活的人，如：鸽子、茶、画等。如果不会生活的人，是不懂得玩这些东西的。在互相说话时该看的没看，有时不应看却两人死盯着看，总是低着个头，要不就侧着脸，根本没给观众一个正面，同时眼睛也不会说话。两幕戏里从来没有看到你笑过，你应该笑，绝不能抛弃乐趣的一面。否则，这个人物就成了问题。语言很清晰，演员很朴实，但舞台气氛不足。文清看鸽子、画，要看得出神，从心里爱。”

2 月 22 日，今天曹禺先生来排戏。一开始就排一幕四场。我怀着恐惧的心情，排了一遍。

曹禺先生要求：文清对思懿说“你跟江泰闹的什么把戏？你们要把愫方怎么样？”等台词都要笑着说。因为怕思懿感觉到我不愿意让愫方嫁人，因为我爱她。所以以笑来掩饰。要做得轻松，若无其事的样子来说这些台词，但内心的节奏非常紧张。当说到：“嫁人当然好，不过嫁给这种整天就懂研究死人脑袋壳的袁博士……”而是很不自觉地流露出来个人的激动。而思懿立即恶毒地说：“她嫁谁有你什么？你老人家是想当陪房丫头一块嫁过去，好成天给人家端砚台拿纸啊，还是给人家铺床叠被到了晚上当姨老爷啊？”文清在思懿说这句话，要有欲望去制止她，她说到“端砚台拿纸”你加一句“思懿”，最后要非常愤怒地说“你是人是鬼？这样背后欺负人家！”思懿比你更凶！在这种情况下，尽量抑制自己说：“我反正要走了，只要爹肯，你们……”最后向思懿让步。

文清最怕思懿说：“……你不愿意她嫁啊？……”

文清要更加急地说：“谁说我不愿意她嫁？谁说我不愿意她嫁？谁说我不愿意她嫁？!”

思懿：人家愫小姐来了。文清这时立即迅速转身，和愫方双眼接触，然后避开（这个时候要强忍愤怒。内心激动，表面故作镇静。随时准备给愫方解围）。

愫方：（看见地上的画）这不是表哥画的那张画？

思懿：是呀，就因为这张画叫耗子咬了，他老人家跟我吵了一早上啦。

愫方：不要紧，我拿去给表哥补补。

文清：算了吧，值不得。（恐怕她过于劳累）

思懿：……你们两位一向是一唱一和的，临走，也该留点纪念。

文清看到这种僵局，立即为愫方解围。

文清：还是请愫妹给补补吧，怪可惜的。

当瑞贞被思懿折磨时，文清很想解救瑞贞，而觉得思懿这种人太无聊，不自觉地看了愫方一眼，愫方明白是让她替瑞贞解围，思懿明知檀香是愫方让买的，故意借题发挥。文清想去阻止思懿，可思懿又把愫方拉到跟前。文清无可奈何。不耐烦地走动，然后又拿起一个苹果抚摸着。听说爹病了，就借这个题，解救愫方，根本不给思懿说话的余地。思懿走后。文清怀着抱歉又想告别的心情叫:愫方!

思懿又回来叫文清,只好下去。

曹禺先生又给我排了曾老太爷发现文清抽大烟昏厥那场戏。

曹禺先生要我带着烟枪出来,眼睛盯着父亲,当看到父亲看到了烟枪,立即把它藏到身后,再说:"爹,我,我——"完全要用气音。父亲跪下仍不走,吓呆了,又把烟枪举起来,直到他磕响头才猛醒喊"妈呀!"下。

根据要求我排了两次,先生都不满意,先生亲自给我做示范。我照样做了才通过。紧接着往下排。

曹禺先生说:"听说父亲中风后,很急地上来,内心怕看见父亲,然后慢慢遛着转了一圈,最后才说:'爹,我错了。'扑倒在地下,而立即起来,又非常快地说:'怎么啦?'对思懿说'你这个鬼!'时,要非常凶。最后离开家,节奏也是很快的,看一看家,下去。"排练结束了。大家热烈为曹禺先生鼓掌,表示感谢!

戏剧大师曹禺先生,在百忙中为我们剧组排戏,真是千载难逢啊!虽说在排练场,我挨了曹禺先生许多"剋",也出了几头汗,但是,我感到无比的幸福!"剋"得好啊!我们国家有成千上万个演员,有几个演员能得到戏剧大师如此细致的诱导、耐心的启发,还亲自给我做示范。曹禺先生给予我的关怀,在我心底极为感动,由衷地感谢!我太幸运了。曹禺先生这份厚爱我永生难忘。今天这次排练够我这个年轻演员享用一辈子。大师的教导,使我明白了怎样做一个演员,怎样去创造人物,同时也给了我一把打开曾文清内心世界的钥匙,使我恍然大悟,几个月困扰我的难题,找到了解决办法。我激动,兴奋,夜不成寐。感到幸福!真的很幸福啊!

大家异口同声地说:今天经曹禺先生一排,很多戏都排出来了,顶我们两个星期。更主要的收获,改变了导演对这个戏的处理。这就证实了,这个戏不但不瘟,而且是非常吸引人的戏。照这样排,这个戏一定能成功。

1957 年,《北京人》在北京、天津、哈尔滨、沈阳、长春、抚顺、大连等地共演出 115 场!

1962 年,我团第二次演出《北京人》,在中国青年艺术剧院,共演出 40 场。

1963 年,到武汉、重庆、广州演出 30 场。

"文化大革命"过去了,我回到了北京。1978 年在老首长冯牧同志的推荐下,我调到中央实验话剧院。

1979 年,中央广播电视剧团把我借调回去,第三次排演《北京人》。在我之前已把导演蔡骧、梅邨,演员纪维时、李燕借调回来。老友相聚谈何容易,又要同台排演《北京人》倍感亲切。我们这些人对《北京人》的深厚感情,别人是无法理解的。我们爱《北京人》这个戏,更爱曹禺大师对我们的关怀和教导。

1979 年 11 月 18 日《北京人》演出。中间休息时,听说曹禺先生来看戏了,我立即去休息室见了曹禺先生,一则向先生问好,二则上次没能见到曹禺先生很是遗憾。曹禺先生握着我的手说:"我不是又来看你的戏了嘛。"我激动地说:谢谢您,谢谢您!请您多多指教。曹禺先生说:"好演员,好演员,你们都应该弄回来。"(我们有五位同志已调离了广播电视剧团)

曹禺先生看了《北京人》演出后和演、职员见面时的谈话：

“首先祝贺演出成功。你们的演出好极了，非常成功，这出戏是不好演的，你们能演得这么好很不容易。这是我看过的《北京人》演出中最好的一个。你们的演出很真实，布景也好，使人感到你们就是生活在30年代这样一个封建家庭里的人，活生生的人。你们不是“文化大革命”中那种大喊大叫，不做作。你们的演出很生活，这个路子走对了，这才是话剧。这样走下去，你们会取得更大成就的。”

曹禺先生又说：“这出戏你们要赶快用电视录像记下来，应作为文史资料保存下来(后中央电视台录下来了)，不然的话以后没有人能演这样的戏。你们这些演员是国家的宝贝，这些演员在中国是不多的，能有这样一台演员太不容易了。”

在送曹禺先生时，我搀扶着曹禺先生走着说：“1957年我太年轻，对文清很多地方不理解。”曹禺先生说：“现在就理解了，演得有深度，谢谢你们的演出。”我把曹禺先生送上车，车开了……

打倒“四人帮”后，听说曹禺先生应美国邀请赴美国访问时，带了他几个作品的剧照：《雷雨》《日出》，是北京人民艺术剧院的剧照，《北京人》是我们这台戏的剧照——中央广播电视剧团演出。这是您对我们年轻剧团的厚爱。曹禺先生，我们想念您！

原载《中国戏剧》2010年第11期

悔

——爸爸曹禺被烧毁的百余封信

万 黛 万 昭

这次出版包括书信在内的《曹禺文集》，再一次揭开了我们心中的伤疤，是我们亲手烧毁了爸爸的百余封信件，真令人痛心疾首！如果它们今天还存在，应该是这个文集的一部分，应该成为热爱曹禺的读者和曹禺戏剧的研究者的宝贵读物，而现在留下的只是无尽的追悔！

这百余封信，大部分是1933年爸妈相识相爱直至1937年两人结婚这段时期爸爸写给妈妈的，是这一时期爸爸心路历程少有的重要记录。之后，信件又断断续续地延续到1951年两人离婚。

这些信件有的一封几页纸，有的几十页。据说，当时妈妈看信时，姨婆曾经发问道："颖啊（妈妈的号为"颖如"），你看的是什么书？"还有一些信是用英文写的，这是因为初始外公坚决阻止妈妈与爸爸谈恋爱，严格检查爸爸寄往家中的信件，所以爸爸用英文给妈妈写信以躲避不识英文的外公。

1933年，在清华大学的校园戏剧活动中，爸爸与妈妈相识相恋，开始写下一封封动人的书信。他们二人是清华大学同学，爸爸比妈妈高三级，是西洋文学系毕业班的学生。当时清华女生很少，妈妈大家闺秀的气质，秀美端庄的仪表，引起了爸爸的注意。1933年春，他特别邀请妈妈出演英国剧作家高尔斯华绥的话剧《罪》，担任女主角，同时爸爸也开始了对妈妈的热烈追求。

起初，爸爸并不顺利，因为妈妈是法律系的学生，与爸爸并不认识，对戏剧表演更是外行。而且，妈妈对这位身材矮小，身穿大棉袍，戴着一副黑边眼镜，总是抱着一大堆书在清华园里来去匆匆的"老学究"，并不以为然，她回绝了邀请。这使爸爸心伤欲碎，他不住地在妈妈宿舍"静斋"院外长时间痴痴站立，有时又送去一封封写满诗篇、洋溢着艺术激情的书信。不久，失魂落魄的爸爸终于病倒了。因此，好心的同宿舍同学不得不托人传话给妈妈的同学："你们赶快让郑秀和万家宝好了吧，不然，怎么得了？这几天万家宝整宿不睡，喊着郑秀的名字，又哭又叹气，非疯了不可，我们也被他闹得不得安宁。"这些往事，在我们长大以后，爸妈的同学也经常向我们提起："你们都不知道，当初，你爸爸像发疯一样追你妈妈啊！"

之后，由于爸爸的执着，再加上同学们的竭力说情，妈妈同意和爸爸接触并参加演出了。为了指导妈妈如何演戏，了解剧情和人物关系，爸爸一人担任了剧中的全部角色，专门为妈妈做示范表演。爸爸表演得有声有色，不同人物，不同的性别、年龄和思想感情，在爸爸的挥洒自如的表演中，都呈现得生动感人、恰如其分。交往中，爸爸还向妈妈讲述他看过的许多中外书籍中的动人篇章，在妈妈面前展现一个五彩缤纷的世界。这些使妈妈看到了爸爸的真诚、热情和才华。正是爸爸的艺术激情，首先打动了妈妈。

就在这一年，爸爸动笔创作了《雷雨》。暑假，爸爸请求妈妈不要回家，留下来陪伴他写作这部积累构思已久的剧作，他深情地对妈妈说："身边没有你，我将一事无成。"就这样，爸爸在亲爱的人的陪伴下，于清华图书馆阅览室里两个相对的座椅上，完成了自己的处女作《雷雨》。

当爸爸写出一页页手稿，总是急切地先讲给妈妈听，让妈妈先看，妈妈就用她从小练就的清秀、工整的字体把它们誊写干净，成为爸爸第一个，也是最忠实的读者。

在整个的写作过程中，白天，爸爸写作，妈妈陪伴在一旁温习功课。夜晚，他和妈妈一块走出图书馆，在夏日的校园里漫步畅谈，爸爸不但向妈妈讲述自己的创作构思、剧本结构，更多的是，向妈妈讲述自己的生活感受，讲对各种社会现象的理解，讲他看到的各色各样的社会人物。他常怀着一种周冲式的纯真和热情，发出对社会黑暗的愤懑和不平。有时，讲着讲着，爸爸又把妈妈带进另外一个世界，一个充满阳光、自由、平等的新世界。这时的爸爸简直像孩子一样天真、快乐。爸爸也讲自己的家庭、身世和他最爱的母亲。

在讲述中，爸爸思想的深邃、成熟和丰富，才识的广博，使妈妈简直不相信自己面前的是一个二十岁出头的年轻人。在这沟通心灵的谈话里，妈妈才注意到，爸爸有一双炯炯有神的大眼睛，这双眼睛在洞察，在思考，传出他心中的理想和追求，闪烁着他的才华和智慧，这心灵的窗户在妈妈面前完全敞开了！爸爸动情地对妈妈说："你唤回了我早逝的青春，让我品尝了人生最醇厚的美酒，和你在一起，我感到最幸福。Dora（妈妈的英文名），如果将来有一天，我能写出像样的东西，你的爱就是我创作无可比拟的动力。"妈妈深深地被感染、激动。就这样，在清华园里，妈妈得到了她一生最珍贵的爱情，同时，也保存下爸爸大量充满激情的信件。

关于这些信件，有人曾发问，二人同在清华园，为什么还要写这么多的信呢？北京人民艺术剧院的艺术家吕恩的一篇纪念文章谈到这个问题："我们剧院在1953年底开始排《雷雨》，我被分配演蘩漪。我去郑大姐家向她请教时，她谈到在清华园里万先生和她写《雷雨》的情景。她拿出一个小箱子给我看，里面有一尺来长，长方形包得很整齐的书信，说：'这是家宝写《雷雨》时写给我的信。'我不解地说：'你们天天在一起为什么还要写信？'她说：'有许多当面难以启齿的话，对着纸写就无所顾虑了。'"（参看《人物》2011年第六期《我所知道的曹禺和郑秀》）

1933年爸爸在清华毕业之后，为了陪伴妈妈，又在研究院读了一年研究生的学业。1934—1935年爸爸去天津、保定教书，同时在社会底层收集素材创作《日出》，并与恩师张彭春一起演出了根据莫里哀的剧本改编的话剧《财狂》等戏剧。其间，妈妈仍在清华读书，因此二人两地之间，特别是在清华放暑假妈妈回南京家中探亲时（短暂的寒假，爸妈基本上是一块回天津奶奶家），爸爸又给妈妈写了许多信。

1936 年，爸爸应邀到南京国立剧专教书，妈妈清华毕业后也回宁任职，二人在南京订婚。1937 年夏爸爸因长兄万家修病逝于天津，北返探慰奶奶。不久，“七七事变”就爆发了，日寇在关内开始大规模的侵华战争，津浦铁路即刻阻断，爸爸被困天津。很快，淞沪会战打响，日本飞机开始轰炸南京，连天战火中身处两地的爸妈在信件里写下了心中的万分思虑。9 月，一直等待爸爸的妈妈不得不离开南京，爸爸也辗转从天津脱险，南京大屠杀之前，二人终于在武汉会合，数日后偕往国立剧专时迁的新驻地长沙，10 月 5 日他们在长沙结婚，开始共同的婚后生活。

1951 年，妈妈经历了一生中最痛苦的离婚过程。在以后漫长的岁月里，妈妈强忍痛苦，孤身一人，自强自爱地奋斗。作为一个职业妇女，她一直在工作，把我们姐妹二人抚养成人。在她内心深处，始终如一地忠贞于在清华园里建立的爱情，这是她一生的精神财富，尽管历经磨难和不幸，她都在所不悔，信守不渝，一生始终没有再爱和再婚。

妈妈内心深处最关心的，还是爸爸，还是爸爸的艺术。当她知道爸爸写不出剧本以及内心的痛苦，焦急的妈妈常对我们说：“爸爸太可惜了！”因为妈妈相信爸爸的才华，在爸爸还是一个无人知晓的普通大学生的时候，在清华大学的图书馆里陪伴爸爸完成《雷雨》的时候，妈妈就懂得了爸爸的艺术价值，而且终生坚信不疑，并把爸爸的艺术生命放在至高无上的地位。离婚时妈妈曾说过：“当初为了爱，我与曹禺结婚。现在也是为了爱，让曹禺静下心来，安心创作，我同意离婚。”离婚后的妈妈真心期望爸爸的艺术才华能够在以后的岁月里发光，所以时常惋惜地对我们说：“爸爸写戏是个天才，应该能再写出好东西，他真是太可惜了！”

最令妈妈痛心的是，她手中的爸爸书信、相片和一些宝贵的资料后来全部都被销毁了。除了百余封信件之外，妈妈还保存了近十本大相册的照片。这些照片我们看过，其中绝大部分是在清华园的留影。妈妈在清华有一对好友，即黄菊茹阿姨和她的男友童家骅，童家骅酷爱拍照，他们四人在数年的校园生活中，成为好朋友，也给爸妈留下了大量在学习、校园戏剧活动、娱乐中的照片和剧照。相册中还有爸妈与奶奶、外公双方家人的许多家庭照。我们清楚记得还有几本专题相册，如，1932 年爸爸与德国教师葛瑞瓦等人的五台山和内蒙古之行、1933 年清华毕业班的日本之行、《雷雨》在日本首演的剧照、1939 年爸爸在昆明导演的《原野》剧照。记得，其中演员凤子、汪雨、黄实等人的剧照一直挂在我们福州的家中。珍贵的是，妈妈还保存了爸爸剧作的部分手稿、30 年代《雷雨》《日出》在国内外的剧评剪报、刊登在《文季月刊》上《日出》剧作的剪贴本等。

这些记录那段美好生活的书信、相册和资料，妈妈始终视为生命，几十年来，不论是战乱，还是数次大搬迁，都随身携带，亲自保管。南京大屠杀前夕，妈妈扔下了所有财物，只带着一箱爸爸的书信和照片离开南京。“文化大革命”中，即使妈妈在任课的学校挨整时，也总是随时带着装有爸爸信件的皮箱，从不离身。但是最后，它们仍然逃脱不了毁灭的命运。这件事，在今天看来，也许不可思议。如此宝贵的东西，一只小小的皮箱，为什么就无法保存下来呢！

1966 年 6 月初，随着社论《横扫一切牛鬼蛇神》和《第一张马列主义大字报》的发表，红卫兵开始上街贴大字报，抓“黑帮”，扫“四旧”，抄家，开批斗会，“文革”的局势越来越紧张，斗争越来越残酷。

妈妈任教的北京二十五中，新中国成立前是教会学校贝满女中，又有一座教堂式的大礼堂和一大片草坪广场。“文革”初期，这儿便成了北京市中学红卫兵重点冲击的对象和举行大型批斗会的会场。当时，学校这个广场上，成天涌动着来自全国各地潮水般的红卫兵，响彻着中学红卫兵领袖彭小蒙声嘶力竭的叫喊声。二十五中包括妈妈在内的全体教师都不让回家，关起来接受审查，学校的人事科档案室连连遭受冲击，“走资派”领导受到残酷斗争。学生热爱的少先队大队辅导员蒋雯老师被剃了阴阳头，再泼上厕所粪水，在夏天的烈日下烤晒一整天。妈妈虽然只是一个普通教师，但是她的父亲却是数得上的“国民党反动派”（外公郑烈是国民党政府最高检察院总检察长）。妈妈的家庭背景在学校的人事档案中写得清清楚楚，一旦被红卫兵翻出来，也许就没命了。幸亏，出身“红五类”的人事科长王桂芝老师死死地挡住档案室的门，拦住了冲击的红卫兵，妈妈才幸免于难。

我们吓坏了，妈妈回家后，全家就马上开始“扫四旧”，把妈妈过去的旗袍、丝袜、皮包剪碎，高跟鞋用斧子砍断，别针、项链扔进了院子的渗坑；又把解放前收集的邮票（因为上面印有国民党的国旗和蒋介石头像），把我们喜欢的苏联演员照片卡、莫斯科大剧院演出剧照画册等“苏修货”，全部毁掉；把姨婆从福建老家带来的古旧瓷器扔了。

唯独爸爸的书信和照片，实在舍不得。我们曾想到把它们藏到屋内地砖下、床垫里，或者藏到跨院的煤堆里，但是一想到这些动作可能留下的新痕迹或传出的声响，就马上想象出被红卫兵揪出的景象而罢手。何况，跨院与隔壁的院落还有一个小窗户相通，更是危险。人就是这样，越有事，就越是疑神疑鬼，越向反面坏处瞎想。怎么办？

形势不等人，北京的“红色恐怖”越演越烈。万昭所在的中央音乐学院被造反派视为必须彻底砸烂的“贵族学校”，学院附中被用作“地富反坏右”的关押所，经常有被打死的关押对象从那里用板车拉出。大学礼堂的前院也成了红卫兵串联召开大会的集散地。一到傍晚，在学校里就可以听到由远及近传来《红卫兵造反歌》的歌声，威风凛凛，杀气腾腾：“拿起笔作刀枪，集中火力打黑帮。……谁敢向党来进攻，坚决把它消灭光。杀，杀，杀，嘿！”很快，一队队戴着红袖章、穿着绿军服的红卫兵队伍便开进学校，挤满了大院，在通明的灯光下夜战，开始辩论——“老子英雄儿好汉，老子反动儿混蛋”，横批“基本如此”——的“革命对联”。整个会场杀气腾腾，扯着脖子喊叫的发言声、口号声、哄骂声、扩音器的轰鸣声，乱成一片，大会根本不可能展开辩论。就在这样的情势下，妈妈和万黛跑到会场找万昭，她们提着一旅行袋爸爸的书信，急匆匆地告诉万昭，北京市委和市公安局都被造反派砸烂了，哪儿都不讲政策，哪儿都没有安全，再没有地方可以反映问题了。怎么办？我们甚至考虑去找“西纠”，即红卫兵西城区纠察队，他们比较讲政策，发布过几个执行政策的通告。我们希望他们能控制形势，别再抄家打人，使局势平静下来，让老百姓得到一些安全。

但是接着，毛主席几次在天安门上接见全国红卫兵，局势非但没有安定下来，“文化大革命”的烈火反而越烧越旺，甚至触及我们身旁。当时，我们家住在东城干面胡同西石槽二号。一号西屋住着一对老夫妻带着三个儿子，仅因为父亲曾是国民党的低级军官，被红卫兵抄家痛打。三个年轻力壮的儿子不服气，还了手对着干，结果让红卫兵狠狠地收拾了。接连几天，几个儿子被打得鬼哭狼嚎的叫喊声不断从隔墙传过来。西石槽三号北屋住着一个残疾青年和从小带养他的老保姆，青年的父亲在香港经商。红卫兵硬说这个青年是香港特务，对他又是打又是踢，只听见阵阵呼啸的皮带抽打声和老保姆护卫的高声叫喊。我们完全被包围在恐怖的环境之中。这时，同住在西石槽的一位亲戚又来告诉我们，妈妈的一位表姐被打死了。这位表姐的丈夫是北京市副市长乐松生，乐家老铺同仁堂的掌门人。“文革”中，他作为“反动资本家”，被残酷批斗、抄家，他的夫人和岳母在抄家中被红卫兵当场暴打惨死。这些景象已让人不寒而栗，再加上胡同里的街道红卫兵又总是到我们家的院子巡查，更让人感到我们马上就要灾难临头，也许爸爸的书信和照片已经让人盯上了，爸妈会不会因此丧命？

当时，爸爸家的藏书和信件文献，被北京人艺一派群众组织查封在书房里，实质上被保护起来了；而作为普通群众的妈妈有谁来保护呢？我们姐妹感觉，现在已经到了必须处理手头的书信照片的时候了。

我们先把数百张照片用肥皂水捣烂倒进地沟里，然后说服妈妈烧掉信件。平日独立生活敢断敢行的妈妈，这次却没了主意。面对严酷的现实，她一言不发。终于，在北京人艺的一次抄家展览上，妈妈看到展览不分青红皂白地把涉及个人隐私的信件、相片和衣物挂出来示众，她受到极大的震动，她是绝对不愿意让爸爸的东西这样任人践踏和污辱，最后，不得不放手让我们来处理她珍藏一生的信件。那天，当我们姐妹俩一人背着一大书包信件准备出门的时候，身边的妈妈没有做声，只是慌乱地跟在我们后面，哆里哆嗦，像一个无助的孩子开始哩哩地抽泣。我们走远了，听见她终于忍不住失声痛哭起来了。因为我们要烧掉的不仅仅是照片和信，而是她的青春，她的爱，她对青年时代的幸福回忆，她心灵深处的精神支柱。妈妈几天几夜不能入睡，沉浸在巨大的痛苦之中。在这之前，妈妈曾多次告诉我们，等她老了以后，一定要把这些信件和照片献给国家博物馆，因为这不是一般的情书，而是文学珍品，是人类最美好感情的结晶，是爸爸青春年华、创作力最旺盛时期的创造。妈妈的一位好友曾看过几封爸爸给妈妈的信，深受感动，对我们说：“这些信不像花前月下的谈情说爱，不是卿卿我我的甜言蜜语，而充满着纯真的感情，富于理想和追求，才华惊人，那样热烈，那样健康，那样高尚。你爸爸年轻的时候太可爱了，谁看了这样的信，都会动心的。”

当时，我们姐妹俩真是让外面的局势给搞糊涂了，从小到大，未见过那样的场面，经历过那样的事情，为了爸妈的性命，我们决定把信烧了。那时候，没有想太多，也不可能有今天的清醒，对爸爸艺术的价值更不可能有今天的认识。爸爸给妈妈的信，一半是由万黛带到她工作的北大医院，投入锅炉房的大锅炉中烧掉的。另一半由万昭带到她的学校——中央音乐学院，在五号楼三层的女厕所中烧毁。当时万昭觉得在哪儿做这件事都不放心，于是半夜爬起来，在厕所点燃后，用水冲进下水道。信的内容，由于害怕被人发现，都来不及看一封，只是展开信纸时，见到上面写满了诗句。似乎有一封描写的是，爸爸躺在草地上，仰望蓝天白云所作的青春遐想。看着燃烧的火焰和一页页书信化为灰烬，万昭的心情真是难以形容。多少年来，她经常为此半夜惊醒、落泪，被无穷的追悔所折磨，不住重复着一个念头："为什么当初没有把信藏到……?! 如果那样，信就保存下来了，那该多好啊!"觉得自己犯下了无法弥补和无法饶恕的罪过。

在"文化大革命"最艰难的岁月中，妈妈因爸爸遭受株连，但是她在巨大的压力面前，没有说过一句、做过一件有损爸爸的话和事情。妈妈惦念爸爸，在爸爸被关进牛棚，每天清晨为人艺扫门口的时候，妈妈在上班之前总要路过那里，站在马路对面，远远地望着爸爸许久，许久……

妈妈怀念爸爸，珍视与爸爸共同度过的幸福时光，即使在她为生命作最后抗争，经受苦难的时刻，也还让我们去照顾爸爸，把好吃的东西给爸爸送去。痴情的妈妈总是在想着、等着，不住地巴望病房的房门，希望爸爸能够走进来，她是多么想再见爸爸一面啊!

近五十年过去了，人生总要经历各种坎坷和痛苦，但悔恨的滋味仍然是难受而无奈的。今天，爸爸、妈妈已经离我们而去，逝去的东西也不可能复生，就让我们用这篇记录事实和历史的回忆来纪念父母、告慰读者吧。所以要留下这些文字，因为我们尊重事实，尊重历史。而对于爸爸的读者和研究者而言，关于爸爸妈妈的这段真实的历史，应该是有意义的。

原载《新文学史料》2012 年第 4 期

致曹禺

黄永玉

致曹禺

（一封）

家宝公：

来信收到。我们从故乡回京刚十天，过一周左右又得去香港两个月，约莫六月间才转得来，事情倒不俗，只可惜空耗了时光。

奉上拙诗一首，是类乎劳改的那三年的第一年写的，《诗刊》朋友问我要近作，而目下毫无诗意抒发，将信将疑从匣中取出这首给他看，却说好。人受称赞总是高兴。但这诗不是好，是公开的私事满足了人的好奇心而已。不过我老婆是衷心快意的，等于手臂上刺着牢不可破的对她的忠贞，让所有的朋友了解我当了三十六年的俘虏的确是心甘情愿。歌颂老婆的诗我大概可以出一个厚厚的集子了。只可惜世界上还没有这么一个禁得起肉麻的出版社。

说老实话，真正地道的情诗、情书、情话，怎么能见得人？伟人如鲁迅特精熟此道，说是“两地书”，买的人图神奇，打开来看却都是正儿八经，缺乏爱情的香馥之感。全世界若认真出点这种东西，且规定人人必读的话，公安局当会省掉许多麻烦。人到底太少接触纯真的感情了。

曹公曹公，你的书法照《麻衣神相》看，气势雄强，间架缜密，且肯定是个长寿的老头，所以你还应该工作。工作，这两个字几十年来被污染成为低级的习俗。在你的生涯中，工作充满实实在在的光耀，别去理那些琐碎人情、小敲小打吧！在你，应该“全或无”；应该“良工不示人以朴”。像萧伯纳，像伏尔泰那样，到老还那么精确，那么不饶点滴，不饶自己。

在纽约，我在阿瑟·米勒家住过几天，他刚写了一个新戏《美国时间》，我跟他上排练场去看他边排边改剧本，那种活跃，那种严肃，简直像鸡汤那么养人。他和他老婆，一位了不起的摄影家，轮流开车走很远的公路回到家里，然后一起在他们的森林中伐木，砍成柴。米勒开拖拉机把我们跟柴一起拉回来。两三吨的柴啊！我们坐在米勒自己做的木凳、饭桌边吃饭。我觉得他全身的细胞都在活跃。因此，他的戏不管成败，都充满生命力。你说怪不怪，那时我想到你，挂念你，如果写成台词，那就是：“我们也有个曹禺！”但我的潜台词却是你多么需要他那点草莽精神。

你是我的极尊敬的前辈，所以我对你要严！我不喜欢你解放后的戏，一个也不喜欢。你心不在戏里，你失去伟大的灵通宝玉，你为势位所误！从一个海洋萎缩为一条小溪流，你沉陷在不情愿的艺术创作中，像晚上喝了浓茶清醒于混沌之中。命题不巩固，不缜密，演绎、分析得也不透彻。过去数不尽的精妙的休止符、节拍、冷热、快慢的安排，那一箩一筐的隽语都消失了。

谁也不说不好。总是“高！”“好！”。这些称颂虽迷惑不了你，但混乱了你，作践了你。写到这里，不禁想起莎翁《麦克白》中的一句话：“醒来啊，麦克白，把沉睡赶走！”

你知道，我爱祖国，所以爱你。你是我那一时代现实极了的高山，我不对你说老实话，就不配你给予我的友谊。

如果使你再写出二十个剧本需要出点力气的话，你差遣就是！艾侣霞有两句诗，诗曰：“心在树上，你摘就是！”

信，快写完了，回头一看，好像在毁谤你，有点不安。放两天，想想看该不该寄给你。

祝你和夫人一切都好！

晚　黄永玉　谨上

3月20日

我还想到，有一天为你的新作设计舞台。

永玉　又及

我还想贡献给你一些杂七杂八的故事，看能不能弄出点什么来！

永玉　又及

附：曹禺致黄永玉（一封）

永玉大师：

收到你的信和歌颂你的充溢美的一切的夫人的长诗。好像一个一无所有的穷人突然从神女手里得到不计其数的珍宝，唤出我的妻女一同看，一块儿惊奇上天会给人——毫无预感地给了我这样丰满、美好、深厚、诚挚的感情。

我确实没想到你会写给我这样一封长信，这样充满了人与他所爱的那样深厚的情诗，我一生仅看见这一首。

这首诗有太多真诚的诗句，要人背诵，背诵不出，就渴望一读再读。我读一段，便立起在小屋里踱一遍，又读，又管不住站起来来回踱着轻快的步子。它给我无限的幻想，想着你和她如何相遇，如何眷念，如何相慰，如何一步步踏上生活的艰难而又甜美的道路。这首诗有至性，也就有至理：

你常常紧握着我这和年龄不相称的粗糙的大手，
母性地为这大手的创伤心酸。
我多么珍惜你从不过分的鼓励，
就像我从来不称赞你的美丽一样。
要知道，一切的美，
都不能叫出声来的啊！

你和你的夫人大约想象不出，一个七十三岁的人会对你们的情诗如此敬重，如此羡慕，我只想再引一段来遏制我的过分的喜悦之情：

中年是满足的季节啊！
让我们欣慰于心灵的朴素和善良，
我吻你，
吻你稚弱的但满是裂痕的手，
吻你静穆而勇敢的心，
吻你的永远的美丽，
因为你，
世上将流传我和孩子们的故事。

关于你这首诗，我可以更多地引下去，更好地谈它是多么打动我，是我想遇多年，终于见到的情诗。

你鼓励了我，你指责我三十余年的空洞，“沉陷在不情愿的创作艺术中”。这句话射中了要害，我浪费“成熟的中年”到了今日——这个年纪，才开始明白。

你提到我那几年的剧本，“命题不巩固，不缜密，演绎、分析得也不透彻”，是你这样理解心灵的大艺术家，才说得这样准确，这样精到。我现在正在写一个剧本，它还泥限于几十年前的旧烂坑里，写得太实也陈腐，仿佛只知沿着老道跋涉，不知回头是岸，岸上有多少新鲜的大路可走。你叫我：“醒来啊，把沉睡赶走！”

我一定！但我仍在朦胧半醒中，心里又很清楚我迷了道，但愿迷途未远，我还有时间追回已逝的光阴。天下没有比到了暮年才发现走了太多的弯道更可痛心的。然而指出来了就明白了，便也宽了心，觉得还有一段长路要赶，只有振作起来再写多少年报答你和许多真诚的朋友对我的恩德。永玉，你是一个突出的朋友，我们相慕甚久，但真见面谈心，不过两次。后一次还有别的朋友似乎在闲聊，我能得你这般坦率、真诚的言语是我的幸福，更使我快乐的是我竟然在如此仓促的机遇中得到你这样的诚真见人的友人。

你说我需要阿瑟·米勒的草莽精神，你说得对。他坚实、沉毅、亲切，又在他深厚的文化修养中时时透出一种倔强，不失不在尘俗中屈服的豪迈气概。

我时常觉得我顾虑太多，又难抛却，这已成了痼习，然如不下决心改变，所谓自小溪再汇为沧海是不可能的。

你像个火山，正在突突喷出白热的岩浆，我在你身边，是不会变冷的。你说要写二十个剧本，如果我真像你举出的那种巨人，我是会如数写出的。不过，有你在身旁督促我，经常提醒我，我将如你所说“不饶点滴，不饶自己”。

你的画，你的“常在夜晚完成的收获”，世间有多少人在颂扬，用各种语言来赞美，“我再添什么是多余的”，我更敬重的，我更喜欢的是你的人性，你的为人，你的聪明才智、幽默感，你的艺术与文章，是少见的。但真使我惊服的是经过多少年来的磨难与世俗的试探，你保持了你在“一个明亮的小窗口下”的纯朴与率直。

大约任何有天赋、有真正成就的人，必须有纯真和质朴，否则不可能成为一个伟大的艺术家。永玉，我是多么羡慕多么敬重你的朴实与坦率。你的真挚的热情使我惊异，使我感谢上天给人多么可爱的赐予，多么可爱的品质。

我知道不多，然即便那一次谈话，这一封长信，这一首长诗，我明白我现在想念的，是多么令人尊敬的一个人。

我终将有所求于你的。你引过的诗："心在树上，你摘就是！"日后，我们会见面，我们将长谈，不仅是你说的"杂七杂八"的故事，更多谈谈你的一生，你的习惯、爱好，得意与失意，你的朋友、亲戚、师长、学生，你所厌恶的人，你所喜欢的人，你的苦难与欢乐。一句话，我多想知道你，明白你。当然，这要等你工作之余，你有兴致的时候。

我很想一直写下去，可我也感到自己唠叨了。

有一件事想告诉你，读了你的信，我告诉我的女儿和李玉茹到街上买一个大照相簿来。现在我可以随时翻，在疲乏时，在我偶尔失去信心时，我将在你的信里看见火辣辣的词句，它将促我拿起笔再写下去；在我想入歪道，又进魔道，"为势位所误"时，我将清醒地再写下去！

确实，我还有话可讲。我可以讲到半夜。但我的老婆说我不爱惜自己，刚病好，又扑在桌上写起没完了。

你的长信来时，我正上吐下泻，体虚气短。其实只是吃坏了。你的信给了我一股劲，我要活下去，健康地活下去，为了留下点东西给后代。但是目前这个剧本是庸俗的，可能下一个剧本要稍如意些。请问候你的夫人和那"两个年轻水手"，感谢你，我的朋友，我的永玉大师。

曹禺

1983.4.2

（如本人已离京，可否转给他，或留在家里等他回来。）

原载《黄永玉全集》（文学编·杂集），湖南美术出版社 2013 年版第 322—330 页

曹禺与烽火中的国立剧专

杨秀玲　齐　悦

“国立剧专”全称为“国立戏剧专科学校”，原名“国立戏剧学校”，1935 年 10 月始建于南京，故又称“南京国立戏剧专科学校”，有中国“话剧第一校”之称。

1936 年 8 月，曹禺应余上沅校长的邀请到国立剧专任教。尽管此前他曾在河北保定明德中学、天津河北女子师范学院任教，但他戏剧教育才华的施展却是在国立剧专时期。

从 1936 年 8 月至 1942 年年初，曹禺在国立剧专工作了近六年，这期间，恰逢抗日烽火燎原中华大地。他与学校同生死，共患难，几经迁徙，却始终以严谨务实的工作态度，一丝不苟的治学方法，勇于实践的创新精神，坚持不懈的战斗勇气，不断探索戏剧教育之路，为抗战戏剧和新中国文艺事业培养了大批艺术人才。

一、身为教员严格遵守校规

1936 年，曹禺应余上沅之邀，前往南京国立戏剧学校任教，学校给他安排的课程是教授“《剧作》《西洋戏剧》和《现代戏剧与戏剧批评》”。[①] 曹禺来校之前，学生们早有耳闻，这位 23 岁就写出《雷雨》，并被鲁迅先生誉为“一个新出现的左翼戏剧家曹禺”[②]的出现，让他们兴奋不已。在国立剧专章程第二条明文规定：“本校以研究戏剧艺术，养成实用戏剧人才，辅助社会教育为宗旨。”[③]初来乍到的曹禺，严格遵守校规和建校宗旨。

1. 以身作则——研究戏剧艺术

为了“适应新兴演剧艺术职业化的要求”，在教学的同时，曹禺与马彦祥、戴涯等一起组织了“中国戏剧学会”，通过演剧来研究话剧艺术。戏剧学会首次公演的剧目就是《雷雨》，在南京世界大戏院上演。这是曹禺第一次在自己的作品中饰演主角周朴园，马彦祥饰演鲁贵，戴涯饰演周萍。回忆当时的盛况，马彦祥说：“我看过不下十几个周朴园，但曹禺演得最好。”[④]这或许与曹禺懂得自己的人物有很大关系。看过曹禺演戏的人，都觉得“他表演艺术的成就高于创作，若不是受身材的限制，他真是中国能够演多型角色而艺术

① 田本相，张靖，曹禺年谱[M]，天津：南开大学出版社，1985，第 37 页
② 田本相，张靖，曹禺年谱[M]，天津：南开大学出版社，1985，第 36 页
③ 李乃忱，国立剧专三进山城[J/OL].http://blog.sina.com.cn.
④ 田本相，张靖，曹禺年谱[M]，天津：南开大学出版社，1985，第 39 页

修养最高的唯一优秀演员。”[①]

研究话剧艺术是多方面的，演剧只是其一，剧目创作也非常重要。为寻求现实主义话剧创作方法，曹禺选择两条腿走路，既根据中国现实问题抓新题材创作，再就是走世界名著改编之路。因为剧专每月都要举办公演活动，剧本是主要问题，在现实题材创作来不及的情况下，只有选演世界名剧名著。抗日报国，强烈的民族意识，促使曹禺创作灵感勃发，他接连改编了《戏》《镀金》《正在想》，创作了新剧《蜕变》和《北京人》等。即便是改编世界名剧，他也力争使其中国化，让中国观众能够接受。曹禺改编剧目中的许多故事情节和人物素材都来自抗战时期的所见所闻，江安的人杰地灵让曹禺的戏剧艺术研究走向一个新的阶段。

2. 言传身教——培养实用人才

为了培养戏剧艺术实用人才，剧专始终把演出实践作为人才培养的有效途径，主要体现在每届学生的公演活动。公演是学校教学的重要科目，几乎每月举行一次，有时会间隔一周或半月。身为教员的曹禺为了提高学生的演剧水平，让初学表演者尝试如何面对观众，他根据法国拉毕虚的三幕剧《迷眼的沙子》，创作了独幕剧《镀金》。曹禺认为这出戏容易产生舞台效果，“很能考验演员与导演的修养水平”。[②] 他亲自担任导演，组织学生排戏，在南京中正堂举行了四场援绥劳军公演。九十多岁高龄的李乃忱曾是曹禺的学生，他回忆当年深入生活时的场景说：“我们都很愿意去，确实受益不小，每次都能听到一些新鲜事。”[③]

举行公演是学校积极倡导的，因为只有公演，才能检验教师的教育水平和学生受教育的程度。曹禺积极主张让学生们将自己创作的剧目带到街头上演，以此来观察演出效果和社会反响。正是由于剧专经常亮相公众舞台，使得当时的南京刮起一股学院派演剧之风。在此带动下，中国话剧运动的中心也由上海转移到南京，显示出蓬勃发展之势。

在抗战最艰难的岁月里，曹禺浑身永远洋溢着一种淳朴的工作热情，对青年学生特别有号召力。他经常激励学生深入生活，大胆创作，不要墨守成规，“有故事，有人物，有想法时就写出来”。[④] 他的热情不但灌注在创作上，同时还渗透在教学里。他讲授的编剧和表演课学生都喜欢听，教室内外经常挤满师生。他教世界名著选读，与别人不同，是经过精心设计、精心挑选的，从不做抽象说教。他分析莎士比亚的《罗密欧与朱丽叶》《哈姆雷特》，易卜生的《娜拉》等剧本，边朗读，边表演，边解析，绘声绘色地把学生带入戏剧情境之中。他像一个摄魂者深入到人物的内心世界，牢牢抓住学生的鉴赏情趣，凌子风、谢晋是受他启发和熏陶最深的学生。1937 年 4 月，剧专准备将曹禺创作的《日出》搬上南京中正堂舞台，这是该剧在国内第一次完整的正式演出，他自任导演。凌子风担任舞美设计，当

① 田本相，张靖，曹禺年谱[M]，天津：南开大学出版社，1985，第 40 页

② 同上

③ 李乃忱，国立剧专三进山城[J/OL].http://blog.sina.com.cn.

④ 同上

时他还是一名舞台美术专业的学生，第一次参加演出实践就是曹禺的《日出》，对他确实是一次极好的锻炼。

学生们创作完成的作品都愿意拿给曹禺看，他会对每个剧本认真点评，提出修改意见。对比较成熟的作品，还会让教务处刻印出来，列入实习排演计划，有时亲自执导学生作品，鼓励学生参加公演活动。钟铏云是剧专第四届学生，读二年级时，他用四川方言创作了独幕剧《李仙娘》，曹禺看完剧本，非常满意，亲自担任导演。在国立剧专，由曹禺亲自编剧，并指导学生创作演出的公演活动就有五次之多，剧目有《镀金》《日出》《毁家纾难》《炸药》《疯了的母亲》《觉悟》等。

3. 以身作则——辅助社会教育

抗战爆发以后，国立剧专在辅助社会教育方面做了不少工作，最突出的是成立“战时戏剧辅导委员会”和集全校力量筹划“中国第一届戏剧节”。随着全民抗战烽火的燃起，从事戏剧宣传的工作者日益增多，剧专为了给战时戏剧工作者以人力、物力的帮助，使战时戏剧能够广泛地展开，专门设立了“战时戏剧辅导委员会”。该委员会主要负责社会戏剧辅导工作，包括给社会上的戏剧团体提供演出剧本、出借演剧用品、指导剧团排演、出版《戏剧周刊》、编印《剧坛情报》向各地分发等。1938 年 7 月，辅导委员会开展的第一项工作就是举办“战时戏剧讲座”，地址在重庆青年会。第一讲由曹禺主讲《编剧技术》，他认为编剧所要注意的问题有五个方面：材料的囤积、材料的选择、预备剧本大纲、人物的选择、写。在实施“写”阶段，他特别强调“起首必须头绪清晰；写剧主要靠动作；在编排中要能抓住观众吸引力；在结尾中，不要硬凑‘大成功’；结局，不可公式化，不可临时凑，要点明主题”。[①]这篇讲演稿无论对当时初学编剧者乃至今天剧作家都有指导意义，后来收录在《战时戏剧讲座》一书。

辅助社会教育的另一项重要工作就是筹备“中国第一届戏剧节”。戏剧节由中华全国戏剧界抗战协会主办，国立剧校协办，日期定在 1938 年 10 月 10 日。可以说这次戏剧节汇集了大后方戏剧和电影界的各路精英，是一次盛大的话剧展示活动。校长余上沅和教务主任曹禺，带领全校师生除参加一些群众性的小型演出外，还承担了大型话剧《全民总动员》的创作和演出任务。曹禺身兼数职，除担任演出委员会委员外，还承担《全民总动员》编导演之职，虽然该剧的改编和导演属于集体创作，实际上最后成稿并搬上舞台曹禺做了很多工作。在剧中他饰演的侯凤元，戏份虽不多，但他认真投入，角色刻画细腻，人物张弛有度。该剧执行导演应云卫在后台看了曹禺的表演，赞不绝口：“毕竟是万家宝，老经验，连一点子戏都被挤足了出来，抓得住观众。”[②]他自己也说：“让我们鼓起兴头来演戏，笑着演戏，更愉快地演戏。”[③]这种对待戏剧艺术的执着精神，在艰苦的战争年代不仅鼓舞人心，更能启迪民智。

---

① 田本相，张靖，曹禺年谱[M]，天津：南开大学出版社，1985，第 48 页

② 田本相，张靖，曹禺年谱[M]，天津：南开大学出版社，1985，第 50 页

③ 田本相，张靖，曹禺年谱[M]，天津：南开大学出版社，1985，第 50 页

二、身为教务主任慧眼识英才

1938年年初，曹禺开始担任学校专职导师兼教务主任。此后不久，学校开始由南京搬迁到重庆，后又由重庆搬到四川江安。1940年7月，国立戏剧学校正式改名为国立戏剧专科学校，由中专改为大专，学制亦由两年改为五年。这期间，曹禺授课和管理重担逐渐加大，他除担任编剧方法、戏剧理论、近代西洋戏剧等课程外，还承担教学管理、教师选聘、学校招生、课程设置、组织公演等任务，尤其在教师选聘和新生招考中可谓慧眼识英才，为国立剧专教师队伍建设和优秀戏剧人才的选拔夯实了基础。

1. 为国储才，广延名师

在抗战艰苦的环境下，剧专在办学硬件上没有很好的条件，在软件上却建立了一套系统的教育体系。主要体现在课程设置、教学大纲以及师资力量方面。而拥有一支雄厚的专业师资队伍，始终是剧专所遵循的信条。1938年春，抗战进入第二年的关键时刻，余上沅校长提出"为国储才"的教育宗旨。"储才"既包括施教人才，也包括受教人才，由教务主任曹禺具体负责这项工作。曹禺不惜唇舌和笔墨面向全国乃至海外留学生延聘名师和艺界名流，一方面表达了对抗战必胜的坚定信心，另一方面也是为国家储备戏剧艺术人才。众所周知的有：中国第一个留学美国哈佛大学戏剧专业的洪深，获得法国巴黎大学文学博士的焦菊隐，刚刚从英国学习戏剧归来的黄佐临、金韵芝（丹妮）夫妇，美国耶鲁大学专攻导演、编剧和舞台美术的张骏祥教授，还有闻名全国教育界、文学界、艺术界的领军人物梁实秋、巴金、张平群、陈白尘、马彦祥、郑君里等，一时人才济济，堪称剧专的"黄金时代"。

这些名师除讲授戏剧理论知识外，主要还指导学生排练世界名剧和抗战新剧。曹禺对学生实习演剧活动非常重视，对指导老师的严格要求和舞台创新给予大力支持。有一次，学校准备上演三出抗战大戏《岳飞》《从军乐》和《蜕变》。《蜕变》是曹禺1939年暑假开始构思的一部大戏，完稿后，由张骏祥担任导演和舞美设计。张骏祥在舞台美术上进行了大胆的创新，首先指导学生如何使用坐标和比例尺，并按国际通用的标准绘制平面图。其次，教学生如何将分片制作室内布景改成分面制作，以及如何设计屋顶。再次，培训学生如何科学地搬运和迁换布景。张骏祥对传统舞美设计的改进，得到了曹禺的认可，演出效果非常好，在当时成为外为中用的典范。

正是在这种"为国储才"的理念下，新中国成立前后，剧专当初的远见初见成效。左翼戏剧评论家赵明彝说："他们抗日战争后期开始发挥力量，在前后方的戏剧团队中有不少这个学校的学生，成为勇猛的戏剧战士。"[①]如电影导演凌子风、谢晋，话剧导演石羽、胡伟民，舞美设计陈永倞、陈永祥，演员叶子、吕齐，剧作家朱祖贻、李国文，剧评家梅朵、刘厚生等，他们是国立剧专的骄傲。

2. 演艺人才，重在演技

学生报考剧专，除注重必要的基础知识外，作为教务主任的曹禺，非常重视学生的舞

① 李乃忱，国立剧专三进山城[J/OL].http://blog.sina.com.cn.

台临场发挥和应变能力。许多学生报考剧专之前，对什么是表演，如何表演不甚了解。为了改变这种应考模式和消除考生的紧张情绪，担任主考官的曹禺，采用聊天和灵活现挂的方式，让考生现场即兴发挥。因为他深知国立剧专不是普通院校，文化知识的掌握只是一个方面，而表演技能的发挥是他们今后从事舞台创作演出的关键。李乃忱是剧专第三届学员，1938 年，他报考剧专时，面试老师正是曹禺。当时，曹禺并没有按事先准备好的考生手册提问题，而是出了三道临场发挥题：一是“把你进来之前，等待考试时的情景表演一下”；二是“你给家里打电话，就说你考上了”，他还特别提醒“要注意你心里的愉快心情”；三是“设想从外边进来你一个要好的朋友，可能是男的，也可能是女的，但你推开门，不是那个朋友，而是那个朋友的父亲。他本来反对你们来往，你一看见他，吓得就往外跑……”[①]这三道题主要是考学生的表演及应变能力，再就是考学生的普通话。可见，作为专业主考人，曹禺非常注重考生专业技能的理解和发挥。

三、教育家曹禺留给后人的启示

启示一，一所合格艺术院校必须拥有雄厚师资队伍。国立剧专从建校之初就确立了办学主旨，在师资队伍建设方面，除了广延名师，还要求名师必须“德”“才”兼备。当年余校长邀请曹禺到校任教，也是看中了他在教学以及编导演三位一体方面的才华。曹禺担任专职教师和教务主任后，继续沿袭剧专办学方针，从全国各地网罗人才，选聘大批富有经验的进步编剧、导演、作家、舞美等人员到校任教。正是拥有了雄厚的专业师资力量，剧专才能在抗战最艰难的条件下，为国家培养出众多的电影、戏剧专业人才。

启示二，一名称职职业演员必须注重创作演出实践。曹禺任职期间，一直秉承“为国储才”的教育理念，始终把组织学生参与创作演出活动放在首位，把戏剧实践教育作为教学考核的主要内容。在余上沅校长和他的带领下，全校教职员工大部分时间和精力都投入到对学生的培养当中。而他本人的编剧技巧和导演风格对学生很有启发，为青年学子走上戏剧人生舞台铺平了道路。

启示三，一位优秀专职教师必须不断创新教学大纲。身为教务主任的曹禺，为了提高学生的创作能力和表演水平，他不但鼓励老师们经常完善教学大纲，修改教案，还亲自参与大纲的编写任务。他曾与担任表演课的金韵芝老师合作，专门编制了一套“表演基本训练教学方案”。该方案中对学生表演技能的培养都是通过导演老师的言传身教来进行。曹禺自己在教授编剧课时，也有一套阅读辅导方法，即针对每个学生的兴趣点，确定阅读内容，写读后感。他上课从来不带讲义，要讲的内容都印在脑海里，他看着英文说中文，边分析剧本边表演，学生们为之着迷。他留的作业永远是教学相长，每周一次的读后感，他亲自批阅，赢得了学生们的信任。总之，曹禺在教书育人方面是一个从来不敷衍的人，他对中国戏剧教育和戏剧艺术自身的发展起到了积极的促进作用。

原载《戏剧文学·月刊》2015 年第 7 期

① 李乃忱.曹禺在“老年学生”心中的青年形象[J/OL].http://blog.sina.com.cn.

后　记

本卷《曹禺综合研究资料》属于曹禺研究资料汇编之分卷，由新中国成立前曹禺综论、新中国成立后曹禺综论、文学史中的曹禺、回忆录几部分组成。因是属于综合研究，囊括了 20 世纪 40 年代至今 80 余年相关重要的研究成果，可以为曹禺研究者和想进一步了解曹禺的读者，提供一个整体的综合的认识曹禺一个最便捷的参考，值得特别关注。在我们看来，曹禺的特别重要性在于：首先，《雷雨》《日出》《原野》《北京人》这四部经典作品的经典公认程度，是文学史上的公认事实。蘩漪、周朴园、周冲、陈白露、方达生、仇虎、金子、素芳、曾皓等人物形象丰富了中国现当代文学人物形象画廊，其人性含量远远高于一般作家的创作。其次，话剧是舶来品，其文体创造的难度大大高于传统中国已有的文体散文、诗歌、小说的写作。第三，话剧剧本是文学，但表演是综合性的艺术，因此它的综合度、传播度也显出了难度和高度，更值得重视。

曹禺论内容较多，本可单独成卷，因时间仓促和体例的因素未单独列卷；回忆录的文章数量较多，但单篇文章大都字数太少，显得与其他几个部分不够均衡；回忆录里还包括访谈，也是了解曹禺生平和创作道路文学史观的重要资料；大陆及台港海外出版有 100 多种中国现代文学史，很多种还有很多修订本，本卷根据公认的较经典的版本选入。

编辑过程中，新中国成立前的资料不易找寻，尤为珍贵。除了某些因过多无法识别的文字影响到完整理解的文章外，都尽可能收录。全卷尽量做到新中国成立前后、中外、多个角度都尽可能涉及。为维护文献资料的历史严肃性，对收录的原文尽量保持原貌，只是原文中一些明显的字词错误，注明作了些许改动；对于原文中的引文因版本不同造成的文字出入，也依照原文未作改动。因为有些史料尤其是新中国成立前的史料，在某些字词的书写表达上与现在存在不同，为保证广大读者看到资料最原始的面貌，类似“地”“的”“底”的混用，本卷都尽量维持原文原貌。

本卷的主要工作由汪亚琴博士负责，接到任务之后，她积极向老师请教，刘继林老师提供了部分新中国成立前的研究资料和编选思路。刘继林教授是《曹禺研究资料》总负责人，他带领大家在北京、在上海、在天津找专家、找资料，扫描拍摄，复印了大量的原始文献，多次开会研讨编辑的方案，花费了很多的心血。这部曹禺研究资料长编，应该是国内最系统、最权威的汇编本，是今后研究曹禺最完整、最全面的第一手材料，这是曹禺研究的基层工程、系统工程、百年工程。

汪亚琴博士收集资料，确定体例，认真辑录，还起草撰写了《曹禺综合研究资料》的导言。而这一切工作都是在她到美国爱荷华大学采访研究聂华苓女士、抢救性收集聂华苓研究资料以准备博士学位论文和孕育可爱的小宝宝的间歇中完成的，其学习态度、工作作风、编辑效率，特别值得肯定。湖北大学 2017 级中国现当代文学专业杨柳、郑桂梅两位硕士研究生帮助校对，也是应该专门感谢的。

最后，需要特别说明的是：本书作为湖北大学中国语言文学学科建设的重要成果，其编选和出版得到了湖北大学"中国文化传承与发展"省级优势特色学科群和湖北大学"中国语言文学与哲学文化"省级一流学科建设项目的大力支持，在此一并感谢。

刘川鄂